어거스틴

신 국 론

제11권 ~ 제17권

김광채 옮김

아우룸

신국론 제11권 ~ 제17권

초판 1쇄 인쇄 2018년 4월 11일
초판 1쇄 발행 2018년 4월 12일

지은이　어거스틴
옮긴이　김광채
펴낸곳　도서출판 아우룸
주소　서울특별시 마포구 동교로 156-13(서교동) 동보빌딩
전화｜02-383-9997
팩시｜02-383-9996
　　　www.aurumbook.com

ISBN　:　979-11-89093-02-0

- 저작권법에 의해 보호를 받는 저작물이므로 무단전재, 무단복제를 금합니다.
- 잘못 만들어진 도서는 교환 가능합니다.
- 이 도서의 국립중앙도서관 출판시도서목록(CIP)은 e-CIP 홈페이지(http://www.nl.go.kr/ecip)와 국가자료공동목록시스템(http://nl.go.kr/kolisnet)에서 이용하실 수 있습니다.
  (CIP제어번호: CIP2018009746)

목 차

제11권 · · · · · · · · · ·   5

제12권 · · · · · · · · · · 83

제13권 · · · · · · · · · · 153

제14권 · · · · · · · · · · 217

제15권 · · · · · · · · · · 300

제16권 · · · · · · · · · · 387

제17권 · · · · · · · · · · 489

제11권

이 책 후반부가 시작됨. 여기서는 두 도성, 곧, 땅의 도성과 하늘 도성의 기원과, 역사와, 마땅한 종말을 취급되는데, 어거스틴은 우선 제11권에서, 두 도성이 시작될 때, 선한 천사들과 악한 천사들의 분리가 먼저 있었음을 밝히고, 이를 기화로 천지 창조에 대해 논하되, 성경 창세기 첫 부분에 기록된 바를 따름

제1장

두 도성, 곧, 하늘 도성 및 땅의 도성의 시작과 종말을 설명하기 시작하는 본서의 이 부분에 관하여

우리는 하나님의 도성에 대해 이야기하고 있는 바, 이 도성에 대하여는 성경이 증거하고 있다. 이 성경으로 말하면, 영혼의 우연한 움직임에 의해서가 아니라, 정말로 지극히 높은 섭리의 경륜에 의해 모든 민족의 그 어떤 책보다 위에 있는 것으로, 그 어떤 종류의 인간 재능보다 우월하여, 그것을 하나님의 권위로 굴복시켰다. 성경에는 이렇게 기록돼 있다.

> 하나님의 성이여! 너를 가리켜 영광스럽다 말하는도다 (시 87:3)

다른 시편에서는 이런 말씀을 읽을 수 있다.

> 1 여호와는 광대하시니, 우리 하나님의 성, 거룩한 산에서 극진히 찬송하리로다 2 [터가 높고 아름다워,] 온 세계가 즐거워함이여! [큰 왕의 성, 곧, 북방에 있는] 시온 산이 그러하도다 (시 48:1-2)

그리고 같은 시편에서 조금 뒤에 이런 말씀이 나온다.

> 우리가 들은 대로, 만군의 여호와의 성, 우리 하나님의 성에서 보았나니, 하나님이 이를 영영히 견고케 하시리로다 (시 48:8)

또 다른 시편에도 이런 말씀이 나온다.

> 4 한 시내가 있어, 나뉘어 흘러, 하나님의 성, 곧, 지극히 높으신 자의 장막의 성소를 기쁘게 하도다 5 하나님이 그 성중에 거하시매, 성이 요동치 아니할 것이라 [새벽에 하나님이 도우시리로다] (시 46:4-5)

이런 증거들과, 이와 비슷한 증거들을 다 열거하자면, 너무 장황하겠지만, 우리가 [여기서] 배우는 것은, 모종(某種)의 하나님 도성이 존재한다는 사실과, 그 창설자께서 우리에게 불어 넣으신 사랑으로 말미암아 우리가 그 시민 되기를 열망하게 되었다는 사실이다.

땅의 도성 시민들은 거룩한 도성의 이 창설자보다 자기네 신들을 더 좋아하여, 그가 신들의 신(神)임을 모른다. 그는 거짓 신들, 곧, 불경스럽고 교만한 신들의 하나님이 아니시다. 거짓 신들에게는 모든 만유을 두루 비추는 불변의 빛이 결여돼 있고, 이로 인해 그들의 권세는 빈약한 것으로 전락했는데, 그들은 자기네 권세의 사유화(私有化)를 어떤 방식으로든 추구하고, 자기네에게 속아 예속된 자들로부터 신적(神的)인 영광을 받으려고 한다. 그러나 [하나님을 "신들의 신"이라고 할 때 말하는] 경건하고 거룩한 신들[1]은, 많은 사람들이 자기들에게 굴복하기보다는, 오히려 유일하신 하나님께 순복하는 것을 기뻐한다. 자기들이 신으로 경배받기보다는, 오히려 하나님이 경배받는 것을 더 좋아한다.

그런데 우리는 이 거룩한 도성의 적(敵)들에게 앞의 열 권으로 우리의 주님이요 왕이신 분의 도움으로 우리 힘을 다해 답변을 했다. 그러나 이제 나는, [사람들이] 무엇을 나에게 기대하는지 잘 알고 있고, 나에게 부과된 책무에 대해 망각하고 있지 않다.

그래서 두 도성, 곧, 땅의 도성과 하늘 도성이 이 중간 시대에, 우리가 이미 말한 대로, 어떤 식으로든 복잡하게 뒤얽혀 있고, 서로 혼합되어 있는데, 이 두 도성의 기원과, 역사와, 마땅한 종말을, 내 힘이 닿는 대로 논하되, 우리의 주님이요 왕이신 바로 그분의 도우심을 신뢰하면서 시작하도록 하겠다. 그런데 내가 우선 논하려고 하는 것은, 이 두 도성의 기원과 관련, 어떤 식으로 천사들의 분화(分化)가 먼저 일어났느냐 하는 것이다.

---

[1] 선한 천사들.

제2장

하나님 인식에 관하여. 하나님과 사람 사이의 중보, 곧, 사람이신 그리스도 예수로 말미암지 않고는 어떤 사람도 하나님 인식에 도달할 수 없음

유체적(有體的)인 것이든, 비유체적(非有體的)인 것이든, 관찰과 경험을 통해 가변적(可變的)인 것임을 알게 된 피조세계 전체를 정신 집중을 통해 초월하여, 불변적(不變的)인 하나님의 본질에 도달한다는 것, 하나님이 아닌 대자연 전체는 오직 하나님이 창조하셨다는 사실을 거기에서 하나님 자신으로부터 배운다는 것은 위대한 일이긴 하지만, 대단히 드문 일이다.

   하나님이 사람과 말씀을 나누실 때는 무슨 유체적 피조물을 통하시지 않는다. 소리를 발하는 자와 듣는 자 사이의 공기가 차 있는 공간을 진동시켜, 육신의 귀에 울리게 하시는 것이 아니다. 그렇다고 꿈이나, 이와 비슷한 경우처럼 유체와 비슷하게 생긴 영적 존재를 사용하시는 것도 아니다. (이는, 이렇게 해도 육신의 귀에다 말씀하시는 것이나 다름이 없기 때문이다. 즉, 유체를 통해 말씀하시는 것이나, 유체 사이에 간격을 만들어 놓고 말씀하시는 것이나 흡사하기 때문이다. 정말이지, 이런 이상[異象]은 유체와 아주 비슷하다.) [하나님은] 오히려 진리 자체로 말씀하신다. 사람이 들을 태세가 되어 있다면 말이다. 물론, 그 태세를 갖추는 것은 영혼으로 하는 것이지, 육신으로 하는 것이 아니다. 하나님은 사람을 구성하는 여러 요소 중 가장 높은 것을 향해 말씀하시는데, 그것보다 더 높은 것은 하나님밖에 없다.

   그런데 사람은 하나님의 형상대로 지음받았다는 사실을 알 수 있지만, 이것이 불가능하다면, 그냥 그렇게 믿으면 된다. 정말이지, 사람은 이 형상으로 인해 [자기보다] 더 높으신 하나님께 가까이 나아갈 수 있다.

이것은 그것보다 더 낮은 위치에 있는 요소 위에 있는 것이다. 이 낮은 요소는, [사람이] 짐승들과도 공유하는 것이다.

영혼 속에는 이성과 지성이 천부적(天賦的)으로 내재(內在)되어 있다. 하지만 영혼 자체가 무슨 어둡고 해묵은 악습으로 무력해졌기 때문에, 불변적(不變的) 빛을 향유(享有)하면서 붙좇을 뿐 아니라, 감당할 수 있으려면, 영혼이 먼저 믿음으로 적셔지고 정화되어야 하는데, 날이면 날마다 새롭게 되어, 그 엄청난 복락을 감당할 능력이 생길 때까지 해야 하는 것이다.

믿음 안에서 진리를 향해 좀 더 자신 있게 걸어갈 수 있게 하시려고, 진리 자체이신 하나님, 곧, 하나님의 아들이 사람이 되셨다. 그렇다 해서 그가 하나님이시기를 중단하신 것은 아니다. 그가 바로 "하나님과 사람 사이에 중보"이신, "사람이신 그리스도 예수"(딤전 2:5)[1]시다.

사실, 그는 인간이시기 때문에 중보 되시며, 길도 되신다. 이는, 어떤 목적지를 향해 가는 자와, 그 목적지 사이에 길이 있다면, 도달할 수 있다는 희망이 있기 때문이다. 하지만 길이 없거나, 어디로 갈야 할지를 모른다면, 가야 할 목적지를 아는 것이, 무슨 소용이 되겠는가? 그런데 모든 오류를 배제할 수 있는, 지극히 잘 정비된 길이 딱 하나 있다. 그 길은 하나님이시자 사람이신 그분 자신이다. 그는 하나님으로서는 목적지 되시고, 사람으로서는 가는 길 되신다.

---

[1] 하나님은 한 분이시요 또 하나님과 사람 사이에 중보도 한 분이시니 곧 사람이신 그리스도 예수라.

제3장

하나님의 영이 지으신 정경의 권위에 관하여

이 중보는 먼저는 선지자들을 통해 말씀하셨고, 다음에는 당신이 친히 말씀하셨고, 나중에는 제자들을 통해 말씀하시되, 당신이 충분하다 판단하신 대로 말씀하셨고, 정경(正經)이라 불리는, 지극히 탁월한 권위를 지닌 책도 지으셨다. 우리는 이 책에 믿음을 두고 있는데, 몰라서는 안 될 일에 관해, 우리 자신의 힘으로는 알 수 없는 일에 관해 그렇게 한다.

내적(內的) 감관이든, 외적(外的) 감관이든, 우리 감관(感官)에서 멀리 떨어져 있지 않은 것은, 우리 [스스로]가 그것에 대해 증인으로 나설 수 있고, 그것을 알 수가 있다. (그래서 "현존"이라는 용어가 있는데, 감관 앞에 존재한다 하여 이렇게 부른다. 예컨대, 눈앞에 있는 것은 "목전에 있다"고 한다.) [하지만] 정말이지, 우리 감관에서 멀리 떨어져 있는 것에 대해서는 우리가 증인으로 나설 수 없고, 그것을 알 수가 없기 때문에, 우리에게는 다른 증인이 있어야 하고, 우리는 그들의 말을 믿게 된다. 단, 우리가 믿기에, 그 대상이 그들의 감관에 멀리 떨어져 있지 않거나, 멀리 떨어져 있지 않았어야 한다. 예컨대, 우리가 보지 못한 가시적(可視的) 대상에 대해, 그것을 본 사람들의 말을 우리는 믿는다. 이것은, 신체의 다른 감관에 관련된 다른 대상의 경우도 마찬가지다. 영혼 및 정신으로 느끼는 대상의 경우도 마찬가지다. (여기서도 우리는 "느낌" sēnsus라는 말을 사용하는데, 이 말에서 "명제"sententia라는 말이 나왔다.) 다시 말해, 우리의 내적 감각에서 멀리 떨어져 있는 불가시적(不可視的) 대상에 대해서도 우리는 비유체적(非有體的) 광명 가운데 있는 이런 대상을 알게 된 사람들 내지는 영존(永存)하는 이런 대상을 관상(觀想)하고 있는 사람들의 말을 믿어야 한다.

제4장

세계의 창조에 관하여. 이것은 무시간적인 것이 아니고, 마치 하나님이 전에는 원하시지 않았다가, 나중에 원하시기라도 한 것처럼, 새로 결심하사 행하신 일이 아님

1. 가시적(可視的)인 존재 중에서는 세계가 가장 크고, 불가시적(不可視的)인 존재 중에서는 하나님이 가장 크다. 하지만 세계의 존재는 우리가 보고 아나, 하나님의 존재는 우리가 믿는다. 물론, 하나님이 세계를 창조하셨다는 것은, 그 누구의 말보다 하나님 자신의 말씀을 믿는 것이 더 확실하다. 어디서 우리는 그의 말씀을 들었는가? 현세(現世)에서는 성경보다 더 나은 곳은 어디에도 없다. 거기에 보면, 그의 선지자가 이렇게 말했다.

> 태초에 하나님이 천지를 창조하시니라 (창 1:1)

하나님이 천지를 창조하실 때, 이 선지자가 정녕 거기 있었단 말인가? 아니다. 거기에는 하나님의 지혜가 있었다.[1] 이 지혜로 말미암아 만물이 창조되었다. 이 지혜가 거룩한 영혼들 속을 옮겨다니며, "하나님의 친구들과 선지자를 창조"[2]하고, 그들 속에서 소리를 내지 않고 자기 사역(事役)에

---

[1] 잠 8:27 (= "그가 하늘을 지으시며 궁창으로 해면에 두르실 때에 내가 거기 있었고") 참조.

[2] 지혜서 7:27 (= "지혜는 홀로 존재하나, 모든 것을 할 수 있고, 스스로는 변하지 않으나, 만물을 새롭게 하며, 세세토록 거룩한 영혼 속에 들어가, 하나님의 친구들과 선지자를 창조하도다").

대해 다 이야기해 준다. 성부의 얼굴을 항상 뵙고,[1] 그의 뜻을 필요한 자들에게 전해 주는 하나님의 천사들 역시 그들에게 말해 준다. [그래서] 다음과 같은 말을 하고 글을 쓴 바로 그 선지자는 그들 중 한 사람이었다.

> 태초에 하나님이 천지를 창조하시니라 (창 1:1)

그는 하나님을 믿게 만드는 매우 훌륭한 증인이다. 하나님의 영으로 말미암아 그는, 자기에게 이것이 계시되었음을 깨달았고, 우리가 믿음을 지니게 될 것을 아주 옛날 예언했다.

2. 그런데 영원하신 하나님이 예전에는 만드시지 않았던 천지를 그때 가서 만드시기로 작정하신 이유는 무엇인가? 이런 말을 하는 사람들이 만약, 세계는 영원하여, 아무 시작이 없고, 따라서 하나님이 만드신 것이 아니라고 생각하려 한다면, 그들은 진리에서 심히 멀어진 자들이고, 불경건이라는 치명적인 병에 걸려, 광언(狂言)을 하는 것이다.

이는, 선지자들의 음성을 차치(且置)한다 하더라도, 세계 자체가 그 지극히 질서 있는 변화 및 운행(運行)을 통해, 또 가시적(可視的)인 온갖 사물의 지극히 아름다운 모습을 통해, 잠잠한 중에 그 어떠한 식으로든지, 자기가 창조되었다는 사실, 그것도 오직 말할 수 없이 위대하시며, 말할 수 없이 아름다우신, 보이지 않으시는 하나님에 의해서만 창조되었다는 사실을 선포하고 있다.

그러나 [세계가] 하나님에 의해 창조되었음을 인정하면서도, 시간의 시작이 있음을 인정하지 않는 자들이 있다. 이들은 창조의 시작은 인정한다. 그래서 이들 말이 맞다면, [세계는] 무슨 거의 이해할 수 없는 방식

---

[1] 마 18:10 (= "삼가 이 소자 중에 하나도 업신여기지 말라 너희에게 말하노니 저희 천사들이 하늘에서 하늘에 계신 내 아버지의 얼굴을 항상 뵈옵느니라") 참조.

으로 <항상> 창조된 것이다. 그들이 이런 말을 하는 것은, 하나님이 우발적으로, 무계획적으로 행동하신다는 비난을 막기 위해서다. 즉, 하나님께 전에는 세계를 창조하실 생각이 전혀 없었는데, 갑자가 그런 생각이 드신 것이 아니냐, 하나님은 절대 가변적(可變的)인 분이 아니신데, 하나님께 새로운 의지가 생긴 것이 아니냐는 힐문(詰問)으로부터 하나님을 옹호하기 위해서다.

그러나 다른 문제에 대해 생각해 볼 때, 특히 영혼에 대해 생각해 볼 때, 이 사람들의 이런 이론이 어떻게 성립할 수 있는지를 나는 알 수가 없다. 이들이 만약, 영혼이 하나님처럼 영원한 것이라 주장한다면, 전에는 영원 전체를 통해 전혀 존재하지 않던 새로운 불행이 어떻게 영혼에 닥치게 되었는지를 결코 설명하지 못할 것이다. 만약 영혼의 불행과 행복이 항상 교차해 왔다고 말한다면, 이 교차가 앞으로도 항상 계속할 것이라고 말할 수밖에 없다.

그래서 그들이 영혼에 대해 행복하다 말할 때도, 영혼은 자기에게 닥칠 장래의 불행과 수치를 예견하고 있다는 점에서 행복하지 않다는 모순이 따를 것이다. 그러나 자기가 장차 수치와 불행을 당할 것을 예견하지 못하고, 항상 행복할 것이라 여긴다면, 행복에 대한 그런 생각은 잘못된 것이다. 이것보다 더 어리석은 말은 전혀 있을 수 없다. 하지만 만약 지나간 시대에는 끊임없이 영혼의 불행과 행복이 교차했다는 것을 인정하면서도, [영혼이] 이미 해방을 얻었으므로, 이제 앞으로의 시대에는 불행이 되돌아오지 않을 것이라 생각한다면, 이것은, 과거에는 진정으로 행복했던 적이 전혀 없었다고 믿는다는 뜻, 이제부터 거짓 없는, 무슨 새로운 행복이 시작된다 믿는다는 뜻이 된다. 그렇다면 이것은, 영혼에 무슨 새로운 일, 과거에는 영원토록 전혀 일어난 적이 없는, 엄청나고 대단한 일이 일어났다는 것을 인정한다는 뜻이 된다.

그들이 만약 이 새로움의 원인이 하나님의 영원한 작정에 있다는 사실을 부정한다면, 그가 이 행복의 창조자이심도 그들은 함께 부정하게 될 것인데, 이것은 흉악한 불경건이다. 그러나 만약 하나님이 뜻을 새로 정하사, 영혼으로 하여금 이제부터는 영원토록 행복을 누리게 하리라 결심하셨다는 말을 한다면, 하나님이 가변성(可變性)과는 상관이 없다는 사실을 어떻게 증명할 것인가? 그들 역시 하나님의 가변성을 부인하는 입장 아닌가?

이뿐 아니라 만약 [영혼이] 시간 속에서 창조되었지만, 마치 숫자와 마찬가지로 시작은 있는데, 장차 종말은 맞이하지 않으리라는 사실을 그들이 인정한다면, 그리하여 한 차례 불행을 경험하고, 거기에서 해방을 얻기만 한다면, 이후에는 결코 불행해지지 않을 것이라는 사실을 인정한다면, 하나님 뜻의 불변성이 유지된 채, 이런 일이 있을 것이라는 사실도 의심하지 않을 것이다. 그렇다면 그들은, 세계가 시간 속에서 창조되었음을 믿을 것이고, 따라서 하나님이 그것을 창조하심에 있어 [당신의] 영원한 계획과 뜻을 바꾸시지 않았음도 믿을 것이다.

제5장

우주가 창조되기 전의 시간이 무한했다거나, 우주 밖에 무한히 넓은 공간이 있다 생각하지 말아야 하는데, 이는, 창조 전에 아무 시간이 없었던 것처럼, 우주 밖에도 아무 공간이 없기 때문임

다음으로 생각해야 할 것은, 하나님이 세계의 창조자이심을 인정하면서도, 세계와 시간의 관계에 대해 묻는 사람에게 무슨 대답을 해야 할지 하는 것과, 세계와 공간의 관계에 대해 묻는 사람에게 무슨 대답을 해야 할지

하는 것이다. 이는, 세계는 왜 그 당시 창조되었고, 그 이전에 창조되지 않았는지, 또 왜 이곳에 창조되었고, 다른 곳에 창조되지 않았는지 하는 질문을 하기 때문이다.

만약 세계 [창조] 이전에 무한히 긴 시간이 존재했다 생각하고, 그 시간 동안 하나님이 아무 일도 하시지 않았을 수가 없다고 믿는 사람들이 있다면, 그들은 공간에 대하여도 같은 식으로 생각하여, 세계 밖에 무한이 넓은 공간이 있다고 상정(想定)해야 할 것이다. 만약 거기에서 전능자가 아무 일도 하지 않을 수가 없다 누가 말한다면, 에피쿠로스처럼 무수히 많은 세계를 몽상(夢想)하지 않을 수 없다는 추론(推論)이 합리적이지 않는가? (유일한 차이가 있다면, 에피쿠로스는, 무수히 많은 세계들이 원자의 우연적 운동에 의해 생성, 소멸한다 주장하는 반면, [플라톤] 학파는, 하나님의 사역에 의해 세계가 만들어졌다 말할 것이라는 점에 있다.) 세계 밖의 모든 방향으로 무한히 퍼져 있는, 광대무변한 공간에서 하나님이 아무 일도 하지 않고 계신다 믿고 싶어하지 않는 사람들은, 우리가 보고 있는 이 [가시적] 세계처럼, 우주 밖의 세계들도 그 어떠한 원인으로도 소멸되지 않을 것이라 믿을 것이다.

우리의 현재 토론 상대는 우리처럼, 하나님을 비유체적(非有體的)이시라고, 하나님 이외의 모든 자연적 존재의 창조주시라고 생각하는 사람들이다. 이밖의 사람들을 종교와 관련된 이 토론에 참가하도록 허용하는 것은 대단히 무가치한 일이다. [우리의 토론 상대로] 특별히 중요한 사람들은, 수많은 신(神)들에게 제사를 지내야 한다 믿는 사람들 중에서 존귀함이나 권위 면에서 다른 철학자들을 압도하는 철학자들이다.[1] 이는, 이들이

---

[1] 플라톤주의자들을 말함.

비록, 진리와의 간격이 [아직] 크지만, 그래도 다른 철학자들보다는 진리에 더 가까이 와 있기 때문이다.

　이들이 혹여(或如) 하나님의 존재를 [어느 한 공간에] 내포시키거나, 한정시키거나, 연장시키겠는가? 이들은, 하나님이 비유체적인 존재로, 어디에나 전일적(全一的)으로 계시는 것을 인정하는데, 이러한 생각하는 것은 하나님에 대하여 합당하게 생각하는 것이다. 이들이, 하나님이 우주 밖의 엄청난 공간에는 계시지 않는다고 말하겠는가? 하나님이 오직 이 한 공간, 저 무한히 큰 공간에 비한다면, 아주 작은 이 공간, 곧, 우주가 자리 잡고 있는 이 공간에만 관심을 가지신다고 말하겠는가? 나는, 그들이 이런 망언을 할 정도는 아닐 것이라 믿는다.

　그렇다면 이들은, 오직 하나뿐인 이 우주가 비록 엄청나게 큰 유체(有體) 덩어리이기는 하지만, 유한한 존재이고, 그 장소가 한정돼 있고, 하나님의 역사(役事)에 의해 만들어졌다는 말을 해야 할 것이다. 이들은, 우주 밖의 무한한 공간을 상정(想定)하고서, 무슨 이유로 하나님이 거기서 사역을 하시지 않았느냐는 질문에 대해 한 것과 같은 대답을, 우주 창조 이전의 무한히 긴 시간을 상정하고서, 무슨 이유로 하나님이 그때는 사역을 하시지 않았느냐는 질문에 대해서도 해야 할 것이다.

　그래서 모든 방향으로 똑같이 무한히 펼쳐져 있는 우주 공간 중에서 반드시 이곳을 선택해야 할 특별한 이유가 있는 것은 전혀 아니므로, 하나님이 세계를 다른 위치에 두지 않으시고, 이곳에 두신 것이 하나님의 경륜에 의한 것이 아니고, 오히려 우연적인 것이라 하는 것은 옳지 않다. 물론, 이런 일을 하신 하나님의 이 같은 경륜을 인간의 이성으로 이해하는 것은 전혀 불가능하지만 말이다. 창조하신 시점에 대해서도 마찬가지 말을 할 수 있다. 즉, 그 이전에도 역시 시간이 무한히 흘러갔을 텐데, 또 어떤 시점을 다른 시점보다 더 우선시하여 선택하든지, 별 차이가 없었을 텐데, 그 이전에 창조하지 않으시고, 바로 그 시점에 창조하신 것이 우연적으로 하신 일이라 하는 것 역시 옳지 않다.

만약 [현] 우주말고는 다른 공간이 없기 때문에, 사람들이 무한한 공간의 존재를 상상하는 것은 헛된 일이라고 말한다면, 시간에 대한 대답도 마찬가지 방식으로 하면 된다. 곧, 세계 [창조] 이전에는 아무 시간이 없었기 때문에, 하나님이 아무 일도 하지 않고 계셨던 시간을 상상하는 사람들도 헛된 상상을 하는 것이라고 말이다.

제6장
세계의 창조와 시간의 창조의 기원은 하나이고, 어느 하나가 다른 것을 선행하지 않음

영원과 시간을 구별하는 것은 옳은 일이다. 그래서 무슨 운동이나 변화 없이 시간은 존재하지 않지만, 영원은 아무 변화가 없다. 그렇다면, 피조물이 생성되지 않았을 때는, 시간이 존재하지 않았음을 누가 모르겠는가? 피조물이란 무슨 운동에 의해 어떤 변화를 일으키는 것인데, 이때 동시에 공존할 수 없는 것들이, 하나는 자리를 내어 주고, 다른 하나는 그 자리를 이어받는다. 이 과정에서, 어느 것은 더 짧게, 어느 것은 더 길게 계속되어, 시간이 발생한다. 그런데 하나님은, 그 영원하심으로 말미암아 아무런 변화가 없으시다. 그는 시간의 창조자, 정돈자시다. [그렇다면,] 일정한 시간이 흐른 후에, 하나님이 세계를 창조하셨다는 말이 어떻게 가능한지, 나는 알지 못하겠다. 이 말은, 천지 창조 이전에 벌써 무슨 피조물이 있었다는 뜻이고, 그것의 운동으로 말미암아 시간이 흘러갔다는 뜻이 되는데 말이다.

뿐 아니라, 거룩하고 지극히 참된 성경이 "태초에 하나님이 천지를 창조하시니라"고 했는데, 이것은 그 이전에는 아무것도 만드시지 않았다는 뜻이다. 이는, 그가 만약 천지를 다른 모든 것을 만드시기 전에 만드셨다면, 그가 천지를 만드신 시점은 "태초"였기 때문이다. 따라서 세상은 시간 속에서 만들어진 것이 아니라, 시간과 함께 만들어진 것을 전혀 의심할 수 없다.

시간 속에서 생성된다는 것은, 어떤 시간보다는 후에 만들어지고, 어떤 시간보다는 전에 만들어진다는 것을 의미한다. 즉, 과거의 시간 후와, 미래의 시간 전을 의미한다. 그러나 [태초에는] 과거가 있을 수 없다. 이는, [태초 전에는] 피조물이 없었기 때문이다. 피조물의 가변적(可變的) 운동으로 [시간이] 성립한다. 하지만 만약 세상이 창조될 때, 가변적 운동이 발생했다면, 세상은 시간과 함께 창조된 것이다.

이것이 그렇다 하는 것은, 태초의 6일 내지 7일의 순서를 보고서도 알 수 있다. 거기서는 아침과 저녁이 지적된다. 이 기간 동안 하나님이 만드신 모든 것이 여섯째 날에 완성되었고, 일곱째 날에 하나님의 안식이 엄청난 신비 가운데 선포되었다. 그 날들이 어떠한 날들이었는지를 생각한다는 것은 지극히 어렵거나, 심지어 불가능하고, 말로 표현한다는 것은 더더욱 [지난(至難) 내지 불가능하다].

제7장

저녁과 아침이 생기기 전에도 있었다 전해지는 태초의 날들의 성격에 관하여

우리가 보는 대로, 우리가 알고 있는 날은, 해가 지지 않으면, 저녁이 없고, 해가 뜨지 않으면, 아침이 없다. 그런데 태초의 3일은 태양 없이 지나갔고, 태양은 넷째 날에 만들어졌다 전해진다. 그리고 처음에 하나님의 말씀으로 빛이 만들어졌고, 그것과 어두움을 하나님이 나누셨다 전해지고, 이 빛을 "낮"이라, 어두움은 "밤"이라 칭하셨다 전해진다.

그러나 이 빛이 어떤 빛인지, 무슨 주기적 운동으로 저녁과 아침을 만드셨는지, 그 저녁과 아침이 어떠한 성격의 것인지는 우리 지각 능력을 멀리 벗어나는 것이고, 우리가 이해할 수 있는 성격의 것이 아니다. 하지만 아무 망설임 없이 믿어야 한다.

그 빛은 무슨 유체적(有體的) 빛으로, 우리의 시야에서 멀리 벗어난 우주의 상층부에서 생긴 것이든지, 아니면 얼마 후 태양에 불을 붙여 준 그 빛이었을지 모른다. 혹은 "빛"이라는 말로 거룩한 천사들과 복된 영혼들로 구성된 거룩한 도성을 의미하는 것일지 모른다. 이 도성에 대해서는 사도 [바울이] 이렇게 말하고 있다.

> 오직 위에 있는 예루살렘은 자유자니, 곧 [하늘에 있는] 우리 어머니라 (갈 4:26)

그는 다른 곳에서도 이렇게 말한다.

> 너희는 다 빛의 아들이요, 낮의 아들이라 우리가 밤이나 어두움에 속하지 아니하나니 (살전 5:5)

그렇지만 이 날의 저녁과 아침을 우리가 어느 정도 적절하게 이해할 수 있느냐가 관건(關鍵)이다.

여하간, 피조물의 지식은 창조주의 지식에 비하여 뭐랄까 저녁노을처럼 희미한 것이고, 창조주를 찬양하고 사랑할 때 비로소 먼동이 트면서 아침이 된다. 그러나 피조물에 대한 사랑 때문에 창조주를 버리지[만] 않는다면, 밤으로 전락하지는 않는다.

결국 성경은 [태초의] 날들을 순서대로 열거하면서, "밤"이라는 단어를 한번도 사용하지 않았다. 사실, "밤이 되니"라는 말은 어디에서도 하지 않았고, "저녁이 되며, 아침이 되니, 이는 첫째 날이니라"(창 1:5)고[만] 했다. 둘째 날과 나머지 날들에 대해서도 마찬가지였다.

정말이지, 피조물이 자기 안에서 얻는 인식은, 하나님의 지혜 안에서 얻는 것에 비해서 소위 "탈색"된 것이다. 그의 지혜는 예술 작품을 만든 명장(名匠)의 솜씨와도 같은 것이다. 그러므로 피조물이 자기 안에서 얻는 인식은 "밤"이라기보다는 "저녁"이라 하는 것이 더 적절하다. 하지만 내가 말한 대로, 이 인식이 창조주를 찬양하고 사랑하는 것을 추구할 때, 다시 아침이 된다.

그런데 피조물이 자기 자신을 인식하는 중에 이것을 행할 때, 그것이 첫째 날이다. 물은 궁창 아래의 물과 궁창 위의 물로 나누어졌지만, "하늘"이라 불리는 궁창을 인식하는 중에 이것을 행할 때, 그것이 둘째 날이다. 땅과, 바다와, 땅에 뿌리를 뻗으며 생기는 모든 것을 인식하는 중에 이것을 행할 때, 그것이 셋째 날이다. 큰 광명 및 작은 광명과 모든 별을 인식하는 중에 이것을 행할 때, 그것이 넷째 날이다. 물에서 헤엄치는 모든 동물 및 [공중을] 날아다니는 모든 동물을 인식하는 중에 이것을 행할 때, 그것이 다섯째 날이다. 땅 위의 모든 동물 및 인간 자신을 인식하는 중에 이것을 행할 때, 그것이 여섯째 날이다.

제8장

하나님이 엿새 동안 일하신 다음 일곱째 날에 안식하셨다는 것을 무엇이라, 어떻다고 이해할 것인가?

그런데 하나님이 일곱째 날에 당신의 모든 일을 마치시고 안식하시면서, 그날을 거룩하게 하신 것을 두고, 하나님이 일을 하시면서 피로를 느끼셨다는 식으로 유치하게 해석해서는 결코 안 된다.

> 저가 말씀하시매 이루었으며 (시 33:9)

이 말씀은 귀에 들리는, 시간적인 말씀이 아니라, 영적이고 영원한 말씀이었다.

하나님의 안식은 오히려 하나님 안에서 쉬는 자들의 안식을 의미한다. 마치 어떤 집의 기쁨이 그 집에서 기뻐하는 자들의 기쁨인 것과 마찬가지다. 그들을 기쁘게 하는 것이 그 집 자체가 아니고, 다른 어떤 사물일 때도 그렇다. 만약 그 집 자체가 그 아름다움으로 말미암아 거기 사는 사람들을 기쁘게 한다면, [이런 표현을 쓰는 것이] 훨씬 더 좋은 일이다.

그래서 포함하는 것을 통해 포함된 것을 가리키는 표현 방법을 통해 기쁨을 표현할 수 있다. (예를 들어, "극장이 박수갈채를 보낸다"는 말은, 극장 안에서 사람들이 박수갈채를 보낸다는 뜻이고, "초원이 운다"는 말은 초원에서 소들이 운다는 뜻이다.) 또한 원인을 통해 결과를 가리키는 표현 방법을 통해 기쁨을 표현할 수 있다. 예를 들어, "기쁜 편지"라는 말은 그 편지가 그것을 읽는 사람들을 기쁘게 만든다는 뜻으로, 이것도 기쁨을 나타내는 표현 방법이다.

그러므로 우리가 그 권위를 인정하는 선지자가, 하나님이 쉬셨다고 이야기할 때는, 하나님 안에서 쉬는 자들의 안식 내지는 하나님이 쉬게 하시는 자들의 안식을 의미한다고 보는 것이 가장 합당하다. 이 안식은 이 이야기를 듣는 자들과 읽는 자들에게도 [선지자의] 예언을 통하여 약속되었는데, 이 약속은, 그들도 선한 일을 행한 후에, 현세의 삶에서도 믿음으로 말미암아 어떻게든 하나님께 나아간다면, 하나님 안에서 영원한 안식을 누리리라는 것이다. (물론, 그들이 행하는 선한 일은, 하나님이 그들 안에서, 그들을 통해 행하시는 것이다.) 이 안식은 하나님의 구약 백성에게 안식일을 지키라는 율법의 계명을 주심으로써 예표(豫表)되었다. 이에 대해서는 적절한 곳에서 보다 더 자세하게 논해야 할 것으로 여겨진다.[1]

제9장
천사의 창조를 성경의 증거에 근거할 때 어떻게 이해하는 것이 옳은가?

이제 나는 거룩한 도성의 기원에 대해 이야기하려 하는데, 먼저 거룩한 천사들에 관한 내용을 이야기해야 한다 생각했다. 그들은 이 도성의 대부분을 차지하며, 순례 생활을 한 적이 전혀 없다는 점에서 대단히 복받은 존재들이다. 나는, 이 문제에 대해 성경이 풍성히 제공해 주는 증거에 근거해, 필요하다 생각되는 만큼을 하나님의 도우심에 따라 설명해 보려고 노력할 것이다.

세계 창조에 대해 성경이 이야기하는 개소(個所)에는, 천사들에 대해 그들이 과연 창조되었는지, 혹은 어떤 질서에 따라 창조되었는지 명확히 말씀하고 있지 않다. 하지만 그들이 간과(看過)된 것이 아니라면, "태초에 하나님이 천지를 창조하시니라"(창 1:1) 말씀하신 곳에서 "하늘"이라는 이름으로 지칭되었든지, 아니면 내가 말하는 "빛"이라는 말을 통해 지칭되었다.

그러나 [천사들이] 간과된 것이 아니라고 내가 생각하는 이유는, 하나님이 일곱째 날에 당신의 모든 하시던 일을 멈추시고 쉬셨다 기록돼 있기 때문이다.[1] 한편 성경 자체는 이렇게 시작되고 있다.

> 태초에 하나님이 천지를 창조하시니라.

그래서 천지보다 먼저 창조된 것은 전혀 없는 것처럼 보인다.

그러니까 [창조는] 천지로부터 시작되었기 때문에, 하나님이 처음 창조하신 땅은, 성경이 이어서 (창 1:2)[2] 이야기하는 대로, "혼돈하고 공허"하였으며, 빛이 아직 창조되지 않았으므로, "흑암이 깊음 위에" 있었다. 즉, 땅과 물이 무차별적으로 혼합되어 있는 것 위에 있었다. (이는, 빛이 없는 곳에는 어두움이 있을 수밖에 없기 때문이다.) 이어서 모든 것이 창조를 통해 정돈되었는데, [창조] 기사에 의하면, 이것이 엿새 동안에 완성되었다. 하나님이 일곱째 날에 당신의 모든 하시던 일을 멈추시고 쉬셨는데, 어떻게 천사들이 하나님의 피조물 속에 포함되지 않기라도 한 것처럼 간과될 수 있겠는가?

---

[1] 창 2:2 (= "하나님의 지으시던 일이 일곱째 날이 이를 때에 마치니 그 지으시던 일이 다하므로 일곱째 날에 안식하시니라") 참조.

[2] 땅이 혼돈하고 공허하며 흑암이 깊음 위에 있고 하나님의 신은 수면에 운행하시니라.

그러나 천사들이 하나님의 피조물이라는 사실은 이곳에서 비록 간과된 것이 아니라 해도, 명확하게 표현되지도 않았다. 하지만 성경은 다른 대목에서 아주 명확한 음성으로 이것을 증거한다. 즉, 풀무 속의 세 사람이 부른 찬송에 보면, "주께서 지으신 만물들은 주를 찬양하라!"(라틴어 성경 이탈라 단 3:57)라고 한 다음에, 하나님의 피조물을 열거하면서 천사도 언급하고 있다. 시편에도 이런 찬송이 나온다.

> 1 할렐루야, 하늘에서 여호와를 찬양하며, 높은 데서 찬양할지어다! 2 그의 모든 사자여 찬양하며, 모든 군대여 찬양할지어다! 3 해와 달아, 찬양하며, 광명한 별들아 찬양할지어다! 4 하늘의 하늘도 찬양하며, 하늘 위에 있는 물들도 찬양할지어다! 5 그것들이 여호와의 이름을 찬양할 것은, 저가 명하시매, 지음을 받았음이로다 (148:1-5)

여기에서도 천사들이 하나님에 의해 만들어졌다는 사실이 하나님 말씀을 통해 아주 명확하게 선포되었다. 이는, 하늘의 기타 사물들과 함께 천사들도 언급하였고, 그 다음에 그 모든 것에 대해 이렇게 말하기 때문이다.

> 저가 명하시매, 지음을 받았음이로다 (시 148:5)

그렇다면, 엿새 동안에 [창조된 것이라] 열거된 그 모든 만물 다음에 천사들이 만들어졌다 감히 주장할 자가 어디 있겠는가? 하지만 그 어떤 사람이 그런 정신 나간 소리를 한다 하더라도, 동등한 권위를 지닌 성경 구절이 그런 헛된 주장을 논박한다.

> 별들이 창조되었을 때, 나를 큰 소리로 나의 모든 천사들이 찬양하였었느니라 (칠십인경 욥 38:7)

그러니까 별들이 창조될 때, 이미 천사들은 존재하고 있었다. 그런데 별들은 넷째 날 창조되었다. 그렇다고 [천사들이] 셋째 날에 창조되었다는 말을 우리가 할 수 있겠는가? 결코 그럴 수 없다. [셋째 날에] 무엇이 창조되었는지는 즉각 밝혀진다. 곧, 물에서 땅이 갈라져, 이 두 요소가 각각 자기 특유한 형태를 취했고, 땅이 거기에 뿌리를 내리고 붙어 있는 모든 것을 내었다. 그러면 [천사들이] 둘째 날에 [창조되었을까]? 이날도 물론 아니다. 이는, 이날에 궁창이 창조되어, 궁창 위의 물과 궁창 아래의 물이 나누어졌기 때문이다. 궁창은 "하늘"이라고 불린다. 궁창에는 별들이 넷째 날에 창조되었다.

그러므로 천사들이 이 첫 나흘 동안 하나님이 창조하신 것 속에 포함된다면, 그들은 분명 "낮"이라 칭함을 받은 바로 그 빛인 것이 틀림없다. 그리고 그 날의 단일성을 강조하기 위해 "첫날"이라 하지 않고, "하루"라 하였다. 둘째 날, 셋째 날 등도 다른 날이 아니다. 똑같은 하루였는데, 여섯 내지 일곱이라는 수를 채우기 위해 반복되어, 일곱 가지 인식에 기여하였다. 이 중 여섯 가지 인식은 하나님이 행하신 사역에 대한 것이고, 일곱 번째 인식은 하나님의 안식에 대한 것이다.

> 하나님이 가라사대, '빛이 있으라!' 하시매, 빛이 있었고 (창 1:3)

이 빛에서 천사의 창조를 생각하는 것이 옳다면, 실로 천사는 영원한 빛에 참여하는 존재로 만들어진 것이다. 이는, 이 영원한 빛이 하나님의 불변적 지혜이고, 이 지혜로 말미암아 만물이 지음을 받았기 때문이다. 이 지혜를 우리는 "하나님의 독생자"라 부른다.

그래서 천사들은 그들을 창조한 이 빛의 조명(照明)을 받아 빛이 되었는데, 그들이 "낮"이라 불리게 된 것은, 불변적 빛과 낮, 곧, 하나님의 로고스에 참여함으로써다. 천사들과 만물은 로고스로 말미암아 지음을 받았다.

> 참 빛, 곧, 세상에 와서 각 사람에게 비취는 빛이 있었나니 (요 1:9)

이 빛이 모든 정결한 천사들을 비추어, 그들로 하여금 빛이 되게 하였다. 이 천사들은 자기 스스로 빛이 된 것이 아니라, 하나님 안에서 빛이 되었다.

만일 천사가 하나님을 저버리면, 불결하게 된다. "더러운 귀신"[1]이라 불린 모든 [천사들]처럼 말이다. 이들은 주 안에서 빛이 되지 못하고, 자기 자신 안에서 어두움이 되어,[2] 영원한 빛에 참여하는 길을 박탈당했다. 이는, 악의 본성이 무(無)이고, 선의 상실로 말미암아 "악"이라는 이름을 얻게 된 까닭이다.

제10장

유일하신 하나님이신 성부 하나님, 성자 하나님, 성령 하나님의 순일하고 불변적인 삼위일체성에 관하여. 하나님의 속성과 본질은 서로 다르지 않음

그러므로 홀로 순일(純一)하고, 그렇기 때문에 홀로 불변적인 선(善)이 있는데, 이가 하나님이시다. 이 선에 의해 모든 선한 것이 창조되었지만, 이것들은 순일하지 않고, 그렇기 때문에 가변적(可變的)이다. 내가 분명히 말하지만, 이것들은 피조물, 곧, 지음을 받은 것이지, 태어난 것이 아니다. 정말이지, 순일한 선에서 태어난 선 역시 순일하고, 태어난 선은 그것을 낳은 선과 동일하다. 이 둘을 우리는 "성부"와 "성자"라 부른다. 그리고 이 둘은 그 영과 더불어 유일하신 하나님이시다. 성부와 성자의 이 영을 성경에서는 무슨 특별한 의미를 담아 "성령"이라 부른다.

---

[1] 마 12:43 (= "더러운 귀신이 사람에게서 나갔을 때에 물 없는 곳으로 다니며 쉬기를 구하되 얻지 못하고") 참조.

[2] 엡 5:8 (= "너희가 전에는 어두움이더니 이제는 주 안에서 빛이라 빛의 자녀들처럼 행하라") 참조.

그러나 성령은 성부 및 성자와 다른 분이시다. 이는, 그가 성부도, 성자도 아니시기 때문이다. 여기서 나는 "다른 분"이라 했지, "다른 것"이라 하지 않았다. 이는, 그가 성부, 성자와 똑같이 순일하시고, 똑같이 불변적(不變的) 선이시고, [성부, 성자와] 더불어 영원하시기 때문이다. 그리고 이 성삼위는 유일하신 하나님이시다. 또 성삼위라 하여 순일하지 않으신 것이 아니다.

우리가 [불변적] 선의 이 본성을 순일하다 하는 것은, 이 본성에 성부 홀로 거하시거나, 성자 홀로 거하시거나, 성령 홀로 거하시기 때문이 아니다. 혹은 이단인 사벨리우스파가 믿었던 것처럼, 이 삼위일체가 이름뿐이어서, 위격에는 실체가 없기 때문도 아니다. 우리가 이를 순일하다 하는 것은, 이의 속성과 본질이 같기 때문이다. 단지, 각 위격 상호관계에 대한 진술은 예외다. 이는, 성부께는 분명 성자가 있지만, 성부 자신은 성자가 아니시며, <성자께도 성부가 있지만, 성자 자신은 성부가 아니시기> 때문이다. 그러므로 [각 위격의] 상호관계에 대해 진술하는 것이 아니라, [성삼위 하나님] 자신에 대해 진술할 때, 속성과 본질이 같다 하는 것이다. 예를 들어, 그분 자신에 대해 "살아 계시다" 하는 것은, 그분 자신이 생명을 지니셨고, 그분 자신이 생명이시기 때문이다.

2. 그러므로 본성이 "순일(純一)하다" 말하는 것은, 잃어버릴 수 있는 것을 지니지 않는 것이 그분의 특성이기 때문이다. 혹은 [그분의 경우에는] 소유의 주체와 대상이 다르지 않기 때문이다. 예를 들자! 병에는 무슨 액체가 담겨 있고, 유체(有體)에는 색깔이 있고, 공기에는 빛이나 열이 있고, 영혼에는 지혜가 있다. 이 중 어떤 것의 경우도, 소유의 주체와 대상이 다르다. 이는, 병은 액체가 아니고, 유체는 색깔이 아니고, 공기는 빛이나 열이 아니고, 영혼은 지혜가 아니기 때문이다. 그래서 자기가 소유한

것을 빼앗기는 것이 가능하다. 또 바뀌거나 변하여, 다른 상태나 성질이 될 수 있다. 예를 들어, 병에 가득차 있는 액체는 비울 수가 있고, 유체는 탈색될 수 있고, 공기는 어두워지거나 차가워질 수 있고, 영혼은 미련해질 수 있다.

그러나 성도는 비록 부활 때 썩지 않는 몸을 얻게 된다는 약속을 받았고, 그 부활체는 불후성(不朽性)을 상실하지 않는 성질을 지닌 것이지만, 부활체의 유체로서의 본질은 지속되는 것이므로, 부활체가 불후성 자체는 아니다. 물론, 이 불후성은 몸의 각 부분에 전체적으로 존재하는데, 어디에서는 더 크고, 어디에서는 더 작고 하지 않는다. 또 몸의 어느 부분이 다른 부분보다 더 많이 불후(不朽)한 것도 아니다. 단지, 몸 전체는 지체보다 크다. 또 몸의 어떤 지체는 다른 지체보다 더 크거나 더 작다. 하지만 더 큰 지체라 하여 작은 지체보다 불후성을 더 많이 지닌 것은 아니다. 그래서 유체(有體)라는 것과 불후성이라는 것은 서로 다른 것이다. 유체는 자기의 모든 부분에서 전체로 존재하지 않는다. 반면, 부활체의 불후성은 모든 부분에서 전체로 존재한다. 이는, 불후한 유체의 모든 부분은 여타(餘他)의 부분들과 똑같지 않음에도 불구하고, 불후성 면에서는 똑같기 때문이다. 예컨대, 손가락은 손 전체보다는 작지만, 그렇다고 손이 손가락보다 더 불후한 것은 아니다. 이처럼 손과 손가락은 같지 않지만, 그럼에도 불구하고 불후성 면에서는 같다. 그러므로 불후성을 불후한 몸에서 비록 분리할 수는 없지만, "유체"라 불리는 것의 본질과, 그것을 "불후하다"고 말하게 해 주는 그것의 속성은 서로 다르다. 그래서 이 경우에도 속성이 곧 본질은 아니다.

영혼 자체도 영원한 자유를 얻게 되면, 비록 항상 지혜롭겠지만, 그럼에도 불구하고 불변적 지혜에 참여함으로써 지혜로운 것이지, 그의 본질

자체가 지혜로운 것은 아니다. 공기도, 주입된 빛의 버림을 받는 일은 절대 없겠지만, 공기와 그것을 조명하는 빛은 서로 다르다.

그러나 내가 이런 말을 한다 해서, 영혼이 마치 공기와 같다는 뜻은 아니다. 물론, 영혼의 비유체적(非有體的) 본성을 이해하지 못하는 어떤 사람들은 이런 생각을 했지만 말이다. 정말, 영혼과 공기는 대단히 다른 것이 사실이지만, 비유체적 영혼이 하나님의 순일(純一)한 지혜라고 하는 비유체적 빛의 조명을 받는다 말하는 것은 부적절하지 않다. 이것은, 공기라는 유체가 유체적 빛에 의해 조명을 받는 것과 같다. 그리고 빛이 떠나면, 공기가 어두워지는 것처럼, 지혜라는 빛을 빼앗기면, 영혼은 어두워진다. (어떤 장소 및 유체의 어두움이란, 빛을 결여한 공기와 다를 것이 전혀 없다.)

3. 그러므로 이 원칙에 따라 원래적으로, 진정으로 신적(神的)인 것이 "순일"하다 불리는 것이다. 이는, 신적인 것의 경우에는 속성과 본질이 다르지 않기 때문이다. 또 다른 존재에 참여함으로써 신적이고, 지혜롭고, 복되지 않기 때문이다.

그런데 성경에서는 지혜의 영이 다양하다는 말씀이 있다.[1] 이는, 그 영이 자체 안에 많은 것을 많은 것을 지니고 있기 때문이다. 그러나 그것의 소유와 존재는 같다. 그리고 그것이 모두 하나다.

그래서 지혜는 여럿이 아니라, 하나인데, 그 속에는 무수히 많은 영적인 보화들이 있다. 물론, 지혜의 입장에서는 그 보화는 [무한한 것이

---

[1] 지혜서 7:22 (= "지혜 속에는 영이 있나니, 그 영은 명철하고 거룩하며, 특출하고 다양하며, 정묘하고 민첩하며, 투명하고 순결하며, 깨끗하고 무해하며, 선을 사랑하되 에리하며") 참조.

아니고,] 유한한 것이다. 그 보화 속에는 가시적(可視的)이고 가변적(可變的)인 것들의 불가시적(不可視的)이고 불가변적(不可變的)인 이데아가 포함되는데, 가시적이고 가변적인 것들은 이 지혜로 말미암아 창조되었다. 이는, 하나님이 무엇을 모르시고서 창조하시지 않았기 때문이다. 이런 말은 사람인 장인(匠人)에 대해서 해도 정확한 말이 된다.

 그런데 하나님이 모든 것을 아시고서 만드셨다면, 당신이 알고 계시던 것을 만드셨다는 결론이 나온다. 여기서 [우리] 마음속에 놀라운 생각이 떠오른다. 물론, 이 생각은 참된 것이다. 이것은, 우리의 경우, 이 세계가 존재하지 않았다면, 우리는 이 세계에 대해 알 수 없었을 테지만, 하나님의 경우, 이 세계에 대해 모르셨다면, 이 세계는 존재하지 않았을 것이라는 사실이다.

제11장

거룩한 천사들이 처음부터 항상 누려 온 그 복락에 진리 안에 굳게 서지 않았던 저 영들도 참여한 적이 있었다고 믿어야 하는가?

사정이 그렇다면, 우리가 "천사"라 부르는 저 영들이 처음에 얼마 동안이라도 어두움이었던 적은 절대 있을 수 없다. 그들은 도리어 지음을 받는 바로 그 순간부터 빛으로 지어졌다. 그러나 그들은 단지 아무렇거나 존재하고, 아무렇게나 살도록 창조된 것이 아니라, 빛의 조명(照明)을 받아, 지혜롭고 복되게 살도록 창조되었다.

 이 빛을 등진 몇몇 천사들은 지혜롭고 복된 삶을 살 수 있는 특권을 얻지 못했다. 그 삶이 영원한 삶이고, 영원함을 확실하게 보장하는 삶이라는 것은 의심할 여지가 없다. 그러나 이런 천사들은 비록 어리석은 삶이기는 하나, 이지적(理智的)인 삶을 사는데, 그들이 살기를 원하지 않는다 해도, 생명을 잃어버릴 수는 없다.

하지만 그들이 죄를 짓기 전에 어느 정도 그 지혜에 참여했는지를 누가 확정지을 수 있겠는가? 그들도 선한 천사들과 마찬가지로 그 지혜에 참여하고 있었을까? 선한 천사들이 참되고 완전한 복락을 누리는 것은, 그들 복락의 영원성에 대한 그들의 확신이 흔들릴 이유가 전혀 없기 때문이다. 우리는 어떻게 말해야 할까? 타락한 천사들도 선한 천사들과 똑같이 그 지혜에 참여하고 있었다면, 그들도 영원토록 똑같이 계속 복락을 누리게 되었을 것이다. 이는, 그들도 똑같은 확신을 지녔을 것이기 때문이다. 정말이지, 생명이 아무리 길다 해도, 끝이 있다면, 그것을 진정으로 "영원한 생명"이라 할 수는 없다. 살아 있는 것에 대해서만 "생명"이라는 말을 할 수 있듯이, 끝이 없는 생명에 대해서만 "영원한 생명"이라는 말을 할 수 있다.

그렇다고 영원한 것이라 해서 무조건 다 복된 것은 아니다. (이는, [지옥] 불의 형벌 역시 "영원"하다 하기 때문이다.) 그러나 영원한 삶이 아니라면, 진정하고 완전한 의미에서 복된 삶이 아니다. 그렇다면, 악한 천사들의 복된 삶은 멈출 때가 있는 것이었으므로 영원하지 않았다. 그들이 그 사실을 알았든지, 아니면 모르고서 딴 생각을 했든지, 그것은 상관이 없다. 이는, 그들이 알았다면, 두려움이 [그들에게 복된 삶을 허락하지 않았을 것이고], 몰랐다면, 오류가 그들에게 복된 삶을 허락하지 않았을 것이기 때문이다.

그러나 그들이 몰랐다 해도, 그릇된 것 내지는 불확실한 것을 신뢰하지 않았다면, 대신 자기네가 누리는 선이 영원한지, 아니면, 언젠가 끝날 것인지에 대해, 어느 쪽으로도 확실한 결론을 내리지 못했다 하면, 이처럼 큰 복락에 대한 반신반의(半信半疑) 자체가 복된 삶을 충만히 누리는 일과 맞지 않는다. 우리는, 거룩한 천사들은 복된 삶을 충만히 누린다고 믿는다. 사실, 우리는 "복된 삶"이라는 말의 의미를 좀 축소하여, 오직 하나님만 복되시다고 말하지 않는다. 물론, 하나님만이 진정으로 복되시므로, 하나님이 누리시는 행복보다 더 큰 행복은 있을 수 없다. 복된 천사들은 그들 나름대로 무슨 최고의 행복을 누리고 있겠지만, 하나님의 행복과 비교할 때, 그들의 행복이 아무리 크다 한들, 그것이 [대체] 무엇이겠으며, [대체] 얼마나 크겠는가?

제12장

하나님이 약속하신 상급을 아직 받지 못한 의인들의 행복과 죄를 짓기 전 낙원에 살던 최초 인간들의 행복을 비교함

행복이 이성적 내지는 이지적(理智的) 피조물에 속하는 것인 이상, 천사들만 행복하다 말해야 한다고 우리는 생각하지 않는다. 낙원에 살던 최초의 인간들이 죄를 짓기 전에는 행복했다는 사실을 대체 누가 감히 부인하겠는가? 설령 그 행복이 얼마나 오래 지속될 것인지, 혹은 영원할 것인지가 불확실했다 해도 말이다. (그들이 죄를 짓지 않았다면, [그 행복은] 영원했을 것이다.)

오늘날 장래의 불가사성(不可死性)을 믿으면서 현세(現世)의 삶을 의롭고 경건하게 영위하는 사람들을 두고 우리가 행복한 사람들이라 부른다 해도, 그것은 무리한 것이 아니다. 이런 사람들은 양심을 짓밟는 범죄를 저지르지 않고, [혹시] 연약하여 죄를 짓는다 해도 하나님의 자비하심을 쉽게 얻는다. [그러나] 그들은 자기들의 견인(堅忍)에 대한 상급은 확신하지만, 자기네의 견인에 대해서는 확신하지 못한다. 정말이지, 어떤 사람이 의의 실천과 진보와 관련하여, [자기가] 끝까지 견인할 것이라는 확신을 지닐 수 있겠는가? [하나님의] 무슨 계시가 주어지지 않는 한 말이다. 하나님은 [당신의] 의롭고 은밀한 판단에 입각, 이 일에 관해 아무에게나 가르쳐 주시지는 않지만, 아무도 속이시지는 않는다.

그러므로 금생(今生)의 선을 얼마큼 향유(享有)하느냐 하는 점에서는 낙원에 거하던 최초의 인간이 그 어떤 의인보다 더 행복했다. 아무리 의인이라 해도 우리와 같은 가사성(可死性)으로 인해 연약하다. 그러나 장래의 소망이라는 관점에서는 그 어떠한 육신의 고통을 당하고 있는 사람이라도 [낙원에 거하던 최초의 인간보다] 더 행복하다. 이는, 그가 지극히 높으신 하나님과 동거하면서 그 어떠한 시련도 없이 천사들과의 교제를 끝없이 누릴 것이라는 확신을 [막연한] 생각으로만 지니는 것이 아니라, 참된 진리를 통해 분명하게 가지게 되었기 때문이다. 반면, 최초의 인간은 낙원에서 큰 행복을 누리면서도, 자신이 [장차] 타락할 것인지에 대해 확실히 알지 못했다.

제13장

모든 천사들이 똑같은 행복을 누리도록 창조되어, 타락한 천사들은, 자기네가 타락할 것을 알 수 없었고, 선한 천사들은, 타락한 천사들의 몰락 후에야 자기네의 견인에 대해 미리 알게 되었는가?

그러므로 이지적(理智的) 존재라면 의당 추구하게 되는 복락을 얻으려면, 두 가지 조건이 함께 충족되야 한다는 사실은, 누구나 어렵지 않게 알 수 있다. 그것은, [첫째,] 불변적(不變的) 선이신 하나님을 아무 어려움 없이 향유(享有)하는 것과, [둘째,] 그분 안에 영원토록 거할 것이라는 확신하면서, 아무 의심도 하지 않고, 그 어떠한 오류에도 빠지지 않는 것이다.

이 같은 복락을 광명의 천사들이 누리고 있다는 것을 우리는 경건한 믿음으로 믿고 있다. 범죄한 천사들은 그들의 패역함 때문에 그 광명을 박탈당했는데, 그들이 타락하기 전에 이 같은 복락을 누리지 못했다는 것이 우리가 내린 논리적 결론이다. 단지, 그들이 죄를 짓기 전에도, 삶은 영위하고 있었으므로, 비록 [장래]는 미리 알지 못했다 해도, 어느 정도의 복락은 누렸다고 믿는 것이 분명 옳을 것이다.

하지만 천사들이 창조될 때, 어떤 천사들은 자기의 견인(堅忍)이나 타락에 대해 미리 알 수 없도록 창조된 반면, 어떤 천사들은, 자기들의 복락이 영원할 것임을 참되게, 확실하게 알 수 있도록 창조되었다고 믿는 것은 어려운 것처럼 보일 수 있다. 그렇다면, 모든 천사들이 처음에는 동등한 행복을 지닌 채 창조되었을 것이다. 또 지금 악한 천사로 되어 있는 자들은 선함이라는 그 빛에서 자기 의지에 의해 타락하기 전까지는 그 상태를 유지했을 것이다.

그러나 거룩한 천사들이 그들의 영원한 복락에 대해 확신을 하지 못했다거나, 우리가 [지금] 성경을 통해 그들에 대해 알고 있는 사실을 그들 자신이 몰랐다 생각하는 것은 의심할 여지 없이 더 어렵다. 보편교회 소속의 크리스챤이라면, 선한 천사들 중에서 악한 천사가 앞으로 더 이상 새로 나오지 않으리라는 것을 누가 모르겠는가? 또 악한 천사가 선한 천사들의 무리에 다시 가입하는 일은 더 이상 없을 것이라는 사실을 누가 모르겠는가?

복음서에 보면, 진리이신 분이 거룩한 신자들에게, 그들이 하나님의 천사들과 같이 될 것을 약속하신다.[1] 또 영생에 들어갈 것도 약속하신다.[2] 뿐만 아니라 우리는, 우리가 그 불가사적(不可死的) 행복에서 결코 벗어나는 일이 없을 것을 확신한다. 천사들에게 만약 그런 확신이 없다면, 우리가 그들보다 더 나을 것이고, 우리는 그들과 동등하지 않을 것이다. 하지만 진리이신 분은 결코 속이는 일이 없고, 우리는 천사들과 같이 될 것이므로, 천사들 역시 그들의 영원한 행복에 대해 확신하고 있음이 분명하다.

[그러나] 다른 [범죄한] 천사들에게는 그러한 확신이 없었다. (이는, 이들의 행복이 장차 끝날 것이기에, 영원한 것이 아니었기 때문이다. 이들은 영원한 행복에 대한 확신이 없었다.) 그래서 다음과 같은 추론을 할 수밖에 없다. 곧, 천사들은 동등하게 창조되지않았든지, 동등하게 창조되었다면, 악한 천사들이 몰락한 후에야, 선한 천사들이 자기네의 영원한 행복에 대한 확신에 도달했다고 말이다.

---

[1] 마 22:30 (= "부활 때에는 장가도 아니가고 시집도 아니가고 하늘에 있는 천사들과 같으니라") 참조.

[2] 마 25:46 (– "저희는 영벌에, 의인들은 영생에 들어가리라 하시니라") 참조.

복음서에 보면, 주님은 마귀에 대해 "저는 처음부터 살인한 자요, [진리가 그 속에 없으므로] 진리에 서지 못하고"(요 8:44)라는 말씀을 하셨는데, 이 말씀을 이렇게 이해해야 한다 말하는 사람이 혹시 있을 수 있다.

> 마귀는 처음부터, 곧, 인류 역사의 시작부터 살인자였다. 이는, 인간이 창조되자, 그를 속임으로써 죽일 수 있었기 때문이다. 이뿐이 아니다. 그는 창조될 때부터 진리에 서 있지 않았고, 이로 인해 그는 결코 거룩한 천사들과 함께 복락을 누리지 못했다. 그는 자기의 창조주에게 복종하기를 거부했고, 교만으로 말미암아 자기 권세를 마치 자기 것인 것처럼 즐거워했고, 결국 거짓된 자, 남을 속이는 자가 되었다. 이는, 전능자의 권세에서 벗어날 자 아무도 없기 때문이다. 자기의 참된 처지를 경건한 순종으로 말미암아 인정하려 하지 않는 자는 교만으로 마음이 부풀어, 외식(外飾)을 하려 한다. 그러므로 복된 사도 요한이 한, "마귀는 처음부터 범죄함이니라"(요일 3:8)는 말은 이런 뜻이다. 곧, 마귀는 창조받은 당초부터 의(義)를 거부했다. 의는, 하나님께 경건하게 순종하는 의지만이 지닐 수 있다.

누구든지 이런 견해에 동의하는 사람은 마니교의 이단자들과 생각을 달리한다. 마니교도 및 기타 역병(疫病) 같은 이단 추종자들은, 마귀가 악의 본성을 그의 무슨 고유한 본성으로 지니고 있고, 이 본성은 [선에] 반대되는 무슨 원리에서 나온 것이라 생각한다. 그들은 엄청난 허망함에 빠져, 어리석게 생각을 한다. 즉, 복음서에 기록된 말씀의 권위를 우리처럼 인정하면서도, 주님께서 "마귀는 진리와 무관하다" 말씀하시지 않고, 도리어 "진리에 서지 못했다"(요 8:44) 말씀하신 것에 주의를 기울이지 않는다. 이 말씀은, 마귀가 진리에서 떨어져 나갔다는 의미로 하신 것이다. 그가 만약 진리에 서 있었다면, 진리에 참여했을 것이고, 거룩한 천사들과 함께 복된 상태를 계속 유지했을 것이다.

제14장

마귀는, 진리가 그 속에 없으므로, 진리에 서지 못했다는 말씀은 어떤 종류의 표현법인가?

그런데 주님은, 우리가 마치, 마귀가 진리에 서지 못했다는 것을 어떻게 증명할 수 있느냐고 묻기라도 한 것처럼, 다음과 같은 말씀을 덧붙이셨다.

> 진리가 그 속에 없으므로 (요 8:44)

하지만 마귀가 진리에 서 있었더라면, 진리가 그 속에 있었을 것이다. 그러나 여기서 하신 말씀은 통상적인 표현이 아니다.

이는, "진리가 그 속에 없으므로 진리에 서지 못하고"라는 말씀은, 진리가 그 속에 있지 않은 까닭에, 그가 진리 서지 못했다는 뜻으로 들리는 것처럼 보인다. 그러나 [실상은] 오히려, 그가 진리에 서지 않았기 때문에, 진리가 그 속에 없는 것이다.

이러한 표현법은 시편에도 있다. "하나님이여, 내가 부르짖음은, 주께서 내게 응답하셨음이라"(칠십인경 시 17:6)[1] [여기서는] 차라리 "하나님이여, 내가 부르짖었더니, 주께서 내게 응답하셨나이다"라고 말했어야 하는 것처럼 보일 수 있다. 그러나 "내가 부르짖었나이다"라는 말을 한 다음, 마치 그가 부르짖은 것을 어떻게 증명할 수 있느냐는 질문을 받기라도 한 것처럼, 그는 결과를 내세운다. 즉, 하나님이 응답해 주셨다는 결과로

---

[1] 개역 성경에는 "하나님이여, 내게 응답하시겠는 고로, 내가 불렀사오니"라 번역돼 있다.

부터, 자기가 부르짖었을 때의 마음 상태를 밝혀 준다. [그래서] 마치 이렇게 말하는 것과 같다.

> 내가 부르짖었던 것을 밝히는 것은, 주께서 내게 응답하신 까닭이니이다.

제15장
"마귀는 처음부터 범죄함이니라" 하신 말씀을 어떻게 이해할 것인가?

마귀에 대하여 요한이 "마귀는 처음부터 범죄함이니라"(요일 3:8)고 한 말을 이해하지 못하는 사람들이 있다. 마귀가 본성적으로 범죄하는 것이라면, 그것은 전혀 죄가 아니다.

 죄가 아니라면, 선지자들의 증언에 무슨 대답을 할 수 있는가? 이사야는 바벨론 왕을 빗대어 마귀를 이렇게 특징 짓는다.

> 너 아침의 아들 계명성이여, 어찌 그리 하늘에서 떨어졌으며? (사 14:12)

또 에스겔은 이렇게 말한다.

> 네가 옛적에 하나님의 동산 에덴에 있어서, 각종 보석으로 … 단장하였었음이여! (겔 28:13)

이를 통해 마귀에게 죄 없었던 때가 있었다는 사실을 알 수 있다. 사실, 조금 뒤에는 이보다 더 명확한 말씀이 나온다.

> 네가 지음을 받던 날로부터 네 모든 길에 완전하더니 (겔 28:15)

이들 개소(個所)를 더 잘 해석할 수 있는 다른 방도가 없다면, 그가 "진리에 서지 못했다"(요 8:44)는 말씀 역시, 그가 진리 안에 [한때는] 있었으나,

계속은 머무르지 못했다는 뜻으로 우리는 해석해야 할 것이다. "마귀는 처음부터 범죄함이니라"(요일 3:8)는 말씀 또한, 그가 창조되었던, 바로 그 처음부터가 아니라, 그의 교만으로 말미암아 죄가 존재하기 시작한, 그 처음부터라고 해석해야 할 것이다. 그리고 욥기에 보면, 마귀에 대해 다음과 같은 말씀이 기록되어 있다.

> 그것은 하나님의 창조물 중에 으뜸이라. 그것을 지은 자가 그것을 자기 천사들의 조롱거리로 만들었고 (칠십인경 욥 40:19)

시편에도 이 말씀과 부합하는 것처럼 보이는 말씀이 기록돼 있다.

> 주께서 지으신 이 용은 그를 조롱하기 위함이라 (칠십인경 시 103:26)[1]

그러나 이 말씀은, 마귀가 처음부터 천사들의 조롱거리가 되도록 창조되었다고 이해할 것이 아니라, 죄를 지은 다음 이런 형벌에 처해진 것이라고 이해해야 할 것이다.

그러므로 그의 처음은 하나님의 피조물이었다. 이는, 지극히 하찮은 작은 동물일지라도, 하나님이 짓지 않으신 존재는 전혀 없기 때문이다. 하나님께로서 모든 척도와, 모든 형상과, 모든 질서가 나오는 바, 이런 것 없이는 그 어떠한 사물도 존재할 수 없고, 생각할 수조차 없다. 그렇다면, 하나님이 만드신, 다른 그 어떠한 피조물보다 본성의 존귀함 면에서 월등히 탁월한 천사들은 말할 나위가 없다.

---

[1] 개역 성경 시 104:26에 해당. 개역 성경에는 "선척이 거기 다니며 주의 지으신 악어가 그 속에서 노나이다"라고 번역돼 있다.

제16장

피조물의 등급과 차이가 때로는 이용 가치에 의해, 때로는 본성의 질서에 의해 좌우됨에 관하여

그리하여 어떤 방식으로 존재하는 것이든 간에 하나님이 아닌 존재, 곧, 하나님이 만드신 존재의 경우, 생명 있는 것이 생명 없는 것보다 더 선호된다. 이것은, 생식의 힘이 있는 것, 심지어는 욕구하는 힘이 있는 것이, 이런 힘이 없는 것보다 더 선호되는 것과 같다. 그리고 생명 있는 것의 경우에는, 지각(知覺) 능력이 있는 것이 없는 것보다 더 선호된다. 예를 들어, 나무보다는 동물이 더 낫다. 그리고 지각 능력이 있는 경우에는 이지적(理智的)인 것이 이지적이 아닌 것보다 더 선호된다. 예를 들어 사람이 가축보다 더 낫다. 그리고 이지적인 것의 경우에는 불가사적(不可死的)인 것이 가사적(可死的)인 것보다 더 선호된다. 예를 들어, 천사가 사람보다 더 낫다.

하지만 이런 것이 선호되는 것은 본성의 질서에 의한 것이다. 그러나 각 피조물의 고유한 용도에 따라 이런 가치 척도도 있고, 저런 가치 척도도 있다. 이에 따라 우리는 지각 능력을 갖추지 못한 어떤 것을 지각 능력을 갖춘 어떤 것보다 더 선호할 수 있는데, 심지어는 우리에게 그럴 힘만 있다면, 지각 능력 갖춘 것을 자연계(自然界)에서 완전히 제거하고 싶을 때도 있다. 그 이유는, 그것이 자연계에서 차지하는 위치를 몰라서일 수도 있고, 혹시 안다 하더라도, 우리의 편익(便益)보다 그 생물의 가치를 낮게 평가하기 때문일 수도 있다. 자기 집에 쥐가 있는 것보다 빵이 있는 것을 더 좋아하지 않을 사람, 벼룩이 있는 것보다 돈이 있는 것을 더 좋아하지 않을 사람이 도대체 어디 있는가? 그러나 이것이 무에 놀랄 일인가? 본성의 존귀함이 분명 대단히 큰 인간을 평가함에 있어서도, 남종보다는 말의 가치를 더 높이 평가하고, 여종보다는 보석의 가치를 더 높이 평가하는 것이 보통 아닌가?

그래서 자유로운 판단이 가능하다면, 이성적으로 생각하는 사람의 판단은, 빈핍한 상황에 내몰린 사람의 판단이나, 욕망의 지배를 받는 사람의 판단과는 현격한 차이가 있다. 왜냐하면 이성은, 그것 자체가 존재의 위계(位階)에서 어떤 위치를 차지하는지를 생각하지만, 빈핍한 상황에 내몰린 사람은, 무엇 때문에 무엇이 필요한지를 생각하기 때문이다. 또 이성은, 영혼의 빛으로 볼 때 참된 것으로 나타나 보이는 것을 바라보는 반면, 욕망은, 무슨 유쾌한 것이 육신의 감각을 즐겁게 해 줄 것인지를 바라보기 때문이다. 하지만 이성적 존재에게는 의지와 사랑의 비중이 매우 크기 때문에, 본성의 질서로 보아서는 천사가 인간보다 더 높은 위치에 있지만, 의의 법칙으로 보아서는 선한 인간이 악한 천사보다 더 높은 위치에 있다.

제17장

사악함에서 오는 악덕은 본성이 아니라, 본성을 거스르는 것으로, 죄 짓는 원인은 창조주께 있지 않고, 의지에 있음

그러므로 "그것은 하나님의 창조물 중에 으뜸"(칠십인경 욥 40:19)이라는 말씀을 우리가 올바로 이해한다면, 마귀의 본성 때문이 아니고, 그의 사악함 때문이다. 이는, 사악함에서 오는 악덕이 존재하는 곳에는, 부패하지 않은 본성이 선행(先行)했기 때문이다.

그러나 악덕은 본성에 해를 끼치지 않을 수 없을 정도로, 본성을 심히 거스르는 것이다. 그러므로 악덕은 본성의 부패인데, 본성은 하나님과 함께 있기를 추구하는 것이다. 이것이 아니라면, 악덕이 하나님으로부터 멀어지는 것이 아닐 것이다. 그렇다면 악한 의지까지도, 본성이 [원래] 선했음을 증명해 주는 엄청난 증거가 된다.

그러나 하나님은 선한 존재들의 가장 선하신 창조주이심과 동시에 악한 의지에 대한 가장 의로우신 정돈자(整頓者)시다. 그래서 악한 의지가 선한 본성을 악하게 사용하는 동안, 그는 악한 의지조차 선하게 사용하신다. 결국, 하나님이 선한 존재로 창조하셨지만, 자기 의지로 말미암아 악하게 된 마귀는 저급한 위치로 떨어져, 그의 [= 하나님의] 천사들에게 조롱을 받게 된 것은, 하나님의 조치에 의한 것이다. 다시 말해, 마귀는 성도들에게 시험을 통해 해를 끼치려고 하였지만, 그의 시험이 성도들에게는 유익이 되었다.

그리고 하나님은 마귀를 만드실 때, 마귀가 장차 악한 자가 될 것을 모르시지 않았고, 마귀의 악에서 당신이 선을 만들어 내실 것을 예견하셨다. 그러므로 시편 기자는 이렇게 말한다.

> 그것을 지은 자가 그것을 자기 천사들의 조롱거리로 만들었고 (칠십인경 욥 40:19)[1]

우리는 이 말씀을 이렇게 이해해야 한다.

> 하나님이 마귀를 지으실 때, 마귀는 하나님의 선하심에 따라 선한 존재로 지어졌다. 그러나 하나님은 당신의 예지(豫知)에 따라, 마귀가 악하게 되었을 때, 그를 어떻게 사용하실지 미리 생각해 두시고, 사전 조치도 취해 놓으셨다.

---

[1] 개역 성경 시 104:26에 해당. 개역 성경에는 "[선척이 거기 다니며] 주의 지으신 악어가 그 속에서 노나이다"라고 번역돼 있다.

제18장

하나님의 섭리로 말미암아 반대적인 것의 대립을 통해서도 찬란함이 더해지는 우주의 아름다움에 관하여

또 하나님은, 천사들은 말할 것도 없고, 인간도 악해질 것을 미리 아셨다. 하지만 그들을 선한 자들의 유익을 위해 사용하사, 역사의 질서를 마치 무슨 댓구(對句)로 멋드러지게 구성된 지극히 아름다운 시가(詩歌)처럼 구성하실 방도 또한 알지 못하셨다면, 그들을 결코 창조하시지 않았을 것이다.

소위 "댓구"(ἀντίθετα/antitheta)는 수사적 장식 중에서 가장 멋있는 것이다. 이것을 라틴어로는 opposita(= "마주 놓은 것")라 하거나, 좀 더 명확하게는 contrāposita(= "반대쪽에 놓은 것")이라 한다. 우리에게는 이런 용어가 익숙한 것이 아니지만, 이런 수사적 표현은 라틴어뿐 아니라, 정말이지, 모든 민족의 언어가 다 사용한다.

사도 바울 역시 이런 댓구를 사용하여 고린도후서의 한 대목을 아주 멋지게 장식했다.

> 7 진리의 말씀과 하나님의 능력 안에 있어 의의 병기로 좌우하고, 8 영광과 욕됨으로 말미암으며, 악한 이름과 아름다운 이름으로 말미암으며, 속이는 자 같으나 참되고, 9 무명한 자 같으나, 유명한 자요, 죽는 자 같으나, 보라, 우리가 살고, 징계를 받는 자 같으나, 죽임을 당하지 아니하고, 10 근심하는 자 같으나, 항상 기뻐하고, 가난한 자 같으나, 많은 사람을 부요하게 하고, 아무것도 없는 자 같으나, 모든 것을 가진 자로다 (고후 6:7-10)

그래서 이처럼 반대말에 반대말을 대비(對比)시키면, 미사여구(美辭麗句)가 생기는 것처럼, 언어를 사용한 무슨 표현법이 아니라, 사물을 사용한 표현법을 통해, 곧, 반대되는 것을 대비시킴으로써 만유의 아름다움이 만들어진다. 이 사실은 집회서 [33장]에 다음과 같이 아주 명확하게 제시돼 있다.

> 14 악의 맞은편에 선이 있고, 사망의 맞은편에 생명이 있는데, 이같이 경건한 자 맞은편에는 죄인이 있도다. 15 그런즉 지존자의 모든 피조물을 바라보라! 그것은 둘씩 짝을 이루나니, 하나 맞은편에 다른 하나가 있느니라.

제19장

하나님이 빛과 어두움을 나누셨다 기록된 말씀을 어떻게 해석해야 하는 것처럼 보이는가?

그리하여 하나님 말씀이 애매모호한 것도 유익한 점이 있는데, 이 사람은 이렇게, 저 사람은 저렇게 해석함으로써 진리에 관한 여러 의견을 내놓게 되고, [사람들을] 깨달음의 빛으로 이끌어 주기 때문이다. (하지만 애매모호한 대목을 해석함에 있어서는 명백한 사실의 뒷받침을 받거나, 의심의 여지가 별로 없는 [성경] 다른 대목의 도움을 받아야 할 것이다. [이런 식으로] 다양한 해석을 검토하는 과정에서 혹시 [성경] 기자의 [원래] 의도한 바에 도달하게 될 수도 있고, 혹시 [원래] 의도가 [계속] 감추어져 있다 하더라도, 그 애매모호한 대목의 심원한 내용을 취급하는 중에 무슨 다른 진리를 설명할 수도 있을 것이다.)

하나님이 하시는 일에 대한 [나의 이런] 생각이 모순된다 생각되지는 않는다. 즉, 최초의 빛이 만들어졌을 때, 천사가 창조된 것이고, 다음과 같은 말씀은 거룩한 천사들과 부정(不淨)한 천사들이 나누어졌다는 뜻으로 이해한다 해도 말이다.

> 4 그 빛이 하나님의 보시기에 좋았더라. 하나님이 빛과 어두움을 나누사, 5 빛을 낮이라 칭하시고, 어두움을 밤이라 칭하시니라. (창 1:4-5)

물론, 오직 하나님만 그들을 나누실 수 있었다. 하나님은, [악한 천사들이] 타락하기 전에도, 그들이 타락하여, 진리의 빛을 잃고, 어두운 교만 속에 머무르게 되리라는 것을 예지(豫知)하실 수 있었다.

그런데 하나님은, 우리가 매우 잘 아는 낮과 밤, 곧, 이 [세상의] 빛과 어두움을 나누시기 위하여, 우리 감관(感官)으로 아주 잘 볼 수 있는 하늘의 발광체(發光體)들에 다음과 같이 명하셨다.

> 하늘의 궁창에 광명이 있어, 땅에 비취고, 주야를 나뉘게 하라!¹

조금 뒤에 보면, 이렇게 말씀하셨다.

> 16 하나님이 두 큰 광명을 만드사, 큰 광명으로 낮을 주관하게 하시고, 작은 광명으로 밤을 주관하게 하시며, 또 별들을 만드시고, 17 하나님이 그것들을 하늘의 궁창에 두어 땅에 비취게 하시며, 18 주야를 주관하게 하시며, 빛과 어두움을 나뉘게 하시니라 (창 1:16-18)

그런데 천사들의 거룩한 공동체는 진리 조명으로 말미암아 영적인 빛을 찬란하게 발하고 있었다. 하나님은 이 빛과, 이것에 반대되는 어두움을 친히 나누실 수 있었다. 여기서 어두움이란, 의의 빛을 등진 악한 천사들의 지극히 가증한 영을 의미한다. 악한 천사들의 본성이 악한 것이 아니라, 의지가 악한 것이지만, 하나님께는 그들의 의지가 악하다는 사실이 감추어져 있거나, 불확실한 채로 있다는 것은 불가능하다.

---

¹ 창 1:14-15 (= "14 하나님이 가라사대 하늘의 궁창에 광명이 있어 주야를 나뉘게 하라 또 그 광명으로 하여 징조와 사시와 일자와 연한이 이루라 15 또 그 광명이 하늘의 궁창에 있어 땅에 비취라 하시고 [그대로 되니라]") 축약.

제20장

"그 빛이 하나님의 보시기에 좋았더라" 하신 말씀에 관하여

끝으로 묵과해서는 안 될 사실이 있다. 그것은, "하나님이 가라사대 '빛이 있으라!' 하시매, 빛이 있었고"(창 1:3)라는 말씀 다음에 바로 "그 빛이 하나님의 보시기에 좋았더라"(창 1:4)는 말씀이 이어서 나온다는 사실이다. 빛과 어두움을 나누시고, 빛을 "낮"이라, 어두움을 "밤"이라 칭하신 후에 [창 1:4] 말씀이 나온 것이 아니다. 이는, 하나님이 빛과 더불어 어두움에 대해서도 보시기에 좋았더라는 말씀을 하셨다는 인상을 주지 않기 위해서다.

사실, 어두움에 허물이 없을 때, 그것을 하늘의 발광체들이 우리 육안에 보이는 빛과 나눌 때, "하나님의 보시기에 좋았더라"(창 1:18)는 말씀이 삽입되는데, 그것은 [빛과 어두움이 나뉘기] 전이 아니고, 후였다. 성경 본문은 이렇게 되어 있다.

> 17 하나님이 그것들을 하늘의 궁창에 두어 땅에 비취게 하시며, 18 주야를 주관하게 하시며 빛과 어두움을 나뉘게 하시니라. 하나님의 보시기에 좋았더라 (창 1:17-18)

그 둘 다 [하나님을] 기쁘시게 하였다. 이는, 그 둘 다 죄가 없었기 때문이다. 그러나 "하나님이 가라사대 '빛이 있으라!' 하시매, 빛이 있었고, 그 빛이 하나님의 보시기에 좋았더라"(창 1:3-4a) 하신 곳에서는, 그 다음에 바로 "하나님이 빛과 어두움을 나누사, 빛을 낮이라 칭하시고 어두움을 밤이라 칭하시니라"(창 1:4b-5a)는 말씀이 삽입된다. 이곳에서는 "하나님의 보시기에 좋았더라"는 말씀이 더해지지 않았다. 이는, 그 둘 중 하나가 악했기 때문에, 둘 다를 선하다 부르지 않기 위해서였다. 물론, 그 하나가 악한 것은, 본성이 악한 것이 아니라, 그 자신의 의지가 악한 것이긴 하다.

그러므로 이 대목에서는 빛만이 창조주를 기쁘시게 하였다. 반면, [악한] 천사들의 어두움은 정돈의 대상이기는 하였으나, [좋다고] 인정할 수 있는 것은 아니었다.

제21장

하나님의 영원하고 불변적인 지혜와 의지에 관하여. 이로 말미암아 하나님이 만드신 만물은 창조 전에도 후에도 항상 그의 기쁨의 대상

모든 것에 대하여 "하나님의 보시기에 좋았더라" 하신 말씀이, 하나님이 만드신 솜씨, 곧, 하나님의 지혜를 인정하는 의미의 말씀이 아니고 대체 무엇이겠는가?

그러나 하나님은 [무엇을] 창조하시고 나서야, 그것이 좋다는 것을 깨달으시는 분이 아니다. 도리어 하나님이 모르셨다면, 피조물 중 아무 것도 생기지 않았을 정도로, [전지전능하신 분이다]. 그러므로 하나님이 [무엇을] 좋다고 보시는 것은, 그것이 좋다는 것을 가르치시는 것이지, 깨달으시는 것이 아니다. 그것이 생기기 전에 미리 모르셨다면, 그것이 생기지 않았을 것이기 때문이다.

플라톤도 감히 한걸음 더 나아가, 하나님이, 세계 만물이 완성되자, 기쁨에 겨워하셨다는 말을 하였다.[1] 플라톤은 물론, 하나님이, 당신이 새로 만드신 피조 세계를 보시고서 예전보다 더 행복해지셨다는 생각을 할 정도로 어리석지는 않았다. 플라톤이 말하고 싶었던 것은 오히려, 하나님은,

---

[1] *Timaios* x, 37c: "이것을 생기게 한 아버지가 … 이것을 보았을 때, 경탄하며 기뻐한 니미지, …".

당신이 예술 작품처럼 만드실 것을 기뻐하셨던 것처럼, 이미 만드신 것을 마치 예술가처럼 기뻐하셨다는 사실이었다. 플라톤은, 하나님의 지식이 어떤 모양으로든 변화했다는 것을 말하려 했던 것이 아니다. 하나님의 지식을 보면, 아직 존재하지 않는데, 앞으로 만들어야 할 것이 벌써 존재하는 것 내지는 존재했던 것과 [전혀] 다르지 않다. 왜냐하면 하나님은, 장래 일을 내다보거나, 현재 일을 바라보거나, 과거 일을 회고해 보거나 하는 우리와는 다르시기 때문이다. 하나님이 보시는 방식은, 우리가 보통 생각하는 방식과는 전혀 다르다. 그는 멀리, 깊이 보신다.

사실 하나님은 생각의 대상을 이것에서 저것으로 바꾸시지 않고, 완전히 불변적(不變的)으로 바라보신다. 그래서 시간적으로 생성되는 이 모든 것을 – 아직 존재하지 않는 미래적인 것이든, 이미 존재하고 있는 현재적인 것이든, 더 이상 존재하지 않는 과거의 것이든 – 안정되고 영원한 현재로 파악하신다.

[그에게는] 또 눈으로 보는 것과 영으로 보는 것이 다르지 않다. 이는, 그가 육신과 영혼의 복합체가 아니시기 때문이다. 또 현재와, 과거와, 미래에 보는 것이 다르지 않다. 이는, 그의 지식이 우리의 지식과는 다르게, 현재, 과거, 미래라고 하는 세 시제(時制)에 따라 바뀌는 것이 아니기 때문이다.

> 그는, 변함도 없으시고, 회전하는 그림자도 없으시니라 (약 1:17)

또 하나님은 이 생각에서 저 생각으로 주의를 바꾸시지 않는다. 그의 보심은 비유체적(非有體的)인 것이기 때문에, 아시는 것 전체를 그는 동시적으로 보신다. 이는, 그가 시간적인 것들을 시간적인 개념으로 아시는 것이 결코 아니다. 이것은, 그가 시간적으로 움직이심이 전혀 없이 시간적인 것들을 움직이게 하시는 것과 같다.

그러므로 하나님은, 당신이 만드시는 것이 좋다고 보셨던 바로 그때, 당신이 만드신 것을 좋다고 보신 것이다. 그리고 당신이 만드신 것을 보셨다 하여, 지식이 배가되지 않았다. 혹은 [지식이] 어떤 면에서든 증가하지 않았다. 즉, 그가 만드신 것을 보기 전에는, 그의 지식이 [나중보다] 더 적었던 일은 [전혀] 없었다. 그는 완전무결한 지식을 가지고 계시므로, 그의 지식은 그의 사역(事役) 때문에 증대되는 일이 없는 것이다. 만약 그렇지 않다면, 그의 사역은 완전무결하지 않을 것이다.

그러므로 만약 우리에게 누구 빛을 만드셨는지만 전해야 했다면, [창세기 기자는] "하나님이 빛을 만드시니라" 말하는 것으로 족했을 것이다. 그러나 누가 빛을 만드셨는지뿐 아니라, 무엇으로 말미암아 만드셨는지도 전해야 했다면, 이렇게 말하는 것으로 족했을 것이다.

> 하나님이 가라사대, "빛이 있으라!" 하시매, 빛이 있었고 (창 1:3)

이로써 우리는, 하나님이 빛을 만드셨을 뿐 아니라, 로고스를 통해서도 빛을 만드신 것을 알 수 있었을 테니까 말이다. 하지만 창조에 관해 우리가 알아야 할 것은 특별히 다음 세 가지였다. 1) 누가 만드셨는가? 2) 무엇을 통해 만드셨는가? 3) 무슨 목적으로 만드셨는가? 그래서 [창세기 기자는] 이렇게 말한다.

> 하나님이 가라사대, "빛이 있으라!" 하시매, 빛이 있었고, 4 그 빛이 하나님의 보시기에 좋았더라 (창 1:3-4)

그러므로 "누가 만드셨는가?"라 우리가 묻는다면, "하나님"이라 답하고, "무엇을 통해 만드셨는가?"라 묻는다면, "하나님이 가라사대, '빛이 있으라!' 하시매, 빛이 있었고"라 답하고, "무슨 목적으로 만드셨는가?"라 묻는다면, "[그 빛이 하나님의] 보시기에 좋았더라"고 답한다.

하나님보다 더 훌륭한 창조자는 없고, 하나님의 로고스보다 더 훌륭한 창조 기술이 없고, 선하신 하나님에 의해 선한 것이 창조되는 것보다 더 훌륭한 목적은 없다. 플라톤도 세계 창조의 가장 합당한 이유는, 선하신 하나님에 의해 선한 것이 생성되는 것이라 하였다.[1] 플라톤은 필시 성경을 읽었거나, 성경 읽은 사람에게서 [듣고] 알았거나, 아니면, [그의] 지극히 예리한 통찰력으로 하나님의 보이지 아니하는 것들을 그 만드신 만물을 통하여 보아 알았거나,[2] 아니면, 그렇게 보아 안 사람에게서 배웠을 것이다.

---

[1] *Timaios* vi, 30a: "가장 선하신 분이 가장 좋은 것말고 다른 것을 행하신다는 것은 전에도 가당치 않았지만, 지금도 가당치 않습니다".

[2] 롬 1:20 (= "창세로부터 그의 보이지 아니하는 것들 곧 그의 영원하신 능력과 신성이 그 만드신 만물에 분명히 보여 알게 되나니 그러므로 저희가 핑계치 못할지니라") 참조.

제22장

선하신 창조주께서 우주 안에 선하게 창조하신 만물 가운데 어떤 것을 마음에 들어 하지 않는 자들, 악한 본성을 지닌 것이 상당수 있다 믿는 자들에 관하여

하지만 이 같은 [창조의] 목적을 일부 이단자들은 깨닫지 못하였다. 하나님의 선하심이, 선한 것들이 창조된 목적이다. 내가 말하거니와, 이 목적은 지극히 의롭고도 합당한 목적이다. 이것을 면밀하게 살펴보고, 경건하게 궁구(窮究)한다면, 세계의 기원을 탐구하는 자들의 논쟁은 다 그치게 된다.

우리의 궁핍하고 취약한 육신의 가사성(可死性)은 의로운 형벌에서 이미 온 것이다. 그러나 이런 육신에 맞지 않는 것, 도리어 거침돌 역할을 하는 것이 [우주 안에는] 대단히 많다. 예를 들어, 불이나, 추위, 맹수 등이 이런 것이다.

그러나 그들은 [= 이단자들은], 이런 것들이 자기 고유한 위치에서 그 본성으로 말미암아 얼마나 가치가 있는지, [얼마나] 아름다운 질서에 따라 배치되어 있는지, 그래서 마치 공동체 국가와도 같은 우주 만물 속에서 각기 나름대로 우주의 아름다움에 얼마나 많이 기여하고 있는지, 혹은, 우리가 그것들을 적절하게, 현명하게 이용하기[만] 한다면, 얼마나 많은 유익을 우리 자신에게 끼칠 수 있는지를 깨닫지 못하고 있다.

예컨대, 독이라고 하는 것도, 잘못 쓰면 위험하지만, 제대로 쓰면, 건강에 유익한 의약품이 된다. 그리고 이와는 반대로, 음식이나, 음료나, 빛처럼 사람들이 좋아하는 것도, 무절제하게, 때에 맞지 않게 사용하면, 해롭다는 사실을 깨달을 수 있다.

그러므로 하나님의 섭리는 우리에게 권면하기를, 어리석게 이런 사물을 탓하지 말고, 그 유익함을 탐구하는 일에 정성을 쏟으라 한다. 또 우리의 재능이 부족할 경우, 아니, [우리] 연약함 때문에 탐구가 잘 되지 않을 경우, 그 유익함이 감추어져 있다 생각하라 권면한다. 그 유익함을 우리가 이미 발견해 낸 것도 [실은], 상당히 어려운 과정을 거쳐 발견했으니까 말이다. 이는, 유익함이 감추어져 있다는 것은 [우리] 겸손을 훈련하거나, 자만심을 억제하는 데 도움이 되는 까닭이다. 왜냐하면, 그 어떠한 존재도 악하지가 않고, 악이라는 명사는 오직 "선의 결핍"만을 의미하기 때문이다.

그러나 땅에 속한 것에서부터 하늘에 속한 것에 이르기까지, 보이는 것에서부터 보이지 않는 것에 이르기까지 선한 것들 중에도 그 선함에 차이가 있고, 이런 차이 때문에 만유가 존재한다.

그런데 하나님은 위대한 것들을 만드신 위대한 예술가시지만, 작은 것을 만드실 때에도 그의 위대하심이 줄어들지 않는다. 작은 것들은 (위대함이 전혀 없다 하여도) 그것의 위대함으로 평가할 것이 아니라, 예술가의 지혜를 기준으로 하여 평가해야 할 것이다. 눈에 보이는 사람의 모습을 가지고 예를 들자! 만약 한쪽 눈썹을 밀어 버린다면, 그의 몸에서 제거한 것이 거의 없다 해도, 아름다움이라는 관점에서는 엄청난 것을 제거한 셈이 된다. 이는, 아름다움이 덩치에 달린 것이 아니라, 지체의 균형과 조화에 달린 것이기 때문이다.

악한 본성을 지닌 존재가 [하나님과] 대립하는 무슨 원리에서 발생하고 전파된다 믿는 자들이, 만물의 이러한 창조 원인이, 선하신 하나님이 선한 것들을 창조하셨다는 데 있다는 사실을 인정하지 않으려 하는 것은 정말이지 크게 놀랄 일이 아니다. 그들이 생각하기로는, 하나님은 당신에게 반역하는 악[의 세력]을 물리쳐야 하는, 아주 엄청난 필요성에 내몰려, 이 세상이라는 골칫덩이를 창조할 수밖에 없었고, 악을 억제하고 극복하기 위해 당신의 선한 본성에 악한 본성을 섞으셨는데, 이렇게 지극히 추하게 오염되고, 지극히 괴로운 포로 생활에 시달리고 있는 당신의 본성을 정화, 해방시키기 위해 엄청난 노력을 기울이지만, 완전히 성공하지는 못하고 있다. 그래서 오염에서 정화되지 못하는 부분은, 장차 원수가 패배하여 갇히게 될 때, 원수를 덮고 묶어 두는 덮개 내지 사슬이 될 것이다.

하지만 마니교 신자들도 하나님의 본성을 있는 그대로 믿는다면, 곧, 그의 본성은 불변적이고 전적으로 불후(不朽)하여, 어떤 사물도 그의 본성에 해를 끼칠 수 없다는 사실을 믿는다면, 이렇게 어리석은 생각, 아니, 정신 나간 생각을 하지 않을 것이다.

그런데 영혼은 의지로 말미암아 더 나빠질 수 있고, 죄로 말미암아 부패할 수 있다. 그리하여 불변적 진리의 빛을 박탈당할 수 있다. 영혼은 하나님의 일부도 아니고, 하나님과 동일본질도 아니다. 도리어 하나님에 의해 창조된 것으로, 창조주와는 매우 다르다. 이런 사실을 건전한 기독교 신앙에 입각해 인정한다면, [마니교 신자들은 이렇게 정신 나간 생각을 하지 않을 것이다.]

제23장
오리게네스의 가르침이 어떤 오류 때문에 비판받는지에 관하여

1. 그러나 훨씬 더 놀라운 일은, 만유의 근원이 하나뿐이고, 하나님 이외의 그 어떤 존재도 창조주 하나님이 지으시지 않았으면 존재할 수 없음을 우리처럼 믿는 사람들 중에도, 천지 창조의 이유가, 선하신 하나님이 선한 것들을 지으신 것이라는 이 선하고도 단순한 사실에 있음을 선하고 단순하게 믿으려 하지 않는다는 사실이다. 하나님 이외의 존재는 모두 하나님보다 나중에 존재하고, 오직 선하신 하나님이 만드신 것이다.

하지만 그들은 말하기를, 영혼은 하나님의 일부가 아니고, 하나님이 만드셨으나, 창조주와 멀어지면서 죄를 지었는데, 죄를 지은 정도의 차이에 따라 하늘로부터 땅에까지 떨어진 정도가 다르고, 각기 다른 육신을 받았고, 육신은 마치 쇠사슬 같은 것이라고 한다. 또 바로 이것이 세상이고, 세상이 창조된 이유라고 한다. 즉, 선한 것을 창조하기 위한 것이 아니라, 악한 것을 억제하는 것이 창조 목적이라는 것이다.

바로 이 점 때문에 오리게네스가 비판을 받는 것이 마땅하다. 그는 『페리 아르콘』(*Περὶ ἀρχῶν*), 곧, 『원리론』(*Dē prīncipiīs*)이라는 책에서 이러한 생각을 개진(開陳)하여 글을 썼다. 교회 관련 문헌에 그처럼 박학다식한 사람이, 우선 이 같은 생각이 엄청난 권위를 지닌 우리의 책 성경에 나오는 내용과 어긋난다는 사실을 깨닫지 못했다니, 나는 놀라서 말을 할 수가 없다. 성경은 하나님의 모든 창조 사역에 대해서 "하나님의 보시기에 좋았더라"는 말씀을 덧붙였고, 창조 사역이 다 완료되었을 때는, 다음과 같이 결론을 내렸다.

하나님이 그 지으신 모든 것을 보시니, 보시기에 심히 좋았더라 (창 1:31)

이 말씀은 오직, 선하신 하나님에 의해 선한 것들이 지음을 받았다는 의미의 말씀일 뿐이다.

만약 아무도 죄를 짓지 않았다면, 세계는 오직 선한 존재들로만 질서 정연하게 가득 채워져 있을 것이다. 하지만 죄가 있다고 해도, 세계 전체가 다 죄로 채워져 있는 것은 아니다. 이는, 천상 세계에는 훨씬 더 많은 수의 선한 천사들이 그들 본연의 질서를 지키고 있는 까닭이다.

그런데 악한 의지는 본연의 질서를 지키기 싫어하긴 해도, 그렇다 해서 모든 것을 선하게 정돈하시는 의로우신 하나님의 법을 피해 달아날 길은 없다. 이는, 마치 그림에서 제자리에 그려 넣어진 검정색이 그런 것처럼, 누가 만약 우주 전체를 바라볼 수 있다면, 그 속에 죄악된 자들이 있다고 해도, 우주는 아름답다[는 사실을 알게 될 것이다]. 비록 죄악된 자들을 따로 떼어서 본다면, 그들의 구부러진 모습이 추하게 느껴지겠지만 말이다.

2. 다음으로 오리게네스 및 그와 생각을 같이 하는 자들이 반드시 알아야 할 것이 있다. 만약 그의 생각이 옳다면, 세상이 창조된 것은, 영혼이 육신을 입은 것은, 자기 죗값을 치르기 위해 마치 강제노역장 같은 곳에 갇혀 벌을 받기 위해서다. [그래서] 작은 죄를 지은 자들은 상대적으로 높은 곳에 위치한 노역장에서 비교적 가벼운 벌을 받고, 큰 죄를 지은 자들은 상대적으로 낮은 곳에 위치한 노역장에서 비교적 무거운 벌을 받을 것이다. 악령들보다 더 악한 것은 없으므로, 땅에 속한 육신을 받을 것인데, 이들의 육신보다 더 천하고 무거운 것은 없을 것이다. 물론, 사람들, 특히 선한 사람들도 땅에 속한 육신을 받아야 한다.

그런데 하지만 영혼의 공적이 육신의 성질에 달려 있는 것이 아님을 우리로 하여금 깨닫게 하기 위하여, 가장 악한 악령은 공기로 된 육신을 받은 반면, 사람은 흙으로 된 육신을 받았다. 비록 사람은 지금 악하기는 해도, 사악함의 정도에서는 악령보다 훨씬 덜한데, [에덴 동산에서] 죄를 짓기 전에는 더 그랬다.

그런데 하나밖에 없는 우주에 태양은 하나밖에 없지만, 예술가이신 하나님이 그것을 아름다운 장식으로 만드신 것도 아니고, 유체(有體)들의 복리를 위해서 만드신 것도 아니라, 어느 한 영혼이 죄를 지어, 그 영혼을 이런 유체에 가두는 것이 당연했기 때문에 만드신 것이라는 주장처럼 어리석은 주장이 어디에 있겠는가?

그러므로 만약 그런 영혼이 하나만 있었던 것이 아니라, 둘이 있었다고 해 보자! 아니, 둘이 아니라, 열 혹은 백이 있었다고 해 보자! 그들이 비슷하게 혹은 똑같이 죄를 지었다면, 이 세상에는 백 개의 태양이 있었을까? [오리게네스와 그 추종자들의 말이 맞다면,] 이런 일이 생기지 않은 것은, 창조주께서 유체들의 복리와 아름다움을 위해 놀라운 섭리를 행하셨기 때문이 아니라, 한 영혼이 엄청난 죄를 지어서, 그 영혼 하나로 인해 이러한 유체가 당연히 생겨야 했기 때문이라 해야 한다.

그들은, 자기네가 무슨 말을 하고 있는지도 [잘] 모른다. 그러나 분명 제동을 걸어야 마땅한 것은, [그들이 말하는] 영혼의 방황이 아니라, 그런 생각을 진리에서 아주 멀리 떠나 있는 그들 자신의 행로다.

그러므로 우리가 앞에서 제기한 세 가지 질문, 곧, 1) "누가 만드셨는가?", 2) "무엇을 통해 만드셨는가?", 3) "무슨 목적으로 만드셨는가?"라는 질문은 모든 피조물에 대해 제기할 수 있는데, 이에 대한 답은 이렇게 할 수 있을 것이다.

하나님이 로고스로 말미암아 만드셨고, 그 이유는, 선하기 때문이다.

여기서 또 이렇게 물을 수 있다.

신비한 높은 곳에서 [이것을] 우리에게 성삼위 자신, 곧, 성부와, 성자와, 성령이 알려 주셨는가? 아니면, 성경의 이 개소(個所)[1]에 대해 이런 해석을 하지 못하게 막는 것이 있는가?

이 문제는, 많은 설명이 필요한데, 모든 것을 이 책 한 권으로 해결하라고 요구하는 것은 무리다.

제24장

모든 만물 속에 당신을 가리키는 표지를 뿌려 놓으신 성삼위 하나님에 관하여

우리는 성부께서 로고스, 곧, 지혜를 낳으셨음을 믿고, 인정하고, 신실하게 선포한다. 이 지혜로 말미암아 만물이 지으심을 받았는데, 그가 바로 독생자시다. [그래서] 유일하신 분이 유일하신 분을 낳으신 것이고, 영원하신 분이 똑같이 영원하신 분을 낳으신 것이며, 지극히 선하신 분이 똑같이 [지극히] 선하신 분을 낳으신 것이다. [우리는] 또, 성령이 아버지의 영임과 동시에 아들의 영임을 믿는다. 그리고 성령은 [성부, 성자] 두 분과 동일본질이시고 똑같이 영원하시다. 또한 이 전체는 각 위격의 고유함 때문에 성삼위시며, 불가분리적 신성(神性)으로 인해 한 하나님이시다. 이것은, 성삼위께서 불가분리적 전능성으로 인해 한 전능자이신 것과 같다.

---

[1] 창 1:31 (= "하나님이 그 지으신 모든 것을 보시니 보시기에 심히 좋았더라") 참조.

하지만 각 위격에 대해 물을 때에도, 그들 각각이 하나님이시고, 전능자시라고 답해야 한다. 반면, 그들 모두에 대해 동시에 물을 때는, "세 하나님"이라거나, "세 전능자"라고 답해서는 안 되고, "유일, 전능하신 하나님"이라 답해야 한다. 이는, 세 위격 속에는 불가분리적 단일성이 아주 엄청나게 존재하는 관계로, 이 단일성이 이렇게 선포는 것이 [하나님의] 뜻이기 때문이다.

하지만 선하신 성부와 선하신 성자의 성령은 [성부, 성자] 두 분께 공통되기 때문에 두 분의 선하심이라 부르는 것이 옳을 수 있는지에 대해 나는 감히 성급한 의견을 제시할 생각이 없다. 그러나 나는 성령을 두 분의 거룩하심이라 말하는 일은 좀 감연(敢然)히 할 수 있을 것 같다. [물론,] 성령을 마치 두 분의 속성인 양 말할 생각은 없다. 도리어 그를 실체 내지 성삼위 안의 세 번째 위격이라 말하고자 한다.

나로 하여금 이런 생각을 그럴 듯하다 믿게 만드는 것은, 비록 성부도 영이시고, 성자도 영이시며, 성부도 거룩하시고, 성자도 거룩하시지만, 그럼에도 불구하고 그가 본래적 의미에서 "거룩한 영"이라 불리되, 그의 거룩함은 실체적 성격의 것임과 동시에, [성부, 성자] 두 분과 공통된 거룩함이기 때문이다.

그러나 만약 하나님의 선하심이 하나님의 거룩하심과 다른 것이 아니라면, 하나님의 사역(事役)을 통해 우리가 하나님의 삼위일체성을 살피는 것은 실로 면밀하게 이지적(理智的)으로 탐구하는 작업이지, 만용을 부리며 주제넘는 일을 행하는 것이 아니다. 하나님의 사역은 모종(某種)의 비밀스런 표현 방법으로, 우리의 정신력을 훈련시킨다. 그리하여 하나하나의 피조물을 누가 만드셨으며, 무엇을 통해 만드셨으며, 무엇 때문에 만드셨는지를 우리가 깨닫게 된다.

사실, "[빛이] 있으라"(창 1:3) 말씀하신 분은 로고스의 아버지시라 생각된다. 아버지가 말씀하시자, 생성된 것은 의심할 여지 없이 로고스로 말미암아 생성된 것이다. "하나님의 보시기에 좋았더라"(창 1:4)는 말씀은, 하나님이 만드신 것은, 그 어떠한 필요에 의해 어쩔 수 없이 만드신 것이 전혀 아니고, 당신에게 무슨 유익이 되게 하기 위해서, [무슨] 부족을 채우기 위해서가 전혀 아니고, 도리어 오직 선하심 때문에 만드셨다는 것, 그러니까, 피조물이 선하기 때문에 만드셨다는 것을 의미한다.

["보시기에 좋았더라"는] 말씀은, 피조물이 만들어진 다음에 하신 말씀이다. 즉, 생성된 것이 [그의] 선하심에 상응한다는 사실, 그의 선하심 때문에 생성되었다는 사실을 가리키는 말씀이다.

이 선하심을 성령이라고 보는 [우리의] 해석이 옳다면, 성삼위 전체가 그의 창조 사역 안에 계시된다. 그러므로 성삼위는 위에 있는, 곧, 거룩한 천사들이 거하는, 거룩한 도성의 근원이자, 광명이자, 복락이다. 그래서 그 근원이 어디냐고 묻는다면, 하나님이 창설하셨다 할 것이고, 그 지혜가 어디서 왔느냐고 묻는다면, 하나님이 조명(照明)해 주신다 할 것이며, 그 복락이 어디서 유래하느냐고 묻는다면, 그들이 향유(享有)하는 것은 하나님이시라 할 것이다. 이 도성은 존재하면서 형성되고, 바라보면서 빛을 받고, [하나님을] 가까이함으로써 기쁨을 누린다. 이 도성은 존재하며, 보며, 사랑한다. 그 생명은 하나님의 영원하심 안에 있고, 그 빛은 하나님의 진리 안에 있고, 그 기쁨은 하나님의 선하심 안에 있다.

제25장

철학 전체의 세 분과에 관하여

이해하기 어렵지 않은 일이지만, 이런 이유로 철학자들은 지혜에 관한 학문을 세 분과로 나누려 하였다. 아니, 이 학문이 세 분과로 되어 있음을 깨달을 수 있었다. (그들은 [철학을] 이렇게 나누기로 정한 것이 아니라, [철학이] 이렇게 나누어진다는 사실을 발견하였다.) 이들 분과 중 첫째는 "자연철학"이라 불리고, 둘째는 "이성철학"이라 불리고, 셋째는 "도덕철학"이라 불린다. (이런 용어는 라틴어로 된 책에 이미 많이 사용되고 있는데, 이에 대해서는 제8권에서도 간략하게 취급한 바 있다.)

[그러나] 철학자들이 이 세 분과를 나눔에 있어 하나님의 삼위일체성을 염두에 두었다는 추론을 할 수는 없다. 물론, 이 같은 구분법을 발견하고 권장한 플라톤이 오직 하나님만을 모든 자연 본성의 창조자로 여긴 것이 사실이긴 하지만 말이다. 플라톤은 하나님을 지성의 수여자요, 사랑의 고취자로도 생각했다. 사랑 때문에 우리는 선하고 행복하게 산다.

그런데 여러 사물의 본성과, 진리 탐구의 방식과, (우리의 모든 행동이 추구해야 하는) 선의 궁극적 목적에 대한 의견이 철학자들마다 다른 것이 사실이다. 그럼에도 불구하고 이 세 가지 크고도 포괄적인 문제에 관하여 그들의 모든 관심이 집중되어 있는 것도 사실이다.

[물론,] 이런 문제 하나하나에 대해 각자가 추구하는 것이 무엇인지, 의견 차이가 많이 있지만, 그래도 자연 본성에는 무슨 원인이 있고, 학문 연구에는 무슨 형식이 있고, 삶에는 무슨 목적이 있다는 것에 대해서는 아무도 의심하지 않는다.

또한 어떤 장인(匠人)이든지 무언가를 만들려고 하면, 다음 세 가지 사항을 고려해야 한다. 그것은 (1) 천성과, (2) 교육과, (3) 용도다. 천성은 재능으로, 교육은 학식으로, 용도는 열매로 판단할 수 있다.

본디 열매는 향유(享有)하는 자의 것이고, 용도는 사용하는 자의 것임을 나는 모르지 않는다. 또 향유와 사용 사이에는 차이가 있는 것처럼 보인다. 향유한다는 것은, 우리가 어떤 것을 다른 것과 연관시키지 않고, 그 자체로 즐기는 것이다. 반면, 사용한다는 것은, 우리가 어떤 것을 다른 것 때문에 구하는 것이다. (그러므로 시간적인 것은 향유의 대상이라기보다는, 영원한 것을 향유할 자격을 얻기 위해 사용해야 할 대상이다. 돈을 향유하려 하고, 하나님을 사용하려 하는 자는 사특한 자로, 우리는 그런 자가 돼서는 안 된다. 그런 자는 하나님 때문에 돈을 쓰지 않고, 돈 때문에 하나님을 섬긴다.)

그렇지만 일상생활에서 습관적으로 사용하는 표현 방법을 사용하면, 우리는 열매를 사용하기도 하지만, 사용하는 것을 향유하기도 한다. 이는, 열매도 본디는 "땅의 소산"이라 일컫는데, 우리는 모두 이것을 현세에서 사용하기 때문이다.

그러므로 내가 앞에서 세 가지 사항을 고려해야 한다 지적하면서 (1) 천성과, (2) 교육과, (3) 용도에 대해 말할 때, "용도"라는 말은 이런 습관적인 표현 방법을 따라서 한 것이다.

바로 이 세 가지에서 철학자들은, 내가 아까 말한 대로, 복된 삶을 추구하는 과정에서 철학의 세 분과를 발견했다. 곧, 자연철학은 본성을 위한 것이고, 이성철학은 교육을 위한 것이며, 도덕철학은 실천을 위한 것이다.

그러므로 만약 우리의 본성이 우리로 말미암은 것이라면, 우리는 분명 우리 지혜도 우리 스스로 생성시킬 것이지, 그것을 학문을 통해, 다시 말해, 다른 데서 배움을 통해 얻으려고 애쓰지 않을 것이다. 우리의 사랑 역시 우리에게서 나와, 우리와 결부될 것이고, 복된 삶을 사는 데 충분할 것이므로, 우리가 향유(享有)해야 할 다른 선(善)이 전혀 필요하지 않을 것이다.

　그러나 실상은, 우리 본성이 존재하려면, 하나님을 창조주로 모셔야 하고, 우리가 참된 것을 알려면, 하나님을 아주 당연히 스승으로 모셔야 하며, 우리가 복 있는 자들이 되려면, 하나님을 지극히 내적인 기쁨을 풍성하게 주시는 분으로 받아들여야 한다.

제26장
아직 복락에 이르지 못한 인간의 자연 본성에서도 어느 정도 발견되는, 지극히 높으신 성삼위의 형상에 관하여

그런데 우리는 우리 자신에게서도 하나님의 형상, 곧, 저 지극히 높으신 성삼위의 형상을 발견한다. 비록 우리가 그분과 동등하지 않고, 오히려 아주 동떨어져 있으며, 영원성을 공유하지도 않지만 말이다. 이 모든 것을 요약하자면, 우리는 하나님과 동일본질이 아니다.

　이 형상으로 인해 하나님이 만드신 피조물 중 그 어떤 것보다 더 본성상 하나님과 가까이 있다. 그러나 하나님을 아주 더 닮으려면, 개조되어야 할 부분, 온전해져야 할 부분이 아직 [많이] 남아 있다.

　사실, 우리는 존재하고 있고, 우리가 존재함을 인식하고 있고, 우리의 존재와 인식을 사랑하고 있다. 그런데 방금 말한 이 세 가지 중에는 참된 것과 비슷한 거짓된 것이 있어 우리를 혼란에 빠뜨리는 일은 없다. 이것들은 외부에 있는 것과는 같지 않은 것으로, 어떠한 육신의 감각으로도 접촉할 수 없다. 즉, 색깔을 본다든지, 소리를 듣는다든지, 냄새를 맡는다든지, 맛을 본다든지, 딱딱한 것이나 부드러운 것을 만진다든지 해서 감지하는 것이 아니다. 이런 감각적인 것의 이미지는 감각적인 것과 아주 유사하지만, 더 이상 유체적인 것은 아니다. 도리어 사유(思惟)로 고찰하는 대상, 기억 속에 간직하는 대상이고, 그것을 통해 우리는 유체(有體)에 대한 동경을 가지게 된다. 하지만 그 어떠한 판타지나 환상적 이미지를 통해서도, 내가 존재하고, 내가 그것을 인식하고, 또 사랑한다는 사실은 지극히 확실하기 때문에, 이 사실에 대해 내가 속는 일은 없다.

이 같은 사실 앞에서 나는, "만약 그대가 속는다면, 어떻게 하겠느냐?"고 말하는 아카데미 학파의 이론에 대해 전혀 두려움을 느끼지 않는다. 이는, 내가 속는다 해도, 나는 존재하기 때문이다. 정말이지, 존재하지 않는 사람은 속을 수도 없다. 그러므로 내가 속임을 당한다면, 나는 존재한다. 내가 속임을 당한다면, 나는 존재하는 것이기 때문에, 내가 어떻게 나의 존재 사실에 대해 속겠는가? 내가 속임을 당한다면, 내가 존재하는 것이 확실하니 말이다.

만약 내가 속는다면, 내가 속는다 해도, 나는 존재하는 것인 까닭에, 내가 존재한다는 것을 인식한다는 점에 대해서 나는, 의심할 여지가 전혀 없이, 나는 속임을 당하고 있지 않다. 결국 나는, 내가 인식하고 있다는 사실을 인식하고 있다는 점에서도 속임을 당하고 있지 않다. 이는, 내가 존재하고 있다는 사실을 내가 인식하고 있는 것처럼, 내가 인식하고 있다는 사실 역시 인식하고 있기 때문이다.

그리고 나는 이 두 가지 것을 사랑함으로써, 내가 인식하고 있는 것들에 세 번째 인식을 추가한다. 이 인식의 중요성은 다른 인식에 뒤지지 않는다.

나는 또한, 내가 사랑하고 있다는 점에서도 속임을 당하고 있지 않다. 이는, 내가 무엇을 사랑하는지에 대해 속임을 당하고 있지 않기 때문이다. 설령 내가 거짓된 것을 사랑한다 해도, 내가 거짓된 것을 사랑한다는 사실 자체는 참이다. 정말이지, 내가 만약 그것을 사랑한다는 사실이 거짓이라면,

내가 거짓된 것을 사랑한다고 책망받는 일, 거짓된 것을 사랑하지 말라고 요구받는 일이 어떻게 옳을 수 있겠는가? 하지만 [내가 사랑하는] 그것들이 참된 것, 확실한 것이라면, 사랑의 대상인 그것들에 대한 사랑 역시 참되고 확실하다는 사실을 그 누가 의심하겠는가?

이뿐이 아니다. 행복하기를 원하지 않는 사람이 아무도 없는 것처럼, 존재하기를 원하지 않는 사람은 아무도 없다. 아무것도 존재하지 않는다면, 어떻게 행복할 수 있겠는가?

제27장

존재 및 인식과 이 두 가지에 대한 사랑에 관하여

1. 그런데 어떤 자연적 본능에 의하여 존재한다는 것 자체는 아주 유쾌하게 느껴진다. 그래서 바로 이 때문에 불행한 사람들도 죽기를 원하지 않고, 자기가 불행하다 느끼면서도, 자기가 이런 상황에서 벗어나 [죽기] 보다는, 오히려 이런 불행이 자기에게서 물러가기를 바란다. 자기가 보기에도 대단히 가련하고, 정말 [실제로] 그런 사람들, 지혜자들이 보기에는 어리석어서 가련하다 여겨지는 사람들, 스스로 행복하다 여기는 사람들 보기에는 가난하고 비럭질하기 때문에 가련하다 여겨지는 사람들 - 이런 사람들에게 만약 누가 불가사성(不可死性)을 선사한다고 하자! 하지만 그 가련함 자체는 물러가지 않을 것이라고 말한다 하자! 만약 그 가련함 속에 항상 머무르기를 원하지 않으면, 아무도 절대 장차 더 이상 생존하지 못하고, 완전히 사라져 없어질 것이라 말한다 하자! 그러면 그들은 분명히 환호

작약하면서 [더 이상] 전혀 생존하지 못하는 편보다는 항상 생존하는 편을 선택할 것이다.

  그들이 느끼는 마음은 아주 분명하지만, 그런 마음이 이런 사실을 증명한다. [사람들이] 죽는 것을 두려워하고, 그와 같은 고통을 죽음으로 끝내기보다는 그와 같은 고통 속에서도 살아남기를 원하는 것은 왜인가? 그것은, 사라져 없어지는 것을 본성이 얼마나 싫어하는지를 잘 보여 주는 것 아닌가? 그래서 자기가 죽을 것이라는 사실을 알게 되었을 때, 그토록 비참한 상황 속에서나마 조금이라도 더 오래 살기를, 조금이라도 죽음이 더 늦게 찾아오기를 바라고, 자기에게 그러한 자비가 베풀어지는 것을 큰 은혜로 여긴다. 그러므로 그들은, 비럭질하는 삶에 끝이 나지 않는다 하더라도, 불가사성(不可死性)을 아주 감사한 마음으로 환영할 것임을 의심할 여지 없이 보여 준다.

  어떤가? 모든 생명체는 – 이런 것을 생각할 능력을 부여받지 못한, 이성이 없는 것들까지도 – 거대한 용에서부터 작은 벌레에 이르기까지, 자기들이 할 수 있는 모든 움직임을 통해서, 자기네가 생존하기를 원하고, 이를 위해 죽음을 피한다는 사실을 보여 주고 있지 않은가? 어떤가? 아무런 감각이 없고, 눈에 띄는 운동으로 멸망을 피할 능력을 갖추지 못한 관목(灌木)이나 모든 덤불도 꼭대기에서 공중을 향해 튼실한 싹을 내미는 한편, 땅에는 뿌리를 박고, 양분을 섭취함으로써 어떤 식으로든 자기[생명]을 유지하려고 하지 않는가? 마지막으로, 감각은커녕 배아적(胚芽的) 생명조차 전혀 없는 유체(有體)들 역시 위로 튀어오르든, 아래로 내려가든, 중간에 매달려 있든, 자연 본성에 따라 존재할 수 있는 곳에서 자기 존재를 유지하려고 한다.

2. 그런데 인간의 본성이 인식하기를 얼마나 좋아하는지, 또 속임 당하기를 얼마나 싫어하는지를 다음과 같은 사실을 통해 알 수가 있다. 곧, 누구든지, 정신이 나간 상태에서 기뻐하기보다는 온전한 정신을 가지고 슬퍼하는 쪽을 더 좋아한다는 사실 말이다.

이 엄청나고 놀라운 능력은 인간을 제외할 때 가사적(可死的) 생물에게는 전혀 없다. 비록 그들 중 어떤 것은 세상 빛을 보는 데는 우리보다 훨씬 더 좋은 시력을 지니고 있지만 말이다. 그러나 우리 영혼에 어떤 식으로든 들어와서, 우리로 하여금 만물에 대해 바른 판단을 내리게 하는 비유체적(非有體的) 빛에 다른 생물들은 접할 수 없다. 정말이지, 이 빛을 받는 능력이 크면 클수록, 우리의 판단 능력도 커진다.

하지만 비이성적인 생물들의 감각에도 비록 결코 지식이라고는 할 수 없다 해도, 분명 지식과 비슷한 것이 있는 것이 사실이다. 반면, 기타의 유체적(有體的) 사물들을 "감각적"인 것이라 하는 것은, 그들에게 감각 능력이 있어서가 아니라, 그들이 감각의 대상이 되기 때문이다. 단지, 초목의 경우에는 양분을 섭취하고 번식을 하는 것이 감각과 비슷하다.

그럼에도 불구하고 초목 등 기타의 유체적 사물들의 경우는 자연 본성 안에 원인이 숨어 있다. 그러나 자기의 형상으로 이 가시적(可視的) 세계의 구조를 아름답게 만들고, 감각 능력을 지닌 것들에게 감각의 대상이 된다. 그래서 자기에게는 비록 인식 능력이 없지만, 마치 인식되기를 바라는 것처럼 보인다. 하지만 우리는 그것들을 육신의 감각으로 파악하기는 해도, 그것들에 대한 판단은 육신의 감각으로 하지 않는다.

이는, 우리에게 이 [육신의] 감각보다 훨씬 더 훌륭한 내면적 인간의 감각이 있는데, 이것으로 우리는 의로운 것과 불의한 것을 알아차린다. [이때] 의로운 것은 이지적(理智的) 형상을 통해, 불의한 것은 그 형상의 결핍을 통해 알아차린다.

이 감각의 기능을 담당하는 것은 눈동자도, 귓구멍도, 콧구멍도, 목의 미각도, 몸의 그 어떠한 촉각도 아니다. 이 감각을 통해 나는, 내가 존재한다는 것, 내가 이 사실을 인식한다는 것을 확신하게 된다. 그리고 나는 이러한 확신을 사랑하며, 이것을 내가 사랑하고 있다는 사실 또한 확신하게 된다.

제28장

우리로 하여금 우리가 존재하는 것과 인식하는 것을 사랑하게 하는 그 사랑까지 우리는 사랑해야 하는가? 그 사랑으로 우리는 성삼위의 형상에 더 근접하게 됨

그런데 이 두 가지, 곧, 존재와 인식을 우리가 얼마나 사랑하는지, [우리보다] 더 낮은 위치에 있는 다른 존재도, 비록 [우리와] 다르기는 하지만, [이 두 가지 면에서] 비슷한 점이 얼마나 있는지를, 이 책의 저술 목적으로 보아 필요하다 생각되는 범위 내에서 충분히 우리는 논했다.

하지만 우리는 우리로 하여금 존재와 인식을 사랑하게 하는 그 사랑에 대하여, 그 사랑까지 사랑해야 하는가에 관해서는 [아직] 논하지 않았다. 물론, 그것은 사랑의 대상이다. 이것은 다음과 같은 사실을 통해 증명된다. 즉, 어떤 사람들에게 사랑받을 자격이 당연히 있다고 할 때, 그들이 사랑받는 것을 통해 오히려 사랑 자체가 사랑을 받는 것이다. 이는, 선이 무엇인지를 아는 사람을 "선한 사람"이라 부르는 것이 합당한 것이 아니라, [선을] 사랑하는 사람을 그렇게 불러야 하기 때문이다.

그렇다면 우리 자신에게도 선한 것이면 무엇이든지 다 사랑하는 사랑 그 자체를 사랑한다는 느낌이 어찌 없겠는가? 물론, 사랑하지 말아야 할 것을 사랑하는 사랑도 있기는 하다. 그리고 이런 사랑이 자기 안에 있을 때, 마땅히 사랑해야 할 것을 사랑하며 [참된] 사랑을 추구하는 사람은 이런 사랑을 미워한다. 이는, 두 가지 사랑이 한 사람 안에 있을 수 있기 때문이다. 그리고 우리로 하여금 선한 삶을 살도록 해 주는 사랑이 증가하고, 우리로 하여금 악한 삶을 살도록 만드는 사랑이 감소하여, 결국 우리의 삶 전체가 온전히 치유되고, 선한 것으로 바뀐다면, 그것은 사람에게 좋은 일이다.

만약 우리가 짐승이라면, 우리는 육적인 삶, 육신의 감각에 속한 것을 사랑할 것이고, 그것이 우리의 보화로 충분할 것이며, 그러한 면에서 우리 형편이 좋다면, 우리는 다른 것을 추구하지 않을 것이다. 또 만약 우리가 초목이라면, 지각의 움직임 면에서는 우리가 아무것도 할 수 없을 테지만, 그래도 더 풍성하게 열매를 맺는 것을 갈망하는 것처럼은 보일 것이다. 만약 우리가 돌이나, 파도나, 바람이나, 불꽃이라면, 아무 감각이나 생명이 없을 테지만, 그래도 우리 자신의 위치와 질서를 지키고자 하는 욕구는 없지 않을 것이다.

사실, 유체(有體)의 중량의 힘은 사랑과 마찬가지로, 무거우면 아래를, 가벼우면 위를 지향한다. 그래서 마치 영혼이 사랑에 따라 어디로든 이끌려 가듯, 유체는 무게에 따라 어디로든 이끌려 간다.

그러므로 우리는 우리 창조주의 형상대로 지음을 받은 사람들이다. 그에게 참된 영원성, 영원한 진리, 영원하고 참된 사랑이 있고, 그 자신이 영원하시고, 참되시고, 귀하신 성삼위시다. 성삼위께는 혼동이나 분리가 없다.

우리보다 저급한 사물들은, 만약 최고의 존재시고, 최고의 지혜자시고, 최고로 선하신 성삼위께서 창조하시지 않았다면, 그것들 스스로는 결코 존재할 수 없었을 것이고, 어떤 형상도 지니지 못했을 것이고, 어떤 질서도 추구하거나 유지하지 못했을 것이다. 우리는 이 사물들 속에서 그의 흔적 같은 것을 찾아보도록 하자! 그는 만물을 놀랍도록 든든하게 만드셨지만, 이 모든 것을 두루 살피며 달려가자! 그의 흔적은 어느 곳에는 많이 남아 있고, 어느 곳에는 적게 남아 있다.

그러나 우리 자신 안에 있는 그의 형상을 바라볼 때는, 마치 복음서에 나오는 그 탕자처럼 우리 자신을 향하여 스스로 돌이키자! 그리고 일어나 그에게로 돌아가자! 우리는 죄를 짓고 그에게서 떠났었다.

그의 곁에 있으면, 우리 존재에는 죽음이 찾아오지 않을 것이다. 그의 곁에 있으면, 우리 인식에는 오류가 없을 것이다. 그의 곁에 있으면, 우리 사랑은 거침돌을 만나지 않을 것이다.

지금은 그러나 우리는 이 세 가지[1]를 확실히 붙들고 있다. 그리고 다른 증인들 때문에 믿는 것이 아니라, 우리 스스로가 [이것들의] 현존을 느끼고 있고, 지극히 참된 내면적 시선으로 이것들을 바라보고 있다.

하지만 이것들이 얼마나 오래 계속될 것인지, 아니면 결코 없어지지 않을 것인지, [이것들을] 선용하거나 악용하는 경우, 어떠한 결과에 이를 것인지 하는 것은 우리 자신의 힘으로는 알 수 없기 때문에, 이에 대해서 우리는 다른 증인들을 찾든지 채택하게 된다. 증인들의 신뢰성에 대해서는 아무런 의심도 하지 말아야 하는데, 그 이유에 대해서는 여기서 설명하지는 않겠고, 추후에 좀 더 자세하게 하도록 하겠다.

---

[1] 존재, 인식, 사랑.

그런데 이 제11권에서 다루는 하나님의 도성은 현세(現世)의 가사적(可死的) 조건 속에서 순례하는 하나님의 도성이 아니라, 하늘에 있는 항상 불가사적(不可死的)인 도성이다. 곧, 하나님을 붙좇는 거룩한 천사들에 관해 다룬다. 이 천사들은 [하나님을] 저버린 적이 결코 없고, 앞으로도 결코 저버리지 않을 것이다. 우리가 이미 말한 것처럼, 하나님은 태초에 이 천사들과, 영원한 빛을 저버리고 어두움이 된 천사들을 나누셨지만, 하나님의 도우심을 힘입어 우리가 [이미] 시작한, [하나님의 도성에 관한] 설명을 우리의 능력 범위 내에서 [계속해 나가도록] 하겠다.

제29장

성삼위 하나님의 신성 그 자체를 인식하고, 피조물이 창조된 원인을 깨닫되, 마치 예술가의 작품을 통해서보다는 먼저 예술가의 솜씨를 보고 깨닫는 듯하는 거룩한 천사들에 관하여

이 거룩한 천사들은 소리 나는 음성을 통해 하나님을 아는 것이 아니라, 불변적 진리의 현존 그 자체를 통해, 다시 말해, 하나님의 독생자이신 로고스를 통해 안다. 그들은 또한 로고스 자체와, 성부와, 두 분의 성령을 알고, 성삼위께서 불가분리적(不可分離的)이시라는 사실, 성삼위 안의 각 위격들이 단일한 실체시라는 사실, 하지만 세 하나님이 아니라, 한 하나님이시라는 사실을 안다. 그들은 이런 사실을, 우리가 우리 자신을 아는 것보다 더 잘 안다.

피조물에 대해서도 그들은 그것을 통해, 곧, 하나님의 지혜를 통해 [알되, 자기 가신을 통해 아는 것보다] 더 잘 안다. 말하자면, 피조물 자체를 통해서보다 창조주의 솜씨를 통해서 더 잘 안다. 그러므로 그들은 자기

자신에 대하여도 자기 자신을 통해서 알기는 하지만, 그래도 자기 자신을 통해서보다는 창조주의 솜씨를 통해서 더 잘 아는 것이다. 이는, 그들이 피조물이고, 창조하신 분과는 다른 존재이기 때문이다. 그러므로 그들이 창조주의 솜씨를 통하여 아는 것은 아침에 아는 것 같은 지식이라면, 자기 자신을 통하여 아는 것은 저녁에 아는 것 같은 지식인데, 이것은 이미 앞에서 말한 바와 같다.

  정말이지, 어떤 것을 알되, 그것이 만들어진 이치[= 이데아]로 아는 것과, 그것 자체로 아는 것은 크게 다르다. 예를 들어, 선의 똑바름이나 도형의 정확성을 이치로 살펴서 아는 것과, 모래 위에 그려 보아 아는 것은 다른 것이다. 또 의(義)를 불변적(不變的) 진리에 비추어 아는 것과, 의로운 사람의 영혼을 통해 아는 것은 다른 것이다.

  또 그밖의 다른 것에 대해서도 마찬가지다. 예를 들어, 궁창 위의 물과 궁창 아래의 물이 나누어진 다음, "하늘"이라 불리게 된 궁창이든지, 궁창 아래 물이 모인 것이라든지, [물이 모일 때] 땅이 드러난 것이라든지, 풀과 나무가 난 것이라든지, 해와, 달과, 별의 창조라든지, 물에서 나온 동물, 곧, 날짐승과, 물고기와, 헤엄쳐 다니는 바다괴물의 창조에 대해서도 마찬가지다. 육지에 걸어다니거나 기어다니는 동물 및 심지어 땅의 모든 만물 중 가장 뛰어난 인간에 대해서도 마찬가지다.

  이 모든 것을 하나님의 로고스 안에서 천사들이 아는 것과, 그것 자체로 아는 것은 다르다. 만물이 지어진 원인과 이데아는 로고스 안에 있고, 불변적으로 항존한다. 이치로 아는 것은 명확한 것이고, 자체로 아는 것은 불명확한 것이다. 마치 [예술가의] 솜씨를 통해 아는 것과 작품을 통해 아는 것이 다른 것처럼 말이다. 하지만 작품이 창조주 자신에 대한 찬양 및 공경으로 연결될 때, [그것을] 관상(觀想)하는 자의 영혼에는 새벽 서광(曙光) 같은 것이 비쳐 오게 된다.

제30장

완전수 6에 관하여. 이 수는 자기 약수의 총합과 같은 첫 번째 수

그런데 6이 완전수이기 때문에, 같은 [성격의] 날이 여섯 번 반복하였고, 이 [모든] 피조물은 6일 동안에 완성되었다 이야기한다. [물론,] 하나님께 시간의 연장이 필요하였기 때문은 아니다. 하나님께 만물을 단번에 지으실 능력이 없었다는 것, 그래서 만물의 움직임에 따라 시간이 흘러가게 내버려 두셨다는 것은 말이 안 된다. 6이라는 숫자는 오히려 [창조된] 만물의 완전함을 상징하는 것이다.

사실, 6이라는 수는 자기 약수의 총합과 같은 첫 번째 수다. 즉, 6의 1/6인 1, 1/3인 2, 1/2인 3을 합하면, 6이 된다. 여기서 말하는 "약수"(約數)란, [그것이 어떤 수의] 몇 분의 1인지를 말해 줄 수 있는 수를 의미한다. 곧, 어떤 수의 1/2, 1/3, 1/4 등을 가리키는 수다.

예를 들어, 9라는 수에 대해 4는 그것의 일부이기는 하지만, 그것의 "약수"라고는 할 수 없다. 하지만 1은 ["약수"라] 할 수 있는데, 이는, 이것이 9의 1/9이기 때문이다. 3도 ["약수"라] 할 수 있는데, 이는, 이것이 9의 1/3이기 때문이다. 그러나 [9의] 두 약수를 합한다 해도, 곧, [9의] 1/9인 1과 1/3인 3을 합해도 원래 총합, 곧, 9와는 큰 차이가 있다.

마찬가지로 10이라는 수에 대해 4는 그것의 일부이기는 하지만, 그것의 "약수"라고는 할 수 없다. 하지만 1은 ["약수"라] 할 수 있는데, 이는, 이것이 10의 1/10이기 때문이다. 10의 1/5, 곧, 2도 약수가 되며, 1/2, 곧, 5도 약수가 된다. 그러나 10의 세 약수, 곧, 1/10인 1, 1/5인 2, 1/2인 5를 합한다 해도 10이 되지 못하고, 8밖에 되지 않는다.

한편, 12라는 수의 약수의 합은 12보다 더 크다. 즉, [12의] 1/12의 1은 1, 1/6은 2, 1/4은 3, 1/3은 4, 1/2은 6인데, 1과, 2와, 3과, 4와 6을 합하면, 12가 아니라, 이보다 더 큰 16이 된다.

내가 이렇게 간략하게 설명을 해야겠다 생각한 것은 6이라는 수의 완전함을 말하기 위한 것이었다. 6은, 내가 [이미] 말한 대로, 자기 약수의 총합과 같은 첫 번째 수다. 하나님은 당신의 창조 사역을 6일 동안에 완수하셨다.

그러므로 숫자의 중요성을 가벼이 보아서는 안 된다. 성경에는 면밀히 살펴보는 자들에게는 숫자를 얼마나 중요하게 생각해야 하는지를 밝히 보여 주는 개소(個所)가 많이 있다. 그래서 하나님을 찬양하는 말씀 중에 다음과 같은 말씀이 있는 것은, 의미가 없지 않다.

주는 모든 것을 한도와, 수량과, 무게에 따라 배열(配列)하셨나이다 (칠십인경 지혜서 11:20)

제31장

충만과 안식이 선포된 제7일에 관하여

그런데 제7일, 곧, 같은 날이 일곱 번 반복된 다음에 하나님의 안식이 선포된다. (일곱이라는 수 역시 다른 이유에서 완전하다.) 이 안식과 관련하여 최초로 "성화"라는 말이 나온다. 그래서 하나님은 이 날을 당신의 무슨 사역(事役)으로 거룩하게 하신 것이 아니라, 당신의 안식으로 거룩하게 하셨다. 그의 안식에는 저녁이 없다. 그리고 그의 안식은 아무 피조물도 아니다. 만약 피조물이었다면, 그것이 하나님의 로고스 안에서 인식될 때와, 그 자체 안에서 인식될 때가 달라서, 하나는 마치 낮과 같은 인식을 생성했을 것이고, 다른 하나는 마치 저녁과 같은 인식을 생성했을 것이다.

7이 완전수라는 사실에 대해서도 많은 이야기를 할 수 있겠지만, 이 제11권 역시 벌써 상당히 길어졌고, 내가 또 두려워하는 것은, 마치 우리가 무슨 기회라도 잡아, 우리의 보잘 것 없는 지식을 제시해서, 유익을 주기보다는 오히려 경박하게 과시한다는 인상을 주는 것이다. 그러므로 절제와 신중이라는 원칙을 지켜, 수에 대해 너무 많은 말을 하다가, 한도와 무게를 등한시한다는 평가를 받지 않는 것이 좋을 것 같다.

그래서 이것 하나만 지적하면 충분할 것 같다. 곧, 첫 번째 온전한 홀수는 3이고, [첫 번째] 온전한 짝수는 4인데, 이 둘을 합하면 7이 된다는 사실 말이다. 그래서 7은 전체를 가리키는 데 사용될 때가 자주 있다. 예를 들어, "대저 의인은 일곱 번 넘어질지라도 다시 일어나려니와"(잠 24:16)라는 말씀은, 의인은 아무리 여러 번 넘어진다 해도 멸망하지 않는다는 뜻이다. 이때 넘어진다는 것은 죄를 짓고 넘어진다는 뜻이 아니고, 고난을 통해 겸손으로까지 인도함을 받는다는 뜻이다. 또 "내가 하루 일곱 번씩 주를 찬양하나이다"(시 119:164)라는 말씀은 다른 곳에서는 달리 표현되어 있다.

그를 송축함이 내 입에 계속하리로다 (시 34:1)

이와 같은 표현이 하나님의 권위를 간직한 책 [성경]에는 많이 발견되는데, 여기에는 내가 [이미] 말한 대로, 7이라는 숫자가 어떤 것의 완전함을 나타내기 위하여 사용될 때가 많다.

이런 까닭에 이 숫자로 성령을 상징하는 때가 자주 있다. 성령에 대하여는 주께서 이렇게 말씀하셨다.

그가 너희를 모든 진리 가운데로 인도하시리니 (요 16:13)

이 수에는 하나님의 안식이 있지만, 이로 말미암아 우리가 하나님 안에서 안식을 누린다.

사실, 온전한 것 속에, 곧, 충만한 완전함 속에 안식이 있다. 반면, 부분적인 것 속에는 수고가 있다. 그러므로 우리가 부분적으로 아는 동안은 수고를 하지만, "온전한 것이 올 때에는 부분적으로 하던 것이"(고전 13:10) 폐해질 것이다. 이런 이유로 우리는 성경을 상고할 때도 수고를 한다.

사실, 온전한 것 속에, 곧, 충만한 완전함 속에 안식이 있다. 반면, 부분적인 것 속에는 수고가 있다. 그러므로 우리가 부분적으로 아는 동안은 수고를 하지만, "온전한 것이 올 때에는 부분적으로 하던 것이"(고전 13:10) 폐해질 것이다. 이런 이유로 우리는 성경을 상고할 때도 수고를 한다.

그러나 우리는 이 지극히 수고로운 순례 길을 가면서 거룩한 천사들의 무리 및 회중에 합류하기를 사모하는데, 천사들은 영원히 존재할 수 있고, 쉽게 인식할 수 있고, 행복하게 안식할 수 있는 입장에 있다. 그래서 그들은 우리를 돕는 일에도 [아무] 어려움이 없다. 이는, 그들의 영적 활동이 순수하고 자유로워서, 수고롭지 않기 때문이다.

제32장
천사의 창조가 세계의 창조 이전의 일이라고 생각하는 사람들의 견해에 관하여

그런데 "빛이 있으라 하시매, 빛이 있었고"(창 1:3)라 기록된 말씀은 거룩한 천사들을 가리키는 말씀이 아니라고 주장하면서, 이 말씀은 그때 처음 창조된, 무슨 유체적(有體的) 빛을 가리키는 말씀이라고 생각하거나 가르치는 사람이 혹시 있을지도 모르겠다. 이런 사람은, "하늘"이라 불리는, 물과 물 사이를 나누는 궁창이 생기기 전에, 천사들이 창조되었을 뿐 아니라, "태초에 하나님이 천지를 창조하시니라"(창 1:1)는 말씀이 가리키는 사건 이전에 [벌써] 창조되었다고 말할지도 모른다. 그러니까 "태초에"라는 말은, 이때 처음으로 창조가 시작되었다는 의미가 아니라고 말할지 모른다. 왜냐하면 하나님이 그 이전에 천사들을 창조하셨다고 생각하기 때문이다. 그러나 이 말은, [하나님이] 만물을 지혜로 창조하셨다는 뜻이다. 지혜는 하나님의 로고스로, 이를 성경은 "태초"라 불렀다. (복음서에 보면, 그리스도께서 유대인들에게 누구냐 질문을 받자, 당신 자신이 "태초"시라고 대답한 바 있다.)[1]

나는 이런 주장에 반대하지 않을 것이다. 그 이유는 특히, 거룩한 책 창세기 맨 처음에도 성삼위가 암시되어 있다는 사실이 나를 대단히 기쁘게 하기 때문이다. 정말이지, "태초에 하나님이 천지를 창조하시니라"(창 1:1)는 말씀은, 성부께서 성자로 말미암아 지으셨다는 뜻으로 이해해야 한다. 이것은 다음과 같은 시편의 말씀이 뒷받침해 준다.

---

[1] 요 8:25 (= "저희가 말하되 네가 누구냐 예수께서 가라사대 나는 처음부터 너희에게 말하여 온 자니라") 참조.

> 여호와여, 주의 하신 일이 어찌 그리 많은지요? 주께서 지혜로 저희를 다 지으셨으니 (시 104:24)

조금 뒤에 보면 성령에 관하여도 아주 적절하게 언급돼 있다. 먼저 "땅이 혼돈하고 공허하며 흑암이 깊음 위에 있고"(창 1:2a)라는 말씀을 덧붙임으로써 하나님이 태초에 어떤 땅을 만드셨는지, 혹은 장차 만드실, "천지"라는 이름의 우주의 덩어리 내지 재료가 어떤 것인지를 이야기한 다음, 성삼위에 대한 진술을 마무리하기 위해 곧바로 "하나님의 신은 수면에 운행하시니라"(창 1:2b)는 말씀을 한다.

그렇다면 각 사람은 자기 원하는 대로 해석을 해도 좋을 것 같다. 이 말씀은 워낙 심오한 말씀이므로, 독자들의 훈련을 위하여, 신앙의 규준에 저촉되지 않는 범위에서라면, 여러 가지 견해를 내놓아도 괜찮을 것이다. 단지, 존귀한 곳에 거하는 거룩한 천사들이 비록 하나님과 똑같이 영원하지는 않더라도, 자기들의 복락이 영구하고 참되다는 사실에 대해 분명한 확신을 가지고 있다는 것을 아무도 의심하지 말아야 할 것이다.

주님은, 당신의 소자(小子)들이 천사들의 무리에 속한다고 가르치시면서, 그들이 "하늘에 있는 천사들과 같으니라"(마 22:30)고 말씀하실 뿐 아니라, 천사들 자신이 어떠한 관상(觀想)을 향유하는지도 보여 주시면서 이렇게 말씀하신다.

> 삼가 이 소자 중에 하나도 업신여기지 말라! 너희에게 말하노니, 저희 천사들이 하늘에서 하늘에 계신 내 아버지의 얼굴을 항상 뵈옵느니라 (마 18:10)

제33장

서로 다른 천사들의 두 집단에 관하여.
이 둘을 빛과 어두움이라 불러도 무방함

그런데 어떤 천사들은 죄를 짓고, 이 우주의 가장 낮은 곳으로 쫓겨났다. 이곳은 그들에게 감옥과 같은 곳으로, 장차 심판 날에 최종적인 정죄를 받을 때까지 그들이 갇혀 있을 것이라는 사실은 베드로 사도가 아주 명확하게 밝혀 주었다.

> 하나님이 범죄한 천사들을 용서치 아니하시고, 지옥에 던져, 어두운 구덩이에 두어 심판 때까지 지키게 하셨으며 (벧후 2:4)

그러므로 범죄한 천사들과 선한 천사들을 하나님이 당신의 예지(豫知)와 행동으로 갈라놓으셨다는 것을 누가 의심하겠는가? 또 선한 천사들은 "빛"이라 부르는 것은 당연한 일인데, 이것을 누가 반대하겠는가? 사실, 우리는 아직 믿음으로 살고 있을 따름이고, 선한 천사들과 같아지는 것은 아직 희망 사항일 뿐, 그러한 경지에 아직 이르지 못했지만, 사도 [바울]은 우리를 "빛"이라 불렀다.

> 너희가 전에는 어두움이더니, 이제는 주 안에서 빛이라. 빛의 자녀들처럼 행하라! (엡 5:8)

반역한 천사들이 믿지 않는 사람들보다 더 악하다고 생각하거나 믿는 사람들은 그런 천사들을 "어두움"이라 부르는 것이 아주 적절하다는 사실을 잘 안다.

그러므로 창세기에 "하나님이 가라사대, <빛이 있으라!> 하시매, 빛이 있었고"(창 1:3)라 한 개소(個所)와, "하나님이 빛과 어두움을 나누사"(창 1:4)라 한 개소에 나오는 빛과 어두움을 문자 그대로의 빛과 어두움이라고 해석할 수 있다 해도, 우리는 이 빛과 어두움을 천사들의 두 집단이라고 이해할 수 있다. 전자(前者)는 하나님을 향유(享有)하는 천사들이고, 후자(後者)는 교만으로 부풀어오른 천사들이다. 전자에게는 "그의 모든 사자여, 찬양하며"(시 148:2)라는 말씀을 하고, 후자의 수괴는 "만일 내게 엎드려 경배하면 이 모든 것을 네게 주리라"(마 4:9)고 말한다. 전자는 하나님을 향한 거룩한 사랑으로 불타오른다. 후자는 자기의 높음에 대한 불결한 사랑으로 연기를 뿜는다.

"하나님이 교만한 자를 물리치시고 겸손한 자에게 은혜를 주신다"(약 4:6)는 말씀처럼, 전자는 하늘의 하늘에 거하지만, 후자는 거기에서 쫓겨나, 이 낮고 낮은 공중 하늘에서 날뛴다. 전자는 빛나는 경건으로 말미암아 평안히 거하지만, 후자는 어두운 욕망으로 말미암아 요란하다. 전자는 하나님의 뜻에 따라 관후(寬厚)하게 돕고, 의롭게 복수하지만, 후자는 자신의 교만에 사로잡혀 지배하고 해치려는 욕망으로 들끓는다. 전자는 온 마음을 다해 보살필 목적으로 하나님의 선하심을 따라 섬기려 하지만, 후자는 오직 해칠 생각만 하는데, 하나님의 권세로 인해 억제를 받는다. 전자는, 후자가 핍박을 통해 본의 아니게 자기에게 유익을 끼치는 것을 보고 실소(失笑)하지만, 후자는, 전자가 자기 순례자들을 모으는 것을 보고, 전자를 시기한다.

그러므로 우리가 보는 대로, 이 두 천사의 집단은 서로 다르고, 서로 대립하고 있다. 전자는, 본성이 선하고, 의지가 바르지만, 후자는, 본성은 선한데, 의지가 비뚤어졌다. 이에 대해서는 성경의 보다 더 명확한 증거들을 통해 밝혀졌고, 이것은 "창세기"라는 이름을 지닌 책에도 "빛"과 "어두움"이라는 말을 통해 지적이 되었다고 우리는 생각했다.

설혹 [창세기] 기자는 이곳에서 다른 것을 염두에 두었을지 모르지만, 이 모호한 개소(個所)를 취급한 것이 무익한 일은 아니다. 이는, 비록 우리가 창세기 기자의 원래 의도는 밝혀내지 못했다 하더라도, 신앙의 규준에서 벗어난 것은 아니다. 이 규준에 대해서는 성경의 동등한 권위를 지닌 다른 개소들을 통해 신자들이 충분히 알고 있다.

물론, 여기에 언급된 것은 하나님의 유체적(有體的) 피조물이기는 하지만, 이것들이 영적인 피조물과 상당히 큰 유사성을 지닌 것은 의심할 여지가 없다. 그래서 사도 [바울]은 이렇게 말하는 것이다.

> 너희는 다 빛의 아들이요, 낮의 아들이라. 우리가 밤이나 어두움에 속하지 아니하나니 (살전 5:5)

만약 창세기 기자도 같은 생각을 한 것이라면, 우리의 논의는 [원래] 목적에 상당히 잘 부합하는 결과에 도달한 것이다. 즉, 이토록 탁월하게 하나님의 지혜로 무장한 하나님의 사람 모세가, 아니, 모세를 통해 말씀하신 하나님의 영이 하나님의 피조물을 열거하면서, 만물을 여섯째 날에 완성했다고 하였는데, 천사들을 간과(看過)했다 믿을 수는 절대 없는 것이다.

그래서 "태초에 하나님이 천지를 창조하시니라"(창 1:1)는 말씀에서 "태초에"라는 말이 천사들을 "맨 먼저" 만드셨다는 뜻일 수가 있다. 또는, "태초에"라는 말이 로고스이신 독생자를 통하여 만드셨다는 뜻일 수도 있지만, 두 번째 해석이 더 적절하다.

그리고 "천지"라는 말로는 피조 세계 전체를 가리킨 것이다. 이것은 영적인 세계와 유체적 세계를 의미하는 것이든지 (이 해석이 더 믿을 만함), 또는 세계의 두 큰 부분을 의미하는 것으로, 이것 속에 모든 피조물이 다 포함된다. 그래서 [창세기 기자는] 먼저 피조 세계 전체를 제시하고, 이어서 그 각 부분을 날과 관련하여 신비로운 숫자에 따라 묘사한 것이다.

제34장

어떤 사람들은, 궁창이 창조될 때 나누어진 물이 천사를 의미한다 생각하는 것과, 또 어떤 사람들은 물이 창조된 것이 아니라 생각하는 것에 관하여

그런데 몇몇 사람들은, "물"이라는 말이 어떤 식으로든 천사들의 무리를 의미한다고 생각할 수 있다. 그래서 "물 가운데 궁창이 있어"(창 1:6)라는 말씀이 있다고들 한다. 그리고 궁창 위의 물은 천사를 의미하고, 궁창 아래의 물은 가시적(可視的)인 물이거나, 악한 천사들의 무리 혹은 인류의 모든 족속을 의미한다는 말도 한다. 이런 말이 만약 옳다면, 이 개소(個所)에서 드러나는 것은, 천사들이 언제 창조되었느냐가 아니라, 언제 나누어졌느냐 하는 것이다.

물론, "하나님이 가라사대, <물이 있으라!>"는 말씀이 아무 곳에도 기록돼 있지 않기 때문에, 하나님이 물을 창조하시지 않았다 주장하는 자들이 있기는 하다. 그러나 이런 주장은 지극히 사특하고 불경건한 망언에 불과하다.

이와 비슷한 망언은 땅에 대해서도 할 수 있을 것이다. 즉, "하나님이 가라사대, <땅이 있으라!>"는 말씀이 아무 곳에도 기록돼 있지 않다고 말이다. 하지만 그들은 이렇게 말한다.

"태초에 하나님이 천지를 창조하시니라"고 기록돼 있다.

그렇다면, 여기에서 "천지"는 물도 포함하는 것이라 이해해야 한다. 이는, 한 단어에 두 가지 의미가 들어 있기 때문이다. 시편에서는 이런 말씀을 읽을 수 있다.

바다가 그의 것이라. 그가 만드셨고, 육지도 그의 손이 지으셨도다 (시 95:5)

그러나 궁창 위에 있는 물을 천사들로 해석하는 사람들은 원소의 무게로 인해 동요한다. 그래서 그들은, 물은 무거운 액체라는 본성을 지니고 있는 관계로 우주의 상층부에 위치할 수가 없다고 믿는다. 혹시 그들에게 인간을 창조할 능력이 있다면, 그들은 그들의 생각에 따라, 인간의 머리에 점액이 있게 하지 않을 것이다. 점액은 헬라어로 φλέγμα/phlegma라 하는데, 우리 몸의 구성 요소 중에서 물의 역할을 한다.

사실, 머리는 점액의 거소(居所)로, 하나님이 그것을 만드신 까닭에, 지극히 적절하다. 하지만 원소의 무게를 따지는 사람들 생각에 이것은 매우 불합리한 것이다. 그러나 이 책 [창세기]에 이처럼 기록돼 있는 대로, 하나님은 유동적이고, 차갑고, 무거운 액체를 인체의 다른 어떤 부분보다 높은 곳에 배치하셨다. 만약 이 사실을 우리가 몰랐다면, [원소의 무게를 따지는] 그 사람들은 [우리 말을] 절대 믿지 않을 것이다. 그리고 설혹 그들이 성경의 권위에 순종한다 해도, 이 말씀의 뜻은 다른 데 있을 것이라고 생각할 것이다.

하지만 세상의 창조에 관해 성경에 기록된 내용을 하나하나 면밀하게 살피면서 논하려 한다면, 많은 말을 해야 할 것이고, [그러다 보면] 이 책 저술의 원래 목적에서 상당히 벗어나게 될 것이다. 그러나 나는 천사들의 이 두 집단에 대해 이미 충분하다 생각될 정도로 이야기를 하였다. 이 두 서로 이질적이고 대립하는 집단은 인류 역사에 나타난 두 도성에 대해서도 일종의 시원(始原)이 되는데, 나는 앞으로 이 시원에 관하여 이야기하기로 마음먹었다. 그러므로 우리는 이 제11권도 여기서 마무리하기로 하자!

제12권

이 책에서 어거스틴은 먼저 천사에 대해 논함. 도대체 어째서 어떤 천사들에게는 선한 의지가, 어떤 천사들에게는 악한 의지가 있는가? 또 선한 천사들이 복락을 누리고, 악한 천사들이 불행을 당하는 이유는 무엇인가? 그리고 나서 인간의 창조에 관해 논하고, 인간은 영원부터 존재한 것이 아니라, 시간 속에 창조되었고, 창조주는 바로 하나님 이심을 가르침

제1장

선한 천사들과 악한 천사들의 본성

1. 제11권에서 두 도성의 기원이 천사들 사이에 어떻게 나타났는지를 살펴본 바 있는 것처럼, 인간의 창조 후에도 이지적(理智的)이면서 가사적(可死的)인 존재들 사이에서 두 도성이 어떻게 나타나는지를 논할 터인데, 그전에 먼저 천사들에 대해 몇 가지를 [더] 말하는 것이 필요한 것처럼 보인다. 이를 통해 인간과 천사 사이에 [무슨] 연결이 있다는 것을 말하는 것이 부조리하거나 부적절한 것이 아니라는 사실을 우리의 능력 범위 안에서 밝히고자 한다. 그래야 네 개의 도성이 아니라 (곧, 천사의 도성 둘에다, 이와 똑같이 인간의 도성이 둘), 두 개의 도성 내지 공동체가 존재한다는 말이 타당성을 지니게 된다. 하나는 선한 자들로 구성된 것이고, 다른 하나는 악한 자들로 구성된 것인데, 거기에는 천사들만 있지 않고, 사람들도 있다.

2. 선한 천사들과 악한 천사들의 욕구가 서로 다른 것은 본성 내지 근원의 차이에 기인하는 것이 아니다. 이는, 하나님이 모든 실체의 선하신 창작자 내지 창조자이시기 때문이다. 도리어 그것은 의지와 욕구의 차이에 기인하는 것임을 의심해서는 결코 안 된다. 선한 천사들은 만유의 공동선(共同善)이신 하나님 안에, 그리고 그의 영원하심과, 진리와, 사랑 안에 계속 머무른다.

그러나 악한 천사들은 도리어 자신의 권세를 즐기고, 자기가 자기 자신의 선(善)인 것처럼 여기면서, 높고도 복된, 만유의 공동선에서 떠나, 사사로운 것으로 휩쓸려 갔고, 교만에 부푼 것을 아주 확실한 진리와 바꾸고, 당파심을 개인적 사랑과 바꿈으로써 교만하고, 거짓되고, 시기심 많은 존재가 되었다.

그러므로 선한 천사들이 복락을 누리게 된 이유는 하나님을 가까이 하는 데 있다. 따라서 악한 천사들이 불행해진 이유는 이와 반대로 하나님을 가까이하지 않는 데 있다. 이런 까닭에 선한 천사들이 왜 복되냐고 묻는다면, 하나님을 가까이하기 때문이라 대답하는 것이 옳다. 또 악한 천사들이 왜 불행하냐고 묻는다면, 하나님을 가까이하지 않기 때문이라고 대답하는 것이 옳다. 이성적 혹은 이지적(理智的) 피조물을 복되게 하는 선은 오직 하나님밖에 없다.

그래서 모든 피조물이 다 복락에 이를 수 있는 것은 아니다. (이는, 들짐 승이나, 나무나, 돌이나, [기타] 이와 비슷한 것들은 이런 은사를 누리거나 받지 못하기 때문이다.) 하지만 복락에 이를 수 있다고 해도, 자기 스스로의 힘으로는 안 되고, 그를 창조하신 분이 주시는 힘으로만 할 수 있다. 이는, 그가 무(無)에서 창조되었기 때문이다. 창조주께서 주시는 선을 얻으면, 복되고, 잃으면 불행하다. 그러나 다른 것 때문에 복되신 것이 아니라, 자기 자신 때문에 복되신 분은 자기 자신을 잃을 수 없는 까닭에 불행해질 수 없다.

3. 그러므로 우리는 이렇게 말한다.

불변적(不變的) 선(善)은 오직 유일하시고, 참되시고, 복되신 하나님밖에 없다. 반면, 그가 만드신 것은 그에게서 비롯되었으므로, 비록 선하기는 하지만 가변적(可變的)이다. 이는, 그에게서 나온 것이 아니라, 무(無)에서 만들어진 것이기 때문이다. 그러므로 [피조물은] 최고선(最高善)이 아니다. 하나님은 그것보다 더 큰 선이다. 하지만 가변적 선도 엄청난 선이다. 그것은 불변적 선을 가까이함으로써 복된 존재가 될 수 있다. 그런데 불변적 선이 피조물에게 어느 정도로 중요한 선이냐 하면, 불변적 선 없이 피조물은 필연적으로 불행해질 수밖에 없을 정도다.

그러므로 이 피조 세계 전체를 보면, 불행해질 수 없는 것들이 있지만, 그렇다 하여 그것들이 더 좋은 것은 아니다. 예컨대, 우리 몸의 다른 지체들이 눈보다 더 좋은 것이라고 할 수 없다. 설령 그것들이 [눈처럼] 시각장애를 당할 수는 없다고 해도 말이다. 지각(知覺) 능력이 있는 존재는 비록 고통을 당한다 해도, 전혀 고통을 당할 수 없는 돌보다 더 낫다. 이처럼 이지적(理智的) 존재는 비록 불행해질 수 있다 해도, 이성이나 지각 능력이 없고, 그래서 불행을 겪을 수 없는 존재보다 더 훌륭하다.

사정이 이렇다면, 이 같은 탁월함을 지니고 창조된 존재의 본성이 비록 가변적(可變的)이라 해도, 이 존재는 불변적(不變的) 선(善), 곧, 지극히 높으신 하나님을 가까이함으로써 복락을 얻을 수 있다. 그는 또 복락에 이르지 못할 경우, 그의 부족함을 채울 수가 없고, 하나님 외에는 그의 부족함을 충분히 채워 줄 자가 없다. 그러므로 하나님을 가까이하지 않는 것이 그에게는 정말이지 [여간 큰] 죄악이 아닐 수 없다.

그런데 모든 죄악은 본성에 해(害)가 되는 것이고 본성을 거스르는 것이다. 그러므로 하나님을 가까이하지 않는 [이지적] 피조물이 하나님을 가까이하는 [이지적] 피조물과 차이가 나는 것은 본성 때문이 아니라, 죄악 때문이다.

하지만 바로 이런 죄악 때문에라도 본성 자체가 매우 위대하고 대단히 칭송받을 만하다는 사실이 밝혀진다. 이는, 본성의 부패가 비난을 받아 마땅한 만큼, 본성 [자체]가 칭송을 받는 것[이 마땅한 것]은 의심의 여지가 없기 때문이다. 사실, 칭송받아야 할 본성이 죄악으로 인해 치욕을 당하는 것이 바로 죄악에 대한 정당한 비난이 된다.

그러므로 예컨대, 눈의 결함을 "시각장애"라 부름을 통해서 시각(視覺)이 눈의 본성에 속한다는 사실이 밝혀진다. 또 귀의 결함을 "청각장애"라 부름을 통해서 청각이 귀의 본성에 속한다는 사실이 증명된다. 이와 마찬가지로 천사로 창조된 자가 하나님을 가까이하지 않는 것을 "죄악"이라 부르는 것을 통해서, 하나님을 가까이하는 것이 천사의 본성에 합당하다는 사실이 아주 명명백백하게 증명된다.

그러나 하나님을 가까이하는 것, 그래서 하나님 안에서 살고, 하나님으로 말미암아 지혜로워지고, 하나님으로 말미암아 즐거움을 누리고, 죽음과, 오류와, 고통에서 해방되어, 그토록 엄청난 보화를 향유하는 것이 얼마나 큰 영광인지를 그 누가 제대로 헤아리거나 형언(形言)할 수 있을까? 그러므로 악한 천사들은 죄악에 빠져 하나님을 가까이하지 않는 것이고, 죄악은 다 본성을 해치는 것인데, 바로 이 사실을 통해 그들의 본성을 하나님이 선하게 창조하셨다는 것이 아주 명확하게 드러난다. 하나님과 함께 하지 않는 것이 본성에 해가 된다.

제2장

어떠한 존재도 하나님께 반대되지 않는데, 이는, 최고의 존재, 영원한 존재와 완전히 다른 것처럼 보이는 것은 존재하지 않는 까닭임

[내가] 이런 말을 하는 것은, 누구든지 반역한 천사들에 대해 논할 때, 그 천사들이 다른 본성 내지는 다른 근원으로부터 유래한 본성을 지녔다 생각하는 일이 없도록, 또 하나님이 그들의 본성을 창조하시지 않았다는 생각을 하지 못하도록 하기 위함이다. 하나님이 모세를 이스라엘 자손

에게 보내실 때, "나는 스스로 있는 자"(출 3:14)라고 천사를 통하여 하신 말씀을 얼마나 명확하게 깨닫느냐에 따라, 이와 같은 불경한 오류에서 더 용이하고 쉽게 벗어날 수 있을 것이다.

하나님은 최고의 존재시다. 곧, 최고로 존재하시며, 따라서 불변적이시다. 그러므로 그는, 당신이 무에서 창조하신 것들에게 존재를 부여하셨다. 하지만 당신처럼 최고로 존재하게 하지는 않으셨다. 또 어떤 피조물에게는 더 큰 존재를 주셨고, 어떤 피조물에게는 더 작은 존재를 주셨다. 그리하여 피조물을 존재의 등급에 따라 정돈해 놓으셨다. (sapere[= "지혜롭다"]라는 말에서 sapientia[= "지혜"]라는 말이 온 것처럼, esse[= "존재하다"]라는 말에서 essentia[= "존재"]라는 말이 나왔다. 이 말은, 라틴어를 사용하던 옛 문필가들이 사용하지 않던 신조어다. 하지만 우리 시대에는 흔히 쓰는 말로서, 라틴어 어휘에 포함되어 있다. 그리스 사람들은 οὐσία라 한다. 이 말을 직역한 것이 essentia다.)

그러므로 최고로 존재하는 존재, 존재하는 모든 것을 창조한 존재에 상반되는 존재는 비존재(非存在) 외에는 없다. 정말이지, 존재하는 것에 상반되는 것은 비존재다. 그리고 바로 이 때문에 하나님, 곧, 최고의 존재이신 분, 그 어떠한 피조물이든, 모든 피조물을 만드신 분에게는 그 어떠한 존재도 상반되지 않는다.

제3장
본성의 부패가 하나님을 거스르는 것

그런데 성경에서 "[하나님의] 원수"(눅 10:19)[1]라 한 것은, 본성으로 그의 [= 하나님의] 통치권에 대항한다는 말이 아니라, 부패로 그의 권세에 대항한다는 말이다. 원수는 그를 전혀 해치지 못하고, 오직 자기 자신만을 해칠 뿐이다. 이는, 그들이 원수가 된 것은 거스르는 의지 때문이지, 해치는 권세 때문이 아닌 까닭이다. 또 하나님은 불변적(不變的)이시고, 전혀 후패(朽敗)를 당할 수 없으시다.

이런 까닭에 "하나님의 원수"라 불리는 자들을 하나님께 대항하게 만드는 죄악은 하나님께 악이 되는 것이 아니라, 그들 자신에게 악이 된다. 그리고 이렇게 되는 이유는 다른 데 있지 않고, 오직 이 악이 그들의 선한 본성을 부패시키기 때문이다. 그러므로 본성이 하나님을 거스르는 아니라, 죄악이 그렇게 하는 것이고, 죄악은 악이기 때문에, 선에 반대된다.

그런데 누가 하나님이 최고로 선하신 분임을 부인하겠는가? 그러므로 죄악이 하나님을 거스르는 것은, 악이 선을 거스르는 것과 같다. 하지만 이뿐이 아니다. 죄악 때문에 해를 입는 본성 [자체]는 선한 것이다. 따라서 죄악은 물론 이 선도 거스르는 것이다. 그러나 죄악이 하나님을 거스르는 것은 단지, 그것이 선을 거스르는 악이기 때문이지만, 그것이 자연 본성을 거스르는 것은, 그것이 악이기 때문만은 아니고, 해로운 것이기도 하기 때문이다.

---

[1] 내가 너희에게 뱀과 전갈을 밟으며 원수의 모든 능력을 제어할 권세를 주었으니 너희를 해할 자가 결단코 없으리라.

물론, 어떠한 악도 하나님께 해가 되지는 않지만, 가변적(可變的)이고 후패(朽敗)할 수 있는 존재들에게는 해가 된다. 그러나 이런 존재들이 선하다는 것은 후패 자체가 증명해 준다. 만약 선하지가 않다면, 후패가 그것들에게 아무런 해를 끼치지 못할 것이다.

그러면 [후패가] 그것들에게 해를 끼침으로써 무슨 결과가 초래되는가? 그것은, 온전함, 아름다움, 웰빙, 덕성을 빼앗기는 것, 기타 자연 본성 중 무슨 좋은 것이든지 제거되거나 감소되는 경향을 지니는 것 아닌가? 하지만 선한 것이 전혀 없다 하면, 어떠한 선도 빼앗기지 않을 것이다. 또 해를 받을 것도 없을 것이고, 따라서 후패라는 것도 존재하지 않을 것이다. 정말이지, 해를 끼치지 못하는 후패란 있을 수 없다.

여기서 후패가 불변적인 선은 해치지 못하지만, 또 오직 선한 것에 대해서만 해를 끼칠 수 있다는 결론이 나온다. 이는, 후패가 깃들 수 있는 곳은 오직, 그것이 해를 끼칠 수 있는 곳일 따름인 까닭이다. 이런 사실을 이런 식으로도 설명할 수 있다.

> 후패는 최고선에는 깃들 수 없지만, 또 선한 것이 아니면 깃들 곳이 없다.

그러므로 오직 선하기만 한 것은 어느 곳인가에 존재할 수 있지만, 오직 악하기만 한 것은 전혀 존재할 수 없다. 악한 의지의 작용으로 후패한 자연 본성은 후패했다는 점에서는 악하지만, 자연 본성이라는 점에서는 선하다. 그리고 후패한 자연 본성이 벌을 받는다 해도, 자연 본성이라는 점에서 선할 뿐 아니라, 이것을 제외하고도, 벌을 받지 않을 수 없다는 점에서도 선하다. 이는, 이것이 의롭기 때문이고, 의로운 것은 모두 의심할 여지 없이 선하기 때문이다.

그 어떤 자든, 자연적 후패 때문에 벌을 받는 것이 아니라, 의지적 후패 때문에 벌을 받는다. 정말이지, 습관 때문에, 혹은 오래 지속되었기 때문에 정도가 심해져서, 마치 자연적으로 진행된 후패처럼 보이는 것이라 할지라도, [실상] 그 근원은 의지에 있다. 물론, 우리가 지금 이야기하고 있는 것은 후패 중에서도 영혼을 지니고 있는 자연 본성의 후패다. 영혼은 영적인 빛을 수용할 능력이 있는데, 이것에 의해 의로운 것과 불의한 것이 구별된다.

제4장
선은 어떠한 자연 본성과 조화를 이루었는가?

하지만 짐승이나 나무, 기타 가변적(可變的), 가사적(可死的)이면서도 지성이나, 감각이나, 생명을 완전히 결여한 것들의 후패는, 그것들의 자연 본성이 해체될 수 있어서 발생하는 것이기 때문에, 그것들의 후패를 정죄하는 것은 우스꽝스러운 일이다. 이는, 이들 피조물이 창조주의 뜻에 따라 이런 한계를 부여받았기 때문이다. 이들은 생성과 소멸을 계속하면서, 아주 낮은 수준이나마 시간의 아름다움을 드러내되, 각자 나름대로 이 우주의 각 부분에 합당한 아름다움을 드러내고 있다. 이는, 하늘의 것과 땅의 것이 동등하게 만들어져야 했던 것이 아니고, 하늘의 것이 더 훌륭하다 해서, 땅의 것이 우주에서 존재하지 말았어야 하는 것이 아니기 때문이다.

그러므로 땅의 것이 존재하는 것이 당연한 이 공간에서 어떤 사물들은 없어지고, 어떤 사물은 생겨나며, 작은 것들이 큰 것에 굴복하고, 패배한 것이 승리한 것의 먹이가 된다면, 그것이 변전(變轉)하는 것의 질서다.

이 질서의 아름다움이 우리를 기쁘게 하지 않는 이유는, 우리가 우리의 가사성(可死性)이라는 조건 때문에 그 질서의 일부로 편입되어 있어서, 우주 [전체의 아름다움을] 느끼지 못하기 때문이다. 우주의 각 부분은 [그 어떤 것이라도], 설령 그것이 우리 마음에 들지 않는다 하더라도, [서로] 아주 적절하고 아름답게 조화를 이루고 있다.

그러므로 이 질서를 관상(觀想)할 능력이 부족한 우리에게 창조주의 섭리를 믿으라는 명령이 내려진 것은 지극히 당연한 일이다. 이는, 우리가 헛된 인간의 경망함에 사로잡혀 위대하신 창조주께서 하시는 일을 조금이라도 탓하려는 생각을 감히 품지 못하게 하기 위해서다.

땅의 것들이 후패(朽敗)하는 것은 의지로 인한 것이 아니고, 벌받을 일도 아니지만, 그 자연적 본성 자체를 우리가 제대로 관찰하기만 한다면, 그것들 중 어느 하나도 하나님을 창작자 내지 창조자로 모시지 않은 것이 없다는 사실을 알 수 있다. 이는, 그것들 가운데서 후패를 통해 우리 마음에 들지 않는 일이 생기는 것은, 그 자연 본성에서 우리 마음에 드는 것이 제거되기 때문이다.

사람들은 자기에게 해로우면, 자연 본성 자체를 싫어하는 경우가 보통인데, 그것은 자연 본성을 고려해서가 아니라, 그 효용을 따지기 때문이다. 예컨대, 그 수가 엄청 많아져, 애굽 사람들의 교만을 징치(懲治)한 동물들의 경우가 그렇다.

그러나 이런 식으로 한다면, 태양에 대해서까지 시비할 수 있다. 이는, 죄 지은 사람들 내지 빚을 갚지 않는 사람들을 재판관들이 [작열하는] 태양 볕 아래 세워둘 때가 있기 때문이다.

그러므로 자연 본성이 그 창조자에게 영광을 돌리는 것은 우리의 편익(便益)이나 불편을 고려해서 하는 것이 아니고, 그 본성 자체에 대한 고려에서 나오는 것이다.

이렇게 보면, 영원한 불의 본성 역시, 의심할 여지가 전혀 없이 칭송할 만한 것이 된다. 물론, 정죄를 받은 불경한 자들에게는 장래의 형벌이 되겠지만 말이다.

정말이지, 불꽃을 내며 훨훨 타오르는 불보다 더 아름다운 것이 어디 있는가? 덥히고, 치료하고, 요리하는 데 불보다 더 유익한 것이 어디 있는가? 물론, 불에 데는 것보다 더 고통스러운 것도 없다. 그러므로 같은 불이라도 적절히 사용하면 지극히 유익한 것이지만, 그렇지 않으면 위험한 것이 된다. 그러니, 온 세상에 불이 가져다 주는 유익함을 제대로 설명해 줄 수 있는 사람이 어디 있겠는가?

불에서 비롯된 빛에 대해서는 좋다고 하면서, 그 열에 대해서는 불평하는 사람들의 말에는 귀를 기울이지 말아야 한다. 그들은 불을 통해 주어지는 자연적 힘을 생각하는 것이 아니라, 자기네의 편익이나 불편을 고려하는 자들이다. 이는, 그들이 보는 것은 원하지만, 타는 것은 원하지 않는 까닭이다. 하지만 그들은, 자기네가 정녕 좋아하는 빛 자체가 연약한 눈에는 불편하고 해롭다는 사실, 그리고 자기네가 싫어하는 열을 통해 적잖은 생물들이 혜택을 받아 편하게 살아간다는 사실에 별로 관심을 기울이지 않는다.

제5장

모든 자연 본성의 형상과 척도를 보면 하나님은 찬양받아 마땅함

그러므로 모든 자연 본성은 진정 선하다. 이는, 그것이 존재하고, 따라서 자기 척도 및 자기 형상을 지니고 있고, 모종의 평화를 스스로 지니고 있기 때문이다. 그리고 자연의 질서에 따라 마땅히 있어야 할 곳에 있다면, 그것은, 자기가 받은 만큼의 자기 존재를 유지한다. 항구적인 존재를 부여받지 못한 것들은, 창조주의 법에 의해 그것들이 섬기게 되어 있는 것들의 필요와 움직임에 따라 더 좋은 쪽 혹은 더 나쁜 쪽으로 변한다. 그리하여 하나님의 섭리에 따라 특정한 결말을 지향하는데, 그 결말은 만유 통치의 경륜 속에 포함돼 있다. 그래서 후패(朽敗)가 가변적(可變的)이고 가사적(可死的)인 존재들을 소멸로까지 이끌어 간다 하더라도, 그리하여 존재하던 것을 [더 이상] 존재하지 못하게 만든다 하더라도, 반드시 존재했어야만 하는 것을 생성되지 못하게 하지는 못한다.

사실이 이렇기 때문에, 최고의 존재이신 하나님을 비난해서는 안 된다. 최고의 존재가 아닌 모든 존재는 그에 의하여 창조되었다. (무에서 만들어진 것들은 그와 동등해서는 안 되었고, 그가 창조하시지 않았다면, 결코 존재할 수 없었을 것이다.) 사물에 존재하는 어떤 결함이 [우리] 마음을 상하게 한다 해도, 그 때문에 하나님을 비난해서는 절대 안 되고, 모든 자연 본성을 바라보면서 [하나님을] 찬양해야 한다.

제6장
선한 천사들의 행복과 악한 천사들의 불행의 원인은 무엇인가?

그러므로 선한 천사들이 행복한 정말 진짜 원인은, 그들이 최고의 존재이신 분을 가까이하기 때문이다. 하지만 악한 천사들이 불행한 원인을 묻는다면, 그것은, 그들이 최고의 존재이신 분을 등지고, 최고의 존재가 아닌 자기 자신을 향했다는 사실을 생각하게 되는 것이 당연하다. 그런데 이런 악덕을 "교만"이라 부르지 않는다면, 무엇이라 부를 것인가?

> 교만은 모든 죄의 시작이다 (불가타 집회서 10:13)

그러므로 악한 천사들은 자기의 능력을 하나님을 위해 간직하려 하지 않았다. 최고의 존재이신 분을 가까이했더라면, 더 큰 존재가 될 수 있었을 텐데, 자기 자신을 그분보다 더 앞세움으로 말미암아 더 작은 존재로 전락하고 말았다.

이것이 바로 첫 번째 타락이었고, 첫 번째 결함이었고, 그 본성의 첫 번째 부패였다. 그는 피조물로서, 최고의 존재가 될 수 없다. 그렇지만 최고의 존재이신 분을 향유(享有)함으로 말미암아 복락을 누리게 되어 있었다. 그러나 그분을 등짐으로써 비록 존재를 완전히 잃어버린 것은 아니지만, 더 열등한 존재가 되었고, 이로 인해 가련해졌다.

그런데 이 악한 의지의 작용인(作用因)을 찾는다 해도, 전혀 발견하지 못한다. 행위를 악하게 하는 것은 악한 의지인데, 의지를 악하게 하는 것이 대체 무엇이란 말인가? 그러므로 악한 행위의 작용인은 악한 의지이지만, 악한 의지의 작용인은 무(無)다.

만약 어떤 작용인이 있다고 하면, 그것은 어떤 의지를 지닌 것이든지, 아니면, 아무 의지도 지니지 않은 것일 것이다. 만약 의지를 지닌 것이라고 하면, 정녕 그것은 선한 의지를 지닌 것이든지, 아니면 악한 의지를 지닌 것일 것이다. 만약 선한 의지를 지닌 것이라고 하면, 선한 의지가 악한 의지를 만든다는 말을 할 정도로 어리석은 사람이 어디 있겠는가? 만약 그렇다고 하면, 선한 의지가 죄악의 원인이 될 것인데, 이런 생각을 하는 것보다 더 모순된 일은 전혀 없을 것이다.

만약 그러나 악한 의지를 만든다고 여겨지는 것 자체도 악한 의지를 지닌 것이라고 한다면, 필연적으로 나는, 그것을 만든 것이 무엇인지 묻게 된다. 이런 식으로 질문을 계속 이어 가다 보면, 악한 의지의 제일 원인에 대해 질문하게 된다.

정말이지, [다른] 악한 의지에 의해 만들어진 악한 의지는 첫 번째 악한 의지가 아니다. 첫 번째 [악한] 의지는 [다른] 어떤 [악한] 의지에 의해서도 만들어진 것이 전혀 아니다. 그것이 생성되게 한 어떤 의지가 먼저 있었다면, 이 의지가 더 앞선 것이고, 그 다른 것을 만든 것이다.

만약 악한 의지를 만든 것이 전혀 없었다고, 그래서 악한 의지가 항상 존재했다고 응수하는 사람이 있다면, 그 의지가 어떤 존재 속에 있었느냐는 질문을 나는 하고 싶다. 이는, 그 어떤 존재 속에도 없었다면, 그것은 전혀 존재하지 않았을 것이기 때문이다.

그런데 [악한 의지가] 만약 어떤 존재 속에 있었다면, 그것은 그 존재를 변질, 부패시켰을 것이고, 그 존재에 해를 입혔을 것이므로, 선을 탈취한 것이라 할 수 있다.

그러므로 악한 존재 속에 악한 의지가 존재할 수 있었던 것이 아니고, 선하지만, 가변적(可變的)인 존재 속에 존재할 수 있었다. 선하면서 가변적인 존재에 해를 입힐 수 있는 것은 이 같은 변질이다.

이는, 해를 입히지 않았다면, 변질은 없었을 것이고, 따라서 악한 의지가 있었다는 말도 하지 말아야 할 것이기 때문이다. 그러나 만약 해를 입혔다면, 선을 제거했거나 감소시킴으로써 해를 입힌 것이다.

그래서 악한 의지는 어떤 사물 안에 영원히 존재할 수 없다. 곧, 본성적으로 선한 것이 먼저 있은 연후에, 악한 의지가 해를 입혀서 그 선한 것을 탈취할 수 있었던 것이다.

그렇다면 악한 의지는 영구한 것이 아닌데, 내가 질문하는 것은, 누가 이 의지를 만들었느냐 하는 것이다. 남은 가능성은, 아무런 의지가 없는 것이 악한 의지를 만들었을 수 있다는 것이다.

[그렇다면] 나는, 이것이 더 높은 것인지, 아니면, 낮은 것인지, 아니면, 동등한 것인지를 묻게 된다.

더 높은 것이라면, 분명 더 선한 것이다. 그렇다면, 어떻게 해서 아무 의지가 없는 것 내지는 선한 의지가 없는 것일 수 있겠는가?

동등한 것일 때도, 분명 같은 논리가 성립된다. 즉, 둘 다가 똑같이 선한 의지를 지닌 것이라 한다면, 어느 하나가 다른 것 속에 악한 의지를 만들어 내지 못한다.

남는 것은 [결국], 의지를 지니지 않은 [어떤] 낮은 것이 처음 죄를 지은 천사의 본성에 악한 의지를 주입했을 가능성이다.

하지만 이것이 아무리 가장 깊은 땅속만큼 낮은 것이라 하더라도, 하나의 피조물 내지 존재인 이상, 자기 고유의 종류와 질서 속에서 자기 고유의 척도와 형상을 지니고 있는 이상 선한 것이라는 데는 의심의 여지가 없다.

그렇다면 어떻게 선한 것이 악한 의지를 만드는 것인가? 내가 말한다. 어떻게 선한 것이 악한 것의 원인이 되는가? 정말이지, 의지가 높은 것을 버리고 낮은 것 쪽으로 향할 때, 악이 생성된다. 이는, 그가 향하는 것이 악한 것이어서가 아니라, 방향 자체가 비틀어진 까닭이다. 그러므로 낮은 것이 악한 의지를 만든 것이 아니라, 의지 자체가 [악하게] 되어서, 낮은 것을 그릇되고 무질서하게 추구하게 된 것이다.

가령 마음과 몸이 똑같은 상태인 어느 두 사람이 어떤 한 유체(有體)의 아름다움을 보았다 하자! 그것을 보고 그 중 한 사람은 그것을 불법적으로 향유(享有)하려는 마음이 동하고, 다른 한 사람은 바른 의지를 계속 견지했다 하면, 이 사람에게는 악한 의지가 생기고, 저 사람에게는 생기지 않은 이유가 뭐라고 그대는 생각하는가? 악한 의지가 생긴 사람 속에 그런 의지를 만든 것은 무엇일까?

그 유체의 아름다움은 분명 아니었다. 이는, 그것이 두 사람 모두의 시야에 똑같이 들어온 것이 사실이지만, 두 사람 모두에게 악한 의지를 조성하지 않았기 때문이다.

혹시 보는 사람의 육신이 원인일까? 그렇다면 어째서 다른 한 사람의 육신은 원인이 되지 않았을까? 그러면 혹시 영혼이 [원인일까]? 그렇다면 어째서 두 사람 모두에게 [악한 의지가 조성되지 않은 것일까]? 우리는 앞에서 두 사람 모두의 마음과 몸이 똑같은 상태라고 말한 바 있다.

혹시 그들 중 한 사람의 영혼이 악령의 은밀한 속삭임 때문에 시험을 받은 것이라 말해야 할까? 그래서 그런 속삼임이나, 그 무슨 꼬득임 때문이지, 자기 자신의 의지로 찬동한 것이 아니라 해야 할까?

무엇이 그 사람 마음속에 이런 찬동 의사를 조성했는지? 악하게 꼬득이는 자에게 수긍하도록 한 그 악한 의지를 만들어 내었는지? 이것을 우리는 질문하고 있다.

그런데 이 질문에서 장애 요소를 치우기 위해 두 사람 다 같은 시험을 당했다고 전제하도록 하자! 그리고 한 사람은 그 시험에 굴하여, 찬동을 하고, 다른 한 사람은 예전 상태 그대로를 유지했다고 가정해 보자! 그렇다면, 한 사람은 깨끗함에서 벗어나기를 원했고, 다른 한 사람은 원했던 것이 분명하다 할 도리밖에 없지 않은가? 두 사람 다 몸과 마음의 상태가 동일한 이상, 각자의 의지말고는 어디에 그 원인이 있겠는가? 두 사람 눈에 똑같은 아름다움이 보였고, 두 사람에게 똑같이 은밀한 시험이 공격해 왔다. 그렇다면, 그들 중 한 사람 속에 악한 의지를 조성한 것이 무엇인지를 알기 원하는 사람들이 아무리 잘 살펴본다 하더라도, 아무것도 발견하지 못할 것이다.

만약 우리가, 그 사람 자신이 자기 의지를 악한 것으로 만들었다 말한다면, 악한 의지가 만들어지기 이전의 그 사람은 어떤 사람이었는가? 그는 선한 본성을 지닌 사람이 아니었는가? 그리고 그의 창조자는 불변적(不變的) 선이신 하나님 아니신가?

시험하는 자, 꼬득이는 자에게 저 사람은 찬동하지 않았는데, 이 사람은 찬동하여, 아름다운 유체(有體)를 불법적으로 사용하게 되었다. 그 유체는 두 사람이 다 볼 수 있도록 똑같은 모습으로 나타났다. 그것을 보기 전, 곧, 시험을 받기 전, 두 사람의 마음과 몸은 같은 상태였다. 찬동한 이 사람도 악한 의지를 지니기 전에는 당연히 선한 사람이었다. 그렇다면, 이 사람 자신이 자기 의지를 악한 것으로 만들었다고 말하는 사람은, 이 사람이 왜 그런 일을 했는지를 질문해야 할 것이다.

피조물이기 때문인가? 혹시 무(無)에서 창조되었기 때문인가? 그는, 악한 의지가, 이 사람이 피조물이기 때문에 존재하기 시작한 것이 아니라, 무에서 창조된 존재이기 때문에 그렇게 되었다는 사실을 발견할 것이다.

정말이지, 만약 피조물이 악한 의지의 원인이라면, 선에서 악이 생성된다고, 선이 악의 원인이라고 우리는 말할 수밖에 없게 된다. 즉, 선한 피조물에서 악한 의지가 생성된다는 뜻이니 말이다. 비록 가변적(可變的)이긴 하지만 선한 피조물이 악한 의지를 지니기 전에 무슨 악을 행한다는 것, 다시 말해, 악한 의지를 만드는 일이 어떻게 생길 수 있다는 말인가?

제7장

악한 의지의 작용인을 찾는 것은 금물

그러므로 아무도 악한 의지의 작용인에 대해 묻지 말아야 할 것이다. 이는, 작용인은 없고, 결핍된 것만 존재한다. 이는, 그것이 작용이 아니라, 결핍인 까닭이다. 이는, 최고의 존재를 떠나 더 못한 것으로 향하는 것, 이것이 악한 의지를 가지기 시작하는 것이기 때문이다.

그런데 이러한 결핍의 원인이, 내가 말한 대로, 작용인이 아니라, 결핍된 것이라 할 때, 그것을 발견하려고 하는 것은, 마치 누가 어두움을 보려고 하는 것 내지는 소리 없는 것을 들으려고 하는 것과 같다. 우리는 이 두 가지를 다 [잘] 알고 있다. 즉, 어두움은 오직 눈으로만 아는 것이고, 소리 없는 것은 오직 귀로만 아는 것이다. 하지만 감각을 통해서가 아니고, 감각의 결핍을 통하여 아는 것이다.

그러므로 나는, 내가 모른다는 사실을 알고 있을 뿐이기 때문에, 아무도 나를 통해 그것을 알려고 해서는 안 될 것이다. 혹시 모른다는 사실을 배우기 원한다면, 알 수 없다는 사실을 알아야 하겠다면, [나에게 물어도 좋다.]

여하간, 감각을 통해서가 아니고, 감각의 결핍을 통해서 아는 것을 만약 형언할 수 있거나 인식할 수 있다면, 그것은 어떤 면에서, 모르는 것이 아는 것이고, 아는 것이 모르는 것이다.

예를 들어, 육신의 눈으로 유체적(有體的) 것들의 모습을 훑고 지나갈 때, 아무것도 보이지 않기 시작하는 곳에서야 비로소 어두움을 보게 된다. 소리 없는 것을 느끼는 것 역시 다른 감관(感官)과는 관련이 없고, 오직 귀하고만 관련이 있다. 하지만 소리 없는 것은 오직, 아무 소리도 들리지 않을 때만 느끼게 된다.

우리 영혼이 영적인 것들의 모습을 보고 깨닫는 것도 마찬가지다. 그런 모습이 없을 경우, 우리 영혼은 인식하지 못함을 통하여 인식하게 된다.

   자기 허물을 능히 깨달을 자 누구리요? (시 19:12)

제8장
의지를 불변적 선을 떠나 가변적 선을 향하게 만드는 그릇된 사랑에 관하여

하나님의 본성은 언제, 어디서건, 어떤 면에서도 손상을 받을 수가 없고, 무(無)에서 창조된 것은 결함이 생길 수 있다는 사실을 나는 안다. 무에서 창조된 것이 더 나아질 때, 선한 일을 할 때 (이때 하는 것이 진짜 무슨 일을 하는 것임), 작용인(作用因)을 지닌다. 그러나 결함이 생기게 될 때, 그래서 악한 일을 하게 될 때 (이때 하는 일이 헛된 일이 아니면 무엇인가?), 결함인(缺陷因)을 지닌다.

  내가 또 아는 것은, 어떤 존재 안에 악한 의지가 생긴다면, 그 존재 안에는 그가 원하지 않을 때는 생기지 않는 것이 생긴다는 사실, 그러므로 그 결함은 필연적인 것이 아니라, 자발적인 것이고, 그것에 따르는 징벌은 정당한 것이라는 사실이다.

  정말이지, 의지가 악하게 되는 것은, 피조물의 존재 자체가 악해서가 아니다. 곧, 본성이 악해서가 아니다. 도리어 자연의 질서에 역행하여, 최고의 존재로부터 떠나, 더 열등한 존재로 향하기 때문이다.

예컨대, 탐욕은 황금에 문제가 있는 것이 아니다. 도리어 사람이 의를 황금보다 비교할 수 없을 정도로 귀하게 여겼어야 했는데, 그 의를 저버리고 황금을 그릇되이 사랑하는 것이 문제다. 사치 역시 아름답고 달콤한 유체(有體)에 문제가 있는 것이 아니다. 도리어 영혼이 절제를 등한시하고 육신의 쾌락을 그릇되이 사랑하는 것이 문제다. 절제는 우리를 영적으로 더 아름다운 것들, 불후(不朽)의 기쁨을 주는 것들과 연결시킨다. 자랑 역시 사람의 칭찬에 문제가 있는 것이 아니다. 도리어 양심의 증거를 버리고 사람들에게 칭찬받는 것을 그릇되이 사랑하는 것이 문제다. 교만 역시 권세를 주는 자나 권세 자체에 문제가 있는 것이 아니다. 도리어 더 권세 있으신 분의 더 의로운 권세는 무시하고 자기 권세를 그릇되이 사랑하는 것이 문제다.

그러므로 어떤 자연 본성의 선을 그릇되이 사랑하는 자는, 설령 그것을 획득한다 하더라도, 그 선 때문에 악하고 불행한 자가 되는데, 이는, 그가 더 선한 것을 상실하기 때문이다.

제9장

거룩한 천사들의 본성을 창조하신 하나님이 성령으로 말미암아 그들에게 사랑을 부어 주사 선한 의지도 조성해 주셨는가?

1. 그래서 악한 의지의 자연적 작용인 또는 (이렇게 말해도 된다면,) 본질적 작용인은 전혀 없다. (이는, 악한 의지에서 가변적 영들의 악이 시작되고, 이 악으로 인해 본성의 선이 감소 내지 부패하지만, 오직 하나님을 버리는 타락만이 이런 의지를 생성시키기 때문이다. 타락의 원인은 존재하지 않는다.)

[그런데] 만약 우리가, 선한 의지의 작용인도 없다 말한다면, 선한 천사들의 선한 의지가 창조된 것이 아니고, 하나님과 똑같이 영원하다고 믿을 수 있다는 점을 염려해야 한다. 즉, 선한 천사들도 창조되었는데, 어떻게 선한 의지가 창조되지 않았다고 말할 수 있단 말인가?

그리고 그 의지가 창조되었다면, 그것이 선한 천사들과 함께 창조되었는가? 아니면 그 천사들이, 그것이 없는 상태에서 [그것보다] 먼저 창조되었는가?

그런데 만약 그것이 그들과 함께 창조되었다면, 그것이 그들을 창조하신 분에 의해 창조되었다는 사실을 의심할 수가 없다. 그들은 창조됨과 동시에 그들을 창조하신 분과 사랑으로 연합하였는데, 그 사랑으로 말미암아 그들은 창조되었다.

선한 천사들의 무리에서 악한 천사들이 갈라져 나간 것은, 선한 천사들은 똑같은 선한 의지에 계속 머무른 반면, 악한 천사들은 그 의지를 버리고 변질되었기 때문이다. 악한 의지란 곧 선한 의지를 버렸기 때문에 생겼다. 그들이 원하지 않았다면, 선한 의지를 버렸을 리가 만무하다.

만약 그러나 선한 천사들에게 처음에 선한 의지가 없었는데, 그들 자신이 자기들 속에 선한 의지를 하나님의 역사(役事)하심 없이 만들어 내었다 한다면, 그들은, 하나님이 창조하신 것보다 더 나은 선을 그들 자신에 의해 획득했다는 이야기가 된다. 말도 안 되는 이야기다. 선한 의지가 없었다면, 악한 천사들이었다고 결론 내지 않을 수 없지 않은가?

혹은 악한 의지가 아직 없었기 때문에 악한 천사들이 아니었다고 해 보자! (또 선한 의지를 아직 지니게 되기 전이기 때문에, 그 의지를 버리는 일도 없었다 해 보자!) 그렇다면 아직 악한 천사들이 분명 아니었을 것이고, [장차] 선한 의지를 지니게 될 때와 마찬가지의 선한 천사도 아직 아니었을 것이다. 그러나 그들에게는 하나님이 그들을 [선하게] 만드신 것보다 더 선하게 자기 자신을 만들 수 있는 능력이 없었다. (그 어떤 것이라도 그것을 하나님보다 더 선하게 만들 수 있는 자는 아무도 없다.) 그렇다면 그들을 더 선하게 만드는 선한 의지를 그들이 지닐 수 있게 된 것은 오직 창조주[하나님]의 도우시는 역사(役事) 때문일 수밖에 없다.

그리고 그들의 선한 의지로 인해 그들이 더 낮은 존재인 자기 자신을 향하지 않고, 지고(至高)의 존재이신 분을 향하게 되었다면, 그리하여 그분을 더 붙좇게 되었다면, 또 그분과의 합일(合一)을 통해 지혜롭고 복된 삶을 살게 되었다면, 이것은 오직, [그들의] 의지가 아무리 선했을지라도, [창조주의 채워 주심 없이는 여전히] 궁핍하다는 뜻이 아니면 무엇이겠는가? 하나님이 선한 본성을 무(無)로부터 창조하사, 당신을 향유(享有)할 수 있는 존재로 만들어 주신 이상, 그것을 당신으로 충만케 하사, 더 선한 존재로 만들어 주시지 않는다면, [그들의] 의지는 오직 [뭔가를] 갈망하는 상태에만 머무르게 되었을 것이다. [사실,] 하나님은 먼저 [그들에게] 역사(役事)하사, [그들로 하여금] 더 큰 갈급함을 느끼게 만드신 분 아니신가?

2. 그리고 다음과 같은 문제에 대해서도 논의를 해야 한다. 곧, 선한 천사들이 스스로 자기 속에 선한 의지를 만들었는지, 만약 그랬다면, 어떤 의지로 그것을 만들었는지, 아니면, 아무런 의지도 없이 그것을 만들었는지 하는 문제 말이다.

만약 아무런 의지도 없이 만들었다면, 아무런 의지도 만들지 않았을 것이다. 그들에게 무슨 의지가 있었다면, 그 의지는 선한 의지였을까? 악한 의지였을까? 만약 악한 의지였다면, 어떻게 악한 의지가 선한 의지의 작용인(作用因)일 수 있었을까? 만약 선한 의지였다면, 그들은 이미 그것을 가지고 있었던 셈이다. 그리고 그것을 누가 만들었겠는가? 그들과 함께 선한 의지도 창조하신 분이 아니라면 말이다. 그분은 순수한 사랑도 창조해 주셨다. 이 사랑으로 그들은 그분을 붙좇는다. 그분은 그들의 본성을 창조해 주심과 아울러 은혜도 풍성히 베풀어 주시지 않았는가? 그러므로 거룩한 천사들이 선한 의지, 곧, 하나님 사랑을 지니지 않은 적은 전혀 없었다는 사실을 믿어야 한다.

하지만 악한 천사들은 선하게 창조되었음에도 불구하고 [지금은] 악하다. ([그들] 자신의 악한 의지로 그렇게 되었는데, 그 악한 의지를 만든 것은 선한 본성이 아니다. 다만 그것이 선을 자발적으로 떠났기 때문에 그렇게 되었다. 그래서 악의 원인은 선이 아니고, 선으로부터 떠나는 것이다.) 악한 천사들은 하나님 사랑이라는 은혜를, 그 은혜에 계속 머무른 천사들보다 적게 받았을 수 있다. 아니면, 양쪽 다 똑같이 선하게 창조되었지만, 악한 천사들은 악한 의지로 타락한 반면, 선한 천사들은 더 많은 도움을 받아, 저 충만한 복락에 이른 다음, 자기가 결코 타락하지 않을 것이라는 확신에까지 도달했을 수 있다. 이에 대해서는 제11권에서도 취급한 바 있다.

그렇다면, "우리에게 주신 성령으로 말미암아 하나님의 사랑이 우리 마음에 부은 바"(롬 5:5) 되었다는 말씀이 거룩한 사람들에게만 적용되는 것이 아니라, 거룩한 천사들에게도 적용된다는 사실을 인정하면서, 창조주께 합당한 찬양을 드려야 한다. 또 "하나님께 가까이 함이 내게 복이라"(시 73:28)고 기록되었지만, 그것이 사람들에게만 복이 되는 것이 아니라, 우선적으로 특별히 천사들의 복이라는 사실도 인정해야 한다. 이 같은 복을 공동선(共同善)으로 하는 자들은, 자기들이 가까이하는 분과 함께, 또 자기들 상호간에 거룩한 공동체를 이룬다. 그리고 그들이 하나님의 유일한 도성임과 동시에 하나님께 드리는 산 제사요, 하나님의 살아 있는 성전이다.

이 도성의 일부는 가사적(可死的) 인간들로 구성되는데, 그들은 장차 불가사적(不可死的)인 천사들과 연합할 것이지만, 지금은 땅에서 가변성(可變性)을 지니고 순례의 길을 가고 있거나, 이미 죽음을 당하여 영혼의 비밀한 피난처 내지 거소에서 안식을 누리고 있다.

[이 도성의 이 부분 역시] 하나님이 창조하셨는데, 그 기원에 대해서도 – 천사들의 기원에 대해 설명한 것처럼 – 이제 설명을 해야 할 것으로 생각된다.

성경이 가르치는 믿음에 따르면, 인류는, 하나님이 태초에 창조하신 한 사람으로부터 출발하였다. 성경은 전 세계 모든 민족 가운데 놀라운 권위를 지니지만, 이것은 공연한 일이 아니다. [하나님이] 말씀하신 진리의 말씀 속에는, 만민이 이 말씀을 믿게 될 것이라고 예언하는 내용도 들어 있다. 이 예언은 [하나님의] 참된 신성(神性)에 의거한 것이다.

제10장

인류가 세계와 마찬가지로 항상 존재했다고 생각하는 사람들의 견해에 관하여

인류의 본성과 기원에 관하여 무슨 말을 해야 할지를 모르는 사람들의 억측에 대하여는 생략하도록 하자! 그런데 어떤 사람들은, 세계 자체가 항상 존재했다고 믿으면서, 인간도 그와 마찬가지로 항상 존재했다고 생각한다. 그래서 아풀레이우스도 이런 종류의 생명체에 대해 묘사하면서 다음과 같은 말을 했다.

개체를 보면 가사적(可死的)이지만, 종(種) 전체를 보면 모두가 항구적이다.[1]

하지만 인류가 항상 존재했다고 한다면, 그들의 역사가 이야기해 주는 바가 도대체 어떻게 옳은 말일 수가 있는지 그들에게 물어 볼 수 있을 것이다. 이는, 그들의 역사가, 누가 어떤 물건의 발명자인지, 누가 자유학예 및 기타 학예의 최초 창안자인지, 혹은 누가 어떤 지방이나, 지구상의 어떤 부분이나, 어떤 섬에 최초로 정착했는지에 대해 이야기해 주고 있기 때문이다. [우리의 질문에 대해] 그들은 이렇게 대답할 것이다.

어떤 시간 간격을 두고 내습한 대홍수나 대화재로 인해, 비록 지구 전체는 아니지만, 상당 부분이 파괴되어, 사람들의 수효가 극소수로 줄어들었으나, 이들의 후손이 불어나, 예전의 많던 인구가 다시 회복된다. 그래서 그 엄청난 파괴로 인해 중단되었거나, 멸절되었던 것이 회복되는 것임에도 불구하고, 마치 새로 발견되는 것 내지 처음으로 만들어지는 것처럼 보인다. 이뿐 아니다. 사람은 오직 사람에게서만 태어나는 것이지, 다른 방법은 전혀 없다.

하지만 이런 말을 하는 사람들은 자기의 생각을 말하는 것이지, 자기가 아는 것을 말하는 것이 아니다.

---

[1] *De deo Socratis* iv.

제11장

과거 역사가 매우 길었다고 주장하는 역사 책의 오류에 관하여

이 사람들을 속인 것은 지극히 거짓된 책들이다. 이런 책들은, 과거 역사가 매우 길었다는 이야기를 한다. 그렇지만 우리는 성경에 근거하여, 인간의 창조 이후 아직 6천년이 다 지나지 않았다고 계산한다.

그러므로 [과거 역사가] 수천년보다 훨씬 더 길었다고 이야기하는 책들이 얼마나 허황된지 [보여 주어,] 물리치는 일과, 이런 책들에는 이 문제에 관해 제대로 이야기해 줄 수 있는 권위가 엿보이지 않는다는 점에 대해 논의하는 데 많은 시간을 소비하지 않기 위해서, 알렉산더 대왕이 그의 모후(母后) 올림피아스에게 보낸 편지 내용을 살펴보도록 하겠다.

이 편지에서 알렉산더는, 애굽의 어떤 제사장이 한 이야기를 전한다. 이 이야기는, 애굽 사람들이 경전으로 생각하는 책에 나오는 것으로, 헬라 역사 책에도 나오는 왕국들에 관한 내용까지 포함되어 있다.

알렉산더의 편지에 의하면, 앗수르왕국의 역사는 5천년 이상이다. 그러나 헬라 역사 책에 보면, 벨(Bel)의 치세로부터 대략 1300년 쯤 된다. 예의 애굽 사람도 벨을 앗수르왕국의 초대 왕이라고 한다.

이 애굽 사람은 그런데 알렉산더에 이르기까지의 페르시아와 마케도니아 왕국의 역사를 알렉산더에게 8000년 이상이라고 말했다. 반면 헬라인들에 의하면, 마케도니아의 역사는, 알렉산더가 죽기까지 485년이고, 페르시아의 역사는, 알렉산더의 승리로 페르시아가 멸망하기까지 233년이다.

이처럼 이 햇수는, 애굽 사람들이 제시하는 햇수보다 [훨씬] 적다. 이 수를 세 배로 늘려 주더라도, 애굽 사람들이 제시하는 햇수와 같아지지 않는다.

이는, 옛날 애굽 사람들이 1년을 무척 짧게 잡아, 4개월만에 1년이 끝났다고 전해지기 때문이다. 그러니까 현재의 우리나 그들에게 똑같이 적용되는, 제대로 된 1년은 그들의 옛날 햇수로 하면 3년이 되는 것이다.

하지만 내가 이미 말한 대로, 헬라 역사는 애굽의 연대 계산과 맞지 않는다. 그리고 헬라 역사를 더 믿을 수 있는 것은, 진정 거룩한 우리 성경에 나오는 참된 연대를 벗어나지 않기 때문이다.

그러니까 대단히 널리 알려진 알렉산더의 이 편지조차 연대 문제에서 개연성이 있다 믿을 만한 것이 별로 되지 못한다면, 황당한 옛 이야기로 가득찬 그런 문서들을 더욱 믿을 수가 없다. 사람들은 그런 문서들을 내세워 지극히 널리 알려진 하나님의 책 성경의 권위에 도전하지만, 성경에는 온 세상이 성경을 믿을 것이라는 예언의 말씀이 있었고, 그 예언의 말씀대로 온 세상이 성경을 믿게 되었다. 장차 있을 것이라고 예고한 말씀이 아주 정확하게 이루어졌기 때문에, 과거의 일에 대해 이야기한 내용도 정확한 것임을 [성경은] 밝혀 주고 있다.

제12장

이 세계가 비록 영원하지 않다 믿지만, 무수히 존재한다거나, 동일한 세계가 얼마 쯤의 간격을 두고 생성과 소멸을 항상 반복한다 생각하는 자들에 관하여

그런데 어떤 사람들은, 이 세계가 영원하다고 여기지는 않지만, 하나가 아니라, 무수하다 생각하거나, 비록 하나밖에 없다 해도, 얼마 쯤의 간격을 두고 무수히 생성과 소멸을 반복한다 생각하지만, 이런 사람들은, 인류가 사람들에게서 태어나기 전의 상태로 이미 존재했었다고 말하지 않을 수 없을 것이다. 이는, 땅의 대홍수나 대화재가 전 세계에 걸쳐 일어났다고 믿을 수 없는 사람들 입장에서는, 소수의 사람들이 살아남아, 이들을 통해 예전의 많던 인구가 회복된다는 주장을 할 수 있겠지만, 이 사람들은, 세계 [자체]가 멸망한다는 입장이므로, 인류의 일부가 세상에 살아남는다고 믿을 수가 없기 때문이다. 이 사람들은 오히려, 세계가 그 질료로 말미암아 재생한다 생각한다. 그래서 인류도 세계 안에서 세계를 구성하는 원소들로부터 다시 생겨나고, 다른 생명체들이나 마찬가지로 부모들로부터 가사적(可死的)인 자들의 후손이 퍼져 나간다고 생각한다.

제13장

최초 인간의 창조가 늦었다고 탓하는 사람들에게
무슨 답변을 해야 하는가?

그런데 세계의 기원에 대한 문제를 다룸에 있어, 세계가 항상 존재한 것이 아니라, 시작이 있었다는 사실을 믿지 않으려는 사람들에게 우리가 대답한 바가 있다. (세계의 시작이 있었다는 사실은 플라톤도 아주 명확하게 인정한 것이지만, 몇몇 사람들은, 플라톤이 자기 본래 생각과는 다른 말을 했다고 믿고 있다.) 나는 최초 인간의 창조에 대해서도 똑같은 대답을 하려 한다. 그것은, 어째서 인간이 헤아릴 수 없이 긴 시간 내지 [거의] 무한한 시간 동안 창조되지 않다가, 그처럼 늦게야 창조되었는지, 즉, 성경에 나오는 내용을 보더라도, 인간이 존재하기 시작한 것이 6000년도 안 되는지 하는 문제 때문에 [앞의 경우]처럼 [마음이] 흔들리는 사람들 때문이다.

우리의 권위 있는 성경에서 인간이 창조된 지, 시간이 얼마 지나지 않았다는 것, 햇수가 그리 많이 지나지 않았다는 것이 그들 마음에 걸린다면, 그들은 다음가 사실을 명심해야 할 것이다. 곧, 끝이 있는 것은 그 어떤 것도 영속적이지 않다는 사실, 아무리 장구한 세월이라도 끝없는 영원과 비교한다면, 짧다고 여길 것이 아니라, 아예 무(無)라고 여겨야 한다는 사실 말이다.

그러므로 5000년이나 6000년이 아니고, 6만년이나 60만년, 아니 거기에 60배, 600배, 60만배, 혹은 이것을 똑같이 계속 여러 차례 곱해서, 그 수를 표현할 수 없을 정도로, 하나님이 인간을 창조하신 후 많은 세월히 흐른다 하더라도, 어째서 [인간을] 그보다 더 전에 창조하시지 않았느냐는 질문을 여전히 할 수가 있을 것이다.

기실, 인간의 창조 이전으로 돌아가, 하나님의 시작이 없이 영원한 안식을 생각해 보면, 그것은 너무나 엄청나기 때문에, 그것과 제아무리 긴 시간, 형언할 수 없이 수많은 세월을 비교해 보면, 시간에는 끝이라는 것이 있는 관계로, 제아무리 긴 시간, 긴 세월이라도, 이를 엄청나다 보아서는 안 될 것이다. 즉, 아주 작은 물방울과 이 세상의 바다 전체, [전 세계를] 둘러싸고 흐르는 대양을 비교하는 것과도 같지 않을 것이다. 이는, 이 둘 가운데 물방울은 대단히 작고, 대양은 비교할 수 없이 크기는 하지만, 둘 다 유한한 것이기 때문이다.

그런데 아무리 긴 시간이라 해도, 어떤 시작하는 시점으로부터 출발하여, 어떤 종점에 이르기까지 한정되어 있는 것이고, 그 길이가 아무리 엄청나다 해도, 시작이 없는 것과 비교한다면, 모르기는 몰라도, 아주 작은 것, 아니, 무(無)라고 간주할 수밖에 없을 것이다.

여기서 만약 [어떤 시간을] 그 끝으로부터 시작하여 지극히 짧게 한순간 한순간 끊어 낸다면, 말로 표현할 수 없을 정도로 아무리 큰 숫자라 해도, 감소하게 마련이고, 뒤로 소급하면서 끊어 내는 작업을 통해 결국 처음에 이르게 될 것이다. (마치 사람의 산 날을 지금 살고 있는 시점에서 출발하여 태어난 그날까지 하루하루 제해 갈 수 있는 것처럼 말이다.)

하지만 시작이 없는 시간의 경우, 뒤로 소급하면서 끊어 내는 작업을 한다 한들, 그것도 짧은 순간이나, 시간이나, 날이나, 달이나, 해를 얼마씩 차례차례 끊어 내는 것이 아니라, 그 어떤 수학자도 감당할 수 없을 정도의 긴 연수의 세월을 뭉텅이로 끊어 낸다 한들, [시초에 도달하는 일은 있을 수 없다.] 아무리 긴 연수도 조금씩 끊어 내는 작업을 계속하면, 줄어들기 마련이지만, 그래도 엄청나게 긴 연수의 세월을 뭉텅뭉텅 끊어 내는 작업을 한두 번 하는 것이 아니라, 여러 번, 아니, 언제까지나 계속한다면, 어떻게 되겠는가? 어떤 일이 일어나겠는가? 그때도 시작이 전혀 없는 시간의 시초에 도달하는 일은 절대 없지 않겠는가?

그러므로 [아담의 창조 후] 5000년 남짓 지난 지금 우리가 질문하는 것을, 60만년 후에도 [우리] 후손들이 똑같은 호기심을 가지고 질문할 수 있을 것이다. 만약 태어났다가 죽는 인간의 이 가사성(可死性) 및 무지함과 연약함이 계속된다면 말이다.

인간이 창조된 때로부터 얼마 되지 않은 시대에 살던 우리 조상들도 이런 질문을 했을 수 있다. 아니, 최초의 인간 역시 창조된 다음날이나 바로 그 당일에, 어째서 자기가 더 옛날에 창조되지 않았느냐는 질문을 했을 수 있다. 그리고 인간이 창조된 때가 옛날 그 어느 시점이었다 해도, 시간적 존재의 시초에 관한 논쟁은 옛날이나, 지금이나, 또 장래에도 똑같은 열기를 가지고 벌어질 것이다.

제14장

순환사관에 관하여. 일정한 세월이 지나면, 만유가 항상 똑같은 질서와 똑같은 모습으로 되돌아간다고 일부 철학자들은 믿음

1. 그런데 이 세상 철학자들은 이런 논쟁을 해결할 수 있는 유일한 길은 순환사관을 받아들이는 길밖에 없다고, 이 사관을 받아들여 해결해야 한다고 믿어 왔다. 이 사관에 의하면, 대자연에는 항상 똑같은 일이 새롭게 반복되어 일어나고, 그래서 앞으로도 끊임없이 오고가는 역사의 순환이 지속될 것이다. 그러나 이 세상이 계속되면서 이 같은 순환이 일어나는 것인지, 아니면, 일정한 주기를 두고 세상이 생성과 소멸을 반복하면서,

지나간 일과 장차 올 일이 항상 똑같이 되풀이되어 일어나면서도 새로운 일처럼 보이는 것인지는 확실치 않다고 한다.

　[이 세상 철학자들에 의하면,] 이런 [운명의] 장난에서 벗어날 방도는, 완전히 불가사적(不可死的) 영혼이 지혜를 깨쳤을 경우에도 없다. 그래서 영혼은 끊임없이 거짓된 행복과 참된 행복 사이에서 이리 갔다 저리 갔다 하기를 반복한다는 것이다.

　행복의 영원성에 대한 확신이 전혀 없는데, 도대체 어떻게 참된 행복이 있다는 말인가? 영혼이 진리에 대한 경험이 전혀 없어, 닥쳐올 불행에 대해 알지 못하거나, 행복 가운데 있으면서도 지극히 불행해지리라는 예감으로 두려워 떤다면, 그것이 어떻게 참된 행복이겠는가?

　하지만 영혼이 불행에서 행복으로 옮겨 갔는데, 불행이 결코 더 이상 찾아오지 않는다면, 무언가 새로운 일이 시간 속에서 발생한 것이고, 그것은 시간의 끝이 없는 것이다.

　그렇다면, 어째서 세상에는 이런 일이 생기지 않는가? 어째서 세상 속에 창조된 인간에게는 이런 일이 생기지 않는가? 그러므로 모르긴 몰라도, 남을 속이는 거짓 지혜자들이 생각해 낸 거짓된 순환사관을 건전한 교리라는 올바른 첩경을 통하여 피할 수 있을 것이다.

2. 혹자는 "전도서"라 불리는 솔로몬의 책에 나오는 말씀을 인용할지 모른다.

> 9 이미 있던 것이 후에 다시 있겠고, 이미 한 일을 후에 다시 할지라 해 아래는 새 것이 없나니, 10 무엇을 가리켜 이르기를 "보라! 이것이 새 것이라" 할 것이 있으랴? 우리 오래 전 세대에도 이미 있었느니라 (전 1:9-10)

그들은 이 말씀을, 이러한 순환으로 인해 모든 것이 똑같은 것으로 되돌아간다는 뜻, 과거에 일어났던 일이 다시 반복된다는 뜻으로 이해하려 한다.

[그러나 솔로몬이] 이 말을 한 것은, 그가 앞에서 말했던 것을 지적하기 위해서였다. 다시 말해, 한 세대가 가고, 다음 세대가 온다는 사실, 태양이 공전(公轉)한다는 사실, 강물이 [계속] 흘러간다는 사실을 지적하기 위해서였다. 아니면, 만물이 분명 생성했다가 소멸한다는 사실을 지적하기 위해서였다.

사실, 사람들은 우리 전에[도] 있었고, [지금] 우리 시대에도 있고, 우리 후에도 있을 것이다. 모든 동물과 초목도 마찬가지다. 비정상적인 존재로 태어나는 괴물들도 마찬가지다. 물론, 그것들은 자기들끼리도 서로 차이가 나지만, 그것들 중 어떤 것은 [역사상] 단 한 번 생겼다 하는 것도 있다. 그러나 기적적이라는 점, 괴상하다는 점에서는 공통성이 있고, 이런 것은 과거에도 있었고, 앞으로도 있을 것이다. 즉, 해 아래에 괴물이 태어난다 해도, 새삼스러운 일 내지 새로운 일이 아니다.

혹시 이 말씀에 대해 어떤 사람들은, 지혜자 [솔로몬]이 이런 말을 한 이유는, 모든 것이 하나님의 예정 가운데 이미 이루어진 것이나 다름없고, 이런 의미에서 해 아래 새로운 것이 없다 말한 것이라는 식으로 이해할지 모른다.

그러나 솔로몬의 이 말을 순환 사관을 뒷받침하는 것이라 믿어서는 올바른 신앙과 멀어지게 되니, 안 된다. 순환 사관을 믿는 자들은, 시간과 시간적 것들이 일정한 주기로 순환을 반복한다고 믿는다. 예를 들어, 철학자 플라톤은 그의 시대에 아테네라는 도성에서 "아카데미"라 불리는 학교에서 제자들을 가르쳤는데, 시대를 끝없이 거슬러 올라가면, 길기는 하지만, 일정한 간격을 지닌 세월을 사이에 두고, 똑같은 플라톤, 똑같은 도성, 똑같은 학교, 똑같은 제자들이 반복해서 존재하였고, 앞으로도 끝없이 똑같은 일이 반복될 것이라 믿는다.

내가 말하지만, 우리는 이런 것을 절대 믿어서는 안 된다. 이는, 그리스도께서 우리를 위해 한번 죽으셨으나, "죽은 자 가운데서 사셨으매, [다시 죽지 아니하시고,] 사망이 다시 그를 주장하지 못할"(롬 6:9) 것이고, 우리도 부활 후에 "항상 주와 함께"(살전 4:17) 있을 것이기 때문이다. 그리스도께 우리는 지금 거룩한 시편 기자와 함께 이렇게 아뢴다.

여호와여, 저희를 지키사, 이 세대로부터 영영토록 보존하시리이다 (시 12:7)

내 생각에 이어지는 말씀은 순환 사관을 믿는 자들에게 잘 들어맞는 말씀인 것 같다.

악인이 [순환의 굴레 속에] 횡행하는도다 (칠십인경 시 12:8)

이 말씀은, 그들이 생각하는 것처럼, 그들의 삶이 순환을 통해 되돌아온다는 뜻이 아니고, 그들이 지금 걷는 오류의 길, 다시 말해, 거짓된 학설이 이리저리 굴러다닌다는 뜻이다.

제15장

인류의 시간 속에서의 창조에 관하여. 하나님은 인류를 창조하실 때 새로운 작정을 하신 것도, 뜻을 바꾸신 것도 아님

그들이 이런 순환의 굴레에서 방황하며, 입구도 출구도 발견하지 못한다면, 그것이 무슨 놀라운 일이겠는가? 그들은, 인류의 기원에 대해여, 우리의 이 가사성(可死性)이 어떻게 시작되었는지에 대하여 알지 못할 뿐 아니라, 어떤 종말을 맞이할지도 알지 못한다. 이는, 그들이 하나님의 깊은 속으로 침투해 들어갈 수 없는 까닭이다.

하나님은 영원하시고, 시작이 없으신 분이시지만, 시간에는 무슨 출발점이 있었다. 그리고 하나님은 [어떤 시점] 이전에는 인간을 전혀 만드신 적이 없지만, 시간 속에서 만드셨다. 하지만 작정을 새롭게, 갑작스럽게 하셔서 그렇게 하신 것이 아니라, 불변적(不變的)이고 영원한 작정으로 그렇게 하셨다.

누가 이 측량할 수 없이, 궁구(窮究)할 수 없이 깊은 뜻을 측량, 궁구할 수 있겠는가? 하나님은 이에 따라 인간을 시간적 존재로 만드셨다. [만드신 그 시점] 이전에는 어떠한 인간도 존재한 적이 전혀 없었는데, 변하지 않는 뜻으로 인해 인간을 시간 속에서 창조하시고, 그 한 사람에게서 인류가 불어나게 하셨다. 시편 기자도 먼저 이렇게 말했다.

여호와여, 저희를 지키사, 이 세대로부터 영영토록 보존하시리이다 (시 12:7)

그리고는 즉시 이런 말을 덧붙여, 자기네의 어리석고 불경스러운 가르침으로 영혼에 영원한 자유와 행복을 지켜 주지 않는 자들을 물리쳤다.

악인이 [순환의 굴레 속에] 횡행하는도다 (칠십인경 시 12:8)

시편 기자는 마치 이런 질문을 받은 것처럼 보인다.

그러면 그대는 어떻게 믿고, 느끼고, 생각하는가? 하나님이 이전의 무한히 영원한 세월 동안 전혀 만드신 적이 없던 인간을 갑자기 만드실 생각을 하셨다고 믿어야 한다는 말인가? 하나님께 새로운 일이 절대 일어날 수 없고, 하나님 속에는 가변적(可變的)인 것이 전혀 없지 않은가?

시편 기자는 [이 질문에] 즉시 대답하면서, 하나님께 이렇게 아뢴다.

주의 깊은 뜻에 따라 주께서 인생의 수를 늘리셨나이다 (칠십인경 시편 12:8)

그가 이 말을 하는 뜻은 이것이다.

사람들로 자기 마음대로 생각하게 하옵소서! 자기 원하는 대로 생각하고 논쟁하게 하옵소서! 하오나 주님은 주님의 깊은 뜻에 따라 인생의 수를 늘리셨나이다.

이는, 주님이 항상 계셨다는 사실, [예전에] 전혀 만드신 적이 없던 인간을 어느 시점에 만드시기로 작정했다는 사실, [당신의] 작정과 뜻을 바꾸시지 않았다는 사실이 매우 심오한 사실이기 때문이다.

제16장

하나님은 항상 주님이셨다 생각되므로, 그가 다스리실 피조물 역시 존재하지 않았던 때는 결코 없었다고 믿어야 하는가? 또 피조물이 항상 있었다면, 하나님과 똑같이 영원하다 말할 수 없다는 말이 어떻게 성립할 수 있는가?

1. 나는, 주 하나님이 주님이 아니셨던 때가 있었다는 말을 감히 하지 못하지만, 인간이 예전에 전혀 존재하지 않았다가, 어느 시점에 최초의 인간이 창조되었다는 사실을 의심하는 일도 해서는 안 된다. 하지만 피조물이 항상 존재한 것이 아니었을 경우, 하나님이 항상 어떤 것의 주님이셨을까를 생각할 때, 나는 무슨 주장을 하기가 저어된다. 이는, 내가 나 자신을 살펴보면, 이렇게 기록된 말씀이 생각나기 때문이다.

> 13 대체 어느 누가 하나님의 뜻을 알겠사오며, 주께서 무엇을 원하시는지, 어느 누가 헤아리겠나이까? 14 이는, 죽을 인생의 생각은 가증하고, 우리의 의지는 요동함이라 15 실로, 후패(朽敗)할 육신은 영혼을 내리누르고, 이 세상살이는 [우리] 마음을 온갖 염려로 무겁게 하나이다 (칠십인경 지혜서 9:13-15).

나는 이 땅의 장막에서 수많은 것을 생각한다. (수많은 것을 생각한다는 것은, 유일한 것, 참된 것을 내가 발견하지 못하고 있기 때문이다. 그 참된 것이, 내가 생각하는 것 속에 들어 있을 수도 있고, 필시 들어 있지 않을 수도 있지만 말이다.) 그런데 내가 생각하는 것들 중에 어느 한 피조물이 있는데, 그것이 항상 존재해 왔다고 가정해 보자! 그렇다면 항상 주님이시고, 주님 아닌 적이 단 한 번도 없었던 분이 그 피조물의 주님이어야 한다. 그러나 그 피조물은 항상 동일한 것이어서는 안 되고, 시간의 흐름에 따라 이때는 이런 피조물, 저때는 저런 피조물이어야 한다. 그래야 어떤 피조물이든지, 하나님과 똑같이 영원하다는 말을 우리가 하지 않을 수 있기 때문이다. (이런 말을 하는 것은 건전한 믿음과 이성이 배격해야 한다.)

우리는, 자가당착에 빠지는 일, 또 진리의 빛을 떠나는 일이 없도록 유의해야 한다. 곧, 어떤 가사적(可死的) 피조물이 시간의 흐름에 따라 번갈아 가며 항상 있었다고, 어떤 하나의 피조물은 소멸하지만, 다른 피조물이 그것의 자리를 이어 간다고 생각해서는 안 된다. [또] 불가사적(不可死的) 피조물은 우리 시대에 와서야, 천사들이 창조될 때, 존재하기 시작했다고 생각해서도 안 된다.

맨 처음 창조된 빛이 천사들을 가리킨다 생각하는 것은 옳을 수 있다. 혹은 "태초에 하나님이 천지를 창조하시니라"(창 1:1)는 말씀에서 "하늘"이 천사들을 가리킬 수 있다. 그렇다면, 천사들은 창조되기 전에는 존재하지 않았다 할 수 있다. 그들이 설령 불가사적(不可死的)이어서 항상 존재했다고 말한다 하더라도, 하나님과 똑같이 영원하다 믿어서는 안 되는 까닭이다.

하지만 천사들이 시간 속에서 창조된 것이 아니라, 모든 시간에 앞서 존재했다 하더라도, 주님 아닌 적이 단 한 번도 없었던 분이 그들의 주님이었을 것이라고 내가 말한다 하면, 나에게 이렇게 묻는 사람이 있을 것이다.

천사들이 모든 시간에 앞서 창조되었다 하더라도, 그들 [역시] 창조된 이상, 항상 존재할 수 있었겠는가?

이때는 필시 이렇게 대답해야 할 것처럼 생각된다.

어찌 "항상" [존재했다]는 말을 못한단 말인가? 모든 시간에 걸쳐 존재하는 것은 "항상 존재했다" 말하는 것이 부적절하지 않지 않은가? 그런데 천사들은 모든 시간에 걸쳐 존재했기 때문에, 모든 시간 이전에 창조되었을 것이다. 하지만 시간이 하늘과 더불어 시작되었다면, 천사들은 하늘보다 먼저 벌써 존재했을 것이다. 그러나 시간이 하늘과 더불어 시작된 것이 아니라, 하늘보다 먼저 존재했다고 한다면? 이때 시간은 몇 시간, 며칠, 몇 달, 몇 해 등으로 재는 시간이 아니다. (이런 시간의 단위가 보통 원래적 의미의 "시간"이라 불린다. 분명한 것은, 이런 의미의 시간이 천체 운동과 더불어 시작되었다는 것이다. 이 때문에 하나님은 천체를 만드시고서 이렇게 말씀하셨다. "또 그 광명으로 하여 징조와, 사시와, 일자와, 연한이 이루라".[1]) 오히려 무슨 가변적(可變的) 운동에 근거한 것으로, 어떤 부분은 먼저, 어떤 부분은 나중 지나가는 까닭에, 여러 부분이 동시에 존재할 수 없다. 그러므로 만약 하늘이 있기 전에, 천사들의 운동에 이와 같은 일이 있었다면, 시간은 이미 [하늘이 있기 전에] 존재했을 것이다. 그리고 천사들은 창조된 바로 그 순간부터 시간과 함께 움직이고 있었다. 그렇다면, 천사들은 모든 시간에 걸쳐 존재하는 것이다. 이는, 그들과 더불어 시간이 창조된 까닭이다. 그런데 모든 시간에 걸쳐 존재한 것을 항상 존재하지 않았다는 말을 누가 하겠는가?

2. 하지만 나의 이런 대답을 들으면, 그 사람은 나에게 이런 말을 할 것이다.

그렇다면, 창조주가 항상 존재했고, 천사들도 항상 존재했다는 이야기인데, 어떻게 천사들이 그와 마찬가지로 영원하지 않다는 말인가? 또 항상 존재했다 생각한다면, 어떻게 천사들에 대해서도 창조되었다는 말을 할 수 있는가?

---

[1] 창 1:14.

이런 질문에 무슨 답을 해야 할 것인가? 천사들이 시간과 더불어 창조되어, 모든 시간에 걸쳐 존재했으므로, 그들도 항상 존재했다고 말해야 하는가? 아니면, 그들과 더불어 시간이 창조되었으니, 그들도 창조되었다고 말해야 하는가? 이는, 설령 모든 시간에 걸쳐 시간이 존재했음을 아무도 의심하지 않는다 하더라도, 시간 자체가 창조되었음을 우리는 부인하지 않을 것이기 때문이다. 정말이지, 모든 시간에 걸쳐 시간이 존재하지 않았다면, 시간이 없었던 때가 있었다는 이야기가 된다. [그렇지만] 이런 말을 할 정도로 지극히 어리석은 사람이 어디 있겠는가? 물론, 다음과 같은 말을 하는 것은 옳을 수 있다.

> 로마가 없었던 때가 있었다. 예루살렘이 없었던 때가 있었다. 아브라함이 없었던 때가 있었다. 사람이 없었던 때가 있었다.

이와 비슷한 말을 또 할 수 있다. 마지막으로, 우주가 시간과 더불어 창조된 것이 아니라, 어느 정도의 시간이 지나간 후에 창조되었다면, 우리는 다음과 같은 말을 할 수가 있다.

> 우주가 없던 때가 있었다.

그러나 다음과 같은 말은 사리에 맞지 않는 말이다.

> 시간이 전혀 없던 때가 있었다.

방금 한 말은, 누가 다음과 같은 말을 하는 것만큼이나 사리에 맞지 않는다.

> 사람이 전혀 없던 때, 사람이 있었다.
> 우주가 없던 때, 우주가 있었다.

그런데 만약 두 다른 개체에 대해 생각한다면, 혹시 이런 식으로 말을 하는 것은 가능할 것이다.

> 이 사람이 없었을 때, 다른 사람이 있었다.

또 이렇게 말하는 것도 올바르게 하는 말일 수 있다.

그때는 이런 때가 아니었고, 다른 때였다.

하지만 아무리 어리석은 사람이라 해도 다음과 같은 말을 할 수 있겠는가?

아무 시간도 없었던 때가 있었다.

시간이 모든 시간에 걸쳐 존재했기 때문에, 항상 존재했다 말할 수 있다 하더라도, 시간은 창조된 것이라 우리는 말한다. 이와 같이 천사들이 항상 존재했다면, 창조된 것이 아니라는 추론은 성립하지 않는다. 그래서 이렇게 말할 수 있다.

천사들은 모든 시간에 걸쳐 존재했으므로, 항상 존재했다. 또 그들 없이는 시간 자체도 전혀 존재할 수 없었으므로, 그들은 모든 시간에 걸쳐 존재했다.

피조물이 전혀 존재하지 않는 곳에는, 시간이 전혀 존재할 수 없다. 이는, 피조물의 가변적(可變的) 움직임에 의해 시간이 지나가는 것이기 때문이다.

그러므로 [천사들은] 항상 존재하기는 했지만, 피조물이다. 또 항상 존재했더라도, 창조주와 똑같이 영원한 것은 아니다. 왜냐하면 그는 불변적 영원함으로 말미암아 항상 계셨지만, 그들은 창조되었기 때문이다. 물론, 그들에 대해 항상 존재했다 말하는 것은, 그들이 모든 시간에 걸쳐 존재했기 때문이다. 이는, 그들 없이는 시간이 전혀 존재할 수 없었던 까닭이다.

그런데 시간이란 가변성(可變性)으로 말미암아 지나가는 것이므로, 불변적(不變的) 영원성과 똑같이 영원할 수는 없다. 그러므로 비록 천사들의 불가사성(不可死性)이 시간과 함께 사라지는 것이 아니지만, 즉, 과거의 것이 되어, 더 이상 존재하지 않게 된다든지, 미래의 것이어서, 아직 존재하지 않는다든지 하는 것이 아니지만, 그럼에도 불구하고 그들의 움직임은 미래로부터 과거로 옮겨간다. 그리고 이로 인해 그들은 창조주와 똑같이 영원할 수 없다. 창조주의 움직임에 대해서는 존재하던 것이 더 이상 존재하지 않는다거나, 장차 존재할 것이 아직 없다든지 하는 일이 있다고 말할 수는 없다.

3. 그러므로 하나님이 항상 주님이셨다 하면, 당신의 통치에 복종하는 피조물을 항상 거느리고 계셨을 것이다. 그렇지만 그 피조물은 그에게서 태어난 것이 아니고, 그에 의하여 무(無)로부터 창조된 것으로, 그와 똑같이 영원하지 않다. 이는, 그가 그 피조물보다 먼저 존재하고 계셨던 까닭이다. 물론, 피조물이 없을 때는, 시간이 없었고, [하나님은 무시간적으로 계셨다]. 그는 시간 간격의 면에서 그 피조물보다 먼저 계신 것이 아니고, 지속적 영존성(永存性) 면에서 먼저 계셨다.

하지만 내가 이런 대답을 하면, 내가 아는 것을 가르치는 사람이라기보다는, 모르는 것을 주장하는 사람처럼 비쳐지기가 쉬울 것이라 염려가 된다. 나의 대답에 불만을 품을 사람들은 이런 사람들이다. 곧, "섬기는 피조물이 항상 존재하지 않았다면, 어떻게 [하나님이] 항상 창조주셨고, 항상 주님이셨단 말인가?"라고 묻는 사람들, 또는 "[그 피조물이] 항상 존재했다면, 어떻게 그것이 피조물이 된단 말인가? 또 창조주와 똑같이 영원하지 않단 말인가?"라고 묻는 사람들이다.

그래서 나는, 우리 창조주께서 우리에게 알려 주시려고 하셨던 내용으로 돌아가려고 한다. 이생에서 좀 더 지혜로운 자들이나 알 수 있도록 그가 허락하신 내용, 혹은, 내생에서 오직 완전자들만 알 수 있도록 유보된 내용은 나의 능력의 한계를 넘어선다고 하는 사실을 나는 인정한다.

하지만 내가 이에 대해 [무슨] 주장을 하지 않으면서도 다루어야 하겠다고 생각한 것은, 이 책을 읽는 사람들이 이런 문제들에 대해 스스로 조심해야 함을 깨닫고, 자기 자신이 모든 문제를 취급하기에 합당한 자라 여기는 일이 없게 하기 위함이었다. 독자들은 또한, 다음과 같이 명하는 사도 [바울]의 말에 따르는 것이 유익하다는 사실을 깨닫기를 바란다.

> 내게 주신 은혜로 말미암아 너희 중 각 사람에게 말하노니, 마땅히 생각할 그 이상의 생각을 품지 말고, 오직 하나님께서 각 사람에게 나눠주신 믿음의 분량대로 지혜롭게 생각하라! (롬 12:3)

정말이지, 젖먹이에게 그 능력에 맞게 먹이면, 자라면서 먹는 양이 늘 것이지만, 그 받아들이는 능력을 초과하면, 자라기도 전에 쇠약해질 것이다.

제17장

영생은 하나님이 사람에게 영원한 때 전부터 약속하신 것이라는 말씀을 어떻게 이해할 것인가?

인류가 창조되기 전 얼마나 많은 세월이 흘러갔는지 모른다는 것을 나는 인정한다. 하지만 내가 전혀 의심하지 않는 것은, 그 어떠한 피조물도 하나님과 똑같이 영원하지 않다는 사실이다.

사도 [바울] 역시 "영원한 때"라는 말을 하는데, 그것도 미래의 때가 아니라, 아주 놀랍게도 과거의 때에 대해 그렇게 말한다. 그의 말을 직접 들어 보자!

> 2 영생의 소망을 인함이라 이 영생은, 거짓이 없으신 하나님이 영원한 때 전부터 약속하신 것인데, 3 자기 때에 자기의 말씀을 전도로 나타내셨으니, [이 전도는 우리 구주 하나님의 명대로 내게 맡기신 것이라] (딛 1:2-3)

그러니까 바울은 과거를 염두에 두고, 영원한 시간이 있었다 말하지만, 그 시간이 하나님과 똑같이 영원하다는 말은 하지 않는다. 이는, 하나님이 "영원한 때" 이전에 존재하셨을 뿐만 아니라, 영생도 약속하셨기 때문이다. 영생은 그가 당신의 때에, 곧, 적절한 때에 나타내셨지만, 이것이 그의 말씀이 아니고 무엇인가? 이는, 이것이 바로 영생이기 때문이다.

하지만 어떻게 약속하셨는가? 이는, 그가 하신 약속은 당연히 사람들에게 하신 약속이지만, 사람들은 영원한 때 전에는 존재하지 않았기 때문이다. 그렇다면, 그 약속은 하나님의 영원하심 속에서, 또 그와 똑같이 영원하신 그의 로고스 안에서 예정에 의해 이미 확정된 것으로, 당신의 때에 장차 이루어질 것 아니었을까?

제18장

하나님이 하시는 일은 영원 전부터 반복돼 왔고, 항상 동일한 간격을 두고 순환한다 주장하는 자들의 논리에 맞서 건전한 신앙이 하나님의 불변적 계획과 뜻에 관해 무슨 변론을 할 것인가?

1. 나는 또, 첫 사람이 창조되기 전에 그 어떠한 사람도 존재하지 않았다는 사실을 의심하지 않는다. 또 똑같은 사람이 무슨 순환을 얼마나 거쳐 환생했는지, 그 사람과 똑같은 본성을 지닌 사람이 있었는지 하는 것에 대해 그 어떠한 주장도 믿지 않는다.

나의 이런 믿음을 그 어떠한 철학자들의 논거도 흔들지 못하는데, 그들의 논거 가운데 가장 예리한 것으로 생각되는 것은 이것이다

무한한 것은 그 어떠한 지식으로도 파악될 수 없다.

그들은 이렇게 말한다.

그러므로 하나님은, 그가 만드신 모든 유한한 것들에 대해 유한한 이데아만을 당신 안에 지니고 계신다. 그러나 그의 선하심과 관련하여, 그가 한가하게 지내신 적은 결코 없었다고 믿어야 한다. 이는, 그의 사역이 시간적인 것일 수 없는 까닭이다. 시간적 사역이 시작되기 전에는, 영원히 활동을 하시지 않다가, 마치 시작이 없던 애초의 무위(無爲)를 후회라도 하신 것처럼, 그래서 사역을 시작하게 되신 것이 아니다.

그들은 또 이렇게 말한다.

그러므로 같은 일이 항상 반복될 수밖에 없고, 같은 일이 항상 반복되면서 지나갈 수밖에 없다. 이때 우주는 변전(變轉)하면서 계속 존재하거나, 우주 자체가 생성과 소멸을 주기적으로 항상 반복해 왔고, 앞으로도 항상 반복할 것이다. (첫 번째 경우, 우주는 존재하지 않았던 적이 전혀 없고, 비록 시간상의 시초는 없었지만, 창조는 되었다.) 그런데 하나님의 사역(事役)이 어느 시점에 처음으로 시작했다고 주장한다면, 하나님이 당신의 시작이 없던 애초의 무위(無爲)를 마치 태만 내지 무사안일인 것처럼 느끼사, 그것을 기뻐하지 않으시고, 어떤 식으로든 정죄하셨기 때문에, 변화가 일어나도록 만드신 것이라고 믿어야 할 것이다.

그들은 이런 이야기도 한다.

그러나 하나님이 항상 시간적인 것들을 만드시지만, 이때는 이것을, 저때는 저것을 만드신다고 해 보자! 또 어느 시점에 그가 전에는 결코 만드신 적이 없었던 인간을 만드시기에 이르렀다고 해 보자! 이런 가정 하에서는, 하나님은 무슨 지식에 의거 그의 피조물을 만드신 것이 아닐 것이다. 도리어 그 시간 마음에 생각난 대로, 마치 무슨 우발적 충동에 의해, 일관성과는 관계없이 만드셨을 것이다.

그들이 이런 말을 하는 것은, 무한한 것은 그 어떠한 지식으로도 파악될 수 없다고 생각하기 때문이다. 그들은 또 이런 말도 한다.

만약 순환을 인정한다면, 우주가 계속 존재하든, 계속 반복되는 생성과 소멸을 통해 우주 자체가 순환의 과정 속에 포함되든, 시간적인 것들이 똑같은 모습으로 반복해 나타날 것이므로, 하나님이 무사안일하셨다는 말을 하지 못할 것이다. 특히 [태초에] 시작이 없이 오랜 무위(無爲)의 기간을 보내셨다는 말을 하지 못할 것이다. 이뿐이 아니라 하나님의 사역이 무계획적으로, 우발적 충동에 의해 시작되었다는 말도 하지 못할 것이다. 정말이지, 만약 같은 것이 반복해 나타나는 것이 아니라면, 그 무한히 다양하게 변하는 것들은 하나님의 지식과 예지(豫知)로도 파악할 수 없다.

2. 이러한 논법을 가지고 불경한 자들은 우리로 하여금 순박한 신앙심을 버리게 하려고, 바른 길에서 떠나게 하려고 시도한다. 그래서 우리를 자기네들과 더불어 "순환의 굴레 속에 횡행"(칠십인경 시 12:8)하게 만들려고 한다. 하지만 이러한 논법을 이성으로는 반박하지 못한다 해도, 믿음으로는 비웃어 주어야 한다. 여기에 덧붙여 우리 주 하나님의 도우심으로 [그들의 헛된] 사상이 만들어 낸 이 순환의 고리를 명확한 이성으로 깨뜨려 주게 된다.

[그런데] 여기서 그들이 오류를 범하는 가장 큰 이유, 그들이 참되고 바른 길을 가려 하기보다는 거짓된 순환의 굴레 속에 횡행하는 가장 큰 이유는, 하나님의 완전히 불변적(不變的)인 영을 자기네의 가변적(可變的)이고 협소한 영으로 측정하는 데 있다. 하나님의 영은 제아무리 무한한 것이라도 감당할 수가 있고, 제아무리 수가 많은 것이라도 생각을 이리저리 굴리지 않고도 전부 다 셀 수가 있는데 말이다. 그래서 사도 [바울]이 한 말은 바로 그들을 두고 한 말이다.

> 그러나 그들이 자기로써 자기를 헤아리고, 자기로써 자기를 비교하니, 지혜가 없도다 (고후 10:12)

물론, 그들은 무슨 일이든 새로운 일을 할 생각을 하게 되면, 새로운 결심으로 그 일을 한다. (이는, 그들의 마음이 가변적이기 때문이다.) 그런데 그들은 하나님을 그들의 생각으로는 파악할 수 없으므로, 하나님 자리에 자기 자신을 놓고 하나님에 대해 생각한다. 그래서 하나님을 하나님과 비교하는 것이 아니라, 자기를 자기 자신과 비교한다.

그러나 우리는 하나님에 대해, 쉬실 때의 하나님과 일하실 때의 하나님이 다르시다고 믿어서는 절대 안 된다. 이는, 하나님께 무슨 변화가 생긴다는 말을 해서는 안 되는 까닭이다. 즉, 마치 하나님의 본성 속에서 전에 없던 그 무엇이 생기기라도 하는 것처럼 말해서는 안 된다. [외부적인] 영향을 받는다는 것은 무슨 일을 당한다는 뜻인데, 무슨 일을 당하는 것은 모두 다 가변적(可變的)이다.

그러므로 하나님의 안식에 대해 무기력이나, 무사안일이나, 태만으로 생각해서는 안 되는 것은, 그의 사역(事役)에 대해 수고나, 노력이나, 애씀을 생각해서는 안 되는 것과 같다. 그는 안식하면서 일하실 줄 아시고, 일하시면서 안식하실 줄 아신다. 그는 새로운 일을 하시기 위해 새로운 계획을 세우실 필요가 없으시다. 그는 다만 영원한 계획을 실행에 옮기실 따름이다. 그리고 그는 전에 가만히 계셨던 것을 후회하사, 전에 하시지 않았던 것을 하시는 분이 아니다.

그러나 그가 먼저 쉬셨다가, 나중에 일을 하셨다고 가정해 보자! (사람들이 이 가정을 과연 이해할 수 있을지를 나는 잘 알지 못하지만 말이다.) 그러면 이 "먼저"와 "나중"이라는 말은, 먼저는 존재하지 않다가 나중에 존재하게 된 것들에 해당하는 말인 것은 의심할 여지가 없다.

그러나 하나님의 경우에는 선행(先行)하는 의지를 후속(後續)하는 다른 의지가 변경하거나 제거하는 일이 전혀 없었다. 도리어 하나의 동일한 영원, 불변하는 의지로 여러 가지 사물들을 창조하셨는데, 그것들이 존재하지 않던 동안에는 존재하지 않도록 조치하셨고, 존재하기 시작한 다음에는, 존재하도록 조치하셨다.

이를 통해 하나님은 이러한 일들을 이해할 수 있는 사람들에게는 경이롭게도 필시 다음과 같은 사실을 보여 주시는 것 같다. 곧, 당신은 그것들을 필요로 하지 않으셨지만, 대가 없이 베푸시는 선하심으로 말미암아 그것들을 창조하셨다는 사실, 그것들 없이도 당신은 영원 전부터 시작이 없이 지속적으로 완전한 행복을 누리시면서 계신다는 사실 말이다.

제19장
무한한 것은 하나님의 지식으로도 파악될 수 없다 주장하는 자들을 논박함

　그런데 하나님의 지식으로도 무한한 것은 파악될 수 없다 주장하는 자들이 있는데, 그들은, 하나님이 모든 수를 아시지 못한다는 주장을 감히 펴면서 스스로 깊은 불경의 무저갱 속에 빠질 수밖에 다른 도리가 없다.
　수가 무한하다는 것은 지극히 확실하다. 이는, 어떤 수에 한계를 지으려 해도, [그것은 불가능한 까닭이다.] 바로 그 수에 1을 더할 수 있을 뿐 아니라, 그 수가 아무리 큰 수, 제아무리 어마어마하게 큰 수라 하더라도, 그 수를 두 배로 만들 수 있고, 나아가 여러 배로 만들 수가 있다. 이것은 수의 본질상, 또 수학이라는 학문을 통해 증명된 일이다.
　하지만 모든 수는 고유한 성질을 지니고 있기 때문에, 어떤 수도 다른 수와 똑같을 수 없다. 그래서 모든 수는 서로 동일하지 않고 다르다. 그리고 수 하나하나는 유한하지만, 수 전체는 무한하다.
　그렇다면 하나님이 이러한 무한함 때문에 모든 수를 다 아시지 못하는가? 하나님의 지식은 수의 어느 총합에까지만 이르고, 나머지 수는 모르시는가? 아무리 정신이 나갔다 해도, 이런 말을 할 사람이 있겠는가?

그러나 우리의 논적들은 감히 수를 무시하지 않을 것이고, 수가 하나님의 지식과 상관없다는 말을 하지 않을 것이다. 그들 중에서도 큰 권위를 지닌 플라톤은, 하나님은 세상을 수로 만드셨다는 말을 한다. 그리고 우리 [성경]에도 보면, 하나님께 이런 말씀을 아뢰는 것을 알 수 있다.

> 주는 모든 것을 한도와, 수량과, 무게에 따라 배열(配列)하셨나이다 (칠십인경 지혜서 11:20)

선지자도 하나님에 대해 이런 말을 한다.

> 주께서는 수효대로 만상을 이끌어 내시고 (사 40:26)

복음서에 보면 구주께서도 이런 말씀을 하셨다.

> 너희에게는 머리털까지 다 세신 바 되었나니 (마 10:30)

그러므로 그가 모든 수를 아신다는 사실을 우리가 의심한다는 것은 있을 수가 없다.

시편이 찬송하는 대로, 그는 "지혜가 무궁"(시 147:5)하시다. 이런 까닭에, 비록 무한수가 무수하기는 하지만, 그가 수의 무한성을 파악하실 수 없는 것은 아니다. 그는 "지혜가 무궁"하시다.

그러므로 지식으로 파악되는 것은 무엇이든 다, 그것을 아는 자의 파악 범위를 벗어나지 못한다. 그렇다고 한다면, 하나님께는 제아무리 무한한 것이라도, 정말로 설명이 대단히 어렵기는 하지만, 다 유한한 것이다. 이는, 그것이 그의 지식에 의해 파악되지 못하는 것이 아닌 까닭이다.

그러므로 수의 무한함이 하나님의 지식에 의해 파악되는 만큼, 그것이 하나님께는 무한한 것이 될 수 없다. 그렇다면, 우리 같이 하찮은 인간들이 어떻게 감히, 그의 지식에 대해 한계가 있다는 주장을 할 수가 있겠는가? 또 시간적인 것들이 시간의 계속적 순환을 통해 계속 똑같이 반복되지 않는다면, 하나님은, 당신이 만드신 모든 것을 다 아실 수 없고, 당신이 하시고자 하시는 일을 예지(豫知)하실 수 없고, 당신이 하신 일도 아실 수 없다는 주장을 할 수 있겠는가? 하나님의 지혜는 단순하면서도 복잡하고, 순일(純一)하면서도 다양하여, 파악할 수 없는 모든 것을 파악할 수 없는 파악력으로 다 파악하고 계신다. 그리하여 새로운 것, 곧, 전에 있던 것과는 전혀 다른 것을 나중에 만드시고자 하시는 경우는 항상, 그 어떠한 것을 만드시든, 예상하지 못하신 것을 질서와 상관없이 만드시는 것이 아니고, 혹 그것을 예상하시더라도, 얼마 전에야 예상하시는 것이 아니다. 도리어 그것을 영원한 예지 속에 품고 계신다.

제20장

"세세무궁"이라는 말에 관하여

[그러나 하나님이 정말] 이렇게 하시는 것일까? [성경에는] "세세무궁"이라는 표현이 있다. 이 말은, 시대가 계속 연결되어 흘러간다는 뜻일 수 있다. 그렇다면, 시대와 시대가 서로 다르면서도 질서정연하게 흘러가는 것이고, 오직 불행에서 해방을 받은 사람들만이 그들의 복된 불가사성(不可死性)을 끝없이 누릴 수 있는 것인가? 아니면, "세세무궁"이라는 말이, 하나님의 지혜 안에서 요지부동하게 계속 존재하는 세대들이 시간에 따라 흘러가는 세대들의 작용인(作用因)인 것인가? 나는 감히 단정을 짓지 않는다.

필시 "세대"나 "세대들"이 같은 뜻일 수 있다. 그래서 "세세무궁"을 단수형으로 쓰든, 복수형으로 쓰든, 상관이 없을 수 있다. "하늘의 하늘"을 단수형으로 쓰든, 복수형으로 쓰든, 상관이 없듯이 말이다. 정말이지, 하나님은 물 아래의 궁창을 "하늘"이라 칭하셨다. 하지만 시편에는 이런 말씀이 나온다.

> 하늘 위에 있는 물들도 찬양할지어다! (시 148:4)

["세세무궁"이라는] 이 말의 두 가지 뜻 중 어느 것이 옳을까? 이 두 가지 뜻말고 다른 뜻이 있을까? 이것은 대단히 어려운 문제다.

하지만 이 문제에 대한 논의를 뒤로 미룬다 해도, 지금 우리가 취급하고 있는 문제에 지장을 주지 않는다. 우리가 이 문제에 대해 무슨 결론을 내리든지, 아니면, 우리가 좀 더 신중한 입장을 취하여, 좀 더 주밀하게 살핌으로써, 이처럼 대단히 애매모호한 문제에 대해 무슨 결론을 감히 성급하게 내리지 않든지 상관없이 말이다.

지금 우리가 상대하는 것은 순환론이다. 이것을 주장하는 자들은, 항상 똑같은 일이 [일정한] 주기로 반복될 수밖에 없다고 생각한다. "세세무궁"이라는 말의 의미에 대한 의견 중 어느 것이 옳든지 간에, 전혀 순환론을 뒷받침하는 것이 아니다. 이는, "세세무궁"이라는 말이 동일한 시대의 반복을 의미하지 않고, 시대와 시대가 서로 연결되어 지극히 질서 있게 흘러가는 것을 의미하기 때문이다. 그래도 구원받은 자들 복락은 정말 영속적이어서, 이전의 불행으로 돌아가는 일은 절대로 없다. 아니면 "세세무궁"이라는 말이 영원한 것을 의미할 수 있다. 영원은 시간을 지배하는 것이고, 시간은 영원에 복종하는 것이다. 그러므로 똑같은 것이 반복되는 순환이 차지할 자리는 없다. 성도들이 누리는 영원한 행복은 그러한 순환을 완전히 배제한다.

제21장

최고의 참된 행복에 참여하는 영혼들 역시 시간의 순환을 통해 계속 다시 똑같은 불행과 수고로 복귀한다 주장하는 자들의 불경함에 관하여

1. 경건한 사람들이 과연 [순환론에] 귀를 기울일까? [현세의] 삶은 수많은 엄청난 환난으로 가득차 있다. (이생은 차라리 "죽음", 그것도 "아주 혹독한 죽음"이라 하는 것이 옳을 정도여서, 이런 죽음에서 해방시켜 주는 죽음을 두려워하는 것은 이런 죽음에 대한 사랑 때문일 것이다.) 이처럼 엄청난 악, 이처럼 무시무시한 수많은 악을 겪은 다음, 참된 종교와 지혜의 도움으로 그 악에서 벗어났고, 그 악이 종식되어, 이제야 비로소 하나님 존전(尊前)에 도달했고, 그의 불변적(不變的) 불가사성(不可死性)에 참여함으로 말미암아 비유체적(非有體的) 빛의 관상(觀想)을 통해 우리가 행복한 존재들이 되었다. (이렇게 되고자 우리는 사랑으로 불타오르고 있다.)

그런데 [그 사람들 말에 의하면, 우리가] 언젠가 그 불가사성을 [다시] 버려야 한다는 것이다. 그리고 그것을 버린 사람들은 영원과, 진리와, 행복에서 분리되어, 지옥 같은 가사성(可死性), 욕된 우매함, 저주스러운 불행에 빠져 헤어 나오지 못한다는 것이다. 거기서는 하나님을 빼앗기고, 진리를 미워하게 되며, 더러운 죄악을 위해 행복을 추구하게 된다. 그리고 이런 일이 반복적으로 계속 일어났고 일어날 것인데, 앞선 시대와 뒷선 시대가 일정한 간격과 주기로, 종말이 전혀 없이 순환한다.

그 이유는 이렇다고 한다. 곧, 항상 지나가고, 항상 되돌아오는 일정한 순환 속에서 우리는 거짓된 행복과 진짜 불행을 반복적으로 겪게 되고, 이런 반복은 끝없는 순환으로 말미암아 영원히 지속되는데, 그래야만

하나님이 자기 하시는 일을 아실 수 있기 때문이라는 것이다. [만약 그렇지 않다면,] 하나님이 창조 사역을 쉬실 수도 없고, 무한히 많은 피조물을 궁구(窮究)하여 아실 수도 없기 때문이라고 한다.

누가 이런 말을 들어 주겠는가? 누가 믿겠는가? 누가 감내(堪耐)하겠는가? 이것이 혹시 참이라 하더라도, 아무 말도 하지 않는 것이 더 현명할 것이고, 그뿐 아니라 (내가 하고 싶은 말을 솔직히 말하자면,) 모르는 것이 더 유식함에 걸맞을 것이다. 우리가 저 세상에서 이런 사실을 기억 속에 간직하지않아야만 행복하게 될 것이라 한다면, 이 세상에서 이런 사실을 알아 가지고 우리의 불행을 더 가중시킬 이유가 대체 어디 있는가?

그러나 만약 저 세상에서 이런 사실을 우리가 알게 되는 것이 불가피하다고 하면, 최소한 이 세상에서는 모르고 지내도록 하자! 그러면, 저 세상에서 최고선을 획득하는 것보다 이 세상에서 최고선을 대망(待望)하는 것이 더 행복할 테니까 말이다. 이는, 이 세상에서는 영생을 얻을 것이라 대망하는데, 저 세상에서는 삶이 복되기는 하지만 영원하지 못하여, 언젠가는 상실할 것임을 알게 되는 까닭이다.

2. 그런데 그들이 말하기를, 행복과 불행이 반복되는 이 순환 과정을 만약 현세를 사는 동안 교육을 통해 깨닫지 못한다면, 아무도 내세의 행복에 이르지 못한다고 한다면, 누구든지 하나님을 더 많이 사랑할수록, 내세의 행복에 더 쉽게 이를 수 있을 텐데, 그들이 가르치는 것은 하나님 사랑을 식게 만드는 것임에도 불구하고, 어째서 그런 가르침을 고수하는가?

어떤 자를 자기가 불가불 버려야 할 자라 생각한다면, 그의 진리와 지혜에 자기가 맞서게 되리라 생각한다면, 그것도 자기 능력 범위 내에서 그에 대한 완전한 지식에 도달했을 때, 완전한 복락으로 말미암아 그렇게 될 것이라 생각한다면, 그에 대한 사랑이 약해지고 식어지지 않을 사람이 어디 있을까? 사람에 대해서도, 그 사람이 자기의 적이 될 것이라는 사실을 안다면, 도대체 누가 그 사람을 친구라고 충실하게 사랑할 수 있겠는가?

그러나 [철학자들이] 우리를 위협하면서, 진정한 불행, 결코 끝나지 않을 불행이 있을 것이라고, 단지, 중간중간에 거짓 행복이 자주, 그리고 끝없이 끼어들 것이라고 하는 말이 절대 사실일 수 없다.

그들이 말하는 행복보다 더 그릇되고 거짓된 행복이 어디 있는가? 그러한 행복 속에서는 엄청난 진리에 빛 가운데서도 우리가 장차 불행하게 될 것이라는 사실을 모르거나, 아니면, 행복의 최고 정점에 서 있으면서도 장차 닥칠 불행을 두려워하게 될 것이니 말이다.

만약 내세에 우리가 장차 다가올 환난을 모를 것이라고 한다면, 이생에서의 우리의 불행이 더 나은데, 이는, 우리가 여기서는 장래의 복락에 대해 알기 때문이다. 그러나 내세에 우리에게 임박한 환난이 감추어지지 않을 것이라 한다면, [현세의] 불행한 영혼이 [내세의 행복한 영혼보다] 더 행복한 시간을 보내게 된다. 왜냐하면, [현세의 불행한 영혼은,] 불행한 시간이 지나가면, 행복한 상태로 올라가게 될 것이지만, [내세의] 행복한 영혼은, 때가 지나면, 다시 불행으로 돌아갈 것이기 때문이다.

그래서 우리가 불행 가운데서 품는 희망은 행복한 것이고, 행복 가운데서 품는 희망은 불행한 것이다. 그렇다면, 이생에서는 현재 고난을 겪고 있고, 내생에서는 장차 닥쳐올 고난을 두려워할 것이니까, 우리에게 언젠가 행복할 때가 있을 것이라는 말보다, 우리는 항상 불행하다는 말이 더 옳은 말이 될 것이다.

3. 하지만 이런 말이 거짓이라는 사실은, 경건한 믿음이 큰 소리로 외쳐 말하고, 진리가 증명한다. (진리로 말미암아 우리는 참된 행복을 정말 약속 받았다. 이 행복이 항상 유지되고, 그 어떠한 불행으로도 깨어지지 않는다는

확실한 보장이 [우리에게는] 있다.) 우리에게는 그리스도가 길이 되시는데, 우리는 인도자 되시고 구원자 되시는 그분을 따라 올바른 길을 가며, 불경한 자들의 어리석은 순환론을 버리고 믿음의 길을 정신을 똑바로 차리고 걷는다.

    사실, 플라톤주의자인 포르퓌리오스도, 영혼이 끊임없이 퇴거와 귀환을 반복한다는 순환론에 관해 자기 동류(同類)들의 견해를 따르고자 하지 않았다. 그것 자체의 어리석음이 마뜩치 않았든지, 아니면, 이미 도래한 기독교 시대에 대한 경의 때문일 것이다. 그러나 내가 제10권에서 [이미] 말한 것처럼, 그는, 영혼이 세상에 보냄을 받은 것은, 악을 깨닫게 되기 위함이라고 한다. 곧, 악에서 해방되고 정화되어, 아버지께로 돌아갈 때, 더 이상 그와 같은 일을 당하지 않게 될 것이라고 말하였다. [포르퓌리오스가 이럴 정도라면,] 기독교 신앙에 적대적인 이같이 그릇된 가르침을 우리는 얼마나 더 혐오하고 기피해야 하겠는가?

    그런데 이런 순환론을 반박하여 격퇴하고 나면, 시간의 시작이 없었다는 생각을 꼭 해야 할 이유가 없게 된다. 또 인류가 시작한 때가 없었다는 생각도 할 필요가 없게 된다. 이는, 만약 순환론이 옳다면, 만물에는 새로운 것이 전혀 없을 것이고, 이전에 있던 것이 일정한 시간 간격을 두고 다시 생기는 일이 과거에도 없었고, 장차도 없을 것이라 생각할 필요가 없기 때문이다.

    만약 전에는 한 번도 해방된 적이 없던 영혼이 [이제] 해방되어, 장차 불행으로 다시 돌아가는 일이 없을 것이라 한다면, 그 영혼에는 전에는 결코 일어난 적이 없는 일이 일어나는 것이고, 이것은 실상 매우 엄청난 일이다. 이는, 영원한 행복이 결코 끝나지 않을 것이기 때문이다.

    그런데 만약 불가사적(不可死的) 존재 안에서 이처럼 매우 새로운 일, [전에] 한 번도 일어난 적이 없는 일, 어떠한 순환으로도 전혀 반복되지 않을 일이 일어난다면, 가사적(可死的) 존재 안에서는 이런 일이 일어날 수 없다 그들이 주장하는 이유는 [대체] 무엇인가?

만약 그들이, 영혼 안에는 새로운 행복이 발생하는 것이 아니라, [예전부터] 항상 있던 상태로 되돌아가는 것이라 주장한다 해도, 분명 그 해방 자체만큼은 새로 발생하는 것이다. 이는, 불행에서 해방되는 일이 [예전에] 전혀 없었고, 영혼 안에 불행이 새로 발생한 것도 [예전에] 전혀 없었던 일이기 때문이다.

그런데 만약 이런 새로운 일이 하나님 섭리의 지배를 받는 것들의 질서 속에서 일어나는 것이 아니고, 우연히 일어나는 것이라면, 저 일정한 한계를 가지고 정해진 순환은 어디에 존재하는 것인가? 이 순환 과정에서는 새로운 일이 전혀 발생하지 않고, 전에 있었던 것과 동일한 일이 반복되는 것 아닌가?

하지만 이런 새로운 일이 섭리의 질서 밖에서 일어나는 일이 아니라면, 영혼은 [하나님의] 보내심을 받은 것이든지, 아니면, [스스로] 떨어져 내려온 것일 것이다. 그렇다면, 새로운 일이 생길 수 있는데, 이러한 일은 전에는 일어난 적이 없는 일이지만, 그렇다 해도 존재의 질서 밖에서 일어난 일이 아니다.

그리고 만약 영혼이 무분별하여 새로운 불행을 자초했다 해도, 하나님 섭리로 그것을 예측하는 것이 불가능하지 않기 때문에, 그것 역시 존재의 질서 속에 포함된다. 또 하나님의 섭리는 영혼을 불행에서 해방시킬 방도로 미리 마련한다. 이것이 사실이라면, 하나님이 새로운 것을 창조하실 수 있다는 사실을 우리가 감히 부정한다는 것은 얼마나 오만불손한 일, 인간적 허영심에 집착하는 일인가? 하나님은 당신 자신을 위해 새로운 것을 만드시는 것이 아니라, 세상을 위해 새로운 것을 만드신다. 그것은, 그가 전에 만드신 적이 없는 것이다. 하지만 그의 예지(豫知)에서 벗어난 것은 결코 아니다.

그런데 다음과 같이 주장하는 사람들이 있다. 곧, 구원받은 영혼들이 또다시 불행을 겪지 않을 것이지만, 이런 일이 세상에 새로운 일이 아닌 것은, 구원받은 영혼들이 전에도 있었고, 지금도 있고, 장차도 있을 것이기 때문이라고 주장하는 사람들이 있다. 그들의 주장이 옳다고 해도, 그들은, 새로운 영혼들이 생기고, 그 영혼들에게 새로운 불행과, 새로운 해방이 임할 것을 인정하는 것이 분명하다.

그들은 말하기를, 그 영혼들은 아주 옛날부터 있었던 영혼들로서, [과거를] 돌아보면, 영원 전부터 존재했고, 이들로부터 매일같이 새로운 인간들이 생겨나는데, 이들이 만약 지혜롭게 사는 경우, [육신에서] 해방되어, 결코 불행으로 되돌아가는 일이 없다 한다. 그렇다면, 그들은 논리적 일관성을 유지하기 위해, 그 영혼들의 수가 무한하다는 말을 하게 될 것이다.

정말이지, 제아무리 많은 수의 영혼이라도, 그 수는 유한하다. 그래서 그 수는 지나간 무한히 긴 시대를 채우기에는 충분하지 않다. 그 수에서 항상 [새로운] 인간들이 생겨나서, 그들의 영혼이 항상 이 가사성(可死性)에서 해방되어, 다시 그런 상태로 되돌아가지 않으려면, [영혼의 수는 무한해야 한다.]

하지만 [그 철학자들은 주장하기를,] 하나님은 유한한 것만을 아실 수 있다고 하는 관계로, 영혼의 수가 어떻게 무한할 수 있는지를 결코 설명하지 못할 것이다.

4. 그러므로 영혼이 필연적으로 똑같은 불행으로 되돌아간다고 믿는 순환론을 이제 논박했기 때문에, 하나님께는 [지금까지] 창조하신 적이 한 번도 없는 것을 새로 창조하시는 것이 얼마든지 가능하고, 말로 형용할 수 없는 예지(豫知)로 말미암아 불변적(不變的) 의지를 지니시는 것이 얼마

든지 가능하다는 사실을 믿는 것보다 경건한 자에게 합당한 것이 어디 있겠는가?

또한 그러나 구원을 받아, 더 이상 불행으로 되돌아가지 않게 될 영혼의 수가 계속 늘어나느냐 하는 문제는, 사물의 무한성을 제한할 수 있는지에 관해 매우 치밀하게 논할 수 있는 사람들보고 살펴보라고 하는 것이 좋을 것 같다.

단지, 우리는 이 문제를 양도논법(兩刀論法)으로 해결하려고 한다. 만약 [영혼의 수가 계속] 늘어날 수 있다면, 전에 창조된 적이 결코 없었던 것이 창조될 수 있었다는 사실을 부인할 이유가 어디 있는가? 해방된 영혼의 수가 전에 결코 존재한 적이 없었는데, 전에 한 차례 이미 만들어졌을 뿐 아니라, 결코 중단되지 않고 계속 만들어진다면, 그 사실을 부인할 이유가 없지 않은가? 그러나 만약 해방된 후 다시는 불행으로 되돌아가지 않을 영혼의 수가 일정하고, 그 수가 더 이상 증가하지 않아야 한다면, 그 수가 얼마든 상관없이, [그 영혼이 창조되기] 전에는 결코 존재한 적이 없었던 것을 의심할 수 없다. 이는, 분명히 그 수가 증가할 수 없고, 그만한 수가 되는 데는 시작이 없을 수 없기 때문이다. [하지만] 이런 식의 시작은 전에 있었던 적이 결코 없다. 그러므로 이 같은 시작이 있을 수 있기 위해서 인간이 창조되었어야 하고, 창조 이전에는 한 번도 존재한 적이 없어야 한다.

제22장

처음에 창조된 한 사람과 그를 통한 인류의 창조에 관하여

그러므로 하나님의 의지에는 변화가 없지만, 하나님은 새로운 것을 창조하시는데, 그분의 영원하심 때문에 발생하는 지극히 어려운 문제를 우리는 힘자라는 대로 설명해 보았다. 그러므로 하나님이 처음에 한 사람을 지으시고, 그 한 사람으로부터 인류를 번성하게 하셨지만, 그것이 인류를 여러 사람에게서부터 시작하게 하신 것보다 훨씬 더 나은데, 이것을 이해하는 것은 [별로] 어렵지 않다.

물론, 하나님은 다른 동물들을 만드실 때 어떤 것은 독거(獨居) 동물로, 어떤 것은 군거(群居) 동물로 만드셨다. 독거 동물, 어떤 식으로든 혼자 돌아다니는 동물에는 예를 들어 독수리, 솔개, 사자, 늑대 등이 있고, 군거 동물, 곧, 함께 모여 무리를 지어 살기를 좋아하는 동물에는 예를 들어 비둘기, 찌르레기, 사슴, 영양 등이 있다. 하지만 두 종류 다 어느 한 마리에서 번식을 시키지 않으셨고, [처음부터] 여러 마리가 동시에 존재하라 명하셨다.

반면에 인간의 본성은 어떤 식으로든 천사와 동물의 중간이 되게 창조하셨다. 그리하여 자신의 창조주를 참된 주인으로 섬기고, 그의 계명을 경건하게 순종하여 지키면, 천사들과 동류(同類)로 받아들여져, 죽음을 중간에 거치지 않고, 아무 끝도 없는, 복된 불가사성(不可死性)을 얻을 수 있게 하셨다. 그러나 만약 그가 자유의지를 [잘못] 사용하여 교만에 빠지고 불순종한다면, 그리하여 그의 주 하나님의 진노를 산다면, 그는 짐승처럼 살다가 죽음을 맞이할 것이고, 정욕의 노예로 살다가, 죽은 후에는 영벌에 처해지게 된다.

하나님이 [태초에] 단 한 사람만을 창조하신 것은, 그가 인간 사회를 떠나 혼자 살라는 뜻이 아니었다. 오히려 이런 방식의 창조로 말미암아 사회 자체의 통일성과, 조화에 근거한 유대를 더 강력하게 권장하기 위한 것이었다. [그리고] 자연 본성의 유사함 때문만이 아니라, 핏줄로 말미암은 애정 때문에 사람들이 서로 결합하게 만드셨다. 물론, 남자에게 맺어주고자 하신 여자도 남자를 만드실 때처럼 창조하시기를 기뻐하지 않으시고, 그 남자의 몸에서 만드셨는데, 이는, 인류가 오직 단 한 사람으로 말미암아 퍼지게 하시려는 데 그 목적이 있었다.

제23장

하나님은, 당신이 처음 창조하신 인간이 죄를 지을 것을 미리 아셨고, 그와 동시에, 인류 중 얼마나 많은 사람이 경건한 백성이 되어, 당신의 은혜로 천사의 동류가 될 것인지를 예견하심

하나님은, 인간이 죄를 지을 것, 죽음을 면할 수 없게 된 상황에서 죽을 자들을 낳을 것을 모르시지 않았다. 그리고 가사적(可死的) 인간들이 끔찍한 죄를 짓는 일이 엄청 심해져서, 이성적 의지가 없는 짐승들이 사람들보다 같은 종류들끼리 서로 더 안전하고, 더 평화롭게 살게 될 것 역시 모르시지 않았다. 물에 사는 짐승들과 땅에 사는 짐승들은 처음에 여러 마리에서 번성을 시작했지만, 인류는 단 한 사람을 조상으로 하여 번성했는데, 이는, 화합을 이루며 살아가라는 뜻이었다. 정말이지, 사자들이나 공룡들은, 사람들이 하는 것과 같은 전쟁을 서로 간에 한 적이 전혀 없다.

그러나 하나님은, 경건한 자들의 무리가 당신의 은혜로 인해 부르심을 받아 입양될 것과, 죄 사함을 받아 성령으로 의롭게 될 것과, 마지막 원수인 사망이 없어진 후에, 거룩한 천사들과 하나로 연합되어 영원한 평화를 누리게 될 것을 예견하셨다. 또 하나님은, 다수가 일치를 이루는 것을 그가 얼마나 기뻐하시는지를 사람들에게 숙지시키시려고 인류를 단 한 사람에게서 만드셨지만, 이 점을 깊이 생각하는 것이 이 백성에게 유익할 것이라는 사실 역시 하나님은 예견하셨다.

제24장
하나님의 형상대로 창조된 인간 영혼의 본성에 관하여

그러므로 하나님은 인간을 당신의 형상대로 창조하셨다. 즉, 그는 인간에게 영혼을 창조해 주셨는데, 이것으로 말미암아 인간은 이성과 지력(智力)을 갖추게 되어서, 이 같은 영혼의 능력을 갖추지 못한 모든 동물들, 곧, 육상 동물이나, 헤엄치는 동물이나, 날아다니는 동물들보다 더 뛰어나게 되었다. 그리고 [하나님은] 땅의 진토로 사람을 만드시고, 내가 [방금] 말한 영혼을 그에게 주셨는데, 이 영혼은 미리 만드신 것을 그의 안에 불어넣으신 것이든지, 아니면, 숨을 불어넣으심으로써 만드신 것이다. 그리고 불어넣으심으로써 만드신 그 숨이 인간의 영혼이 되는 것. 이것이 하나님의 뜻이었을 수 있다. (숨을 불어넣는다는 것은 숨을 만든다는 것 아니면 대체 무엇이겠는가?) [하나님은] 또 그의 옆구리에서 뼈 하나를 취하시고 그를 위해 "돕는 배필"(창 2:20)을 만드사, [자녀를] 낳게 하셨다. 그는 [이 모든 일을] 하나님으로서 하신 것이다.

   정말이지, 이 [모든] 일을 육신의 습관에 따라 생각해서는 안 된다. 즉, 마치 장인(匠人)들이, 우리가 보통 보는 대로, 땅의 무슨 재료를 사용하되, [자기] 육신의 지체를 움직여, [자기] 기술적 역량으로 만들어 낼 수 있는 것을 만들어 내는 것처럼 생각해서는 안 된다.

   하나님의 손은 하나님의 권능이다. 그는 가시적(可視的)인 것에 대해서도 불가시적(不可視的) 방법으로 역사(役事)하신다.

   그러나 일상 생활에서 늘상 보는 것을 기준으로 하나님의 권능과 지혜를 측량하는 사람들은, 하나님이 사람 만드신 일을 [역사적] 사실이라기보다는 신화로 여긴다. 하나님은 씨앗 없이도 분명 씨앗 만드시는 방법을 아시고,

또 만드실 수 있음에도 불구하고 말이다. 그들은, [하나님이] 태초에 하신 일에 대하여 알지 못하기 때문에, 믿을 생각을 하지 않는다. 이것은 마치 인간의 수태와 출산에 대해 이야기 할 때, 모르는 사람들은 그것을 믿을 수 없는 일로 여기는 것과 비슷하다. 물론, 이런 일 역시 대부분의 사람들은, 하나님의 영이 하신 일이라 하지 않고, 자연과 육신에서 그 원인을 찾는 것이 사실이다.

제25장
그 어떠한 피조물에 대해서 혹은 아주 미미한 피조물에 대해서 천사들이 그것을 창조했다 할 수 있는가?

하지만 이 책에서 우리는, 하나님의 영이 이런 것을 만들고 돌본다는 사실을 믿지 않는 사람들을 상대하지 않는다.

그러나 자기네 [스승] 플라톤 말을 믿는 자들은, 가사적(可死的)인 모든 생명체는, 우주를 만든 최고신이 만든 것이 아니라, 최고신이 만든, 다른 하급 신들이 최고신의 허락 내지 명령에 의해 만들었다고 믿는다. 그리고 이런 생명체들 중에 인간이 가장 특별한 위치에 있다고, 또 신들과 혈연 관계에 있다고 믿는다. 만약 그들이 미신에서 벗어난다면, 그리하여 신들을 마치 자기네 창조자인 것처럼 생각하여, 신들을 숭배하고 신들에게 제사 지내는 것을 정당화하려 하는 일을 그만둔다면, 방금 말한 잘못된 견해에서도 쉽게 벗어날 수 있을 것이다.

정말이지, 아무리 미미하고 가사적인 피조물이라 하더라도, 그것의 창조자가 하나님이 아니라고 믿고 말하는 것, 잘 알지도 못하면서 그렇게 믿고 말하는 것은 절대 있을 수 없는 일이다.

그런데 그들은 천사들을 "신들"이라 부르기를 좋아하지만, 비록 천사들이 [하나님의] 명령이나 허락에 의해 이 세상에서 생성되는 사물에 대해 무슨 작용을 하는 것이 사실이라 해도, 우리가 농부들을 곡물과 나무의 창조자라 하지 않는 것처럼, 천사들을 생물의 창조자라 하지 않는다.

제26장

모든 자연 본성과 피조 세계의 모든 형상들은 오직 하나님의 사역에 의해서만 생성 내지 형성되는가?

그런데 형상에는 두 종류가 있다. 하나는 모든 유체적(有體的) 질료(質料)에 외적으로 주어지는 것으로, 예컨대, 토기장이나, 대장장이나, 그밖의 장인(匠人)들이 하는 일에서 살펴볼 수 있다. 이 사람들은 생물의 몸과 비슷한 형상을 그리거나 제작하기도 한다.

그런데 이와 다른 [종류의] 형상은 생명과 지력(智力)을 갖춘 신비하고 은밀한 존재의 뜻에 의해 내적 작용인(作用因)을 지녔다. 이 존재 자체는 생성된 것이 아니지만, 유체(有體)들의 자연적 형상을 만들 뿐 아니라, 생명체들의 혼까지도 만든다.

위에 말한 그 형상들은, 각종 장인들이 만들었다 할 수 있지만, 이것들은 오직 유일한 장인, 곧, 창조주시오 조물주이신 하나님이 만드셨다. 그는, 아무 세계와 아무 천사도 없을 때, 세계 자체와 천사들을 만드셨다.

기실, 이 만들어질 수는 없지만, 만들 수는 있는 하나님의 능력, 소위 작용력에 의해 세계가 생성될 때, 둥근 하늘과 둥근 태양이 그 형상을 지니게 되었다. 바로 이 만들어질 수는 없지만, 만들 수는 있는 하나님의 작용력에 의해 눈이 둥글게 되었고, 과일이 둥글게 되었고, 기타 자연의 사물이 둥근 모양을 지니게 되었다. 우리가 보는 것처럼, 이런 모양은, 그것들이 생성될 때 외적으로 부여된 것이 아니고, 창조주의 지극히 내밀한 권능에 의해 부여된 것이다.

창조주는 "나는 천지에 충만"(렘 23:24)하다 말씀하셨고, 그의 "지혜는 땅끝에서 땅끝까지 힘차게 펼쳐지며, 만물을 선하게"(칠십인경 지혜서 8:1) 다스린다.

그러므로 태초에 창조된 천사들이, 창조주께서 다른 것들을 만드시는 일에 어떻게 수종들었는지 나는 [잘] 모른다. 나는, 그들이 혹여 할 수 없는 일을 감히 그들에게 돌리지 않는다. 또 그들이 할 수 있는 일을 그들에게 돌리지 않아서도 안 된다.

그러나 나는 모든 자연 본성을 생성, 존재하게 한 창조 및 조성 작업을 하나님께 돌리며, 내가 이렇게 하는 것을 천사들도 찬성할 것이라 여긴다. 천사들은, 자기들의 존재 자체도 그분께 빚지고 있다는 사실을 인정하고 또 감사를 드린다.

그러므로 우리는 농부를 무슨 열매의 창조자라고 말하지 않는다. 이는, 다음과 같은 말씀을 읽기 때문이다.

그런즉 심는 이나 물 주는 이는 아무것도 아니로되, 오직 자라나게 하시는 하나님뿐이니라 (고전 3:7)

이뿐 아니다. 땅이 비록 만물의 풍성한 어머니처럼 보이고, 새순이 돋아나게 북돋우고, 뿌리로 그것을 단단히 붙들어 주게 한다 할지라도, 땅을 창조주라 말하지 않는다. 이는, 또 다음과 같은 말씀을 우리가 읽기 때문이다.

하나님이 그 뜻대로 저에게 형체를 주시되, 각 종자에게 그 형체를 주시느니라 (고전 15:38)

이와 마찬가지로 여자를 역시 자기 자녀의 창조자라 불러서는 안 된다. 오히려 "내가 너를 복중에 짓기 전에 너를 알았다"(렘 1:5)고 자기 종에게 말씀하신 분을 창조자라 불러야 한다. 그리고 설령 잉태한 여인의 영혼 상태가 어떠한지가 태아에게 어떤 영향을 미칠 수 있는 것이, 야곱이 알록달록한 나뭇가지를 가지고 양으로 하여금 알록달록한 새끼를 낳게 한 것과 마찬가지임을 인정할 수 있다 하더라도, 태어나는 아기를 여자가 창조한 것은 아니다. 마치 여자가 자기 자신을 창조하지 않은 것처럼 말이다.

그러므로 생물이 번식을 할 때 그 어떤 유체적(有體的) 원인 내지는 배아적(胚芽的) 원인이 작용하는 것에 상관없이, 그리고 그 작용이 천사들을 통해 일어났든, 사람들을 통해 일어났든, 무슨 동물들을 통해서 일어났든 상관없이, 심지어는 수컷과 암컷의 교접을 통해 일어났든 상관없이, 또 어미가 지닌 무슨 소원이나, 어미 영혼의 움직임이 여리고 약한 새끼의 모양이나 색깔에 무슨 영향을 미칠 수 있다는 사실에 상관없이, 그것들의 자연 본성 자체는, 설령 외적으로 이러저러한 영향을 받는다 하더라도, 오직 지극히 높으신 하나님이 창조하신 것이다. 그분의 은밀한 권능이 모든 것에 침투하여, 전혀 오염시킬 수 없는 그의 임재로 말미암아 존재하는 모든 것이 그 어떤 모양과 크기를 지니고 존재하게 만든다. 이는, 그분의 역사(役事) 없이는 그 어떠한 것도 이러저러한 존재가 될 수 없을 뿐 아니라, 아예 존재할 수조차 없는 까닭이다.

그러므로 유체적 사물에 장인(匠人)들이 외부적으로 부여하는 형상의 경우, [예컨대,] 도성 로마와 도성 알렉산드리아의 경우, 공장(工匠)들이나 건축가들을 그 창건자라 하지 않고, 로물루스 왕과 알렉산더 왕을 그 창건자라 한다. 이들의 의지와, 계획과, 명령으로 [그 성들이] 건설되었기 때문이다.

그렇다면, 자연 본성의 창조자는 오직 하나님이라는 말을 해야만 한다. 하나님은, 당신이 만드시지 않은 재료로 무엇을 만드시는 분이 아니고, 당신이 창조하시지 않은 일꾼을 고용하시는 분도 아니다. 그리고 만약 하나님이 당신의 권능을 피조물에게서 거두신다면, – 이 권능을 나는 "창조주로서의 권능"이라 부르고 싶지만, – 피조물은 창조되기 이전에는 존재하지 않았던 것처럼 더 이상 존재하지 않을 것이다. 하지만 나는 "이전"이라는 말을 시간적인 의미로 사용하는 것이 아니라, 영원의 관점에서 사용한다. 시간의 창조주가 만물을 만드신 그분 외에 도대체 누구시겠는가? 시간은 만물의 운동으로 흘러가는 것 아닌가?

제27장
천사들은 하나님이 창조했지만, 사람 육신의 창조자는 천사들이라고 믿는 플라톤주의자들의 견해에 관하여

플라톤은 정말이지, 하급신들이 최고신에 의해 만들어졌고, 그들이 다른 생명체를 만든 자라고 생각했다. 그래서 하급신들은 불가사적(不可死的) 부분을 최고신에게서 받았지만, 가사적(可死的)인 것은 그들 스스로 덧붙였다고 여겼다.[1] 그러므로 그는 하급신들을 우리 영혼의 창조자로 본 것이 아니라, 육신의 창조자로 본 것이다.

바로 이 때문에 포르퓌리오스는 영혼의 정화를 위해 모든 육신을 피해야 한다고 말한다. 또 플라톤 및 다른 플라톤주의자들과 더불어 주장하기를,

---
[1] *Timaios* xiii, 41cd.

무절제하게, 부도덕하게 산 자들은 벌을 받기 위해 가사적 육신으로 되돌아간다고 하였다. 물론, 플라톤은 짐승의 몸으로 되돌아간다 하였으나, 포르퓌리오스는 사람의 몸으로 되돌아간다는 말만 하였다.

그렇다면 이 철학자들은, 자기들이 "신들"이라 부르는 자들을 우리가 우리 조상 내지 창조주로 섬기기를 바랐던 것이지만, 그 신들은 결국 우리의 족쇄와 감옥을 만든 자들에 불과하다는 결론이 나오게 된다. 또 우리의 창조주가 아니라, 우리를 힘든 노역장에 가둔 자들, 심히 무거운 쇠사슬로 묶은 자들이라는 결론이 나오게 된다.

그러므로 플라톤주의자들은 이 육신 속에서 영혼이 벌을 받는 것이라 위협하는 일을 그만두든지, 아니면, 그들을 신으로 섬기라고 우리한테 가르치는 일을 하지 말아야 한다. 왜냐하면 이 철학자들이 [우리에게] 권면하기를, 신들이 우리에게 만들어 준 것을 [= 육신을] 우리 힘껏 피하라고, 멀리하라고 하기 때문이다. 그들의 이런 가르침은 다 엄청난 거짓이다.

정말이지, 영혼이 다시 이생으로 되돌아와 벌을 받는다는 것은 사실이 아니다. 또 하늘에 있는 것이든, 땅에 있는 것이든, 모든 생명체의 창조자는 오직 천지를 지으신 창조주 외에는 아무도 없다.

만약 이 육신 속에 사는 것이 오직 벌을 받기 위해서이지, 다른 이유가 전혀 없다 한다면, 이런 말을 한 바로 그 플라톤이 어떻게, 세상이 모든 종류의 생명체, 곧, 불가사적(不可死的)인 생명체와 가사적(可死的)인 생명체로 가득 채워져 있지 않고는 지극히 아름답고 선하게 될 수 없었을 것이라고 말하는 것인가?[1]

---

[1] *Timaios* vi, 30cd; xliv, 92c.

그러나 우리가 비록 가사적 존재로 창조되었다 할지라도, 우리가 이렇게 창조된 것이 하나님의 선물이라면, 우리가 이 육신, 곧, 하나님의 은혜로운 선물로 되돌아오는 것이 어떻게 형벌이란 말인가?

그리고 만약 하나님이, 플라톤이 항상 말하는 대로,[1] 온 우주의 형상뿐 아니라 모든 생명체의 형상도 영원한 로고스 안에 품고 있었다 한다면, 어떻게 하나님이 모든 것을 친히 창조하시지 않았다는 말인가? 하나님이 혹여 어떤 것에 대해서는 그것의 창조자가 되기 싫으셨던 것일까? 그의 형언할 수 없고, 말로 다할 수 없이 찬양받아 마땅한 영마저 그것들을 만들 기술이 없었던 것일까?

---

[1] *Timaios* vi, 30b; *Politeia* X, ii, 597bc.

제28장

첫 사람 안에 인류 전체가 온전히 나타났는데, 그 중 어느 부분이 상급을 받는 영광을 누리고, 어느 부분이 정죄로 벌을 받게 될 것인지를 하나님은 예견하심

1. 그러므로 참된 종교는 온 우주의 창조주가 모든 생명체의 창조주, 곧, 영혼과 육신의 창조주이심을 인정하고 선포하는 것이 당연하다.

땅의 생명체 중에서는 인간이 으뜸인데, 그분에 의해 그분의 형상대로 만들어졌다. 이에는, 내가 [이미] 말한 이유 외에 필시 다른 더 큰 이유가 숨어 있을 것이다. [여하간 처음에] 만들어진 것은 한 사람이었지만, 그는 홀로 남겨지지는 않았다.

인류만큼 본성상 사회적인 종(種)도 없지만, 인류만큼 죄악으로 인해 불화하는 종도 없다. 불화라는 악덕이 생기지 않게 하려면, 혹 생겼다 해도 그것을 치유할 수 있으려면, 인간의 본성이 말해 주는 대로, 인류의 조상을 기억하는 것만큼 유익한 것이 없다. 하나님이 그를 한 사람으로 창조하신 것, 그 한 사람에게서 많은 후손이 퍼져 나가게 하신 것은, 많은 사람들 중에서도 조화로운 일치가 유지되어야 한다 권면하시기 위해서였다. 아담을 위해 여자를 그의 옆구리에서 만드신 것도, 부부를 결합시켜 주는 사랑이 얼마나 돈독해야 하는지를 잘 가르쳐 주고 있다.

물론, 하나님의 이런 사역은 처음 하신 것이기 때문에 특별한 것이다. 그러나 이것을 믿지 않는 사람은, 그 어떠한 기적도 일어났다 믿을 자격이 없다. 이는, 자연에서 통상적 과정을 통해 생성되는 것을 기적이라 하지 않기 때문이다.

그렇지만 하나님의 섭리가 강력히 다스리는 곳에서 발생하는 일이 어떻게 공연히 발생하겠는가? 그 이유가 설혹 감추어져 있다 해도 말이다. 거룩한 시편 어느 곳에 보면 이런 말씀이 있다.

> 와서, 여호와의 행적을 볼지어다! 땅에 기사(奇事)를 행하셨도다 (칠십인경 시 46:8)

그러므로 어째서 남자 옆구리에서 여자가 만들어졌는지, 이 기적이 무엇을 예표하는지에 대해 나는 하나님의 도우심에 따라 다른 곳에서 취급할 것이다.

2. 이제 이 제12권을 마쳐야 하기 때문에, 태초에 만들어진 이 첫 사람으로부터 인류 속에 두 개의 사회가 마치 두 개의 도성처럼 나왔다는 생각만을 [간략히] 밝히려 한다. 물론, 당시에는 이 사실이 밝히 드러나지 않았지만, 하나님은 당신의 예지(豫知)로 이 사실을 이미 알고 계셨다.

[여하간, 아담] 한 사람으로부터 사람들이 나오기로 되어 있었는데, 그 중 일부는 악한 천사들과 함께 형벌을 당하게 되어 있었고, 다른 일부는 선한 천사들과 함께 상급을 받게 되어 있었다. 물론, 이것은 하나님의 심판에 의한 것으로, 그의 심판은 비록 감추어져 있으나, 의로운 것이다. 성경에는 이렇게 기록돼 있다.

> 여호와의 모든 길은 [그 언약과 증거를 지키는 자에게] 인자와 진리로다 (시 25:10)

그러므로 그의 은혜는 불의할 수 없고, 그의 의는 가혹할 수 없다.

제13권

여기서는 죽음이 인간에게 형벌이고, 아담의 죄로 말미암아
발생했다는 사실을 가르침

제1장

첫 사람의 타락에 관하여. 이로 말미암아 죽음이 들어옴

우리 세상의 시작과 인류의 기원이라는 지극히 어려운 문제를 처리했으므로 이제 우리는 벌써 첫 사람의 타락, 아니, 첫 사람들의 타락이라는 문제와, 인류에게 죽음이 처음 어떻게 찾아오게 되었고, 어떻게 확산되었는지에 대해 논할 차례가 되었다.

정말이지, 하나님은 사람을 천사들처럼 짓지 않으셨다. 즉, [천사들은] 죄를 짓더라도 결코 죽을 수가 없다. 그러나 [사람의 경우는,] 순종의 의무를 다 이행해야 천사들처럼 죽음을 맛보지 않고 불가사성(不可死性)과 영원한 복락을 얻게 되어 있었다. 반면, 불순종하는 경우는 죽음이라는 지극히 의로운 형벌을 받게 되어 있었다. 이에 대해서는 제12권에서도 우리가 이미 말한 바 있다.

제2장

죽음에 관하여. 영혼은 비록 항상 살아 있으나, 죽음이 닥칠 수 있고, 육신도 죽음에 이를 수 있음

하지만, 죽음의 종류 자체에 대해서는 좀 더 자세히 설명해야 할 것처럼 보인다. 이는, 비록 인간의 영혼이 진실로 불가사적(不可死的)이라 이야기할 때가 있기는 하지만, 그럼에도 불구하고 인간의 영혼도 나름대로 일종의 죽음을 겪게 되기 때문이다.

정말이지, 영혼에 대해 불가사적이라는 말을 하는 것은, 영혼이 어떤 식으로든 생명과 지각(知覺)을 유지하기 때문이다. 그 생명과 지각이 아무리 미약하다 해도 말이다. 반면, 육신을 가사적(可死的)이라 하는 이유는, 육신을 생명이 완전히 떠날 수 있고, 육신 스스로의 힘으로는 잠시도 생명을 유지할 수 없기 때문이다. 그래서, 하나님이 영혼을 떠나실 때, 영혼에 죽음이 찾아오는 것은, 영혼이 육신을 떠날 때, 육신에 죽음이 찾아오는 것과 같다.

그러므로, 하나님께 버림받은 영혼이 육신을 떠날 때, [영혼과 몸] 둘 다의 죽음, 곧, 전인(全人)의 죽음이 찾아온다. 이는, 이때 영혼은 하나님에게서 생명을 얻지 못하고, 육신은 영혼에게서 생명을 얻지 못하는 까닭이다.

그런데 이와 같은 전인의 죽음 뒤에 "둘째 사망"이 따라온다. 이 용어는 권위 있는 하나님의 말씀에 (계 2:11, 20:6, 20:14, 21:8) 나오는 것이다. 구세주께서 "몸과 영혼을 능히 지옥에 멸하시는 자를 두려워하라"(마 10:28)고 말씀하신 것은 이것을 가리키신 것이다.

이것은, 영혼이 육신과 아주 굳게 결합하여, 그 어떠한 분리도 결코 일어날 수 없을 때 일어난다. 그러므로, 영혼이 육신을 떠나지 않고, 생기와 감각을 주고 있을 때, 육신이 바로 이 죽음으로 말미암아 고통당하는 것을 어떻게 "둘째 사망"이라 하는지 의아하게 생각될 수 있다. 이 최후의 영벌에 대해서는 적절한 기회에 좀 더 면밀하게 살펴보겠지만, 이것을 "영혼의 사망"이라 말하는 것이 옳은 이유는, [이 사망에 처한] 영혼은 하나님에게서 생명을 [더 이상] 얻지 못한다는 데 있다. 하지만, 육신이 영혼에게서 생명을 얻고 있는데, 도대체 어떻게 육신에 대해 죽음이라는 말을 할 수 있는가? 정말이지, 육신이 영혼에게서 생명을 얻지 않는다면, 부활 후에 있게 될 육신의 고통은 있을 수 없을 것이다. 아니면, 생명은, 그 어떠한 것이라도 선인 반면, 고통은 악이기 때문에, 영혼이 생명의 원인이 아니라, 고통의 원인일 때, 육신에 대해 살았다는 말을 할 수 없는 것인가?

그래서 영혼은 선하게 살 때 하나님에게서 생명을 얻는다. 이는, 하나님이 영혼 속에서 선한 일을 행하지 않으시면, 영혼은 선하게 살 수 없는 까닭이다. 그런데 육신은, 영혼이 육신 안에 살고 있다면, 영혼으로 말미암아 생명을 얻는다. 영혼이 하나님에게서 생명을 얻든, 얻지 못하든 상관없이 말이다. 사실, 불경한 자들의 육신에 깃들어 있는 생명은 영혼의 생명이 아니라, 육신의 생명이다. 이런 생명을 공급하는 일은, 죽은 영혼, 곧, 하나님께 버림받은 영혼도 할 수 있다. 영혼의 생명 자체는 아무리 미약하다 할지라도 불가사성(不可死性)의 근원이 된다.

그러나, 최후의 심판으로 정죄를 받게 되면, 비록 그 사람에게 지각 능력 자체는 없어지지 않지만, 감미로운 즐거움이나, 건실한 평안함을 누릴 수 없고, 고통스러운 징벌을 당할 수밖에 없기 때문에, 그의 삶은 "삶"이라 불리기보다는 오히려 "죽음"이라 불리는 것이 맞을 것이다.

그런데, 이것을 "둘째 사망"이라 부르는 이유는, 이것이 "첫째 사망" 이후에 오기 때문이다. "첫째 사망"에서는 결합된 본성의 분리가 일어난다. 즉, 하나님과 영혼의 분리 내지는 영혼과 육신의 분리 말이다. 육신의 "첫째 사망"에 대해서는 이렇게 말할 수 있다. 곧, 선한 사람들에게는 선한 죽음이 되고, 악한 사람들에게는 악한 죽음이 된다고 말이다. 반면, "둘째 사망"은 의심할 나위 없이 선한 사람들에게는 오지 않는 것이므로, 아무에게도 선한 죽음이 되지 않는다.

제3장
첫 사람의 죄로 말미암아 모든 사람들이 죽음에 이르게 되었지만, 이 죽음이 성도들에게도 죄의 형벌 때문에 닥치는지?

그런데 여기서 그냥 넘어갈 수 없는 문제가 발생한다. 즉, 죽음은 영육을 분리시키는데, 그것이 과연 선한 사람들에게 선한 것이 될 수 있느냐 하는 것이다. 만일 그렇다면, 죽음 그 자체가 죄에 대한 형벌이라는 명제가 성립할 수 있겠는가? 만일 첫 사람들이 죄를 짓지 않았다면, 당연히 그들은 이 형벌을 받지 않았을 것이기 때문이다. 그렇다면, 오직 악한 사람들에게만 닥칠 수 있는 것이 어떻게 선한 사람들에게 선한 것이 될 수 있단 말인가? 그러나 또 [이렇게 말할 수 있다.] 죽음이 오직 악한 사람들에게만 닥칠 수 있는 것이라면, 선한 사람들에게는 [죽음이] 선한 것이 될 수 없는 것이고, 전혀 닥치지 말아야 할 것이 된다. 벌을 받아야 할 이유가 전혀 없는 사람들이 도대체 왜 무슨 벌을 받아야 한다는 말인가?

이런 까닭에 우리는 다음과 같은 사실을 인정해야 한다, 곧, 첫 사람들이 죄를 짓지 않는다면, 어떠한 종류의 죽음도 겪지 않도록 창조되었으나, 그들은 최초의 죄인들이 되어, 죽음이라는 형벌을 받게 되었고, 그들 혈통에서 나온 자들도 모두 같은 형벌을 받을 처지가 되었다는 사실 말이다. 정말이지, 그들에게서는 그들과는 다른 처지의 후손들이 태어나지는 않게 되어 있었다. [그들의] 허물이 크기 때문에, [그들이] 받은 정죄가 그들의 본성을 더 나쁜 쪽으로 변질시켰다. 그 결과 죄를 지은 첫 사람들에게는 형벌로 주어졌던 것이 그들의 후손인 다른 사람들에게는 본성적으로 따라오게 되었다.

사실, 사람이 사람에게서 태어나는 것과, 흙에서 형성되는 것은 같지가 않다. 이는, 흙이 사람을 만드는 질료이기는 했지만, 사람이 사람을 낳아 부모가 되는 까닭이다. 그러므로 흙과 육신이 똑같은 것은 아니다. 비록 흙에서 육신이 만들어지긴 했지만 말이다. 그러나 부모가 사람이듯, 자식도 사람이다. 그래서, 최초의 인간 속에 전 인류가 깃들어 있었고, 여자로 말미암아 [인간성이] 후손에게 유전되게 되었다. 부부로 결합된 그들이 그들을 정죄하시는 하나님의 심판을 받게 되자, 그렇게 되었다. 적어도 죄와 사망의 기원이라는 관점에서 본다면, 사람이 사람을 낳아, 사람이 되게 한 것은, 창조되었을 당시가 아니라, 죄를 짓고, 벌을 받은 다음의 일이다.

> 첫 사람이 죄를 짓고 벌을 받았다 해서, 그가 어린 아이들처럼 마음이 유치해지고, 몸이 연약해진 것은 아니었다. 이런 성질이, 우리가 보는 바와 같이 어린 아이들에게 있는 것은, 하나님의 뜻에 따라 어린 아이들의 처지가 짐승 새끼의 처음 처지처럼 되었기 때문이다. 하나님은 그들 부모를 내리치사, 그들로 하여금 짐승과 같은 삶과 죽음을 당하도록 하셨다. 그래서, 다음과 같은 말씀이 기록되어 있는 것이다.
>
> 존귀에 처하나 깨닫지 못하는 사람은 깨닫지 못하는 짐승에 비교되나니, 짐승과 같이 되었도다 (칠십인경 시 49:20)[1]

다만, 우리가 보는 대로, 영아(嬰兒)들은 지체를 사용하고 움직이는 데 있어, 또 [무엇을] 욕구하고 피하는 감각에 있어 다른 동물들의 가장 여린 새끼들보다 더 약하다. 그러나 인간의 능력은, 마치 활에 화살을 먹여 뒤로 팽팽하게 당길 때처럼, 그 충동을 억제하면 할수록, 그만큼 더 다른 동물들보다 더 훌륭하게 향상되는 것은 사실이다.

---

[1] 개역 성경 시 49:20 (= "존귀에 처하나 깨닫지 못하는 사람은 멸망하는 짐승 같도다").

그러므로, 첫 사람은 분수에 맞지 않는 자만심으로 말미암아 그에 합당한 벌을 받기는 했지만, 유치하고 야만적인 상태로까지 전락하거나 밀쳐진 것은 아니다. 하지만 그에게는 퇴화, 변질된 인간성이 깃들게 되었고, 이로 말미암아 그의 지체에 그의 뜻에 거스르는 정욕이 생겨, 그것의 불순종을 감내하지 않으면 안 되게 되었고, 죽을 수밖에 없는 처지에 붙들리게 되었다. 이뿐이 아니다. 죄와 벌로 인해 이렇게 변한 자기의 모습을 닮은 자손을 낳게 되었다. 다시 말해, 죄에서 벗어날 길이 없고, 죽음에 처할 수밖에 없는 자손을 낳게 되었다. 만약 영아들이 중보 되신 그리스도의 은혜로 말미암아 죄의 결박에서 풀려난다면, 그들은 영혼을 육체와 분리시키는 죽음만을 겪는 것으로 그칠 수 있다. 정말이지, 죄의 결박에서 풀려난 사람들은 끝없는 형벌을 받는 "둘째 사망"으로는 넘어가지 않는 것이다.

제4장

중생의 은혜로 말미암아 죄책을 면한 사람들이 왜 죽음, 곧, 죄벌에서 벗어나지 못하는지?

하지만, "첫째 사망" 역시 죄에 대한 벌이라면, 은혜로 말미암아 죄책을 면한 사람들이 왜 "첫째 사망"을 받는가 하는 문제로 심란한 사람들이 있을지 모른다. 바로 이 문제를 우리는 유아세례에 관해 쓴 책에서 취급하여, 해결을 보았다.

그 책에서 우리는, 죄책에 묶인 것이 풀어졌음에도 불구하고, 육신으로부터의 분리라는 경험이 여전히 영혼에 허락되는 것은, 중생의 성례 후에 즉시 육신의 불가사성(不可死性)이 따라온다면, 믿음 자체가 나약해지기 때문이라는 말을 하였다. 믿음이란, 아직 실지로 보이지 않는 것을 소망 중에 바랄 때 [참된] 믿음이 되기 때문이다.

그런데 믿음의 힘과 투쟁을 통하여 – 최소한 예전에는 – 죽음에 대한 공포가 극복될 수 있었다. 이 사실은 거룩한 순교자들에게서 아주 현저하게 나타났다. "중생의 씻음"(딛 3:5) 후에 성도들이 육신의 죽음을 더 이상 당할 수 없다면, 믿음의 싸움에는 분명 아무런 승리가 없을 것이고, 아무런 영광이 없을 것이다. (믿음의 싸움 자체가 전혀 있을 수 없으니까 말이다.) [만일 그렇다면,] 누가 자기네 유아를 세례받게 하려고 그리스도의 은혜를 향해 뛰어오지 않겠는가? 육신[의 죽음]에서 해방을 받으려고 말이다. 그래서 이런 식이라면, 믿음이 보이지 않는 상급을 통해 시험받는 일은 없을 것이고, 아예 믿음이라는 것 [자체가] 존재하지 않을 것이다. 행위의 상급을 당장 구하고, [당장] 받는 까닭이다.

하지만 구세주의 보다 더 크고, 보다 더 놀라운 은혜로 죄벌이 이제 의(義)에 기여하는 것으로 바뀌었다. 예전에는 사람에게 "네가 죄를 지으면, 죽으리라" 하셨는데, 이제는 순교자에게 "죄를 짓지 않으려면 죽어라!" 하신다. 예전에는 "네가 계명을 어기면, 반드시 죽으리라" 말씀하셨다. 이제는 "네가 죽음을 거절하면, 계명을 어기게 되리라" 말씀하신다. 예전에는 죄를 짓지 않기 위해 두려워했던 것을 [= 죽음을], 이제는 죄를 짓지 않기 위해 [기꺼이] 받아들여야만 한다.

이처럼 하나님의 형언할 수 없는 자비로 말미암아 악덕에 대한 형벌이 선덕(善德)을 위한 무기로 바뀐다. 또 죄인에 대한 징벌이 의인에 대한 상급이 된다. 이는, 예전에는 죽음이 죄 때문에 초래되었는데, 이제는 죽음으로 말미암아 의가 온전해지는 까닭이다. 이것은 거룩한 순교자들에게 사실로 다가온다. 핍박자들은 그들에게 믿음을 버리든지, 아니면 죽음을 당하든지, 양자택일을 하라고 강요한다. 최초의 악인들은 믿지 않음으로써 죽음을 당했지만, 의인들은 믿음으로써 죽음을 기꺼이 받아들인다. 저들은 죄를 짓지 않았다면, 죽지 않았을 것이지만, 이들은 죽지 않으면, 죄를 짓게 될 것이다. 그러므로 저들은 죄를 지었기 때문에 죽었고, 이들은 죽기 때문에, 죄를 짓지 않는다. 저들이 형벌을 받게 된 것은 저들의 죄과(罪過)로 말미암은 것이다. 이들은 형벌을 받음으로 말미암아 죄과를 범하지 않게 된다. 이는, 전에 악이었던 죽음이 선한 것이 되었기 때문이 아니라, 하나님이 엄청난 은혜를 믿음에 허락하사, 생명의 반대임이 분명한 죽음이 생명으로 건너가는 수단이 되게 하셨기 때문이다.

제5장

죄의 권능은 율법

사도 [바울]은, 은혜가 돕지 않을 때, 죄가 얼마나 큰 해를 끼칠 수 있는지를 밝히기 위해, 죄를 금하는 율법까지도 "죄의 권능"이라는 말을 서슴지 않았다. 그는 이렇게 말했다.

> 사망의 쏘는 것은 죄요, 죄의 권능은 율법이라 (고전 15:56)

전적으로 지극히 옳은 말이다. 왜냐하면, 금지는 금지된 행위에 대한 욕망을 증대시키기 때문이다. 의를 아주 사랑하여, 죄 짓고 싶은 마음이 의에 대한 사랑으로 인해 극복되어야 하는데, 그렇게 되지 않을 때는 [금지로 인해 욕망이 더 증대된다]. 그런데 참된 의를 우리가 사랑하려면, 참된 의에 우리가 기쁨을 느끼려면, 하나님의 은혜의 도움이 반드시 있어야 한다.

하지만 [율법을] "죄의 권능"이라 말했다 하여, 율법을 악한 것이라 여겨서는 안 될 것이다. 그래서 [사도 바울은] 다른 곳에서 이 같은 문제를 취급하면서 이렇게 말했다.

> 12 이로 보건대 율법도 거룩하며, 계명도 거룩하며, 의로우며, 선하도다 13 그런즉 선한 것이 내게 사망이 되었느뇨? 그럴 수 없느니라. 오직 죄가 죄로 드러나기 위하여, 선한 그것으로 말미암아 나를 죽게 만들었으니, 이는, 계명으로 말미암아 죄로 심히 죄 되게 하려 함이니라 (롬 7:12-13)

"심히"라는 말을 한 것은, 죄를 짓고 싶은 욕심이 커지면, 율법 자체가 멸시를 받게 되어, 결국 범법이 행해지기 때문이다.

어째서 내가 이것을 언급할 필요를 느꼈겠는가? 그 이유는 곧, 율법이 비록 죄 짓는 자들의 욕망을 증대시키지만, 악이 아닌 것처럼, 죽음도 인내하는 자들의 영광을 증대시키지만, 선이 아니라는 데 있다. 이는, 율법을 죄악 때문에 범하면, 범법자가 생기는 것처럼, 죽음을 진리 때문에 받아들이면, 순교자가 되는 까닭이다.

그러므로 율법은 죄를 금하는 것이기 때문에 선이고, 죽음은 "죄의 삯"(롬 6:23)이기 때문에 악이다. 하지만 마치 불의가 악한 것뿐 아니라 선한 것도 악하게 사용하는 것처럼, 의는 선한 것뿐 아니라 악한 것도 선하게 사용한다. 그래서 악한 자들은, 율법이 선한 것임에도, 율법을 악하게 사용하는 것처럼, 선한 자들은, 죽음이 악한 것임에도, 선하게 죽음을 맞이하는 일이 생기는 것이다.

제6장
죽음을 경건하게 감내할 수 있음

그러므로 육신의 죽음, 곧, 영혼과 육신의 분리를 생각해 보면, "죽는 사람들"이라 불리는 사람들이 그것을 당할 때, 그것은 아무에게도 선하지 않다. 이는, 산 사람에 있어 결합 내지 결속되어 있던 두 가지 것을 갈라놓는 힘 자체가 험한 느낌을 주는 것이고, 자연에 거스르는 것이기 때문이다. 영혼과 육신의 결합으로 인해 내재하던 감각이 모두 없어지기 전까지는, 이런 느낌이 계속된다. 육신에 일격이 가해지거나, [갑자기] 탈혼(脫魂) 현상이 일어나면, 이 모든 괴로움은 중단되거나, 느낄 여가도 없이 신속히 지나가기도 한다.

그러나 죽어 가는 사람들에게 중압감을 주면서 감각을 빼앗아 가는 것이 무엇이든 간에, 그것을 경건하게, 믿음으로 [잘] 참아낼수록 인내의 공로를 증대시키지만, 그럼에도 불구하고 그것이 [죽음의] 형벌로서의 성격을 없애지는 못한다.

이렇게 첫 사람 [아담]으로부터 죽음이 계속 후손에게 태어나는 자의 형벌로 주어지는 것은 의심할 여지가 없지만, 경건과 의를 위해 감당한다면, [죽음이] 중생하는 자의 영광이 영광이 된다. 그리하여 죽음이 설령 죄의 대가를 치르는 것이라 할지라도, 때로는 아무런 죄벌(罪罰)을 받게 하지 않을 수도 있다.

제7장

세례와 순교를 통해 죄 사함을 받음

그리하여 누구든지 중생의 세례를 받지 않고도 그리스도에 대한 신앙고백 때문에 죽는다면, 그 죽음은 거룩한 세례반(洗禮盤)에서 죄 씻음을 받은 것과 똑같이 죄 용서를 받는다. 이는, "사람이 물과 성령으로 나지 아니하면 하나님 나라에 들어갈 수 없느니라"(요 3:5)고 말씀하신 분이 다른 곳에서, 내가 방금 말한 사람들에 대해 이와 비슷하게 다음과 같은 일반적인 말씀을 하셨기 때문이다.

> 누구든지 사람 앞에서 나를 시인하면, 나도 하늘에 계신 내 아버지 앞에서 저를 시인할 것이요 (마 10:32).

또 다른 곳에서는 이런 말씀을 하셨다.

> 누구든지 나를 위하여 제 목숨을 잃으면 찾으리라 (마 16:25).

그래서 다음과 같은 말씀이 있다.

> 성도의 죽는 것을 여호와께서 귀중히 보시는도다. (시 116:15).

죽음을 통하여 모든 죄를 용서받고, 더 많은 공력을 쌓는다면, 그런 죽음보다 더 값진 것이 대체 어디 있겠는가?

죽음을 천연(遷延)시킬 수 없어서, 세례를 받고, 모든 죄와 허물을 용서받고 이생을 떠난 사람들의 공력은, 죽음을 천연시킬 수 있으면서도, 그리스도를 부인하면서 [살아남아] 세례를 받기에 이르는 것보다 차라리 그리스도에 대한 신앙고백 때문에 목숨 버리기를 선택한 관계로 죽음을 천연시키지 않은 사람들의 공력만큼 크지 않다. 물론, 만약 이렇게 [그리스도를 부인하면서 살아남아 세례를 받기에 이른] 사람들이 있다면, 그들은 죽음에 대한 두려움 때문에 그리스도를 부인한 것까지 세례식 때 용서를 받기는 할 것이다. 그리스도를 죽인 자들도 세례식 때 그 엄청난 죄를 용서받았다. 하지만 "임의로"(요 3:8) 부는 성령의 풍성한 은혜가 없었다 하면, 목숨이 그토록 위태로운 상황에서도 그리스도를 [도저히] 부인할 수 없을 정도로 심히 사랑할 수 있었겠는가? 설령 죄 사함을 받을 소망이 대단히 컸다 해도 말이다.

그러므로 성도의 죽는 것은 귀중한 것이다. 그들보다 앞서 그리스도께서 죽으심으로 엄청난 은혜를 베푸셨다. 그들은 그리스도를 얻기 위하여 자기 자신을 제물로 바치기를 주저하지 않았다. 그리하여 전에는 죄에 대한 형벌로 규정되었던 죽음이 의의 열매를 아주 풍성하게 맺는 방편이 되었음을 증명하게 되었다.

그렇다 하여 죽음을 선한 것으로 여겨서는 안 된다. 이는, 죽음이 이처럼 유익한 것으로 바뀐 것이 그 자체의 공력에 기인한 것이 아니라, 하나님의 도우심에 기인한 것이기 때문이다. 죽음이 과거에 두려워할 대상으로 주어진 것은, 죄 짓는 것을 방지하기 위함이었다. 하지만 지금은 죽음을 받아들임으로써 죄를 짓지 않을 뿐 아니라, 죄를 지었을 경우 용서를 받고, [순교라는] 위대한 승리에 대해서는 그에 합당한 의의 종려가지를 수여받게 하기 위해, 죽음이 주어진다.

제8장

경건한 마음으로 감수한 죽음은 선함

좀 더 면밀하게 살펴보자! 누구든지 진리를 위해 신실하고 명예롭게 죽는다면, 그는 [진정한] 죽음을 피하게 된다. 즉, 그는 부분적인 죽음을 감수함으로써 총체적인 죽음을 당하지 않게 되고, 나아가 둘째 사망도 당하지 않게 된다. 둘째 사망의 끝은 결코 없다. 곧, 영혼이 육신과 분리되는 것을 감수하면, 하나님이 영혼과 분리된 상태에서, 영혼이 육신과 분리되는 일이 일어나지 않게 될 것이다. 그리하여 전인(全人)의 첫째 사망이 완료되고, 영원히 지속될 둘째 사망이 [첫째 사망] 뒤를 잇는 일이 발생하지 않을 것이다.

이런 까닭에 죽음은, 내가 [이미] 말한 대로, 죽어 가는 사람들이 그것을 당하고 있을 때, 또 죽음이 그들에게 다가오고 있을 때, 아무에게도 선이 아니다. 그러나 선을 지키기 위해, 선에 이르기 위해 감수하는 것은 칭송받을 만하다. 하지만 이미 "죽은 자"라고 불리는 사람들이 죽음에 처해 있을 때, 죽음을 악한 사람들에게는 "악"이라 하고, 선한 사람들에게는 "선"이라 하는 것은 불적절한 일이 아니다. 왜냐하면, 육신으로부터 분리된 경건한 자들의 영혼이 안식에 거하지만, 불경한 자들의 영혼을 벌을 받기 때문이다. 이것은, 육신이 부활하여, 전자(前者)는 영생으로 들어가고, 후자(後者)는 "둘째 사망"(계 20:6)이라 불리는 영원한 죽음으로 들어갈 때까지 계속된다.

제9장

죽은 자는 아무도 살아 있지 않음

하지만 선한 자들의 영혼이든, 악한 자들의 영혼이든, 육신과 분리된 시점을 죽음 이후라 해야 하는가? 아니면 죽고 있는 중이라 해야 하는가? 만약 죽음 이후라 한다면, [지금 막] 지나간 죽음이든지, [이미] 지나간 죽음 자체가 선 혹은 악이 아니고, 죽음 이후 영혼에 현존하는 생명이 선이나 악이다. 그러나 죽음이 사람들에게 악이었던 것은, 죽는 [바로] 그 당시였다. 즉, 그들이 죽음을 맞이하고 있던 때, 죽어 가고 있던 때였다. 이는, 무겁고 고통스러운 느낌이 죽음에 내재해 있었기 때문이다. 바로 이런 악을 선한 자들은 선용(善用)한다. 하지만 죽는 과정이 일단 경과하고 나면, 죽음은 더 이상 존재하지 않는데, [죽음이] 도대체 어떻게 선한 것이나 악한 것일 수 있는가?

이뿐이 아니다. 우리가 좀 더 자세하게 살펴본다고 하면, 죽어 가는 사람들에게 있다고 우리가 말하는 무겁고 고통스러운 느낌도 죽음이 아니라는 사실이 분명해질 것이다. 이는, 그들이 느끼고 있는 동안은, 그들이 아직 살아 있기 때문이다. 그리고 아직 살아 있다면, "죽었다"고 말하기보다는 오히려 "죽기 전"이라 말해야 할 것이다. 이는, 죽음이 임했을 때, 육신의 모든 감각이 사라지는 것이기 때문이다. 그 감각은, 죽음이 다가오는 까닭에 고통스러운 것이다.

그러므로 설령 벌써 죽음이 임박했고, 최후의 단말마 고통에 시달리고 있을지라도, 아직 죽지 않은 사람들을 우리가 어떻게 "죽는 사람들"이라 말할 수 있는지를 설명하기란 어렵다. 비록 이들을 "죽는 사람들"이라 부르는 것이 옳다 해도 말이다. 이는, 이미 임박했던 죽음이 [실지로] 닥쳐

왔을 때, "죽는 사람들"이라 부르지 않고, "죽은 사람들"이라 부르기 때문이다.

그러므로 살아 있는 사람만이 죽는 사람이다. 이는, 숨이 [아직] 붙어 있는 사람들에 대해서만 생명의 종착점에 거의 도달했다고 우리는 말하는 관계로, 아직 숨을 거두지 않은 사람은 살아 있는 것이기 때문이다. 따라서 그는 같은 사람인데도, 죽는 사람임과 동시에 살아 있는 사람인 것이다. 그는 죽음에는 다가가고 있고, 삶에서는 떠나가고 있다. 하지만 그가 아직 살아 있는 것은, 영혼이 육신 속에 [아직] 거하고 있는 까닭이다. 그가 아직 죽지 않은 것은, [영혼이] 아직 육신을 떠나지 않은 까닭이다.

하지만 영혼이 떠난 다음에도, 죽음 안에 있지 않고, 오히려 죽음 이후에 있는 것이라 한다면, 죽음 안에 있는 것이 언제인지를 누가 말할 수 있단 말인가? 만약 어느 누구도 죽는 사람임과 동시에 살아 있는 사람일 수가 없다면, 죽는 사람은 전혀 없을 것이다. 이는, 영혼이 육신 속에 거하는 이상, 그가 살아 있음을 우리가 부정할 수 없기 때문이다. 그런데 육신 속에 죽음이 이미 시작된 사람을 차라리 죽는 사람이라고 말할 수가 있다면, 그리고 그 누구도 살아 있는 사람임과 동시에 죽는 사람일 수가 없다면, [사람이 과연] 언제 살아 있는 것인지를 나는 알 수 없다.

제10장
삶은 죽음을 향해 가고 있음

누구든지 사멸(死滅)할 육신 속에 거하기 시작한 바로 그 순간부터, 죽음이 다가오지 않는 삶을 사는 법은 결코 없다. 이는, 이렇게 만드는 것이 금생(今生) 시간 전체를 지배하는 가변성(可變性)인 까닭이다. (금생을 그래도 "삶"이라 불러야 한다면 말이다.)

 1년 전보다는 1년 후에, 오늘보다는 내일, 어제보다는 오늘, 지금보다는 조금 뒤, 조금 전보다는 지금 죽음에 더 가까워지지만, 여기에는 아무도 예외가 될 수 없다. 이는, 우리가 [지금] 살고 있는 시간은, 그 길이에 관계 없이 우리의 수명에서 감해지기 때문이다. 그리고 매일같이 우리의 여명(餘命)은 감소되기 마련이다. 그래서 금생의 시간은 죽음을 향한 경주 외에 결코 아무것도 아니다. 이 경주에서 아주 잠시라도 멈추거나, 조금이라도 천천히 가는 것이 그 어떤 사람에게도 허락되지 않는다. 도리어 모든 사람이 똑같은 힘에 의해 내몰리고, 아무 차이 없이 밀쳐지고 있다. 그리고 수명이 더 짧았던 사람이 길었던 사람보다 하루를 더 빨리 보냈던 것이 아니다. 도리어 두 사람 모두에게서 똑같은 시간이 똑같이 흘러간 것이다. [단지,] 한 사람은 종착점에 더 가까운 곳에 있고, 다른 한 사람은 더 먼 곳에 있을 뿐, 둘 다 달려가는 속도 면에서는 차이가 없다. 더 긴 거리를 걸어갔다고 하는 것과, 더 천천히 걸어갔다고 하는 것은 서로 다른 문제다. 그러므로 죽기까지 더 오랜 시간을 보내는 사람은 시간을 더 천천히 보내는 것이 아니라, 더 장거리 여행을 하는 것이다.

 이뿐이 아니다. 누구든지 죽음의 과정을 시작하는 순간, 곧, 죽음에 거하기 시작하는 순간, 그때부터 그 사람 안에서 죽음이 역사하기 시작한다. 다시 말해 수명의 감소가 시작된다. (이는, 감소의 과정이 완료되었다면, 이미 죽음 이후가 된 것이므로, [아직] 죽음 안에 있는 것일 수 없기 때문이다.) 그렇다면 사람은 육신 가운데 거하기 시작하는 그 순간부터 죽음 속에 거하는 것이다. 날마다, 시간마다, 순간마다 역사하고 있는 것이 죽음말고 무엇이겠는가? 죽음의 과정이 완전히 끝날 때까지, 죽음 이후의 시간이 시작될 때까지, 생명은 줄어들 것이고, [살아 있다는 것은] 죽음 속에 거하는 것이 될 것이다.

그러므로 인간은 살아 있다기보다는 죽어 가고 있는 이 육신 속에 거하는 순간부터 결코 [진정으로] 살아 있는 것이 아니다. 만약 생명과 죽음 속에 동시에 거할 수 없다면 말이다.

아니면 오히려 [이렇게 말해야 할까? 곧,] 생명과 죽음 속에 동시적으로 거한다고 말이다. 다시 말해, 생명의 감소 과정이 완전히 끝날 때까지는 생명 속에 있지만, 생명이 지금 줄어들고 있으므로, 이미 죽고 있고, 그래서 죽음 속에 있다고 해야 하는가? 만약 생명 속에 있지 않다면, 생명이 완전히 사라져 없어질 때까지, [생명이] 감소되어 가는 과정은 대체 무엇이란 말인가? 또 만약 죽음 속에 있지 않다면, 생명이 줄어들고 있는 것은 [대체] 무엇이란 말인가?

생명이 줄어들고 있는 것 자체가 죽음이 아니라고 한다면, 생명이 육신에서 완전히 제거되었을 때를 죽음 이후의 때라고 말하는 것은 부질없는 일이 될 것이다. 그리하여 생명이 [완전히] 제거되고 나면, 사람이 죽음 속에 있는 것이 아니라, 죽음 이후의 때에 거하는 것이라 한다면, 죽음 속에 있는 것은, 생명이 줄어들고 있는 때가 아니면 대체 언제이겠는가?

제11장

누구든지 산 자임과 동시에 죽은 자일 수 있을까?

1. 하지만 인간이 죽음에 도달하기 전에 이미 죽음 속에 있다고 우리가 말하는 것은 모순이라 할 수 있다. (이미 죽음 속에 있다고 한다면, 인간의 삶이 진행되는 동안 죽음에 다가간다는 것이 가능하겠는가?) 또 [사람이] 깨어 있으면서 동시에 잠을 자고 있는 것이 불가능한 이상, 살아 있으면서 동시에 죽어 간가고 말하는 것은 대단히 엉뚱한 일이라 할 수 있다. 그렇다면, [사람이] 언제 죽는 것인지를 질문할 필요가 있다.

기실, 죽음이 오기 전에, [사람은] 죽는 자가 아니고, 살아 있는 자다. 하지만 죽음이 [이미] 왔다면, 그는 죽은 자지, 죽는 자가 아닐 것이다. 그렇다면, 죽는 것은 아직 죽음 이전의 일이고, 죽은 것은 죽음 이후의 일이다.

그렇다면, 죽음 속에 있는 것은 언제일까? 이는, 이때에야 죽는 자가 있는 까닭이다. 그래서 우리는 "죽음 이전", "죽음 속", "죽음 이후"라는 세 가지 표현을 사용하고, 이것 하나하나에 "살아 있는 자", "죽는 자", "죽은 자"라는 말을 연결시킨다.

그러므로 [사람이] 죽는 것이 언제인지, 곧, 죽음 속에 있는 것이 언제인지를 규정하는 것은 대단히 어렵다. 이때는 살아 있는 때가 아니다. 곧, 죽음 이전이 아니다. 또 죽어 있는 때도 아니다. 곧, 죽음 이후도 아니다. 도리어 죽는 때, 곧, 죽음 속에 있는 때다.

이는, 영혼이 육신 안에 있는 동안, 특히 감각이 아직 존재하는 경우, 사람은 의심할 여지 없이 살아 있기 때문이다. 사람은 영혼과 육신으로 구성되어 있다. 그러므로 그는 아직 죽음 이전 상태에 있으며, 죽음 속에 있다고 말할 수가 없다.

하지만 영혼이 떠나면서 육신의 감각도 빼앗아 갔다면, 그 사람은 죽은 것이고, 죽은 자로 치부된다. 그렇다면, 죽는 사람 혹은 죽음 속에 있는 사람은 죽음 이전과 이후 사이로 들어가는 것이다. 이는, 그가 아직 살아 있다면, 죽음 이전 상황이고, 그가 이미 죽었다면, 죽음 이후 상황이기 때문이다. 그러므로 죽는 것, 곧, 죽음 속에 있는 것은 절대 파악할 수 없다.

이와 마찬가지로 시간의 경과 속에서도 현재라는 순간을 [아무리] 찾아도 발견할 수 없다. 이는, 시간이 미래에서 과거로 옮겨갈 때, 현재가 어떠한 시간의 연장도 차지하지 않기 때문이다.

그렇다면, 같은 이치로 생각해 볼 때 육신의 죽음이란 전혀 없다 말해야 하지 않을까? 죽음이라는 것이 존재한다면, 과연 언제 존재한다는 말인가? 죽음이 어떤 것 속에도 있을 수 없고, 아무도 죽음 속에 있지 않는 것 아닌가? 살아 있다면, 죽음 이전 상황이고, 죽음 속에 있는 것이 아니므로, 죽음은 아직 존재하지 않는다. 반면, 사는 것이 이미 중단되었다면, 죽음 이후 상황이고, 죽음 속에 있는 것이 아니므로, 죽음은 더 이상 존재하지 않는다.

하지만 또 무엇의 앞이건, 뒤건, 죽음이란 것이 아예 없다면, "죽음 이전"이나 "죽음 이후"라는 말이 무슨 의미가 있는가? 이는, 죽음이란 것이 아예 없다면, 이런 말이 공연한 것이기 때문이다.

그러나 우리가 낙원에서 선한 삶을 살았더라면, 그래서 정말 죽음이 아예 존재하지 않았더라면 얼마나 좋았을까? 그런데 지금 죽음은 [그냥] 존재하는 정도가 아니라, 어떠한 말로도 설명할 길이 없고, 피할 방법도 전혀 없을 만큼 고통스러운 것이다.

2. 그러므로 (다른 방도가 없기 때문에) 관행에 따라 말을 하기로 하고, "죽음 이전"이라는 말을 "죽음이 닥치기 전"이라는 뜻으로 사용하기로 하자! 성경에도 이렇게 기록되어 있다.

아무도 죽기 전에는 칭송하지 말지니라 (칠십인경 집회서 11:28)

또 누가 죽었을 때는, "누구누구의 죽음 이후에 이러저러한 일이 발생했다"고 말하자! 현재 시점에 대해서도 할 수만 있다면, 다음과 같은 방식으로 말을 하자!

　　그는 죽으면서 유언을 했다.
　　그는 죽으면서 이 사람에게는 이것을, 저 사람에게는 저것을 유산으로 남겨주었다.

물론, 이런 일은 살아 있지 않고서는 결코 할 수 없는 일이다. 아니, 그는 이 일을 죽기 전에 한 것이지, "죽음 속에서" 한 것이 아니다.

　　우리도, 하나님의 말씀 성경이 말하는 방식대로 말하도록 하자! 성경은 죽은 사람들에 대해, "죽음 이후"라고만 하지 않고, "죽음 속"이라는 말도 주저 없이 한다. 그래서 다음과 같은 말씀이 있는 것이다.

　　사망 중에서는 주를 기억함이 없사오니 (시 6:5)

부활할 때까지는 "죽음 속에 있다" 말하는 것이 옳은 것은, 누구든지 깨어 있는 동안은 "수면 중에 있다" 말하는 것과 같다. 물론, 수면 중에 있는 자들을 "잠자는 자들"이라고 말하기는 하지만, 그럼에도 불구하고 이미 죽은 자들을 "죽는 자들"이라는 식으로는 말하지 않는다. 지금 우리가 논의하고 있는 육신의 죽음에 관한 한, 이미 육신으로부터 분리된 사람들은 아직껏 죽는 과정에 있는 것이 아니다.

　　그런데 이것이 바로, 내가 [죽음에 대해] 어떠한 말로도 설명할 길이 없다고 말한 이유다. 어떻게 죽는 사람들을 살아 있다고 말할 수 있고, 이미 죽은 사람들, "죽음 이후"에 있는 사람들을 "죽음 속에 있다" 말할 수 있는가? 어떻게 아직 "죽음 속에" 있는데, "죽음 이후"라는 말이 가당한가? 그 이유는 특별히 죽어 가는 사람들에 대해 말할 때, 취침 중인 사람들을 "잠자고 있는 사람들"이라 말하고, 병중에 있는 사람들을 "병든 사람들"이라 말하고, 고통 중에 있는 사람들을 "고통받는 사람들"이라 말하고, 생명 속에 거하는 사람들을 "살아 있는 사람들"이라 말하는 것과는 같지 않기 때문이다. 하지만 죽은 사람들에 대해, 그들이 부활하기 전까지는, "죽음 속에 있다"는 말을 하지만, 그래도 그들을 "죽어 가는 사람들"이라 부를 수 없다.

그러므로 morī(= "죽는다")라는 동사를 문법교사들이 다른 동사들처럼 규칙적으로 변화시키지 못한 것이 인간의 기획 때문이 아니고, 필시 하나님의 판단 때문이라 하더라도, 부적절 내지 부적당한 일이 아니라는 것이 내 생각이다. 예를 들어, orīrī(= "일어나다")라는 동사의 과거형은 ortus est가 된다. 이와 비슷한 동사들은 과거형에 완료분사를 사용한다. 그런데 morī의 과거형에 대해 질문을 한다면, 보통 mortuus est라 대답하여, u라는 글자가 두 번 나온다. 즉, mortuus는 fatuus(= "미련한"), arduus(= "가파른"), cōnspicuus(= "잘 보이는") 등처럼 완료분사가 아니고 형용사로, 시제에 따라 변화하지 않는다.

그런데 이 mortuus는 어미변화를 하지 않는 것이지만, 변화를 하는 것처럼 취급되어, 완료분사 대신 사용된다. 그리하여 이 동사가 가리키는 [죽음이라는] 사건을 비켜 갈 수 없는 것처럼, 동사 자체도 말을 할 때 어미변화를 시킬 수 없다는 것은 적절한 일이다.

하지만 우리 구속주(救贖主)의 은혜로운 도우심을 받으면, 최소한 둘째 사망을 우리가 비켜 가는 것은 가능하다. 이 [둘째] 사망은 영혼과 육신의 분리로 이루어지는 것이 아니라, 오히려 둘이 결합된 채 영원한 형벌로 들어가는 것으로, [첫째 사망보다] 더 심한 것, 모든 악 중에서 가장 나쁜 것이다. 그때는 [예전과는] 반대로, 사람들이 "죽음 이전"이나 "죽음

이후"에 있지 않을 것이고, 항상 "죽음 속에" 있을 것이다. 그러므로 산 자들도 결코 아니고, 죽은 자들도 결코 아닐 것이다. 도리어 끝없이 죽는 자들일 것이다. "죽음 속에" 있는 인간에게 죽음 자체가 죽지 않는 것보다 더 나쁜 일은 결코 없을 것이다.

제12장

하나님은, 첫 사람들이 당신의 계명을 어길 때 어떤 죽음을 그들에게 내리시겠다고 경고하셨는가?

그러니까 하나님이, 첫 사람들이 당신께 받은 계명을 어기고 순종하지 않을 때, 어떤 죽음을 그들에게 내리시겠다고 경고하셨는지를 묻는다면, 곧, 그것이 영혼의 죽음인지, 육신의 죽음인지, 전인(全人)의 죽음인지, 아니면, "둘째 사망"이라 불리는 그런 죽음인지를 묻는다면, 그 모든 죽음이라고 대답해야 한다.

기실, 첫째 사망은 두 가지 죽음으로 구성되지만, 둘째 사망은 모든 죽음으로 구성된 전적인 죽음이다. 마치 온 땅이 수많은 땅들로 이루어지고, 온 교회가 수많은 교회들로 이루어지는 것처럼, 죽음 전체는 모든 죽음으로 이루어진다.

그래서 첫째 사망은 둘로 이루어지는데, 그 중 하나는 영혼의 죽음이고, 다른 하나는 육신의 죽음이다. 즉, 첫째 사망은 전인(全人)의 죽음으로, 영혼이 하나님 없이, 또 육신 없이 얼마 동안 형벌을 받는 것이다. 반면, 둘째 사망은, 영혼이 하나님 없이 육신과 더불어 영원한 형벌을 받는 것이다.

그러므로 하나님이 낙원에 두셨던 첫 사람에게 금단의 음식에 대하여 "네가 먹는 날에는 정녕 죽으리라"(창 2:17) 하셨을 때, 첫째 사망의 첫 부분, 곧, 영혼이 하나님을 빼앗기는 그 부분만을 가리키신 것이 아니고, 첫째 사망의 뒷 부분, 곧, 육신이 영혼을 빼앗기는 그 부분만을 가리키신 것이 아니며, 첫째 사망의 전체, 곧, 영혼이 하나님과 육신으로부터 분리되어 형벌을 받는 죽음만을 가리키신 것도 아니었다. 도리어 죽음에 속한 모든 것, 곧, "둘째 사망"이라고 불리는 마지막 죽음까지를 (이후에는 더 이상 다른 죽음이 전혀 없음) 다 포함한 것을 가리키신 것이었다.

제13장

첫 사람들의 범죄와 그로 인해 당하게 된 첫 번째 형벌

[첫 사람들이 하나님] 명령을 어긴 다음, 하나님의 은혜가 떠나자, 그들은 곧바로, 자기네 몸이 벌거벗은 것에 대해 수치심을 느끼게 되었다. 그래서 당황한 그들은 필시 맨 처음 발견했을 무화과나무 잎으로 부끄러운 곳을 가렸다. 그곳에는 예전에 있던 것과 같은 지체가 있었지만, [예전에는] 부끄러울 것이 없었다. 그렇다면 그들은 자기네의 불순종하는 육신으로 인해 새로운 충동을 느끼게 된 것인데, 이것은 흡사 자기네의 불순종에 따른 형벌과 비슷한 것이었다.

기실, 영혼은 그릇된 것으로 향하는 자기 자신의 자유를 만끽하였고, 하나님 섬기기를 싫어한 까닭에, 이전에 가지고 있던 육신에 대한 지배권을 박탈당하였다. 그리고 자기 위에 계신 주님을 자기 의지로 버렸으므로, 자기 밑에 있는 종을 자기 의지로 컨트롤할 수 없게 되었다. 즉, 영혼이 예전처럼 육신을 제어하는 것은 전혀 불가능하게 되었다. (영혼은 예전에 하나님께 항상 순종했으므로, 육신을 제어하는 것이 언제나 가능했었다.) 그래서 그때부터 "육체의 소욕"(갈 5:17)이 성령을 거스르기 시작하였고, 이런 갈등 가운데 우리가 태어났는데, 그 최초의 범죄에서 죽음이 비롯되어, 우리 지체 속에서 타락한 본성이 싸우는 일, 혹은 이기는 일이 생기게 되었다.

제14장

하나님은 어떤 사람을 창조하셨고, 사람이 그의 자유의지로 빠진 것은 어떤 상태였는가?

자연 본성의 창조자시지, 악덕의 창조자가 아니신 하나님은 올곧은 사람을 창조하셨다. 그러나 사람은 자의로 타락하였으므로, 그가 정죄를 당한 것은 의당한 일이었고, 그의 자녀 역시 타락하여 정죄를 당하였다. 이는, 우리 모두가 [함께] 그 한 사람이었을 때, 우리는 모두 그 한 사람 안에 있었고, 그 사람은 여자로 말미암아 죄에 빠졌다. 여자는, 죄가 들어오기 전에, 그 사람에게서 만들어졌다.

당시 우리 한 사람 한 사람에게는 형상이 창조되어 배분되지 않았다. (그 형상은 우리로 하여금 개인으로서 생명을 누리게 하는 것이다.) 그러나 배아적(胚芽的) 본성은 이미 존재하여, 그것을 통해 우리가 생식을 통해 태어날 수 있게 되어 있었다. 바로 이 본성이 죄로 인해 타락하였고, 죽음의 사슬에 매이게 되었는데, 그것이 정죄를 받은 것은 의당한 일이었다. 그래서 사람에게서 사람이 태어날 때, [아담과는] 다른 조건의 사람이 태어날 수 없게 되었다.

이렇게 하여 자유의지의 악한 사용으로 말미암아 재난이 계속 발생하게 되었다. 그리하여 인류가, 마치 뿌리가 썩듯, 근원에서부터 타락하여, 연속된 불행의 터널을 지나 둘째 사망이라는 종착점을 향해 이끌려 가게 되었다. 단, 하나님의 은혜로 구원을 받은 자들만은 예외가 된다.

제15장

아담을 죄를 지으려 할 때, 하나님이 그를 버리시기 전에, 그가 먼저 하나님을 버렸고, 하나님에게서 떠난 것이 영혼의 첫째 사망이었음

이런 까닭에 "네가 … 정녕 죽으리라"(창 2:17)는 말씀에서 "두 번 죽으리라"는 말씀이 없기 때문에, 생명이 영혼을 버릴 때 당하는 죽음 하나만을 우리는 생각해야 해야 할 것이다. (영혼의 생명은 하나님이다. 그러나 영혼이 하나님의 버림을 받아서, 하나님을 떠나게 된 것이 아니라, 영혼이 하나님을 버렸기 때문에, 하나님이 떠나신 것이다. 즉, 그의 악보다는 그의 의지가 앞서갔다. 반면, 그의 선보다는 그의 창조자의 의지가 앞서갔다. 이는, 그가 없었을 때는 그를 만드시기 위해서였고, 그가 타락하여 망하게 되었을 때는 그를 재창조하시기 위해서였다.) 그러므로 하나님이 "네가 먹는 날에는 정녕 죽으리라"(창 2:17)고 말씀하신 것은 바로 이 죽음을 예고하신 것이라고 우리는 이해할 수 있다. 즉, 이 말씀은 이런 뜻이라 할 수 있다.

> 너희가 불순종함으로 인해 나를 버리는 그날, 나는 의를 인하여 너희를 버리겠노라.

그럼에도 불구하고 이 죽음 속에는 다른 죽음도 함께 예고되어 있는 것이 분명하다. 이 죽음 뒤에 다른 죽음이 따라온다는 것은 의심할 여지가 없다.

 불순종하는 영혼이 깃든 육신 속에 불순종하는 움직임이 일어나, 그것 때문에 아담과 하와가 부끄러운 곳을 가렸다는 사실을 통해, 하나님이 영혼을 떠났을 때 닥쳐오는 죽음 하나가 감지된다. 이 죽음은, 두려움으로 인해 정신이 나가 숨어 있는 인간에게 "[아담아,] 네가 어디 있느냐?"(창 3:9)고 하신 분의 말씀 속에 암시되어 있다. 몰라서 물으신 것이 아니다. 도리어 하나님이 계시지 않는 곳에 가 있기 때문에, 그를 책망하시며, 자기가 과연 어디에 있는지를 살펴보라고 권면하신 것이다.

 하지만 나이로 인해 후패(朽敗)하고, 늙어서 쇠약해진 몸을 영혼이 떠나게 되면, 그는 또다른 죽음을 경험하게 된다. 이에 대해서는 하나님이 여직 죄에 대해 벌을 내리시면서 "너는 흙이니 흙으로 돌아갈 것이니라"(창 3:19)고 하셨다. 이렇게 하여 이 두 종류의 죽음으로 전인(全人)의 첫 번째 사망이 완료되는데, 종말에 이르면, 사람이 은혜로 자유케 되지 않는 한, 둘째 사망이 뒤따른다.

 흙으로 된 육신은, 그의 생명, 곧, 영혼이 떠나, 죽음이 닥쳐오지 않는 한, 흙으로 돌아가지 않는다. 그러므로 정통 신앙을 참으로 견지하는 크리스챤들은, 육신의 죽음 자체도 자연 법칙에 따른 것이 아니라 믿는다.

 하나님은 자연 법칙에 따라 사람에게 죽음을 내리신 것이 아니다. 도리어 죽음은 죄의 삯으로 온 것이다. 이는, 우리 모두가 아담 안에 있었을 때, 하나님은 [그의] 죄를 벌하시면서, 그에게 이렇게 말씀하셨기 때문이다.

 너는 흙이니 흙으로 돌아갈 것이니라.

제16장

영혼이 육신과 분리되는 것을 형벌이 아니라 생각하는 철학자들에 관하여. 그러나 플라톤은, 최고신이 낮은 신들에게 육신을 결코 빼앗기지 않게 하겠다는 약속을 하는 것으로 설명함

1. 그런데 우리는 [이방] 철학자들의 비방에 맞서 하나님의 도성, 곧, 그의 교회를 변호하는 중이다. 그들은, 영혼이 육신과 분리되는 것을, 하나님이 주시는 형벌로 간주해야 한다는 우리 주장을 비웃는 자기네가 지혜롭다고 생각한다. 그들은 즉, 영혼이 육신을 완전히 벗고, 홀가분하게 홀로, 말하자면, 벌거숭이 상태로 하나님께 돌아갈 때, 그때 비로소 영혼이, 하나님이 주시는 완전한 행복을 얻게 된다고 생각하는 것이다.

그런데 만약 이런 견해를 반박할 근거를 내가 그들의 책에서 발견하지 못했더라면, 육신 자체가 영혼에 짐이 되는 것이 아니고, 그 후패성(朽敗性) 때문에 짐이 되는 것이라는 사실을 논증하는 작업이 상당히 힘들었을 것 같다. 여하간, 우리는 본서 제12권 [16장 1절]에서 다음과 같은 성경 구절을 인용한 바 있다.

> 실로, 후패(朽敗)할 육신은 영혼을 내리누르고 (칠십인경 지혜서 9:15)

여기서 "후패할"이라는 말을 덧붙임으로써 아무 육신이나 다 영혼을 내리누르는 것이 아니라, 죄에는 징벌이 따르는데, 육신이 죄로 인해 후패하게 되고, 영혼에 짐이 된다고 이야기하는 것이다. 그러나 이 말을 덧붙이지 않았다 해도, 우리는 다른 뜻으로 해석해서는 안 될 것이다.

그런데 플라톤은, 최고신에 의해 창조된 신들이 불가사적(不可死的) 육신을 지녔다고 극히 명확하게 이야기한다. 또한 그들을 만든 최고신이 그들에게 큰 은전(恩典)을 베풀며 약속하기를, 그들이 영원토록 그들의

육신을 계속 지니고 있을 것이고, 어떠한 죽음으로도 그 육신을 잃어버리는 일이 없을 것이라 했다고 한다.

이 [철학자]들이 기독교 신앙에 타격을 가하기 위해, 자기네가 알고 있는 것도 모르는 체하는 것은 도대체 무슨 일인가? 우리에게 끝없이 반대하는 말을 하는 과정에서 그들이 자가당착에 빠지는 일까지 하게 된 이유는 무엇인가?

정말이지, 플라톤이 한 말을 들어 보자! 이것은, 키케로가 라틴어로 번역한 것인데, 이 말은, 최고신이, 자기가 창조한 신들에게 하는 말이다.

> 너희 신들의 혈통에서 태어난 자들아, 들어라! 내가 바로 [나의] 피조물인 너희들의 아버지고, 창조자다. 너희는, 나의 뜻이 아니고는 해체될 수 없다. 모든 유기체가 해체될 수 있다 해도 말이다. 이치에 맞게 결합된 것을 해체하려는 것은 결코 좋지 않다. 그런데 너희들은 생성되었기 때문에, [본디] 불가사적인 것도 아니고, 해체가 불가능한 것도 아니지만, 너희이 결코 해체되지 않는 것, 어떠한 죽음의 운명도 너희들을 멸망시키지 못하는 것이 나의 뜻이다. 운명이 나의 뜻보다 더 강할 수 없을 것이다. 나의 뜻은, 너희들이 태어날 때 너희를 결합시켰던 그 끈보다 더 강한 끈인데, 이것은 너희들의 영존(永存)을 위한 것이다.

보라! 플라톤은 신들에 대해 육신과 영혼의 결합을 이유로 가사적(可死的)이지만, 그들을 만드신 하나님의 뜻과 결정에 의해 불가사적(不可死的)이 되었다고 한다.

그렇다면, 그 어떠한 육신이라 하더라도 육신과 결합되는 것이 영혼에는 형벌이 된다고 할 때, 혹시 죽지나 않을까 염려하는, 다시 말해, 육신과 분리되지 않을까 염려하는 그들에게 그들의 불가사성(不可死性)에 대해 확신을 갖도록 최고신이 그들에게 말하는 것은 무슨 일인가? 이때 최고신은 그들의 본성에 근거해 말하지 않았다. [그들의 본성은 합성된 것이지, 순일(純一)한 것이 아니다.] 도리어 [최고신] 자신의 철석같은 의지에 근거해 말했다. 바로 이 의지가 생성된 것들로 하여금 사멸하지 않게 하고, 합성된 것들로 하여금 해체되지 않게 하고, 불후(不朽)의 존재로 영원히 보존되게 하는 능력을 지닌다.

2. 그런데 플라톤이 별들에 대해 하는 말이 옳은지 하는 것은 다른 문제다. 이는, 주간이든, 혹은 야간이든, 지구 위에서 유체적(有體的) 빛을 발하는 저 빛나는 구체(球體) 혹은 원반(圓盤)들에게 무슨 자체적 혼백(魂魄)이 존재하여, 그것들에게 생명과 이해력이 있고, 또 그것들이 복된 존재라고 하는 플라톤의 말을 무조건 인정할 필요가 없기 때문이다. 그는 또 우주 전체에 대하여, 그것이 마치 일종의 거대한 생명체인 것처럼 말하며, 그것이 다른 모든 생명체들을 품고 있다는 주장을 강력히 편다. 하지만 [이미] 말한 대로 이것은 별개의 문제이므로, 우리는 지금 이것을 논할 계획은 세우지 않았다.

내가 이 문제를 언급할 필요가 있다 생각한 것은 오직, "플라톤주의자"라 불리는 것 또는 "플라톤주의자"인 것을 자랑하면서, 그것에 대한 자긍심 때문에 크리스챤이라는 사실을 부끄러워하는 사람들에게 맞서기 위해서다. 그들은 많은 사람들과 "크리스챤"이라는 이름을 공유하는 경우, 그들이 입은 팔리움(pallium)의 가치가 떨어진다고 생각한다. 팔리움은, 그것을 입은 사람의 숫자가 적으면 적을수록, 그것을 입은 사람의 자긍심을 높인다.

그리고 그들은 기독교의 가르침에서 비난할 만한 것을 찾는 중에, 몸이 영원히 산다는 교리를 공격하기에 이르렀다. 즉, 우리가 한편에서는 영혼의 행복을 추구하면서, 다른 한편에서는 영혼이 육신 속에 항상 거하기를 원하는 것이 마치 모순된 일이라도 되는 것처럼 말이다. [그들 생각] 영혼이 육신 속에 거하는 것은 견디기 어려운 사슬에 매이는 것과 비슷하다. 하지만 그들의 원조 및 스승인 플라톤은 말하기를, 최고신이, 자기가 만든 신들에게 결코 죽지 않는 은사, 다시 말해, 그들을 연결시킨 몸에서 [결코] 분리되는 일이 없는 은사를 베풀었다고 하였다.

제17장
땅의 육신이 불후하고 영원할 수 없다 주장하는 자들을 논박함

1. 또한 그들은 주장하기를, 땅의 육신은 영원할 수 없다 한다. 하지만 그들은, 지구 전체가 자기네 신(神)의 지체, 그것도 중앙에 자리잡은 지체로, 영원하다는 것을 의심하지 않는다. 이때 그들은, 지구 전체가 설령 최고신이 아니라 해도, 위대한 신, 곧, 이 세상 전체의 신이라 믿는다.

그러므로 저 최고의 신이, 그들이 신이라 믿는, 다른 신, 곧, 이 세상을 그들을 위해 만들어 주었기 때문에, 이 신을, 이 신 아래에 있는 다른 신들보다 더 중요시해야 한다고 그들은 생각한다. 그들은 또 이 신을 영혼을 지닌 존재로 여긴다. 다시 말해, 이성적, 이지적(理智的) 영혼이 이 신의 엄청 거대한 몸체에 깃들어 있다고 주장한다. 또 네 원소를 바로 이 몸체의 지체로 삼아, 적절한 자리에 놓이도록 잘 배치했던 바, 이 네 원소의 결합은 해체 불가능하고 영원하여, 그들의 이처럼 거대한 신은 절대 죽지 않게 되어 있다고 주장한다.

[그런데] 지구가 그것보다 더 거대한 생명체의 중앙에 위치한 지체로서 영원하다면, 땅의 다른 생명체의 육신이 영원할 수 없는 이유는 무엇인가? 하나님이 원하신다면, 그것은 가능하지 않겠는가?

그들은 말하기를, 생물의, 땅에 속한 육신은 땅에서 취한 것으로, 땅은 땅으로 돌아가는 것이 마땅하다 한다. 땅에서 생성된 것은 분해, 소멸되는 방식으로, 그것이 취해진 근원인 땅, 안정적이고 영구적인 땅으로 돌아갈 수밖에 없다는 것이 그들의 주장이다.

누가 이와 비슷한 주장을 불에 대해서도 한다고 가정해 보자! 그리고 하늘 생명체들처럼 우주적 불에서 취한 유체(有體)들은 다시 그 불로 되돌아가야 한다는 말을 한다고 해 보자! 그런 가정이 옳다면, 플라톤이 증언하는, 최고신의 약속, 곧, 이런 신(神)들에게 불가사성(不可死性)을 주겠다고 한 약속은 이와 같은 논리의 압박 때문에 깨지는 것인가? 그들에게 이런 일이 생기지 않는 것은, 혹여 최고신이 원하지 않기 때문이 아닌가? 플라톤은, 그 어떠한 힘도 최고신의 뜻을 꺾지 못한다 말하지 않는가?

그렇다면, 땅에 속한 육신에 대해서도 하나님이 이런 일을 하실 수 있을 것인데, 무엇이 그것을 막는 것인가? 플라톤이 하나님께, 생성된 것이 없어지지 않게 하는 능력이 있다는 것을 인정하는 것이 사실이다. 또 결합된 것이 해체되지 않게 하는 능력, 원소에서 취한 것이 원소로 되돌아가지 않게 하는 능력, 육신 속에 자리잡은 영혼이 육신을 결코 떠나지 않고, 육신과 더불어 불가사성(不可死性)과 영원한 복락을 누리게 할 능력이 있다는 것을 인정하는 것이 사실이다.

그렇다면, 땅에 속한 것이 죽지 않게 하는 능력이 어째서 [하나님께] 없다는 말인가? 하나님의 권세는, 크리스챤들이 믿는 만큼은 크지 못하고, 플라톤주의자들이 믿는 만큼만 크다는 말인가? 정말이지, 하나님의 뜻과 권세에 대해 철학자들은 알 수 있었고, 선지자들은 알 수 없었다는 것인가? 그랬을 리가 절대 없다. 하나님의 선지자들은 오히려, 하나님이 허락하시는 범위 안에서, 하나님의 뜻에 관해 성령의 가르치심을 받았다. 반면, 철학자들은 하나님의 뜻을 알려고 시도할 때, 인간의 추측에 의존하였고, 그 결과 오류를 범하게 되었다.

2. 하지만 그들은 무지함으로 인해 스스로를 속이는 일까지는 하지 말았어야 했다. 뿐 아니라 완고함으로 인해 아주 노골적으로 자가당착에 빠질 필요도 없었다. 그들은 엄청난 기세로 토론을 벌이며, 영혼이 행복해질 수 있으려면, 땅의 유체(有體)뿐 아니라, 모든 유체를 다 피해야 한다고 역설한다. 그러면서도 또 이런 주장을 한다.

> 신(神)들은 지극히 복된 영혼을 지니고 있지만, 그럼에도 불구하고 영원한 육신과 결합돼 있다. 곧, 하늘의 신들은 불로 된 육신과 결합돼 있다.

그들이 우주 전체와 동일시하는 제우스 신 자신의 영혼에 대해서 그들은, 그것이 모든 완전히 유체적(有體的) 원소들에 둘러싸여 있다고 하면서, 이 원소들의 도움으로 [우주라는] 이 거대한 덩어리 전체가 땅에서부터 하늘에 이르기까지 뻗어 올라간다고 한다.

플라톤은, [제우스의] 이 영혼이, 기하학자들이 "중심"이라 부르는, 땅의 가장 깊은 핵심부로부터 우주의 모든 부분을 거쳐 하늘의 가장 높고, 가장 먼 곳까지 퍼져 있으며, 그것도 음악적, 수학적 비례에 따라 확산돼 있다고 생각한다. 그래서 이 우주는 영원한, 지극히 크고, 지극히 복된 생명체로, 그 영혼은 지혜로 말미암은 완전한 행복은 간직하고 있으며, 자기의 몸도 [결코] 떠나지 않는데, 그 몸은 영원토록 그 영혼으로 인해 살고, 비록 순일(純一)하지는 않아서, 수많은 큰 유체(有體)들로 구성돼 있지만, 그럼에도 불구하고 영혼을 나약하게 만들거나, 둔하게 만들 수는 없다고 생각한다.

그러니까 그들은 이런 추측을 자기네 마음대로 하면서도, 땅의 육신이 하나님의 뜻과 권능으로 인해 불가사적인 것이 될 수 있다는 사실을 믿으려 하지 않는 이유가 무엇인가? 땅에 속한 육신의 경우에도 그것이 어떠한 죽음에 의해서도 영혼과 분리되지 않는다는 사실, 영혼이 육신의 무게로 인해 압박을 받는 일이 전혀 없이 영원히 행복하게 살 수 있다는 사실을 어째서 믿으려 하지 않는가? 그들은, 자기네의 신(神)들이 불로 된 육신 속에서 살 수 있다고 주장하고, 신들의 왕인 제우스도 모든 유체적(有體的) 원소들 속에서 살 수 있다고 주장하면서 말이다.

만약 영혼이 행복하기 위해 모든 유체를 피해야 한다면, 그들의 신들이 별이라는 구체(球體)에서 도망해야 할 것이고, 제우스 신은 천지에서 도망해야 할 것이다. 혹시 그것이 불가능하다면, 그 신들을 불행하다 여겨야 할 것이다.

그러나 플라톤주의자들은 두 가지를 다 인정하지 않는다. 그들은 자기네 신들을 유체로부터 감히 분리시킬 생각을 하지 못한다. 분리된다고 하면, 그들이 가사적(可死的) 존재를 섬기는 것으로 보이게 될 것이기 때문이다. 그렇다고 신들에게 행복이 없다는 말도 감히 하지 못한다. 그럴 경우 신들이 불행하다고 인정하는 꼴이 되기 때문이다.

그러므로 행복을 얻기 위해 모든 육신을 다 피할 필요는 없다. 단지, 후패(朽敗)하는 것, 짐이 되는 것, 버거운 것, 사멸(死滅)할 것은 피해야 한다. 그러니까, 선하신 하나님이 첫 사람들에게 만들어 주신 것과 같은 육신이 아니라, 죄벌이 바뀔 수밖에 없게 해 놓은, 그러한 육신을 피해야 하는 것이다.

제18장

땅의 유체에 관하여. 철학자들이 주장하기로는, 땅에 속한 것은 자연 본성에 속한 중력으로 인해 땅으로 다시 끌려가기 때문에 하늘에 있을 수 없음

하지만 그들은 [= 철학자들은] 이렇게 말한다.

> 땅의 유체들은 자연 본성에 속한 중력으로 인해 땅에 붙들려 있거나, 땅으로 끌려갈 수밖에 없는 관계로, 하늘에 있을 수 없다.

물론, 첫 사람들은, 나무와 과실이 풍성했던 땅에 살았고, 그 땅은 "낙원"이라는 이름을 얻었다. 그러나 그리스도께서 입고 승천하신 몸이나, 부활 때에 성도들이 입게 될 몸 때문에 이 문제에 대한 답변을 해야 한다. 또 땅의 중력에 대해 좀 더 면밀히 살펴보아야 한다.

사실, 쇠를 물속에 넣으면 즉시 가라앉지만, 인간의 기술은 무슨 방법을 사용하여 그릇을 만들면, 그것이 [물 위에] 떠다닐 수도 있다. 하나님이 역사하시는, 무슨 신비로운 방식은 얼마나 더 믿을 만하고, [얼마나] 더 효과적이겠는가? 플라톤의 말에 따르면, 하나님의 지극히 전능한 의지는 생성된 것을 소멸하지 않게 하고, 결합된 것은 해체되지 않게 할 수 있다. 그리고 훨씬 더 놀라운 것은, 어떤 유체(有體)가 다른 유체와 결합하는 것보다, 비유체적(非有體的)인 것이 유체적(有體的)인 것과 결합하는 것이다. 하나님은, 땅의 물체가 중력 때문에 아주 낮은 곳으로 끌려가지 않게 하실 수 있다. 또 지극히 완벽하게 행복한 영혼들에게 비록 땅의 육신이긴 하지만, 불후(不朽)의 육신을 부여하사, 그 영혼들이 지극히 쉽게 원하는 곳에 머무르며, 원하는 곳으로 이동할 수 있게 하실 수 있다.

그런데 혹시 만약 천사들이 이런 일을 행한다면, 그래서 땅의 아무 생명체든지, 자기가 원하는 곳에서 집어다가, 자기가 원하든 곳에 놓아 둔다면, 천사들이 이런 일을 못한다고 믿어야 하는가? 아니면, [천사들이 이런 일을 할 때] 무게를 느낀다고 믿어야 하는가?

그렇다면 성도들의 완전하고 복된 영이 하나님의 은혜로 말미암아 아무런 어려움 없이, 자기 육신을 자기가 원하는 곳으로 옮기고, 자기가 원하는 곳에 놓아 둘 수 있다는 사실을 우리가 어째서 믿어서는 안 되는가?

땅의 유체(有體)는, 우리가 짐을 나를 때 보통 느끼듯이, 양이 많을수록, 무게도 더 무거워, 양이 적은 것보다 많은 것이 더 심하게 압력을 가한다. 하지만 영혼은, 병들어 쇠약할 때보다 건강하여 힘찰 때 자기 육신의 지체를 더 가볍게 지고 다닌다.

그리고 물론, 다른 사람을 업고 가는 경우, 건강하고 힘센 사람이 마르고 병약한 사람보다 더 무거울 수 있지만, 자기 자신의 몸을 움직이고 감당함에 있어서는 건강하고, 체중이 더 나가는 사람이 질병과 굶주림으로 기력이 아주 안 좋을 때보다 더 가볍다. [이처럼] 땅의 몸을 지니고 있는 경우에도, 비록 아직 후패성(朽敗性)과 가사성(可死性) 가운데 있지만, 크기와 중량이 중요한 것이 아니라, 건강 상태가 대단히 중요하다. 그리고 우리가 현재 "건강"이라 부르는 것과 장차 "불가사성"(不可死性)이라 부를 것이 얼마나 큰 차이가 있는지를 누가 말로 설명하겠는가?

그러므로 철학자들은 유체(有體)의 무게를 근거로 하여 우리의 믿음을 논박하지 못한다. 땅 전체가 빈 공간에 달려 있는데,[1] 땅의 유체가 하늘에 존재하는 것을 그들이 도대체 어째서 믿지 않는지 나는 묻고 싶지도 않다.

---

[1] 욥 26:7 (= "그는 북편 하늘을 허공에 펴시며 땅을 공간에 다시며") 참조.

그들에게는 필시 땅이 무게를 지닌 모든 것이 모이는, 우주의 중심점이라는 사실이 상당히 그럴 듯해 보이는 논거가 될 것이다.

  내가 말하고 싶은 것은 이것이다. 만약 플라톤이 땅의 여타 생명체들의 창조와 함께 인간의 창조까지 하급 신들에게 맡겼다면, 하급 신들은, 플라톤이 말한 대로, 불에서 타는 성질은 제거하고, 빛을 내는 성질만 남겨 두어, 눈을 통해 빛이 나오게 할 수 있었을 것이다. 플라톤에 의하면 또, 최고신은 그의 의지와 능력으로, 생성된 것이 소멸되지 않게 한다. 그리고 대단히 상이하고, 대단히 이질적인 것들, 곧, 유체적(有體的)인 것들과 비유체적(非有體的)인 것들이 서로 결합되었을 때, 그것들이 절대 분해되거나 분리되지 않게 한다. 그렇다면, 이 최고신이 인간에게 불가사성(不可死性)을 허여(許與)하고, 후패성(朽敗性)을 제거하며, 자연 본성을 유지하게 하고, 형태 및 지체들 간의 조화도 간직하게 하지만, 체중으로 인한 번거로움을 없애 줄 힘을 지니고 있다는 사실을 인정하기를 주저할 이유가 어디 있는가? 그러나 죽은 사람들의 부활에 관한 신앙과, 그들 육신의 불가사성에 대해 좀 더 자세하게 논하는 일은, 하나님이 원하신다면, 이 책의 끝 부분에 가서 하도록 하겠다.

제19장

첫 사람들이 죄를 짓지 않았다면, 불가사적이 되었을 것이라는 사실을 믿지 않고, 영혼이 육신 없이 영원히 산다 생각하는 자들의 학설을 반박함

이제 우리가 처음에 의도했던 대로, 첫 사람들에 대하여 생각하는 바를 논의해 보도록 하자! 죽음은 선한 사람들에게는 선한 것이라 말들 하지만, 죽음으로 말미암아 영혼이 육신으로부터 분리된다는 사실은, 신자들 내지 소수의 지성인들뿐 아니라, 모든 사람들이 알고 있다. 이 죽음으로 말미암아 살아 있었음이 분명했던 생명체가 죽어 없어지는 것이 분명하다. 하지만 첫 사람들이 죄로 인해 응분의 벌을 받게 되지 않았다면, 죽음은 그들에게 닥치지 않았을 것이다.

물론, 의롭고 경건한 사람들의 영혼이 안식 중에 살고 있다는 사실을 의심해서는 안 된다. 그러나 건강한 몸을 가지고 사는 것이 그들에게는 더 나을 것이다. 그래서 정말이지 육신 없이도 지극히 행복하다 생각하는 사람들 역시 자기네 의견을 버리고 반대 의견에 동조할 것이다.

기실, 그들 중 어느 누구도 감히 지혜자들이 – 장차 죽을 자들이든지, 이미 죽은 자들이든지에 상관없이, 곧, 육신을 이미 버린 자들이든지, 장차 육신을 버릴 자들이든지에 상관없이 – 불가사적(不可死的)인 신들보다 더 낫다는 말을 하지 않을 것이다. 플라톤에 의하면, 신들에게 최고신이 엄청난 특권을 약속했다. 곧, 해체될 수 없는 생명을 지니게 된다는 약속, 다시 말해, 영원히 육신과 함께 살게 된다는 약속을 했다.

하지만 플라톤은, 사람들이 만약 현세의 삶을 경건하고 의롭게 영위했다면, 그들이 자기 육신과 분리될 때, 육신을 떠나는 일이 결코 없는 신들의 품속으로 영접을 받는, 지극히 좋은 대우를 받게 된다고 생각한다.

즉, 그들은 기억을 상실한 채 하늘의 궁창을 다시 보고는,
다시 육신으로 되돌아갈 마음이 생기는 까닭이다.

베르길리우스는 이 말을 플라톤의 가르침을 따라 했다는 칭송을 받고 있다. (이처럼 플라톤은, 가사적 존재의 영혼이 항상 육신 안에 있을 수 있다 생각하지 않았다. 도리어, 죽음이 불가피한 까닭에, 육신과 분리는 되지만, 육신 없이 항구적으로 존재할 수 없고, 죽은 자가 산 자가 되고, 산 자가 죽은 자가 되기를 끊임없이 반복한다 믿는다.)

그러나 [플라톤에 의하면,] 지혜자들은 여타의 사람들과 다음과 같은 점에서 다르다. 곧, 그들은 죽은 후에 별들의 세계로 옮겨져서, 각자 자기에게 맞는 별에서 상당히 긴 세월 동안 안식을 누리다가, 이전의 불행을 다시 잊어버리고는 육신을 가지려는 욕심에 굴복하여, 거기에서 떠나, 가사적(可死的)인 것들이 당하는 수고와 시련으로 되돌아간다는 점에서 말이다. 반면, 어리석은 삶을 영위한 사람들은 자기 업보에 합당하게 [죽은 다음] 즉시 혹은 사람의 몸으로, 혹은 짐승의 몸으로 되돌아간다.

그러므로 [플라톤은,] 선하고 지혜로운 영혼들에게도 이처럼 심히 가혹한 운명이 따른다 한 것이다. 그들에게는 영원히 죽지 않고 살 수 있는 몸이 배정되어 있지 않다는 것이다. 그래서 그들은 육신 속에 영존할 수 없고, 그렇다고 육신 없이 영원토록 순결하게 지낼 수도 없다 한다.

이미 앞에서 우리가 설명한 대로, 플라톤의 이러한 주장에 대해서 기독교 시대에 활약한 포르퓌리오스는 곤란하다 생각하고서, 사람의 영혼이 짐승의 몸에 들어간다는 생각을 버렸을 뿐 아니라, 지혜자들의 영혼이 육신의 사슬에서 완전히 벗어나, 일체의 육신을 피해, 아버지 곁에서 끝없는 복락을 계속 누리게 된다고 한다.

이처럼 그는 성도들에게 영생을 약속하시는 그리스도에게지지 않으려는 듯, 정화된 영혼들은 이전의 불행으로 되돌아가는 일이 전혀 없고, 영원한 복락을 누리며 산다고 했다. 또 그리스도에게 반대하려는 듯, 불후(不朽)의 몸으로 부활한다는 사실을 부정하면서, 영혼은 땅의 육신뿐 아니라 그 어떠한 육신도 전혀 지니지 않고 영원토록 살게 될 것이라 주장했다.

하지만 그는 이러한 견해를 가졌음에도 불구하고, 육신을 지닌 신들을 종교 의식(儀式)을 통해 섬기지 말라는 말은 하지 않았다. 왜 그랬을까? 영혼들이 비록 육신을 지니지 않았다 하여도, 신들보다는 더 훌륭하다고 믿지 않았기 때문이 아니겠는가? 그들이 감히 그런 생각을 하지 못할 것이라면, 기독교 신앙이 선포하는 내용, 곧, 최초의 인간들이 죄를 짓지 않았더라면, 그 어떠한 죽음을 당하더라도 육신과 분리되는 일은 없었을 것이고, 꾸준히 순종한 공로를 인정받아, 불가사성(不可死性)을 선물로 얻고, 육신을 지닌 채 영원히 살도록 창조되었다는 가르침을 어째서 불합리하다 여기는 것인가? 그리고 성도들이 부활 때에 지니게 될 육신은, 이생에서 지니고 살던 바로 그 육신이지만, 그들의 육신에는 그 어떠한 후패(朽敗)나 어려움이 발생하지 않을 것이고, 그들의 행복 역시 그 어떠한 고통이나 불행으로 위축당하지 않는다는 가르침을 어째서 불합리하다 여기는 것인가?

제20장
지금 소망 가운데 안식을 누리고 있는 성도들의 육신은 첫 사람들이 범죄하기 전에 지녔던 육신보다 더 나은 성질을 지닌 육신으로 회복될 것임

그러므로 세상을 떠난 성도들의 영혼은 지금 더 이상 죽음의 고통을 당하지 않고 있다. 죽음으로 그들의 육신과 분리되었기는 했지만 말이다. 이는, 그들의 육신이 소망 가운데 안식하고 있는 까닭이다. 그 육신이 더 이상 아무런 감각을 지니지 않은 채 그 어떠한 능욕을 당하고 있다 해도 말이다.

그들은, 플라톤이 생각하는 것처럼, 망각 때문에 육신을 [지니기] 원하는 것이 아니다. 오히려 아무도 속이지 않으시는 분이 자기에게 무슨 약속을 하셨는지를 기억하고 있기 때문이다. 그분은 그들에게 "머리털 하나도 상치 아니하리라"(눅 21:18)고 안전을 보장하셨다. 그러므로 그들은 비록 육신에 거할 때 많은 고통을 당했지만, 더 이상 육신으로 그러한 고통을 당하지 않을 것을 알고, 소망과 인내로 육신의 부활을 기다리고 있다.

그들은, 육신이 연약함으로 인해 자기 영에 저항하는 것을 영의 법으로 억제했지만, 그때도 자기 육신을 미워하지 않았다. 그렇다면, 장차의 영적인 육신은 얼마나 더 사랑하겠는가?

영이 육을 섬길 때, 그것을 "육적"이라 불러도 부적절하지 않은 것처럼, 육이 영을 섬길 때, 그것을 "영적"이라 부르는 것은 옳다.

이것은, 육이 영으로 변하기 때문이 아니다. 상당수 사람들이 다음 말씀을 구실로 그렇게 믿지만 말이다.

> 육의 몸으로 심고 신령한 몸으로 다시 사나니 (고전 15:44)

육이 영으로 변하기 때문이 아니고, 육이 영에 복종하되, 지극히 놀라울 만큼 쉽게 복종하기 때문이다. 그리하여 결코 사라지지 않을 영생을 완전히 확실하게 보장하는 의지를 성취하기에 이르러, 아무런 괴로움도 느끼지 않게 되고, 그 어떠한 후패(朽敗)나 둔중함에서도 벗어나게 된다.

그때 지닐 육신은 현재 지극히 좋은 건강 상태에 있는 육신과도 같지 않고, 첫 사람들이 죄를 짓기 전에 지녔던 육신과도 같지 않다.

첫 사람들은 물론, 만약 죄를 짓지 않았다면, 죽지 않을 수 있었다. 그러나 그들은 [다른] 사람들처럼 영양을 섭취했는데, 이는, 그들이 아직 영적인 몸을 지닌 것이 아니라, 아직 혼적(魂的)인 땅의 몸을 지녔기 때문이다. 그들의 육신은, 나이가 많아지면, 노쇠하여, 필연적으로 죽게 될 그런 육신이 아니었다. (그런 상태는 하나님의 놀라운 은혜로 말미암아 그들에게 생명 나무로부터 제공되었다. 이 나무는 동산 중앙에 금지된 나무와 함께 있었다.) 하지만 그들은 금지된 나무 한 그루[의 열매]를 제외하고는 다른 음식은 다 섭취하였다. [그 나무의 열매 먹는 것이 금지된 것은,] 그 나무 자체가 악하기 때문이 아니었다. 도리어 그들에게 순전하고 단순한 순종이라는 선을 권하시기 위함이었다. 순종은 창조주 다스림 하에 있는 이성적 피조물에게는 엄청난 미덕이다. 이는, 악한 것을 전혀 만지지 않았다 해도, 금지된 것을 만진다 하면, 불순종 하나만으로도 죄가 성립하기 때문이다.

그러므로 첫 사람들이 섭취한 기타 음식은 혼적인 육신이 굶주림 내지 목마름으로 무슨 고난을 당하지 않기 위함이었다. 그러나 생명나무의 열매를 맛본 것은, 아무 데서도 그들에게 죽음이 닥치는 일이 없게 하기 위함이었다. 혹은 시간의 경과로 인해 노쇠하여 죽는 일이 없게 하기 위함이었다. [그러니까] 다른 음식은 영양을 위한 것이었다면, 생명나무의 열매는 마치 일종의 성례전 같은 것이었다.

그러므로 땅의 낙원에서 생명나무가 한 일은 영적인 낙원, 곧, 천상의 낙원에서는 하나님의 지혜가 하는 일과 비교해 볼 수 있다. 지혜에 대하여는 성경에 이렇게 기록돼 있다.

    지혜는 그 얻은 자에게 생명나무라 (잠 3:18)

제21장

첫 사람들이 거했던 낙원에 관하여. 그것을 영적인 것으로 이해하는 것도 가능하지만, 역사 이야기의 진의를 살려, 유체적 장소로 이해해야 함

그래서 성경의 진리에 의거하여 인류의 조상인 첫 사람들이 살았다고 이야기하는 낙원 전체를 어떤 사람들은 영적으로 이해한다. 그러면서 거기 있던 나무들 및 과수들을 삶의 덕성 및 행실이라 비유적으로 생각한다. [낙원에는] 가시적(可視的), 유체적(有體的)인 것은 없었고, [그에 관한 성경] 이야기 및 기록은 영적인 것을 가리키기 위한 것이라고 한다.

이것은, 낙원을 영적으로도 이해할 수 있기 때문에, 마치 유체적 낙원은 존재할 수 없었던 것처럼 생각하는 것과 같다. 그렇다면, 사라와 하갈이라는 두 여자와, 그녀들이 낳은 아브라함의 두 아들도 [실지로는] 존재하지 않은 셈이 된다. 그들 중 하나는 여종에게서 났고, 다른 하나는 "자유하는 여자"(갈 4:22)에게서 났는데, 사도는 그들을 두 언약의 비유라고 한다. 또 반석을 비유적으로는 그리스도로 볼 수 있지만, 모세가 친 그 반석에서 물이 흘러나오지 않은 것은 아니다. 물론, 사도 바울은 "그 반석은 곧 그리스도시라"(고전 10:4)는 말을 했지만 말이다.

그러므로 낙원을 복 받은 자들의 삶이라 이해하는 것, 거기 있던 네 강을 사주덕(四主德), 곧, 명철, 용기, 절제 및 의라 하는 것, 낙원의 나무들을 모든 유익한 학문이라 하는 것, 나무의 열매들을 경건자들의 덕행이라 하는 것, 생명나무를 모든 재화(財貨)의 어머니인 지혜라 하는 것, 선악을 알게 하는 나무를 계명 위반에 대한 경험이라 하는 것을 아무도 막지 않는다. 정말이지, 하나님이 죄인들에게 벌을 내리신 것은 의로운 일이기 때문에, 선한 일이지만, 사람이 이런 경험을 한 것이 그에게 선한 일은 아니었다.

이러한 방향의 해석을 교회와 관해서도 할 수 있다. 그래서 우리가 이런 것을 장차 있을 일에 대해 예언을 해 주는 선행 지표로 받아들이는 것이 더 좋을 수도 있다. 예를 들어, 낙원을 교회로 볼 수 있는데, 이것은 아가서를 읽으면서 그렇게 하는 것과 비슷하다.[1] 또 낙원의 네 강은 사복음서를, 과일나무들은 성도들을, 그 열매는 성도들의 행실을, 생명나무는 지극히 거룩하신 그리스도를, 선악을 알게 하는 나무는 자유의지를 가리키는 것으로 볼 수 있다.

사람이 하나님의 뜻을 멸시한 후에는 자기 자신의 의지를 사용할 때 [자기 자신에게] 해로운 방향으로 사용할 수밖에 없고, 이를 통해 모든 자를 위한 공동선(共同善)을 붙좇는 것과, 자기 개인에게 속한 선[만]을 즐거워하는 것 사이에는 무슨 차이가 있는지를 깨닫게 된다.

사람이 자기 자신을 사랑하면, 그는 자기 자신에게 집착하게 되어, 이로 말미암아 두려움과 슬픔으로 가득차, 자신의 불행을 느끼게 되고, 시편 기자처럼 이렇게 노래하게 될 것이다.

내 영혼이 내 속에서 낙망이 되므로 (시 42:6)

---

[1] 아 4:12 (= "나의 누이, 나의 신부는 잠근 동산이요 덮은 우물이요 봉한 샘이로구나") 참조.

그리고 고침을 받은 다음에는 이렇게 말할 것이다.

> 내가 주 안에서 나의 힘을 얻을 것이라 (칠십인경 시 59:9)

낙원에 대한 영적 해석과 관련해서는 이런 말 내지는 다른 더 적절한 말을 할 수 있을 것이고, 아무도 이를 말리지 않을 것이다. 하지만 [낙원에 관한] 이 이야기의 진실성은, 사실에 관한 지극히 충실한 기록이 제시해 주는 대로 믿어야 할 것이다.

제22장

부활 후 성도들의 육신에 관하여. 그것은 영적일 것이지만, 육신이 영으로 바뀌지는 않을 것

그러므로 부활 때 의인들이 지니게 될 육신은 그 어떠한 나무도 필요하지 않을 것이다. 즉, 그 무슨 질병이나 노쇠로 인해 죽는 일을 방지하는 그런 나무가 필요하지 않을 것이다. 그리고 굶주림이나, 목마름이나, 또 그 어떠한 고통도 피하도록 해 주는, 그밖의 유체적(有體的) 영양소가 필요하지 않을 것이다. 이는, 불가사성(不可死性)이라는, 확실하고도, 전혀 해를 받을 수 없는 은사를 부여받아, [음식을 먹는다 해도] 먹을 필요가 있어서 먹는 것이 아니라, 오직 먹고 싶을 때만 먹게 될 것이다.

천사들 역시 볼 수 있고 만질 수 있게 나타날 때가 있지만, 그들도 같은 행동을 했다. 곧, 불가피해서가 아니라, 그들에게 소원과 능력이 있었기 때문에 그런 일을 했고, 사람들에게 맞추기 위해서, 사람들을 섬기기 위해서 그런 일을 했다. 그때 천사들은 어떻게든 사람들에게 적합한 방식을 사용했다. (그래서 사람들이 그들을 손님으로 맞아 대접했을 때도, 천사들은 음식을 먹는 시늉만 한 것이라고 생각해서는 안 된다.) 물론, 그들이 천사인지를 모르는 사람들 입장에서는 그들이 우리와 비슷하게 [먹을] 필요가 있어서 먹는 것처럼 보였을 것이다. 그러므로 토빗기에 보면, 천사가 다음과 같은 말을 하는 것으로 되어 있다.

> 너희는, 내가 먹는 것을 보았으나, 그것은 너희 눈에 그렇게 비쳤을 뿐이라 (이탈라 토빗기 12:19)

이 말의 뜻은 이것이다.

> 너희는, 내가 음식을 먹은 것이, 너희처럼 육신을 회복시킬 필요 때문이라 생각했을 것이다.

물론, 천사들에 대해서는 이보다 더 신빙성 있는 논의를 필시 할 수 있을 것이다. 분명한 것은, 기독교 신앙은 구세주 자신에 대해서는 의심하지 않는다는 것이다. 그리스도는 부활 후에도 비록 영적인 육신이기는 하지만, 진짜 육신을 지니고 계셨고, 제자들과 함께 음식을 드셨다.

    정말이지, 이런 육신에서는 먹고 마실 필요성은 없어지지만, 그럴 능력까지 없어지는 것은 아니다. 그러므로 그것이 영적인 것이 되는 이유는, 육신이기를 중단하기 때문이 아니라, 살리는 영으로 말미암아 그것이 존재할 것이기 때문이다.

제23장

육의 몸과 신령한 몸에 대해 어떻게 이해할 것인가? 또 아담 안에서 죽지만, 그리스도 안에서 살아날 사람들은 어떤 사람들인가?

1. 살아 있는 혼은 지녔어도, 아직 살리는 영은 지니지 못한 몸을 "육의 몸"(고전 15:44)이라 부르긴 하지만, 그것은 혼이 아니고, 몸이다. 이처럼 [부활체도] "신령한 몸"(고전 15:44)이라 부른다. 그러나 몸이 영이 된다 믿어서는 안 된다. 도리어 몸이 육의 실체를 지니게 될 것이지만, 살리는 영으로 말미암아 육신적인 둔중함이나 후패(朽敗)를 당하지 않는다 믿어야 한다.

그때가 되면, 인간은 더 이상 땅에 속한 자가 아니라, 하늘에 속한 자가 될 것이다. 이는, 흙으로 만들어진 육신이 더 이상 육신이 아니기 때문이 아니라, 하늘의 은사로 말미암아 하늘에서도 살기에 알맞은 존재가 될 것이기 때문이다. 즉, 그 자연 본성은 잃지 않지만, 속성은 변하여 그런 존재가 될 것이기 때문이다.

그러나 "땅에서 났으니 흙에 속한 자"(고전 15:47)였던 첫 사람은 "생령"(창 2:7)으로 만들어졌지, "살려 주는 영"(고전 15:45)이 되지는 않았다. 이것은, 그가 순종의 상급으로 받도록 유보돼 있었다.

그러므로 그의 육신은 굶주림과 목마름을 당하지 않기 위해 음식이 필요했다. 또 죽지 않을 수도 있었던 것, 꽃다운 젊음을 유지할 수 있었던 것은 절대 사라지지 않을 불가사성(不可死性)에 기인한 것이 아니라, 생명나무 덕분이었다. [그의 몸이] "신령한 몸"(고전 15:44)이 아니라, "육의 몸"(고전 15:44)이었음은 의심할 여지가 없다. 다만, 미리 경고하시는 하나님의 말씀을 저버림으로써 멸망을 자초하지 않았더라면, 결코 죽지 않았을 것이다.

하지만 낙원에서 쫓겨났다고 해서 그가 양식을 얻지 못하게 된 것은 아니다. 다만, 생명나무 가까이 사는 것은 금지된 관계로, 시간이 지나고, 나이가 많아지면, 생명이 끝날 수밖에 없게 되었다. 그의 생명은 비록 "육의 몸"에 거하는 것이었지만, 만약 죄를 짓지 않았다면, 순종에 대한 상급으로 "신령한 몸"이 되기까지는 낙원에 계속 머무를 수 있었다.

그러므로 하나님이 "네가 먹는 날에는 정녕 죽으리라"(창 2:17) 하신 말씀에서, 죽음이란, 육신으로부터 영혼이 분리되는 것을 의미하는 것이 분명하다고 생각한다. 그럼에도 불구하고 금단의 음식임과 동시에 치명적 결과를 초래할 음식을 먹던 바로 그날 첫 사람들이 즉각 육신에서 분리되지 않았다 하여 이상하게 생각해서는 안 된다. 가실, 바로 그날 [그들의] 본성이 나쁜 쪽으로 변화 내지 변질되었고, 지극히 당연한 일이긴 하지만, 그들이 생명나무와 분리돼 살게 되었고, 그들 속에 육신의 죽음의 필연성이 생겨나게 되었고, 우리도 그 필연성을 지니고 태어나게 되었다.

바로 이 때문에 사도 [바울]은 "몸이 죄로 인해 죽을 것"이라 말하지 않고, "몸은 죄로 인하여 죽은 것이나, 영은 의를 인하여 산 것"(롬 8:10)이라 말했다. 그리고 이어서 이런 말을 덧붙였다.

> 예수를 죽은 자 가운데서 살리신 이의 영이 너희 안에 거하시면, 그리스도 예수를 죽은 자 가운데서 살리신 이가 너희 안에 거하시는 그의 영으로 말미암아 너희 죽을 몸도 살리시리라 (롬 8:11)

그러므로 지금은 살아 있는 혼에 속하는 육신이 그때는 살리는 영에 속하게 될 것이다. 하지만 사도가 지금의 육신을 "죽을 몸"이라 하는 것은, 이 육신이 죽음의 필연성에 얽매여 있기 때문이다.

반면, [낙원에 있던] 당시에는 살아 있는 혼에 속하였지, 살리는 영에 속하지는 않았지만, 그래도 "죽을 몸"이라 하는 것은 온당할 수가 없었는데,

이는, 죄를 범하지 않고서는 죽음의 필연성을 지니지 않았을 것이기 때문이다.

그러나 하나님이 "[아담아,] 네가 어디 있느냐?"(창 3:9) 말씀하신 것은 영혼의 죽음을 의미한 것이었고, 그 죽음은, 하나님이 떠나심으로써 발생한 것이었다. 그리고 "너는 흙이니, 흙으로 돌아갈 것"(창 3:19)이라 말씀하신 것은 육신의 죽음을 의미한 것이었고, 이 죽음은, 영혼이 떠남으로써 발생한 것이었다.

그러므로 둘째 사망에 대해서는 전혀 말씀하시지 않았다고 믿어야 하지만, 이는, 신약의 경륜으로 말미암아 이 [둘째] 사망을 하나님이 감추어 두고자 하셨기 때문이다. 신약에서는 둘째 사망에 대해 아주 명확하게 선포되었다.

그래서 우선 모든 사람에게 공통된 첫째 사망이 죄로 말미암아 온 것과, 죄는 한 사람으로부터 시작되었지만, 모든 사람들에게 공통된 것이 되었다는 사실이 밝혀져야 했다. 반면, 둘째 사망은 모든 사람들에게 공통된 것이 아닌데, 이는, 사도가 말한 대로, "그 뜻대로 부르심을 입은 자들"(롬 8:28) 때문이다. 이들에 대해 사도는 이렇게 말한다.

> [하나님이] 미리 아신 자들로 또한 그 아들의 형상을 본받게 하기 위하여 미리 정하셨으니, 이는, 그로 많은 형제 중에서 맏아들이 되게 하려 하심이니라 (롬 8:29)

이들을 중보를 통해 하나님의 은혜가 둘째 사망에서 해방시켰다.

2. 그래서 사도는, 첫 사람이 "육의 몸" 속에 만들어졌다는 것을 다음과 같이 말한다. 곧, 부활 때에 있게 될 "신령한 몸"을 현재의 "육의 몸"과 구별하기 위해 이렇게 말한다.

> 42 썩을 것으로 심고 썩지 아니할 것으로 다시 살며, 43 욕된 것으로 심고 영광스러운 것으로 다시 살며, 약한 것으로 심고 강한 것으로 다시 살며, 44 육의 몸으로 심고 신령한 몸으로 다시 사나니 (고전 15:42-44a)

그리고 이것을 입증하기 위해 이렇게 말한다.

> 육의 몸이 있은즉, 또 신령한 몸이 있느니라 (고전 15:44b)

또 "육의 몸"이 무엇인지를 설명하기 위해 이렇게 말한다.

> 기록된 바 첫 사람 아담은 산 영이 되었다 함과 같이 (고전 15:45a)

그러므로 이런 방식으로 [바울은,] "육의 몸"이 설명하려 한 것이다. 물론, "아담"이라 불린 첫 사람은, 하나님이 "생기를 그 코에 불어"(창 2:7) 넣어 창조하셨다. 하지만 성경은 아담에 대해 "사람이 육의 몸이 되었다" 하지 않고, "사람이 생령이 된지라"(창 2:7)고 하였다. 그러므로 사도는 "[첫] 사람이 생령이 된지라"(창 2:7)는 말씀이 사람의 "육의 몸"을 의미하는 것으로 해석하고 싶어한 것이다.

하지만 "신령한 [몸]"을 어떻게 이해할 것인지를 설명해 주기 위해 그는 다음과 같은 말씀을 덧붙였다.

> 마지막 아담은 살려 주는 영이 되었나니 (고전 15:45b)

이 말씀이 그리스도, 곧, "죽은 자 가운데서"(롬 6:9) 부활하사, 다시 죽지 아니하시는 분을 가리키는 말씀인 것은 의심할 여지가 없다. 결국 [바울은] 다음과 같은 말을 이어서 한다.

> 그러나 먼저는 신령한 자가 아니요, 육 있는 자요, 그 다음에 신령한 자니라 (고전 15:46)

여기서 그는 "첫 사람 [아담은] 산 영이 되었다"(고전 15:45a) 한 것은 "육의 몸"을 의중에 둔 것이고, "마지막 아담은 살려 주는 영이"(고전 15:45b) 되었다 한 것은 "신령한 몸"을 의중에 둔 것을 더욱더 명확하게 밝혔다.

그러니까 첫 사람 아담이 가졌던 "육의 몸"이 먼저였던 것이다. 설령 그가 죄를 짓지 않았다면, 죽지 않았을 것이지만 말이다. 우리가 지금 지니고 있는 육신도 이런 것이다. 아담이 죄를 지은 다음, 죽음의 필연성을 지니게 되는 결과가 생긴 이상, 육신의 본성은 변질, 왜곡되었다. [그리스도 역시 우리를 위하여 처음에 이런 육신을 지니셨지만, 그것은 필연성으로 말미암은 것이 아니고, 권세로 말미암은 것이다.]

그러나 다음에는 "신령한 몸"이 온다. 이것은 우리의 머리이신 그리스도 안에 이미 먼저 있었던 것이고, 그의 지체 된 자들에게는 죽은 자들의 마지막 부활로 말미암아 따라올 것이다.

3. 이어서 사도는 이 두 사람 사이의 아주 극명한 차이에 관해 다음과 같은 말을 덧붙인다.

> 47 첫 사람은 땅에서 났으니, 흙에 속한 자이거니와, 둘째 사람은 하늘에서 나셨느니라 48 무릇 흙에 속한 자는 저 흙에 속한 자들과 같고, 무릇 하늘에 속한 자는 저 하늘에 속한 자들과 같으니, 49 우리가 흙에 속한 자의 형상을 입은 것 같이, 또한 하늘에 속한 자의 형상을 입으리라 (고전 15:47-49)

사도는, 이것이 지금 중생의 성례에 의해 우리 안에 실현되는 것으로 묘사했다. 다른 곳에서 다음과 같이 말한 것과 마찬가지로 말이다.

> 누구든지 그리스도와 합하여 세례를 받은 자는 그리스도로 옷 입었느니라 (갈 3:27)

하지만 우리에게도 이런 일은, 출생을 통해 "육의 몸"이 된 것이 부활을 통해 "신령한 몸"이 될 때 실지로 실현될 것이다. 사도의 말을 다시 인용하자면, 이는, "우리가 소망으로 구원을"(롬 8:24) 얻은 까닭이다.

그러나 우리는 "흙에 속한 자의 형상을"(고전 15:49) 죄와 죽음의 유전으로 말미암아 입었고, 이 유전은 출생이 우리에게 떠안겨 준 것이다. 반면, 우리는 용서와 영생의 은혜로 말미암아 "하늘에 속한 자의 형상을"(고전 15:49) 입을 것이다.

이 은혜를 우리에게 허락하는 것은 중생인데, 이는 "하나님과 사람 사이에 중보" 되신, "사람이신 그리스도 예수"(딤전 2:5)로 말미암은 것이다. [바울이] 그를 "하늘에 속한 자"(고전 15:48, 49)라 한 것은, 그가 하늘에서 오셨고, 그 목적은 가사성(可死性)을 지닌, 땅에 속한 육신을 입으심으로써, 하늘의 불가사성(不可死性)을 [이] 육신에 입혀 주시려 함이었다.

하지만 다른 사람들에 대해서도 "하늘에 속한 자들"(고전 15:48)이라 한 것은, 그들이 은혜로 말미암아 그리스도의 지체가 되는 까닭이고, 그리하여 마치 머리와 몸처럼, 그리스도가 그들과 하나가 되시는 까닭이다. [바울은] 같은 편지에서 바로 이 사실을 다음과 같이 좀 더 명확하게 표현한다.

> 21 사망이 사람으로 말미암았으니, 죽은 자의 부활도 사람으로 말미암는도다 22 아담 안에서 모든 사람이 죽은 것 같이, 그리스도 안에서 모든 사람이 삶을 얻으리라 (고전 15:21-22)

그들은 이제 "신령한 몸" 안에서 살 것이고, 이 몸은 "살리는 영"에 속할 것이다. 이는, 아담 안에서 죽는 자들이 전부 다 그리스도의 지체가 되지 않을 것이기 때문이다. (이는, 그들 중 대다수가 영원히 둘째 사망으로 고통당할 것인 까닭이다.)

그런데 [22절에서] "모든"이라는 말을 두 번 한 것은, 아담 안에서가 아니면 아무도 "육의 몸"으로 죽지 않는 것처럼, 그리스도 안에서가 아니면 아무도 "신령한 몸"으로 살림을 받지 못하기 때문이다.

그러므로 우리가 부활 때에, 첫 사람이 죄 짓기 전에 지녔던 것과 같은 육신을 지닐 것이라 생각해서는 절대 안 된다. 또 "무릇 흙에 속한 자는 저 흙에 속한 자들과 같고"(고전 15:48)라는 말씀 역시 범죄한 후에 생긴 일과 연결시켜 이해해서는 안 된다. 이는, [아담이] 범죄하기 전에는 "신령한 몸"을 지녔었는데, 죄의 삯으로 그것이 "육의 몸"으로 변했다 생각해서는 안 되기 때문이다.

이러한 생각을 하는 것은 위대한 교사인 [사도]가 한 다음과 같은 말을 별로 유념하지 않기 때문이다.

> 44 [육의 몸으로 심고 신령한 몸으로 다시 사나니,] 육의 몸이 있은즉, 또 신령한 몸이 있느니라 45 기록된 바 첫 사람 아담은 산 영이 되었다 함과 같이, 마지막 아담은 살려 주는 영이 되었나니 (고전 15:44-45)

이것이 사람의 처음 상태였는데, [아담이] 범죄한 이후의 일일 수가 있겠는가? 이와 관련하여 지극히 복된 바울이 율법에 나오는 이런 증거를 댄 것은 "육의 몸"을 설명하기 위함이 아니겠는가?

제24장

하나님이 첫 사람에게 숨을 불어넣어 생령이 되게 하신 것과, 주님이 당신 제자들에게 숨을 내쉬면서 성령을 받으라 말씀하신 것을 어떻게 이해해야 할 것인가?

1. 그러므로 "하나님이 ... 생기를 그 코에 불어넣으시니, 사람이 생령이 된지라"(창 2:7)는 말씀을 어떤 사람들은 별로 깊이 생각하지 않았다.[1] 그들 생각으로는, 당시 첫 사람에게는 혼이 주어진 것이 아니라, 혼은 이미 내재해 있었고, 그 혼을 성령이 살리신 것이다. 그들이 이런 생각을 하게 된 것은, 주 예수께서 죽은 자들 가운데서 부활하신 후에 당신 제자들을 향해 숨을 내쉬면서 "성령을 받으라"(요 20:22)고 하셨기 때문이다.

그래서 그들은, 태초에 일어났던 것과 같은 일이 여기서도 일어났다 생각한다. 그들은 또, 복음서 기자가 이 말에 이어 "그들이 생령이 된지라"는 말을 한 것이나 마찬가지라는 생각도 한다.

하지만 만약 복음서 기자가 이 말을 실지로 했다면, 우리는 하나님의 영을 영혼에 속한 모종(某種)의 생명이라 생각해야 할 것이다. 또 하나님의 영이 없으면, 이성적 영혼은 죽은 것이라 간주해야 할 것이다. 설령 이런 영혼의 현존으로 인해 육신이 살아 있는 것처럼 보인다 해도 말이다.

그러나 사람이 창조될 때, 그러한 일은 일어나지 않았다. 이 같은 사실은, 성경 말씀 자체가 충분히 증명해 준다. 예를 들어, 이런 말씀이 있다.

[여호와] 하나님이 흙으로 사람을 지으시고 (창 2:7)

---

[1] 터툴리안, 오리게네스, 암브로시우스 등 몇몇 교부들을 의미함.

이 말씀을 어떤 사람들은 좀 더 분명하게 해석해야 한다고 생각하여, "하나님이 땅의 진흙으로 사람을 빚으셨다"고 번역했다. 이는, 그 위에 "샘물이 땅에서 올라와 온 지면을 적셨더라"(칠십인경 창 2:6)는 말씀이 있기 때문에, 물과 흙을 개어 만든 진흙으로 해석해야 한다 생각했기 때문이다.

그런데 헬라어 역본에서 보는 것처럼, 이 말씀에 바로 이어서 "하나님이 땅의 먼지로 사람을 지으시고"(칠십인경 창 2:7)라는 말씀이 나온다. ([라틴어] 성경은 헬라어 역본에서 라틴어로 번역된 것이다.) 헬라어로 ἔπλασεν(에플라센)[1]이라 한 것을 [라틴어로] fōrmāvit(= "형성하다")로 번역하든, fīnxit(= "짓다")로 번역하든, 전혀 상관이 없다. 물론, fīnxit가 더 직역인 것이 사실이다. 하지만 fōrmāvit를 선호한 사람들은 애매함을 피해야 한다 여긴 것이다. 이는, 라틴어에서는 거짓으로 무엇을 꾸며낸다 할 때 fingere[2] 동사를 쓰는 관습이 있기 때문이다.

그러므로 나는 이 사람에 대해 좀 더 명확하게 이렇게 말하고 싶다. 땅의 먼지 혹은 진흙(= 물기를 머금은 먼지)으로 형성된 이 사람은, 성경 말씀대로 땅의 먼지에서 육의 몸으로 지음을 받은 것이다. 사도 [바울]의 가르침도 마찬가지다. 즉, "사람이 생령이 된지라"(창 2:7)는 말씀처럼, 땅의 먼지가 영혼을 받은 것이다. 다시 말해, 이 먼지가 지음을 받아 "생령"이 된 것이다.

2. 하지만 그들은 말하기를, [아담에게는] 이미 영혼이 있었고, 그렇지 않았다면 그가 "사람"이라 불리지 않았을 것인데, 그 이유는, 인간이 육신만도, 영혼만도 아니고, 육신과 영혼을 다 갖춘 존재이기 때문이라 한다.

---

[1] πλάσσω(= "짓다", "만들다")의 직설법 단순과거 3인칭 단수.

[2] fingere는 fīnxit의 원형.

이 말에 일리가 있는 것은 사실이다. 이는, 영혼이 인간 전체가 아니라, 인간의 더 나은 부분이고, 육신도 인간 전체가 아니라, 인간의 더 낮은 부분이기 때문이다. 또 둘이 함께 결합되었을 때, 인간이라는 이름을 지니기 때문이다.

그럼에도 불구하고 [영혼과 육신] 각각에 대해 우리가 말을 하는 경우에도, 그것들이 각각 [인간이라는 이름을] 상실하는 것은 아니다. 무슨 관용적인 어법에 따라 "그 사람이 죽었고, 지금 안식 중에 있다" 혹은 "벌을 받고 있다"고 말할 때, 이 말은 본디 영혼에 대해서만 할 수 있는 말이지만, 누가 이런 말 하는 것을 말리겠는가? 또 "그 사람이 이러이러한 곳에 묻혀 있다" 할 때, 이 말은 본디 육신에 대해서만 할 수 있는 말인 것을 알지 않는가?

혹 그들이, 하나님의 말씀인 성경은 보통 이런 어법을 사용하지 않는다고 말할 것인가? 아니다. 성경은 도리어 이 점에서 우리의 편을 든다. 그래서 두 요소가 결합돼 있고, 사람이 살아 있을 때도, [두 요소 중] 하나를 "사람"이라 부른다. 즉, 영혼을 "속사람", 육신을 "겉사람"이라 불러,[1] 두 요소가 합하여 한 사람을 이루고 있음에도 불구하고, 마치 두 사람인 것처럼 이야기한다.

그러나 무슨 근거로 사람을 "하나님의 형상"이라고 하는지, 또 사람은 "흙이니, 흙으로 돌아갈 것"(창 3:19)이라 말하는지를 이해해야 한다. "하나님의 형상"은 이성을 지닌 영혼을 가리키는 것으로, 하나님이 취입해 주신 것, 혹은 더 나은 표현을 사용하면, 사람 속, 곧, 사람의 육신 속에 숨으로 불어넣어 주신 것을 의미한다. 하지만 "흙이니, 흙으로 돌아갈 것"

---

[1] 고후 4:16 (= "그러므로 우리가 낙심하지 아니하노니 겉사람은 후패하나 우리의 속은 날로 새롭도다") 참조.

이라는 말은 육신을 가리키는 말로, 하나님이 먼지로 사람을 지으시고, 그에게 영혼을 주사, 혼을 지닌 육신이 되게 하신 것을 의미한다. 곧, 사람으로 "생령"이 되게 하신 것을 의미한다.

3. 그러므로 주님께서 숨을 내쉬면서 "성령을 받으라"(요 20:22) 말씀하신 것은, 성령이 성부만의 영이 아니라, 독생자의 영도 되신 것을 알려 주려 하신 것이 분명하다. 기실, 성부의 영과 성자의 영은 동일한 분으로서, 성부, 성자와 함께 성삼위 [하나님]이시며, 피조물이 아니고, 창조주시다.

그런데 [그리스도의] 육신의 입에서 나온 유체적(有體的) 입김은 성령의 실체나 본성이 아니고, 내가 이미 말한 대로, 일종의 상징이다. 이것으로 우리는, 성령이 성부와 성자께 공통된 것임을 깨닫게 된다. 이는, 성부와 성자가 각각 다른 영을 가지신 것이 아닌 까닭이다. 양위(兩位)는 동일한 영을 가지셨다.

하지만 이 영은 성경에서 헬라어로는 항상 πνεῦμα(프네우마)라 한다. 예수님도 이 개소(個所)에서 이 단어를 사용하셨다. 즉, 당신 육신의 입에서 나온 입김을 제자들에게 불어 주실 때, 그것으로 성령을 상징하셨다. 하나님의 말씀[인 성경]의 어떤 곳에서도 나는, 성령이 다른 단어로 호칭되는 경우를 발견하지 못하였다.

그러나 이곳, "하나님이 흙으로 사람을 지으시고 생기를 그 코에 불어 넣으시니"(창 2:7)라고 한 곳에서 헬라어 성경은 성령을 가리킬 때 보통 사용하는 πνεῦμα를 사용하지 않고, πνοή(프노에)[1]라는 말을 사용한다. 이 말은 창조주보다는 피조물에 대해 더 빈번하게 사용된다. 그래서 몇몇

---

[1] "숨", "호흡"이라는 뜻.

라틴어 성경 번역자들은 이 말을 spīritus(= "영")라 번역하지 않고, flātus(= "입김")라 번역했다.

이 단어는 헬라어 성경 이사야서에서도, 하나님이 "내가 모든 프노에를 만들었다"(칠십인경 사 57:16) 하실 때 사용되지만, 이것도 의심할 여지 없이 "모든 영혼"을 의미한다.

그러므로 헬라어로 프노에라 하는 것은 우리 라틴어로는 어떨 때는 flātus라 하고, 어떨 때는 spīritus라 하고, 어떨 때는 īnspīrātiō (= "불어넣음")나 aspīrātiō(= "향해 내쉼")라 한다.

그러나 프네우마는 항상 spīritus로만 번역된다. 사람에 대해서든, 짐승에 대해서든, "바람"이라 불리는 유체적(有體的)인 것에 대해서든, 심지어 피조물이 아닌 창조주에 대해서든 마찬가지다. 사람에게 사용되는 영에 대해 사도는 이렇게 말한다.

> 사람의 사정을 사람의 속에 있는 영 외에는 누가 알리요? (고전 2:11)

짐승에 대해서는 솔로몬의 책에 이렇게 기록돼 있다.

> 인생의 혼(spīritus)은 위로 올라가고, 짐승의 혼(spīritus)은 아래, 곧, 땅으로 내려가는 줄을 누가 알랴? (전 3:21)

"바람"(spīritus)에 대해서는 시편에 다음과 같은 시구가 나온다.

> 불과, 우박과, 눈과, 안개와, 그 말씀을 좇는 광풍이며. (시 148:8)

[spīritus가 창조주를 지칭할 때 사용된 예를 보자!] 복음서에 보면, 주님은 "성령을 받으라!"(요 20:22) 하셨다. 이때 당신 입에서 나오는 유체적 (有體的) 숨을 가지고 성령을 가리키셨다. 또 "너희는 가서 모든 족속으로 제자를 삼아, 아버지와, 아들과, 성령의 이름으로 세례를"(마 28:19) 주라 하신 말씀에서도 마찬가지다. 여기에는 성삼위 자체가 아주 훌륭하게,

아주 분명하게 증거되어 있다. 또 "하나님은 영"(요 4:24)이라는 말씀이 나오는 곳에서도 spīritus가 사용되며, 이밖에 성경의 수많은 개소에 이와 같은 용례가 발견된다.

   성경의 이 모든 증거를 살펴볼 때, 헬라어로는 πνοή가 사용되지 않고, πνεῦμα가 사용되고 있고, 라틴어로는 flātus가 사용되지 않고, spīritus가 사용되고 있음을 알 수 있다. 그러므로 "하나님이 숨을 불어넣으셨다", 혹은 더 정확한 표현을 사용하여 "하나님이 생기를 그 코에 불어넣으시니"(창 2:7) 할 때, 설사 헬라어로는 πνοή가 사용되지 않고, πνεῦμα가 사용되었다 해도, 그 영을 창조주이신 영, 곧, 성삼위에 속하신 성령으로 꼭 이해해야 하는 것은 아니다. 이미 말한 것처럼 πνεῦμα가 창조주뿐 아니라 피조물에 대해서도 보통 사용되는 것이 분명하기 때문이다.

4. 하지만 그들은 말하기를, 이 말이 "성령"이라는 뜻이 아니라면, 굳이 "생령"이라는 말을 하지 않았을 것이고, "사람이 생령이 된지라"(창 2:7)는 말씀에서 "영혼의 생명"이라는 뜻이 아니라면, 이 말을 하지 않았을 것이라 한다. 즉, 이 말씀은, 하나님이 [사람] 영혼에 생명을 하나님의 영의 선물로 주셨다는 뜻이라 한다. 그들은 이렇게 말한다.

> 영혼은 살아 있는 것이다. 또 자기 생명의 고유한 방식대로 살아 있는 것이다. 그러므로 "생령"이라는 말을 한 것은, 이 생명이 영혼에 성령을 통해서 주어진 것이라는 사실을 가리키기 위한 것이다. 그렇지 않다면 이 말을 한 이유가 대체 어디 있겠는가?

이런 말은 인간의 억측을 열심히 옹호하는 말이지, 성경 말씀에는 주의를 별로 기울이지 않는다는 사실을 보여 주는 말이 아니면 무엇이겠는가?
   멀리 갈 필요도 없었다. 같은 창세기의 조금 앞 부분을 읽는 것이 무슨 큰 일이었겠는가? 땅의 모든 생물 창조에 관해 말씀하는 개소(個所)에서

"땅은 생령을 내라"(칠십인경 창 1:24)[1]는 말씀이 나온다. 그리고 같은 창세기에서 얼마 뒤를 보면, "육지에 있어 생기를 가진 것은 다 죽었더라"(칠십인경 창 7:22)[2]는 말씀이 기록되어 있는데, 이 말씀에 주의를 기울이는 것이 무슨 큰 일이었겠는가? 이 말씀은, 땅에 살던 생물이 다 홍수로 멸망했다는 사실을 전해 주는 말씀 아닌가?

그러므로 짐승들에게서도 생령과 생기를 우리는 발견하는 바, 이것이 하나님의 [말씀] 성경의 통상적인 표현 방법이다. 그리고 방금 언급한 "생기를 가진 것 다"라는 말씀에서 헬라어 성경은 πνεῦμα를 사용하지 않고, πνοή를 사용하였다. [그렇다면,] 어째서 우리는 이렇게 묻지 않는가?

> 영혼은 살아 있지 않는 한 존재할 수 없는 것인데, vīvēns(= "살아 있는")라는 단어를 굳이 첨가할 필요가 있었는가? 혹은 spīritus라는 말을 할 때, vīta(= "생명")라는 단어를 굳이 첨가할 필요가 있었는가?

그러나 우리는, 성경이 "생령" 및 "생기"라는 단어를 사용하여 "동물", 곧, "영혼을 지닌 육신"을 지칭하는 것이 보통이라는 사실을 알고 있다. 동물은 영혼으로 말미암아 이와 같이 뚜렷한 육신의 감각 기능을 지니고 있다.

그런데 사람의 창조와 관련하여 우리가 잊어버린 것이 있다. 그것은 성경 말씀의 통상적인 표현 방식이다. 즉, 성경에는 나름대로의 표현 방식이 있다. 그래서 사람은 이성적 영혼을 부여받았는데, 이것은 다른 동물들의 영혼처럼 물과 흙에서 만들어진 것이 아니라, 하나님이 숨을 불어넣으사

---

[1] 개역 성경에는 "땅은 생물을 그 종류대로 내되 육축과 기는 것과 땅의 짐승을 종류대로 내라"고 되어 있다.

[2] 개역 성경에는 "육지에 있어 코로 생물의 기식을 호흡하는 것은 다 죽었더라"고 되어 있다.

창조되었다는 사실을 가르쳐 주기는 한다. 하지만 사람은 다른 동물들처럼, 영혼이 깃든 육신 안에 살도록 만들어졌고, 그의 육신은 그 안에 사는 영혼으로 말미암아 생성된다는 사실 또한 가르쳐 준다. 다른 동물들에 대해 성경은 "땅은 생령을 내라"(칠십인경 창 1:24)[1] 하였고, "생기를 가졌다"고도 했다. 여기서 헬라어 성경은 πνεῦμα를 사용하지 않고, πνοή를 사용했다. 즉, 이 표현으로 성령을 가리킨 것이 아니라, 동물들의 영혼을 가리키는 것이 분명하다.

5. 하지만 그들은 [= 우리의 논적(論敵)들은] 이렇게 말한다.

> 하나님의 숨은 하나님의 입에서 나왔다 해석된다. 이것을 우리가 만약 영혼이라 믿는다면, 우리는 영혼을 지혜와 동일본질이고 동등하다 해야 옳을 것이다. 지혜는 이런 말을 한다. "나는 지극히 높으신 자의 입에서 나왔으며"(칠십인경 집회서 24:3).

그러나 지혜는, 자기가 하나님의 입에서 내뿜어진 것이 아니라, 나온 것이라 하였다.

그런데 우리가 숨을 내쉴 때 우리를 사람으로 만드는 우리의 본성에서 우리가 숨을 만들어 내지 못한다. 우리는 우리를 둘러싸고 있는 공기를 들이쉬었다가 내쉴 뿐이다. 이와 마찬가지로 전능하신 하나님 역시 당신의 본성에서 [무엇을] 내놓으시는 것이 아니고, 당신 아래에 있는 어떤 피조물로부터 내놓으시는 것이 아니다. 도리어 그는 무(無)로부터도 숨을 만드실 수 있다. 그래서 그가 이 숨을 사람 육신 속에 넣어 주신 것을 불어넣으셨다고 말한 것은 대단히 적절한 표현이다.

---

[1] 칠십인경 창 6.17, 7.22 참조. 개역 성경은 "생기"를 "기식"으로 번역했다.

비유체적(非有體的)이신 분이 비유체적인 숨을 내보내신 것이지만, 그는 불변적(不變的)이시고, 그 숨은 가변적(可變的)이다. 이는, 창조되지 않으신 분이 창조된 것을 내보내신 까닭이다.

그럼에도 불구하고 그들은 [= 우리의 논적들은] 성경에 관해 논하려 하면서도 성경의 표현에 주의를 기울이지 않지만, 그들은 다음과 같은 점을 알아야 할 것이다. 곧, 하나님의 입에서 나오는 것에 관해 성경 말씀을 읽거나 들을 때, 그 말씀이 꼭 하나님과 동일본질인 것에 관한 것만이 아닐 수 있다는 사실을 알아야 할 것이다. [예를 들어,] 하나님은 이런 말씀을 하신 것으로 기록돼 있다.

> 네가 이같이 미지근하여, 더웁지도 아니하고 차지도 아니하니, 내 입에서 너를 토하여 내치리라 (계 3:16)

6. 그러므로 사도 [바울이] 하는 지극히 명확한 말에 우리가 반대할 이유가 전혀 없다. 그는 "신령한 몸"과 "육의 몸"을 구별하는데, 앞의 것은, 우리가 장차 입을 몸이고, 뒤의 것은, 우리가 지금 입고 있는 몸이다. 사도는 이렇게 말한다.

> 44 육의 몸으로 심고 신령한 몸으로 다시 사나니, 육의 몸이 있은즉, 또 신령한 몸이 있느니라 45 기록된 바 첫 사람 아담은 산 영이 되었다 함과 같이, 마지막 아담은 살려 주는 영이 되었나니, 46 그러나 먼저는 신령한 자가 아니요, 육 있는 자요, 그 다음에 신령한 자니라 47 첫 사람은 땅에서 났으니, 흙에 속한 자이거니와, 둘째 사람은 하늘에서 나셨느니라 48 무릇 흙에 속한 자는 저 흙에 속한 자들과 같고, 무릇 하늘에 속한 자는 저 하늘에 속한 자들과 같으니, 49 우리가 흙에 속한 자의 형상을 입은 것 같이, 또한 하늘에 속한 자의 형상을 입으리라 (고전 15:44-49)

사도의 이 모든 말에 대해서는 이미 앞에서[1] 논했다.

---

[1] 제13권 23장.

그러므로 사도는, 첫 사람 아담이 창조 당시 입게 된 "육의 몸"은 전혀 죽을 수 없는 것은 아니었지만, 사람이 죄를 짓지 않았더라면, 죽지 않을 수도 있는 몸이었다. 반면, 살려 주는 영에 의해 생기는 몸은 신령하고, 불가사적(不可死的)이 될 것이고, 불가사적으로 창조된 영혼처럼 전혀 죽을 수 없게 될 것이다.

물론, 영혼도 죄로 말미암아 죽었다는 말을 들을 수 있다. 이는, 모종(某種)의 생명을 잃게 되기 때문이다. 이 생명은 하나님의 영인데, 영혼은 하나님의 영으로 말미암아 지혜롭고 행복하게 살 수 있었다.

그러나 영혼은 비록 불행하다 해도, 그에게 고유한 모종의 삶 살기를 중단하지 않는다. 이는, 그것이 불가사적으로 창조되었기 때문이다.

이것은 반역한 천사들도 마찬가지다. 그들도 죄를 지었기 때문에 어떤 면에서 죽었다고 할 수 있다. 이는, 그들이 생명의 샘이신 하나님을 버린 까닭이다. 그들이 그 샘에서 마셨다면, 지혜롭고 행복하게 살 수 있었을 것이다. 하지만 그들은 생명과 감각을 완전히 잃을 정도로까지 죽을 수 있는 것은 아니었다. 이는, 그들이 불가사적으로 창조되었기 때문이다. 그리고 그들은 최후의 심판 후에 둘째 사망으로 떨어질 것인데, 그때 그들이 고통 속에 있을 것이고, 감각이 없지 않을 것이기 때문에, 거기서도 생명이 그들에게 없는 것은 아닐 것이다.

그러나 하나님의 은혜에 참여하는 사람들, 복된 삶을 계속 누리는 거룩한 천사들의 [동료] 시민이 되는 사람들 – 이들은 신령한 몸을 입을 것이고, 다시는 죄를 짓거나 죽은 일이 없을 것이다. 이들이 입게 될 불가사성(不可死性)은 천사들의 그것과 같은 것이고, 죄로 인해 제거되는 일이 없을 것이다. 육신의 본성은 비록 남을 것이지만, 육신의 후패성(朽敗性)이나 둔중함은 남지 않을 것이다.

7. 그런데 반드시 다루어야 하고, 진리의 주 하나님의 도우심으로 해결해야 할 문제가 따라온다. 그것은 다음과 같다.

> 첫 사람들이 불순종의 죄를 지음으로 말미암아, 하나님의 은혜가 그들을 버렸고, 그 결과 그들의 지체가 [그들에게] 불순종하여, 정욕이 생겼다. 이로 인해 그들의 눈이 열렸고, 그들이 자기네의 벌거벗음을 깨닫게 되었다. 다시 말해, 그들이 자기네의 벌거벗음에 대해 호기심을 가지고 보게 되었다. 그래서 흉측한 움직임이 자유의지에 저항하였기 때문에 부끄러운 곳을 가렸다. 그러므로 만약 그들이 창조된 대로 계속 죄 없는 상태를 유지했다 한다면, 어떻게 그들이 자녀를 생산했을까?

그러나 이 제13권을 마쳐야 할 때가 되었고, 이처럼 중차대한 문제를 몇 마디 말로 간단히 처리할 수 있는 것이 아니므로, 제14권으로 이 문제를 넘겨서, 좀 더 편안하게 다루는 것이 좋을 것이다.

제14권

어거스틴은 첫 사람의 죄에 관해 다시 이야기하면서, 거기에 [인간의] 육신적인 삶과 사악한 감정이 기인했다고 가르침. 하지만 특별히 부끄러운 정욕이라는 악이 불순종에 대한 형벌임을 밝히고, 만약 사람이 죄를 짓지 않았다면, 정욕과 상관없이 자손을 어떻게 가졌을 것인지를 탐구함

제1장

만약 하나님의 은혜가 많은 사람들을 구원하지 않았더라면, 첫 사람의 불순종으로 인해 모든 사람들이 둘째 사망으로 영원히 멸망하게 되었을 것임

우리는 앞의 여러 권에서, 하나님이 인류를 한 사람을 통해 창조하신 것은 인류를 본성의 유사성으로 말미암아 하나로 연결시킬 뿐 아니라, 혈통에서도 모종(某種)의 필연성에 의해 평화라는 끈으로 조화로운 한 유기체로 만들기 위함이었음을 이야기한 바 있다. 첫 사람 둘 중 한 사람은 무(無)에서 [흙으로] 창조되었고, 다른 한 사람은 앞 사람에게서 창조되었지만, 그들이 불순종으로 죽음을 자초하지 않았다 하면, 인류 한 사람 한 사람에게 죽음이 닥치는 일은 없었을 것이다. 그들로 인해 아주 엄청난 죄가 들어와서, 그 죄로 말미암아 인간의 본성이 악하게 변하였을 뿐 아니라, 후손들도 죄의 속박을 당하게 되었고, 죽음의 필연성이 후손들에게 미치게 되었다.

그런데 죽음의 왕국의 세력이 어느 정도로 강했느냐 하면, 하나님의 값없이 베푸시는 은혜가 구해 주지 않았을 경우, 모든 사람들이 둘째 사망, 곧, 끝없는 죽음에 떨어지는 형벌을 받는 것이 당연할 지경이었다.

그러므로 세계 각지에는 엄청 많은 민족들이 다양한 규례 및 관습을 따라 살아가고 있고, 언어, 무기, 의복 등에서 서로 다른 특징을 보이고 있지만, [세상에는] 두 종류의 인간 사회밖에는 더 존재하지 않고, 이것을 우리는 성경 말씀에 따라 당연히 "두 도성"이라 부르는 것이 가하다.[1]

---

[1] 엡 2:19 (= "그러므로 이제부터 너희가 외인도 아니요 손도 아니요 오직 성도들과 동일한 시민이요 하나님의 권속이라"); 빌 3:20 (= "오직 우리의 시민권은 하늘에 있는지라 거기로서 구원하는 자 곧 주 예수 그리스도를 기다리노니") 참조.

[그 중] 하나는 육신을 따라 살려고 하는 자들의 도성이고, 다른 하나는 영을 따라 살려고 하는 자들의 도성인데, 각기 추구하는 평화의 종류가 다르다. 그리고 각기 자기가 추구하는 것을 얻으면, 자기에게 주어진 평화 속에서 살아간다.

제2장

육신적인 삶에 관하여. 이것은 육신의 악습에서만 오는 것이 아니라, 영혼의 악습에서도 옴

1. 그렇다면 먼저 육신적으로 사는 것이 무엇이고, 영적으로 산다는 것이 무엇인지를 살펴야 한다. 그런데 우리가 하는 말을 건성으로 듣는 사람, 그래서 성경이 어떻게 말씀하는지를 생각하지 않거나, 그것에 별로 관심을 두지 않는 사람은 누구든지, 육신을 따라 사는 사람들이 에피쿠로스 학파 철학자들일 것이라고 생각할 수 있다. 이는, 이 학파는 인간의 최고선을 육신의 쾌락에 두기 때문이다. 그리고 어떤 식으로든 육신의 재화(財貨)를 최고선이라 생각하는 그밖의 사람들과, 무슨 학설을 받아들인다든지 그런 방향의 철학을 하는 것은 아니지만, 정욕에 기울어져, 육신의 감관(感官)으로 포착하는 쾌락 이외의 다른 즐거움은 알지 못하는 자들로 구성된 무리 역시 육신을 따라 사는 사람들일 것으로 생각할 수 있다.

하지만 스토아 철학자들은 인간의 최고선이 영혼에 있다고 보는데, 인간의 영혼이 영일 수밖에 없으므로, 이 철학자들이 영에 따라 산다고 생각할 수 있는가?

그러나 하나님의 말씀인 성경 말씀에 의하면, 두 종류의 사람들 다 육신적으로 산다는 사실이 밝혀진다. 왜냐하면, 육신이 땅의 육신 내지 가사적(可死的) 생명체의 육신만을 가리키지 않기 때문이다. [성경에도 이런 말씀이 나온다. "육체는 다 같은 육체가 아니니, 하나는 사람의 육체요, 하나는 짐승의 육체요, 하나는 새의 육체요, 하나는 물고기의 육체라"(고전 15:39).]

성경은 "육신"이라는 이 단어를 이밖에도 여러 가지 다양한 의미로 사용한다. 그 여러 가지 의미 중에서 "사람 자신", 곧, "인간의 본성"이라는 의미로도 사용할 때가 자주 있다. 이것은 부분으로 전체를 표현하는 방법으로, 예를 들어, 다음과 같은 말씀이 있다.

> 그러므로 율법의 행위로 그의 앞에 의롭다 하심을 얻을 육체가 없나니, [율법으로는 죄를 깨달음이니라] (롬 3:20)

여기서 "육체"는 "모든 사람"이라는 뜻이 아니면 무엇인가? 이런 사실을 좀 더 명확히 밝혀 [바울은] 조금 뒤에 이렇게 말한다.

> 그러므로 사람이 의롭다 하심을 얻는 것은 율법의 행위에 있지 않고 (롬 3:28)

갈라디아서에서도 이렇게 말한다.

> 사람이 의롭게 되는 것은 율법의 행위에서 난 것이 아니요 (갈 2:16)

우리가 "말씀이 육신이 되어"(요 1:14)라는 말씀을 "사람이 되어"라는 뜻으로 해석할 때도 같은 원리를 적용한다. 그러나 어떤 사람들은 이 말씀을 올바로 이해하지 못하여, 그리스도께 사람의 영혼이 없었다고 믿었다.

그런데 전체로 부분을 표현하는 경우도 있다. 예를 들어, 복음서에 보면 막달라 마리아가 이렇게 말하는 내용이 있다.

> 사람이 내 주를 가져다가 어디 두었는지 내가 알지 못함이니이다 (요 20:13)

이는, [여기서] 그녀가 그리스도의 육신에 대해서만 말하고 있기 때문이다. 무덤에 묻힌 그의 육신을 사람들이 옮겨갔다고 그녀는 믿었던 것이다. 이처럼 부분, 곧, 육신으로 전체, 곧, 사람을 표현할 수 있다. 이에 대해서는 앞에서 언급한 바가 있다.

2. 그러므로 하나님의 말씀 성경이 "육신"이라는 말을 여러 가지 방식으로 사용하는 것을 철저히 궁구(窮究)하고 수집하는 것은 장황한 일이다. 그래서 육신적으로 사는 것이 무엇인지를 알아보기 위해 바울 사도가 갈라디아서에서 다음과 같이 말한 개소(個所)를 면밀히 살펴보기로 하자! (육신적으로 사는 것은 악한 것이지만, 육신의 본성 자체는 악한 것이 아니다.)

> 19 육체의 일은 현저하니, 곧, 음행과, 더러운 것과, 호색과, 20 우상 숭배와, 술수와, 원수를 맺는 것과, 분쟁과, 시기와, 분냄과, 당 짓는 것과, 분리함과, 이단과, 21 투기와, 술 취함과, 방탕함과, 또 그와 같은 것들이라 전에 너희에게 경계한 것 같이 경계하노니, 이런 일을 하는 자들은 하나님의 나라를 유업으로 받지 못할 것이요 (갈 5:19-21)

사도 [바울] 편지의 이 대목 전체가 지금의 문제 [해결]에 충분하다고 보고 자세히 고찰한다면, "육신적으로 사는 것이 무엇인가?" 하는 이 문제를 해결할 수 있을 것이다. [바울은] "육체의 일은 현저"하다고 하면서, 그것을 열거한 다음 정죄하였다. 우리는 거기서 육신의 쾌락에 관련되는 것, 예컨대, 음행과, 더러운 것과, 호색과, 술 취함과, 방탕함만을 발견하는 것이 아니다. 육신의 쾌락과 상관없이 영혼의 죄악임이 확실한 것도 발견한다. 누가 도대체 "우상숭배와, 술수와, 원수를 맺는 것과, 분쟁과, 시기와, 분냄과, 당 짓는 것과, 분리함과, 이단과, 투기"를 육신의 죄악이라기보다는 오히려 영혼의 죄악으로 생각하지 않겠는가? 이는, 우상숭배로 인해 혹은 무슨 이단의 오류에 빠짐으로 인해 육신의 쾌락을 억제하는 일이 가능하기 때문이다. 그렇지만 이때 인간이 비록 육신의 정욕을 억제하고 지배하는 것처럼 보인다 할지라도, 사도의 이 권위 있는 말씀에 따르면, 육신적으로 산다는 비난을 면할 수 없다. 그리고 육신의 쾌락을 삼가는 바로 이 일로 말미암아 인간은 정죄받을 육신의 일을 하고 있는 것이 분명해진다.

적대감은 영혼 속에 자리잡는 것 아닌가? 혹은 누가 자기 원수에게, 또는 원수라고 생각하는 사람에게 "너는 내게 악한 육신을 가지고 있다"고 하겠는가? 그보다는 오히려 "너는 내게 악감정을 가지고 있다"고 말하지 않겠는가?

끝으로, 내가 "육신적인 것들"이라는 말을 만약 한다면, 누가 이 말을 듣고, 그것을 육신과 연결시키기를 주저하겠는가? 마찬가지로 "분노"라는 말 역시 그것을 영혼과 연결시키기를 주저하는 사람은 아무도 없다.

그렇다면, "믿음과 진리 안에서 이방인의 스승이"(딤전 2:7) 된 [바울] 사도가 이 모든 것을 "육체의 일"(갈 5:19)이라 말하는 것은 무슨 까닭인가? 그 이유는 단 하나. 이런 표현 방법은 부분으로 전체를 표현하는 방법으로, "육체"라는 말로 사람 자체를 가리키려 하기 때문이다.

제3장

죄의 원인은 영혼에 있는 것이지, 육신에 있는 것이 아니고, 죄의 결과로 발생한 후패는 죄가 아니고 벌임

1. 만약 누구든지 모든 악행과 악습의 원인을 육신이라 말하면서, 영혼이 육신의 지배를 받아 그러한 삶을 사는 것이라 주장한다면, 그는 분명 인간의 본성 전체를 주밀하게 살피지 않은 것이다.

물론, "후패(朽敗)할 육신은 영혼을 내리누르고"(칠십인경 지혜서 9:15)라는 말씀이 있다. 또 [바울] 사도 역시 후패할 육신에 대해 이야기하면서, "겉사람은 후패하나"(고후 4:16)라고 말한 다음, 잠시 후 이렇게 말한다.

> 1 만일 땅에 있는 우리의 장막 집이 무너지면, 하나님께서 지으신 집, 곧, 손으로 지은 것이 아니요, 하늘에 있는 영원한 집이 우리에게 있는 줄 아나니, 2 과연 우리가 여기 있어, 탄식하며 하늘로부터 오는 처소로 덧입기를 간절히 사모하노니, 3 이렇게 입음은, 벗은 자들로 발견되지 않으려 함이라 4 이 장막에 있는 우리가 짐 진 것 같이 탄식하는 것은, 벗고자 함이 아니요, 오직 덧입고자 함이니, 죽을 것이 생명에게 삼킨 바 되게 하려 함이라 (고후 5:1-4)

그래서 우리는 후패할 육신에 의해 짓눌림을 받지만, 그 짓눌림의 원인이 육신의 본성이나 본질에 있는 것이 아니라, 육신의 후패에 있음을 아는 관계로, 육신을 벗기를 원하지 않고, 불가사성(不可死性)을 덧입기를 원한다. 이는, 그때가 오면, [육신은 더 이상] 후패하지 않을 것이므로, [더 이상] 짓누르지도 않을 것이기 때문이다.

그러므로 현재 "후패(朽敗)할 육신은 영혼을 내리누르고, 이 세상살이는 [우리] 마음을 온갖 염려로 무겁게"(칠십인경 지혜서 9:15) 한다. 하지만 그들은, 영혼의 모든 악이 육신으로부터 온다고 생각하기 때문에 오류에 빠져 있다.

2. 베르길리우스는 플라톤의 생각을 다음과 같이 아름다운 시구(詩句)로 표현한 것처럼 보인다.

> 그 씨앗에는 불 같은 힘이 있으니, 하늘에서 비롯된 것이나,
> 연약한 육신이 짐이 되고, 흙으로 된 사지와
> 죽을 지체가 무디게 만드느니라.[1]

그는 또 매우 유명한 네 정동(情動), 곧, 욕심과, 두려움과, 기쁨과, 슬픔을 모든 죄악의 원인이라 지목하면서, 이것들이 육신에 기인하는 것이라 말하고 싶어, 이런 말을 덧붙인다.

> 그래서 그들은 두려움과, 욕심과, 슬픔과, 기쁨을 느끼나니,
> 하늘빛을 보지 못하고 암흑에, 캄캄한 감옥에 갇혀 있도다.[2]

하지만 우리의 믿음은 다르다. 이는, 영혼을 짓누르는 육신의 후패가 원죄의 원인이 아니라, [그것에 대한] 벌이기 때문이다. 또 후패할 육신이 영혼으로 하여금 죄를 짓게 한 것이 아니라, 죄를 지은 영혼이 육신으로 하여금 죄를 짓게 하였기 때문이다.

비록 육신의 후패로 인해 죄를 짓고 싶은 욕망이 부추김을 받아, 실제로 그런 욕망이 일어나는 것이 사실이지만, 죄악된 삶의 원인을 모두 육신에 돌려서는 안 될 것이다. 만약 그렇게 한다면, 육신이 없는 마귀에게서 모든 죄를 우리가 씻어 주는 결과를 초래할 것이다. 우리는 마귀를 보고 "간음자", "주정뱅이" 등등 육신의 쾌락과 관련된 악을 행하는 자라 말할

---

[1] Vergilius, *Aeneis* VI, 730-732.

[2] Vergilius, *Aeneis* VI, 733-734.

수가 없다. 설령 그가 이런 죄를 은근히 권하고 부추기는 자라 해도 말이다. 그러나 그는 지극히 교만하고 시기심이 많은 자다. 그는 이 같은 죄악에 아주 꽉 사로잡혀 있기 때문에, 어두운 공중 감옥에 갇혀, 영원한 형벌을 받도록 정해져 있다.

그런데 마귀를 지배하고 있는 이런 악덕들을 사도 [바울]은 "육체의 일"(갈 5:19)이라고 하지만, 마귀에게는 분명히 육체가 없다. 정말이지, [바울은] 원수를 맺는 것과, 분쟁과, 분냄과, 시기를 "육체의 일"이라고 한다. 이 모든 악의 단초 내지 근원은 교만이고, 교만은 육신이 없는 마귀를 지배하고 있다.

그런데 성도들에게 마귀보다 더 심한 적의를 품은 자가 누구겠는가? 성도에게 마귀보다 더 심한 적개심과, 악감정과, 시기심과, 질투심을 품은 자를 어디서 찾겠는가? 하지만 그는 이 모든 감정을, 육신이 없는데도 지니고 있다. 그렇다면, 내가 이미 말한 대로, 사도가 사람을 "육체"라 부르는 것은, "육체의 일"이 "사람의 일"이기 때문이 아니겠는가?

마귀에게는 육신이 없지만, 사람이 마귀를 닮게 된 것은, 그에게 육신이 있어서가 아니라, 자기 자신, 곧, 사람을 따라 살았기 때문이다. 이는, 마귀 역시 자기 자신에 따라 살려고 했던 까닭이다. 마귀는 진리에 서지 못하였으므로, 하나님의 것으로 말하는 것이 아니라, 제 것으로 거짓을 말한다. 그는 거짓말쟁이일 뿐 아니라, 거짓의 아비이기도 하다.[1] 그는 최초의 거짓말쟁이였고, 죄와 더불어 거짓말도 그에게서 비롯되었다.

---

[1] 요 8:44 (= "너희는 너희 아비 마귀에게서 났으니 너희 아비의 욕심을 너희도 행하고자 하느니라 저는 처음부터 살인한 자요 진리가 그 속에 없으므로 진리에 서지 못하고 거짓을 말할 때마다 제 것으로 말하나니 이는 저가 거짓말쟁이요 거짓의 아비가 되었음이니라") 참조.

제4장

사람을 따라 사는 것이 무엇이고, 하나님을 따라 사는 것이 무엇인가?

1. 그러므로 사람이 사람을 따라 살고, 하나님을 따라 살지 않으면, 마귀를 닮는다. 정말이지, 천사 역시 천사를 따라 살지 않고 하나님을 따라 살아야 했던 것은, 그래야 진리에 설 수 있었고, 하나님의 것으로 진리를 말할 수 있었기 때문이다. 천사가 제 것으로 말했다 하면, 거짓말을 할 수밖에 없었을 것이다. 정말이지, 사람에 대하여 다른 곳에서 사도 [바울]은 이런 말을 하였다.

> 그러나 나의 거짓말로 하나님의 참되심이 더 풍성하여 (롬 3:7)

그는, 거짓말은 우리의 것이고, 진리는 하나님의 것이라고 말한 것이다. 그러므로 사람이 진리를 따라 산다면, 그것은 자기 자신을 따라 사는 것이 아니고, 하나님을 따라 사는 것이다. "나는 진리"(요 14:6)라 말씀하신 분은 하나님이신 까닭이다.

하지만 그가 자기 자신을 따라 산다면, 곧, 사람을 따라 살고, 하나님을 따라 살지 않는다면, 그는 분명 거짓을 따라 사는 것이다.

이것은, 인간 자신이 거짓이기 때문이 아니다. 그의 창조자, 그를 지으신 분은 하나님이시다. 하나님은 당연히 거짓의 원조 내지 창조자가 아니시다.

이것은 오히려, 인간이 바른 자로 창조되었기 때문이다. 그리하여 인간은 자기 자신을 따라 살지 않고, 자기를 지으신 자를 따라 살아야 하였다. 다시 말해, 자기의 뜻을 행하기보다는 그분의 뜻을 행해야 하였다. [그러니까,] 자기가 창조된 대로 살지 않는 것 – 이것이 거짓이다.

기실, [인간은] 행복하게 살 수 있는 길이 있는데도, 그 길을 따라 살지 않으면서 행복하기를 원한다. 이런 의지보다 더 거짓된 것이 무엇인가?

그러므로 모든 죄가 거짓이라는 말은 공연한 소리가 아니다. 이는, 죄가 오직 의지로 인해 생기는 까닭이다. 우리가, 우리에게 좋은 일이 생기기를 바라는 것과, 우리에게 나쁜 일이 생기는 것을 바라지 않는 것은 오직 이 의지 때문이다.

그러니까 거짓은 바로 다음과 같은 것이다. 곧, 우리에게 좋은 일이 생기라고 행한 일이 도리어 우리에게 나쁜 일이 되고, 우리의 상황을 더 좋게 하기 위해서 행한 일이 도리어 우리의 상황을 더 나쁘게 만드는 일이 되는 것이다. 이렇게 되는 이유는 오직, 인간에게 좋은 일은 오직 하나님께로서만 올 수 있는 것이지, 인간에게서 오는 것이 아니기 때문이다. 인간은 범죄함으로써 하나님을 저버리고, 자기를 따라 삶으로써 범죄를 행한다.

2. 그러므로 우리는, 서로 다른, 서로 대립하는 두 도성이 존재하는 것은, 어떤 사람은 육신을 따라 살고, 어떤 사람은 영을 따라 살기 때문이라 말한 바 있다. 이것을, 어떤 사람은 사람을 따라 살고, 어떤 사람은 하나님을 따라 살기 때문이라고도 말할 수 있다. 정말이지, 바울은 고린도 사람들에게 아주 명확하게 말한다.

> 너희 가운데 시기와 분쟁이 있으니, 어찌 육신에 속하여 사람을 따라 행함이 아니리요? (고전 3:3)

그러므로 사람을 따라 행하는 것. 이것이 곧 육신에 속하는 것이다. 이는, 육신이 사람의 일부분이지만, 사람 자신을 의미하는 까닭이다. 바울은 여기서 "육신에 속"했다고 한 사람들을 앞에서는 "육에 속한" 사람들이라 했다.

> 11 사람의 사정을 사람의 속에 있는 영 외에는 누가 알리요? 이와 같이 하나님의 사정도 하나님의 영 외에는 아무도 알지 못하느니라 12 우리가 세상의 영을 받지 아니하고, 오직 하나님께로 온 영을 받았으니, 이는, 우리로 하여금 하나님께서 우리에게 은혜로 주신 것들을 알게 하려 하심이라 13 우리가 이것을 말하거니와, 사람의 지혜의 가르친 말로 아니하고, 오직 성령의 가르치신 것으로 하니, 신령한 일은 신령한 것으로 분별하느니라 14 육에 속한 사람은 하나님의 성령의 일을 받지 아니하나니, 저희에게는 미련하게 보임이요, [또 깨닫지도 못하나니, 이런 일은 영적으로라야 분변함이니라] (고전 2:11-14)

그러므로 이런 사람들, 곧, 육에 속한 사람을 향하여 바울은 조금 뒤에 이렇게 말한다.

> 형제들아, 내가 신령한 자들을 대함과 같이 너희에게 말할 수 없어서, 육신에 속한 자[, 곧, 그리스도 안에서 어린아이]들을 대함과 같이 하노라 (고전 3:1)

거기서나 여기서나 그는 같은 표현법, 곧, 부분으로 전체를 가리키는 표현법을 사용하고 있다. 이는, 혼이든, 육이든, 인간의 부분인데, 이런 말로 인간 전체를 가리킬 수 있기 때문이다. 그래서 혼에 속한 인간이든, 육에 속한 인간이든 다른 것이 아니고, 둘 다 같은 것이다. 다시 말해, 사람을 따라 사는 인간이다.

이와 마찬가지로, "그러므로 율법의 행위로 그의 앞에 의롭다 하심을 얻을 육체가 없나니"(롬 3:20)라는 말씀이나, "야곱의 집 사람으로 애굽에 이른 영혼의 도합이 칠십오 명이었더라"(칠십인경 창 46:27)는 말씀에서도 "육체"와 "영혼"은 사람을 의미할 뿐이다. 앞의 말씀에서 "육체가 없다"는 말은 "사람이 없다"는 뜻이고, 뒤의 말씀에서 "영혼의 도합이 75명"이었다는 것은 "사람의 도합이 75명"이었다는 뜻이다.

그리고 "사람의 지혜의 가르친 말로 아니하고"(고전 2:13)라 한 말씀은 "육신적 지혜가 가르친 말로 아니하고"라는 말로 [바꾸어] 표현할 수 있었다. 마치 "사람을 따라 행함"(고전 3:3)이라는 말씀은 "육신을 따라 행함"이라 말할 수 있었던 것처럼 말이다. 그러나 이 사실은, [바울이] 덧붙인 다음 말에서 더 명확히 드러난다.

> 어떤 이는 말하되, 나는 바울에게라 하고, 다른 이는, 나는 아볼로에게라 하니, 너희가 사람이 아니리요? (고전 3:4)

"너희가 육에 속하였다", 또 "너희가 육신에 속하였다"는 말을 [바울은] "너희가 사람이다"는 말로 더 명확하게 표현하였다. 이 말은 다음과 같은 뜻이다.

> 너희가 사람을 따라 살고, 하나님을 따라 살지 않는데, 너희가 만약 하나님을 따라 살면, 너희가 신(神)들이 될 것이다.

제5장

육신과 영혼의 본성에 관해서는 마니교도의 견해보다 플라톤주의자들의 견해가 더 용인할 만하지만, 플라톤주의자들의 견해도 비판을 받아야 하는 것은, 모든 죄악의 원인을 육신의 본성에 돌리기 때문임

그러므로 우리는, 우리의 죄악에 대해 육신의 본성에 책임을 돌리면서, 창조주가 불의하시다고 비난해서는 안 된다. 육신의 본성은 그 나름대로 보거나, 그 질서로 보거나 선한 것이다. 그러나 선하신 창조주를 떠나 선한 피조물을 따라 사는 것은 선하지 않다. 육신을 따라 사는 길을 선택하든, 영혼을 따라 사는 길을 선택하든, 육신과 영혼으로 구성된 전인(全人)을 따라 사는 길을 선택하든 상관없이 말이다. (이런 이유로 인간을 "영혼" 하나만으로도 지칭할 수 있고, "육신" 하나만으로도 지칭할 수 있다.)

 영혼의 본성을 최고선이라 칭송하고, 육신의 본성을 악이라고 비난하는 사람은 분명 영혼을 육신적으로 탐하고, 육신을 육신적으로 피하는 사람이다. 이는, 그의 이런 생각이 인간적인 허탄함에서 나온 것이지, 하나님의 진리에서 나온 것이 아니기 때문이다.

 물론, 플라톤주의자들은 마니교도들처럼 어리석지는 않아서, 땅의 유체(有體)들을 본질적으로 악한 것이라 하면서 혐오하지는 않는다. 이는, 이 가시적(可視的)이고 가촉적(可觸的)인 세계를 구성하는 모든 요소와 그 속성이 창조주 하나님에 의해 만들어졌다 생각하기 때문이다.

 그럼에도 불구하고 그들은, 영혼이 "흙으로 된 사지와 죽을 지체"[1]의 영향을 받아, 이 때문에 영혼에 병이 생긴다고, 그래서 욕망, 두려움, 기쁨

---

[1] Vergilius, *Aeneis* VI, 732.

내지 슬픔이 일어난다고 생각한다. 키케로는 이 네 가지를 "정동"(情動) 혹은 "격정"(激情)이라 부르지만, 이런 용어는, 많은 사람들이 헬라어를 번역하여 만든 것으로, 이 네 가지 속에 인간의 모든 도덕적 폐단의 원인이 있다.

이것이 사실이라면, 베르길리우스의 책에 나오는 애네아스가 아버지에게서, 지옥에 있는 영혼들이 다시 육신으로 돌아갈 것이라는 이야기를 듣고, 그런 생각도 할 수 있느냐고 놀라면서 이렇게 외친 것은 어찌 된 일인가?

> 오, 아버님! 어떤 영혼들은 여기에서 하늘로 올라가는데,
> 그 고귀한 영혼들이 또다시 둔중한 육신으로 되돌아온다
> 믿어야 하는지요? 그 불쌍한 자들이 빛에 대해 이처럼 무서운
> 욕망을 정녕 품는 것인지요?[1]

"흙으로 된 사지와 죽을 지체"에서 유래하는 이처럼 무서운 욕망이 영혼 속에 여태 존재한다는 말인가? 영혼이 이처럼 지극히 칭송을 받는 순결함에 도달했는데도 말이다. 영혼이 육신의 이러한 모든 질고(疾苦)에서 깨끗함을 얻은 바로 그때 다시 육신으로 되돌아가려 한다는 주장을 베르길리우스는 하고 있는데, 이게 무슨 일인가?

그러므로 영혼이 끊임없이 가고 오며 정화되기와 오염되기를 계속 반복한다는 것은 완전히 허황된 이야기이지만, 그것이 설령 사실이라 하더라도, 영혼의 허물과 죄악된 움직임이 모두 땅에 속한 육신에서 나온 것이라는 말은 참일 수가 없다. 플라톤주의자들에 의하면, 그들의 훌륭한 대변인이 말해 주는 대로, 이처럼 무서운 욕망은 육신에서 오는 것이 전혀 아니다. 영혼이 육신의 모든 질고에서 깨끗함을 얻었고, 그 어떠한 육신

---

[1] Vergilius, *Aeneis* VI, 719-721.

과도 관계를 끊었음에도, 그 영혼을 육신 속으로 몰아넣는 것은 오히려 욕망이다. 그래서 플라톤주의자들도 인정하는 대로, 영혼이 욕망과, 두려움과, 기쁨과, 슬픔을 느끼는 것은 육신 때문만이 아니라, 자기 스스로도 이런 동정(動情)에 휘둘리기 때문이다.

제6장

인간의 의지의 성질에 관하여. 의지의 판단에 따라 영혼의 움직임이 비뚤어지기도 하고 바르게 되기도 함

그런데 인간의 의지가 어떠한지는 중요한 문제다. 이는, 이것이 왜곡되면, 왜곡된 움직임이 나오고, 이것이 바르면, 움직임 역시 비난을 받지 않게 될 뿐 아니라, 칭찬을 받게 될 것이기 때문이다.

기실, 모든 [움직임]에는 의지가 있다. 아니, 모든 움직임은 의지의 발동일 따름이다. 예컨대, 욕망이나 기쁨이, 우리가 원하는 것에 동의하는 의지가 아니면 대체 무엇이겠는가? 또 두려움이나 슬픔이, 우리가 원하지 않는 것에 맞서는 의지가 아니면 무엇이겠는가?

그러나 우리가 원하는 것을 추구함으로써 동의할 때, 그것을 "욕망"이라 부르는 반면, 우리가 원하는 것을 향유(享有)함으로써 동의할 때, 그것이 "기쁨"이라 부른다. 마찬가지로, 우리가 일어나기를 원하지 않는 일에 대해 거부하는 태도를 우리가 취할 때 생기는 의지가 두려움인 반면, 우리가 원하지 않는 일이 발생할 때 생기는 의지는 슬픔이다.

그런데 추구하고 회피하는 대상의 다양성에 따라 인간의 의지는 아주 일반적으로 그것에 끌림을 받거나 혐오감을 느끼며, 동정(動情)이 이런 방향, 혹은 저런 방향으로 바뀌거나 전환된다.

그러므로 사람을 따라 살지 않고, 하나님을 따라 사는 사람은 반드시 선을 사랑하는 자가 되고, 따라서 그가 악을 미워하게 되는 것은 필연적이다. 그리고 본성이 악한 자는 없는 관계로, 악한 자는 누구든지 죄 때문에 악하게 된다. 그래서 하나님을 따라 사는 사람은 악한 것들을 철저히 미워해야 마땅하지만, 죄 때문에 사람을 미워해서는 안 되고, 사람 때문에 죄를 사랑해서는 안 된다. 죄는 미워하되, 사람은 사랑해야 한다. 이는, 죄악이 치유되면, 전체가 사랑해야 할 것일 테고, 미워해야 할 것은 전혀 남지 않을 것이기 때문이다.

제7장

성경에서는 amor라는 말과 dilectio라는 말을
선과 악에 구별 없이 사용하는 것을 알 수 있음

1. 하나님을 사랑하기로 결심하고, 이웃을 제 몸처럼 사랑하되, 사람을 따라 하지 아니하고, 하나님을 따라 하기로 결심하는 자가 이 사랑으로 말미암아 "선한 의지를 지닌 자"라 불리는 것은 의심할 여지가 없다. 이런 의지를 성경에서는 보통 "애덕"(caritas)이라 하지만, "아모르"라 할 때도 있다.

예컨대, [바울] 사도는 "선을 사랑"하는 자를 백성을 다스리는 자로 뽑아야 한다고 명하였다.[1] 그리고 주님은 친히 사도 베드로에게 묻기를, "네가 이 사람들보다 나를 더 사랑하느냐?"(요 21:15)[2] 하셨고, 베드로는 이렇게 대답하였다.

주여, [그러하외다.] 내가 주를 사랑하는 줄 주께서 아시나이다 (요 21:15)[3]

이에 주님은 다시 베드로에게 [자기를] amāre하느냐고 묻지 않고, dīligere하느냐고 물으셨고, 베드로는 다시 이렇게 대답했다.

주여, [그러하외다.] 내가 주를 사랑(amāre)하는 줄 주께서 아시나이다 (요 21:16)

하지만 세 번째 물음에서는 주님도 "네가 나를 dīligere하느냐?" 하시지 않고, "네가 나를 amāre하느냐?" 하셨다. 이것에 이어서 복음서 기자는 이렇게 말한다.

주께서 세 번째 네가 나를 사랑하느냐 하시므로, 베드로가 근심하여 가로되, … (요 21:17)

그러나 주님은 세 번 "네가 나를 amāre하느냐?" 하신 것이 아니라, 한 번 하셨고, 두 번은 "네가 나를 dīligere하느냐?" 하셨다.

그러므로 주님이 "네가 나를 dīligere하느냐?" 물으신 것도 "네가 나를 amāre하느냐?"는 뜻이었을 뿐인 것을 알 수 있다.

---

[1] 딛 1:8 (= "오직 나그네를 대접하며 선을 좋아하며 근신하며 의로우며 거룩하며 절제하며"). 여기서 사용된 amātor는 amor와 같은 어원에서 파생됨.

[2] 여기서는 dīligere 동사가 사용됨. dīlēctiō는 이 동사에서 파생됨.

[3] 여기서는 amāre 동사가 사용됨. amor는 이 동사에서 파생됨.

하지만 베드로는 이 한가지 것에 대하여 표현을 바꾸지 않고 세 번째도 이렇게 대답했다.

주여, 모든 것을 아시오매, 내가 주를 사랑하는 줄을 주께서 아시나이다 (요 21:17)

2. 내가 이것을 언급해야겠다고 생각한 것은, dīlēctiō 혹은 cāritās와 amor가 다르다고 생각하는 사람들이 없지 않기 때문이다. 그들은 말하기를, dīlēctiō는 선한 것에 대한 사랑이고, amor는 악한 것에 대한 사랑이라 한다.

그러나 세속 문필가들도 [용어 사용을] 그렇게 하지 않는 것이 아주 분명하다. 물론, 철학자들은 그런 구별이 가능한지, [가능하다면,] 무슨 이유로 그렇게 해야 하는지를 살펴볼 수 있을 것이다. 하지만 선한 것에 대해서든, 하나님 자신에 대해서든 그들이 amor라는 용어를 중요시한다는 것은 그들의 책이 잘 말해 주고 있다.

하지만 우리 기독교 성경의 권위를 우리는 다른 모든 책들보다 앞세우는데, 성경은 amor를 dīlēctiō 내지 cāritās와 다르다 말씀하지 않는다는 사실을 지적해 두어야만 했다. 이는, 우리가 밝힌 대로, amor가 좋은 뜻으로도 사용되는 까닭이다.

그러나 amor는 좋은 뜻으로도, 나쁜 뜻으로도 사용할 수 있지만, dīlēctiō는 오직 좋은 뜻으로만 사용해야 한다 생각하는 사람이 없어야 할 것이다. [그런 생각을 하는 사람들은,] 시편에 기록된 다음과 같은 말씀에 유의해야 할 것이다.

악을 dīligere하는 자는 자기 영혼을 미워하는 자니라 (칠십인경 시편 11:6)[1]

---

[1] 개역 성경에는 "악인에게 그물을 내려치시리니 불과 유황과 태우는 바람이 저희 잔의 소득이 되리로다"로 번역돼 있음.

사도 요한도 이렇게 말한다.

    누구든지 세상을 사랑(dīligere)하면, 아버지의 사랑(dīlēctiō)이 그 속에 있지 아니하니 (요일 2:15)

보라! 한 개소(個所)에 dīlēctiō가 좋은 뜻으로도, 나쁜 뜻으로도 사용되고 있다.

    그런데 (amor가 좋은 뜻으로 사용되는 것을 우리가 이미 보여 주었으므로,) 나쁜 뜻으로 사용되는지 보여 달라 요구하는 사람이 있다면, 그는 다음과 같이 기록된 말씀을 읽도록 하라!

    사람들은 자기를 사랑(amāre)하며, 돈을 사랑(amāre)하며 (딤후 3:2)

그러므로 올곧은 의지는 선한 사랑이고, 비뚤어진 의지는 악한 사랑이다. 그러므로 사랑하는 것을 소유하기를 갈망하는 것이 욕심이고, 그것을 소유하여 즐기는 것이 기쁨이다. 자기에게 맞지 않는 것을 피하는 것이 두려움이고, 그것이 닥쳤을 때 느끼는 것이 슬픔이다. 이 모든 것은, 사랑이 악하면 악하고, 사랑이 선하면 선하다.

    우리가 말하는 내용을 성경을 통해 증명해 보자! 사도는 "떠나서 그리스도와 함께 있을 욕망을"(빌 1:23)을 지니고 있었다. 또 [시편에는] 이런 말씀이 있다.

    내 마음이 주의 규례를 갈망하고 사모하나이다 (칠십인경 시 119:20)

이 말씀을 좀 더 적절하게 표현하면 이렇게 된다.

    내 마음이 주의 규례를 사모하고 갈망하나이다.

또 이런 말씀도 있다.

    지혜를 사모함이 … [주의] 나라로 높이 인도하는도다 (칠십인경 지혜서 6:20)

하지만 관용적 표현으로 보면, cupiditās와 concupīscentia는, 그 대상이 명시 내지 첨가되지 않고 사용되는 경우, 나쁜 뜻으로만 사용된다. laetitia(= "기쁨")는 좋은 뜻으로 사용된다. 그래서 "너희 의인들아 여호와를 기뻐하며 즐거워할지어다"(시 32:11)라는 말씀, "주께서 내 마음에 두신 기쁨"(시 4:7)이라는 말씀, "주의 앞에는 기쁨이 충만하고"(시 16:11)라는 말씀이 있다.

두려움은 사도 [바울]의 경우 좋은 뜻으로 사용된다. 그는 이렇게 말한다.

> 두렵고 떨림으로 너희 구원을 이루라! (빌 2:12)

또 이런 말도 한다.

> 높은 마음을 품지 말고, 도리어 두려워하라! (롬 11:20)

또 이런 말도 한다.

> 뱀이 그 간계로 이와를 미혹케 한 것 같이, 너희 마음이 그리스도를 향하는 진실함과 깨끗함에서 떠나 부패할까 두려워하노라 (고후 11:3)

하지만 trīstitia(= "슬픔")를 키케로는 오히려 aegritūdō(= "비애")라 하고, 베르길리우스는 "슬픔과 기쁨을 느낀다"고 말할 때, dolor(= "아픔", "비통")라 한다. (그러나 나는 trīstitia를 선호하는데, 이는, aegritūdō와 dolor가 보통 육신에 대해 더 많이 사용되는 까닭이다.) trīstitia가 좋은 뜻으로 사용되는지는 생각을 좀 더 해야 할 문제다.

제8장

스토아 철학자들이 주장하는 지혜자 마음속에 일어나는 세 가지 동요에 관하여. 그들은, 고통과 슬픔을 덕스러운 마음을 지닌 자는 느끼지 말하야 한다면서 배척함

1. 헬라 사람들이 εὐπάθειαι(에우파테이아이)라 부르는 것을 키케로는 라틴어로 cōnstantiae라 부르는데, 스토아 철학자들은 지혜로운 자의 마음속에는 이것 세 가지가 세 가지 동요 대신에 있다고 주장하였다. 즉, 욕망 대신에 소원이, 쾌감 대신에 기쁨이, 두려움 대신에 신중함이 있다 하였다.

그런데 aegritūdō(= "비애")나 dolor(= "아픔", "비통")를 우리는 애매함을 피하기 위해 trīstitia(= "슬픔")라 말하지만, 스토아 철학자들은 지혜로운 자의 마음속에 이런 것에 대응하는 것이 있을 수 없다고 주장하였다.

그들의 말에 의하면, 소원이란, 선한 것을 희구(希求)하는 것으로, 지혜자는 이를 행한다. 기쁨이란 선을 획득했을 때 생기는 것으로, 지혜자는 언제나 선을 획득한다. 신중함이란, 악을 피하는 것으로, 지혜자는 이것을 피해야 한다. 하지만 슬픔은 이미 닥친 악과 관련되는 것인데, 지혜자에게는 악한 일이 전혀 닥칠 수 없다 여겨지므로, 지혜자의 마음속에는 슬픔을 위한 자리가 존재할 수 없다는 것이 그들의 주장이다.

그래서 그들은 말하기를, 소원하는 것과, 기뻐하는 것과, 신중한 것은 지혜자 외에는 해당하지 않지만, 어리석은 자는 탐하는 일과, 즐거워하는 일과, 두려워하는 일과, 슬퍼하는 일만을 한다고 한다.

그런데 앞의 세 가지를 그들은 "평정심"이라 하는데, 뒤의 네 가지는 키케로에 의하면 "정동"(情動)이고, [다른] 대다수 사람들에 의하면 "격정"이다. 그런데 헬라어로 앞의 세 가지는, 내가 이미 말한 대로, εὐπάθειαι(에우파테이아이)라 하고, 뒤의 네 가지는 πάθη(파테)라 한다.

이런 표현이 성경과 맞는지를 나의 능력 범위 내에서 열심히 조사하는 과정에서, 선지자가 다음과 같이 말한 개소(個所)를 발견하였다.

내 하나님의 말씀에 악인에게는 기쁨이 없다 하셨느니라 (칠십인경 사 57:21)[1]

[이 말씀은] 마치, 악이 악인들에게 기쁨보다는 오히려 즐거움을 줄 수 있다는 뜻으로 들린다. 이는, 기쁨이 본디 선한 자들 및 경건한 자들의 것이기 때문이다. 복음서에도 역시 이런 말씀이 있다.

그러므로 무엇이든지 남에게 대접을 받고자 하는 대로 너희도 남을 대접하라! (마 7:12)

이 말씀은 마치, 누구에게든지 악한 것이나 추한 것이 소원의 대상은 될 수 없지만, 욕망의 대상이 될 수는 있다는 뜻으로 들린다.

그런데 언어상의 습관 때문에 일부 번역자들은 "선한 일들"이라는 말을 덧붙여, 다음과 같이 번역했다.

그러므로 무슨 선한 일이든지 남에게 대접을 받고자 하는 대로 [너희도 남을 대접하라!]

그들은, 아무도 악한 것을 남에게 바라지 않도록 해야 한다 생각했던 것이다. 그것은 곧, 누추한 것에 대해서는 언급하지 않겠지만, 예를 들어, 질펀한 연회를 열어 달라 요구하는 일을 삼가야 한다는 뜻이 분명하다. 또 그러한 연회를 사람들에게 베풀어 줄 때 이 명령을 지킬 수 있을 것으로 생각하지 말아야 한다는 뜻도 분명히 된다.

그렇지만 라틴어로 번역된 복음서의 원본인 헬라어 복음서에는 "선한 일들"이라는 말이 없다. 도리어 이렇게 되어 있다.

---

[1] 개역 성경에는 "기쁨" 대신에 "평강"이 사용됨.

> 그러므로 무슨 선한 일이든지 남에게 대접을 받고자 하는 대로 너희도 남을 대접하라!

내가 믿기로는, "선한 일들"이라는 말은 [이미] "받고자 하는 대로"라는 말 속에 포함되어 있기 때문일 것이다. 이는, "탐하는 대로"라는 말을 하지 않았기 때문이다.

2. 물론, 우리는 말을 항상 이런 특정한 의미에 국한시킬 수 없다. 그러나 이따금 이런 용법을 구사하는 것이 필요하기는 하다. 그리고 우리가 어떤 사람들의 글을 읽으면서 그들의 권위에 도전해서는 안 되는 경우, 올바른 해석을 위해 다른 방도가 없다 한다면, [이런 용법을 고려하여] 해석해야 할 것이다. 그래서 우리는 [앞에서] 선지서와 복음서에서 각각 예를 들었다.

악인들이 기뻐 날뛴다는 것을 누가 모르겠는가? 하지만 주님은 "악인에게는 기쁨이 없다"(칠십인경 사 57:21) 하신다. 이는, "기뻐한다"는 말을 특정한 의미, 좁은 의미로 사용할 때는 다른 의미가 되기 때문이 아니겠는가?

마찬가지로 만약 사람들이 추잡하고 그릇된 쾌락으로 서로를 즐겁게 해 주어야 한다는 뜻으로 "무엇이든지 남에게 대접을 받고자 하는 대로 너희도 남을 대접하라!"(마 7:12)고 명한다면, 이러한 계명이 올바른 계명이 아니라는 것을 누가 부인할 수 있겠는가? 하지만 "무엇이든지 남에게 대접을 받고자 하는 대로 너희도 남을 대접하라!"는 계명은 [본디] 지극히 유익하고 지극히 올바른 계명이다.

그런데 이것은, 이 개소(個所)에서 "소원"이라는 말이 어떤 식으로든 원래적 의미로 사용되어, 나쁜 뜻으로 이해하는 것이 불가능하기 때문 아니겠는가? 그리고 "어떠한 거짓말도 할 생각을 품지 말라!"(칠십인경 집회서 7:13)는 말씀에서 "생각"이 악한 생각이 아니라고 한다면, 지극히 일상적인 대화에 자주 나타나는 [이런] 매우 익숙한 표현이 사용되지 않았을 것이다. 하지만 악한 생각과 구별되는 생각이 있다는 사실을 전하기 위해 천사들은 다음과 같은 말을 하였을 것이다.

  땅에서는 선한 생각을 가진 사람들 중에 평화로다 (눅 2:14)

만약 오직 선한 생각만 존재할 수 있다면, "선한"이라는 말을 덧붙인 것은 오버였을 것이다. 그리고 사도가 사랑을 찬양할 때, "불의를 기뻐하지 아니하며"(고전 13:6)라 한 것은 악한 생각은 불의를 기뻐한다는 것을 전제로 한 것 아니겠는가?

 그리고 세상 문필가들의 경우도 이런 말이 무차별적으로 사용되었음을 알 수 있다. 예컨대, 지극히 훌륭한 웅변가 키케로는 이런 말을 했다.

  만장(滿場)하신 원로 여러분! 저는 관대한 사람 되기를 원합니다.

그가 "원한다"(cupiō)는 말을 좋은 의미로 사용했는데, 학식 있는 사람치고, 그가 cupiō(= "탐한다")라는 말 대신 volō(= "원한다")라는 말을 사용했어야 한다고 주장할 만큼 비뚤어진 사람이 있겠는가?

 그리고 테렌티우스의 글에도 보면 불건전한 욕망의 불길에 휩싸인 방탕한 청년이 이렇게 말한다.

  나는 필루메네 외에는 바라는 것이 없어.

여기서 "바라는 것"이 욕망에 불과하다는 사실을, 그래도 [정신이] 온전한 그의 종이 하는 대답이 잘 보여 준다. 그러니까 그 종은 자기 주인에게 이렇게 말한다.

  이런 사랑일랑
  주인님 마음속에서 뽑아 버리려고 노력하는 게
  훨씬 더 좋을 텐데요.
  그런 건 말하면 말할수록 주인님께 헛된 욕심의 불길만 일으키지요.

그런데 [세상 문필가들이] 기쁨을 나쁜 뜻으로 사용하기도 했다는 사실은 다음 네 가지 정동(情動)을 아주 간략하게 간추려 놓은 베르길리우스의 시구(詩句)가 증거해 준다.

> 그래서 그들은 두려움과, 욕심과, 슬픔과, 기쁨을 느끼나니.[1]

같은 문필가가 이런 말도 했다.

> 마음의 사악한 기쁨.[2]

3. 그러므로 바라는 일, 조심하는 일, 기뻐하는 일은 선한 사람도, 악한 사람도 한다. 같은 사실을 다른 말로 표현하면, 욕구와, 두려움과, 즐거움은 선한 사람에게도, 악한 사람에게도 있다 할 수 있다. 다만, 이런 일을 선한 사람은 선하게 하고, 악한 사람은 악하게 할 따름이다. 이것은, 마치 사람들에게 바른 의지와 비뚤어진 의지가 있는 것과 같다.

　스토아 철학자들은, 지혜자의 마음속에는 슬픔을 위한 자리가 존재할 수 없다고 믿었지만, 이 말이 좋은 의미로 사용될 수 있다는 사실이 특히 우리 성경을 통해서는 발견될 수 있다. 예컨대, 사도는, 고린도 교인들이 하나님의 뜻에 합당하게 슬퍼했다는 점을 들어 칭찬하였다.

　하지만 어떤 사람은 필시, 사도가, 그들이 회개하면서 슬퍼한 것에 대해 축하한다는 말을 그들에게 한 것은, 오직 죄 지은 사람들만이 느낄 수 있는 슬픔을 그들이 느꼈기 때문이라고 말할지 모르겠다. 사도는 실상 이렇게 말했다.

---

[1] *Aeneis* VI, 733.

[2] *Aeneis* VI, 278-279.

> 8 그 편지가 너희로 잠시만 근심하게 한 줄을 앎이라 9 내가 지금 기뻐함은, 너희로 근심하게 한 까닭이 아니요, 도리어 너희가 근심함으로 회개함에 이른 까닭이라 너희가 하나님의 뜻대로 근심하게 된 것은 우리에게서 아무 해도 받지 않게 하려 함이라 10 하나님의 뜻대로 하는 근심은 후회할 것이 없는 구원에 이르게 하는 회개를 이루는 것이요, 세상 근심은 사망을 이루는 것이니라 11 보라! 하나님의 뜻대로 하게 한 이 근심이 너희로 얼마나 간절하게 하며, … (고후 7:8-11)

그러므로 스토아 철학자들은, 이 말씀이 자기들 입장을 지지해 준다고 응수할 수 있다. 즉, 슬픔이 죄 지은 것에 대해 회개하는 일에 도움이 될 수 있지만, 지혜자의 마음속에 슬픔이 있을 수 없는 것은, 지혜자는 회개하면서 슬퍼해야 할 죄를 짓지를 않고, 또 그로 하여금 감내하면서 슬픔을 느끼게 만드는 악이 그에게는 전혀 닥치지 않는다고 말할 수 있다.

 예를 들어, (내 기억에 문제가 없다면,) 알키비아데스도, 자기가 행복하다 생각했지만, 소크라테스가 논쟁을 통해, 그가 어리석은 관계로, 얼마나 불행한지를 밝혀 주자, [슬퍼하며] 울었다고 전해지고 있다. 그렇다면, 이 사람에게는 어리석음이 유익하고도 소망스러운 슬픔의 원인이었다. 물론, 그 슬픔은, 자기가 되어서는 안 될 사람이 되어 있는 데 대한 슬픔이었다. 그런데도 스토아 철학자들은, 우매자가 아니라 지혜자에게 슬픔이 있을 수 없다 주장하는 것이다.

제9장
영혼의 정동에 관하여. 의인의 삶은 올바른 정동만을 지님

1. 그런데 영혼의 정동(情動)이라는 문제에 관해서는 본서 제9권 [4장과 5장에서] 이 철학자들에게 이미 대답을 했다. 그리고 그들이 사실보다는 말에, 진리보다는 논쟁에 더 관심이 있다는 점을 지적했다.

그러나 성도는 성경 말씀과 건전한 가르침을 좇아 하나님의 거룩한 도성 시민으로 이생에서 순례 길을 가는 동안 하나님의 뜻에 따라 두려움과 욕구, 고통과 기쁨을 느끼며 사는데, 그들의 사랑이 올바른 까닭에, 이 모든 정동 또한 올바르게 간직한다.

그들은 영원한 형벌을 두려워하며, 영원한 생명을 원한다. 그들이 지금 괴로워하는 것은, "속으로 탄식하여, 양자될 것, 곧, 우리 몸의 구속을"(롬 8:23) 아직 기다리기 때문이다. "소망 중에 즐거워"(롬 12:12)하는 것은, "사망이 이김의 삼킨 바 되리라고 기록된 말씀이"(고전 15:54) 이루어질 것이기 때문이다.

그들은 또한 죄를 지을까 두려워하며, 견인(堅忍)을 바라며, 죄에 대해 슬퍼하고, 선행에 대해 기뻐한다. 죄를 지을까 두려워하는 것은, 이런 말씀을 듣는 까닭이다.

> 불법이 성하므로, 많은 사람의 사랑이 식어지리라 (마 24:12)

견인을 바라는 것은, 이렇게 기록된 말씀에 대해 듣기 때문이다.

> 나중까지 견디는 자는 구원을 얻으리라 (마 10:22)

죄에 대해 슬퍼하는 것은, 이런 말씀을 듣는 까닭이다.

> 만일 우리가 죄 없다 하면, 스스로 속이고, 또 진리가 우리 속에 있지 아니할 것이요 (요일 1:8)

선행에 대해 기뻐하는 것은, 이런 말씀을 듣는 까닭이다.

> 하나님은 즐겨 내는 자를 사랑하시느니라 (고후 9:7)

이뿐 아니다. 그들은 그들의 연약함이나 견고함에 따라 시험을 두려워하기도 하고, 바라기도 하며, 시험으로 인해 슬퍼하기도 하고, 시험으로 인해 기뻐하기도 한다. 그들이 시험을 두려워하는 것은, 이런 말씀을 듣는 까닭이다.

> [형제들아!] 사람이 만일 무슨 범죄한 일이 드러나거든, 신령한 너희는 온유한 심령으로 그러한 자를 바로잡고, 네 자신을 돌아보아, 너도 시험을 받을까 두려워하라! (갈 6:1)

그러나 시험을 바라는 것은, 하나님의 도성에 속한 어떤 용감한 자가 이렇게 말하는 것을 듣는 까닭이다.

> 여호와여, 나를 살피시고 시험하사, 내 뜻과 내 마음을 단련하소서! (시 26:2)

시험으로 인해 슬퍼하는 것은, 베드로가 슬피 우는 것을 보기 때문이고, 시험으로 인해 기뻐하는 것은, 야고보가 하는 말을 듣기 때문이다.

> 내 형제들아, 너희가 여러 가지 시험을 만나거든, 온전히 기쁘게 여기라! (약 1:2)

2. 그러나 이 사람들은 자기 자신만을 위하여 이런 정동으로 움직이는 것이 아니라, 다른 사람들을 위하여도 그렇게 한다. 곧, 다른 사람들이 구원받기를 바라며, 그들이 멸망하지 않을까 두려워하며, 그들이 멸망하면, 슬퍼하고, 그들이 구원을 받으면 기뻐한다. 이방인 중에서 그리스도의 교회로 들어온 우리 입장에서 가장 지적하고 싶은 사람은 이 사람이다. 그는 지극히 훌륭하고, 지극히 용감한 사람이지만, 자기의 "약한 것들"(고후 12:5)을 자랑하였다. 그는 "믿음과 진리 안에서 … 이방인의 스승"(딤

전 2:7)이었고, "모든 사도보다 더 많이 수고"(고전 15:10)하였고, 수많은 편지를 통해 하나님의 백성을 가르치되, 그가 당시 직접 대면한 사람들만을 대상으로 한 것이 아니라, 장차 믿게 될 것이라 그가 예견했던 사람들까지도 대상으로 하였다.

나는 이 사람을 "그리스도의 용사"라 부르지만, 그는 그리스도에게서 배웠고,[1] 그리스도에게서 기름 부음을 받았고, "그리스도와 함께 십자가에 못"(갈 2:20) 박혔고, 그리스도 안에서 영광을 누리되, 이 세상 극장에서 "천사와 사람에게 구경거리가"(고전 4:9) 되었고, "법대로"(딤후 2:5) 큰 싸움을 싸웠고, "위에서 부르신 부름의 상을 위하여"(빌 3:14) "앞에 있는 것을 잡으려고"(빌 3:13) 좇아갔다.

신자들은 그를 믿음의 눈으로 바라보고 지극히 흡족해 하는데, 그는 "즐거워하는 자들과 함께 즐거워하고, 우는 자들과 함께"(롬 12:15) 울었으며, "밖으로는 다툼, 안으로는 두려움"(고후 7:5)을 당했고, "떠나서 그리스도와 함께 있을 욕망을"(빌 1:23) 지녔다. 그가 로마 사람들 "보기를 심히"(롬 1:11) 원한 것은, 그들 "중에서도 다른 이방인 중에서와 같이 열매를 맺게 하려 함"(롬 1:13)이었다. 그는 고린도 사람들을 위하여 열심을 내었고,[2] 그 열심 때문에 그들의 "마음이 그리스도를 향하는 [진실함과] 깨끗함에서"(고후 11:3) 떠나지나 않을까 두려워하였다. 그에게는 이스라엘 사람들을 인하여 "큰 근심이"(롬 9:2) 있었고, "마음에 그치지 않는 고통이"(롬 9:2) 있었다. 이는, 이스라엘 사람들이 "하나님의 의를 모르고,

---

[1] 갈 1:12 (= "이는 내가 사람에게서 받은 것도 아니요 배운 것도 아니요 오직 예수 그리스도의 계시로 말미암은 것이라") 참조.

[2] 고후 11:2 (= "내가 하나님의 열심으로 너희를 위하여 열심 내노니 내가 너희를 정결한 처녀로 한 남편인 그리스도께 드리려고 중매함이로다") 참조.

자기 의를 세우려고 힘써 하나님의 의를 복종치 아니"(롬 10:3) 하였기 때문이다.

3. 선에 대한 사랑 및 거룩한 애덕(愛德)에서 오는 이러한 [마음의] 움직임, 이러한 정동(情動)을 "악덕"이라 해야 한다면, 정말로 악덕인 것을 "선덕"이라 불러도 우리는 내버려두는 것이 좋을 것이다. 그러나 이러한 정동이 올바른 이치를 따르는 경우, 필요한 상황에서 일어나는 경우, 누가 그것을 "질병" 혹은 "그릇된 격정"이라 감히 부를 수 있겠는가?

이런 이유로 주님도 진히 "종의 형체"(빌 2:7)로 인간의 삶을 사셨을 때, 죄가 정말 전혀 없으셨지만, 이러한 정동을 발휘하는 것이 옳다 판단하셨을 때는 그것을 발휘하셨다. 그리하여 그에게는 진짜 인간의 육신과 진짜 인간의 영혼이 있었고, 그의 인간적 정동 역시 거짓된 것이 아니었다.

그러므로 복음서에 보면, 그가 유대인의 마음이 완악함을 근심하사 노하셨고,[1] "너희를 위하여 기뻐하노니, 이는, 너희로 믿게 하려 함이라"(요 11:15)는 말씀을 하셨고, 나사로를 살려 내려 하시면서는 눈물까지 흘리셨고,[2] 당신의 제자들과 함께 "유월절 먹기를 원하고"(눅 22:15) 원하셨으며, 수난일이 다가오자, 그의 "마음이 심히 고민"(마 26:38)하였다 되어 있는데, 전혀 거짓이 아니다. 정말이지, 그는 이런 정동을 분명한 구속 경륜에 따라, 그가 원하실 때, 인간의 영혼으로 발휘하신 것이다. 마치 그가 원하실 때 인간이 되셨던 것처럼 말이다.

---

[1] 막 3:5 (= "저희 마음의 완악함을 근심하사 노하심으로 저희를 둘러보시고 그 사람에게 이르시되 네 손을 내밀라 하시니 그가 내밀매 그 손이 회복되었더라") 참조.

[2] 요 11:35 (= "예수께서 눈물을 흘리시더라") 참조.

4. 하지만 우리가 이러한 정동을 올바로, 하나님의 뜻에 맞춰 지닌다 하더라도, 그것이 이생에 속한 것이지, 내생에 올 것으로 우리가 소망하는 것이 아니라는 사실, 우리가 원하지 않으면서도 그것에 휩쓸릴 때가 자주 있다는 사실을 인정해야 한다. 그래서 때로 우리는 본의 아니게 눈물을 흘릴 때가 있다. 그것이 설령 비난받을 만한 욕심 때문이 아니라, 칭송할 만한 애덕 때문에 흘리는 것이라 해도 말이다.

그러므로 우리의 경우 이런 정동은 인간 본성의 연약함에 기인하는 것이지만, 주 예수님의 경우는 그의 약하심도 권세로 말미암은 것이었다. 그러나 우리가 이생에서 연약함을 지고 사는 동안, 우리에게 이런 정동이 전혀 없다면, 우리의 삶은 오히려 올바른 것이 아닐 것이다.

그래서 사도는 어떤 사람들을 향해, 그들이 "무정한 자"라고 나무라면서,[1] 그들을 몹시 싫어하였다. 거룩한 시편 기자 역시 그런 사람들을 책망하면서 이렇게 말한다.

> 함께 슬퍼할 자를 바라나, 찾지 못하였나이다 (칠십인경 시편 69:20)

우리가 불행으로 가득한 이 땅에 살면서도 전혀 고통을 느끼지 못한다면, 정말이지, 세상 문필가 중 어떤 사람이 자기 생각을 말한 그대로일 것이다. 그는 이렇게 말했다.

> [고통을 전혀 느끼지 않는 것은,] 엄청난 대가 없이는 불가능하지요. 곧, 영혼에는 매정함이, 육신에는 무감각이 있어야 하지요.[2]

---

[1] 롬 1:31 (= "우매한 자요 배약하는 자요 무정한 자요 무자비한 자라") 참조.

[2] Cicero, *Tusculationae disputationes* III, vi, 12.

그러니까 헬라어로 ἀπάθεια(아파테이아)라 하는 것을 (라틴어로는 impassibilitās라 할 수 있음) 정동 (이것은 육신에 있는 것이 아니라, 영혼에 있음) 없이 사는 것이라 이해하고, 정동을 이성과 상치되는 것, 영혼을 교란시키는 것이라고 이해해야 하는 것이라면, 아파테이아는 분명히 좋은 것, 극히 바람직한 것이긴 하나, 이생에 속한 것은 아니다.

아래의 말씀은 여느 사람들의 음성이 아니라, 지극히 경건하고 대단히 의롭고 거룩한 사람들의 음성이다.

> 만일 우리가 죄 없다 하면, 스스로 속이고, 또 진리가 우리 속에 있지 아니할 것이요 (요일 1:8)

그러므로 아파테이아는, 죄가 사람 속에 없을 때 있을 것이다.

하지만 이생에서는 큰 과오를 범하지 않고 산다면, 충분히 선한 삶을 사는 것이다. 그러나 자기가 죄 없이 산다 생각하는 사람은, 정말로 죄 없는 삶을 사는 것이 아니라, 용서받을 기회를 스스로 포기하는 것이다.

그런데 만약 아파테이아를 영혼에 아무런 정동이 전혀 일어날 수 없는 상태를 의미하는 것으로 본다면, 이런 무감각 상태를 모든 악덕보다 더 나쁜 것이라고 판단하지 않을 사람이 어디 있겠는가?

그렇다면, 완전한 행복에 도달하면, 두려움이라는 가시채가 없고, 아무런 슬픔이 없을 것이라 말하는 것이 잘못이 아닐 수 있을 것이지만, 진리와 완전히 담을 쌓고 사는 사람이 아니라 한다면, 그때 거기에 사랑과 기쁨이 없을 것이라 말하는 어디 있겠는가?

그리고 만약 아파테이아가 두려움에서 오는 무서움이 전혀 없고, 고통이 주는 아픔도 없는 상태라 한다면, 우리가 올바른 삶을 살기를 원하는 경우, 다시 말해, 하나님의 뜻에 순종하며 살기를 원하는 경우, 이생에서는 그것을 피해야 한다. 다만, 내생의, 영원할 것으로 약속된, 복된 삶에서는 그것을 얻을 것이라 바라는 것은 전적으로 가능하다.

5. 두려움에 대해 사도 요한이 이렇게 말한 것이 사실이다.

> 사랑 안에 두려움이 없고, 온전한 사랑이 두려움을 내어쫓나니, 두려움에는 형벌이 있음이라 두려워하는 자는 사랑 안에서 온전히 이루지 못하였느니라 (요일 4:18)

하지만 이 두려움은, 사도 바울이 두려워했던 것과는 다른 것이다. 바울은, 고린도 사람들이 뱀의 간계로 미혹을 당할까 두려워했다.[1] 이는, 이것이 사랑에서 오는 두려움이기 때문이다. 정말이지, 이런 두려움은 오직 사랑에서만 온다. 반면, 사랑 안에 있지 않은 두려움은 종류가 다르다. 이에 대해 사도 바울은 이렇게 말한다.

> 너희는 다시 무서워하는 종의 영을 받지 아니하였고 (롬 8:15)

그러나 "영원까지"(시 19:9)[2] 이르는 정결한 두려움이 내생에도 있다면, ("영원까지" 이른다는 것을 달리 이해할 수 있는 방도가 어디 있는가?) 그것은 닥쳐올 수 있는 악에 대해 무서워하는 두려움이 아니라, 잃어버릴 수 없는 선에 계속 붙들어 두는 두려움이다.

이미 얻은 선에 대한 사랑이 변하지 않는 곳에서는, 정말이지, 이런 표현이 가능하다면, 피해야 할 악에 대한 두려움에서 안전할 것이다. 이는, "정결한 두려움"이라는 말이 가리키는 것은, 우리로 하여금 죄 짓기를 반드시 싫어하게 만드는 의지이기 때문이다. 그것은 연약함으로 인해 혹시 죄를 짓나 않을까 염려하는 것이 아니라, 애덕에서 오는 평안함으로 인해 죄를 [짓지 않기 위해] 조심하는 것이다.

---

[1] 고후 11:3 (= "뱀이 그 간계로 이와를 미혹케 한 것같이 너희 마음이 그리스도를 향하는 진실함과 깨끗함에서 떠나 부패할까 두려워하노라") 참조.

[2] 여호와를 경외하는 도는 정결하여 영원까지 이르고 여호와의 규례는 확실하여 다 의로우니.

그러나 만약 끝없이 복된 기쁨을 완전히 확신하는 상황에서는 그 어떠한 종류의 두려움도 전혀 존재할 수 없다면, "여호와를 경외하는 도는 정결하여 영원까지"(시 19:9) 이른다는 말씀은 "인내하는 가난한 자가 영영히 실망치"(칠십인경 시 9:18) 않을 것이라는 말씀과 같은 뜻이 된다. 이는, 견뎌 내야 할 악이 없는 곳에서는 인내가 필요하지 않은 관계로, 인내 자체도 영원히 존재할 수 없는 까닭이다. 하지만 인내로 말미암아 얻은 복된 기쁨은 영원할 것이다. 그러므로 "정결한 두려움이 영원까지 계속된다"는 말씀은 필시, 두려움 자체가 인도하는 복된 기쁨이 영원히 지속된다는 의미일 것이다.

6. 이것이 사실이라면, 올바른 삶을 살아야만 복된 삶에 도달할 수 있는 것이니까, 올바른 삶은 모든 정동(情動)을 올바로 가지는 것이고, 비뚤어진 삶은 비뚤어지게 가지는 것이다.

그런데 복되면서도 영원한 삶은 사랑과 기쁨을 지니지만, 그 사랑과 기쁨은 올바를 뿐만 아니라, 확실하여, 두려움이나 고통은 전혀 지니지 않을 것이다.

여기에서 하나님의 도성 시민들이 이 순례의 길을 가는 동안 어떠한 모습을 보여야 하는지, 그리고 그들이 추구하는 불가사성(不可死性)에 이르렀을 때, 그들이 어떠한 모습을 보일지도 어느 정도 명확하게 드러난다. 그들은 영을 따라 사는 자들이지, 육을 따라 사는 자들이 아니다. 다시 말해, 하나님의 뜻에 따라 사는 자들이지, 인간의 뜻에 따라 사는 자들이 아니다.

한편, 하나님의 뜻이 아니라 인간의 뜻에 따라 사는 불경한 사람들, 거짓된 신을 섬기면서 참 하나님을 멸시하고, 사람들이나 악령들의 가르침을 따르는 자들의 도성 내지 사회는 이처럼 질병이나 동요에 흡사한 사악한 정동(情動)으로 흔들린다. 그리고 이 도성에 이런 정동을 억제하거나 마치 조절하는 것처럼 보이는 사람들이 있으면, 그들은 불경건 때문에 교만에 부풀어오르는데, 고통을 작게 느낄수록, 부풀어오르는 정도는 더 심해진다. 그리고 이런 허망한 생각을 하는 사람은 많지 않지만, 그럴수록 더 괴상망칙하게 된다. 그래서 어떤 사람들은, 아무런 정동에 전혀 고양되거나 자극을 받은 일이 없고, 구부러지거나 기울어지는 일이 전혀 생기지 않기 때문에 자기애(自己愛)에 빠지게 된다. [그러나] 이것은 인간성을 완전히 상실한 것이지, 참된 평안을 얻은 것이 아니다. 이는, 경직되었다 하여, 올곧은 것이 아니고, 무디다 하여, 건강한 것이 아니기 때문이다.

제10장

첫 사람들이 낙원에서 범죄하기 전 그 어떠한 정동의 영향도 받지 않았다 믿어야 하는가?

그런데 첫 사람 혹은 첫 사람들이 (부부 두 사람이었음) 범죄하기 전에 "육의 몸"(고전 15:44)에 정동을 지녔을까? 그러니까 모든 죄가 정화되어 사라져 없어지고 난 후의 "신령한 몸"(고전 15:44)에는 우리가 지니지 않게 될 그러한 정동(情動)을 지녔을까? 이런 문제를 제기하는 것은 잘못이 아니다.

만약 지녔다면, 저 기념할 만한 행복의 땅, 곧, 낙원에서 그들이 도대체 어떻게 행복했겠는가? 두려움과 고통을 느끼는 사람을 정말 완전히 행복하다 말할 수 있는가?

그러나 그처럼 엄청난 재화(財貨)가 그처럼 넘쳐났던 곳에서 그 사람들이 무슨 두려움과 고통을 느낄 수 있었을까? 그곳에서는 죽음이나 육신의 건강 악화에 대한 두려움이 없었다. 선한 의지가 얻고자 추구하는 것은 아무것도 결핍되지 않았다. 행복하게 사는 인간의 육신이나 영혼을 손상시킬 수 있는 것은 거기 없었다.

사랑에 흔들림이 없었다. 하나님을 향한 사랑이든, 신실하고 순수한 유대 관계 속에 살아가는 부부 상호간의 사랑이든 말이다. 그리고 그 사랑에서 엄청난 기쁨이 흘러나왔는데, 이는, 사랑의 대상을 끊임없이 향유(享有)할 수 있었기 때문이다.

그것은 조용히 죄를 피하는 것이었다. 이 상태가 지속되는 한, 그들을 슬프게 만드는 악이 그 어떠한 곳에서도 전혀 침입하지 않았다.

혹여 그들이 금단의 열매를 먹고 싶어 그 나무를 만지기를 원했지만, 죽는 것을 두려워했고, 그래서 욕망과 두려움이 이미 그때 그곳에서도 그 사람들 [마음]을 요동시켰을까?

전혀 그렇지 않다. 아무 죄도 전혀 존재하지 않았던 곳에, 이런 일이 있었다 우리는 생각할 수 없다. 이는, 하나님의 법이 금하는 것을 원하면서도, 그것을 삼가는 것이 형벌에 대한 두려움 때문이지, 의에 대한 사랑 때문이 아니라면, 그것은 죄가 아닌 것이 아니기 때문이다.

내가 말하지만, 전혀 그렇지 않다. 그 어떠한 죄도 짓기 전에는 금단(禁斷)의 나무에 대해 마음으로 짓는 죄가 이미 거기 있었다고 할 수가 없다. 마음으로 짓는 죄에 관해서는 주님이 여인에 대해 이렇게 말씀하셨다.

여자를 보고 음욕을 품는 자마다 마음에 이미 간음하였느니라 (마 5:28)

그러므로 첫 사람들은 매우 행복했고, 그 어떠한 마음의 동요로 흔들리는 일이 없었고, 그 어떠한 육신의 불편함으로 힘들어하는 일이 없었다. 만약 그들이 악을 행하지 않았더라면, 또 그것을 후손에게 물려주지 않았더라면,

그들의 후손 가운데 그 누구도 정죄받아 마땅한 죄악을 저지르지 않았더라면, 인류 사회 전체도 그들과 마찬가지로 행복했을 것이다. 그리고 이런 행복이 지속되되, "생육하고 번성하라!"(창 1:28)는 축복의 말씀에 따라, 예정된 성도의 수가 채워질 때까지 지속되었을 것이다. 그 다음에는 지극히 복된 천사들이 부여받은 것과 같은, 새롭고도 더 큰 행복을 부여받았을 것이다. 만약 이렇게 되었다면, 아무도 죄를 짓지 않을 것이고, 아무도 죽지 않을 것이라는 분명한 확신이 서게 되었을 것이다. 또 수고와, 고통과, 죽음을 겪어 본 일이 없는 성도들의 삶이 이 같은 일을 다 겪고 나서 죽은 자들의 부활로 말미암아 주어질 육신의 불후성(不朽性)을 얻은 후의 삶과 같았을 것이다.

제11장

첫 사람의 타락에 관하여. 이 타락으로 인해 선하게 창조된 본성이 부패했는데, 이것은 오직 창조주만이 회복시키실 수 있음

1. 하지만 하나님은 모든 것을 미리 아셨고, 따라서 사람이 죄를 지을 것이라는 사실 역시 모르실 수 없었다. 그러므로 우리는 거룩한 도성에 대해 말할 때, 하나님의 예지(豫知)와 섭리에 근거해야지, 우리 자신의 생각에 근거해서는 안 된다. 왜냐하면 하나님의 섭리는 우리의 생각과 다르게 진행되기 때문이다. 정말이지, 사람은 자신의 죄를 통해 하나님 뜻의 실행을 방해할 수 없다. 곧, 하나님이 정해 놓으신 것을 바꾸시도록 강요할 수 없다.

그런데, 하나님은 예지를 통해, 다음 두 가지 일이 장차 일어날 것을 아셨다. 곧, 첫째, 자신이 선하게 창조하신 사람이 장차 얼마나 악하게 될 것인지와, 둘째, 이런 사람으로부터 얼마나 선한 결과를 하나님 자신이 만들어내실지를 아셨다.

물론, 하나님이 정해 놓으신 것을 바꾸신다는 말씀이 있기는 하다.[1] 성경에는 비유적인 표현이기는 하지만, 하나님이 후회하셨다는 내용이 있기는 하다. 그러나 이런 말은, 사람들의 기대나, 자연현상의 진행 과정을 고려하여 한 말이지, 전능자 자신이 하시려는 일에 대한, 전능자 자신의 예지(豫知)에 근거하여 한 말은 아니다.

그러므로 하나님은, [성경에] 기록된 대로, 사람을 "정직하게" [= 바르게] 지으셨고,[2] 그래서 사람은 선한 의지를 가지게 되었다. 이는, 그에게 선한 의지가 없었다면, 그가 정직할 [= 바를] 수 없었을 것이기 때문이다. 그러므로 선한 의지는, 하나님의 작품이다. 이는, 하나님이 사람을 창조하실 때, [선한 의지도] 함께 창조하셨기 때문이다.

그런데 최초의 악한 의지는 모든 악한 행위에 선행(先行)하기 때문에, 그 어떤 행위라기보다는 오히려, 하나님의 일을 떠나 자기 자신의 일로 향하는, 모종(某種)의 변절(變節)이다. 그러므로, 악한 행위가 일어난 것은, 사람이 하나님을 뜻을 따르지 않고, 자기 자신의 뜻을 따랐기 때문이다. 따라서, 악한 행위는 악한 열매와 같은 것이고, 의지 자체는 악한 나무와

---

[1] 창 6:6 (= "땅 위에 사람 지으셨음을 한탄하사 마음에 근심하시고"), 삼상 15:11 (= "내가 사울을 세워 왕 삼은 것을 후회하노니 그가 돌이켜서 나를 좇지 아니하며 내 명령을 이루지 아니하였음이니라 하신지라 사무엘이 근심하여 온 밤을 여호와께 부르짖으니라") 등 참조.

[2] 전 7:29 (= "나의 깨달은 것이 이것이라 곧 하나님이 사람을 정직하게 지으셨으나 사람은 많은 꾀를 낸 것이니라") 참조.

같은 것이다. 혹은, 사람에게 악한 의지가 깃든다는 점으로 볼 때는, 사람 자신이 악한 나무와 같다 할 수 있다.[1]

그런데 비록 악한 의지는 나쁜 것이기 때문에, 본성에 일치하는 것이 아니고, 도리어 반대되는 것이지만, 그럼에도 불구 그것은 본성에 부착된 것이고, 본성에 손상을 일으킨다. 이는, 악한 의지가 오직 본성 안에만 자리하기 때문이다. 그러나, 악한 의지의 자리가 되어 주는 본성은, [하나님이] 무(無)에서 창조하신 것이지, 로고스처럼 창조주께서 자기 자신에게서 낳으신 것이 아니다. 창조주는 로고스를 낳으셨는데, 만물은 로고스로 말미암아 지은 바 되었다.[2] 하나님이 비록 땅의 흙으로 사람을 지으셨지만,[3] 땅과, 땅에 있는 모든 물질은 완전히 무(無)에서 나온 것이고, 사람을 지으실 때는, 무로부터 만들어진 영혼을 육신에 주신 것이다.

그런데 악은 선에 의해 아주 완전히 제압당하는 것이다. 그러므로 악의 존재가 비록 허용돼 있다 해도, 창조주께서는 모든 것을 예지(豫知)하시고, 또 의로우시므로, 악을 선용(善用)하실 수 있다. 하지만 선은, 악이 없이도 존재할 수 있다. 예컨대, 참되고 지극히 높으신 하나님이 그러하시고, 우리 위의 어두컴컴한 하늘에 있는, 천상의 불가시적(不可視的) 피조물과 가시적(可視的) 피조물이 모두 그러하다. 악한 것은 그러나, 선한 것이 없으면, 존재할 수가 없다. 악한 것의 자리가 되어 주는 본성은, 그것이 본성인

---

[1] 마 7:17-18 (= "7 이와 같이 좋은 나무마다 아름다운 열매를 맺고 못된 나무가 나쁜 열매를 맺나니 18 좋은 나무가 나쁜 열매를 맺을 수 없고 못된 나무가 아름다운 열매를 맺을 수 없느니라") 참조.

[2] 요 1:3 (= "만물이 그로 말미암아 지은 바 되었으니 지은 것이 하나도 그가 없이는 된 것이 없느니라") 참조.

[3] 창 2:7 (= "여호와 하나님이 흙으로 사람을 지으시고 생기를 그 코에 불어넣으시니 사람이 생령이 된지라") 참조.

한에 있어서, 여전히 선한 것이다. 더군다나, 어떤 본성에 악이 첨가되었을 때, 그 본성에서 악이 제거되는 것은, 그 본성의 일부를 떼어 냄으로써 되는 것이 아니고, 손상, 왜곡된 본성을 치유, 교정(矯正)함으로써 되는 것이다.

그러므로 진정한 자유의지는, 의지가 악습(惡習)과 죄의 노예가 아닐 때, 존재하는 것이다. [태초에] 하나님은 이러한 자유의지를 주셨다. 그러나 [아담이] 자기의 허물로 인해 이러한 자유의지를 상실하였다.

그러므로, 이것을 다시 얻으려면, 오직 이것을 주실 수 있는 분에게 가야만 한다. 이런 이유로 진리 되신 분이 이렇게 말씀하신다.

그러므로 아들이 너희를 자유케 하면, 너희가 참으로 자유하리라 (요 8:36)

이 말씀은 다음과 같은 의미다.

아들이 너희를 구원하면, 너희가 참으로 구원을 얻으리라.

이는, 그가 해방자 되시는 것은, 그가 구원자 되시기 때문이다.

2. 그리하여 낙원에서 인간은 하나님을 따라 살았다. 낙원은 육적이면서도 영적이었다. 육적이었다 하여 육신적 재화만 있었지, 영적인 재화는 없었던 것이 아니었다. 또 영적이었다 하여 인간이 내면적 감관(感官)으로만 기쁨을 누릴 수 있었지, 외면적 감관으로는 기쁨을 누릴 수 없었던 것도 아니었다. 육적인 것과 영적인 것이 다 있는, 두 가지를 다 향유(享有)할 수 있는 그런 곳이었다.

하지만 그후에 교만하고, 그로 인해 시기심 많은 천사가 등장했다. 그는 바로 그 교만으로 말미암아 하나님을 등지고, 자기 자신으로 전향했다. 그리고 흡사 폭군이 지니는 것과 같은, 무슨 자만심에 휩싸여, 복종하는 자가 되기보다는, 자기에게 복종하는 자를 거느리는 것을 기뻐하기로 결심, 영적인 낙원에서 추락하였다. (그의 타락 및 그의 동료들, 곧, 하나님의 천사들이었다가 그의 천사들로 변신한 자들의 타락에 관해서는 본서 제11권과 제12권에서 내 힘이 닿는 대로 논한 바 있다.)

그는 간교한 술책으로 사람의 마음속에 기어 들어오려고 했다. 이는, 자기는 넘어졌는데, 사람은 서 있는 것에 시기심이 발동했기 때문이다. 그는 육신적 낙원에서 뱀을 선택했다. 그 낙원에는 남녀 두 사람과 함께 땅의 기타 유순하고 무해한 동물들이 거하고 있었다.

그런데 뱀은 미끄럽고, 몸을 꾸불꾸불 잘 꼬면서 움직일 수 있는 동물로, [사단은] 자기 계획 수행에 [그 동물이] 적합하다 보고, 그것을 자기의 대변자로 삼았다. [사단은 자기의] 천사로서의 위세와 매우 탁월한 본성을 이용하고, 영적인 사악함을 발휘하여 [뱀을] 자기에게 복속시키고는, 그것을 마치 자기 도구처럼 악용, 여자에게 말을 걸되, 거짓말을 하였다.

그러니까 그는 한 쌍의 인간 중 더 낮은 쪽부터 [작업을] 시작하여, 점차 전체로 나아가려 한 것이다. 그는, 남자가 쉽게 [자기 말을] 믿어 주리라 생각하지 않았고, [남자가] 오류에 빠져 사기를 당할 것으로 여기지 않았다. 도리어 다른 사람의 잘못을 통해 넘어질 것이라 여겼다.

예를 들어, 아론이 오류에 빠진 백성들이 우상을 만들자 할 때, 동의해 준 것은, 자기 자신이 미혹을 당했기 때문이 아니라, 어쩔 수가 없어 굴복한 것이다. 솔로몬도 우상 숭배를 해야 한다는 믿음을 가졌다고 믿기 어렵다. 도리어 여자들의 아양 때문에 그러한 불경죄를 저지를 수밖에 없었다.

그렇다면, 아담의 경우도 마찬가지라고 믿을 수 있다. 그에게 하와는 아내였다. 세상에 사람이라고는 그와 그의 아내 둘뿐 이었다. 그녀와 그는 부부로 맺어졌다. 그가 하나님의 법을 어기게 된 것은 그의 아내의 말을 옳다고 믿어, 그녀의 말에 홀렸기 때문이라고 볼 수 없다. 도리어 그는 사회적 [연대의] 필요성에 굴복한 것이라 볼 수 있다.

그러므로 사도가 "아담이 속은 것이 아니고, 여자가 속아 죄에 빠졌음이니라"(딤전 2:14) 한 것은 공연히 한 말이 아니다. 그녀는, 뱀이 그녀에게 한 말을 참말인 것처럼 곧이들었다. 반면, 아담은 자기 유일한 반려와의 유대 관계를 끊고 싶지 않았다. 설사 그 때문에 죄를 함께 짓게 되더라도 말이다.

그렇다고 그의 죄책이 줄어드는 것은 아니다. 이는, 그가 알면서 고의로 죄를 지은 까닭이다. 그래서 사도 역시 "죄에 빠진 것이 아니라"는 말을 하지 않고, "속은 것이 아니라"고 말한 것이다. 그리고 사도는 "한 사람으로 말미암아 죄가 세상에 들어오고"(롬 5:12)라고 말하면서 분명히 아담을 가리키고 있다. 또 조금 뒤에 보면 좀 더 분명하게 "아담의 범죄와 같은 죄"(롬 5"14)라는 말을 한다. 그는 물론, 죄라고 생각하지 않고 무슨 일을 저지른 사람들도 속은 자들로 생각하고 싶어했다.

하지만 아담은 알고 있었다. 그렇지 않다면, "아담이 속은 것이 아니라"는 말이 어떻게 참일 수 있겠는가? 그러나 그는 하나님의 엄격하심에 대해 경험한 적이 없으므로, [자기의] 죄가 용서받을 수 있으리라고 믿었을 것이고, 바로 이 점에서 그는 그릇된 생각을 했을 수 있다.

그러므로 그는 여자처럼 속임을 당한 것이 아니라, 자기가 어떤 방식으로 판단을 받을지에 대해 그릇된 생각을 한 것이다. 이는, 그가 이런 말을 했기 때문이다.

> 당신이 주셔서 나와 함께 하게 하신 여자, 그가 그 나무 실과를 내게 주므로, 내가 먹었나이다 (창 3:12)

무슨 말을 더 할 필요가 있는가? 설령 두 사람이 다 믿고 속은 것은 아니었지만, 두 사람이 다 죄를 지어 사로잡혔고, 마귀의 올무에 걸린 것이다.

제12장

첫 사람들이 지은 죄의 성격에 관하여

그러나 만약 인간의 본성이 두 첫 사람들의 범죄로 말미암아 변했다면, 다른 범죄로 인해서는 어째서 그 본성이 변하지 않는 것인지 하는 의문을 가질 사람이 있을 수 있다. 우리가 목도, 감지하고 있는 대로, [원죄로 인해 인간의 본성은] 엄청난 부패를 겪게 되었고, 이로 말미암아 죽음의 지배를 받게 되었고, 수많은, 서로 상충되는 엄청난 정동(情動)에 의해 혼란과 동요에 휩싸이게 되었다. 죄를 짓기 전 낙원에서는 비록 "육의 몸"(고전 15:44) 속에 있었으면서도 이런 상태를 경험한 적이 없다.

    내가 말한 것처럼, 이런 의문을 가질 사람이 있을 수 있다. 그렇다 해도, 원죄가 가볍고 사소한 죄라고 생각해서는 안 된다. 원죄가 음식으로 인해 일어난 것이라는 이유로, [또 그 음식이라는 것이] 비록 금지되긴 했지만, 악한 것도, 해로운 것도 아니라는 이유로, 하나님이 그 엄청난 행복의 땅에 무슨 악한 것을 창조하시고 심으셨을 리가 없다는 이유로, 원죄에 대해 그러한 생각을 해서는 안 된다.

    하지만 계명에는 순종하는 것이 중요하고, 순종이라는 덕은 이성적 피조물의 경우 어떤 면에서 모든 덕의 어머니이고 수호자다. 왜냐하면 이성적 피조물은 창조될 때, 순종하는 것이 그에게 유익이 되고, 창조주의 뜻 대신 자기의 뜻을 추구하는 것은 [그에게] 해가 되도록 창조되었기 때문이다.

    다른 종류의 먹을 것이 엄청 풍부하게 존재하는 상황에서 이것 하나만 먹지 말라고 하신 그 계명은 지키기도 아주 쉬운 것이었고, 아주 간단하여 기억해 두기도 좋은 것이었다. 특히 그때는 아직 의지에 욕심이 저항하지 않던 때였다. 욕심은 [죄를] 범한 후 [그것에 대한] 징벌로 따라온 것이다.

[그러므로 그 계명을] 순종하여 지키기가 쉬웠던 만큼, 그것을 범한 불의는 더 클 수밖에 없었다.

제13장

아담의 범죄는, 악한 행위보다 악한 의지가 먼저였음

1. 하지만, 그들이 처음 악하게 된 것은 은밀히 된 것이고, [나중에] 공개적 불순종으로 떨어진 것이다. 이는, 악한 의지가 선행(先行)하지 않았더라면, 악한 행위에까지 이르지 않았을 것이기 때문이다. 그러면, 악한 의지는 어떻게 시작되었는가? 그것은 오직 교만 때문에 생겼다. 이는, 모든 악의 시작은 교만이기 때문이다.

그런데, 교만이 그릇된 존귀함을 추구하는 것 아니면 무엇인가? 이는, 그릇된 존귀함이란, 영혼이 마땅히 가까이해야 할 원래의 근원을 버리고, 자기가 어떤 식으로든 자기 스스로에게 근원이 되는 것, 근원으로 존재하는 것이기 때문이다. [물론,] 이런 일이 생기는 것은, 영혼이 자기 자신을 지나치게 즐거워하기 때문이다.

그런데, 영혼이 자기 자신을 그처럼 즐거워하게 되는 것은, 저 불변적(不變的) 선(善)을 멀리하게 되었기 때문이다. 영혼은 그 선을 자기 자신보다 더 즐거워해야 하는데도 말이다.

하지만, 이 멀리함은 자발적인 것이다. 이는, 의지가 [저] 높고도 불변적인 선에 견실하게 계속 머물렀더라면, 자기 자신을 즐거워하기 위해 그 선을 멀리하지 않았을 것이고, 그로 말미암아 어둡고 차갑게 되는 일도 없었을 것이기 때문이다. 의지는 그 선에 의해 조명(照明)을 받아, 볼 수 있게 되고, 그 선에 의해 불붙여져서, 사랑을 할 수 있게 된다. 그러나 그 선을 멀리하였기 때문에, 하와는, 뱀이 하는 말을 참말이라 믿었고, 아담은 하나님의 명령보다 아내의 뜻을 더 중히 여겼고, 자기 평생의 반려자를 버리지만 않으면, 비록 죄를 함께 짓는다 해도, [하나님] 명령 어긴 것에 대한 용서를 받을 수 있다 생각하였던 것이다.

그러므로 저 악행, 곧, 금단(禁斷)의 음식을 먹은 그 범죄는, 이미 악하게 된 사람들이 저지른 것일 따름이었다. 이는, 악한 열매가 오직 악한 나무에서만 나오는 것이기 때문이다.[1] 그런데, 나무가 악하게 된 것은 자연을 거스르는 일이었다. 이는, 오로지 자연을 거스르는, 그릇된 의지 때문에 그런 일이 일어났기 때문이다. 그러나, 오직 무(無)에서 창조된 자연만이 그릇됨으로 말미암아 부패할 수 있다. 그러므로, 자연이 자연인 것은, 그것이 하나님에 의해 창조되었기 때문이지만, 그것이 자기 본연의 성질에서 멀어질 수 있었던 것은, 무에서 창조되었기 때문이다.

하지만, 인간은 완전히 무(無)가 될 정도로 타락한 것은 아니었다. 도리어 자기 자신에게 기울어짐으로써, 최고의 존재이신 분에게 매달려 있었을 때보다 존재를 덜 지니게 되었을 [따름]이다. 그러므로, 하나님을 버리고 자기 자신에게 머무는 것, 곧, 자기 자신을 즐거워하는 것은 벌써 무가 된 것이 아니라, 무에 가까워진 것이다. 그래서, 성경은 교만한 자들을 "자기를 즐거워"하는 자들이라 고쳐 말한다.[2] 정말이지, 마음을 높은 곳에 두는 것은 좋은 일이다. 그러나, 자기 자신을 향하면서 높은 곳에 두는 것은 교만에 해당

---

[1] 마 7:18 (= "좋은 나무가 나쁜 열매를 맺을 수 없고 못된 나무가 아름다운 열매를 맺을 수 없느니라") 참조.

[2] 벧후 2:10 (= "육체를 따라 더러운 정욕 가운데서 행하며 주관하는 이를 멸시하는 자들에게 특별히 형벌하실 줄 아시느니라 이들은 담대하고 고집하여 떨지 않고 영광 있는 자를 훼방하거니와") 참조. 라틴어 성경에는 "고집하여"라는 말이 "자기를 즐거워하여"라고 되어 있다.

하고, 주님을 향하면서 높은 곳에 두는 것은 순종에 해당하는데, 순종은 오직 겸손한 자들만 할 수 있다.

그러므로, 이상한 일이기는 하나, 겸손에는 마음을 높은 곳을 향해 끌어올리는 것이 있고, 교만에는 마음을 낮을 곳을 향해 끌어내리는 것이 있다. 교만이 끌어내리고, 겸손이 끌어올린다는 것은 모순된 말처럼 여겨질 수 있다. 하지만, 참된 겸손은 자신을 보다 높은 것에 복종시킨다. 그런데 하나님보다 더 높은 존재는 없다. 그러므로 겸손은 하나님께 복종하게 만듦으로써, [마음을] 끌어올려 준다. 반면, 그릇된 교만은 원래부터 복종을 싫어하여, 모든 만물보다 더 높으신 분에게서 떨어져 내려온다. 그 결과 더욱 더 낮아져, 다음과 같이 기록된 말씀이 응하게 된다.

> 그들이 높임을 받을 때, 주께서 그들을 내던지셨사오니 (칠십인경 시편 73:18)[1]

여기서 "그들이 높임을 받을 때"라 했다고 해서, 그들이 먼저 높임을 받고, 나중에 내던져졌다는 뜻은 아니다. 도리어, 그들이 높임을 받는 그 순간, 내던져졌다는 뜻이다. 이는, 높임을 받는 것이 바로 내던짐을 당하는 것이기 때문이다.

그러므로 지금 하나님 나라에서, 그리고 이 세상을 순례하는 하나님 나라의 시민들에게 가장 권장되는 덕목은 겸손이다. 또 하나님 나라의 왕은 그리스도신데, 그리스도께서 가장 칭송받는 덕목도 겸손이다. 한편, 겸손이라는 선덕(善德)의 반대인 교만이라는 악덕(惡德)은 그리스도의 대적인 마귀의 가장 으뜸가는 특징임을 성경을 통해 알 수 있다.

---

[1] 개역성경 시 73:18은 "주께서 참으로 저희를 미끄러운 곳에 두시며 파멸에 던지시니"라 되어 있다.

우리 논의의 주제인 두 도성의 큰 차이점은 분명 여기에 있다. 하나는 경건한 사람들의 결사체고, 다른 하나는 불경한 사람들의 결사체다. 이들에게는 각각 특유한 천사들이 속해 있는데, 전자(前者)의 경우는 하나님 사랑이 우선이고, 후자(後者)의 경우는 자기 사랑이 우선이다.

2. 그러므로, 하나님이 금하셨던 일을 행했다고 하는 것은 명백하고도 확실한 죄였다. 그런데, 마귀가 사람을 사로잡은 것은, 사람이 벌써 스스로 자기 자신을 즐거워하기 시작했기 때문이다. 그래서, "너희가 ... 하나님과 같이" 될 것이라는 말을 듣고, 즐거워한 것이다.[1] 그들이 만약 순종하는 마음으로 최고의 참된 근원에 매달렸더라면, 교만한 마음으로 자기 자신을 자기 근원으로 삼지 않았더라면, 그들은 하나님과 같이 되는 일을 더 좋은 방법으로 달성할 수 있었을 것이다. 이는, 창조된 신(神)들이란, 자기의 진리로 말미암아 신들이 아니고, 참되신 하나님께 참여함으로 말미암아 신들인 까닭이다. 그러나, 자기 만족을 추구하는 과정에서 자기에게 진정한 만족을 주시는 분을 멀리하는 사람은 더 많은 것을 얻으려 하다가 있는 것조차 잃게 된다.

그러므로 사람이, 자기가 마치 빛이라도 되는 것처럼 자기 자신을 즐거워하면서 참 빛에서 돌아선 것이 바로 악의 첫 출발이었다. 그가 만약 그 빛을 즐거워했더라면, 자기도 빛이 될 수 있었을 것이다. [다시] 말하지만, 이 악이 은밀한 중에 먼저 있었고, 나중에 공개적으로 행해진 다른 악이 따라왔다. 이는, 다음과 같이 기록된 말씀이 참되기 때문이다.

---

[1] 창 3:5 (= "너희가 그것을 먹는 날에는 너희 눈이 밝아 하나님과 같이 되어 선악을 알 줄을 하나님이 아심이니라") 참조.

> 사람의 마음의 교만은 멸망의 선봉이요, 겸손은 존귀의 앞잡이니라 (잠 18:12)

은밀한 중에 일어난 멸망이 공공연하게 일어난 멸망보다 전적으로 앞서는 것이지만, 전자(前者)는 멸망으로 여겨지지 않는다. 도대체 누가 스스로 높이는 것을 멸망이라 여기겠는가? 하지만, 이미 그것은 지극히 높으신 분을 버리고 떠나는 것이다. 반면, 계명을 범하는 것이 분명하게, 의심할 여지없이 보이는데, 멸망이 닥치고 있음을 누가 모르겠는가?

그러므로, 하나님이 그 일을 금하셨던 것은, 그 일을 행했을 때, 어떠한 의(義)도 구실로 내세워, 변명할 여지를 주지 않기 위해서였다. 그리고 나는 감히 이렇게 말하고자 한다.

> 교만한 자들에게는 무슨 명명백백한 죄에 빠지는 것이 유익하다. 그래야, 자기 자신을 즐거워하다가 넘어진 자들이 자기 자신을 미워하게 될 것이기 때문이다.

예를 들어, 베드로는 자긍심에 빠져, 자기 자신을 즐거워했을 때보다, 울면서 자기 자신을 미워했을 때가, 더 구원받기에 합당한 상태였다. 거룩한 시편 기자도 이런 생각을 이렇게 표현했다.

> 여호와여! 수치로 저희 얼굴에 가득케 하사, 저희로 주의 이름을 찾게 하소서! (시 83:16)

이 말은, "자기 이름을 찾으면서, 자기 자신을 즐거워하던 자들로 하여금 주의 이름을 찾으면서, 주님을 즐거워하게 하소서!"라는 뜻이다.

제14장

범죄 자체보다 더 나쁜 범죄자의 교만에 관하여

그런데 교만이 [범죄 자체보다] 더 악하고 더 많이 정죄받아야 하는 것은, 분명히 죄를 지어 놓고도 그것으로 말미암아 변명할 구실을 찾는 까닭이다. 첫 사람들도 그랬다. 하와는 "뱀이 나를 꾀므로, 내가 먹었나이다"(창 3:13)라고 했으며, 아담은 "당신이 주셔서, 나와 함께 하게 하신 여자, 그가 그 나무 실과를 내게 주므로 내가 먹었나이다"(창 3:12)라고 했다. 여기에는 그 어디에도 용서를 비는 음성이 들리지 않는다. 그 어디에도 치유책을 간구하는 목소리가 들리지 않는다.

물론, 그들이 가인처럼 죄 지은 것을 부인한 것은 아니다. 하지만 여전히 교만하여, 그릇된 행동의 책임을 딴 데로 돌리려고 시도한다. 여자의 교만은 뱀에게 책임을 돌리고, 남자의 교만은 여자에게 책임을 돌린다.

그렇지만 하나님의 명령을 어긴 것이 분명한 상황에서는 변명하는 것보다 자책하는 것이 더 옳은 일이다. 설령 여자가 그 일을 행한 것은, 뱀이 꾀었기 때문이고, 남자가 그 일을 행한 것은, 여자가 주었기 때문이라 해도, 그들이 그 일을 행했다는 사실에는 변함이 없다. 하나님보다 더 앞세워야 할 것, 하나님보다 더 믿어야 할 것, 하나님 말씀보다 더 순종해야 할 것은 없는데도, 그들은 마치 그런 것이 있는 것처럼 행동했다.

제15장

첫 사람들이 그들의 불순종으로 인해 받은 보응의 의로움에 관하여

1. 그러므로 명령을 내리신 하나님이 멸시를 당하신 것이다. 그는 [사람들을] 창조하셨다. 그는 [그들을] 당신의 형상대로 만드셨다. 그는 [그들을] 다른 동물들보다 더 높은 위치에 두셨다. 그는 [그들을] 낙원에 두셨다. 그는 [그들에게] 모든 것을 풍성하게 주시되, 구원에 필요한 것을 풍성하게 주셨다. 그는 명령을 하시긴 하셨으되, 거창하고 감당하기 힘든 명령을 많이 하시지 않았다. 그는 단 한가지, 아주 간결하고, 행하기 아주 쉬운 명령을 하셨다. 그것도 순종하면 구원에 도움이 될 그러한 명령을 하셨다. 피조물인 그들에게는 자발적인 섬김이 합당한데, 당신이 주인이신 것을 일깨워 주시는 것이 그 명령의 목적이었다.

따라서 [하나님이 멸시당하신 후 인간에 대한] 정죄가 뒤따른 것은 당연한 것이었다. 그 정죄는 다음과 같은 성격의 것이었다. 즉, [인간이] 만약 명령을 지켰더라면, 육신까지 영적이 되었을 텐데, [이제] 영혼까지도 육신적이 된 것이다. 또 그는 교만으로 말미암아 자기 만족에 빠졌으므로, 하나님의 의로 말미암아 자기 자신에게 내맡겨졌다.

그렇다 하여 자기를 자기 권세로 완전히 통제할 수 있게 된 것도 아니다. 도리어 그는 자기 자신과 불화하게 되었다. 그리고 마귀의 말을 듣고 죄를 지은 결과 마귀의 지배 아래 들게 되어, 그가 원하던 자유를 얻기는커녕, 힘들고 비참한 노예 생활을 하게 되었다. 그는 영적인 죽음은 자원하여 맞이하였으나, 육신의 죽음은 원하지 않았지만 맞이할 수밖에 없는 처지가 되었다. 그는 영생을 버린 자이므로, 만약 은혜가 구원해 주지 않는다면, 정죄를 받아 영원한 죽음을 면할 수 없게 되었다.

이 같은 정죄를 너무한 것 혹은 불의한 것이라고 여기는 자는, 그가 누구든, 죄 짓지 않는 것이 매우 쉬웠던 상황에서, 죄를 지은 것이 얼마나 큰 죄악인지를 헤아릴 줄 모르는 것이 분명하다.

예를 들어, 아브라함은 아들을 죽이라는 매우 어려운 명령을 받았기 때문에, 그의 엄청난 순종에 대해 칭송하는 것은 부당한 일이 아니다. 이와 비교할 때, 낙원에서 내려진 명령은 전혀 어려운 것이 아니었으므로, 그 [명령]에 대한 불순종은 훨씬 더 심각한 문제였다. 그리고 둘째 사람은, "죽기까지 복종"(빌 2:8)하셨기 때문에, 그의 순종이 그만큼 더 칭송을 받는다. 이와 비교할 때, 첫 사람은 불순종하여 죽음에까지 이르렀으므로, 그의 불순종은 그만큼 더 혐오의 대상이 된다.

불순종에 대해 엄청난 형벌이 제시되었고, 창조주께서 명하신 것은 쉬웠다고 한다면, 엄청난 권세를 지니신 분이 그처럼 쉬운 것을 명령하심과 동시에 그처럼 심한 형벌을 예고하신 상황에서 순종하지 않는 것이 얼마나 큰 악인가를 도대체 누가 충분히 설명하겠는가?

2. 간략하게 말하면 결국, 그 죄에 대한 형벌은, 불순종에 대해 오직 불순종으로 갚아 주는 것이었다. 그렇지 않은가? 사실, 자기 자신의 불순종이 자기 자신을 거스르는 것 - 인간의 불행은 바로 여기에 있는 것이 아닌가? 그는 할 수 있는 것을 하고 싶어하지 않았기 때문에, [지금은] 할 수 없는 것을 하고 싶어하게 되었다.

물론, 낙원에서 죄를 짓기 전 그가 모든 것을 다 할 수 있었던 것은 아니다. 하지만 할 수 없는 것을 하고 싶어하지 않았다. 그리고 이런 의미에서 그는 하고 싶었던 것은 다 할 수 있었다.

그러나 지금은, 그의 후손에게서 우리가 보는 대로, 또 하나님의 말씀 성경이 증거해 주는 대로, "사람은 헛것"(시 144:4) 같이 되었다. 그가 할 수 없는 것이지만, 하고 싶어하는 것이 얼마나 많은지를 도대체 누가 [다] 열거하겠는가? 이는, 자기 자신에게, 다시 말해, 자기 의지에 그의 영혼 자체가 순종하지 않고, 또 영혼보다 더 낮은 육신이 그것에 순종하지 않는 까닭이다.

그리고 정말이지, 영혼은 자기 뜻에 반(反)하여 동요를 일으킬 때가 많고, 육신도 [자기 뜻과는 달리] 고통과, 노쇠와, 죽음을 당한다. 또 우리가 당하는 그밖의 다른 일도 마찬가지다. 만약 우리의 본성이 우리 의지에 철두철미 모든 면에서 순종한다면, 그런 일을 원하지 않는데도 당하지는 않을 것이다.

그런데 육신은 무슨 고통이든 당하게 마련이고, 이로 인해 의지에 순종하는 것이 허락되지 않는다[고 주장하는 자가 있을 수 있다]. 하지만 [고통이] 어디서 오는지가 무에 중요한가? 단지, 우리가 순종하여 섬기기를 원하지 않았던 하나님은 다스리시는 분으로서, 우리에게 순종했던 우리 육신이 그의 의로 말미암아 우리를 섬기지 않고 [우리에게] 성가신 것이 되었다는 사실이 [중요하다]. 물론, 우리가 하나님을 섬기지 않는다 하여도, 그것이 우리를 힘들게 하는 것이 될 수는 있어도, 하나님을 힘들게 하는 것은 될 수가 없다. 이는, 우리에게는 육신의 섬김이 필요하지만, 하나님께는 우리의 섬김이 필요하지 않는 까닭이다. 그리하여 우리가 받는 것은 우리의 형벌이 되지만, 우리가 무슨 일을 행했다고, 그것이 하나님께 형벌이 되는 것은 아니다.

이뿐 아니다. 고통이 육신의 고통이라 말을 하지만, 사실은, 영혼의 고통으로, [영혼이] 육신 안에서 육신을 통해 받는 것이다. 육신이 영혼 없이 단독으로 도대체 무슨 고통을 당하며, [도대체 무슨] 욕망을 지니겠는가?

오히려 육신이 무슨 욕망이나 고통을 느낀다고 말할 때, 그 주체는, 우리가 이미 설명한 대로, 사람 자신이든지, 아니면, 육신이 당한 일로부터 영향을 받는 영혼의 어떤 요소다. 육신이 험한 일을 당할 때, 고통을 느끼고, 순한 일을 당할 때, 쾌감을 느낀다.

그러나 육신의 고통은 육신으로 말미암은 영혼의 고통에 불과한 것으로, 육신이 당한 일에 대한 일종의 거부 반응이다. 예를 들어, "슬픔"이라 일컫는 영혼의 고통은 우리에게 원하지 않은 일이 일어난 것에 대한 거부 반응이다.

하지만 슬픔에는 보통 두려움이 앞서는데, 두려움 자체도 영혼 속에 존재하는 것이지, 육신 속에 존재하는 것은 아니다. 그러나 육신의 고통에 무슨 육신의 두려움(?) 같은 것이 있어, 그것이 앞서는 것은 전혀 아니다. 다만, 쾌감에는 무슨 욕구가 앞서는데, 이것은 마치 쾌감에 대한 욕망처럼 육신 속에 감지된다. 예컨대, 허기와 갈증 및 성적인 것과 관련하여 보통 libīdō(= "성욕")라 부르는 것이 있다. 물론, libīdō라는 말을 "욕망"이라는 일반적 의미의 말로[도] 사용할 수 있다.

그런데 옛날 사람들은 분노까지도 복수하려는 리비도에 불과한 것이라고 정의한 적이 있다. 하지만 이따금 사람이 복수하려는 뜻이 전혀 없으면서도 무생물에 대해서까지 분노를 터뜨릴 때가 있다. 그래서 [글씨가] 잘 써지지 않는다고 화를 내며 철필을 부러뜨리거나, 붓을 꺾을 수가 있다.

그러나 이것 역시 비록 무의미한 것이긴 해도, 일종의 복수하려는 리비도인 것이 사실이고, 어떻게 표현해야 할지 나는 잘 모르겠으나, 굳이 말하자면, 나쁜 짓을 한 자는 나쁜 일을 당해야 한다는 인과응보 사상의 그림자 같이 희미한 발로라 할 수 있다.

그리하여 복수하려는 리비도는 "분노"라 불리고, 돈을 소유하려는 리비도는 "탐욕"이라 불리고, 어떻게든 이기려 하는 리비도는 "고집"이라 불리고, 영광을 받으려는 리비도는 "허영심"이라 불린다.

리비도의 수와 종류는 많다. 그 중 어떤 것은 적절한 이름이 있지만, 어떤 것은 없다. 지배하려는 리비도를 뭐라고 해야 할지 대체 누가 쉽게 말하겠는가? 하지만 폭군들의 마음속에 이것이 얼마나 강하게 작용하고 있는지는 여러 내전이 잘 증거해 주고 있지 않은가?

제16장

리비도라는 악에 관하여. 리비도라는 말은 여러 가지 악덕과 연결되지만, 본디는 음욕을 가리키는 것임

그러므로 수많은 사물에 대한 리비도가 있지만, 그럼에도 불구하고 리비도라는 말만 하고, 무엇에 대한 리비도인지를 첨가하지 않는 경우, 육신의 음부를 자극하는 것이라는 생각만 들 때가 거의 대부분이다.

그런데 리비도는 육신 전체를 지배하는 데서 그치지 않는다. 즉, 전인(全人)을 외적으로만 지배하는 것이 아니라, 내적으로도 지배하고 흔드는데, 영혼의 정동(情動)과 육신의 욕구를 연결 내지 혼합시킴으로써 그렇게 한다. 그리하여 [성적] 쾌감이 생기는데, 육신의 쾌감 중에서 이것보다 더 큰 것이 없어서, 이것이 그 절정에 도달하는 순간, 거의 모든 총명 내지 사리 분별력이라 할 수 있는 것이 흐려진다.

하지만 지혜와 거룩한 기쁨을 추구하면서 결혼 생활을 하는 사람치고, 할 수[만] 있다면, 사도가 권면하는 대로, "각각 거룩함과 존귀함으로 자기의 아내 취할 줄을 알고, 하나님을 모르는 이방인과 같이 색욕을 좇지"(살전 4:4-5) 않기를 바라지 않을 사람이 어디 있겠는가? 이런 사람은 이런 리비도 없이 자녀를 생산하고 싶어할 것이다. 그리하여 그는 후손을 퍼뜨리는 일에 있어서도 이 일을 위해 창조된 지체가 자기 영혼을 섬기되, 마치 다른 지체들이 각기 자기 고유한 일을 수행하기 위해 섬기는 것처럼 섬기기를 바랄 것이다. 즉, 의지의 지시에 따라 움직이고, 리비도의 폭풍으로 인해 요동치지 않을 것이다.

그러나 이러한 쾌락을 사랑하는 자들도 부부 간에 동침을 하든, 부정(不淨)하게 음행을 하든, [항상] 자기 원하는 대로 움직여지지 않는다. 그리하여 어떤 때는 아무런 욕구도 없었는데, 불현듯 그런 충동이 생기기도 하고, 어떤 때는 그에 대한 강한 욕구가 있었는데, [그런 충동이] 사라져 버리기도 한다. 또 마음속에는 정욕이 들끓는데, 육신은 냉랭할 수가 있다. 그래서 놀라운 일이긴 하지만, 리비도는 [자녀] 생산 의지에 기여하지 않는 정도에서 머무르지 않고, 쾌락을 추구하는 욕망에도 기여하지 않을 때가 있다. 그리고 [정욕을] 억제하려는 영혼 전체에 반발할 때가 많기는 하지만, 간혹 자기 분열을 일으켜, 마음은 요동시키면서도 육신을 요동시키는 데까지 이르지는 못할 때가 있다.

제17장

첫 사람들이 죄를 지은 후 자기들의 벌거벗은 것을 추하고 부끄럽다 본 것에 관하여

이 리비도가 지극히 부끄러운 것은 당연한 일이고, 그와 관계된 지체들이 "치부"라 불리는 것 역시 당연한 일로 여겨진다. 이 지체들은, 이를 테면 모종(某種)의 법에 의해 움직이거나 움직이지 않는 것이지, 결코 우리의 의지에 따르지 않는다. 인간의 범죄 이전에는 그렇지 않았다.

[성경에] 기록된 대로 그들은 "벌거벗었으나 부끄러워 아니"(창 2:25) 하였다. 그들이, 자기네가 벌거벗었다는 사실을 몰랐던 것이 아니고, 벌거벗은 것이 수치스러운 일이 아직 아니었다는 뜻이다. 이는, 아직 리비도가 그들의 지체를 [그들의] 의지와는 달리 요동시키는 일이 없었기 때문이다. 즉, 아직은 육신이 자기의 불순종을 통해 인간의 불순종에 대해 고발할 목적으로 모종의 증거를 하는 단계가 아니었기 때문이다.

정말이지, 그들은, 무지한 대중이 생각하는 것과는 달리, 소경으로 창조되지 않았다. 왜냐하면 아담은 동물들을 보고 이름을 지어 주었고,[1] 하와에 대해서는 이렇게 기록되어 있기 때문이다.

여자가 그 나무를 본즉, 먹음직도 하고, 보암직도 하고, [지혜롭게 할 만큼 탐스럽기도 한] 나무인지라 (창 3:6)

그러니까 그들의 눈은 열려 있었지만, 이 일에 대해서는 [아직 눈을] 뜬 상태가 아니었다. 다시 말해, 관심이 없었다. 그리하여 그들의 지체가

---

[1] 창 2:20 (= "아담이 모든 육축과 공중의 새와 들의 모든 짐승에게 이름을 주니라 아담이 돕는 배필이 없으므로") 참조.

의지를 거스를 줄 몰랐던 때는, 그들에게 은혜의 옷으로 무엇이 베풀어지고 있는지에 대해 깨닫지 못했다.

[그러나] 그 은혜가 거두어지자, 불순종에 상응하는 벌이 내려지게 되었고, 그래서 육신의 움직임에 무슨 수치심이 새로 생겼고, 이로 인해 벌거벗은 것이 흉한 것이 되고, 그것을 보는 자들이 부끄러움을 느끼게 되었다.

그리하여 그들이 하나님의 명령을 거역한 것이 분명해진 이후의 상황에 대해 [성경은] 이렇게 기록하고 있다.

> 이에 그들의 눈이 밝아, 자기들의 몸이 벗은 줄을 알고, 무화과나무 잎을 엮어 치마를 하였더라 (창 3:7)

"그들의 눈이 밝아"졌다는 것은, 보게 되었다는 뜻이 아니다. 이는, 전에도 보고 있었기 때문이다. 눈이 밝아졌다는 것은, 그들이 상실한 선과, 그들에게 닥친 악을 구별하게 되었다는 뜻이다. 그리하여 금지 [명령]을 어기고 손을 대면, 이러한 구별을 가능하게 해 줄 것이라던 그 나무도 바로 이 사실로 인해 이름을 얻게 되어, "선악을 알게 하는 나무"라 불리게 되었다. 이는, 병으로 고생을 해 보면, 건강의 유쾌함을 좀 더 명확하게 알게 되는 까닭이다.

이렇게 하여 그들은, 자기들이 벌거벗었다는 사실을 깨닫게 되었다. 다시 말해, 은혜가 거두어진 사실을 깨닫게 되었다. 그 은혜로 인해 육신의 벌거벗음이 그들에게 수치심을 전혀 일으키지 않았고, "죄의 법"(롬 7:23)이 그들의 마음과 싸우는 일이 없었다.

그러니까 그들은 [차라리] 몰랐더라면 더 행복했었을 일을 알게 되었다. 하나님을 믿고 순종했더라면, 그 일을 몰랐을 것이지만, 불신앙과 불순종이 주는 해악이 무엇인지를 그들은 경험을 통해 알 수밖에 없었다.

그리하여 그들은 자기 육신의 불순종으로 인해 부끄러움을 당하게 되었고, 마치 자기 불순종에 대해 벌을 받은 것을 증거라도 하는 것처럼, 무화과나무 잎을 엮어 치마, 곧, 치부 가리개를 만들었다. 그래서 어떤 [성경] 번역자들은 이것을 succīnctōria(= "가리개")라 하였다.

그런데 이것을 라틴어로는 campestria라[고도] 하지만, 이는, 젊은이들이 campus(= "들판")에서 나신(裸身)으로 훈련을 하면서 치부를 가렸기 때문이다. 그래서 치부 가리개를 한 사람들을 일반 사람들은 campestrātī라 부른다.

그러니까 불순종이라는 죄로 말미암아 정죄를 받은 의지에 대해 리비도가 순종하기를 거부한 까닭에 수치심으로 부끄러운 곳을 가리게 된 것이다.

그 이후 모든 인류가 같은 뿌리에서 나온 관계로 치부를 가리는 심성을 생래적(生來的)으로 지니게 되어서, 어떤 야만인들은 목욕탕에서조차 몸의 그 부분을 내놓지 않고, 그곳을 가린 채 목욕을 한다. 또 인도의 밀림에서는 어떤 사람들이 나신으로 철학을 하기 때문에, "나신 철학자들"이라는 이름으로 불리지만, 그들 역시 다른 지체는 다 드러내 놓는다 해도, 국부에 대해서는 덮개로 가린다.

제18장

난잡한 것이든, 부부 간의 것이든 상관없이
부끄러운 동침에 관하여

그런데 이 같은 리비도 때문에 이루어지는 행위 자체는 무슨 간음을 하는 경우뿐 아니라, 창녀들을 사는 경우에도 공중의 시선을 피한다. 앞의 경우는 사람들의 판단에서 벗어날 수 있는 은밀한 곳을 찾는다. 뒤의 경우는, 비록 그런 일을 한다 해도, 땅의 도성이 그러한 추행을 허용하여, 땅의 도성의 그 어떠한 법도 그것을 문제 삼지 않는데, 이렇게 허용되어 처벌을 받지 않는 리비도라 할지라도 공중의 눈길을 피한다. 그리고 수치심이란 생래적(生來的)인 것인지, 청루(靑樓) 자체도 비밀한 곳을 마련해 둔다. 그래서 음행을 금지의 사슬에서 풀어 주는 것보다 그와 같이 추잡한 짓을 감추어 주는, 음란한 장소를 없애는 것이 더 쉽지가 않았다.

그러나 이런 짓을 음란한 자들도 "음행"이라 부른다. 그들은 이런 짓을 좋아하면서도 차마 과시하지는 못한다. 어째서 그런가? 부부 간의 동침은 혼인법의 규정에 따라 자녀 생산을 위해 행해지는 것이다. 이것은 비록 [법으로] 허용된 것이고, [도덕적으로] 선한 일인데도, [다른] 사람들과 격절(隔絶)된 침소를 찾지 않는가? 신랑이 신부의 몸을 만지기 전에, 모든 하인들을 밖으로 내보내고, 심지어 들러리들까지도, 또 무슨 필요에 의해 출입이 허락된 사람들까지도 모두 다 내보내지 않는가?

그리고 어떤 "로마 웅변의 지극히 위대한 창시자"가 말하는 대로, 모든 올바른 행위는 밝히 드러나는 경향이 있다. 다시 말해, 널리 알려지는 경향이 있다. [하지만] 이 일에 대해 사람은 알려지기는 원하지만, 보이는 것은 부끄러워한다. 자녀 생산을 위해 부부가 서로에 대해 무슨 일을 하는지를 모르는 사람이 도대체 어디 있는가? 이 일을 위해 아주 성대한 예식을 치르며 여자들이 시집을 간다. 그러나 자녀를 낳기 위해 정작 이 일을 할 때, (이 일을 통해 자녀가 이미 태어났다 할 때,) 자녀가 증인으로 임석하는 것을 허용하지 않는다.

   이 일이 올바른 일이고, [사람들의] 영혼의 빛 속에 드러나 알려져야 하기는 하지만, [사람들] 눈에 [직접] 띄는 일은 피한다. 이것은 무슨 이유인가? 본디 합당하게 이루어지는 일이지만, 형벌로 인해 부끄러운 것이 함께하기 때문이 아닌가?

제19장

분노와 리비도를 관장하는 부분은 사람 속에서 매우 그릇된 방향으로 움직이므로, 지혜라는 고삐로 제어할 필요가 있는데, 죄를 짓기 전의 건전한 본성에는 이런 일이 없었음

진리에 가까이 다가온 철학자들은 이런 이유로, 분노와 리비도를 관장하는 부분이 영혼의 그릇된 부분임을 인정했다. 이는, 이것들이 격렬하고 무질서하게 움직여, 지혜가 금하는 일을 행하기도 하는 까닭이다. 그래서 영 내지 이성의 통제가 필요하다고 했다.

   [그 철학자들은 말하기를,] 영혼의 이 세 번째 부분은 마치 무슨 산성 속에 있는 것과 같아서, 다른 부분을 지배한다고 한다. 그래서 이것이 명령하면, 다른 것은 이를 따름으로써, 사람 영혼의 모든 부분에 의(義)가 확립된다고 한다.

그러므로 이들 부분은 지혜롭고 절제하는 사람의 경우에도 그릇되다는 사실을 [그 철학자들은] 인정한다. 그래서 이들 부분이 그릇되이 지향하는 사물들을 향하지 않도록 영이 이들 부분을 억누르고 붙들어맴으로써 통제하고 복귀시키는 한, 또 지혜의 법에 의해 허용된 것 쪽으로만 향하도록 허락하는 한, (예컨대, 분노로는 의로운 단속을 실시하도록 하고, 리비도로는 자녀 생산의 의무를 감당하도록 함) 이들 부분은 낙원에서도 범죄 이전에는 그릇된 것이 아니었다고 나는 주장하고 싶다. 이는, [당시는 이들 부분이] 바른 의지를 거스르는 것을 향해 움직이는 일이 없었던 관계로, 이성을 마치 제어하는 고삐처럼 사용할 필요가 없었기 때문이다.

그런데 지금은 [이들 부분이 바른 의지를 거스르는 쪽으로] 움직인다. 물론, 절제하면서 의롭고 경건하게 사는 사람들은 [이들 부분을] 쉽게 조절할 때도 있고, 어렵게 조절할 때도 있지만, 억제와 저항을 통해 조절되는 것이 사실이므로, 이것은 본성적인 건전함이 아니고, 죄과(罪過) 때문에 생긴 연약함이다.

하지만 분노 및 기타 정동(情動)의 작용은 모든 언행에서 리비도의 작용처럼 감추지 않는 이유는 무엇인가? (리비도의 작용은 생식기를 통해 이루어진다.) 그 이유는 바로 이것이다. 곧, 분노 등의 경우 몸의 지체를 움직이는 것은 정동 자체가 아니라, 정동에 동조하는 의지이기 때문이다. 의지는 지체의 사용을 전적으로 주관한다.

예를 들어, 누구든지 화를 내며 말을 하거나, 어떤 사람을 때린다 할 때, 혀나 손이 어떤 식으로든 의지의 명령에 따라 움직여 주지 않는다면, 이런 일을 할 수 없을 것이다. 이러한 지체들은, 분노가 전혀 일어나지 않는 경우에도, 의지에 의해 움직여진다.

반면, 육신에 있는 생식기의 경우 리비도가 어떤 식으로든 장악하고 있는 관계로, 리비도가 없거나, 리비도가 스스로 일어나든지, [외부의] 자극에 의해 일어나지 않으면, 움직여지지 않는다.

바로 이것이 수치심의 원인이고, 바라보는 자들의 눈을 부끄러워하면서 피하는 이유다. 그리고 사람은 부당하게 화를 낼 때, 바라보는 자들이 떼로 있다고 해도, 그것을 잘 참으면서도, 아내와 정당하게 몸을 섞고 있을 때, 단 한 사람이라도 그 모습을 보는 것을 별로 참지 못한다.

제20장
견유학파의 지극히 헛된 누추함에 관하여

저 개를 닮은 철학자들, 곧, 견유학파(犬儒學派)는 이 사실을 깨닫지 못하고, 인간의 수치심에 거스르는 주장을 했으니, 그런 주장이 개 같은 주장, 다시 말해, 불결하고 파렴치한 주장이 아니고 무엇인가? 그들은 주장하기를, 아내와 하는 것은 정당한 것이므로, 그 일을 공개적으로 하는 것을 부끄러워 할 필요가 없다고, 아무 길거리에서든, 아무 광장에서든, 부부 관계를 하는 것을 회피할 필요가 없다고 했다.

그러나 자연적 수치심이 이런 엉터리없는 견해를 극복했다. 즉, 전하는 바에 따르면, 이런 일을 옛날 디오게네스는 자랑스럽게 했는데, 이는, 그의 파렴치함을 사람들 뇌리에 깊이 각인시키면, 자기네 학파가 장차 더 유명해질 것으로 여겼기 때문이지만, 그래도 나중의 견유학파는 이런 일을 중단했다. 사람이 개와 비슷하게 되기를 바라는 그릇된 생각보다 사람이 사람 앞에서 부끄러워하는 수치심이 더 강한 힘을 발휘한 것이다.

그러므로 내 생각에는, 디오게네스 및 그와 같은 짓을 했다 전해지는 사람들은 사람들 눈앞에서 동침하는 듯한 동작은 취했지만, 겉옷을 걸친 상태에서, 그 밑에서 실지로 무슨 일이 일어나는지를 사람들로 하여금 알 수 없게 하였으므로, 사람들의 시선에 부담을 느끼는 상황에서 그 짓을 통해 쾌락을 느낄 수 있었을 것 같지는 않다. 이는, 그 철학자들이, 자기네는 동침하고 싶어하는 것을 부끄러워하지 않는다 했지만, 그곳에서 리비도 자체는 머리 들기를 부끄러워했을 것 같다.

우리가 보는 대로, 지금도 아직 견유학파 철학자들이 있다. 이들은 겉옷을 걸치고 다닐 뿐 아니라, 곤봉을 들고 다니기도 한다. 하지만 그들 중 아무도 그런 짓을 감히 하지는 않는다. 그런 짓을 만일 누가 감히 하려고 한다면, 돌 던지는 사람들의 공격은 고사하더라도, 사람들이 뱉는 침으로 뒤범벅이 되었을 것 확실하다.

그러니까 인간의 본성이 이러한 리비도에 대해 부끄러워하는 것이 분명하고, 또 부끄러워하는 것이 당연한 일이다. 정말이지, 리비도의 분순종은 육신에 있는 생식기로 하여금 오직 자체의 움직임에만 복종하게 하였고, 의지의 지배에서 벗어나게 하였는데, 이것을 통해 첫 사람의 불순종이 어떠한 보응을 받았는지가 충분히 밝혀진다.

이 사실은 특별히, 인간의 본성이 유전(遺傳)되는 바로 그 부분을 통해 드러나야 했다. 즉, 인간의 본성은 이 엄청난 원죄로 인해 악한 쪽으로 변질된 것이다.

이 죄의 사슬에서 풀려나는 길은 오직 하나. 하나님의 은혜로 각 사람의 죗값이 치러지는 길밖에 없다. 이는, 모든 사람이 한 사람 안에 있었던 관계로, [모두] 함께 멸망하게 되었고, 하나님의 의로 징벌을 받게 되었기 때문이다.

제21장

죄 짓기 전에 인간이 받은, 생육하고 번성하라는 축복에 관하여. 그것은 범죄 후에도 없어지지 않았으나, 그것에 리비도라는 병이 더해짐

그러므로 낙원에 살고 있던 아담과 하와에게 하나님은 복을 주시면서 이런 말씀을 하셨다.

> 생육하고 번성하여 땅에 충만하라! (창 1:28)

이 말씀을 그들로 하여금 수치심 때문에 자기네 몸을 가리게 만들었던 그 리비도로 말미암아 그들이 낙원에서 실현했을 것이라고 우리가 믿어서는 안 될 것이다.

이 리비도는 사실 범죄 후에 생겼다. 범죄 후에 [인간의] 본성은 육신의 모든 부분에 대해 지니고 있던 지배권을 상실하긴 했지만, 부끄러움을 [전혀] 모르는 것은 아니어서, 그것을 느꼈고, 깨달았고, 부끄러워했고, 감추었다.

그러나 결혼한 자들이 "생육하고 번성하여 땅에 충만하라!"(창 1:28)는 혼인의 축복은, 그들이 범죄한 이후에도 남아 있기는 했지만, [원래] 범죄하기 전에 주어진 것으로, 자녀의 생산은 혼인의 영광에 속한 것이지, 죄의 징벌에 속한 것이 아님을 [우리는] 인식해야 할 것이다.

하지만 낙원에서의 행복을 모르는 사람들이 지금도 분명 있다. 그들은, 자기네가 [직접] 경험한 것을 통하지 않고서는, 다시 말해, 리비도를 통하지 않고서는 자녀를 낳을 수 없다 생각한다. 그러나 리비도에 대해서는 우리가 보는 대로, 훌륭한 결혼 생활을 하는 사람들까지도 부끄러워한다.

혹자는 하나님의 말씀 성경에 범죄 후 벗은 것을 부끄러워했고, 부끄러운 곳을 가렸다고 기록된 개소(個所)를 전혀 받아들이지 않고, 그것을 믿을 수 없다 일소에 붙인다.

또 혹자는 그 말씀을 받아들이고 존중하지만, "생육하고 번성하라!"는 말씀을 육신적인 풍성함을 의미하는 것으로 여기지 않는다. 이는, 영혼에 관해 "주께서 나를 번성케 하사 내 영혼을 강하게 하시리이다"(칠십인경 시 138:3)와 같은 말씀이 있기 때문이다. 또 창세기에 "땅에 충만하라, 땅을 정복하라"(창 1:28)는 말씀이 이어지는데, 여기서 "땅"은 육신을 의미하고, 이것을 영혼이 자신의 현존(現存)으로 가득 채울 때, 곧, 덕이 풍성해질 때, 육신을 완전히 다스릴 수 있다는 뜻이라 한다. 한편, 육신의 소생은 그때나 지금이나 리비도 없이는 태어날 수 없다고 한다. 리비도는 범죄 후에 생긴 것으로, 이를 보자 당황하여 가렸고, 따라서 낙원에서는 자녀가 태어날 수 없었으며, 낙원 밖으로 나갔을 때 비로소 태어났다고 주장한다. 즉, 그들이 자녀를 낳기 위해 결합하여, [실지로] 자녀를 낳은 것은 낙원에서 쫓겨난 이후의 일이라는 것이다.

제22장

하나님이 처음에 명하시고 축복하신 부부 간의 결합에 관하여

그러나 우리는, 하나님의 축복에 따라 "생육하고 번성하여 땅에 충만"(창 1:28)하는 것이 결혼의 선물임을 전혀 의심하지 않는다. 결혼은 태초에, 그러니까 인간의 범죄 이전에 하나님이 제정하셨다. 그는 남자와 여자를 창조하사, 육신에 성징(性徵)이 명확히 드러나게 하셨다.

그런데 하나님이 하신 바로 이 사역에 축복의 말씀이 덧붙여졌다. 즉, 성경에 보면, "남자와 여자를 창조하시고"(창 1:27)라는 말씀에 이어 바로 다음과 같은 말씀이 나온다.

> 하나님이 그들에게 복을 주시며 그들에게 이르시되, "생육하고 번성하여, 땅에 충만하라! 땅을 정복하라, 바다의 고기와, 공중의 새와, 땅에 움직이는 모든 생물을 다스리라!" 하시니라. (창 1:28)

이 모든 말씀에 대해 영적인 해석을 하는 것을 물론 부적절하다 할 수는 없다. 하지만 남자와 여자라는 말을 한 사람 안에 있는 무슨 요소라고 비유적으로 해석할 수는 없다. 즉, 하나는 다스리는 요소, 다른 하나는 다스림을 받는 요소라고 할 수는 없다. 남녀는 그 육신에 상이한 성징이 지극히 명확하게 나타나듯이, 자녀를 낳으며 "생육하고 번성하여 땅에 충만"(창 1:28)하도록 창조되었다. 이 사실을 받아들이기 싫어한다는 것은 아주 비합리적이다.

주님은 "아무 연고를 물론하고 그 아내를"(마 19:3) 내어 버려도 되느냐는 질문을 받으시고, 모세가 이스라엘 사람들의 "마음의 완악함을 인하여 아내 내어 버림을 허락"(마 19:8)하였다고 하시면서, 이렇게 말씀하셨다.

> 4 사람을 지으신 이가 본래 저희를 남자와 여자로 만드시고, 5 말씀하시기를, 이러므로 사람이 그 부모를 떠나서 아내에게 합하여, 그 둘이 한 몸이 될지니라 하신 것을 읽지 못하였느냐? 6 이러한즉 이제 둘이 아니요, 한 몸이니, 그러므로 하나님이 짝지어 주신 것을 사람이 나누지 못할지니라 (마 19:4-6)

여기서 주님이, 영은 명령하고, 육신은 순종한다거나, 이성적 영혼은 다스리고, 비이성적 욕망은 다스림을 받는다거나, 관상적 덕은 우월하고, 활동적 덕은 열등하다 말씀하시는 것이 아니다. 혹은 영혼의 이해력과 육신의 감관(感官)에 관해 말씀하시는 것도 아니다. 도리어 양성(兩性)을 서로 결합시키는, 혼인의 끈에 관해 말씀하시는 것이 분명하다.

그러므로 남녀는 원래부터, 우리가 지금 보고 아는 대로, 서로 성(性)이 다른 두 사람으로 창조된 것이 확실하다. 그러나 그들을 "하나"라 하는 것은, 결합 때문이든지, 아니면, 여자가 남자의 갈비뼈로 창조되었기 때문이다. 바로 이 때문에 사도 역시, 하나님의 창조로 말미암아 [모든 것에] 앞서는 본보기가 된 것을 가지고 각 사람들에게 권면하되, 남편은 자기 아내를 사랑해야 한다고 한다.[1]

제23장

아무도 죄를 짓지 않았다면, 낙원에서도 자녀가 생산되었을까? 아니면, 거기서도 정욕의 불길에 대항하여 순결한 마음이 싸움을 해야 했을까?

1. 그런데 만약 [첫 사람들이] 범죄하지 않았다면, 그들은 성적 결합을 하지 않았을 것이고, 자녀 생산도 하지 않았을 것이라고 누가 말한다면, 그 말은, 마치 성도의 수가 차기 위해, 죄가 필요했었다는 뜻과 같은 뜻이 아니고 무엇인가? 그 말이 맞다 하자! 그렇다면, 그들은 죄를 짓지 않았으므로, 그들 둘만 남았을 것이다. 왜냐하면 그들이 죄를 짓지 않았다면, [자녀] 생산을 하지 못했을 것이기 때문이다. 그리하여 의인이 두 사람으로 그치지 않고, 그 수가 많으려면, 죄 짓는 것이 필요했던 것이 분명해진다.

그런 말을 믿는다는 것은 있을 수 없다. 그렇다면, 오히려 믿어야 할 것은 이것이다. 곧, 아무도 죄를 짓지 았았다 해도, 성도의 수가 저 복된

---

[1] 엡 5:28 (= "이와 같이 남편들도 자기 아내 사랑하기를 제 몸 같이 할지니 자기 아내를 사랑하는 자는 자기를 사랑하는 것이라") 참조.

도성을 채우기에 필요한 만큼 존재했을 것이라고 말이다. 이는, 지금 하나님의 은혜로 말미암아 무수한 죄인들 가운데서 성도들이 모아지는 일이, "이 세상 자녀들"(눅 20:34)이 태어나기도 하고, 자녀를 생산하기도 하는 일을 계속하는 한, 계속되고 있기 때문이다.

2. 그리하여 설령 죄가 없었다 해도, 혼인은 낙원의 행복에 합당한 것이었고, 사랑스러운 자녀를 낳는다 해도, 수치스러운 리비도는 품지 않았을 것이다.

하지만 어떻게 그런 일이 일어날 수 있는지를 지금은 실례를 들어 설명할 수가 없다. 그렇다 해도 수많은 지체들이 지금 의지에 순종하고 있으므로, 당시 생식기도 그러한 리비도 없이 의지에 순종할 수 있었을 것이라는 사실을 믿지 못할 것이라 여길 필요는 없을 것 같다.

사실, 우리는 손과 발을, 우리가 원하는 대로 움직이고 있지 않은가? 그래서 이 지체들이 해야 할 일을 아주 능숙하게 아무런 저항도 받지 않고 하고 있지 않은가? 이것을 우리는 우리 자신과 다른 사람들에게서 보는데, 특히 모든 종류의 육체 노동을 하는 장인(匠人)들에게서 본다. 이런 장인들의 경우 타고난 능력이 약하고 부족하다 해도, 훈련이 그것을 보충할 수 있다. 그렇다면, 불순종이라는 죄에 대한 보응으로 주어진 리비도가 없었다 해도, 생식 기관이 다른 기관들과 비슷하게 의지의 지시에 따라 사람에게 순종을 하여 자녀 생산의 필요에 부응했을 것으로 우리가 믿을 수 있지 않는가?

키케로는 『국가론』이라는 책에서 명령의 여러 종류에 관해 논하면서, 인간의 본성에서 비유를 들어 이에 대해 설명하지 않았는가? 곧, 육신의 지체에 명령을 내릴 때는, 순종을 잘하기 때문에 자녀들에게 명령하듯 하고, 영혼의 타락한 부분들에 명령을 내릴 때는, 통제를 목적으로 하므로, 마치 종들에게 명령을 하듯, 상당히 험한 명령을 내린다고 하지 않았는가?

그리고 물론, 자연 질서로 보아서는, 영혼이 육신보다 우월하지만, 그럼에도 불구하고 영혼이 육신에 명령을 내리는 것이 자기 자신에게 내리는 것보다 더 쉽다.

그러나 우리가 지금 논하고 있는 이 리비도는 영혼에 영향을 미쳐, 영혼으로 하여금 자기 자신을 제대로 다스릴 수 없게 만든다는 점에서 더욱더 수치스러운 것이 되었다. 그것의 영향을 받으면, 영혼이 그것을 전혀 느끼지 않을 수가 없게 되고, 육신에 대한 완전한 통제권도 상실, 부끄러운 생식기를 리비도 대신 의지가 움직이는 일도 불가능해진다. 만약 이 일이 가능하다면, 부끄러워할 필요가 없을 테니 말이다.

하지만 지금 영혼은 육신의 저항에 부딪히는 것을 부끄러워한다. 육신은 [원래] 하위의 본성이므로 영혼에 종속돼 있다. 사실, 다른 정동(情動)의 경우 영혼이 자기 자신의 저항에 부딪힌다 해도, 부끄러움이 덜하다. 이는, 자기가 자기에게 짐으로써, 자기가 자기를 이겼기 때문이다. 물론, 이것이 무질서와 악습의 결과이긴 하다. 이는, 이성에 복종해야 할 부분에게 진 것은, 자기의 구성 부분에게 진 것이고, 이미 말한 대로, 결국 자기 자신에게 진 것이기 때문이다.

그러니까 만약 영혼이 질서에 맞춰 자기 자신을 이김으로 말미암아, 비이성적 정동이 그의 영과 이성에 복종한다면, 또 더 나아가 그는 하나님께 복종하고 있다면, 이것은 칭찬할 일이고 덕스러운 일이다. 그러나 영혼의 타락한 부분들이 영혼 자신에게 복종하지 않는 경우라 할지라도, 육신이 영혼에 복종하지 않는 경우보다는 덜 부끄럽다. 이는, 육신이 영혼과 다른 것이고, 영혼 아래에 위치하기 때문이다. 또 육신의 본성은 영혼 없이는 살지 못하는데, 이런 육신이 영혼의 뜻과 명령에 복종하지 않기 때문이기도 하다.

3. 그런데 다른 지체들은 의지의 지배를 계속 받고, 이 지체들이 없으면, 의지에 반(反)하여 리비도의 충동을 받는 지체들도, 그들이 추구하는 것을 이룰 수가 없다. 따라서 정결함이 지켜지는 것은, 죄에 대한 즐거움이 없어지기 때문이 아니라, 허용되지 않기 때문이다.

이런 반발, 이런 저항, 의지와 리비도 사이의 이런 싸움이 낙원의 혼인에서 없었던 것은 의심할 여지가 없다. [거기서는] 의지가 관철되었을 것이고, 리비도가 만족을 모르는 일은 없었을 것이다. 잘못된 불순종에 대한 벌로, [육신이 영혼에] 불순종하는 일이 생기지 않았더라면 말이다. 도리어 [생식에 관련된] 이 지체들도 다른 지체들이나 마찬가지로, 모두가 다 함께 의지에 복종했을 것이다.

그랬더라면, 이 일을 위해 창조된 그릇이 생식의 밭에 씨를 뿌리되, 마치 손으로 땅에 씨를 뿌리듯 하였을 것이다. 또 지금 이 문제에 관해 우리가 상세히 논하는 것에 대해 수치심 때문에 반대하는 일, 수치심을 느끼는 사람들의 귀를 고려하여 점잖게 미리 용서를 구하라고 요구하는 일이 없었을 것이다. 그러한 일이 생길 이유가 전혀 없었을 테니 말이다. 이런 지체들에 대해 그 어떤 생각이 떠오른다 하더라도, 외설적이 될지 모른다는 염려를 전혀 하지 않고 자유롭게 말을 할 수 있었을 것이고, "외설"이라는 말 자체가 없었을 것이다. 그것에 대해 무슨 말을 하더라도, 신체의 다른 부분에 대해 말하는 것과 똑같이 점잖은 말이 되었을 것이다.

그러므로 누가 됐든지, 이 글을 음란한 생각을 하면서 읽는 사람이 있다면, 그는 잘못을 피해야지, 자연적인 것을 피할 필요는 없을 것이다. 그는 추잡한 행동을 비난해야지, 우리가 불가피해서 한 말을 탓해서는 안 될 것이다. 내가 한 말을 경건하고 깨끗한 마음으로 대하는 독자나 청취자는 나를 용서하기가 아주 쉬울 것이다. 경험하지 못한 사실을 믿음에 근거하여 논하지 않는 자들, 도리어 경험한 것을 감각에 근거해 따지는 자들의 불신앙을 내가 논박하는 동안은 말이다.

사실, [어떤] 여자들의 가증한 악행을 사도가 책망하면서 "순리대로 쓸 것을 바꾸어 역리로"(롬 1:26) 쓴다고 한 말에 대해 혐오하지 않는 독자라면, 이 글을 읽는다 해도 혐오감을 느끼지 않을 것이다. 그 이유는 특별히, 지금 정죄받아 마땅한 음행에 대해 우리가, 사도가 하는 것처럼, 언급하거나 책망하는 것이 아니라는 데 있다. 우리는 인간의 생식 과정을 우리 능력을 최대한 동원해 설명하면서도, 사도처럼 외설적인 표현은 피하고 있다.

제24장

사람들이 죄를 짓지 않고 순종의 덕으로 낙원에 계속 머무를 수 있었다면, 생식 기관을 자녀 생산을 위해 사용하되, 다른 지체들처럼 자유의지에 따라 사용했을 것

1. 그러므로 생식 기관을 사용하여 자손을 얻기 위해 남자는 씨를 뿌렸을 것이고, 여자는 받되, 필요할 때, 필요한 만큼 그렇게 했을 것이며, 그 기관은 의지를 따라 움직였을 것이고, 리비도에 의해 충동을 받지 않았을 것이다.

우리는 손발이나 손가락처럼 관절로 연결된 뼈로 이루어진 지체만 마음대로 움직이는 것이 아니다. 부드러운 근육으로 느슨하게 연결된 지체들까지도 우리가 원하는 대로, 흔들어 움직이거나, 펴거나 뻗고, 비틀거나 구부리고, 수축시켜 단단하게 할 수 있다. 예를 들어, 입속이나 얼굴에 있는 것을, 힘이 허락하는 범위 안에서, 의지에 따라 움직인다.

또 폐를 보자! 골수를 제외할 때 폐는 모든 장기 중에 가장 연한 기관이다. 이로 인해 흉곽으로 보호를 받고 있지만, 숨을 들이쉬거나 내쉴 때, 음성을 발하거나 조절할 때, 마치 장인(匠人)의 풀무나, 오르간의 풀무처럼 사람의 의지에 복종한다. 그래서 사람은 숨을 들이쉬거나 내쉬기도 하고, 말도 하고, 소리도 지르고, 노래를 부른다.

몸 전체를 감싸는 거죽과 같이 어떤 동물들에게 생래적으로 부여된 것을 나는 생략한다. 그 동물들은 몸 어떤 곳에 떨쳐 버려야 할 것이 있다 느끼면, 느낌이 있는 곳만을 움직여서 떨쳐 버린다. 파리가 귀찮게 할 때뿐 아니라, 가시가 박혔을 때도, 살가죽을 흔들어 떨쳐 버린다.

사람들이 이런 일을 할 수 없다고, 창조주께서 원하시는 동물들에게 이런 능력을 주실 수 없었겠는가? 그렇다면 인간 역시 하위 지체들을 순종하게 하는 힘을 간직했었는데, 그의 불순종 때문에 그 힘을 잃었을 수 있다. 정말이지, 하나님 입장에서는 인간을 창조하실 때, 지금은 리비도에 의해서만 움직여지는 것이지만, [그때는] 오직 인간의 의지에 의해서만 움직여지도록 창조하시는 것이 어렵지 않았을 것이다.

2. 정말이지, 어떤 사람들은, 우리가 아는 대로, 다른 사람들과 아주 다른 특징을 가지고 있어서, 그 희한함 때문에 놀라움을 금할 길 없다. 그들은, 본인이 원하기만 하면, 남들이 절대 할 수 없는 일, 들어도 믿기 어려운 일 여러 가지를 [그들] 몸으로 해낸다. 예를 들어, 어떤 사람들은 귀를 움직이는데, 하나씩 움직일 수도 있고, 둘 다를 동시에 움직일 수도 있다. 어떤 사람들은 머리통은 움직이지 않고, 머리카락이 나 있는 머리 가죽 전체를 이마 쪽으로 움직였다가 다시 뒤로 물리기를 자기 마음대로 한다. 어떤 사람들은 여러 가지 물건을 믿을 수 없을 정도로 아주 많이 삼켰다가, 앞가슴을 조금 쓰다듬어서, 마치 주머니에서 물건 꺼내듯이, 무엇이든 자기

원하는 대로, 지극히 온전한 상태로 꺼낸다. 어떤 사람들은 새나 짐승 소리, 혹은 다른 아무 사람의 음성까지라도 아주 잘 흉내내어 표현하기 때문에, 눈으로 보지 않고서는 도저히 구별하지 못할 정도다. 어떤 사람들은 냄새가 전혀 나지 않게 뒤로 여러 가지 소리를 자기 뜻대로 내는데, 마치 그쪽으로 음악을 연주하는 것처럼 보이기도 한다. 자기가 원할 때마다 땀을 흘리는 사람을 나는 직접 본 일이 있다. 어떤 사람들은, 눈물을 흘리고 싶을 때 눈물을 흘리고, 그것도 펑펑 흘린다는 사실도 잘 알려져 있다.

그런데 훨씬 더 믿기 어려운 다음과 같은 일도 있지만, 아주 최근 수많은 형제들이 [직접] 체험했다. 칼라마 교회 관구에 레스티투투스라는 이름의 어떤 장로가 있었다. 그는 원할 때는 언제든지 (물론, 목전에 놀라운 일이 일어나는 것을 보고 싶어하는 사람들이 그렇게 해 달라고 부탁을 했음) 흡사 어떤 사람이 슬퍼서 우는 것 같이 흉내내는 목소리만 듣고도 감각 능력을 잃고, 죽은 사람과 아주 비슷하게 쓰러져 누웠다. 그래서 사람들이 꼬집거나 찔러도 전혀 느끼지 못할 뿐 아니라, 불에 데어도 [당시는] 아무런 통증을 느끼지 못하고, 나중에 화상을 통해서야 통증을 느꼈다. 그러나 그가 의도적으로 노력을 해서 몸을 움직이지 않은 것이 아니라, 감각이 없어서 몸을 움직이지 못한 것인데, 이것은, 그가 죽은 사람처럼 전혀 숨을 쉬지 않는 것이 확인됨으로써 증명되었다. 하지만 사람들이 똑똑히 말을 했을 경우, 그 음성을 아주 멀리서 듣는 것처럼 들었다는 이야기를 나중에 했다.

그러므로 어떤 사람들은 지금도 후패(朽敗)할 육신 속에서 고통으로 가득한 삶을 살고 있지만, 육신이 수많은 동작을 하고 [수많은] 상태에 놓이면서도, 자연이 보통 허락하는 범위 이상으로 놀라운 일을 해낸다. 그렇다면, [인간이] 불순종이라는 죄를 짓기 전에, 또 후패라는 벌을 받기 전에 자손의 생산을 위해 인간의 지체가 인간의 의지에 아무런 리비도 없이 순종할 수 있었다는 사실을 우리가 믿지 못할 이유가 무엇인가?
　인간은 자기 스스로를 기쁘게 하기 위해 하나님을 버렸기 때문에, 자기 스스로를 의지할 수밖에 없게 되었고, 하나님께 불순종했기 때문에, 자기 자신에게도 순종할 수 없게 되었다. 인간이 자기 원하는 대로 살 수 없다는 것 – 바로 이것을 통해 그의 불행이 아주 명확하게 드러난다. 이는, 자기 원하는 대로 산다면, 그는, 자기가 행복하다 여길지 모르지만, 그럼에도 불구하고 누추한 삶을 살면서 행복하다는 것은 불가능하기 때문이다.

제25장
이생에서는 얻을 수 없는 참된 행복에 관하여

그런데 우리가 좀 더 면밀히 살펴보면, 행복한 사람이 아니면 원하는 대로 사는 것이 아니고, 의로운 사람이 아니면 아무도 행복하지 않다. 그러나 의로운 사람도 그곳에 도달하지 않으면, 원하는 대로 살지 못할 것이다. 그곳에서 죽는 것도, 속임당하는 것도, 해를 당하는 것도 전혀 불가능하다. 뿐 아니라 그곳에서 의로운 사람은, 행복이 언제까지나 계속될 것을 확신하게 된다.
　이것을 희구(希求)하는 것이 자연 본성이지만, 희구하는 것을 얻지 못하는 한, 충만하고 완전한 행복은 존재하지 않을 것이다. 하지만 지금 어떤 사람이 자기 원하는 대로 살 수 있는가? 사는 것 자체도 자기 권세에 맡겨져 있지 않는데 말이다.
　살고 싶지만, 죽을 수밖에 없다. 그렇다면, 원하는 만큼 오래 살지 못하는 사람이 어떻게 원하는 대로 산다는 말인가? 혹시 죽기를 원하는 경우,

살고 싶지 않은 사람이 어떻게 원하는 대로 살 수 있다는 말인가? 그리고 혹시 살기 싫어서가 아니라, 죽은 다음 더 나은 삶을 살기 위해서 죽고자 한다면, 그는 아직 [자기] 원하는 대로 사는 것이 아니다. 도리어 죽음으로써 원하는 것에 도달한 다음에야 [비로소 원하는 삶을 살게 될 것이다].

그러나 보라! 사람으로 하여금 원하는 대로 살게 해 보라! 이는, 자기를 억제하고 통제하여, 자기가 할 수 없는 것은 원하지 않게 하고, 자기가 할 수 있는 것만 원하게 한다면, 그것이 가능한 까닭이다. (테렌티우스도 이렇게 말했다.

> 그대가 원하는 일 일어나는 것이 불가능한 까닭에
> 그대에게 가능한 일을 원하도록 하라![1])

가련한 처지에 있는 자가 참는다 하여 정녕 행복한 것인가? 복된 삶이란, 정말이지, 사랑할 때만 소유하는 것이다.

그러나 [그것을] 사랑하고 소유하고 있다면, 다른 모든 것보다 [그것을] 훨씬 더 사랑해야 한다. 이는, 다른 그 어떠한 것을 사랑한다 해도, 다 그것 때문에 사랑해야 하는 까닭이다.

이뿐 아니다. 사랑의 대상을 그 가치만큼 사랑한다면, (복된 삶을 그 가치만큼 사랑하지 않는 자는 행복하지 않음) 자기가 그토록 사랑하는 것이 영원하지 않기를 바란다는 것은 있을 수 없다. 그러므로 삶은 영원할 때야, 비로소 복된 삶이 될 것이다.

---

[1] *Andria* act. 1, scen. 1, 5-6.

제26장

낙원에 사는 자들의 행복은 부끄러운 욕망 없이 자녀 생산의 의무를 완수할 수 있었다 믿어야 함

그러니까 인간은 낙원에서, 그가 원하는 대로 살았다. 하나님이 명하신 것만을 원했던 동안은 말이다. 그는 하나님을 향유(享有)하면서 살았는데, 선하신 그분으로 말미암아 그가 선했다. 그는 아무런 부족함 없이 살았고, 항상 그렇게 살 수 있는 권세를 지니고 있었다.

먹을 것이 있어, 그로 굶주리지 않게 하였고, 마실 것이 있어, 그로 목마르지 않게 하였고, 생명나무가 있어, 그로 노쇠하지 않게 하였다. 아무런 후패(朽敗)가 육신에 생기지 않았다. 혹은 육신으로 말미암아 괴로운 일이 그의 어떠한 감관(感官)에도 느껴지지 않았다. 몸속에는 아무런 질병이 없었고, 몸밖으로부터도 그 어떠한 위해가 가해질 것을 두려워할 필요가 없었다. 육신 속에는 최고 수준의 건강이 깃들었고, 영혼 속에는 완전한 평안이 있었다.

낙원에는 더위나 추위가 전혀 없었고, 거기 거하는 사람 속에도 욕망이나 두려움에서 오는 선한 의지의 손상이 전혀 발생하지 않았다. 슬퍼할 일이 전혀 없었고, 헛되이 기뻐할 일도 전혀 없었다. 참된 기쁨이 하나님으로 말미암아 지속적으로 흘러나왔다. 하나님을 향한 사랑이 "청결한 마음과, 선한 양심과, 거짓이 없는 믿음으로"(딤전 1:5) 인해 뜨겁게 불타오르고 있었다. 그리고 부부 사이에는 참된 사랑으로 말미암아 신실한 유대 관계가 형성되었고, 마음이 하나되어 영혼과 육신을 돌보았으며, [하나님의] 계명을 어려움 없이 지킬 수 있었다. 피로가 여가를 망치는 일이 없었고, 원하지 않는데 잠이 와 힘들게 하는 일도 없었다.

이처럼 모든 일이 순조로웠고, 인간은 행복한 상황이었기 때문에, 리비도라는 질병 없이 자녀를 낳을 수 없었을 것이라 추측하는 것은 있을 수 없다. 도리어 그의 [생식] 기관도 다른 지체들처럼 의지의 지시에 따라 움직였을 것이고, [정욕의] 불길이 유혹하며 자극하는 일 없이, 마음과 몸이 안온한 중에 온전함을 전혀 손상받지 않고 남편이 아내의 품속에 [자신을] 쏟아 부었을 것이다.

경험으로 확인할 수 없다 하여, 이것을 믿지 못한다 해서는 안 된다. [당시] 몸의 그 부분을 움직인 것은 극심한 열기가 아니었다. 도리어 필요를 자발적으로 따르는 능력이 그 부분을 사용한 것이다. 그러므로 그때는 아내의 태 속으로 남편의 씨가 들어가되, 여자 생식 기관의 온전함이 잘 유지될 수 있었을 것이다. 마치 지금 처녀의 태로부터 경수(經水)의 진한 피가 흘러나온다 해도, 온전함이 잘 유지될 수 있는 것처럼 말이다. 경수를 배출시킬 수 있는 바로 그 통로를 통해 그것이 [= 남편의 씨가] 들어갈 수 있었을 것이다. 출산을 함에 있어서도 고통으로 비명이 나오지 않았을 것이고, 도리어 [태아의] 성숙으로 인한 압력이 자궁을 열어 주었을 것이다. 이와 마찬가지로 [아이를] 가지고 잉태하는 것 역시 리비도의 욕구 때문이 아니라, 의지의 자유로운 사용으로 인한 양성(兩性)의 결합 때문이었을 것이다.

우리는 지금 부끄러운 일에 관해 이야기하고 있다. 그래서 그것이 부끄러운 것이 되기 이전에, 그것이 어떠했을지를 우리 힘 자라는 대로 추측하고는 있지만, 수치심으로 인해 우리가 [말하기를] 삼가야 할 내용을, 우리에게 조금밖에 없는 언변의 도움을 받아 논하는 것보다, 우리 논의에 제동을 거는 것이 더 필요할 것 같다. 이는, 내가 [지금] 이야기하고 있는 것은, 그들도 [= 첫 사람들도] 경험할 가능성은 있었지만, 실제로는 경험하지 못한 일이기 때문이다. (그들은 자녀를 생산하는 일을 위해 안온한 마음으로 서로 결합을 하기 전에 죄에 사로잡혀, 그 대가로 낙원에서 추방을 당한 까닭이다.) 그러므로 이제 그것에 대해 이야기를 하면, 안온한 마음으로 추측이 되는 것이 아니라, 격렬한 리비도의 경험만 인간의 마음에 연상되는 것은 어찌된 일인가?

바로 이런 까닭에 비록 사람에게 [그것에 대해] 생각할 이유가 없지 않다 해도, 부끄러움으로 인해 말을 하지 못하게 되는 것이다.

그럼에도 불구하고 전능하신 하나님은 모든 존재의 지극히 높으시고, 지극히 선하신 창조주시다. 그는 선한 의지를 도우시는 분이시며, 상주시는 분이시지만, 악한 의지에 대해서는 버리시는 분, 정죄하시는 분이시다. 그는 또한 두 의지에 질서를 부여하는 분이시기도 하다. 그리하여 당신의 지혜 가운데서 예정하신 당신의 도성 시민들의 일정한 수를 정죄받은 인류 중에서라도 채우실 계획이 없지 않으셨다. 그는 그들을 구분하실 때, [인류의] 덩어리 전체가 마치 썩은 뿌리에서 나온 것처럼 정죄를 받았기 때문에, 공로에 따라서 하시지 않고, 은혜로 하신다. 그리고 자유를 얻은 자들로 하여금 그들 자신뿐 아니라, 자유를 얻지 못한 자들을 보고서도, 하나님이 그들에게 얼마나 풍성하게 베풀어 주셨는지를 볼 수 있게 해 주신다.

그때는 누구든지, 자기가 악에서 구출된 것은 의당 받아야 할 은혜 때문이 아니라, 거저 주신 은혜 때문이라는 사실을 깨닫게 된다. 그는 다른 사람들과 함께 의당 똑같은 벌을 받아야 하지만, 그들과 같은 처지가 되는 것을 면제 받은 것이다.

그렇다면 하나님이, 그들이 죄 지을 것을 예지하셨다 해도 그들을 창조하시지 말았어야 할 이유가 어디 있는가? 이는, 그들 안에서, 또 그들로 말미암아, 그들의 죄가 무엇을 초래하는 것인지, 당신의 은혜가 무엇을 베푸는 것인지를 보여 주실 수 있었기 때문이다. 창조주 겸 섭리자 되시는 분의 통치 하에서는 죄인들이 그릇된 무질서를 조성했다 해도, 그것이 만물의 올바른 질서를 왜곡시킬 수 없는 것이다.

제27장

천사든, 인간이든, 죄를 지은 자들의 죄악이 하나님의 섭리를 교란시키지 못하는 것에 관하여

그래서 천사든, 인간이든, 죄를 지은 자들이, 하나님이 하시는 큰 일을 방해하는 일은 절대 하지 못한다. 하나님이 하시는 일은 다 그의 세밀한 뜻에 따라 이루어진다. 이는, 그가 섭리하시는 분이시고, 전능자이시므로, 각자에게 각자에 합당한 것을 부여하시되, 선한 것들뿐 아니라, 악한 것들까지도 선용하실 줄 아시기 때문이다.

그렇다면, 최초의 악한 의지에 대한 보응으로 인해 선한 의지를 더 이상 품을 수 없을 정도로 정죄를 받고 완악해진 악한 천사를 하나님이 선용하사, 첫 사람이 그에게 시험을 받게 허락하시지 않을 이유가 어디 있는가? 첫 사람은 바른 존재로, 다시 말해, 선한 의지를 품은 존재로 창조되었다.

첫 사람은 선한 인간으로 창조되었으므로, 하나님의 도우심을 믿었더라면, 악한 천사를 이길 수 있었다. 반면, 교만하게 자기 만족에 빠져 그를 창조하시고 도우시는 분을 버리면, 지게 되어 있었다. 하나님의 도우심을 받아 선한 의지를 품으면, 선한 보응을 받게 되어 있었고, 하나님을 버리고 그릇된 의지를 품으면, 악한 보응을 받게 되어 있었다.

그런데 그가 하나님의 도우심을 믿는 것도 물론 하나님의 도우심 없이는 불가능하였다. 그러나 그렇다 해도 자기 만족에 빠져 하나님의 은혜의 혜택을 저버릴 수 있는 힘이 그에게 없었던 것은 아니었다. 이것은 마치 이 육신 가운데 사는 것이 영양 섭취 없이는 불가능하지만, 스스로 목숨을 끊는 사람들의 경우처럼, 이 육신 가운데 살지 않는 것은 가능한 것과 마찬가지다. 이처럼 인간은 낙원에서 하나님의 도우심 없이 사는 것이 불가능했지만, 악하게 사는 것은 그의 힘으로 가능했다. 다만, [악하게 사는 경우] 행복은 언제까지나 계속될 수 없고, 지극히 의로운 형벌이 따르게 되어 있었다.

그러므로 하나님이, 인간이 장차 타락할 것을 모르신 것이 아니다. 그렇다 하여 시기심 많은 천사에게 시험당하는 것을 버려두시지 않을 이유가 어디 있는가? 물론, 인간이 패배할 것에 대해 잘 모르신 것이 절대 아니다. 그러나 인간의 후손이 당신 은혜의 도우심으로 마귀를 이겨, 성도들의 영광이 더 잘 드러나게 되리라는 사실도 잘 예지(豫知)하고 계셨다.

그러니까 하나님께는 장래사가 전혀 감추어져 있지 않았다. 그럼에도 불구하고 [당신의] 예지를 가지고 아무에게도 죄를 지으라고 강요하시지는 않았다. [단지,] 천사든, 인간이든, 모든 이성적 피조물에게, 그들 각자가 지닌 자만심과 당신의 보호하심의 차이가 무엇인지를 후속적 경험을 통해 보여 주셨다.

천사나 사람이나 타락하지 않는다면, 그것이 하나님의 권세에 달려 있지 않다고 도대체 누가 감히 믿거나 주장할 수가 있겠는가? 하지만 이 문제에 대한 권세를 하나님은 그들에게서 빼앗지 않으셨다. 그리고 그들의 교만이 얼마나 큰 악이며, 당신의 은혜가 얼마나 큰 선을 행할 수 있는지를 이를 통해 보여 주시기를 원하셨다.

제28장

두 도성, 곧, 땅의 도성과 하늘 도성의 성격에 관하여

두 도성을 만든 것은 두 종류의 사랑이다. 곧, 하나님을 멸시하기까지 자기를 사랑하는 것은 땅의 도성을, 자기를 멸시하기까지 하나님을 사랑하는 것은 하늘의 도성을 만들었다. 한마디로 하여, 하나는 자기 자신을 자랑하는 것이고, 다른 하나는 주님을 자랑하는 것이다. 땅의 도성은 사람들에게서 영광을 구하지만, 하늘 도성에서는 양심을 보시는 하나님을 가장 큰 영광으로 여긴다. 땅의 도성은 자기 영광을 보며 자기 머리를 쳐들지만, 하늘 도성은 자기 하나님께 이렇게 아뢴다.

[여호와여,] 주는 [나의 방패시오,] 나의 영광이시오, 나의 머리를 드시는 자니이다 (시 3:3)

땅의 도성은, 그 임금들 가운데, 혹은, 그 지배를 받는 백성들 가운데 지배욕이 지배하며, 하늘 도성은, 상하(上下)가 사랑으로 서로 섬기는데, 윗사람은 권면함으로, 아랫사람은 순종함으로 섬긴다. 땅의 도성에서는 그 권력자들이 자기 힘을 사랑한다. 하늘 도성은 자기 하나님께 이렇게 아뢴다.

나의 힘이 되신 여호와여 내가 주를 사랑하나이다 (시 18:1)

그러므로 땅의 도성에서는 그 지혜자들이 인간을 따라 살면서 자기 육신의 재화(財貨)를 추구했든, 자기 영혼의 재화를 추구했든, 혹은 영육의 재화를 다 추구했든, 혹은 하나님을 알 수 있었던 사람들이든, "하나님으로 영화롭게도 아니하며, 감사치도 아니하고, 오히려 그 생각이 허망하여지며,

미련한 마음이 어두워져, 스스로 지혜 있다"(롬 1:21-22) 했다. (즉, 교만의 지배를 받아 자기 지혜로 스스로를 높인다.) 그들은 "우준하게 되어, 썩어지지 아니하는 하나님의 영광을 썩어질 사람과, 금수와, 버러지 형상의 우상으로"(롬 1:22-23) 바꾸었다. (이런 우상을 숭배하는 중에 그들은 백성들의 지도자가 되기도 하였고, 추종자가 되기도 하였다.) 또 그들은 "피조물을 조물주보다 더 경배하고"(롬 1:25) 섬겼다. "주는 곧 영원히 찬송할 이"(롬 1:25)시다. 그러나 하늘 도성에서 사람의 지혜는 오직 참 하나님을 바르게 섬기도록 인도하는 경건으로, 이 경건은 사람들뿐 아니라 천사들로도 이루어진 거룩한 자들의 공동체 안에 있는 것으로, "하나님이 만유의 주로서 만유 안에"(고전 15:28) 계시는 것을 상급으로 대망(待望)한다.

제15권

앞의 네 권에서 두 도성, 곧, 땅의 도성과 하늘 도성의 기원에 대해 논한 다음 어거스틴은 다음 네 권에서 이들 도성의 전개 과정에 관해 설명하는데, 성경의 해당 개소(個所)를 찾아 역사적으로 살피는 방식으로 논의를 진행하며, 우선 이 제15권에서는 창세기에 나오는 가인과 아벨의 이야기로부터 대홍수까지를 설명함

제1장
시초부터 서로 다른 목적지를 향해 달려가는 인류의 두 반열에 관하여

1. 낙원의 행복에 관하여서나, 낙원 자체에 관하여, 그리고 그곳에서의 첫 사람들의 삶과, 그들의 죄와 벌에 관하여는 수많은 사람들이 수많은 생각을 했고, 수많은 말을 했고, 수많은 글을 썼다. 우리 역시 앞의 여러 권에서[1] 이 문제에 관해 성경 말씀에 근거하여, 성경에서 읽었던 내용이나, 성경에서 이해할 수 있었던 내용을 성경의 권위에 맞게 이야기하였다.

그러나 이 내용을 좀 더 깊이 탐구하려 한다면, 여러 종류의 수많은 논쟁이 야기될 것이고, 그것을 수많은 책으로 엮어야 할 터인데, 그것은 이 책의 목적과도 부합하지 않고, 그렇게 할 때도 아니다. 우리에게는 시간적인 여유가 그리 많지 않다. 그래서 한가하게 궤변을 일삼는 사람들, 이해할 능력도 별로 없으면서, [까다로운] 질문만 많이 하는 사람들이 제기할 수 있는 모든 문제 때문에 우리가 시간을 지체할 필요는 없다.

하지만 나는, 우리가 세계나, 영혼이나, 인류 자체의 기원에 관한 중차대하고 심히 어려운 문제들을 이미 충분히 논했다고 생각한다. 그런데 우리는 인류를 두 종류로 구분하였다. 그 중 하나는, 사람을 따라 사는 자들이 속하고, 다른 하나는, 하나님을 바라보고 사는 자들이 속한다. 비유적으로 우리는 이 두 종류를 두 도성, 곧, 두 인간 집단이라 부른다. 그 중 하나는 하나님과 함께 영원히 다스리도록 예정되었으나, 다른 하나는 마귀와 함께 영원한 형벌을 받도록 예정되었다.

---

[1] 본서 제12권 ~ 제14권.

하지만 이것은 그들의 종말인데, 이에 대하여는 나중에 이야기하기로 한다. 지금은, 우리가 그 수를 알지 못하는 천사들의 경우든, 두 첫 사람들의 경우든, 두 도성의 기원에 대해 충분히 이야기한 상황이기 때문에, 두 도성의 전개 과정에 대해 이야기해야 할 것처럼 보인다. 곧, 그 두 사람이 자녀를 생산하기 시작한 때로부터, 사람들이 자녀 생산을 중단하게 될 때까지의 과정에 대해 이야기해야 할 것처럼 보인다. 이는, 한 세대가 죽어 물러가고, 다음 세대가 태어나 그 뒤를 잇는, 이 세상의 모든 역사 과정은, 우리가 논의하고 있는, 이 두 도성의 여정(旅程)과 일치하는 까닭이다.

2. 그리하여, 모든 인류의 이 두 조상 가운데 가인이 먼저 태어났는데, 그는 인간의 도성에 속하고, 다음으로 아벨이 태어났는데, 그는 하나님의 도성에 속한다. 이것은, 한 개인에게서 우리가 경험하는 것과 비슷하지만, 이에 대해 사도 [바울]은 이렇게 말한다.

> [그러나] 먼저는 신령한 자가 아니요, 육 있는 자요, 그 다음에 신령한 자니라 (고전 15:46)

그러므로 모든 사람은 누구든지 정죄받은 혈통에서 나오는 것이므로, 우선 아담에게서 악하고 육적인 존재로 태어날 수밖에 없다. 이것이 그리스도 안에서 중생한 다음, 진보를 이룬다면, 나중에 선하고 영적인 존재가 될 것이다.

인류 전체도 마찬가지다. 애초에 이 두 도성이, [사람들이] 태어나고 죽음으로써 전진을 시작했는데, 먼저 먼저 태어난 것은 이 세상 시민이고, 다음으로 태어난 것은 하나님의 도성에 속한 자로, 이 세상을 순례자로 사는 자인데, 은혜로 예정된 자, 은혜로 선택된 자, 은혜로 하늘 아래서 순례자로 사는 자, 은혜로 저 천성(天城)의 시민이 된 자다. 그 자신의 형편만을 생각한다 하면, 그는 본디 온통 저주를 받은 무리에서 나왔지만, 그럼에도 불구하고 하나님은 토기장이와도 같이 진흙 한 덩이를 가지고 하나는 천히 쓸 그릇으로, 하나는 귀히 쓸 그릇으로 만드셨다.[1] (이런 비유를 사도가 하는 것은 무분별하게 하는 일이 아니라, 현명하게 하는 일이다.)

그런데 먼저 만들어진 것은 천히 쓸 그릇이었고, 나중에 귀히 쓸 다른 그릇이 만들어졌다. 이는, 내가 이미 말한 바와 같이, 각 개인의 경우 먼저 악한 것이 있고, 여기서부터 우리가 시작해야 하지만, 우리가 여기에 꼭 머무를 필요는 없는 까닭이다. 그리고 나중에 선한 것이 따라오는데, 우리는 이것을 향해 전진해 가야 하고, 도달한 다음에는 거기에 계속 머물러야 한다.

그러므로 모든 악한 사람이 다 선한 사람이 되지는 않겠지만, 선한 사람 중에 악한 사람이 아니었던 사람은 아무도 없을 것이다. 그러나 누구든지 더 빨리 선한 방향으로 변할수록, 그가 붙든 것으로 자기 이름 삼는 일을 더 빨리 하게 된다. 그리고 나중 이름으로 예전 이름을 덮게 된다.

그러므로 가인에 대하여 기록하기를, 저가 성을 쌓았다 하였다.[2] 그러나 아벨은 순례자였던 까닭에, [성을] 쌓지 않았다. 이는, 성도의 도성이 위에 있는 것이기 때문이다. 그럼에도 불구하고 이 도성은 이 아래에서 자기 시민이 태어나게 하는데, 이곳에서 그들은 순례자로 생활하되, 주님 나라의 때가 이르기까지 이 일이 계속될 것이다. 그때에 주님은 육신으로 부활한

---

[1] 롬 9:21 (= "토기장이가 진흙 한 덩이로 하나는 귀히 쓸 그릇을, 하나는 천히 쓸 그릇을 만드는 권이 없느냐") 참조.

[2] 창 4:17 (= "아내와 동침하니 그가 잉태하여 에녹을 낳은지라 가인이 성을 쌓고 그 아들의 이름으로 성을 이름하여 에녹이라 하였더라") 참조.

사람들을 다 모으실 것이고, 그들은 "만세의 왕"(딤전 1:17)이신 그들의 임금과 함께 영원, 무궁히 왕 노릇 할 것이다.

제2장
육신의 자녀와 약속의 자녀에 관하여

정말이지, 이 도성에 대한 일종의 그림자 내지 예언적 표상이 있었다. 그것의 목적은 땅에서 [이 도성을] 시현(示現)하는 것이라기보다는, 상징하는 것이었다. [그것이 존재했던] 때는 이것을 [= 이 도성을] 상징하는 데 필요했던 때로 한정되었다. 그것도 "거룩한 도성"이라 불린 것은, 그것이 가리키는 표상으로서의 역할 때문이지, 장차 나타날 실지 모습을 갖추어서가 아니었다. 표상으로 섬기는 도성과, 그것이 상징하는 이 자유 도성에 관하여 [바울] 사도는 갈라디아서에서 이렇게 말한다.

21 내게 말하라! 율법 아래 있고자 하는 자들아, 율법을 듣지 못하였느냐? 22 기록된 바 아브라함이 두 아들이 있으니 하나는 계집종에게서, 하나는 자유하는 여자에게서 났다 하였으나, 23 계집종에게서는 육체를 따라 났고, 자유하는 여자에게서는 약속으로 말미암았느니라 24 이것은 비유니, 이 여자들은 두 언약이라. 하나는 시내 산으로부터 종을 낳은 자니 곧 하가라 25 이 하가는 아라비아에 있는 시내 산으로, 지금 있는 예루살렘과 같은 데니, 저가 그 자녀들로 더불어 종 노릇 하고, 26 오직 위에 있는 예루살렘은 자유자니, 곧 우리 어머니라 27 기록된 바 '잉태치 못한 자여, 즐거워하라! 구로치 못한 자여, 소리질러 외치라! 이는, 홀로 사는 자의 자녀가 남편 있는 자의 자녀보다 많음이라' 하였으니, 28 형제들아, 너희는 이삭과 같이 약속의 자녀라 29 그러나 그때에 육체를 따라 난 자가 성령을 따라 난 자를 핍박한 것같이 이제도 그러하도다 30 그러나 성경이 무엇을 말하느뇨? '계집종과 그 아들을 내어쫓으라!

> 계집종의 아들이 자유하는 여자의 아들로 더불어 유업을 얻지 못하리라' 하였느니라 31 그런즉 형제들아! 우리는 계집종의 자녀가 아니요, 자유하는 여자의 자녀니라 1 그리스도께서 우리로 자유케 하려고 자유를 주셨으니, [그러므로 굳세게 서서, 다시는 종의 멍에를 메지 말라!] (갈 4:21-5:1)

이런 [성경] 해석 방법은 사도의 권위에서 유래한 것으로, 두 언약, 곧, 구약과 신약으로 된 성경을 우리가 어떻게 이해해야 할지, 우리에게 그 길을 열어 주고 있다. 이는, 땅의 도성의 어떤 일부분이 하늘 도성의 표상이 된 까닭이다. 그것은 자기 자신에게 존재 의미가 있었던 것이 아니라, 다른 것을 가리키기 위해 존재하였다. 그러므로 그것은 섬기는 것이었다. 왜냐하면, 그것이 세워진 것은, 자기 자신을 위해서가 아니고, 다른 것을 가리키기 위해서였기 때문이다. 그리고 그것 자체가 다른 것을 예표(豫表)하면서도 선행(先行)하는 다른 표상에 의해 예표가 되었다.

그래서 사라의 여종 하갈과 그녀의 아들은 이 표상을 예표하는 표상이었다. 그리고 빛이 오면, 그림자는 사라지게 되어 있었고, 그래서 "자유하는 여자" 사라는 자유 도성을 예표하였다. 그리고 그림자 역할을 한 [하갈은] 다른 방식으로 그 도성을 예표하기 위해 종 노릇 하였다. 이에 사라는 이렇게 말했다.

> 이 여종과 그 아들을 내어쫓으라! 이 종의 아들은 내 아들 이삭과 함께 기업을 얻지 못하리라 (창 21:10)

사도 [바울]은 "내 아들 이삭과 함께"라는 말을 "자유하는 여자의 아들로 더불어"(갈 4:30)라고 바꾸어 표현한다.

그러므로 우리는 땅의 도성에서 두 가지 형태를 발견한다. 그 중 하나는 이 도성의 현재 모습을 보여 주는 것이고, 다른 하나는 이 현재 모습을 통해 하늘 도성을 상징하는 역할을 하는 것이다.

그런데 죄로 인해 타락한 본성은 땅의 도성의 시민들을 낳는다. 이에 비해 하늘 도성의 시민을 낳은 것은 본성을 죄로부터 해방시켜 주는 은혜다. 그래서 땅의 도성의 시민들을 "진노의 그릇"(롬 9:22)이라 부르고, 하늘 도성의 시민들을 "긍휼의 그릇"(롬 9:23)이라 부르는 것이다.

이것은 아브라함의 두 아들을 통해서도 상징되었다. 하나는 하갈이라 이름했던 여종에게서 "육체를 따라 난"(갈 4:29) 이스마엘이고, 다른 하나는 "자유하는 여자"(갈 4:22, 23) 사라에게서 "약속으로"(갈 4:23) 말미암아 난 이삭이었다. 둘 다 아브라함의 씨에서 났다. 그러나 이스마엘을 낳은 것은 자연 본성을 보여 주는 관습이었던 반면, 이삭을 허락한 것은 은혜를 지시하는 약속이었다. 전자의 경우에는 인간의 관습이 보이고, 후자의 경우에는 하나님의 은혜가 드러난다.

제3장

하나님의 은혜로 잉태하게 된 사라의 불임에 관하여

정말이지, 사라는 불임이었고, 자녀를 낳을 희망이 없었기 때문에 자기 여종을 통해서라도 아들을 얻고 싶어 했다. 자기 자신에게서는 아들이 태어날 수 없다 여겼기 때문에, 그녀는 자기 여종을 남편에게 주어 아들을 얻으려 했다. 그녀는, 자기 스스로가 남편의 아들을 낳고 싶었지만, 뜻을 이루지 못했던 것이다. 그래서 그녀는 자신의 권리를 행사하여 남편에게 다른 여자의 태를 빌어서라도 남편으로서의 본분을 다하라고 요구하였다.

이렇게 하여 이스마엘이, 사람들이 태어나는 방식대로, 양성의 결합에 의해, 자연의 일반적 법도에 따라 태어났다. 그래서 "육체를 따라"(갈 4:23) 났다고 하였다. 그렇다고 하여 이 일이 하나님의 은혜가 아닌 것은 아니다. 또 하나님이 행하신 일이 아닌 것도 아니다. 창조주 하나님의 지혜에 관하여는 이렇게 기록돼 있다.

> 지혜는 땅끝에서 땅끝까지 힘차게 펼쳐지며, 만물을 선하게 다스리도다 (칠십인경 지혜서 8:1)

그러나 하나님의 선물이, 사람들이 당연히 받아여 할 것이 아니라, 거저 은혜로 풍성히 주시는 것을 의미하는 것이라면, 자연의 일반적 과정에 얽매일 필요가 없이 아들을 주셔야만 하였다.

사실, 아브라함과 사라는, 그 나이로 볼 때 이미, 남녀의 결합으로 아들을 얻는다는 것은, 자연이 허락하지 않는 일이었다. 더구나 사라의 태는 닫혀 있어서, 가임기(可姙期)에도 [아이를] 낳을 수 없었다. 즉, 나이 때문에 아이를 못낳은 것이 아니었고, 아예 젊은 때도 아이를 낳지 못했다.

그러므로 자연 본성이 이런 상태가 되어, 후손을 가질 수 없게 되었다는 것은, 인류의 본성이 죄로 인해 더럽혀졌고, 이로 말미암아 응분의 정죄를 받아, 후손에게 참된 행복을 전혀 물려 줄 수 없게 되었다는 사실을 상징적으로 보여 준다.

그래서 약속을 따라 태어난 이삭은 은혜의 자녀들, 자유 도성의 시민들, 영원한 평화의 친우들을 예표한다. 거기에는 자기본위의 의지에서 나온 사랑, 어떤 면에서 사사로운 의지에서 나온 사랑은 존재하지 않고, 동일하고 불변적인 공동선(共同善)을 기뻐하는 사랑, 많은 사람들을 한마음으로 만드는 사랑이 존재할 것이다. 곧, 완전히 마음이 하나되어 행하는 사랑의 순종이 있을 것이다.

제4장
땅의 도성의 다툼과 평화에 관하여

그런데 땅의 도성은 영원하지 않을 것이다. (이는, 최후의 심판으로 정죄를 받게 되면, 이 도성은 더 이상 존재하지 않을 것이기 때문이다.) 하지만 여기서 나름대로의 선을 지니고 있고, 그것 때문에 결속하며 즐거워한다. 그러한 것에서 즐거움을 누릴 수 있는 한에 있어서 말이다.

하지만 그것은 그것을 사랑하는 자들에게 아무런 궁색함도 일으키지 않을 만큼 충분한 것이 아닌 관계로, 이 도성은 분쟁과, 전쟁과, 싸움으로 내부 분열을 일으킬 때가 많고, 승리를 추구한다 해도, 그 승리는 죽음을 가져오는 것이거나, 죽음을 향할 것이 분명할 따름이다.

이는, 이 도성의 어떤 부분이 다른 부분에 대항하여 전쟁을 일으키든지 간에, [이 도성은] 열방의 정복자가 되고 싶어하는 까닭이다. 자기 스스로가 죄악의 포로이면서도 말이다. 그리고 승리했을 경우, 엄청난 교만으로 부풀어 오르게 되어, 죽음도 초래하게 된다. 그러나 [승리의] 조건을 생각하거나, [양쪽에] 공통적인 인명 손실을 생각한다면, [승리로 인해] 찾아온 번영에 대해 우쭐해지기보다는, 닥쳐올지도 모르는 환난 때문에 불안에 떨게 되므로, 이러한 승리는 오직 죽음을 향한 것이 될 뿐이다. 이는, 승리를 통해 복속시킬 수 있었던 자들에 대하여 항상 지배권을 행사할 수 있다는 보장이 없는 까닭이다.

그러나 이 [땅의] 도성이 추구하는 재화(財貨)가 전혀 선하지 않다 하는 것은 옳지 않다. 그 재화 자체는, 비록 인간적인 것이기는 하여도, 약간은 선한 것이다. 이는, 이 도성이 지극히 낮은 것 대신 일종의 지상적 평화를 추구하는 까닭이다. 또 바로 이 같은 평화에 이르고자 하는 것이, 이 도성이 전쟁을 하는 목적인 까닭이다. 즉, [이 도성이] 승리하고, 저항하는 자가

[더 이상] 없다면, 평화가 올 것이다. 양편이 서로 다투는 동안에는, 함께 가질 수 없는 것을 놓고 불행한 궁핍 속에서 서로 싸우는 동안에는 이런 평화를 누릴 수 없었다. 이런 평화를 얻는 것이 힘겨운 전쟁을 하는 목적이다. 이런 평화를 얻을 때 그것을 영광스러운 승리라 하는 것이다.

그런데 보다 더 의로운 목적을 가지고 싸운 사람들이 승리할 때, 그 승리가 축하할 만하다는 사실, 또 소망스러운 평화가 왔다는 사실을 누가 의심하겠는가? 이런 일은 선한 일이고, 의심할 여지 없이 하나님의 선물이다.

하지만 위에 있는 도성에 확실한 승리가 영원한 지고(至高)의 평화 속에 보장돼 있다. 그런데 거기에 속하는 더 선한 것들을 등한시한다면, 그리고 세상적 보화를 추구하되, 그것이 유일한 것처럼 믿거나, 아니면 [하늘의 보화가] 더 선하다고 믿으면서도 세상적인 것을 더 사랑한다면, 반드시 불행이 초래될 것이고, 이미 있던 불행은 더 심해질 것이다.

제5장

형제 살해자였던 땅의 도성의 최초 창건자에 관하여. 그의 악행에 로마 도성의 창건자가 친형제 살해로 호응함

그래서 땅의 도성의 최초 창건자는 형제 살해자였다. 이는, 그가 이 땅에서 순례하는 영원한 도성의 시민인 그의 동생을 시기심을 못 이겨 죽였기 때문이다.

그러므로 우리가 논하고 있는 땅의 도성의 머리가 될 그 도성, 그래서 수많은 민족을 지배하게 될 그 도성이 한참 후에 세워질 때도, 헬라 사람들이 "아르케튀포스"(ἀρχέτυπος)라 부르는 최초의 본보기에 마치 무슨 초상화처럼 닮았다 해도 놀랄 필요가 없다. 그 도성에서도, 그들 시인 중 한 사람이 똑같은 범죄에 대해 이렇게 노래했기 때문이다.

> 처음 쌓은 성벽을 형제의 피가 적셨도다 (Lucanus, *Pharsalia* I, 95)

이렇게 로마는 세워졌다. 레무스가 [그의] 형제 로물루스에 의해 살해된 것은 로마 역사가 증명한다. 단지, 로물루스와 레무스는 둘 다 땅의 도성의 시민들이었다. 둘 다 로마공화국을 건설한다는 영광을 추구했다. 하지만 그 영광은 오직 한 사람만이 가질 수 있는 것이었지, 두 사람이 다 가질 수는 없는 것이었다. 이는, 지배하는 영광을 누리고자 하는 자는 그의 권세를 자기 형제와 나눌 경우, 그의 지배권이 축소될 것이기 때문이다. 그러니까 지배권을 몽땅 한 사람이 가지기 위해 형제를 제거한 것이다. 그 악행으로 인해 권세는 더 증대했으나, 더 악한 것이 되었다. 순수함을 유지했더라면, 권세는 더 작았을지 몰라도, 더 선한 권세였을 것이다.

그런데 가인과 아벨 형제 두 사람은 땅의 것에 대해 서로 비슷한 욕심을 가진 것이 아니었다. 또 가인이 아벨을 시기한 것은, 두 사람이 다 지배권을 가지면, 그의 [= 가인의] 지배권이 줄어들까 보아 아벨을 죽인 것이 아니었다. (이는, 아벨이, 형이 건설한 도성에서 지배권을 가지려고 시도하지 않기 때문이다.) 그러나 문제는 악마적인 시기심이었다. 이것으로 인해 악한 자들이 선한 자들을 시기한다. 이유는 오직 하나. 이들은 선하고, 저들은 악하다는 데 있다.

본디 선을 소유한다는 것은, 공동소유자가 새로 생기거나, 계속 존재한다 해서 조금도 감소하는 것이 아니다. 선을 소유한다는 것은 도리어, 공동소유자들 간의 나눌 수 없는 사랑이 한마음으로 인해 다져질수록, 더욱더 증대되는 것이다. 결국, 그것을 함께 소유하기를 원하지 않는 사람은, 그것을 소유하지 못할 것이다. 여기서는 공동소유자를 사랑하는 능력이 더 많은 사람일수록, 그것을 더 풍성하게 소유하게 될 것이다.

그러므로 레무스와 로물루스 사이에 일어난 일은, 어떻게 땅의 도성이 내부 분열을 일으킬 수 있는지를 보여 주었다. 그러나 가인과 아벨 사이에 일어난 일은, 두 도성, 곧, 하나님의 도성과 사람들의 도성 사이에 존재하는 적대 관계를 밝히 보여 주었다.

그러므로 악인과 악인이 서로 싸운다. 마찬가지로 악인과 선인이 서로 싸운다. 하지만 선인과 선인은, 만약 그들이 완전하다면, 서로 싸울 수 없다. 그러나 선인도 진보하는 동안은, 아직 완전자가 아니므로, 각자 자기 자신을 거슬러 싸우는 바로 그 부분을 가지고 다른 사람과 싸울 수 있다. 이는, 한 사람 안에서도 "육체의 소욕은 성령을 거스르고, 성령의 소욕은 육체를"(갈 5:17) 거스르기 때문이다. 그래서 성령의 소욕이 다른 사람의 육체의 소욕과 싸울 수 있고, 혹은 육신의 소욕이 다른 사람의 성령의 소욕과 싸울 수 있다. 마치 선인과 악인이 서로 싸우는 것처럼 말이다. 혹은 아직 완전하지 못한 두 선인들의 경우도, 마치 악인과 악인이 서로 싸우는 것처럼, 그 두 사람의 육체의 소욕이 서로 싸우는 것이 분명하다. 그들은 치유를 받고 있는 관계로, 그들의 건전함이 최후의 승리에 이를 때까지, [싸움은] 계속된다.

제6장

하나님 도성의 시민들도 이생의 순례 길에 겪는 연약함에 관하여. 이것은 죄벌로 인한 것이며, 하나님의 보살피심으로 치유됨

그런데 이런 연약함, 곧, 우리가 제14권에서 논한 바 있는 그 불순종은 최초의 불순종에 대한 죄벌이고, 그래서 본성이 아니라, 결함이다. 그러므로 진보하는 선한 사람들과, 믿음으로 이 순례의 삶을 살아가는 사람들을 위한 말씀으로 다음과 같은 것이 있다.

> 너희가 무거운 짐을 서로 지라! 그리하여 그리스도의 법을 성취하라! (갈 6:2)

다른 곳에서는 이런 말씀이 있다.

> 14 규모 없는 자들을 권계하며, 마음이 약한 자들을 안위하고, 힘이 없는 자들을 붙들어 주며, 모든 사람을 대하여 오래 참으라! 15 삼가 누가 누구에게든지 악으로 악을 갚지 말게 하고, 오직 피차 대하든지 모든 사람을 대하든지 항상 선을 좇으라! (살전 5:15)

같은 내용의 말씀이 다른 곳에도 있다.

> 형제들아, 사람이 만일 무슨 범죄한 일이 드러나거든, 신령한 너희는 온유한 심령으로 그러한 자를 바로잡고, 네 자신을 돌아보아, 너도 시험을 받을까 두려워하라! (갈 6:1)

다른 곳에도 또 나온다.

> 해가 지도록 분을 품지 말고. (엡 4:26)

복음서에도 나온다.

> 네 형제가 죄를 범하거든 가서, 너와 그 사람과만 상대하여 권고하라! (마 18:15)

또 사도는 많은 사람들로 하여금 시험에 들게 하는 죄에 대하여는 이렇게 경계의 말을 한다.

> 범죄한 자들을 모든 사람 앞에 꾸짖어, 나머지 사람으로 두려워하게 하라! (딤전 5:20)

이런 까닭에 서로 용서를 베풀어야 할 뿐 아니라, 평화를 유지해야 한다는 점에 대하여도 많은 가르침을 주신 것이다. 평화 없이는 아무도 하나님을 뵙지 못할 것이다.

예를 들어, 일만 달란트를 빚을 탕감받았던 종이 자기 동관(同官)에게 백 데나리온의 빚을 탕감해 주지 않았기 때문에 탕감받았던 그 빚을 다시 갚으라는 무서운 명령을 받았다는 이야기를 비유로 하시면서 (마 18:23-34) 주 예수께서는 이런 말씀을 덧붙이셨다.

> 너희가 각각 중심으로 형제를 용서하지 아니하면, 내 천부께서도 너희에게 이와 같이 하시리라 (마 18:35)

하나님의 도성 시민들은 이 땅에서 순례 길을 가는 동안 이런 방식으로 치유를 받으면서 위에 있는 본향의 평화를 사모한다.

한편 성령이 속에서 역사하사, 밖으로 투여되는 치료제가 무슨 효험을 발휘하게 하신다. 그렇지 않다면, 설사 하나님이 친히, 당신께 복종하는 피조물을 사용하사, 인간의 모습으로 인간의 감관(感官)에 말씀하신다 할지라도, 곧, 육신의 감관이나, 꿈속에서 보는 것과 아주 비슷한 감관에 말씀하신다 할지라도, 내적인 은혜로 영혼을 다스리시고 움직여 주시지 않는 경우, 제아무리 진리가 선포된다 할지라도, 아무 소용이 없다.

그러나 하나님은 "긍휼의 그릇"(롬 9:23)과 "진노의 그릇"(롬 9:22)을 구별하시되, 당신이 친히 알고 계시는, 무척 신비하면서도 의로운 경륜에 따라 이 일을 행하신다. 하나님이 경이롭고도 은밀한 방식으로 도와주실 때, 우리 지체 속에 거하는 죄가 [비록] 이미 죄의 벌이기는 하지만, [바울] 사도가 말하는 대로, 우리 "죽을 몸에 왕 노릇"(롬 6:12)을 하지 못하여, 우리가 "몸의 사욕을 순종치"(롬 6:12) 않게 된다. 또 우리는 우리 "지체를 불의의 병기로 죄에게 드리지"(롬 6:13) 않게 된다. 이때 인간은, 마음이 새롭게 되어, 하나님의 다스리심을 받게 되며, 악에 동조하지 않게 된다. 그래서 이생에서는 영혼이 좀 더 평온한 가운데 왕 노릇 할 것이고, 차후에는 완전한 건강과 불가사성(不可死性)을 얻어, 인간이 아무런 죄도 없이 영원한 평화 속에서 왕 노릇 하게 될 것이다.

제7장

가인이 죄를 지은 원인과 완악함에 관하여. 하나님의 말씀조차 그의 죄 지을 생각을 막지 못함

1. 그런데 하나님이 가인에게 말씀하실 때, 마치 첫 사람들에게 하신 것처럼 말씀하셨는데, 그것이 가인에게 무슨 도움이 되었는가? (우리가 우리 힘을 다해 설명했던 것처럼, 하나님은 첫 사람들에게 말씀하실 때, 당신에게 복종하는 피조물을 통하여 마치 그들의 친구처럼 [그들에게] 적합한 형태로 말씀하셨다.) 가인은, 하나님의 권면의 말씀을 들은 후에도 동생 죽일 생각을 실행에 옮겨, 죄를 짓지 않았는가?

　기실, 하나님이 두 사람의 제사를 차별하사, 아벨의 것은 돌아보시고, 가인의 것은 돌아보시지 않았을 때, 무슨 가시적(可視的)인 표상을 통해 나타내 보이사, 인식할 수 있었던 것이 분명하다. 그리고 하나님이 이렇게 하신 것은, 가인의 행위가 악했고, 그의 아우의 행위는 선했기 때문이다.

가인은 심히 분하여 하였고, 그의 안색이 변했다. 이는, 이렇게 기록되어 있기 때문이다.

> 6 여호와께서 가인에게 이르시되, 네가 분하여 함은 어찜이며, 안색이 변함은 어찜이뇨? 7 네가 올바로 제물을 바친다 하여도, 올바로 나누지 아니하면, 죄를 지은 것이 아니뇨? 잠잠하라! 그것이 네게로 돌아온다 하면, 네가 그것을 다스리게 될 것이니라 (칠십인경 창 4:6-7)

하나님이 가인에게 하신 이 훈계 내지 경고에는 "네가 올바로 제물을 바친다 하여도, 올바로 나누지 아니하면, 죄를 지은 것이 아니뇨?"라는 말씀이 있는데, 무슨 목적 내지 근거로 이런 말씀을 하셨는지 명확하지가 않다. 이러한 모호성으로 인해 여러 가지 해석을 낳았는데, 이는, 하나님의 말씀인 성경을 해석하는 사람은 누구나 신앙의 규준에 따라 해석하려고 시도하는 까닭이다.

그런데 참되신 하나님께 제사를 드린다면, 그것은 올바로 제사를 드리는 것이다. 제사는 오직 그분 한 분에게만 드려야 한다. 그러나 "올바로 나누지 않는다"는 것은 장소나 시간, 혹은 드리는 제물을 올바로 구별하지 않거나, 누가 드리는지, 누구에게 드리는지, 드린 제물을 누구에게 나누어주어 먹게 하는지 하는 문제를 올바로 살피지 않는다는 뜻이다. "나눈다"는 것은 여기서 "구별한다"는 뜻으로 이해하도록 하자! 봉헌한다 해도, 봉헌해야 할 곳에 봉헌하지 않고, 다른 곳에 봉헌한다든지, 봉헌하지 말아야 할 때 봉헌한다든지, 그때가 아니라 다른 때 봉헌해야 할 것을 봉헌한다든지, 언제, 어디서든 절대 봉헌하지 말아야 할 것을 봉헌한다든지, 같은 종류의 것이라도, 더 좋은 것은 인간이 차지하고, 하나님께는 다른 것을 봉헌하거나, 봉헌한 제물을 먹는 일에 속된 사람이 참여하거나, 어느 누구라도 절대 참여해서는 안 되는 사람이 참여하는 경우, 이런 일이 발생한다.

이 중에서 어떤 이유로 가인이 하나님 뜻을 거슬렀는지 파악하기가 쉽지 않다. 하지만 사도 요한은 이 형제들에 대하여 이렇게 말한 바 있다.

> 가인 같이 하지 말라! 저는 악한 자에게 속하여, 그 아우를 죽였으니, 어찐 연고로 죽였느뇨? 자기의 행위는 악하고, 그 아우의 행위는 의로움이니라 (요일 3:12)

이 말씀은 이렇게 해석할 수 있다.

> 하나님이 가인의 제물을 돌아보시지 않은 것은, 그가 이것을 잘못 구별하였기 때문이다. 즉, 하나님께 자기의 소유 일부를 드리긴 했지만, 정작 자기 자신은 자기가 차지하고 있었기 때문이다.

이런 일은, 하나님의 뜻을 따르지 않고, 자기 자신의 뜻대로 하는 사람들 모두가 하는 일이다. 즉, 올바른 마음으로 살지 않고, 비뚤어진 마음으로 사는 사람들은 하나님께 예물을 바치기는 하지만, 그것으로 하나님의 환심을 살 수 있다 믿는다. 그래서 [하나님의] 도우심으로 자기네의 비뚤어진 욕심을 치유받으려 하지 않고, 채움 받으려 한다. 그리고 땅의 도성의 특징은 하나님 혹은 신들을 섬김으로써, 그 도움을 힙입어 승리를 얻고, 땅의 평화를 누리며 통치하려고 하는 데 있다. 곧, 사랑으로 섬기려 하는 것이 아니라, 지배욕을 채우려고 하는 데 있다.

선한 자들은 기실 하나님을 향유(享有)하기 위하여 세상을 이용한다. 반면, 악한 자들은 세상을 향유하기 위하여 하나님을 이용하지만, 하나님이 계시다는 사실, 하나님이 사람들의 일에 관심을 가지고 계신다는 사실을 믿는다. 물론, 이런 사실조차 믿지 않는, 훨씬 더 악한 자들도 있다.

가인이, 하나님이 아우의 제물은 돌아보시고, 자기의 제물은 돌아보시지 않았다는 사실을 알게 되었을 때, 그는 마음을 고쳐먹고, 착한 아우를 본받아야 했고, 교만한 자가 되는 일, 시기하는 일을 해서는 안 되었다. 그러나 그는 분하여 하였고, 안색이 변했다.

하나님이 가장 크게 책망하신 것은 바로 이 죄다. 곧, 다른 사람의 선함에 대해, 그것도 아우의 선함에 대해 분하여 한 것이다. 그래서 이것에 대해 책망하시면서 이렇게 힐문하셨다.

> 네가 분하여 함은 어찜이며, 안색이 변함은 어찜이뇨? (창 4:6-7)

그가 아우를 시기하고 있었기 때문에, 하나님이 보시고, 바로 이것을 책망하신 것이다.

기실, 사람들은 다른 사람의 마음을 잘 알지 못하는 까닭에, 가인이 분하여 한 것이, 자기의 사악함으로 말미암아 자기가 하나님을 기쁘시게 하지 못한 것을 알게 되었기 때문인지, 아니면, 하나님이 아우의 제물을 열납하시자, 하나님을 기쁘시게 한 아우의 선함으로 인해 마음이 상한 것인지, 의혹을 느낄 수 있고, 정말 불확실하다 여길 수 있다. 그러나 하나님은, 왜 그의 제물을 열납하시지 않았는지, 그 이유를 제시하시면서, 가인이 자기 자신을 싫어하는 것은 당연한 일이지만, 그가 아벨을 싫어하는 것은 부당한 일이라는 사실, 그가 "올바로 나누지" 않음으로써, 다시 말해 올바른 삶을 살지 않음으로써 불의한 인간이 되었고, 그의 제물은 열납될 가치를 상실하였다는 사실, 나아가, 의로운 아우를 아무 이유 없이 증오함으로써 더욱더 불의한 인간이 되었다는 사실을 보여 주셨다.

2. 그러나 하나님은 그를 물러가게 하시면서 거룩하고, 의롭고, 선한 명령을 안 내리신 것이 아니었다.

> 잠잠하라! 그것이 네게로 돌아온다 하면, 네가 그것을 다스리게 될 것이니라 (칠십인경 창 4:7)

아우를 다스리게 된다는 뜻인가? 결코 아니다. 그렇다면 죄를 다스리게 된다는 뜻이 아니겠는가? 이는, "죄를 지은 것이 아니뇨?"라는 말씀을 하신 다음, 이같이 덧붙이셨기 때문이다.

잠잠하라! 그것이 네게로 돌아온다 하면, 네가 그것을 다스리게 될 것이니라.

죄가 어떤 사람에게 돌아온다는 것은, 죄를 지으면, 그 책임을 다른 사람에게 돌리는 것이 아니라, 자기 자신에게 돌리는 것이 마땅하다는 사실을 알아야 한다는 뜻으로 이해할 수 있다.

이것이 바로 회개라는, 구원에 유익한 약이고, 용서를 비는 합당한 방법이다. 그러므로 "그것이 네게로 돌아온다 하면"이라는 말씀에서 직설법 미래 시제를 생각할 것이 아니라, 접속법 현재 시제를 생각해야 할 것이다. 다시 말해, 명령으로 생각해야지, 예상으로 생각해서는 안 될 것이다. 죄를 변명함으로써 죄를 상전으로 받들 것이 아니라, 회개함으로써 죄를 굴복시킬 때 비로소 누구든지 죄를 지배하게 될 것이다. 이렇게 하지 않고, [죄가] 다가올 때, [그것을] 옹호한다면, [죄가] 주인이 되고, [사람은] 그것의 노예가 될 것이다.

하지만 죄를 육신적인 정욕으로 생각할 수 있는데, 이에 대해서는 사도 [바울]이 이렇게 말하고 있다.

> 육체의 소욕은 성령을 거스르고 (갈 5:17)

[바울은] 육신의 열매 중 하나로 투기를 언급한 바 있지만,[1] 가인은 이것의 충동을 받아, 아우를 죽일 마음에 불타오르게 되었다. [그렇다면 창 4:7에서] 미래 시제를 생각해도 된다.

잠잠하라! 그것이 네게로 돌아온다 하면, 네가 그것을 다스리게 될 것이니라.

---

[1] 갈 5:21 (= "투기와 술 취함과 방탕함과 또 그와 같은 것들이라 전에 너희에게 경계한 것같이 경계하노니 이런 일을 하는 자들은 하나님의 나라를 유업으로 받지 못할 것이요") 참조.

즉, 사도 [바울]이 "죄"라고 부르는 육신적 부분이 충동을 받은 것이다.

> 이제는 이것을 행하는 자가 내가 아니요, 내 속에 거하는 죄니라 (롬 7:17)

철학자들도 영혼의 이 부분에 대해 결함이 있다고 말한다. 그래서 이 부분이 영혼을 이끌어서는 안 되고, 도리어 영혼이 이 부분을 지배해야 하며, 이 부분이 허락되지 않은 일을 하지 못하도록 이성의 통제를 받아야 한다고 한다.

하여간, 이 부분이 충동을 받아 무슨 그릇된 일을 하려고 할 때, 사도의 말씀으로 인해 안정을 되찾고 순종하게 되면, 마음이 순해지고, [주님께] 굴복하게 되어, 영혼의 회심이 이루어져, [이 부분이] 이성의 지배를 받게 된다.

아우에 대한 시기심의 불길에 휩싸인 자, 본받아야 할 아우를 죽이고 싶어한 자에게 하나님이 명하신 것은 바로 그것이었다. 하나님은 "잠잠하라! 죄에서 손을 떼라!" 말씀하셨다.

> 죄로 너희 죽을 몸에 왕 노릇 하지 못하게 하여, 몸의 사욕을 순종치 말고, 또한 너희 지체를 불의의 병기로 죄에게 드리지 말라! (롬 6:12-13)

[고삐를] 풀어 [죄를 짓도록] 도와주지 않고, 도리어 고삐를 당겨, 육신을 안돈(安頓)시킨다면, "그것이 네게로" 돌아올 것이다. 그러면 "네가 그것을 다스리게 될 것"이다. 그래서 외적인 행동이 허락되지 않을 경우, 인자한 영의 권세 아래서 다스림을 받는 습관이 생겨, 내적인 충동도 일어나지 않게 될 것이다.

같은 성경에 하와에 관하여 비슷한 말씀이 있다. [아담과 하와가] 죄를 짓고 난 후, 하나님이 심문과 재판을 행하실 때 뱀의 모양을 한 마귀와, 하와 및 [그녀의] 남편에게 정죄하시는 말씀을 하시면서 하신 것이다. 곧, 하나님은 하와에게 이렇게 말씀하셨다.

> 내가 네게 잉태하는 고통을 크게 더하리니, 네가 수고하고 자식을 낳을 것이며 (창 3:16a)

이어서 이렇게 덧붙이셨다.

> 너는 너의 남편에게로 돌아가고, 남편은 너를 다스릴 것이니라 (칠십인경 창 3:16b)

가인에게 죄에 대해, 육신의 타락한 정욕에 대해 하신 말씀을 여기서는 죄를 지은 여자에게 하신 것이다. 이를 통해 알 수 있는 것은, 남편이 아내를 다스리는 것과, 영혼이 육신을 다스리는 것은 비슷할 수밖에 없다는 사실이다. 이런 까닭에 [바울] 사도는 이렇게 말했다.

> 28 … 자기 아내를 사랑하는 자는 자기를 사랑하는 것이라. 29 누구든지 언제든지 제 육체를 미워하지 않고, … (엡 5:28-29)

이것은 [= 육신은] 우리의 것이므로, 치료해야 하는 것이지, 남의 것인 양(樣), 정죄를 해서는 안 된다.

그러나 가인은 하나님의 명령을 듣고서, 범법자가 되었다. 이는, 그가 시기라는 악덕에 사로잡혀, 아우를 꾀어 내어 죽였기 때문이다. 바로 이런 사람이 땅의 도성의 창건자였다.

그런데 가인은 그리스도를 죽인 유대인들을 예표하였다. 그리스도는 사람들로 구성된 양들의 목자였지만, 짐승들로 구성된 양들의 목자였던 아벨은 그리스도를 예표하였다. 이 풍유 속에는 예언적 내용이 들어가 있으므로, 나는 여기서 말을 아끼겠다. 그리고 내가 기억하기로는, 『마니교도 파우스투스 논박』이라는 책에서 이 문제에 대해 좀 이야기를 한 바 있다.

제8장

가인이 인류 역사의 시초에 도성을 건설한 이유는 무엇이었을까?

1. 이제 그러나 성경의 신빙성이 의심받는 일이 없도록 하기 위해, [성경의] 역사를 옹호해야 할 것으로 보인다. 성경 말씀에 의하면, 사람이 기껏 네 명밖에 없던 시절, 혹은, 형이 아우를 죽인 다음이므로, 세 명밖에 없던 시절, 한 사람에 의해 도성이 땅에 세워졌다 한다.[1] 그 셋은, 모든 사람들의 조상인 첫 사람과, 가인 자신 및 그의 아들 에녹이었다. 에녹의 이름으로 그 성의 이름이 지어졌다.

그러나 이 기사를 탐탁치 않게 여기는 사람들은 다음과 같은 사실을 별로 고려하지 않는 사람들이다. 곧, 이 거룩한 역사를 기록한 사람은 당시 살고 있었을 사람들을 반드시 다 거명한 것이 아니라, 이 책의 저술 목적과 관련 꼭 필요하다 여겨지는 사람들만 거명했다는 사실 말이다.

성경 기자는 성령의 도구가 되어 일을 한 것이지만, 그의 의도는, 한 사람 [아담]으로부터 그의 후손이 어떠한 세대를 거쳐 아브라함에 이르렀는지, 그 다음에는 아브라함의 씨에서 하나님의 백성에까지 이르렀는지 [밝히는] 것이었다. 이 백성은 다른 민족들과 구별되지만, 이 백성은 하나님의 도성에 관한 것을 다 예표, 예고하는데, 그 나라는 영원할 것이다. 또 그 나라의 왕이시며, 그 도성의 창건자는 그리스도시다. [성경 기자는,] 성령 안에서 자기가 예견한 모든 일이 이루어질 것을 [분명히 한다].

---

[1] 창 4:17 (= "아내와 동침하니 그가 잉태하여 에녹을 낳은지라 가인이 성을 쌓고 그 아들의 이름으로 성을 이름하여 에녹이라 하였더리") 참조.

그렇다 하여 우리가 "땅의 도성"이라 부르는, 다른 종류의 인간 사회에 대하여 침묵하는 것은 아니다. 즉, 하나님의 도성을 땅의 도성과 비교함으로써 하나님의 도성의 성격을 [좀 더] 명확하게 드러내기 위해서 필요한 범위 내에서는 충분히 언급을 했다.

그래서 하나님의 말씀인 성경은, 당시 사람들이 살았던 수명에 대해 이야기할 때, 그 한 사람 한 사람에 대해 "[그가] 자녀를 낳았으며, 몇 세를 향수하고 죽었더라"는 식으로 끝을 맺고 있다.

이때 그 자녀들의 이름을 밝히지 않지만, 그 첫 시대 사람들이 오래 살았다는 사실을 감안할 때, 그 시대에 많은 사람들이 태어났을 수가 있고, 그들이 모여 수많은 성읍을 세울 수가 있었다는 방향으로 생각해야 하는 것 아닐까?

그러나 하나님의 영감으로 이런 사실을 기록할 때, 이 두 사회를 처음부터 제각기 다른 계통으로 구별하여 기록하는 것이 하나님의 뜻이었다. 그리하여 사람들의 계통, 곧, 사람 뜻대로 사는 자들의 계통과, 하나님 자녀들의 계통, 곧, 하나님 뜻대로 사는 자들의 계통을 구별하여 [책을] 엮되, 대홍수에 이르러 두 사회의 분리와 융합을 이야기한다.

"분리"라는 말은, 두 도성의 계통이 따로따로 기록되었기 때문에 사용되었는데, 하나는 형제 살해자였던 가인의 계통이고, 다른 하나는 "셋"이라 불리는 사람의 계통이다. 셋 역시 아담의 아들로, 형이 살해한 자를 대신하여 태어났다.

한편 "융합"이라는 말은, 선한 자들이 악한 쪽으로 넘어가, 모두가 다 대홍수로 멸망당할 정도가 되었기 때문에 사용되었다. 다만, 노아라는 이름을 지닌 의인 한 사람과, 그의 아내와, 아들 셋과, 며느리 셋은 예외였다. 이들 여덟 사람은, 모든 가사적(可死的) 자들이 멸망당할 때 방주를 통해 [그 대홍수를] 피할 자격이 있다 인정되었다.

2. 그렇다면 [성경의] 다음 기록을 보자!

> 아내와 동침하니, 그가 잉태하여 에녹을 낳은지라. 가인이 성을 쌓고, 그 아들의 이름으로 성을 이름하여 에녹이라 하였더라 (창4:17)

이 기록 때문에 에녹이 가인의 장자였다 믿어야 한다 결론 내릴 수는 없다. 또 자기 "아내와 동침"했다고 말했다 하여, 마치 그가 처음으로 그녀와 동침한 것처럼 생각할 필요는 없다.

기실, 인류의 조상 아담에 대해서도, 그가 장자로 둔 것처럼 보이는 가인이 잉태되었을 때뿐 아니라, 나중에도 [성경에는] 같은 표현이 나온다.

> 아담이 다시 아내와 동침하매, 그가 아들을 낳아, 그 이름을 셋이라 하였으니, … (창 4:25)

여기서 알 수 있는 것은, 성경에 이런 표현이 자주 등장하기는 하지만, 사람이 잉태되었을 때, 항상 그런 것이 아니고, 양성이 처음 결합했을 때만 이런 표현이 나오는 것이 아니라는 사실이다. 또 그 성의 이름이 에녹의 이름을 따서 붙여졌다 해도, 그것이, 에녹이 그의 아비 [가인]의 장자였다고 우리가 생각해야 할 근거가 꼭 되는 것은 아니다. 이는, 가인에게 다른 아들들이 있었지만, 그가 무슨 이유인지는 몰라도 에녹을 다른 아들들보다 훨씬 더 사랑했을 것이라는 사실은, 근거 없는 이야기가 아닌 까닭이다. 기실, 유다도 장자가 아니었지만, 그에게서 유대 나라와 유대 민족의 이름이 유래하였다.

그러나 혹시 에녹이 그 도성 창건자의 장자로 태어났다 해도, 그가 태어났던 당시에, 그 아비에 의해 창건된 도성에 그의 이름이 붙여졌다 생각할 필요는 없다. 이는, 그때 단 한 사람에 의해 어떤 도성이 건설될 수 없었기 때문이다. 도성이란, 모종(某種)의 유대 관계로 엮인 인간의 집단 외에 다른 것이 아니다.

그러나 이 사람의 가족이 엄청난 수로 불어나, 한 민족을 이룰 만큼이 되었을 경우, 그때에는 도성을 건설하고, 건설된 그 도성에 자기 장자의 이름을 붙이는 일이 가능했을 것이다. 이는, 그 사람들의 수명이 엄청나게 길었던 관계로, 성경에 언급된 사람들은, 그들의 수명도 언급되지 않고 넘어간 일이 없었는데, 대홍수 이전에 가장 짧게 산 사람의 수명은 753세였다.[1] 천 살까지 산 사람은 아무도 없었지만, 구백 살을 넘긴 사람은 많았다.

그렇다면, 한 사람이 평생을 사는 동안, 인류가 아주 많이 불어서, 도성을 하나뿐 아니라 여럿을 창설할 정도였다는 사실을 누가 의심할 수 있겠는가? 이 사실은, 아브라함 한 사람으로부터 불과 400년 남짓한 세월 동안 히브리 민족의 수가 엄청나게 증가하여, 그 민족이 출애굽할 때, 전쟁에 나갈 수 있는 장정의 수가 60만에 달할 정도였다는 사실에서 아주 쉽게 추정할 수 있다. 이것은 이스라엘 민족에게 속하지 않은 에돔 족속은 제외한 수치다. (에돔 족속은 이스라엘의 형제이며 아브라함의 손자인 에서의 후손이다.) 또 아브라함이 아내 사라를 통해 낳지 않은, 아브라함의 다른 아들들의 후손도 제외한 수치다.

---

[1] 칠십인경 창 5:31에 등장하는 라멕의 나이. 히브리어 성경과 개역 성경에는 777세로 되어 있다. 365세에 휴거한 에녹의 죽음은 자연사로 인정되지 않은 것 같다.

제9장
대홍수 이전 사람들의 긴 수명과 큰 체구에 관하여

이러므로 사리를 현명하게 판단하는 사람이라면 아무도, 가사적(可死的) 인생의 수명이 그처럼 매우 길었던 시대에, 가인이 무슨 도성 하나를 건설한 것이 아니라, 엄청나게 큰 도성을 건설할 수 있었으리라는 것을 의심하지 않을 것이다.

혹시 불신자 중에는 우리의 권위 있는 [성경] 책에 기록된 것과 같이 당시 사람들이 그처럼 장수했다는 사실에 대해서 의문을 제기할 사람이 있을지 모른다. 그런 사람은 이런 기록의 신빙성을 부인할 것이다. 또 당시 사람들이 지금 사람들보다 체구가 엄청나게 컸다는 것도 믿으려 들지 않는다.

하지만 그들이 지극히 높이 떠받드는 시인 베르길리우스도 그 시대의 힘센 사람에 대한 이야기를 한다. 그 사람은 싸움하던 도중에 밭의 경계에 박혀 있던 거대한 돌을 빼어서, 달려간 다음, [그것을] 빙그르 돌리고는 내던졌다 한다.

> 그건, 힘센 장정 열두 명이 겨우 어깨에 멜까 말까 한 것.
> 요즘 세상에 태어나는 사람들의 체구를 기준으로 해서 말이다.[1]

[베르길리우스의 이 말은,] 당시 세상에는 더 큰 체구를 지닌 사람들이 태어났다는 뜻이다. 그렇다면, 그 엄청나게 악명 높은 대홍수 이전 시대 사람들은 얼마나 더 했겠는가?

---

[1] Vergilius, *Aeneis* XII, 899f.

그런데 [옛날 사람들의] 큰 체구에 관해서는 세월이 많이 흘러, 혹은 강물의 힘이나 여러 가지 우연한 일로 인해 무덤이 열려, 불신하던 사람들을 믿게 만들 때가 많다. 거기서는 죽은 사람들의 뼈가 드러나거나, 휩쓸려 나왔는데, 그 크기가 믿을 수 없을 만큼 크다. 나 자신도 우티카 해변에서 사람의 엄청나게 큰 어금니를 보았는데, 나 혼자만 본 것이 아니고, 나와 함께 여러 사람이 같이 보았다. 만약 그것을 우리의 치아 크기로 잘게 쪼갠다면, 백 개는 만들 수 있을 것으로 보였다. 하지만 나는 그것을 어떤 거인의 것으로 믿고 싶다.

당시 모든 사람들의 체구가 우리들보다 컸다는 사실을 차치하고라도, 거인들은 다른 사람들보다 훨씬 더 컸다. 예전 시대뿐 아니라 우리 시대에도, 체구가 평균치를 훨씬 넘기는 사례가 드물기는 했어도, 없는 일은 거의 없었다. 지극히 박식했던 사람 플리니우스 세쿤두스는, 시대가 많이 흐르면 흐를수록, 자연이 체구가 더 작은 사람들을 만들어 낸다고 증언한다. 그는, 호메로스도 [그의] 시에서 이런 현상을 자주 개탄했다고 언급한다. 즉, 플리니우스는 이것을 시인의 허구라고 웃어넘기지 않고, 자연에서 일어난 여러 가지 기적을 기록하는 사람처럼 역사적 사실로 받아들인다. 여하간, 내가 [이미] 말한 대로, 옛날 사람들의 신체 크기에 대해서는 유골들이 많이 발견되고, [그 유골들이 삭는 데] 오랜 시간이 걸리므로, 한참 후대의 사람들도 볼 수가 있다.

그러나 당시 살았던 사람이 얼마나 장수했는지를 지금 이와 같은 증거물을 통해 증명하는 것은 전혀 불가능하다. 하지만 그렇다 하여 이 거룩한 역사에 대한 믿음을 철회할 필요는 없다. [성경에] 예언된 바가 성취되고 있음을 우리가 목격하면 목격할수록, [성경] 이야기를 믿지 않는 것은 아주 파렴치한 일이 되고 만다.

그런데 앞에 언급한 플리니우스 역시, 이백 살을 사는 민족이 아직 있다고 말한다. 그러니까 오늘날에도 우리가 알지 못하는 곳에서는, 우리의 [일상적] 경험을 초월하는 수명을 누리는 사람들이 있다는 이야기를 믿는다면, [아주 옛날에는] 그런 때가 있었다는 것을 믿지 못할 이유가 무엇인가? 이곳에서는 일어나지 않지만, 다른 곳에서 일어나는 일은 믿을 만한데, 지금 이 시대에는 일어나고 있지 않지만, 옛 시대에는 일어났을 것이라고 믿어서는 안 된다는 것인가?

제10장
조상의 수명과 관련 히브리어 성경과 라틴어 성경 사이의 차이에 관하여

그러므로 [대홍수 이전 시대 사람들의] 연령과 관련 히브리어 성경과 라틴어 성경 사이에 차이가 있는 것처럼 보이지만, 무엇 때문에 이렇게 되었는지는 나도 [잘] 모른다. 하지만 그 차이가, 그 [시대] 사람들이 대단히 장수했다는 사실에 대해서까지 의견 불일치가 있을 정도로 큰 것은 아니다.

예를 들어, 이탈라 성경에 보면, 첫 사람 아담은 "셋"이라 불리는 아들을 낳았을 때 230세였다 되어 있는데, 히브리어 성경에는 130세라 되어 있다. 또 이탈라 성경에는 셋을 낳은 후에 700년을 살았다 되어 있는데, 히브리어 성경에는 800년을 살았다 되어 있다.[1] 그러나 합계를 내 보면, 두 성경이 일치한다.

---

[1] 창 5:3-4 (= "3 아담이 일백삼십 세에 자기 모양 곧 자기 형상과 같은 아들을 낳아 이름을 셋이라 하였고 4 아담이 셋을 낳은 후 팔백 년을 지내며 자녀를 낳았으며") 참조.

그리고 그 이후 세대의 경우에도 아들을 낳았을 때의 나이가 이탈라 성경에는 히브리어 성경보다 100살이 더 많았다 되어 있고, 그후의 생존 연수를 보면, 히브리어 성경이 이탈라 성경보다 100살 더 많게 기록되어 있다. 그래서 결국 합계를 내 보면, 이쪽이나 저쪽이나 같게 나온다.

그러나 제6대에서는 두 성경에 전혀 차이가 없다. 하지만 제7대에 태어난 에녹은 하나님을 기쁘시게 하는 자였으므로, 죽지 않고 옮김을 받았다고 이야기하는데, 그의 경우에도 앞의 다섯 대처럼, 여기에 언급된 아들을 낳았을 때 나이가 100살 차이가 난다. 그러나 합계는 같게 나온다는 점에서 비슷하다. 즉, 두 성경 다 옮김을 받기 전까지 365년을 살았다고 되어 있다.

제8대에서는 약간의 차이가 있기는 하지만, 차이가 얼마 안 되고, 이전 세대의 경우와는 그 성질도 다르다. 즉, 에녹이 낳은 [아들] 므두셀라가 라멕을 낳았을 때의 나이가 히브리어 성경에는 [이탈라 성경보다] 백 살 더 적은 것이 아니라, 스무 살 더 많은 것으로 되어 있다. 그러나 이탈라 성경에는 라멕을 낳은 후 스무 해를 더 많이 산 것으로 되어 있으므로, 그의 전체 수명은 두 성경이 다 같게 나온다.

제9대, 곧, 므두셀라의 아들이자, 노아의 아버지인 라멕의 경우에만 합계에 차이가 나는데, 그 차이는 심하지 않다. 즉, 히브리어 성경에는 이탈라 성경보다 라멕이 24년을 더 많이 산 것으로 되어 있다. 그가 노아라 이름하는 아들을 낳은 나이에 대해서는 히브리어 성경이 이탈라 성경보다 6살 더 적게 되어 있다. 그러나 노아를 낳은 다음에 산 햇수에 대해서는 30년이 더 많게 되어 있다. 그러므로 6년를 제하면, 방금 말한 대로, 24년이 더 많게 되어 있는 것이다.

제11장
대홍수 후에도 14년 더 산 것처럼 보이는 므두셀라의 나이에 관하여

히브리어 성경과 이탈라 성경 사이의 이 차이로 인해 므두셀라가 대홍수 후에도 14년을 더 산 것이 아니냐는 유명한 문제가 발생한다. 성경에는 당시 세상에 살던 사람들 중 오직 방주에 들어간 여덟 명만 대홍수로 인한 멸망을 피했다고 되어 있는데, 므두셀라는 그 여덟 명 속에 포함되어 있지 않았다.

이탈라 성경에 의하면, 므두셀라는, 그가 "라멕"이라 이름을 붙인 아들을 낳기 전까지 167년을 살았고, 그후 라멕 자신은, 그에게서 노아가 태어날 때 188세였으므로, [노아가 태어날] 당시 므두셀라의 나이는 355세가 된다. 여기에 대홍수가 일어났던 해의 노아의 나이 600세를 합하면, 므두셀라가 태어난 때로부터, 대홍수가 일어난 해까지는 955년이 된다.

그러나 므두셀라는 969세를 향수(享壽)했다고 계산된다. 이는, 167세에 "라멕"이라 이름하는 아들을 낳았고, 그를 낳은 후 802년을 더 살았으니까, 우리가 말한 대로, 합하여 969년이 된다. 여기서 므두셀라의 출생부터 대홍수까지 955년을 빼면, 14년이 남는데, 이 기간만큼 므두셀라가 대홍수 이후에 생존했을 것으로 믿어지는 것이다.

이런 이유로 어떤 사람들은, 본성상 물속에 살 수 없는 모든 생물이 소멸하였음이 분명한 까닭에, [므두셀라가 그 14년을] 땅에서 지낸 것이 아니라, 옮김을 받은 그의 아비와 함께 얼마 동안 있었고, 대홍수가 지나가기까지 그곳에 살았을 것이라 생각했다. 이는, 교회가 상당히 높은 권위를 인정한 번역의 신빙성을 그들이 훼손할 생각이 없었기 때문이다. 즉, 맞지 않는 내용을 지닌 책은 이탈라 성경이 아니라, 오히려 유대인들이 사용하는 [히브리어] 성경이라 그들은 생각했던 것이다.

그들은, 여기서 번역자들에게 잘못이 있었다는 사실을 인정하지 않는다. 즉, 원어 성경이 헬라어 성경을 거쳐 이탈라 성경으로 번역되는 과정에서 오류가 생겼을 리가 없다는 것이다. 이뿐 아니라『칠십인경』의 번역자들은 [구약 성경을] 같은 때 함께 토씨 하나 틀리지 않고 번역을 했기 때문에, 그들에게 오류가 있었을 리가 만무하고, 그들에게 아무 상관이 없는 문제에 대해 날조를 하려는 생각을 하지 않았을 것이라고도 한다. 하지만 유대인들이 우리를 시기하여, 율법과 선지자가 번역을 통해 우리 손에 넘어오는 것을 방지하기 위해, 자기네 성경에 약간의 변경을 가하여, 우리 성경의 권위를 떨어뜨리려 했다고 한다.

이런 의견 혹은 의혹에 대해서는 각자 믿는 바에 따라 수용 여부를 결정할 수 있을 것이다. 하지만 확실한 것은, 므두셀라가 대홍수 이후에는 살지 않았다는 것, 히브리어 성경에 나오는 햇수가 맞다면, 그는 바로 그해에 별세했다는 것이다.

그러나 그 70명의 번역자들에 대해서 내가 생각하는 바는, 본서의 저술 목적상 꼭 필요하다면, 그들이 번역한 시대를 논할 때 주님의 도우심에 따라 적절한 개소(個所)에서 보다 상세하게 취급해야 할 것이다.

[다만,] 지금의 문제와 관련해서는 두 성경 다, 당시 사람들의 수명이 매우 길었다고 기록한다는 점을 인정하는 것으로 충분하다. 그래서 당시 세상에 존재했던 단 두 명의 부모로부터 태어난 맏아들 한 사람의 수명만 보더라도, 인종이 도성 하나를 건설할 수 있을 만큼 많이 늘어날 수 있었다는 사실을 알면 된다.

제12장

상고 시대 사람들은 성경에 기록된 것처럼
오래 살지 않았다고 믿는 사람들의 견해에 관하여

1. 상고 시대에는 햇수를 계산하는 방법이 달랐다고 믿는 사람들의 말은 귀담아 들을 필요가 전혀 없다. 즉, 그들은, 당시에는 1년이 매우 짧아서, 현재의 1년이 당시에는 10년이었다고 믿는다. 그들은 이렇게 말한다.

> 그러므로 누구든, 어떤 사람이 900살을 살았다는 이야기를 듣거나 읽는다면, 90살이라는 뜻으로 이해해야 한다. 이는, 그때의 10년이 지금의 1년이고, 지금의 10년이 그때의 100년이기 때문이다.

그러므로 그들이 믿기로는, 아담은 23살 되었을 때 셋을 낳았다. 그리고 셋이 20살하고도 6개월 되었을 때, 그에게서 에노스가 태어났다. 성경에는 당시 셋의 나이가 205세라 되어 있다.

우리는 그들의 견해를 소개하는 입장이지만, 그들이 주장에 따르자면, 옛날 사람들은 지금 우리의 1년을 열 부분으로 나누었고, 그 부분 하나 하나를 "1년"이라 불렀다는 것이다. 그리고 그 부분 하나는 6의 자승이라 한다. 또 그 이유는, 하나님이 엿새 동안에 일을 하시고, 제7일에는 쉬셨기 때문이라고 한다. (나는 제11권 [8장]에서 이 문제를, 내 능력이 허락하는 범위 내에서 논했다.)

그런데 6의 자승은 36이므로, 6일의 여섯 배는 36일이고, 그 열 배는 360일이 되어, 음력으로는 열두 달이 된다. 그러므로 양력으로 1년을 채우려면 닷새가 남고, 거기다가 1/4일이 또 남는다. 이로 인해 4년에 한번 오는 윤년에 하루를 더한 것이다. 옛날 사람들도 한 해의 날수를 채우기 위해 나중에 날을 보탰고, 로마 사람들은 이런 날을 "윤일"(閏日)이라 불렀다.

그래서 그들 말에 따르면, 셋이 낳은 에노스 역시, 그에게서 그의 아들 게난이 태어난 것은, 그의 나이 19세 때의 일이었다. 성경에는 190세로 되어 있다. 그리고 계속 보면, 대홍수 이전 사람들은 모든 세대에 걸쳐 (우리 칠십인경에 나이가 언급돼 있을 경우) 100세 이하의 나이나 120세 혹은 이보다 조금 더 된 나이에 아들을 낳은 사람은 거의 아무도 없다. 제일 젊어서 아들을 낳은 사람들이 160세였다고 되어 있다.

그들은 말하기를, 당시 사람들은 열 살을 백 살이라 했지만, 아무도 열 살에 자녀를 낳을 수 없는 것이고, 열여섯은 돼야 성숙한 사춘기가 되어 자녀 생산에 적합하게 되며, 이 나이를 당시는 "160세"라 했다고 한다.

그런데 당시는 1년을 다르게 계산한 것이 못 믿을 일은 아니라는 점을 설명하기 위해 그들은 수많은 역사 기록자들의 말을 덧붙인다. 즉, 애굽 사람들은 4개월을 1년으로 계산했고, 아카르나니아 사람들은 6개월을, 라비니움 사람들은 13개월을 1년으로 계산했다는 것이다. 대(大) 플리니우스는 언급하기를, [옛날] 책에 보면, 어떤 사람은 152세를 살았고, 또 어떤 사람은 이보다 10년을 더 살았고, 또 어떤 사람들은 200세, 또 어떤 사람들은 300세를 살았으며, 또 어떤 사람들은 500세, 또 어떤 사람들은 600세를 살았고, 800세까지 산 사람들도 없지 않았지만, 이 모든 이야기는 시간을 [제대로] 계산할 줄 몰랐기 때문에 만들어졌을 것이라 생각하였다. 플리니우스는 이렇게 말한다.

> 어떤 사람들은, 여름과 겨울로 각각 1년이 끝난다고 보았고, 어떤 사람들은 아르카디아 사람들은 [1년을] 넷으로 나누어, 석달을 1년으로 보았다.

플리니우스는 또 덧붙여 말하기를, 애굽 사람들은, 우리가 앞에서 말한 대로, 4개월을 1년이라 했는데, 그믐달이 될 때마다 1년이 끝난 것으로 볼 때도 있었다 한다. "그래서 그들에게는 수천년을 산 사람들이 있었다는 이야기가 전해진다"는 말을 한다.

2. 이와 같이 그럴 듯한 논거를 가지고 어떤 사람들은 성경에 기록된 이러한 역사의 신빙성을 무너뜨리지 않을 뿐 아니라, 도리어 옛 사람들이 그처럼 오래 살았다고 하는 이야기가 믿지 못할 것이 아님을 증명하기 위해 애를 쓴다. 당시에는 짧은 기간을 1년이라 불렀으므로, 그들에게 10년은 우리의 1년에 해당하고, 우리의 10년은 그들의 100년에 해당한다고 그들은 스스로 믿고, 자기네가 그런 말 하는 것에 대해 지나치다는 생각을 하지도 않는다.

하지만 이것이 대단히 잘못된 것이라는 사실이 아주 명확한 증거를 통해 밝혀질 수 있다. [그러나] 내가 이것을 밝히기 전에, 어떤 추측이 더 믿을 만한 것인지에 관해 침묵하지 않는 것이 좋을 것으로 나는 생각한다.

우리는 분명 이런 주장을 히브리어 성경을 근거로 논박하여 물리칠 수 있었다.[1] 히브리어 성경에는 아담이 셋째 아들을 낳은 것은 230세가 아니라, 130세였다고 되어 있다. 만약 이 나이가 우리 계산으로 13세를 의미하는 것이라면, 아담이 첫째 아들을 낳은 것은 11살이었든지, [많았더라도] 그보다 별로 더 많지 않았을 것이다. 우리가 아주 잘 알고 있는 일반적인 자연의 법칙을 생각할 때, 누가 이 나이에 [자식을] 낳을 수 있는가?

하지만 아담은 필시 창조 당시에 이미 [자식을 낳을 수] 있었을 것이므로, 이 문제는 그냥 넘어가도록 하겠다. 이는, 아담이 우리의 갓난아이들처럼 작게 창조되었다고 믿을 수가 없기 때문이다.

그러나 그의 아들 셋이 에노스를 낳은 때는, 우리 [이탈라] 성경에는 205세로 되어 있지만, [히브리어 성경에는] 105세로 되어 있다. 그러므로 이 사람들 입장에서 당시 셋은 11살도 채 되지 않았다. 그의 아들 게난에 대해서는 무슨 말을 할 것인가? 그가 마할랄렐을 낳은 때는, 우리 [이탈라]

---

[1] 본서 제15권 10장 참조.

성경에는 170세로 되어 있지만, [히브리어 성경에는] 70세로 되어 있다. 만약 당시 70세라 한 것이 오늘날의 7세에 해당한다면, 일곱 살에 [자식을] 낳을 사람이 [도대체] 누구란 말인가?

제13장
햇수 계산에서 히브리어 성경의 권위를 칠십인경 번역자들의 권위보다 더 높이 평가하여 따라야 하는가?

1. 그러나 내가 이런 말을 하면, "그건 유대인들의 날조"라고 즉각 반박할 것이지만, 나는 이 문제를 앞에서 [= 제11장에서] 충분히 취급했다. [그들 말에 의하면,] 칠십인경의 번역자들처럼 칭송받기에 족한 훌륭한 인물들이 날조를 했다는 것은 있을 수 없는 일이다.

어느 쪽이 더 믿을 만한지를 내가 묻는다면, 그 중 하나는, 유대인들은 먼 지방까지 널리 퍼져 있으면서도 이런 날조된 글을 쓰기 위해 마음이 하나되어 공모를 할 수 있었고, 다른 민족들이 [성경에] 권위를 부여하는 것에 대해 좋지 않게 생각하여 스스로 진리를 왜곡했다는 주장이고, 다른 하나는, 애굽 왕 프톨레마이오스가 이 [번역] 작업을 위해 한 장소에 모은 70명도 유대인이어서, 진리가 다른 민족에게 전해지는 것을 좋지 않게 생각하여, 같은 방향으로 뜻을 하나로 모아, 날조하는 일을 했다는 주장인데, 이 가운데 어느 주장이 더 그럴듯하고, 믿을 만한지를 누가 모르겠는가?

그렇지만, 지각 있는 사람이라면, 유대인들이 아무리 비뚤어지고, 완악한 사람들이라 할지라도, 대단히 많은 사본들이 아주 멀리, 또 광범하게 분산돼 있는데, 그 사본들에 대해 그런 짓을 했을 것이라고 믿어서는 안 될 것이다. 또 저 고명한 70인이 이방인들을 시기하여, 진리가 전해지는 것을 막는 계획에 동참했을 것이라고 믿어서도 안 될 것이다.

그렇다면, 당초 프톨레마이오스 [왕]의 도서관에서 이것의 필사를 시작할 때, 잘못된 내용이 하나의 사본에 들어가고, 그것이 시초가 되어 필사할 때마다 점점 더 널리 퍼져 갔을 것이라 주장하는 사람이 있다면, 그런 사람의 말이 더 믿을 만할 것이다. 물론, 번역자 쪽에서 오류가 생기는 것도 가능했다.

그런데 므두셀라의 수명에 관한 문제의 경우 이러한 추측을 해도 무리는 없다. 또 다른 사람의 [= 라멕의] 경우에는 24살 차이가 나는데, [이것도 마찬가지다].[1]

하지만 다른 경우에는 비슷한 오류가 계속되어, 계보에 들어간 아들을 낳기 전의 나이가 한쪽에서는 100년이 남고, 다른 쪽에서는 100년이 모자라는데, 낳은 후에는 부족했던 곳에서는 남고, 남았던 곳에서는 모자라, 합계는 같아진다. 또 이런 일이 제1대, 2대, 3대, 4대, 5대, 7대에 나타난다. 이런 오류에 일종의 연속성이 있기 때문에, 우연한 일이라는 느낌이 들지 않고, 의도적이라는 느낌이 든다.

2. 그렇다면, 헬라어 및 라틴어로 된 사본과 히브리어 성경 간의 이런 숫자상의 차이는, 여러 대에 걸쳐 [사람들 나이에] 처음에는 100년을 더했다가, 나중에는 100년을 뺀 것을 제외한다면, 유대인들의 악의나, 70인 번역자들의 고의에 그 책임을 돌릴 것이 아니라, 앞에 언급한 왕실 도서관에서 필사할 사본을 처음 수령했던 필사자의 실수로 돌려야 할 것이다. 왜냐하면 오늘날도 숫자가 이해하기 쉽거나, 아는 것이 유익하다 생각될

---

[1] 므두셀라에 대해서는 11장, 라멕에 대해서는 10장 참조.

만큼 [사람들의] 주의를 끄는 것이 아니라면, 적당히 필사하거나, 심지어는 적당히 고치는 일이 있기 때문이다. 도대체 누가, 이스라엘 각 지파가 몇 천 명이었는지를 알아야 하겠다고 생각하겠는가? 이런 것은 알아보았자 유익하다 여겨지지 않기 때문이다. 이런 지식에 아주 큰 유익이 있다 생각하는 사람이 도대체 얼마나 되겠는가?

여기서는 그러나 여러 대 연속으로 100년을 어떤 때는 더하고, 어떤 때는 빼지만, [계보에] 들어가 할 아들이 태어난 후에는, 앞에서 보탠 것을 빼고, 앞에서 뺀 것을 보태, 합계를 맞춘다. 이렇게 한 사람에게는 분명히 의도가 있었을 것이다. 즉, 옛날 사람들이 아주 오래 살았다 하는 것은, 당시 1년이 매우 짧았기 때문이라는 것을 설득하고 싶었을 것이다. 또 자녀를 낳기에 적합한 성년 시기와 관련해서도 햇수를 맞추어 보려고 노력했을 것이다. 그래서 [옛날] 사람들이 그처럼 오래 살았다는 사실을 믿기 어려워하는 사람들을 상대로 당시의 100년이 우리의 10년에 해당한다 말해 주려고, 자녀를 낳기에 적합하지 않는 나이를 보고서는 100년을 더한 다음, 합계를 맞추려고, 자녀를 낳은 후에는 100년을 뺏을 것이다. 이렇게 함으로써 자녀 낳기에 적합하다 믿을 수 있는 나이로 만들면서도, 각 사람의 전체 수명에 대해서는 속임수를 쓰고 싶지 않았을 것이다.

그런데 제6대에서는 그런 일을 하지 않았다. 이 사실이 우리에게 가르쳐 주는 것은 이것이다. 곧, 우리가 이야기하고 있는 그 문제가 그것을 요구할 때는 그런 일을 했고, 요구하지 않을 때는 그런 일을 하지 않았다는 것이다. 히브리어 성경에 보면, 제6대 야렛은 162세에 에녹을 낳았는데 (창 5:18), 이것은 당시 1년이 매우 짧았다고 한다면, 16세하고도 두 달이 채 안 된다. 그 나이는 [자녀를] 낳기에 적합하였다. 그래서 짧은 햇수 100년을 더하여, 우리 시대 나이 26세를 만들 필요가 없었다. 또 에녹이 태어난 후에도 100년을 뺄 필요가 없었는데, 이는, 그가 태어나기 전에 100년을 더한 일이 없기 때문이다. 이런 이유로 여기서는 두 성경에 전혀 차이가 생기지 않은 것이다.

하지만 다시 제8대에서 문제가 발생한다. 즉, 히브리어 성경에 보면, 므두셀라에게서 라멕이 태어날 때, 므두셀라의 나이는 182세로 되어 있어, 우리 [이탈라 성경보다] 스무 살 적게 되어 있다. 보통 같으면 100살을 더했을 텐데 말이다. 여하간, 라멕이 태어난 다음에는 합계를 맞추기 위해 스무 살을 도로 더해 주어, 라멕의 수명은 양쪽 사본에서 차이가 안 난다.

만약 170세를 성년에 접어 드는 때로 생각해서 [요즘의] 17세로 이해했다면, 더하거나 뺄 필요가 전혀 없었다. 이는, 므두셀라가 자녀 생산에 적합한 나이가 되었기 때문이다. 다른 세대에서는 성년기에 접어드는 때가 아니었던 관계로, 100살을 더한 것이다.

그렇다면, 스무 살 차이에 대해서는 우연한 실수로 생길 수 있었을 것이라고 생각하는 것이 당연할지 모른다. 그렇지 않은 경우, 먼저 그 뺀 것만큼 나중에 더하여, 합계가 맞도록 조치했을 테니 말이다. 아니면 혹시, 먼저는 으레 100년을 더하고, 나중에는 뺀 것에 아무 의도가 없었다 숨기려고 그렇게 아주 교활한 술책을 사용했다 생각해야 할까? 필요하지 않은 곳에서조차, 비록 100년은 아니라 해도, 단 몇 년이라도 먼저는 뺐다가 나중에는 더했으니까, 그런 일이 생겼다고 여길 만하지 않은가?

하지만 이것을 어떤 방향으로 생각하든, 그런 일이 생긴 것은 그 때문이라고 믿든, 안 믿든, 또 결국에는, 사실이 그런 것이든, 아니든, 내가 결코 의심할 수 없는 사실은 이것이다. 곧, 양쪽 사본에 무슨 차이가 발견된다면, 역사적 사실에 관해서는 양쪽이 다 옳다고 할 수 없으므로, 원어로 된 사본 쪽을 더 믿어야 한다는 것이다. 번역본은 원어 성경에서 다른 언어로 번역된 것이다. 다만, 헬라어 사본 셋과, 라틴어 사본 하나와, 시리아어 사본 하나가 서로 일치하여, 므두셀라가 대홍수 발생 6년 전에 죽었다고 하는 것이 사실이다.

제14장

상고 시대의 1년과 지금의 1년은 똑같이 흘렀고, 똑같은 길이였다는 것에 관하여

1. 이제 그러면 당시 10년이 우리의 1년에 해당할 만큼 짧지 않았고, 도리어 지금 우리의 1년이 매우 장수했던 사람들이 계산했던 1년과 같은 길이라는 사실이 도대체 어떻게 명확하게 설명될 수 있는지를 살펴보기로 하자! (1년은 당연히 태양의 공전 주기로 정한다.)

그런데 [성경에는] 노아가 600세 되던 해, 대홍수가 났다고 기록돼 있다. 만약 당시에는 1년이 아주 짧아서, 당시 10년이 우리의 1년에 해당하고, 당시 1년이 36일밖에 되지 않았다면, 도대체 어째서 다음과 같이 기록돼 있는가?

10 [칠 일 후에] 홍수가 땅에 덮이니, 11 노아 육백 세 되던 해 이월, 곧, 그달 십칠일이라 (창 7:10-11).

옛날 사람들이 이렇게 짧은 기간을 "1년"이라 불렀다면, 당시에는 달이 없었거나, 있었더라도 한 달의 길이가 3일밖에 안 되는 12개월이었을 것이다.

그러니까 만약 그때의 달과 지금의 달이 같지 않다면, 어떻게 여기에 "노아 육백 세 되던 해 이월, 곧, 그달 십칠일"이라는 말이 나오겠는가? 도대체 무슨 방법으로 홍수가 2월 27일에 시작되었다는 말을 할 수 있겠는가? 그 다음에는 뒤에 홍수의 끝에 관해서 다음과 같이 기록하고 있다.

4 칠월, 곧, 그달 이십칠일에 방주가 아라랏 산에 머물렀으며, 5 물이 점점 감하여, 십일월, 곧, 그달 일일에 산들의 봉우리가 보였더라 (칠십인경 창 8:4-5).

그러므로 그때의 달과 지금의 달이 같았다면, 그때의 해와 지금 우리의 해가 같을 것이다. 정말이지, 사흘이 한 달이었다면, 27일이라는 날짜는 존재했을 수가 없다.

혹시 만약 당시 3일의 1/30을 "하루"라 했다면, 모든 것이 그에 비례해서 줄어들었을 것이다. 그렇다면, 대홍수가 "사십 주야를"(창 7:12) 계속했다고 기록된 것도, 다 합쳐 보았자, 우리의 나흘 동안에 일어난 일이 된다.

누가 이런 어리석고 허탄한 생각을 용인(容認)하겠는가? 그러므로 그릇된 추측을 근거로 성경의 권위를 세워 보려고 하는 이런 잘못된 생각은 버려야 한다. 이런 생각은 결국 다른 면에서는 믿음을 망가뜨린다.

당시나 지금이나 하루의 길이는 완전히 같아서, 24시간의 순환으로 하루를 정한다. 당시나 지금이나 한 달도, 달의 참으로 시작하고, 기울어짐으로 끝낸다. 당시나 지금이나 1년도 음력 12개월에다가 5일과 1/4일을 더하여 태양의 공전 주기와 맞춘다.

이런 길이로 1년을 계산하여, 대홍수가 시작된 것은, 노아가 600세 되던 해 2월 27일이라 하였다. 그 홍수 때 40일 간 엄청난 비가 계속 쏟아졌다 기록되고 있지만, 그때의 하루는 2시간 남짓한 길이의 하루가 아니라, 낮과 밤 24시간으로 구성된 하루였다.

그리하여 [홍수 이전의] 상고 시대 사람들은 900년이 넘는 장구한 세월 동안 살았지만, [홍수] 이후에 태어난 아브라함은 175세까지 살았고, 그의 아들 이삭은 180세까지 살았고, 이삭의 아들 야곱은 150세 가까이 살았다. 그리고 얼마의 세월이 지난 후, 모세는 120세까지 살았다. 지금 우리는 70세, 80세까지 살지, 그 이상 사는 경우는 드물다. 하지만 그때 1년이나 지금 1년이나 길이는 같다. 인생의 수명에 대해서는 다음과 같은 말씀이 있다.

[우리의 연수가 칠십이요, 강건하면 팔십이라도,] 그 연수의 자랑은 수고와 슬픔뿐이요 (시 90:10)

2. 하지만 히브리어 성경과 우리 [이탈라] 성경 간의 숫자상의 차이는, 상고시대 사람들의 장수와 관련된 차이가 아니다. 그리고 차이가 워낙 커서, 양쪽을 다 참이라 인정할 수 없을 정도라면, 역사적 사실에 관한 한, 우리가 지니고 있는 번역본의 근원이 되는 원어 성경의 신빙성을 믿어야 할 것이다.

이 가능성이 원하는 사람들에게는 열방 중 어디서나 열려 있지만, 70인경 번역자들이 히브리어 성경과 다른 말을 하는 것처럼 보이는, 그 수많은 개소(個所)에 대해 그것을 고치려고 시도를 감행한 사람이 아무도 없었던 데에는 이유가 없는 것이 아니다. 정말이지, 이런 차이가 착오로 여겨지지 않았다. 나 역시 그것을 착오로 여겨야 한다고는 절대 생각하지 않는다.

만약 필사자 쪽의 오류가 아니라면, 번역자들이 하나님의 영의 감동으로 무슨 말을 다르게 하고 싶었을 것이라고 믿을 수 있다. 그 뜻이 진리에 부합하고, 그 말이 진리를 선포하는 것이라면, [그런 일이 가능할 것이다.] 즉, 그들이 번역자로서의 책무에 얽매이기보다는, 예언자로서의 자유를 누렸을 수 있다.

그러므로 권위 있는 사도들도 성경 말씀을 증거로 인용할 때, 히브리어 성경만 사용한 것이 아니라, 칠십인경도 함께 사용했는데, 그것은 당연한 일이었다.

그러나 나는, 하나님이 도와주시면, 이 문제를 더 적절한 곳에서 더 상세하게 논하겠다고 약속한 바 있다. 지금 나는 당면한 문제를 취급하고자 한다.

[상고 시대에는] 사람들이 아주 오래 살았기 때문에, 첫 사람에게서 태어난 아들이 성을 건설할 수 있었다는 사실은 의심할 수 없다. 물론, 그 성은 땅의 도성이지, "하나님의 도성"이라 불리는 것이 아니다. 우리가 이 엄청난 책을 집필하는 작업을 시작한 것도 하나님의 도성에 관해 글을 쓰기 위해서였다.

제15장
상고 시대 남자들이 자녀를 낳았다고 기록된 그 나이까지 동침을 삼갔다고 믿을 수 있는가?

1. 그런데 혹자는 이런 말을 할 수 있다.

> 자녀를 낳을 능력이 있고, 금욕을 작정하지도 않은 사람이, 100살이 넘도록, 혹은 히브리어 성경을 따른다 하더라도, 그보다 약간 적은 나이까지, 그러니까 80세, 70세, 60세까지 동침을 하지 않았을 것이라고, 혹은, 동침을 하지 않은 것이 아니라면, [그 나이까지] 자녀를 낳을 수가 전혀 없었다고 믿어야 하는가?

이러한 의문은 두 가지 방법으로 풀린다. 수명 자체가 길었던 만큼, 그에 비례하여 사춘기도 늦었든지, 아니면, 여기에 언급된 아들이 장자가 아니었을 것이다. 내가 보기에는, 나중 가설이 더 신빙성 있을 것 같다. 곧, 노아와 아브라함의 족보를 만드는 데 필요한 사람이 언급되었을 것이다. 그 족보는 노아에까지 내려왔고, 우리가 보는 대로, 노아에게서 다시 아브라함에게로 내려왔다. 그리고 그 다음에도 일정한 시점까지 지극히 영화로운 도성의 진행 과정을 묘사하는 데 필요한 만큼 이어졌다. 이 도성은 이 세상에서 순례하면서 위에 있는 본향을 찾고 있다.

그런데 부인할 수 없는 사실은, 남녀의 결합으로 태어난 모든 사람 중 첫 번째 사람은 가인이라는 것이다. 가인이 태어나자, 아담이 "내가 여호와로 말미암아 득남하였다"(창 4:1)는 말을 했다고 [성경에] 기록되어 있지만, 아담과 하와 두 사람에게서 태어난 첫 번째 사람이 가인이 아니었다면, 그런 말을 했을 까닭이 없다.

가인에 이어 태어난 사람은 아벨인데, [그의] 형이 그를 살해했다. 아벨은 순례하는 하나님의 도성에 대한 일종의 표상이었다. 이는, 이 도성이 불경건한 자들, 어떤 의미로는 땅에서 태어난 자들, 다시 말해, 땅을 본향으로 생각하면서 사랑하고, 땅의 도성이 주는 행복을 즐거워하는 자들에게서 부당한 핍박을 받을 것을 최초로 보여 주었다. 하지만 아담이 몇 살에 가인과 아벨을 낳았는지는 [성경에] 나타나지 않는다.

이때부터 계통이 갈라진다. 하나는 가인으로부터 시작되는 계통이고, 다른 하나는 셋으로부터 시작되는 계통이다. 셋은, 가인이 죽인 아벨의 대를 잇기 위해 아담이 낳은 아들로, 아담은 그에게 "셋"이라는 이름을 붙여 주면서 이런 말을 했다고 기록되어 있다.

> 하나님이 내게 가인의 죽인 아벨 대신에 다른 씨를 주셨다 (창 4:25)

그러므로 이 두 계통 중 하나는 셋의 계통이고, 다른 하나는 가인의 계통인데, 이 두 계통은, 우리가 논하고 있는 이 두 도성이 상이한 질서로 진행하는 것을 암시하고 있다. 이 두 도성 중 하나는 땅에서 순례하는 하늘의 도성이고, 다른 하나는 땅의 도성인데, 후자는, 땅의 기쁨이 마치 유일한 기쁨인 것처럼, 그것만을 추구하고, 그것만을 붙좇는다.

가인의 후손은 아담으로부터 제8대까지 열거하는데, 어느 누구에 대해서도 그가 아들을 낳았을 때 몇 살이었는지 밝혀지지가 않았다. 하나님의 영은 홍수 이전의 땅의 도성 계통 사람들에 대해서는 연대 기록을 원하지 않은 것이다.

그러나 하늘 도성 계통의 사람들에 대해서는 마치 기억할 가치가 있기라도 한 것처럼 기록해 두기를 원했다. 이뿐 아니다. 셋이 태어났을 때는 아담의 나이에 대해 침묵하지 않았다.[1] 아담은 [그전에] 이미 다른 아들들을 낳았을 것이다. 그리고 아담이 가인과 아벨만 낳았다는 주장을 감히 할 사람이 누가 있겠는가? 가인과 아벨은 꼭 기억해야 하기 때문에, 그들의 이름이 족보에 들어갔지만, 그렇다 하여 그때까지 아담에게서 태어난 아들이 꼭 그들뿐이었다고 보아야 할 것은 아니다. 이는, 다른 자녀들의 이름이 다 침묵의 베일에 완전히 가려져 있지만, 아담이 아들과 딸을 낳았다는 기록을 읽을 수 있는 까닭이다.[2] 무모하다는 책망을 받지 않고 싶다면, 셋이 아담의 몇째 아들이라는 말을 지레짐작으로 할 수 있겠는가?

셋이 태어난 다음, 아담은 "하나님이 내게 – 아벨 대신에 다른 씨를 주셨다"(창 4:25)했는데, 정말이지, 이것이 하나님의 감동으로 한 말일 수 있다. 이 말은, 셋이 시간의 순서상 아벨 이후 처음으로 태어날 사람이기 때문에 한 말이 아니라, 셋이 아벨의 거룩함을 채워 줄 사람이 될 예정이었기 때문에 한 말이다.

그 다음에 셋은 "205세에 에노스를"(칠십인경 창 5:6) 낳았다고 되어 있다. (히브리어 성경에는 "105세에" 낳았다고 되어 있다.) 생각이 없는 사람이 아니고서야 누가, 에노스가 셋의 장남이었다는 주장을 할 수 있겠는가? 그리고 우리는 놀라서, 당연히 이렇게 물을 수 있다.

금욕할 의사도 전혀 없었으면서 어떻게 오랜 세월 동안 동침을 하지 않았는가?

---

[1] 창 5:3 (= "아담이 일백삼십 세에 자기 모양 곧 자기 형상과 같은 아들을 낳아 이름을 셋이라 하였고") 참조.

[2] 창 5:4 (= "아담이 셋을 낳은 후 팔백 년을 지내며 자녀를 낳았으며") 참조.

아니면, 이렇게 물을 수 있다.

> 결혼한 사람이 [오랜 세월 동안] 어떻게 자녀가 없었는가?

[성경에는] 셋에 대해 이렇게 기록돼 있다.

> 7 [셋은] … 자녀를 낳았으며, 8 그가 구백십이 세를 향수하고 죽었더라 (창 5:7-8)

그리고 [셋] 이후의 그의 계통 사람들의 나이는 언급이 되고, "자녀를 낳았다"는 말도 숨기지 않고 한다.

그리고 이것을 통해 태어났다고 한 사람이 장자였는지는 전혀 밝혀지지 않는다. 하지만 그 조상들이 그렇게 많은 나이가 되도록, 미성년자들이었다거나, 배우자가 없었다거나, 자녀가 없었다고 믿을 수는 없다. 또 [거기 거명된] 아들들이 장자들이었다고 믿을 수도 없다.

그러나 구속사를 기록한 사람은, 노아의 시대에 홍수가 났는데, 이 노아의 출생 및 생애까지의 그 역사를 족보를 따라 연대순으로 기록하는 것을 목적으로 하였으므로, 그 부모에게 장자로 태어난 자를 언급한 것이 아니라, 족보에 들어가야 할 자들을 언급하였다.

2. 이 점을 좀 더 명확히 하기 위해 예를 좀 들겠다. 내가 말한 것이 그럴듯하다는 사실을 아무도 의심하지 못하게 말이다. 복음서 기자 마태는 주님의 육신상의 족보를 부모들의 계열을 따라 기록에 남기려는 의도로 우선 조상 아브라함으로부터 시작하여 다윗에까지 이르려고 이렇게 말한다.

> 아브라함이 이삭을 낳고 (마 1:2)

어째서 마태는, 아브라함이 처음으로 나은 이스마엘을 언급하지 않았는가? 마태는 또 이렇게 말한다.

이삭은 야곱을 낳고 (마 1:2)

어째서 이삭의 장자였던 에서를 언급하지 않았는가? 그 이유는 바로, 이스마엘이나 에서를 거쳐서는 다윗에 이를 수가 없기 때문이다. 마태는 이어서 이렇게 말한다.

　　　야곱은 유다와 그의 형제를 낳고 (마 1:2)

유다가 야곱의 장자였다는 말인가? 마태는 이렇게 말한다.

　　　유다는 [다말에게서] 베레스와 세라를 낳고 (마 1:3)

이들 중 아무도 유다의 장자가 아니고, 유다는 이들보다 먼저 이미 세 아들을 낳았다.

　그러므로 마태는 다윗에까지 이른 다음, 거기서부터 그가 의도하는 인물에 이르는데 필요한 사람들을 세대 순으로 나열한 것이다. 이로 미루어 홍수 이전의 옛날 사람들 역시 장자를 기록에 남긴 것이 아니고, 족장 노아에 이르기까지 족보에 들어가야 할 사람들을 순서에 따라 기록에 남긴 것임을 이해할 수가 있다. 따라서 그들의 사춘기가 늦었다는 애매하면서도 불필요한 문제로 우리가 골머리를 앓을 필요가 없다.

제16장

후대의 결혼 제도와 달랐던 상고 시대의 결혼 제도에 관하여

1. 흙으로 빚어진 남자와 그의 옆구리에서 만들어진 여자의 최초의 결혼 이후 인류가 자녀 생산을 통해 인구를 늘이기 위해서는 남녀의 결합을 필요로 하였다. 또 아담과 하와를 통해 태어난 사람들말고는 아무도 존재하지 않았다. 그래서 [당시] 남자들은 자기 누이들을 아내로 맞았다. 이러한 현상은 분명 옛날일수록 더 불가피했지만, 나중에는 종교에 의해 금지될 정도로 상당히 정죄를 받게 되었다.

물론, [이에는] 사랑으로 인한 지극히 온당한 이유가 있다 여겨졌다. 그것은, 사람들은 서로 화합하는 것이 유리하고 좋은 것이므로, 여러 가지 사회적 관계라는 끈으로 연결되도록 하기 위함이다. 또 한 사람이 어느 한 사람과 집중적으로 수많은 관계를 맺기보다는, 관계를 여러 사람에게 분산시킴으로써 가능한 한 최대로 많은 사람들과 관계를 맺어, 사회 생활을 좀 더 굳건한 사랑의 바탕 위에서 [다른 사람들과] 함께 영위하기 위함이다.

예를 들어, "아버지"와 "장인"은 혈족 관계를 가리키는 두 명사다. 그러므로 어떤 사람에게 아버지와 장인이 서로 다른 사람이라면, 사랑은 더 많은 사람들에게로 확장된다.

그러나 아담은 한 사람이 자기 아들딸들에게 [아버지와 장인]이라는 두 역할을 다 수행할 수밖에 없었다. 이는, 형제, 자매들이 혼인으로 결합했기 때문이다. 마찬가지로 하와 역시 자기 아들딸들에게 장모 내지 시어머니도 되고 어머니도 되었다. 만약 두 여자가 있었더라면, 어머니와 시어머니 내지 장모가 각기 다른 사람이었을 것이고, 사회적인 사랑의 관계 역시 훨씬 더 풍부해졌을 것이다. 끝으로 아내 역할을 겸하게 된 자매는 혼자서 두 가지 역할을 하게 되는 것인데, 이런 역할을 두 사람이 나누어 하게 된다면, 그래서 한 사람은 자매 역할만을, 한 사람은 아내 역할만을 하게 된다면, 사람이 맺는 사회적 관계의 수는 증가할 것이다.

하지만 이렇게 될 수 있는 가능성이 그때는 없었다. 이는, 두 첫 사람들에게서 태어난 형제, 자매들 외에는 다른 사람들이 존재하지 않았기 때문이다. 그러므로 사람 수가 많아서, 자매가 아닌 여자를 아내로 맞아하는 것이 가능하게 되었을 때는, 그렇게 하는 것이 당연하게 되었다. 그리하여 자매를 아내로 맞이하는 것이 전혀 필요하지 않게 되었을 뿐 아니라, 이런 일을 하는 것 자체가 죄가 되었다.

사실, 첫 사람들의 손자들도 사촌을 아내로 맞이할 수 있었는데, 그들이 만약 친누이와 결혼했다면, 한 사람이 혼자서 두 가지가 아니라, 세 가지 역할을 해야 했을 것이다. 이렇게 했다면, 이렇게 하지 않은 경우에 비해 혈족 관계로 맺어진 사람들의 수가 더 늘지 못하고 줄어들게 되어, 사랑의 관계가 더 풍부해지는 데 방해가 되었을 것이다.

형제, 자매가 부부가 되었을 경우, 한 사람이 자기 자녀들에게 아버지도 되고, 장인 내지 시아버지가 되고, 숙부 내지 백부가 되었을 것이다. 마찬가지로 그의 아내 역시 자기 자녀들에게 어머니도 되고, 숙모 내지 백모가 되고, 장모 내지 시어머니가 되었을 것이다. 그리고 그들의 자녀들 역시 형제자매 및 부부만 되는 것이 아니라, 사촌도 되었을 것이다. 이는, 그들이 형제자매의 자녀들이도 하기 때문이다.

하지만 한 사람에게 세 가지 역할을 몰아주었던 이 모든 혈족 관계는, 만약 한 사람에게 한가지 역할만을 맡게 했더라면, 한 사람에게 아홉 사람을 연결시켜 주었을 것이다. 곧, 남자 한 사람에게 자매 하나, 아내 하나, 사촌 누이 하나, 아버지 하나, 삼촌 하나, 장인 하나, 어머니 하나, 숙모나 백모 하나, 장모 하나가 있었을 것이다. 이랬다면, 사회적 유대 관계가 소수로 한정되지 않았을 것이고, 폭이 더 넓어지고, 수가 더 많아져, 사회적 유대가 수많은 혈족 관계에 의해 확대되었을 것이다.

2. 인류가 성장하고 증가하면서, 수많은 거짓된 신들을 섬기는 불경건한 자들 역시 이러한 원칙을 굳게 지킨다는 사실을 우리는 보고 있다. 곧, 설령 잘못된 법률에 의해 형제자매혼인이 허락된다 해도, 미풍양속으로 인해 이런 혼인 허락하는 것을 사람들은 꺼린다. 그래서 비록 인류 역사의 초기에는 [자기] 자매와 결혼하는 것이 허용되었지만, 오늘날은, 그것이 마치 전혀 허용된 적이 없기라도 한 것처럼 엄청난 타기(唾棄)의 대상이 되어 있다. 풍속은 인간의 감정에 엄청난 영향을 미쳐, 그런 일을 좋아하게도 하고, 싫어하게도 한다.

그런데 이 문제의 경우 풍속은 정욕의 무절제함에 제약을 가하는 까닭에, 풍속을 무시하거나 해치는 사람은 당연히 못된 사람으로 여겨진다. 소유욕에 사로잡혀 밭의 경계선을 넘는 것이 악한 짓이라면, 정욕에 사로잡혀 풍속의 경계선을 무너뜨리는 것은 얼마나 더 악한 짓인가?

그러나 우리는 우리 시대에도 본 바가 사촌 간의 결혼을 본 바가 있다. 촌수로 보아 아주 가까운 사람들끼리 혼인하는 경우가 관습으로 말미암아 아주 드물게 일어나기는 해도, 법으로는 허용되었다. 이는, 하나님의 법이 이를 금하지 않았고, 인간의 법도 아직 이를 금하지 않았기 때문이다.

그러나 그것이 합법적이기는 했어도 불법적인 것과 유사하다는 이유로 기피되어 왔다. 그리고 사촌누이와의 결혼이 행해지기는 했지만, 친누이와의 결혼이랑 거의 같은 것으로 여겨졌다. 왜냐하면 사촌은 서로 혈연 관계가 매우 가까워, "형제자매"라 불리고, 친형제와 거의 같기 때문이다.

하지만 옛날 조상들은, 혈연 관계가 후대로 내려갈수록 점차 멀어져, 그 관계 자체가 사라질 것을 매우 염려하였다. 이에 그들은, 그 관계가 너무 멀어지기 전에 혼인이라는 끈으로 다시 묶어, 어떻게든 그 관계가 끊어지지 않게 하려고, 그러니까 다시 살아나게 하려고 노력하였다. 그래서 지구 상에 사람이 가득하게 된 다음에도, 비록 아버지나 어머니가 다른 자매나, 아버지, 어머니가 같은 자매를 아내를 취하지는 않았지만, 그래도 자기 혈족 내에서 아내 취하기를 좋아하였다.

그렇지만 오늘날 보면 사촌 간의 결혼까지도 금지돼 있는데, 이것이 더 낫다는 것을 누가 의심하겠는가? 우리가 [이미] 설명한 대로, 친밀한 관계를 확대해야 한다는 이유 때문만은 아니다. 즉, 한 사람이 두 가지 역할을 맡지 말아서, 가까운 친척의 수를 늘리는 것이 좋다는 이유 때문만은 아니다. 이밖에도 어쩐 일인지는 모르겠으나, 인간의 본성에는 무슨 칭찬할 만한 수치심이 있어서, 비록 정욕이 자녀 생산에 기여를 하기는 하지만, 근친이라는 이유로 마땅히 그 명예를 존중해 주어야 할 상대에 대해서는 정욕의 발동을 삼가기 때문이다. 정욕과 관련하여 우리는 정숙한 부부지간에도 얼굴을 붉히는 경우를 볼 때가 있다.

3. 그러므로 가사적(可死的) 인류에 관한 한, 남녀의 결합은 도성의 일종의 묘포(苗圃)다. 그러나 땅의 도성은 출생만을 필요로 하는 반면, 하늘의 도성은 출생으로 인한 피해에서 벗어나기 위해 중생을 필요로 한다.

하지만 대홍수 이전에 나중에 예컨대, 아브라함에게 명하신 할례와 같은, 중생의 유체적(有體的)이고 가시적(可視的)인 표상(表象)이 있었는지에 대해 성경 역사는 침묵한다. 그럼에도 불구하고 아주 옛날 사람들 역시 하나님께 희생 제사를 드렸다는 사실에 대해 성경은 침묵하지 않는다. 가인과 아벨 형제는 분명히 희생 제사를 드렸다. 노아 역시 대홍수 후 방주에서 나온 다음 하나님께 제물을 바쳤다는 기록을 읽을 수 있다.

이 문제에 대해 우리는 앞에서[1] 이미 논한 바 있는데, 오만한 악령들은, 자기네에게 신성(神性)이 있다 주장하면서, 자기네를 신(神)들로 믿어주기를 바랐다. 그리고는 자기네에게 희생 제물을 바치라고 요구한다. 그들이 이런 영광 받기를 좋아하는 이유는 단 하나. 참된 제사는 유일하신 참 하나님께만 드리는 것이 마땅하다는 사실을 그들이 알기 때문이다.

---

[1] 제10권 4~6장 참조.

제17장

한 아비에게서 태어난 두 사람이 선조 겸 지도자가 된 것에 관하여

그러므로 아담은 두 계통 사람들의 조상이다. 곧, 그들 중 한 계통은 땅의 도성에 속하고, 또 한 계통은 하늘의 도성에 속한다.

아벨이 죽임을 당한 데는 경이로운 신비가 서려 있지만, 그가 죽임을 당한 후에, 가인과 셋 두 사람이 각각 하나의 계통을 이루는 사람들의 조상이 되었다. 그들의 자손 중 기록에 남겨야 했던 사람들에게서 가사적(可死的) 존재로 이루어진 이 두 도성의 특징이 좀 더 명확하게 드러나기 시작했다.

가인은 에녹을 낳았고, 그가 건설한 도성에 아들의 이름을 붙였다. 그것은 땅의 도성으로, 이 세상을 순례하는 도성이 아니고, 이 세상의 시간적 평화와 행복에 안주한다.

그런데 가인은 "소유"라는 뜻으로 해석된다. 그러므로 그가 태어났을 때, 그의 아버지 혹은 어머니가 이렇게 말했다.

> 내가 여호와로 말미암아 득남하였다 (창 4:1)

하지만 에녹은 "바침"이라는 뜻이다. 이는, 땅의 도성이, 그 세워지는 곳에 바쳐지기 때문이다. 즉, 이 도성은, 그 지향하고 추구하는 목적이 이 땅에 있기 때문이다.

한편 셋은 "부활"이라는 뜻이고, 그의 아들 에노스는 "사람"이라는 뜻이지만, 아담과는 같은 뜻이 아니다. 아담도 "사람"으로 해석되긴 하지만, 히브리어에서는 남녀에 공통으로 적용된다. 그래서 성경에서는 이 이름에 관해 이렇게 기록돼 있다.

> 남자와 여자를 창조하셨고, 그들이 창조되던 날에, 하나님이 그들에게 복을 주시고 그들의 이름을 "사람"이라 일컬으셨더라 (창 5:2)

그러므로 여자가 "하와"라는 고유명사로 불린 것은 의심할 여지가 없지만, "사람"이라는 뜻의 아담은 [남녀] 모두를 지칭하는 명사였다.

그러나 에노스는 "사람"이는 뜻이기는 해도, 히브리어를 잘 아는 사람들은 여자에게는 이 이름을 붙일 수 없다고 강력히 주장한다. 에노스는 "장가가고 시집가는 일이"(눅 20:35) 없는 "부활의 자녀"(눅 20:36)와 같다는 것이다. 부활한 다음에는 자녀 낳는 일이 없을 것이다. [우리를] 부활로 이끄는 것은 중생이다.

그러므로 "셋"이라 불린 사람에게서 퍼져 나간 계통에서는 자녀를 낳았다고 하면서도, 여자의 이름을 전혀 명시하지 않았다는 사실을 유념하는 것은 무익한 일이 아니라고 나는 생각한다.

그런데 가인에게서 퍼져 나간 사람들의 경우는 그 족보의 끝에 가서 맨 나중에 태어난 사람으로 여자의 이름이 등장한다. [성경에서 우리는] 이런 글을 읽을 수 있다.

> 18 [에녹이 이랏을 낳았고, 이랏은 므후야엘을 낳았고, 므후야엘은 므드사엘을 낳았고,] 므드사엘은 라멕을 낳았더라 19 라멕이 두 아내를 취하였으니, 하나의 이름은 아다요, 하나의 이름은 씰라며, 20 아다는 야발을 낳았으니, 그는 장막에 거하여 육축 치는 자의 조상이 되었고, 21 그 아우의 이름은 유발이니, 그는 수금과 통소를 잡는 모든 자의 조상이 되었으며, 22 씰라는 두발가인을 낳았으니, 그는 동철로 각양 날카로운 기계를 만드는 자요, 두발가인의 누이는 나아마이었더라 (창 4:18-22)

가인의 계통은 여기까지 이어지는데, 아담을 포함할 때 아담으로부터 8대가 열거돼 있다. 자세히 보면, 라멕까지는 일곱 대였는데, 라멕은 아내가 둘이었고, 제8대에 가면, 라멕의 자녀들 가운데 딸의 이름도 언급된다.

이를 통해 땅의 도성이 그 마지막까지 남녀의 결합에 의해 생성되는 육신의 계보를 이어갈 것임을 세련되게 암시하고 있다. 대홍수 이전 하와를 제외하면, 족보에 여자 이름이 등장하는 일은 전혀 없었지만, 이 족보에서는 가장 마지막에 아버지 자격으로 나오는 사람 [라멕]의 두 아내는, 그 실명이 명확히 표시되어 있다.

그런데 땅의 도성의 건설자 가인의 이름은 "소유"를 의미하고, 그의 아들 에녹은 "바침"을 의미하지만, 가인은, 자기가 건설한 도성에 아들의 이름을 붙였다. 이것은, 땅의 도성에 시작과 끝이있다는 사실을 보여 준다. 땅의 도성에서는 이 세상에서 볼 수 있는 것말고는 더 이상 그 어떤 것도 바라지 않는다.

반면에 셋은 "부활"을 뜻하지만, 그는 별도로 기록된 계통 사람들의 조상이다. 그러면 셋의 아들에 관해 성경 역사가 무슨 이야기를 하는지를 살펴보아야 하겠다.

第18장

아벨과, 셋과, 에노스가 그리스도 및 그의 몸인 교회와 관련해 어떤 의미를 지니는가?

[성경은 이렇게] 말씀하고 있다.

> 셋도 아들을 낳고, 그 이름을 에노스라 하였으며, 그때에 사람들이 비로소 여호와의 이름을 불렀더라 (창 4:26)

정말이지, 진리를 뚜렷이 증거해 주는 말씀이다. 그러니까 "부활의 자녀"(눅 20:36)가 되는 사람은 소망 중에 살아간다. 그리스도의 부활에 대한 믿음으로 태어난 하나님의 도성은 이 세상에서 순례하는 동안, 소망 중에 살아간다.

이 두 사람, 곧, 아벨과 셋을 통해 그리스도의 죽음과, 죽은 자들 가운데서 부활하신 그리스도의 생명이 예표되었다. 아벨은 "슬픔"을 뜻하고, 그의 동생 셋은 "부활"을 뜻하니 말이다.

이 믿음으로 말미암아 이 세상에 하나님의 도성이 탄생한다. 곧, 주 하나님의 이름 부를 소망을 지녔던 사람이 탄생한다. "우리가 소망으로 구원을 얻었으매"(롬 8:24). 사도는 이렇게 말한다.

> 24 보이는 소망이 소망이 아니니, 보는 것을 누가 바라리요? 25 만일 우리가 보지 못하는 것을 바라면, 참음으로 기다릴지니라 (롬 8:24-25)

이 말씀 속에 깊은 신비한 뜻이 들어 있지 않다는 생각을 도대체 누가 하겠는가? 아벨이 주 하나님의 이름 부를 소망을 정녕 지니지 않았단 말인가? 성경은, 아벨의 제물을 하나님이 열납하셨다고 기록하고 있지 않는가? 셋 역시 주 하나님의 이름 부를 소망을 정녕 지니지 않았단 말인가? [성경은] 셋에 대해 이렇게 말씀하고 있다.

> 이는 하나님이 내게 가인의 죽인 아벨 대신에 다른 씨를 주셨다 함이며 (창 4:25)

그렇다면 어째서 경건한 사람 모두에게 공통된 것이라 여겨지는 것을 특별히 이 사람에게 돌리는 것인가? 그 이유는 다른 데 있는 것이 아니라, 그가 더 나은 쪽, 다시 말해, 하늘 도성 쪽으로 구별된 계통 사람들의 조상이기 때문이다. 곧, 그런 사람들 중 첫 번째 등장한 인물이라 기록되었기 때문이다. 그는 사람을 따라 사는, 땅의 행복으로 만족하는 인간 혹은 그런 인간들로 구성된 사회를 예표(豫表)하는 자가 아니다. 그는 도리어 하나님을 따라 사는, 영원한 행복에 대한 소망으로 살아가는 인간 혹은 그런 인간들로 구성된 사회를 예표하는 자다. 그래서 "이 사람이 주 하나님을 바랐다"거나 "이 사람이 주 하나님의 이름을 불렀다"고 하지 않고, "이

사람이 주 하나님의 이름을 부를 소망을 지녔다"(칠십인경 창 4:26)고 한 것이다.[1]

그렇다면, "부를 소망을 지녔다"는 이 말이 무슨 뜻인가? "은혜로 택하심을 따라"(롬 11:5) 주 하나님의 이름을 부르는 백성이 일어날 것이라는 예언 아니겠는가? [주님은] 선지자 [요엘]을 통해 이렇게 말씀하셨다.

> 누구든지 여호와의 이름을 부르는 자는 구원을 얻으리니 (욜 2:32)

사도는 이 말씀을 하나님의 은혜를 받은 백성에 관한 것으로 이해하였다.[2]

[창세기에는] "[셋도 아들을 낳고] 그 이름을 에노스[= 사람]라 하였으며"(창 4:26a)라 한 다음에, "이 사람이 주 하나님의 이름을 부를 소망을 지녔다"(칠십인경 창 4:26b)는 말씀을 첨가하는데, 이것은, 사람이 자기 자신에게 소망을 두어서는 안 된다는 사실을 잘 보여 준다. 이는, 다른 곳에서 "무릇 사람을 믿는 … 그 사람은 저주를 받을 것이라"(렘 17:5)는 말씀을 읽을 수 있는 까닭이다.

그러므로 가인의 아들은 현세의 일을 자향하는 도성의 시민이 되었지만, 그런 도성과는 다른 도성의 시민이 되려고 하는 자는 자기 자신에게 소망을 두지 않는다. 땅의 도성의 시민은 이 세상에서 가사적(可死的) 존재로 살면서, 헛되이 흘러가는 시간에 몸을 맡긴다. 반면, 하늘 도성의 시민은 불가사성(不可死性) 가운데서 영원한 복락을 누릴 소망을 지닌다.

---

[1] 개역 성경 창 4:26은 "셋도 아들을 낳고 그 이름을 에노스라 하였으며 그때에 사람들이 비로소 여호와의 이름을 불렀더라"고 되어 있음.

[2] 롬 10:13.

제19장
에녹의 휴거를 통해 나타난 의미

그런데 셋을 조상으로 하는 계통 사람 중에도 "바침"이라는 뜻의 이름을 지닌 사람이 있다. 그는 아담을 포함하여 일곱 번째 세대에 속한다. 즉, 제7세대 사람으로 태어난 자는 에녹인데, 그는 "바침"이라는 뜻을 지녔다.

그러나 그는 하나님을 기쁘시게 하는 자였으므로 옮김을 받았고,[1] 족보에서 중요한 위치를 차지했다. 즉, 그는 아담으로부터 시작하여 제7세대 사람인데, 7은 안식일을 성별(聖別)한 숫자다. 하지만 가인의 자손들과 구별되는 계통 사람들의 조상인 셋으로부터는 여섯 번째 세대인데, 여섯째 날에 사람이 만들어졌고, 바로 이 날에 하나님이 당신의 모든 [창조] 사역을 마치셨다.

그러나 이 에녹의 휴거(携擧)는, 우리의 "바침"이 연기되었음을 예표하였다. [우리의] 바침은 사실 우리의 머리 되신 그리스도를 통하여 이미 이루어졌다. 그는 다시는 죽지 않으실 자로 부활하셨지만, 그 역시 옮김을 받으셨다. 하지만 집 전체를 바치는 일은 아직 남았는데, 이 집의 기초는 그리스도시다. 그런데 집 전체를 바치는 일은 종말까지 연기되고 있다. 그때가 되면 모든 사람들이 부활하여 다시는 죽지 않을 것이다.

그러나 [바칠 것을] "하나님의 집"이라 하든, "하나님의 성전"이라 하든, "하나님의 도성"이라 하든, 다 같은 것이고, 라틴어의 관용적 표현과도

---

[1] 창 5:24 (= "에녹이 하나님과 동행하더니 하나님이 그를 데려가시므로 세상에 있지 아니하였더라") 및 히 11:5 (= "믿음으로 에녹은 죽음을 보지 않고 옮기웠으니 하나님이 저를 옮기심으로 다시 보이지 아니하니라 저는 옮기우기 전에 하나님을 기쁘시게 하는 자라 하는 증거를 받았느니라") 참조.

충돌하지 않는다. 예를 들어, 베르길리우스 역시 지극히 강대한 나라의 도성을 "앗사라쿠스의 집"이라 부르고, 그것으로 "로마 사람들"을 지칭하고자 했다. 로마 사람들은, 자기네의 기원을 트로이 사람들의 조상인 앗사라쿠스에게서 찾는다.

그리고 그들은 자기네를 "애네아스의 집"이라고도 부르는데, 이는, 그의 지도 하에 트로이 사람들이 이탈리아로 온 다음, 그들에 의해 로마가 건설되었기 때문이다. 그렇다면 시인 베르길리우스는 성경의 표현 방식을 모방한 셈이다. 이는, 성경은 이미 창대하게 된 히브리 백성을 "야곱의 집"이라 하는 까닭이다.

제20장

가인의 후예들은 아담으로부터 8대만에 끊기는데, 노아는 같은 조상 아담의 후손이지만, 제10대인 이유에 관하여

1. 혹자는 이렇게 말할 것이다.

이 역사의 기록자가 아담으로부터 셋을 거쳐, 대홍수 때에 살았던 노아에까지 이르는 계통의 사람들을 언급한 다음, 노아로부터 다시 아브라함에까지 이르는 족보를 편찬하려 했고, 복음서 기자 마태가 아브라함으로부터 시작하여, 하나님 도성의 왕이신 그리스도에까지 이르는 족보를 만들고자 했다면, 가인의 족보를 만들 때는 무슨 의도가 있었던 것일까? 또 가인의 족보를 어디에서 끝내려고 했을까?

답변은 이렇다.

대홍수까지다. 그때 땅의 도성에 속한 모든 종족은 다 멸망했지만, 노아의 자손들 중에서 다시 생겨났다.

이는, 땅의 도성, 인간을 따라 살아가는 인간 사회는 이 세상 끝까지 소멸될 수 없는 까닭이다. 이에 대해 주님은 이렇게 말씀하셨다.

> 이 세상의 자녀들은 장가도 가고, 시집도 가되 (눅 20:34)

하지만 이 세상에서 순례하는 하나님의 도성은 중생에 의해 다른 세상으로 인도되는데, 그곳 자녀들은 장가도 가지 않고, 시집도 가지 않는다.

그러므로 이곳에서는 태어나는 것과 낳는 것이 두 도성에 공통된 일이다. 물론, 하나님의 도성은 이곳에서도 [자녀] 낳는 일을 스스로 삼가는 시민을 수천이나 거느리고 있다.

그러나 땅의 도성 역시 어떻게 모방하는지는 모르겠으나, [자녀] 낳는 일을 스스로 삼가는 시민을 거느리고 있는 것이 사실이다. 물론, 그들은 그릇된 길을 가고 있다. 이는, 하나님 도성의 믿음에서 벗어나, 여러 이단 사상을 만든 자들도 땅의 도성에 속하는 까닭이다. 정말이지, 그들은 사람을 따라 살지, 하나님의 뜻을 따라 살지 않는다. 인도의 오지(奧地)에서 벌거벗은 채 철학을 한다고 하는 인도의 나신 철학자들 역시 땅의 나라 시민들인데, 그들 역시 [자녀] 낳는 일을 스스로 삼간다. 하지만 지고선(至高善), 곧, 하나님을 믿는 믿음을 따라 행해지는 것이 아니라면, 그것이 선할 수가 없다.

그러나 대홍수 이전에는 금욕 생활을 한 사람이 아무도 발견되지 않는다. 아담으로부터 시작하여 제7세대에 속하는 에녹도 죽지 않고 휴거되었다고 하지만, 휴거되기 전에 자녀를 낳았다. 그 자녀들 중에 므두셀라가 족보에 기록되어, 대를 이어갔다.

2. 그런데 대홍수까지의 족보를 기록하는 것이 꼭 필요했다면, 어째서 가인 계통은 이처럼 적은 대수(代數)만 언급한 것일까? 그리고 이 계통

남자들은, 사춘기 이전의 시기가 너무 길어, 백세를 넘기까지 자녀를 낳지 못하고 지낸 것이 아니었을 것 아닌가? 창세기 기자는 그 족보의 끝에 필연적으로 등장해야 할 어떤 인물을 염두에 두고 있었다. 즉, 셋의 씨에서 나온 자들에 대해서는 노아에까지 이르고자 하였고, 노아에서부터는 다시 반드시 기록해야 할 사람들을 순서대로 기록하였다. 그렇지 않다면, [가인 계통에 대해서] 라멕에 이르기까지 장자를 제외할 이유가 어디 있었겠는가? [가인 계통의 족보를 보면,] 라멕의 아들 대에서, 그러니까 아담으로부터 제8대, 가인으로부터 제7대에 족보가 끝난다. 흡사 여기에서부터 다른 계통이 이어져, 이스라엘 백성이나 그리스도에게까지 도달하려 한 것처럼 보인다. 이스라엘 백성의 경우는 땅의 도성이 하늘의 도성을 예표하였고, 그리스도는 육신으로는 [이스라엘 백성 가운데] 태어나셨으나, "만물 위에 계셔, 세세에 찬양을 받으실 하나님"(롬 9:5)이시며, 위에 있는 예루살렘의 창건자시고 통치자시다. 그런데 가인의 모든 후예는 다 홍수로 멸망하지 않았는가?

그러므로 가인의 족보에 기재된 사람들은 장자였을 것으로 생각할 수 있다. 그렇면 어째서 [수가] 그렇게 적은가? 정말이지, 대홍수 때까지 [그들의 수가] 이처럼 적다는 것은 불가능한 일이다. 당시 사람들이 장수했던 것에 비례해서, 사춘기도 그만큼 늦어진 것이 아니라면, 또 아비들이 100세가 돼서야 사춘기에 도달하여, 자녀 생산이 늦어진 것이 아니라면 말이다.

그리하여 그들이 완전히 똑같이 30세가 돼서야 자녀를 생산하기 시작했다면, (아담으로부터 라멕의 자녀까지 8대였으므로,) 8 곱하기 30 하여 240년이 된다. 그렇다고 그 이후 대홍수까지의 [나머지] 모든 세월 동안 그들이 [자녀를] 전혀 낳지 않았다는 것인가?

그러면 이것을 기록한 사람은 무슨 까닭에 그 다음 세대를 언급할 생각을 하지 않았을까? 이는, 아담으로부터 대홍수까지는 우리 성경 [= 칠십인경]으로 2262년이고, 히브리어 성경으로[도] 1656년이[나] 되기 때문이다. 그래서 더 작은 숫자가 더 정확하다고 한다면, 1656년에서 240년을 제한 나머지 1400년 동안, 그러니까 대홍수까지 남은 그 긴 세월 동안 가인의 자손은 자녀를 전혀 낳지 않았다는 것이 과연 가능했겠는가?

3. 이것 때문에 심란한 사람이 있다면, [내가 말한 것을] 기억해 보기 바란다. 옛날 사람들이 그처럼 오랜 세월 동안 자식 낳는 일을 중단할 수 있었는지 어떻게 믿을 수 있느냐고 나는 질문을 하면서, 이 질문에 대한 대답을 두 가지 방향으로 제시했다. 첫째는, 그들이 매우 장수했던 것에 비례하여, 사춘기도 늦었을 수 있다는 것이고, 둘째는, 족보에 기록된 아들들은 장자가 아니라, 창세기 기자가 의도했던 인물까지 내려가기 위해 언급할 필요가 있었던 사람들이라는 것이다. 예를 들어, 셋의 계통에서 목표로 선정된 인물은 노아였다.

그러므로 가인의 계통에서 어떤 인물까지 내려가겠다는 의도가 [창세기 기자에게] 없었다면, 그리하여 그 인물에게 이르기까지 장자를 생략함과 아울러 그의 의도에 맞는 사람들을 기록해야 할 필요가 없었다면, 그들의 사춘기가 늦었다는 생각을 하는 도리밖에 없다. 즉, 그들이 100세를 얼마큼 넘은 다음에야 사춘기에 도달했을 것이라고, 자녀 생산 능력을 지녔을 것이라 생각할 수밖에 없다. 그렇다면, 족보는 장자들을 기록한 것이 되고, 대홍수 때까지의 세월이 매우 길기는 했지만, 그런 식으로 채워진 셈이 된다.

하지만 내가 모르는, 무슨 매우 비밀한 이유로 인해, 우리가 "땅의 도성"이라 부르는 이 도성을 창세기 기자는 라멕과 그의 자녀들의 세대까지만 기술(記述)하고, 그 이후 대홍수까지 존재했을 수 있는 다른 세대들을 언급하는 일을 중단했을 수도 있다. 그리고 이것이, 그들 세대가 장자로 이어지지 않은 이유가 될 수 있다. 당시 사람들의 사춘기가 늦었다는 가정을 꼭 할 필요가 없이 말이다. 즉, 가인이 자기 아들 에녹의 이름으로 세운 도성이 장구한 세월 동안 넓은 지역을 다스렸을 수 있고, 왕도 동시에 여러 명이 있었던 것이 아니라, 각 시대마다 한 명의 왕이 있었고, 누가 왕이었든지 간에, 자기가 낳은 아들에게 왕위를 물려주었을 수 있다.

이런 왕들 중 첫 번째가 가인이었을 수 있고, 제2대 왕이 그의 아들 에녹인데, 그의 이름으로 그가 다스리는 도성을 건설했을 수 있다. 제3대 왕이 에녹의 아들 이랏, 제4대 왕이 이랏의 아들 므후야엘, 제5대 왕이 므후야엘의 아들 므두사엘, 제6대 왕이 므두사엘의 아들 라멕이었을 수 있다. 라멕은 가인을 거쳐 내려왔고, 아담으로부터는 제7대였다.

그렇다고 왕의 장자가, 부왕이 살아 있는 동안, 왕위를 계승했다는 말은 성립되지 않는다. 왕위 계승은 땅의 도성을 다스리는 데 유리한 능력으로 인해 통치자로서의 자질을 인정받았다든지, 무슨 제비뽑기로 선출됐다든지, 다른 아들들에 비해 부왕의 총애를 가장 많이 받음으로써 왕위 계승권을 인정받았다든지 하는 이유 때문에 이루어졌을 가능성이 많다.

그런데 라멕이 아직 살아 있을 때, 대홍수가 일어났을 수 있고, 그와 기타 모든 사람들을 멸망시켰을 수 있다. 단, 방주 안에 있던 여덟 사람은 예외였다.

아담으로부터 대홍수까지의 장구한 세월 동안 각 개인의 수명이 달랐기 때문에, 두 계통 사람들의 세대 수가 같지 않아서, 가인 계통은 일곱 세대, 셋 계통은 열 세대가 된다 해도 이상하다 할 수 없다. 즉, 내가 이미 말한 대로, 라멕은 아담으로부터 제7대고, 노아는 제10대다. 그리고 라멕의 경우, 이전에 [언급된] 다른 인물들처럼 아들 하나만 기록되지 않고, 여러 명이 기록되었는데, 그 이유는, 그가 죽은 다음, 누가 후사가 될 것인지가 불명확했기 때문이다. 라멕과 대홍수 사이에 [그의] 통치 기간이 [아직] 남아 있었다면 말이다.

4. 하지만 가인으로부터 내려오는 계통의 족보가 장자를 기준으로 된 것이든, 왕을 기준으로 된 것이든 간에, 나로서는 절대 잠자코 넘어가서는 안 된다 여겨지는 것이 있다. 그것은, 아담으로부터 제7대인 라멕이 등장한 다음, 그의 자녀들도 함께 열거되었는데, 11이라는 수가 채워지기까지 그리하였다. (이 숫자는 죄를 상징한다.) 즉, 아들 셋과 딸 하나가 추가된다. [라멕의] 아내들은 다른 뜻을 지닐 수 있지만, 이것은 지금 논할 문제가 아닌 것처럼 보인다. 이는, 우리가 지금 [가인의] 족보에 대해 논하는 중이고, [라멕의] 아내들이 어떤 혈통에서 태어났는지에 관해 [성경은] 침묵하고 있는 까닭이다.

그런데 율법은 10이라는 숫자로 선포되었고, 거기에서 저 잊을 수 없는 십계명이 나왔다. 이런 이유로 10을 넘는 11은 율법을 어기는 것, 곧, 죄를 상징한다. 그래서 하나님의 백성이 이동할 때, 이동식 성전 역할을 했던 증거의 장막에는 염소털로 짠 앙장(仰帳) 열한 폭을 만들라는 명령이 있었다.[1] 사실, 염소털로 짠 앙장에는 죄를 기억하게 하는 힘이 있다. 왜냐하면 염소들은 장차 왼편에 서게 될 것이기 때문이다.[2] 이 사실을 인정하면서 우리는 염소털로 짠 베옷을 입고 [땅에] 엎드린다. 이것은, 시편에 기록된 대로, 다음과 같이 아뢰는 것과 흡사하다.

---

[1] 출 26:7 (= "그 성막을 덮는 막 곧 앙장을 염소털로 만들되 열한 폭을 만들지며") 참조.

[2] 마 25:33 (= "양은 그 오른편에, 염소는 왼편에 두리라") 참조.

내 죄가 항상 내 앞에 있나이다 (시 51:3)

그리하여 범죄자 가인을 통해 나온 아담의 후손은 11이라는 수로 끝나고, 이 수는 죄를 상징한다. 또 이 수는 여성으로 끝나지만, 여성에 의해 죄가 시작되었고, 죄로 인해 우리 모두가 죽게 되는 것이다.

그런데 죄를 범함으로써 육신의 쾌락이 따라왔고, 육신은 영을 거스르게 되었다. 정말이지, 라멕의 딸 나아마의 이름은 "쾌락"이라는 뜻을 지니고 있다.

하지만 셋을 통해 나온 아담의 후손은 노아까지 10이라는 숫자로 표시되고, 이 숫자는 율법과 연관된다. 이 숫자에 노아의 세 아들이 추가되는데, 그 중 하나는 타락하고, 둘은 아비의 축복을 받은 관계로, 유기된 자를 제외하고, 인정을 받은 아들 둘을 [10이라는] 숫자에 더하면, 12라는 숫자가 된다. 이 숫자는 족장들 및 사도들에게서 보는 대로 중요한 숫자이며, 7의 두 부분을 곱하여 나온다. 즉, 3에 4를 곱하든지, 4에 3에 곱하든지 하여 나온다.

사실이 이렇기 때문에, 내 생각에 다음과 같은 점을 염두에 두고 논의를 진행해야 할 것 같다. 즉, 이 두 계통은 각각 특별한 족보를 통하여 두 도성, 곧, 땅에서 난 사람들의 도성과, 중생한 사람들의 도성을 드러낸다. 그렇지만 이 두 도성이 나중에 서로 뒤섞임으로써 혼란이 일어나, 인류 전체가 여덟 사람을 제외하고는 멸망하는 것이 당연하게 되었다.

제21장

가인의 아들 에녹이 언급된 후에는, 가인 계통 전체에 관한 이야기가 대홍수까지 이어지는데, 셋의 아들 에노스가 언급된 후에는 인류 창조의 출발점으로 되돌아간 이유는 무엇인가?

그러나 우선 살펴보아야 할 것이 있다. 가인의 자손을 열거할 때, 에녹의 이름으로 성을 건설했다는 말을 한 다음에 나머지 다른 자손에 대한 기록은, 내가 말한 종착점 [= 대홍수]까지 곧장 이어지는데, 이때 가인 계통 사람들 전체가 홍수로 멸망하였다. 반면, 셋의 경우는 그의 아들 에노스 한 사람만 언급하고는, 대홍수까지 나머지 자손들에 대해서는 아직 이야기를 덧붙이지 않고, 대신 다음과 같은 대목을 삽입한다.

> 1 아담 자손의 계보가 이러하니라 하나님이 사람을 창조하실 때에 하나님의 형상대로 지으시되, 2 남자와 여자를 창조하셨고, 그들이 창조되던 날에 하나님이 그들에게 복을 주시고, 그들의 이름을 사람이라 일컬으셨더라 (창 5:1-2)

내 생각에 이 대목을 삽입한 것은, 여기서 아담으로부터 연대 계산을 새로 시작하려는 목적이 있었을 것 같다. 이것을 기록한 사람은 땅의 도성에 대해서는 이렇게 할 의도가 없었을 것이다. 이것은, 마치 하나님이 이 도성에 대해 언급은 하시지만, 고려는 하지 않으신다 말하는 것과 같다.

하지만 셋의 아들, 곧, 주 하나님의 이름 부를 소망을 지녔던 사람을 [= 에노스를] 언급한 다음에는 여기서 처음으로 [다시] 돌아가서 이야기를 간추려 반복하는 것은 무슨 이유인가? 그것은 이런 방식으로 이 두 도성을 소개하는 것이 필요했기 때문이 아니겠는가? 하나는 살인자로 시작하여 살인자로 끝을 맺었다. (이는, 라멕도 자기 두 아내들에게 자기가 살인을 행했음을 인정하기 때문이다.) 다른 하나는, 주 하나님의 이름 부를 소망을 지녔던 사람을 통해 이어졌다. 이는, [주 하나님의 이름을 부르는] 바로 이것이, 이 세상에서 순례하는 하나님의 도성이 이 가사적(可死的) 삶을 살면서 해야 할 모든 의무, 최고의 의무이기 때문이다. 이것은 한 사람을 통해, 정말이지, 죽은 자의 부활을 통해 태어난 사람으로 말미암아 예표(豫表)되어야 했다. 그래서 그 한 사람이 하늘 도성의 전체의 통일성을 상징한다. 비록 그 통일성이 완성된 것이 아니고, 이런 예표가 미리 주어진 다음에 완성될 것이지만 말이다.

그러므로 가인의 아들, 곧, "소유"의 (땅의 소유가 아니고 무엇이겠는가?) 아들은 땅의 도성에 그 이름을 지니게 될 것이다. 이는, 땅의 도성이 그의 이름으로 건설되었기 때문이다. 이와 같은 자들에 대해 시편에 이런 노래가 나온다.

> 그 전지(田地)를 자기 이름으로 칭하도다 (시 49:11)

이런 까닭에 그들에게는 다른 시편에 기록된 다음과 같은 일이 닥친다.

> 주여, 주께서 깨신 후에 주의 도성에서 저희 형상을 멸시하시리이다 (칠십인경 시 73:20)

하지만 셋의 아들, 곧, 부활의 아들은 주 하나님의 이름 부를 소망을 지닐 것이다. 이는, 셋이 다음과 같이 말하는 사람들의 사회를 예표하는 까닭이다.

> 오직 나는 하나님의 집에 있는 푸른 감람나무 같음이여! 하나님의 인자하심을 영영히 의지하리로다 (시52:8)

그는 땅에서 유명한 이름이 주는 헛된 영광을 구하지 않는다. 그 이유는 이렇다.

> 여호와를 의지하고, 교만한 자와 거짓에 치우치는 자를 돌아보지 아니하는 자는 복이 있도다 (시 40:4)

그리하여 두 도성이 소개되었는데, 하나는 이 세상 것을 추구하는 도성이고, 다른 하나는 하나님께 소망을 두는 도성이다. 두 도성의 공통점은 아담으로 말미암아 열린 가사성(可死性)이라는 문을 통해 나왔다는 점이다. 그러나 제각기 다른, 자기 고유의 종착점, [자기에게] 합당한 종착점을 향해 달려 나아감으로써, 연대 계산이 시작된다. 이때 다른 족보가 첨가되는데, 이것은, 아담으로부터 시작되는 이야기가 개괄적으로 반복된 다음의 일이다. 그 기원이 아담에게 있는, 정죄받은 [씨는] 흡사 하나의 덩어리 같은 것을 이루고 있지만, 그들이 받은 정죄는 의당(宜當)한 것이다. 하나님은 이것으로부터 멸시를 받을 "진노의 그릇"(롬 9:22)을 만드심과 더불어 영광을 받을 "긍휼의 그릇"(롬 9:23)도 만드셨다. 그리하여 저들에게는 저들이 마땅히 받아야 할 형벌을 내리셨고, 이들에게는 분수에 넘치는 것을 은혜로 주셨다. 이는, 땅에서 순례하는 하늘 도성으로 하여금 "진노의 그릇"과 자기를 비교하게 함으로써 자기의 자유의지를 신뢰하지 않고, 주 하나님 이름 부르기를 소망하도록 만들기 위함이다.

그 이유는, 자유의지가 그 본성으로는 선하신 하나님에 의해 창조된 선한 것이지만, 불변적(不變的)이신 하나님과는 달리 가변적(可變的)이기 때문이다. 즉, 무(無)로부터 창조되었고, 선에서 떠나 악을 행할 수 있기 때문이다. 물론, 악은 자유의지에 의해 행해지는 것이다. 그리고 그가 악에서 떠나 선을 행하는 일은 하나님의 도우심 없이는 불가능하다.

제22장
이방 여자들과의 사랑에 빠진 하나님 아들들의 타락에 관하여. 이로 인해 여덟 사람을 제외하고서 다 홍수로 멸망하는 것이 당연했음

그러므로 이 자유의지로 인해 인류가 전진하고 증가하면서, 두 도성이 뒤섞이고, 악에 동참함으로 말미암아 두 도성에 모종(某種)의 혼란이 생겼다.

악이 또다시 여자로 인해 발생하였다. 물론, 태초와는 다른 방식으로 발생하긴 했지만 말이다. (이때는 누군가의 거짓말에 속아 여자들이 남자들을 죄를 짓도록 설득한 것이 아니기 때문이다.)

하지만 시초부터 땅의 도성, 곧, 땅에서 태어난 자들의 사회에는 그릇된 습속에 빠진 여자들이 있었고, 그녀들이 육신의 아름다움으로 인해 "하나님의 아들들"(창 6:2), 곧, 이 세상에서 순례하는 다른 도성 시민들의 사랑을 받게 되었다.

물론, [육신의 아름다움은,] 하나님이 주신 좋은 선물이다. 그러나 하나님이 그것을 악한 자들에게도 주시는 것은, 선한 자들이 그것을 대단히 좋은 것으로 생각하는 일이 없도록 하기 위한 것이다.

그리하여 선한 자들이 자기들에게 있는 대단히 좋은 것을 버리고 타락하여 지극히 하찮은 선을 향하게 되었는데, 그 지극히 하찮은 선은 선한 자들에게만 있는 것이 아니고, 선한 자들과 악한 자들에게 공통적으로 있는 것이다.

아무튼 이렇게 하여 하나님의 아들들이 사람의 딸들에 대한 사랑에 사로잡혀, 그들을 아내로 삼는 일을 즐겨하게 되었고, 땅에 속한 자들이 이룬 사회의 습속에 빠져들어감으로써, 거룩한 사회에서 그들이 지켜왔던 경건을 내버리게 되었다.

이렇게 육신의 아름다움은, 하나님이 만드신 선이지만, 시간적인 것이고, 육신적인 것이고, 지극히 낮은 차원의 선이다. 하나님을 뒷전에 두는 일, 영원한 것, 내적인 것, 항존하는 선을 제쳐놓는 일은 그릇된 사랑을 하는 것이다. 이것은 마치, 욕심쟁이가 의를 버리고 금을 사랑하는 것과 같다. [물론,] 죄는 금에 있는 것이 아니고, 사람에게 있다.

모든 피조물이 마찬가지다. 피조물은 선한 것이지만, 그것을 사랑하는 것이 선한 일일 수도 있고, 악한 일일 수도 있다. 선한 사랑은 질서를 지키면서 사랑하는 것이고, 악한 사랑은 질서를 교란하면서 사랑하는 것이다. 이것을 나는 어떤 성촉(聖燭) 찬가에서 시구(詩句) 몇으로 이렇게 표현한 바 있다.

> 이것이 주의 것, 선한 것임은, 선하신 주께서 이를 창조하셨음이라.
> 그 중에 우리 것은 죄 지은 것말고는 아무것도 없사오니,
> 우리가 질서를 버리고, 주께서 지으신 것을 주 대신 사랑했음이라.

그러나 창조주를 참되이 사랑한다면, 다시 말해, [창조주] 자신을 사랑하지, 그분 대신 그분 아닌, 다른 것을 사랑하지 않는다면, [그 사랑이] 악한 사랑이 되는 것은 불가능하다.

이는, 사랑 자체도 질서 있게 사랑해야 하기 때문이다. 즉, 이를 통해 사랑해야 할 것을 선하게 사랑하게 되고, 그래야 우리 안에 덕이 존재하여, 이를 통해 우리가 선한 삶을 살게 되기 때문이다.

그러므로 내 생각에, 덕에 대한 간결하면서도 올바른 정의(定義)는 "사랑의 질서"일 것 같다. 이런 이유로 거룩한 아가에서 그리스도의 신부인 하나님의 도성은 이렇게 노래한다.

> 내 속의 사랑을 정돈하소서! (칠십인경 아 2:4)[1]

---

[1] 개역 성경 아 2:4은 "그가 나를 인도하여 잔치집에 들어갔으니 그 사랑이 내 위에 기(旗)로구나"로 되어 있음.

그렇다면, 이 사랑의 질서를 무너뜨린 채 하나님의 아들들이 하나님을 등한시하면서 사람의 딸들을 사랑한 것이다.

["하나님의 아들들"과 "사람의 딸들"이라는] 이 두 표현을 통해 두 도성이 잘 구별된다. 하나님의 아들들도 본성으로는 사람의 아들들이 아닌 것은 아니지만, 은혜로 말미암아 다른 이름을 지니게 되었다. 사실, 성경에 하나님의 아들들이 사람의 딸들을 사랑했다는 말씀이 나오는 곳을 보면, 그들을 "하나님의 천사들"이라고도 불렀다. 이로 인해 많은 사람들이 그들을 사람이 아니라 천사라고 생각한다.

제23장

영적인 존재인 천사들이 아름다운 여자들을 보고 사랑에 빠져 그녀들과 결혼했고, 이로 인해 거인들이 태어났다고 믿어야 하는가?

1. 이 문제를 우리는 본서 제3권에서 지나가며 [잠깐] 언급했지만, 천사들이 영적 존재인데도, 여자들과 육체 관계를 할 수 있는지에 대해서는 미해결인 채로 놔두었다. 사실, [천사들에 대해서는] 이렇게 기록돼 있다.

> 영들로 자기 사자를 삼으시며 (칠십인경 시 104:4)

이 말씀은 본성상 영적인 존재들을 자기 사자로 삼아, 그들에게 전령의 임무를 맡기신다는 뜻이다.

헬라어로 ἄγγελος / angelos라 하는 것을 라틴어로는 격변화를 시켜 angelus라 하지만, 이 말은 라틴어로 nūntius(= "사자")라는 뜻이다.

하지만 [시편 기자가] 바로 이어서 "화염으로 자기 사역자를 삼으시며"(시 104:4b)라는 말을 덧붙이는 것이 천사들의 육신을 가리키는 것인지,

아니면, 주님의 종들이 영적인 불과 같은 사랑으로 뜨겁게 불타올라야 한다는 것인지는 확실하지 않다.

그러나 천사들이 사람들에게 유체(有體)로 나타나, 그들을 볼 수 있었을 뿐 아니라, [손으로] 만질 수도 있었다는 것은, 지극히 참된 성경이 증거한다.

그리고 다음과 같은 사실에 대해서는 대단히 널리 알려져 있고, 많은 사람들이 직접 경험했다고 주장하거나, 경험한 사람들에게서 들은 것이지만, 그 신빙성을 도저히 의심할 수 없다고 주장한다. 즉, 사람들이 보통 "도깨비"라 하는 실바누스(Silvānus)들이나 판(Pān)들이 여자들에게 못되게 구는 일, 여자들에게 동침을 요구하거나 실제로 동침한 일이 자주 있었다는 것이다. 또 갈리아 사람들이 "두시우스"라고 부르는 일종의 악령들도 항상 이런 추잡한 일을 시도하거나 실행한다고 많은 사람들이 아주 강력히 주장하는 관계로, 이것을 부인하는 것이 이상하게 비쳐질 지경이다.

그렇다하여 어떤 영이 공기와 같은 육신을 지니고 있어서, (이런 원소는 부채로 흔들어 주기만 해도, 육신의 감관으로, 특히 촉감으로 느껴짐) 이런 욕심을 일으킬 수도 있고, 그래서 어떤 식으로든 가능만 하다면, 감각을 지닌 여자들과 [몸을] 섞을 수 있다는 말을 나는 감히 단정적으로 하지 못하겠다.

그럼에도 불구하고 하나님의 거룩한 천사들이 당시 그렇게까지 타락했을 것이라고 믿는 일을 나는 절대 할 수 없다. 그리고 사도 베드로가 한 다음과 같은 말은 이 천사들에 대한 말이 아닐 것이다.

> 하나님이 범죄한 천사들을 용서치 아니하시고, 지옥에 던져 어두운 구덩이에 두어, 심판 때까지 지키게 하셨으며 (벧후 2:4)

이 말은 오히려 태초에 하나님을 배반하고, 자기네 우두머리 마귀와 함께 타락한 천사들을 가리키는 말일 것이다. 마귀는 시기심으로 말미암아 뱀의 형상으로 첫 사람을 속인 자였다.

반면, [창세기 6장에 나오는] 천사들은 하나님의 사람들을 가리켰는데, 이에 대해서는 성경이 매우 잘 증거해 준다. 예를 들어, [세례] 요한에 대해서도 이렇게 기록돼 있기 때문이다.

> 보라! 내가 내 사자를 네 앞에 보내노니, 저가 네 길을 예비하리라 (막 1:2)

말라기 선지자 역시 무슨 특별한 은혜, 곧, 그에게 부여된 특별한 은혜로 말미암아 "천사"라는 칭호를 얻었다.[1]

2. 그러나 "하나님의 천사"라 불리는 자들과, 그들이 사랑한 여자들 사이에서 우리와 같은 종류의 사람들이 아니라, 거인들이 태어났다는 이야기 때문에 심란해하는 사람들이 있다. 이들은, 우리 시대에도, 내가 앞에서도 언급한 대로, 체구가 우리의 평균치를 초과하는 경우가 있다는 사실을 모르는 것만 같다.

몇 년 전, 그러니까 도성 로마가 고트족에 의해 침탈당하는 사건이 일어나기 직전, 로마에 [어떤] 여자가 부모와 함께 나타난 적이 있지 않은가? 그녀는 다른 사람들보다 훨씬 더 큰 체구로 어찌 보면 거인이라 할 수 있었다. 그녀를 보기 위해 도처에서 엄청난 무리가 몰려들었다. 그리고 지극히 놀라운 사실은, 그녀의 부모 두 사람이 다, 우리가 보통 대단히 크다 여기던 사람들보다 별로 크지 않았다는 점이다.

---

[1] 말라기는 "나의 천사"라는 뜻이다.

그렇다면, "하나님의 천사"라 불리던 하나님의 아들들이 사람의 딸들, 곧, 사람을 따라 살던 사람들의 딸들과 어울리기 전에도, 거인들이 태어나는 것이 가능했다. 즉, 셋의 아들들이 가인의 딸들과 어울리기 전에도, 그것이 가능했다. 이는, 정경, 곧, 우리가 읽고 있는 이 책에도 다음과 같은 말씀이 나오기 때문이다.

> 2 하나님의 아들들이 사람의 딸들의 아름다움을 보고 자기들의 좋아하는 모든 자로 아내를 삼는지라 3 여호와께서 가라사대, 나의 신이 영원히 사람과 함께 하지 아니하리니, 이는, 그들이 육체가 됨이라 그러나 그들의 날은 일백이십 년이 되리라 하시니라. 4 당시에 땅에 네피림이 있었고, 그후에도 하나님의 아들들이 사람의 딸들을 취하여 자식을 낳았으니, 그들이 용사라 고대에 유명한 사람이었더라 (창 6:2-4)

하나님의 책 [성경]에 나오는 이 말씀은, 하나님의 아들들이 사람의 딸들을 아내로 맞이할 때, 그녀들을 좋은 여자로, 다시 말해, 아름다운 여자로 보고 사랑했을 때, 이미 당시 땅에는 거인들이 있었음을 잘 가르쳐 준다. 성경은 육신이 아름다운 사람을 좋다고 하는 것이 보통이다.

하지만 이런 어울림이 있은 후에도, 거인들이 태어났다. 이는, [성경에] 다음과 같은 말씀이 있기 때문이다.

> 당시에 땅에 네피림이 있었고, 그후에도 하나님의 아들들이 사람의 딸들을 취하여, … (창 6:4)

그러므로 그 시대 이전에도 [거인들이] 있었고, "그후에도" 있었다. 그런데 "자식을 낳았으니"라는 말은, 하나님의 아들들이 타락하기 전에는 하나님을 위해 자식을 낳았지, 자기 자신을 위해 자식을 낳은 것이 아니었다는 사실을 잘 보여 준다. 곧, 교접하려는 욕심에 지배당한 것이 아니라, 자녀 생산의 의무를 수행한 것이었다. 자기 과시를 위해 가족을 이룬 것이 아니었다. 도리어 하나님의 도성 시민들을 낳았다. 그리고 마치 하나님의 천사 같이 되어, 자녀들에게 하나님께 그들의 소망을 두라고 [말씀을] 전하였다. 그들은 셋[= "부활"]에게서 태어난 에노스와 비슷하게 되었다. 에노스는 "부활"의 아들로서, 주 하나님의 이름 부를 소망을 품었다. 이 소망으로 그들은 그들의 자손들과 함께 영원한 재화(財貨)의 공동 상속자가 될 것이고, 하나님 아버지 품안에서 [자기] 자녀들의 형제가 될 것이다.

3. 그런데 혹자(或者)는, 그들이 하나님의 천사라고, 그래서 사람이 아니라고 생각한다. 하지만 그들이 의심할 여지가 없이 사람이었다는 사실은, 성경 자체가 아주 분명하게 밝혀 준다. 이는, "하나님의 아들들이 사람의 딸들의 아름다움을 보고, 자기들의 좋아하는 모든 자로 아내를 삼는지라"(창 6:2)는 말씀을 먼저 한 다음에, 바로 다음과 같은 말씀을 덧붙이기 때문이다.

> 여호와께서 가라사대, 나의 신이 영원히 사람과 함께 하지 아니하리니, 이는, 그들이 육체가 됨이라 (창 6:3a)

그들은 하나님의 영에 의해 하나님의 천사들이 되었고 하나님의 아들들이 되었다. 그러나 낮은 것을 향해 기울어졌기 때문에 그들은 "사람"이라 불린다. 이것은 본성에 따른 명칭이지, 은혜에 따른 명칭이 아니다. 또 그들이 "육체"라 불린 것도, 영을 버렸기 때문이다. [그들은 하나님을] 버림으로써 버림받은 자들이 되었다.

칠십인경의 번역자들 역시 그들을 "하나님의 천사들"이라고도 하고 "하나님의 아들들"이라고도 하지만, 모든 사본이 다 그런 것은 아니다. 즉, 어떤 사본에는 "하나님의 아들들"이라는 말만 나온다.

그런데 유대인들이 다른 어떤 번역자들보다 더 중요시하는 아크빌라는 "하나님의 천사들"이라는 말도, "하나님의 아들들"이라는 말도 사용하지 않고, 단지 "신들의 아들들"이라고 번역한다.

그러나 양쪽이 다 맞다. 이는, 그들이 하나님의 아들들이었고, 하나님을 그들 [모두]의 아버지로 모신 만큼, 그들이 자기네 조상과 형제도 되는 까닭이다. 또 그들이 "신들의 아들들"도 되는 것은, 그들이 신들의 소생이기 때문이다. 이는, 그들이 시편에 나오는 다음 말씀과 같이, 자기네 부모와 더불어 신들이기 때문이다.

내가 말하기를, 너희는 신들이며, 다 지존자의 아들들이라 하였으나 (시 82:6)

칠십인경의 번역자들이 선지자의 영을 받았다 믿는 것은 옳다. 그러므로 그들이 성령의 권위로 무엇을 바꾸었다면, 그래서 원본과는 다르게 번역한 것이라면, 이것 역시 하나님의 말씀이라는 사실을 의심할 수 없다. 여하간, 히브리어 성경에는 이 부분이 애매하게 되어 있어서, "하나님의 아들들"이라는 번역과 "신들의 아들들"이라는 번역이 다 가능할 것 같다.

4. 그러므로 우리는 "위경"(僞經)이라 부르는 책들에 나오는 이야기는 제외하기로 하자! 이는, 이 책들의 근본이 비밀에 싸여 있어서, 교부(敎父)들도 그것을 확실히 모르기 때문이다. 교부들은 우리들에게 정경(正經)의 권위를 지극히 확실하고 아주 잘 알려진 전승(傳承)을 통해 전해 주었다.

물론, 위경에도 진리가 조금 발견되기는 하지만, 거짓된 내용이 많은 관계로, 정경으로서의 권위가 전혀 없다.

아담으로부터 시작하여 제7대인 에녹이 거룩한 글을 좀 기록하였다는 사실을 우리가 부인할 수가 없다. 이는, 사도 유다가 정경에 속한 서신에서 이에 대해 언급했기 때문이다. 그러나 히브리 백성의 성전에 제사장들이 정성스레 보관해 오던 정경 속에 에녹서가 들어 있지 않은 것은 공연한 일이 아니다. 이 책은 너무 옛날 책이라, 신빙성이 의심스럽다 판단되었고, 이 책이, [정말] 에녹이 쓴 책인지를 확인하는 것도 불가능하였고, 대대로 내려오는 전승 과정에서 정경을 정성껏 보존했다고 인정되는 사람들이 이 책에 대해 긍정적으로 말하지 않기 때문이다.

그러므로 에녹의 이름으로 출간된 이 책에 거인에 관한 이야기가 들어있지만, 거인들의 아비가 사람이 아니었다는 이야기에 대해, 명철한 사람들이, 이런 이야기는, 에녹 자신이 한 이야기라 믿을 수 없다고 판단하는 것은 옳은 일이다. 이것은, 이단들도 선지자들의 이름으로 많은 이야기를 하고 있고, 근자에는 사도들의 이름으로 그렇게 하고 있는 것과 비슷하다. 이런 이야기들에 대해 면밀히 검토한 결과 모두 정경의 권위를 지니지 못하는 위경(僞經)이라고 배척하게 되었다.

그래서 히브리 사람들과 크리스챤들의 정경에 의하면, 홍수 전에 수많은 거인들이 존재했다는 것, 그들이 땅에 속한 인간 사회의 시민들이었다는 것은 의심할 수가 없다. 그런데 육신으로는 셋의 후손인 하나님의 아들들이 의를 버리고 그러한 사회 속으로 섞여 들어간 것[도 의심할 수가 없다]. 그리고 이 사람들에게서 거인들이 태어날 수 있었다 하는 것에 대해 이상하게 여길 필요가 없다. 즉, 당시 모든 사람들이 다 거인은 아니었지만, 홍수 이후의 다른 시대에 비해서는 훨씬 많았던 것이다. 그런 사람들 창조하시는 것을 창조주께서 기뻐하셨던 것은, 육신의 아름다움 뿐 아니라, 몸집과 체력도 지혜자에게는 중요하지 않다는 사실을 보여 주시기 위함이었다.

지혜자는, 선한 자들과 악한 자들에게 공통된 재화(財貨)가 아니라, 선한 자들에게만 있는 재화, 곧, 영적이고 불가사적(不可死的)인 재화에서 행복을 찾는다. 이로 인해 다른 선지자가 다음과 같이 권면의 말을 한다.

> 26 그곳에 태고의 유명한 거인들, 몸집이 크고 전쟁에 능한 자들이 태어났으나, 27 하나님은 그들을 택하지 않으셨고, 지혜의 길을 그들에게 보이지 않으셨으니, 28 그들이 지혜가 없어 멸망했고, 미련함으로 인해 망했느니라 (바룩 3:26-28)

제24장

홍수로 멸망할 사람들에 대해 주께서 그들의 날은 120년이 되리라 하신 것을 어떻게 이해해야 할 것인가?

그렇다면, 하나님이 "그들의 날은 120년이 되리라"(창 6:3) 하신 말씀을, 이후 사람의 수명이 120년을 넘지 못할 것이라 예고하신 것으로 이해해서는 안 된다. 이는, 홍수 이후에도 500년 이상 산 사람들이 있었음을 우리가 알고 있기 때문이다. 이 말씀을 하나님이 하신 것은 오히려 이렇게 이해해야 한다. 당시는 노아가 대략 500세 쯤이었고, 정확히는 480세 되던 해였다. 성경은 대략적인 수치를 쓰는 것이 보통이므로, 480세를 500세라 한 것이다.

홍수는, 노아가 600세 되던 해 2월에 났다. (창 7:11) 그러므로 120년은, 이 기간이 지나, 홍수가 일어나면 멸망하게 될 사람들의 남은 수명을 예고한 것이었다.

그런데 홍수가 그런 식으로 일어났다고 믿는 것은 공연한 일이 아니다. 이는, 땅 위에 그런 식의 죽음을 면하기에 합당한 사람을 전혀 찾아볼 수 없었기 때문이다. 그러한 죽음으로 불경건한 자들에게 징벌이 내려졌다.

선한 사람들도 언젠가는 죽을 것이므로, 그러한 죽음을 당한다 해서, 사후(死後)에 그들에게 손해가 될 만한 일이 그들에게 닥치는 것은 전혀 아니다. 성경에 셋의 후손이라고 거명된 사람들 중에는 그 홍수로 죽은 사람이 전혀 없다. 그런데 홍수의 이유에 관해서는 성경이 이렇게 이야기하고 있다.

> 5 여호와께서 사람의 죄악이 세상에 관영함과, 그 마음의 생각의 모든 계획이 항상 악할 뿐임을 보시고, 6 땅 위에 사람 지으셨음을 한탄하사 마음에 근심하시고, 7 가라사대, 나의 창조한 사람을 내가 지면에서 쓸어 버리되, 사람으로

부터 육축과 기는 것과 공중의 새까지 그리하리니, 이는, 내가 그것을 지었음을 한탄함이니라 하시니라 (창 6:5-7)

제25장

하나님의 진노에 관하여. 그의 불변적 평정을 그 어떠한 불길로도 요동시키지 못함

하나님의 진노는 그의 마음의 요동이 아니라, 죄를 벌하기 위해 내려지는 심판이다. 그런데 가변적(可變的) 사물에 대한 그의 생각하심과 또 생각하심은 불변적(不變的) 계획이다. 하나님은, 당신이 하신 일에 대해 사람처럼 후회하시는 일이 없다. 모든 일에 관해 그의 예지(豫知)가 확실한 것처럼, 그의 결정도 확고하다.

하지만 이와 같은 표현을 사용하지 않는다면, 성경은 모든 인류에게 어떤 식으로든 친밀하게 다가가는 것이 불가능할 것이다. 성경은 그들을 돕되, 교만한 자들에게는 공포를 심어 주고, 게으른 자들은 독려하며, 탐구하는 자들은 연단하고, 총명한 자들에게는 양식을 공급한다. 이것을 하기 위해 성경은, 자기가 먼저 몸을 구푸려, [바닥에] 누워 있는 자들에게 어떤 식으로든 내려가야만 한다.

그런데 성경은 땅의 모든 동물들과, [공중의] 모든 날짐승들에 대해 멸망을 선포한다. 이것은 장차 있을 환난의 규모를 표현하는 것이지, 이성이 없는 동물들이 마치 [무슨] 죄를 짓기라도 한 것처럼, 그것들에게 멸망할 것이라 위협하는 것이 아니다.

제26장

노아보고 지으라 명령하신 방주는 모든 점에서
그리스도와 교회를 상징함

1. 하지만 진리의 말씀인 성경이 의인 노아에 대해 이야기하는 것 같이, 노아는 "당세에 완전한 자"(창 6:9)였다. (물론, 하나님의 도성 시민들이 장차 영생을 얻어, 천사들과 같이 될 때처럼 완전했다는 뜻은 아니다. 도리어 여기서 순례하는 동안 도달할 수 있는 범위 내에서 그렇다는 뜻이다.) 노아에게 하나님은 방주를 지으라 명하신다. 이 방주를 통해 노아는 그의 권속(眷屬)들과 함께, 곧, 아내, 아들들 및 며느리들과 함께, 또 하나님의 명령에 따라 방주 속으로 들어와, 그에게로 온 동물들과 함께 홍수의 파멸로부터 건짐을 받았다.

이것은 의심할 여지 없이 이 세상에서 순례하는 하나님의 도성, 곧, 교회의 예표(豫表)였다. 교회는 나무를 통해 구원을 받았는데, 그 나무에는 하나님과 사람 사이의 "중보, 곧, 사람이신 그리스도 예수"(딤전 2:5)께서 달리셨다. 사실, 방주의 제원(諸元), 즉, 그 길이와, 높이와, 폭까지도 인간의 몸을 상징한다. 그리스도는 인간의 참된 몸을 가지시고 사람들에게 올 것으로 예고되었고, 또 그렇게 오셨다.

사람 육신의 길이는 정수리부터 발바닥까지 한쪽 옆구리에서 반대쪽 옆구리까지 폭의 여섯 배가 되고, 등에서부터 배까지 두께의 열 배가 된다. 반드시 누워 있든, 엎드려 누워 있든, 누워 있는 사람을 잰다 생각해 보라! 그의 머리부터 발까지의 길이는 오른쪽 옆구리에서 왼쪽 옆구리까지, 혹은 왼쪽 옆구리에서 오른쪽 옆구리까지 폭의 여섯 배가 되고, 땅에서부터의 높이의 열 배가 된다.

방주도 이런 비율로 만들었다. 즉, 길이는 300규빗, 폭은 50규빗, 높이는 30규빗이었다.

또 문을 옆으로 냈다는 것은 분명, 십자가에 달리신 분의 옆구리를 창으로 찔러 난 상처를 의미한다.[1] 그에게로 오는 사람들은 이곳을 통해 들어간다. 이는, 여기에서 성사(聖事)가 흘러나오고, 이를 통해 믿는 자들이 [믿음에] 입문하는 까닭이다.

그리고 네모난 목재로 [방주를] 만들라 명하신 것은, 성도의 삶이 항상 확고부동함을 의미한다. 네모난 것은 어느 쪽으로 굴려도 똑바로 서는 까닭이다. 이밖에도 방주의 구조에 관해 하는 말은 다 교회와 관련된 것들에 대한 표상(表象)이다.

2. 하지만 이런 것을 지금 철저히 궁구(窮究)하는 것은 장황한 일이 된다. 그리고 이런 작업은 우리가 이미 마니교도 파우스투스에 맞서 쓴 책에서 수행한 바 있다. 파우스투스는 히브리 사람들의 경전에 그리스도에 관해 예언한 내용이 있다는 사실을 부인한다.

물론, 이 문제를 우리보다 더 훌륭하게 설명하는 사람이 있을 것이고, 다른 사람이 그 사람보다 더 훌륭하게 설명할 수 있을 것이다. 그러나 설명하는 사람이 이것을 기록한 사람의 의도에서 [과도하게] 멀리 벗어나지 않기를 원한다면, [여기에] 기록된 모든 말씀을, 우리 논의의 주제가 되는 하나님의 도성, 곧, 마치 대홍수가 일어난 것과 같은 이 악한 세상에서 순례의 길을 가는 하나님의 도성에 연관시켜야 할 것이다.

---

[1] 요 19:34 (= "그 중 한 군병이 창으로 옆구리를 찌르니 곧 피와 물이 나오더라") 참조.

예를 들자! 여기서 "상중하 삼층으로 할지니라"(창 6:16)고 기록된 말씀에 대해 내가 『파우스투스 논박』이라는 책에서 말한 방향으로 이해하기를 원하지 않는 사람이 있을 수 있다. 나는 그 책에서, 모든 민족이 모여 이룬 것이 교회이므로, 2층은 두 부류의 사람들, 곧, 할례자들과 무할례자들, 혹은 사도의 표현을 사용하여, 유대인과 헬라인을 의미하고, 3층은, 대홍수 후에 모든 민족이 노아의 세 아들들을 통해 복원된 것을 의미한다고 하였다. 그러나 나의 이런 해석에 찬성하지 않는 사람은, 신앙의 규준에서 벗어나지 않는 한, 다른 해석을 제시해도 상관이 없다.

그런데 이 말씀은, 아래층에만 방이 있어야 한다는 뜻이 아니다. 그 위에도 층이 하나 더 있었고 (그래서 "2층"이라 함), 또 그 위에 한 층이 더 있었다. (그래서 "3층"이라 했다.) 즉, 맨 아래서부터 위로 3층까지 거소가 형성되었다. 여기서 이 3층은, 사도가 권면한 "믿음, 소망, 사랑"(고전 13:13)을 의미한다 할 수 있다. 더 적절하게 해석하자면, 복음서에 나오는 그 풍성한 결실, 곧, 30배, 60배, 100배의 결실이라고 볼 수도 있다.[1] 그래서 맨 아래에는 혼인의 순결이 있고, 그보다 위에는 과부의 순결이 있고, 맨 위에는 동정의 순결이 있다고 할 수도 있다. 그리고 [우리의] 이 하나님 도성의 믿음에 근거하여 이보다 더 나은 해석이나 발언이 가능하다.

여기서 다른 문제에 대해 해석해야 하는 경우에도 나는 같은 말을 할 수 있을 것 같다. 왜냐하면 혹시 똑같은 방식으로 설명하지 않는다 하더라도, 그것은 반드시 보편교회의 신앙과 조화를 이루는 방향으로 행해져야만 하는 까닭이다.

---

[1] 마 13:8 (= "더러는 좋은 땅에 떨어지매 혹 백 배, 혹 육십 배, 혹 삼십 배의 결실을 하였느니라") 참조.

제27장

방주와 홍수에 관하여 역사적 사실만 받아들이고 비유적 의미는 배척하거나, 비유적 해석만을 옹호하고 역사적 진실성을 부정하는 자들에게 동조할 수 없음

1. 그런데 이런 일을 기록한 것은 무의미한 일이었다거나, 비유적인 의미를 완전히 배제한 채 역사적 사실만을 탐구해야 한다 생각하는 사람이 아무도 없어야 할 것이다. 혹은 이와 반대로, 이것은 역사적 사실이 전혀 아니고, 오직 비유일 뿐이라고 주장하든지, 아니면, 이것이 무엇이든 간에, 교회에 관한 예언과는 전혀 상관이 없다 주장해서도 안 될 것이다. 정신착란을 일으킨 사람이 아니라면 도대체 누가, 수천 년 동안 매우 경건하게 보전되고, 아주 질서정연하게 간직돼 온 책이 아무 이유 없이 기록되었다거나, 이 책에서 단순한 역사적 사실만을 보아야 한다고 주장할 것인가?

다른 것은 그냥 지나간다 하더라도, 만약 동물의 수효가 대단히 많아서, 방주의 크기가 그처럼 매우 컸어야 했다면, 부정한 짐승은 두 쌍씩, 정결한 짐승은 일곱 쌍씩 들여보내야만 했던 이유는 무엇인가? 양쪽의 수를 똑같이 하여 보전하는 것이 가능했을 텐데 말이다.

그런데 혹시 종자를 퍼뜨리기 위해 종자를 보전하라 명하신 하나님이 그것들을 창조하실 당시처럼 그것들을 다시 창조하실 능력이 없었던 것일까?

2. 하지만 이것은 사실이 아니고, 비유적인 것의 표상일 뿐이라고 주장하는 사람들은 우선, 그처럼 엄청난 홍수가 일어났을 가능성이 없다고 생각한다. 즉, 물이 가장 높은 산들보다 15규빗이나 더 올라갔을 수 없다고

여긴다. 그래서 올림푸스 산 정상은, 그 위로는 구름조차도 모이지 못한다고 한다. 그 산은 정말 너무 높아서, 그곳에는 짙은 공기가 없고, 그곳에는 바람이나, 안개나, 비도 존재할 수 없다는 것이다.

그러나 그 산 정상이 흙으로 되어 있다는 사실을 그들이 부인할 수 있는가? 그렇다면, 하늘의 그곳까지 흙은 올라갈 수 있었던 것인데, 어째서 물은 올라갈 수 없다고 주장하는 것인가? 원소를 측정하고, 그 무게를 다는 사람들이 물이 흙보다 더 위쪽에 있다고, 가볍다고 이야기하는데도 말이다. 그렇다면, 더 무겁고, 더 아래쪽에 있는 흙은 무수한 세월에 걸쳐 하늘의 평온한 곳까지 침투할 수 있었는데, 더 가볍고, 더 위쪽에 있는 물은 잠시 동안만이라도 그렇게 하는 것이 허용되지 않는 것은 어떤 까닭인지, 그들은 어떤 이유를 제시하는가?

3. 그들은 또 말하기를, 그 방주의 크기로는 그처럼 수많은 동물을 종류별로, 부정한 동물은 두 쌍씩, 부정한 동물은 일곱 쌍씩 수용할 수 없었을 것이라고 한다.

내가 보기에, 그들은 길이 300규빗, 폭 50규빗의 공간만을 계산에 넣지, 2층에도 같은 규모의 공간이 있고, 그 위의 3층에도 같은 규모의 공간이 있다는 사실을 생각하지 않는 것 같다. 그러니까 세 곱을 하면, 900규빗 곱하기 150규빗의 공간이 있었던 사실을 생각하지 않았던 것으로 보인다.

그런데 모세는 [성경에] 기록된 대로, "애굽 사람의 학술을 다"(행 7:22) 배웠다. 오리게네스는, 모세가 [여기서] 말하는 규빗은 우리 규빗의 여섯 배가 되는 기하학적 규빗일 수 있다는 사실을 지적했지만, 이것은 훌륭한 지적이다. 만약 이런 생각이 맞다면, 방주의 수용 능력이 엄청났다는 사실을 누가 모르겠는가?

이 정도 규모의 방주를 건조하는 것은 불가능했을 것이라 시비하는 사람들은 지극히 얼토당토않은 모함을 하는 것이다. 이는, 거대한 도성이 건설된 사실을 그들이 알고 있는 까닭이다. 그들은 또, 방주가 100년 걸쳐 건조되었다는 사실을 간과하고 있다. 석회만 가지고도 돌과 돌을 붙일 수 있고, 따라서 여러 마장 되는 둥근 성을 쌓을 수 있다면, 목재와 목재를 꺽쇠와, 빗장과, 못과, 역청으로 서로 붙여, 곡선이 없고, 가로든, 세로든, 일직선으로 뻗은 방주를 만들지 못할 이유가 없을 것이다. 그리고 사람들이 그 방주를 바다에 진수시키려고 애를 쓸 필요가 없었고, 물결이 밀려오면, 자연 질서에 따라 부력(浮力)에 의해 [저절로 물에] 뜨게 되어 있었다. 방주가 떠다닐 때, 아무데서도 파선을 당하지 않은 것 역시 인간의 명철함 때문이 아니라 하나님 섭리의 다스림 때문이었다.

4. 그러나 아주 작은 동물들, 그러니까 쥐나, 도마뱀 같은 것뿐 아니라, 메뚜기, 풍뎅이, 파리, 심지어 벼룩 같은 것에 대해서도 꼬치꼬치 따져 물으면서, 하나님이 이런 명령을 하실 때 정해 주신 숫자보다, 방주에 이런 것이 더 많지 않았겠느냐고 의문을 제기할 때가 많다. 이런 질문 때문에 심란한 사람들은, "땅에 기는 모든 것"(창 6:20)이라는 말씀은, 물에 사는 것들, 그러니까 물고기처럼 물속에 사는 것이나, 수많은 새들처럼 물 위를 헤엄쳐 다는 것들은 방주에 들여 보전할 필요가 없었다는 뜻으로 이해해야 한다는 점을 먼저 인식해야 한다.

그 다음에 "암수 한 쌍씩"(창 6:19)이라는 말씀은 분명, 종(種)의 보전을 위해 하신 말씀으로 해석이 된다. 그러므로 거기서는 암수의 결합 없이도 여러 가지 사물에서 태어날 수 있거나, 사물의 부패를 통해 태어날 수 있는 것은 포함될 필요가 없었다. 만약 그런 것이 거기에 있었다면, 보통 그런 것이 집에 있는 것처럼 있었을 것이고, 무슨 정해진 숫자가 있었던 것은 전혀 아니었을 것이다.

[거기에는] 지극히 거룩하고 신비로운 일이 행해지고 있었고, 엄청난 사건의 예표(豫表)가 보여지고 있었다. 단, 본성으로는 물에서 사는 것이 불가능하여, 정해진 그 수에 포함되었던 모든 동물들이 살아남은 것이 인간의 돌봄, 곧, 노아나 노아 권속들의 돌봄을 통한 것이 아니라, 하나님의 돌보심 때문이었다는 역사적 사실에 의하지 않는다면, 그런 신비와 예표는 성립될 수 없다. 이는, 노아가 그것들을 잡아 [방주에] 넣은 것이 아니라, 그것들이 찾아오면, 들어가게 허락했기 때문이다. "모든 것이 … 네게로 나아오리니"(창 6:20)라고 하신 말씀은 이런 뜻이었다. 즉, 사람의 활동에 의해서가 아니라, 하나님의 뜻에 의해 [동물들이 온 것이다].

그렇다고 무성(無性)의 동물들이 거기 포함되었다고 믿을 수는 없다. 이는, "암수 한 쌍씩"(창 6:19)이라고 확실하게 명령하셨기 때문이다. 어떤 동물은 파리처럼 교접이 없이 다른 것에서 태어난 다음, 교접으로 번식한다. 또 어떤 동물은 벌처럼 암수가 없는 것이 있다.

그런데 수노새와 암노새처럼 유성(有性)이면서도 새끼를 낳지 못하는 것이 방주에 있었다면, 이상한 일일 것이다. 거기에는 그것들을 낳을 수 있는 말과 나귀가 있는 것으로 충분했을 것이다.

종류가 다른 것들의 교배로 태어나는 다른 잡종의 경우도 마찬가지다. 그러나 이런 것들도 신비와 관련된다면, 방주에 있었을 것이다. 이런 것들도 수컷과 암컷이 있기 때문이다.

5. 상당수 사람들이, 육식밖에 하지 못한다 여겨지는 동물들이 거기서 먹을 수 있었던 먹이의 종류에 대해 문제를 제기한다. [즉, 하나님의] 명령을 어기지 않으려면 정해진 수 이외의 [동물은] 거기 있어서는 안 되는데,

다른 동물들을 먹여 살리려면, 다른 동물을 거기 넣는 것이 불가피하지 않느냐 하는 것이다. 혹 이런 불가피성을 피하려면, 살코기를 제외하고 모든 동물이 다 먹을 수 있는 다른 먹이가 있을 수 있다 생각하는 것이 더 나을 수 있을지 모른다.

정말이지, 우리가 알기로, 육식을 하는 수많은 동물들이 열매나 과일을 먹는데, 특별히 무화과와 밤을 먹는다. 그렇다면, 저 지혜롭고 의로운 사람 노아가 하나님의 지시를 받아, 어느 동물에 무엇이 맞는지를 [잘] 알아서, 육류 없이도 각종 동물에 맞는 먹이를 준비해 보관해 두었다면, 그것이 무슨 이상한 일인가?

또 굶주리면, 먹지 못할 것이 무엇인가? 그리고 하나님은 무엇이든지 맛있는 것, 몸에 좋은 것으로 만드실 수 있지 않는가? 또 먹는 것이 이처럼 엄청난 신비를 이루는 표상으로 적합하지 않다면, 먹지 않고도 살 수 있게 해 주시는 것도, 하나님의 능력으로는 쉬운 일 아닌가?

그러나 다투기를 좋아하는 사람이 아니라면, 실지로 일어난 [이런] 사건들의 이처럼 무수한 표상이 교회를 예표하는 것이 아니라는 생각을 하지 못할 것이다.

이미 이방인들이 교회를 가득 채웠고, 정결하든, 부정하든, 확실한 종말에 이르기까지 하나를 이룬 교회의 무슨 조직체 안에 들어와 있다. 이 한가지 아주 명확한 사실만 본다 해도, 나머지 상당히 애매모호하게 표현된 것, 이해하기 힘든 것에 대해서 의심하는 것은 절대 있을 수 없다.

사실이 이러하므로, 아무리 완악한 사람이라 할지라도, 이런 말씀이 기록된 것이 공연한 일이었다는 생각을 감히 하거나, 실지로 일어났다 해도, 아무런 의미가 없다 하거나, 비유적인 이야기지, [실지로] 일어난 일이 아니라 하거나, 교회를 비유하는 것과는 전혀 상관이 없다는 말을 하지 못할 것이다.

오히려 이것을 기록, 기억하게 한 것은 지혜로운 일이었다는 사실, 또 이것이 [실지로] 일어난 일이라는 사실, 또 무슨 의미를 지닌 일이라는 사실, 또 교회를 예표하는 것을 포함하고 있다는 사실을 믿어야 할 것이다.

이미 여기까지 [이야기가] 진행되었으므로, 이 [제15]권을 마쳐야만 하겠다. 앞으로는 홍수 이후에 일어난 사건을 통해서 두 도성, 곧, 사람을 따라 사는 땅의 도성과, 하나님을 따라 사는 하늘 도성의 진행 과정을 추적하도록 하겠다.

제16권

이 권의 첫 부분, 곧, 제1장부터 제12장까지는 하늘의 도성과 땅의 도성, 이 두 도성의 전진 과정을 노아에서부터 아브라함까지 성경에 근거하여 제시하고, 둘째 부분에서는 하늘 도성의 전진 과정만을 아브라함부터 이스라엘의 열왕 시대까지 논함

제1장
홍수 후 노아부터 아브라함까지 어떤 집안이 하나님을 따라 살았는지를 알 수 있는가?

홍수 후 거룩한 도성이 전진한 흔적이 계속 이어지는지, 아니면, 불경의 시대가 끼어듦으로써, [그 전진이] 방해를 받아, 유일하신 참 하나님을 섬기는 자가 한 사람도 존재하지 않았는지를 성경을 통해 명확히 밝혀내기는 어렵다. 이는, 정경에서는 그의 처와, 세 아들 및 세 며느리와 함께 방주에 들어가 홍수로 말미암은 환난에서 벗어날 수 있었던 노아 이후 아브라함에 이르기까지 하나님의 확실한 말씀을 통해 칭찬을 받은, 경건한 인물을 전혀 발견할 수 없기 때문이다.

단지, 노아는 자기 두 아들 셈과 야벳을 축복하면서 예언을 할 때, 먼 장래에 일어날 일을 예견하기는 했다. 그리고 둘째 아들, 곧, 장자보다는 어리고, 막내아들보다는 나이가 많은 아들이 아버지인 자기에게 죄를 지었을 때, 노아는 둘째 아들 본인에게 저주를 한 것이 아니라, 그 아들의 아들, 곧, 자기 손자에게 다음과 같이 저주를 하였는데, 그것도 일종의 예언이었다.

가나안은 저주를 받아, 그의 형제들의 종이 되리라 (칠십인경 창 9:26-27)

그런데 가나안은 함에게서 태어났고, 함은 잠든 아버지의 벌거벗은 것을 덮어 드리지 않았을 뿐 아니라, 도리어 누설한 사람이었다. 그래서 노아는 큰아들과 막내아들을 축복하는 말을 이렇게 이어서 했다.

26 셈의 하나님 여호와를 찬송하리로다 가나안은 셈의 종이 되고, 27 하나님이 야벳을 창대케 하사, 셈의 장막에 거하게 … 하시기를 원하노라 (창 9:26-27)

그러나 노아가 포도나무를 심은 것이나, 그 열매를 먹고 취한 것이나, 벌거벗고 잠을 잔 것이나, 기타 그때 일어난 일 중에서 [성경] 기록에 남은 것은 예언적 의미를 담고 있으며, 휘장으로 가려져 있다.

제2장
노아의 아들들을 통해 예표되는 것은 무엇인가?

1. 그런데 [예언되었던] 일들이 후대에 실지로 이루어진 것을 볼 때, 감추어져 있던 것들이 충분히 드러난 셈이다. 이런 것을 주밀하고 슬기롭게 살핀다면, 그리스도를 통해 [이런 일이] 성취되었음을 도대체 누가 깨닫지 못하겠는가?

그런데 셈은, 그의 씨에서 육신으로는 그리스도께서 태어나셨지만, "유명한 사람"이라는 뜻이다. 하지만 그리스도보다 더 유명한 존재가 어디 있겠는가? 그의 이름은 어디서든지 향기를 발한다. 그래서 아가서에 보면, 그의 이름은 옛날 예언의 말씀에 따라 "쏟은 향기름"(아 1:3)에 비유되었다.

그리스도의 집, 곧, 교회에는 만민의 "창대함"이 거한다. 이는, 야벳이 "창대함"이라는 뜻으로 풀이되기 때문이다.

한편 "뜨거움"이라는 뜻을 지닌 함은 노아의 둘째 아들로, 두 형제들과 스스로를 구별하여, 비록 둘 사이에 있기는 하지만, 이스라엘의 첫 열매 속에도 들지 못하고, 이방인의 충만한 수에도 들지 못한다. 그러니 "뜨거운 이단 종자"라는 뜻이 아니면 뭘 의미하겠는가? 그들은 지혜의 영으로 뜨거워진 것이 아니라, 조급한 마음으로 뜨거워졌다. 그래서 이단자들의 마음은 쉽게 뜨거워질 때가 많고, 성도들의 평화를 흔들 때가 많다.

그러나 이것도 진보하는 자들에게는 유익이 된다. 사도의 다음과 같은 말씀처럼 말이다.

> 너희 중에 편당이 있어야, 너희 중에 옳다 인정함을 받은 자들이 나타나게 되리라 (고전 11:19)

또 다음과 같이 기록된 말씀도 있다.

> 교훈을 받는 아들은 지혜롭게 될 것이나, 미련한 자는 종으로 부리게 되리라 (칠십인경 잠언 10:4)

정말이지, 정통 신앙에 속하는 많은 것에 대해 이단들이 격렬하게 불안을 야기할수록, 그들에 맞서 [정통 신앙을] 수호하기 위해서라도 더 면밀하게 살피게 되고, 더 명확하게 이해하게 되고, 더 열심히 전파하게 된다. 그래서 반대자들에게 휘둘릴 때 문제점에 대해 연구할 기회가 생기게 된다.

하지만 아주 명확하게 [교회에서] 떨어져 나간 자들뿐 아니라, 크리스챤이라는 이름을 자랑하면서도 타락한 삶을 살아가는 자들은 모두 노아의 둘째 아들과 같다 생각한다 해도 잘못일 수 없다. 노아가 벌거벗은 것은 그리스도의 수난을 상징하는데, 이런 자들은 입으로는 그리스도의 수난에 대해 선포하지만, 악한 행동을 통해서는 그리스도의 수난을 욕되게 한다. 그러므로 다음과 같은 말씀은 이런 자들에 대해 하신 말씀이다.

> [이러므로] 그의 열매로 그들을 알리라 (마 7:20)

그리하여 함은 그의 아들을 통해 저주를 받았다. 이것은, 마치 그의 열매, 곧, 그의 행실을 통해 저주를 받은 것과 같다. 그래서 그의 아들 가나안[의 이름]이 "그들의 움직임"이라 번역되는 것도 이것과 통한다. 그것이 그들의 행실과 다른 점이 무엇인가?

그런데 셈과 야벳은 "할례자 및 무할례자"와 같다. 사도는 그들을, 다른 말을 사용하여 "유대인과 헬라인"이라 부른다. 혹은 "부르심을 입은 자들" 및 "의롭다 하심을 얻은 자들"이라 한다. [그들의] 아비가 벌거벗은 것은 그리스도의 수난을 상징하지만, 그들은 이것을 어떻게 알고, 옷을 가져다가 등을 돌린 채 뒷걸음질로 들어가, 그들 아비의 벌거벗은 것을 덮어 드렸는데, 공경하는 마음으로 그들이 덮은 것을 보지 않았다.

어찌 보면 우리도 그리스도의 수난 속에서 우리를 위해 행해진 일에 대하여는 영광을 돌리지만, 유대인들의 악행에 대해서는 등을 돌리게 된다. 옷은 성례를 상징하고, 등은 과거 일에 대한 기억을 상징한다. 이는, 그리스도의 수난을 교회가 기념하는 것은 그때에 이미 이루어진 일로 기념하는 것이지, 아직 일어나지 않은 장래 일로 대망(待望)하는 것이 아니기 때문이다. 당시 야벳은 셈의 집에 거하고 있었고, 악한 형제는 그들 가운데 있었다.

2. 그러나 악한 형제는 자기 아들로 말미암아, 곧, 자기 행실로 말미암아 종이 된다. 다시 말해, 착한 형제들의 종이 된다. 이는, 선한 자들이 인내를 연습하는 데, 혹은 지혜를 향상시키는 데 악한 자들을 이용하는 까닭이다. 즉, 사도가 증거하는 대로, 그리스도를 순수한 마음으로 전하지 않는 자들이 있다.

> 그러면 무엇이뇨? 외모로 하나, 참으로 하나, 무슨 방도로 하든지 전파되는 것은 그리스도니, [이로써 내가 기뻐하고 또한 기뻐하리라] (빌 1:18)

그런데 [그리스도께서] 친히 포도원을 만드셨다. 그 포도원에 대해서는 선지자가 이렇게 말한다.

> 대저 만군의 여호와의 포도원은 이스라엘 족속이요 (사 5:7)

그리고 그리스도는 그 포도주를 마셨다. 이것은 여기서 잔을 의미할 수 있는데, 이에 대해 그리스도는 이렇게 말씀하신다.

> 나의 마시려는 잔을 너희가 마실 수 있느냐? (마 20:22)

또 이렇게 말씀하신다.

> 내 아버지여, 만일 할 만하시거든, 이 잔을 내게서 지나가게 하옵소서! (마 26:39)

여기서 잔은 의심할 여지 없이 그의 수난을 의미한다. 혹은 포도주는 포도원의 수확물이므로, 이것은 오히려 포도주를 의미할 수 있다. 포도주는 포도원에서 난다. 이처럼 그리스도 역시 살과 피를 우리를 위해 고난당하시기 위해 이스라엘 민족에게서 취하셨다. 또 노아가 취한 것은, 그리스도께서 고난당하신 것을 상징한다. 또 노아는 벌거벗었다. 여기서 벌거벗은 것은 그의 연약함이 드러난 것이다. 이에 대해 사도는 이렇게 말한다.

> 그리스도께서 약하심으로 십자가에 못 박히셨으나 (고후 13:4)

그러므로 같은 사도는 이렇게 말한다.

> 하나님의 미련한 것이 사람보다 지혜 있고, 하나님의 약한 것이 사람보다 강하니라 (고전 1:25)

그러나 성경이 [노아에 대해] 벌거벗었다는 이야기를 하면서 "그 장막 안에"(창 9:21)라는 말을 덧붙인 것은, 그리스도께서 피와 살을 나눈 자기 동족 및 혈족, 곧, 유대인들에 의해 십자가 형과 죽음을 당할 것을 잘 보여주는 것이다.

유기(遺棄)된 자들은 그리스도의 이 수난을 겉으로는 목청을 높여 전한다. 하지만 정작 자기네가 전하는 것을 이해하지 못한다. 반면,

성실한 자들은 속사람 안에 이 엄청난 비밀을 간직함과 아울러 마음속으로 "하나님의 약한 것"과 "미련한 것"(고전 1:25)에 영광을 돌린다. 이는, 그것이 사람보다 강하고 지혜롭기 때문이다.

   함이 나가 밖에서 떠든 것은 바로 이것에 대한 예표다. 그러나 셈과 야벳은 이것을 가리기 위해, 다시 말해, [아비의] 명예를 지켜 주기 위해 안으로 들어갔다. 곧, 속에서 그것을 행했다.

3. 하나님의 말씀 성경의 이러한 비밀한 뜻을 우리의 능력 범위 내에서 추적해 보도록 하자! [이 과정에서] 어떤 사람은 많은 성과를 낼 것이고, 어떤 사람은 적은 성과를 낼 것이다. 그럼에도 불구하고 이러한 일과, [이것에 대한] 기록이 장래 일에 대해 무슨 예표를 한다는 것, 그리스도와, 하나님의 도성인 교회와 연관이 있다는 것을 우리는 믿음으로 확신한다. 인류 [역사]의 시초부터 이 도성에 대한 선포는 항상 행해졌고, 이런 선포가 이루어지고 있음을 우리는 모든 일을 통해 바라보고 있다.

   그런데 노아의 두 아들이 축복을 받고, 둘째 아들이 저주를 받은 이래 아브라함에 이르기까지 1000년 이상의 세월 동안, 하나님을 경건하게 섬긴 의인들이 있었다는 언급을 [성경은] 하지 않고 침묵하고 있다.

   하지만 그런 사람들이 없었다고 나는 믿고 싶지 않다. 단지, [그런 사람들을] 다 기록했다면, 너무 장황했을 것이고, [그런 기록은] 역사적 정확성은 지닐지 몰라도, 예언자적 통찰력은 보여 주지 못할 것이다. 그러니까 성경을 기록한 사람은, 아니, 그를 사용하신 하나님의 영은 과거사에 대해 이야기를 할 뿐 아니라, 장래 일을 미리 전하는 일을 하는 것이다. 물론, 장래 일은 하나님의 도성과 관련된다.

하나님의 도성 시민이 아닌 사람들에 관한 것 역시, 성경에 무슨 내용을 이야기되고 있든지 간에, 그 목적은, 상반된 것을 비교함으로 말미암아 하나님의 도성이 유익을 얻거나, 명확히 드러나게 하는 데 있다.

그렇다고 이야기되고 있는 내용 전체가 다 무슨 의미를 지닌다 믿을 것은 아니다. 그러나 아무런 의미가 없는 것도 들어 있는 것은 무슨 의미가 있는 것을 위해 엮어 넣은 것이다.

예를 들어, 정작 땅을 가는 것은 보습뿐이지만, [보습으로] 땅 가는 일을 하기 위해서는 쟁기의 다른 부속도 필요하다.

또 거문고 등의 악기를 보면, 음(音)을 정작 내는 것은 줄뿐이지만, 적절한 음을 내기 위해서는 다른 것들이 그 악기의 부속으로 들어가야 하는 것이고, 연주자가 튕기지 않는 부분은 튕겨 소리를 내는 부분과 연결이 되어야 하는 것이다.

이처럼 예언적 역사의 경우도, 아무런 의미가 없는 다른 내용을 [함께] 이야기하고, 그것을 의미 있는 내용과 연결시켜, 어떤 의미 있는 것으로 엮어 나가는 것이다.

제3장

노아의 세 아들의 족보에 관하여

1. 그리하여 노아의 아들들의 족보를 이제 살펴보아야 한다. 그리고 그것에 관해 논해야 할 것으로 생각되는 것이 본서에 포함되어야 하는데, 본서는 두 도성, 곧, 땅의 도성과 하늘 도성의 진행 과정을 시간의 흐름을 따라 제시한다.

이 계보는 야벳이라 불린 막내아들을 언급함으로써 시작되었다. 야벳의 아들 여덟 명이 거명되었고, 손자는 그 두 아들에게서 태어난 일곱 명이 거명되었는데, 셋은 고멜에게서 났고, 넷은 야완에게서 났다. 그래서 모두 15명이 거명되었다.

그런데 노아의 둘째 아들 함의 아들은 넷이다. 또 손자는 그의 아들 구스에게서 태어난 다섯이 거명되었고, 증손자는 그의 손자 라아마에게서 태어난 둘이 거명되었다. 함의 자손은 모두 11명이 거명되었다. 이들을 거명한 다음 [성경은] 마치 서두로 돌아가는 것처럼 하면서 이렇게 이야기한다.

> 8 구스가 또 니므롯을 낳았으니, 그는 세상에 처음 영걸이라 9 그가 여호와 앞에서 특이한 사냥꾼이 되었으므로, 속담에 이르기를, 아무는 여호와 앞에 니므롯 같은 특이한 사냥꾼이로다 하더라 10 그의 나라는 시날 땅의 바벨과, 에렉과, 악갓과, 갈레에서 시작되었으며, 11 그가 그 땅에서 앗수르로 나아가, 니느웨와, 르호보딜과, 갈라와, 12 및 니느웨와 갈라 사이의 레센(이는 큰 성이라)을 건축하였으며 (창 10:8-12)

그런데 거인 니므롯의 아비인 이 구스는 함의 아들들 가운데 처음 거명되었고, 그의 다섯 아들들과 두 손자가 거명되었다. 그러나 구스가 이 거인[= 니므롯]을 낳은 것은, 그의 두 손자가 태어난 다음이든지, 아니면, 좀 더 신빙성 있는 이야기이지만, 그의 특출남 때문에 성경이 그에 대해 따로 이야기를 한 것일 수가 있다. 그의 왕국이 언급될 때도, 그 시작은 저 지극히 유명한 바벨론이고, 다른 도성이나 지방은 이 도성과 함께 언급되었다.

하지만 니므롯의 왕국에 속했던 그 땅, 곧, 시날 땅에서 앗수르로 나아가, 니느웨 및 이 성과 함께 열거한 다른 성을 건설했다는 이야기는, 아주 후대에 일어난 일이지만, 이 일에 대한 이야기를 여기에 포함시킨 것은 앗수르 왕국의 유명함 때문이다.

이 나라를 엄청나게 확장한 것은 벨의 아들 니누스로, 그는 이 니느웨 도성의 창건자였다. 이 성의 이름은 그의 이름에서 유래하였다. 즉, 니누스에서 니느웨라는 이름이 생겼다.

그런데 앗수르 사람들의 조상 앗수르는 노아의 둘째 아들 함의 아들이 아니라, 셈의 아들이었음을 알 수 있다. 셈은 노아의 장자였다. 그러니까 셈의 후손 중에서 나중에 저 거인의 나라를 차지하고, 거기서 나아가 다른 도성까지 건설한 사람이 나온 것이 분명하다. 이들 도성 중 첫째가 니누스의 이름을 딴 니느웨였던 것이다.

여기에서 [이야기는] 미스라임이라 하는 함의 다른 아들에게로 돌아간다. 그리고 미스라임이 낳은 자들은 개인으로 거명되지 않고, 일곱 민족으로 거명된다. 그리고 여섯째 민족이 마치 여섯째 아들이라도 되는 것처럼, 블레셋이라 불리는 민족의 조상이라고 지칭된다. 이렇게 하여 여덟 민족이 되는 것이다.

여기에서 [이야기는] 다시 가나안으로 돌아가는데, 함은 바로 이 아들의 이름으로 저주를 받았다. 그리고 가나안이 낳은 11명이 거명된다. 그 다음에 그들의 지경이 어디까지 미치는지를 몇몇 도시 이름을 들면서 이야기한다. 그리하여 함의 자손은, 아들, 손자, 증손자를 합쳐 모두 31명이 거명된다.

2. 노아의 장자 셈의 자손들을 열거하는 일이 남았다. 이는, 이 족보에서는 이야기가 막내아들에서 시작하여 장자에게로 점차 거슬러 올라가기 때문이다.

하지만 셈의 자손들에 대한 열거가 어디서 시작하는지에 대해서는 애매모호한 점이 좀 있다. 이것은 설명을 통해 밝힐 필요가 있는데, 이는, 이 문제가 우리의 주제와 관련하여 큰 비중을 지니기 때문이다. [성경에는] 이렇게 되어 있다.

> 셈은 에벨 온 자손의 조상이요, 야벳의 형이라. 그에게도 자녀가 출생하였으니 (창 10:21)

[정확한] 어순은 이렇다. "셈에게도 에벨이 태어났다". 그에게도, 곧, 셈에게도 에벨이 태어났다는 말이다. [그리고] 셈은 [그의] 모든 자손의 조상이라는 말이다.

그러므로 셈이 그의 혈통에서 나왔다고 기록하게 될 모든 자들의 원조라는 뜻이 된다. 아들들이든, 손자들이든, 증손자들이든, 그 후대의 자손들이든 상관없이 말이다.

물론, 셈이 에벨을 낳은 것은 아니다. 족보를 보면, 에벨은 그의 고손자다. 즉, 셈은 여러 아들을 낳았는데, 그 중 아르박삿이 있고, 아르박삿은 게난을 낳았고, 게난은 셀라를 낳았고, 셀라는 에벨을 낳았다.

그러므로 셈의 후손 중 에벨이 첫 번째로 거명된 것, 셈의 고손자임에도 불구하고 셈의 아들들보다 더 중요시된 것은 공연한 일이 아니다. 이는, 바로 그의 이름에서 히브리 사람, "에벨족"이라는 말이 나왔다는 전승이 옳기 때문이다.

하기는 다른 의견이 있을 수 있다. 곧, 아브라함에서 "아브라하 사람들"이라는 말이 나온 것처럼 생각할 수 있다. 그럼에도 불구하고 에벨에서 "헤베르인"(Heberaeī)이라는 말이 나왔고, 나중에 글자 하나가 없어져서, "히브리인"(Hebraeī)이 된 것이 확실하다.

히브리어는, 이스라엘 민족만 사용할 수 있었다. 하나님의 도성은 이 민족 안에서, 그 중에서도 거룩한 자들 안에서 순례의 길을 갔고, 그 모든 사람들 중에서 신비의 그림자로 가려져 있었다.

그리하여 우선 셈의 여섯 아들이 거명되고, 이어서 그 중 한 명에게서 태어난 네 명의 그의 손자가 등장한다. 또 셈의 다른 아들이 손자 하나를 낳았고, 이 손자에게서 증손자가 났고, 이 증손자에게서 고손자가 났는데, 이 사람이 에벨이다.

그런데 에벨은 아들 둘을 낳았고, 그 중 하나를 그는 "벨렉"이라 불렀다. 벨렉은 "나누는 자"라는 뜻이다. 성경은 이어서 이 이름을 붙인 이유를 이렇게 이야기한다.

그때에 세상이 나뉘었음이요 (창 10:25)

이것의 의미는 뒤에 나타날 것이다.[1] 에벨에게서 태어난 다른 아들은 아들 열둘을 낳았다. 그래서 셈의 자손은 도합 27명이다.

합을 해 보면, 노아의 세 아들에게서 태어난 소생은 결국, 야벳의 소생 15명, 함의 소생 31명, 셈의 소생 27명, 이렇게 총 73명이었다. 이어서 성경은 이렇게 이야기한다.

이들은 셈의 자손이라. 그 족속과, 방언과, 지방과, 나라대로였더라 (창 10:31)

그리고 그들 모두에 대하여 이렇게 이야기한다.

이들은 노아 자손의 족속들이요, 그 세계와 나라대로라. 홍수 후에 이들에게서 땅의 열국 백성이 나뉘었더라 (창 10:32)

그러므로 73 혹은 오히려 (나중에 증명하겠지만) 72는 종족의 수지, 사람의 수가 아니라는 추론이 나온다. 이는, 앞에서도 야벳의 자손을 열거하면서 이렇게 결론을 내리는 까닭이다.

이들로부터 여러 나라 백성으로 나뉘어서, 각기 방언과 종족과 나라대로 바닷가의 땅에 머물렀더라 (창 10:5)

---

[1] 제10장 참조.

3. 하지만 이미 함의 자손의 경우도 어디에선가, 내가 앞에서 밝힌 것처럼, 상당히 명확하게 민족의 이름이 언급되었다.

> 13 미스라임은 루딤과, 아나밈과, 르하빔과, 납두힘과, 14 바드루심과, 가슬루힘과, 갑도림을 낳았더라 (창 10:13-14)

이 모든 민족을 열거한 다음 이렇게 결론 짓는다.

> 이들은 함의 자손이라. 각기 족속과, 방언과, 지방과, 나라대로이었더라 (창 10:20)

그렇다면, 수많은 사람들의 자손이 거명되지 않은 것은, 그들이 태어나면서 어떤 민족의 구성원이 되었지, 독자적인 민족을 구성할 수 있었던 것이 아니기 때문이다. 야벳의 아들은 여덟 이 거명되었는데, 그 중 두 명에게서만 아들이 태어난 것으로 되어 있고, 함의 아들은 넷이 거명되었는데, 그 중 세 명에게서만 아들이 태어난 것으로 되어 있으며, 셈의 아들은 여섯이 거명되었는데, 그 중 두 명의 후손만 기록된 것이 이런 이유말고 도대체 다른 어떤 이유가 있겠는가? 이들 외에 다른 사람들에게는 아들이 없었을까? 그리 생각할 수 없다. 그들은 실로 거명할 만한 민족을 민족을 이루지 못했다. 즉, 그들은 태어나면서 어떤 민족의 구성원에 포함되었다.

제4장

언어의 혼잡과 바벨론의 기원에 관하여

그리하여 이 여러 민족들이 제각기 고유한 언어를 지녔다고 하면서도 [성경] 기자는 모든 민족의 언어가 하나였던 때로 돌아가서, 어떻게 하여 언어의 혼잡이 생겼는지를 거기서부터 설명한다.

> 1 온 땅의 구음이 하나이요, 언어가 하나이었더라 2 이에 그들이 동방으로 옮기다가, 시날 평지를 만나, 거기 거하고, 3 서로 말하되, 자, 벽돌을 만들어 견고히 굽자 하고, 이에 벽돌로 돌을 대신하며, 역청으로 진흙을 대신하고, 4 또 말하되, 자, 성과 대를 쌓아, 대 꼭대기를 하늘에 닿게 하여, 우리 이름을 내고, 온 지면에 흩어짐을 면하자 하였더니, 5 여호와께서 인생들의 쌓는 성과 대를 보시려고 강림하셨더라 6 여호와께서 가라사대, 이 무리가 한 족속이요, 언어도 하나이므로, 이같이 시작하였으니, 이후로는 그 경영하는 일을 금지할 수 없으리로다 7 자, 우리가 내려가서, 거기서 그들의 언어를 혼잡케 하여, 그들로 서로 알아듣지 못하게 하자 하시고, 8 여호와께서 거기서 그들을 온 지면에 흩으신 고로, 그들이 성 쌓기를 그쳤더라 9 그러므로 그 이름을 바벨이라 하니 이는 여호와께서 거기서 온 땅의 언어를 혼잡케 하셨음이라 여호와께서 거기서 그들을 온 지면에 흩으셨더라 (창 11:1-9)

"혼잡"이라고 불린 이 도성은 바벨론이고, 이 도성의 경이로운 건축에 관해서는 이방인들의 역사도 강조한다.

여하간, 바벨론은 "혼잡"이라는 뜻이다. 이로써 이 도성의 창건자는 앞에서 간략하게 소개한 니므롯이라고 추정할 수 있다. 성경은 그에 대해 이야기하면서, "그의 나라는 시날 땅의 바벨…에서 시작되었으며"(창 10:10)라고 한다. 이것은, 그 도성이 다른 도성들에 대해 지배권을 행사했다는 뜻, 왕의 거소가 있는 수도였다는 뜻이다.

하지만 교만하고 불경건했던 [인간의] 마음이 생각하던 바와 같은 완성에는 이르지 못하였다. 사실, [탑의] 높이를 지나치게 높게 잡았다. 그래서 "하늘에 닿게"(창 11:4)라는 표현이 있는 것이다. 그것이 탑 하나를 다른 탑들보다 특별히 더 높은 것으로 만들려고 한 것이든지, 아니면, 모든 탑의 높이를 그렇게 하려고 한 것이든지는 상관없이 말이다.

> 단수로 복수를 지칭하는 예를 보면, "군"이라는 말로 수천 군인들을 지칭하는 경우가 있고, 모세를 통해 애굽 사람들을 쳤던 재앙에서 개구리나 메뚜기라는 말로 개구리 떼나 메뚜기 떼를 지칭했던 사례가 있다.

그러나 인간의 허황된 오만불손함이 이루고자 했던 것은 무엇인가? 하나님께 맞서 제아무리 높은 건축물을 하늘 높이 쌓아올린다 한들 도대체 무엇을 얻을 수 있는 것인가? 하나님은 모든 산들보다 더 높으시고, 구름 낀 하늘을 벗어나 계시는데 말이다. 또 [인간이] 영적으로든, 육적으로든, 제아무리 [교만으로] 부풀어오른다 하더라도, 그것이 하나님께 무슨 손해를 끼칠 수 있겠는가? 하늘을 향하는 안전하고 참된 길은 겸손으로, 심령을 주님께로 높이 올려 드리는 것이지, 주님께 맞서는 것이 아니다. 그런데 그 거인은 [= 니므롯은] 주님께 맞서는 사냥꾼이었다.

헬라어의 모호함 때문에 어떤 사람들은 이것을 이해하지 못하고, "주님께 맞서는"이라 번역하지 않고, "주님 앞에서"라 번역한다. 이는, ἐναντίον이 "맞서서"라는 뜻과 "앞에서"라는 뜻을 다 가지기 때문이다. 이 단어는 시편의 다음 문장에 나온다.

> 우리를 지으신 여호와 앞에서 울자! (칠십인경 시 95:6)

이 단어는 욥기의 다음 글에도 나온다.

> 네 영으로 하나님을 반대하고. (욥 15:13)

그래서 이 거인은 "주님께 맞서는 사냥꾼"으로 생각해야 한다.

그런데 여기서 이 "사냥꾼"이라는 말은 땅의 동물들을 속이는 자, 압제하는 자, 말살시키는 자라는 뜻이 아니면 무엇인가? 그래서 그는 자기 백성들과 함께 주님께 맞서 탑을 세웠고, 그것이 불경스러운 교만의 상징이 되었다. 물론, 그의 염원은 이루어지지 못했지만, 그것이 징벌을 받는 것은 당연한 일이었다.

그러면, 그 벌은 어떠한 종류의 것이었는가? 명령하는 자의 지배권은 혀에 있는 까닭에, 바로 이것을 통해 교만이 정죄를 받았다. 그리하여 하나님이 명령하실 때 순종하려 하지 않은 것이 사람이었으므로, 사람에게 명령을 내리는 사람의 말을 [사람이] 이해하지 못하게 되었다.

그리하여 그 음모가 깨졌다. 이는, 각자가 서로 이해하지 못하는 자들과 멀어지게 되었고, 말을 나눌 수 있는 자가 아니면 뭉칠 수가 없게 되었기 때문이다. 이렇게 언어에 따라 민족이 나뉘어, 땅에 흩어졌고, 하나님은 이것을 원하셔다. 그는 이 일을 비밀한 방법, 우리가 이해할 수 없는 방법으로 행하셨다.

제5장

탑을 짓는 자들의 언어를 혼잡케 하시려고
주께서 강림하신 것에 관하여

"여호와께서 인생들의 쌓는 성과 대를 보시려고 강림하셨더라"(창 11:5)는 말씀은, 하나님의 자녀들에 관한 말씀이 아니라, 사람의 자녀들, 곧, 우리가 "땅의 도성"이라 부르는, 사람을 따라 사는 사회에 관한 말씀이다.

하나님은 장소적인 이동을 하지 않으신다. 그는 항상 계시며, 어디에나 온전히 계신다. 그가 자연의 통상적 움직임을 거슬러, 땅에서 무슨 기이한 일을 행하사, 당신의 임재를 보여 주실 때, 그가 "강림"하셨다는 말을 하는 것이다.

또 하나님은 [무엇을 특정한] 시간에 보심으로써 [새로운 사실을] 알게 되시는 분이 아니다. 그는 그 어떠한 것에 대해서도 모르신 적이 전혀 없다. 그럼에도 불구하고 [특정한] 시간에 무엇을 보고 알게 되신다는 말을 하는 것은, 우리로 하여금 보고 알게 만드시는 분이 바로 그분이시기 때문이다.

그러므로 그 도성이 하나님 마음에 몹시 거슬렸다는 것이 알리셨을 때, 그 도성을 하나님과 같은 시각(視覺)으로 보는 사람이 없었던 것이다.

물론, 하나님이 그 도성에 강림하셨다는 것은, 그의 천사들이 내려왔다는 뜻으로 이해할 수 있다. 하나님은 천사들 가운데 거하신다. 바로 이 때문에 "여호와께서 가라사대 이 무리가 한 족속이요 언어도 하나이므로, …"(창 11:6)라는 말씀이 첨가된 다음, 이어서 "자, 우리가 내려가서, 거기서 그들의 언어를 혼잡케 하여"(창 11:7)라는 말씀이 나오는 것이다. 이것은 "여호와께서 … 강림"(창 11:5)하셨다는 말씀이 어떻게 이루어졌는지를 설명하기 위한 "반복"이라 할 수 있다.

이미 내려가셨다고 하면, "자, 우리가 내려가서, [그들의 언어를] 혼잡케 하여"(이것은 천사들에게 하신 말씀으로 생각된다.)라고 하신 것은 대체 무엇인가? 이것은, 주님이 내려가는 천사들 안에 계시므로, 천사들을 통해 내려가신다는 뜻 아니겠는가?

그리고 "자, 내려가서, 혼잡케 하라!" 하지 않으시고, "자, 우리가 내려가서 거기서 그들의 언어를 혼잡케 하여"(창 11:7)라 하신 것은 멋진 표현이다. 이를 통해 주님은, 당신이 당신의 종을 통해 일하시는 것을 보여 주신다. 즉, 사도가 "우리는 하나님의 동역자들"(고전 3:9)이라 말하는 대로, 종들 역시 하나님의 동역자들인 것이다.

제6장
하나님이 천사들에게 하시는 말씀을 어떻게 이해해야 할 것인가?

1. [하나님이] 사람을 만드실 때 "내가 [사람을] 만들려고 하노라" 하지 않으시고, "우리가 사람을 만들자!"(창 1:26) 하신 것이 천사들에게 하신 말씀일 수도 있다. 하지만 "우리의 형상을 따라"라는 말씀이 연결돼 있기 때문에, 천사들의 형상을 따라 사람을 만드셨다고 생각해서는 안 되고, 천사들의 형상과 하나님의 형상을 같다고 생각해서도 안 된다. 여기서는 성삼위의 복수(複數)라 생각하는 것이 옳다.

그러나 성삼위는 유일하신 하나님이신 까닭에, "우리가 만들자!" 하신 후에도, "하나님이 자기 형상, 곧, 하나님의 형상대로 사람을 창조"(창 1:27)하셨다고 말씀하셨다. "신들이 만들었다"든지, "신들의 형상대로"라고 하지 않았다.

여기서 "자, 우리가 내려가서, [거기서 그들의 언어를] 혼잡케 하여"(창 11:7)라는 말씀도 성삼위와 관련시켜, 성부께서 성자 및 성령에게 하신 말씀으로 생각할 수 있다. 이것을 천사들에게 하신 말씀이라고 생각하는 것은 곤란하다. 이는, 천사들에게는 거룩한 움직임으로 하나님께 나아가는 것, 곧, 경건한 생각을 하며 하나님께 나아가는 것이 합당하기 때문이다. 경건한 생각을 할 때 그들은 불변적 진리에 귀를 기울이는데, 이 진리가 그들의 하늘 궁정(宮廷)에서 영원법(永遠法) 역할을 한다. 이는, 천사들 자신이 진리가 아니고, 창조주이신 진리에 참여함으로써 진리를 향해 가기를 마치 생명 샘을 향해 가듯 하기 때문이다. 그들은 스스로 지니지 못한 것을 그 샘에서 취한다. 그들이 움직이는 방향은 고정돼 있어서, 항상 같은 목적지를 향하며, 그 방향에서 벗어나는 일이 없다.

그런데 하나님이 천사들에게 말씀하시는 것은, 우리가 우리끼리 서로 말하는 것이나, 우리가 하나님이나 천사들에게 말하는 것이나, 천사들이 우리들에게 말하는 것이나, 하나님이 천사들을 통해 우리들에게 말씀하시는 것과 같지 않다. 그는 당신께 고유한 방식, 형언할 수 없는 방식으로 말씀하신다. 그러나 그는 현세에 사는 우리에게 적합한 방식으로 말씀하신다.

정말이지, 하나님이 행동하시기 전에 하시는 엄위한 말씀은 그분의 행위 자체의 불변적(不變的) 이치로, 거기에는 울리면서 지나가는 소리가 없지만, 그 힘은 영원히 지속되고, 시간 속에서 역사(役事)한다.

하나님은 거룩한 천사들에게는 이렇게 말씀하시지만, 멀리 떨어져 있는 우리들에게는 다른 방식으로 말씀하신다. 하지만 우리 역시 내면의 귀로 이런 말씀을 좀 들을 때가 있는데, 그럴 때 우리는 천사들에게 다가간다.

그렇다고 내가 본서에서, 하나님이 말씀하시는 방식에 대해 계속 설명해야 할 필요는 없다. 왜냐하면 하나님은 불변적 진리이신 까닭에, 이성을 지닌 피조물의 심령 속에 형언할 수 없는 방법으로 스스로 말씀하시거나, 아니면, 가변적(可變的) 피조물을 통해 말씀하신다. 뒤의 경우, 영적인 형상들을 우리 영에 제시하시거나, 유체적(有體的) 음성을 우리 감관(感官)에 들려 주신다.

2. 정말이지, "이후로는 그 경영하는 일을 금지할 수 없으리로다"(창 11:6)고 말씀하신 것은 인정하시는 말씀이 아니고, 힐난(詰難)하시는 듯한 말씀이다. 이런 표현은 보통 위협하는 사람들에 의해 사용된다. 예를 들어, 어떤 사람이 이렇게 말했다.

그들이 무기를 들고 온 성에서 나와 추격하지 않겠는가?[1]

그러므로 이 말씀은 "이후로는 그 경영하는 일이 전부 실패하지 않겠는가?"라는 의미로 말씀하신 것처럼 이해해야 한다.

그러나 이 말씀은 위협한다는 뜻을 나타내고 있지는 않다. 단지, 이해력이 좀 떨어지는 사람들을 위해 우리는 보조사 ne를 덧붙여 nōnne[="않겠는가?"]라고 하였다. 이는, 말하는 사람의 음성을 글로 표현하기가 불가능하기 때문이다.

여하간, 노아의 저 세 아들로부터 73개 민족이 나왔다. 혹은, 계산을 해 보면 알 수 있는 대로, 72개 민족과 72개 언어가 지구 상에 존재하게 되었다. 그리고 이들 민족이 성장하면서 섬들도 채우게 되었다.

하지만 민족의 수가 언어의 수를 훨씬 초과하게 되었다. 예를 들어, 아프리카에서도 수많은 야만 민족들이 하나의 언어를 사용하는 것을 우리는 알고 있다.

---

[1] Vergilius, *Aeneis* IV, 592.

제7장

육지에서 아주 멀리 떨어진 섬에 사는 짐승들도 모두 방주에 들어가 대홍수의 화를 면한 부류에 속하는가?

그리고 인류가 불어나, 사람들이 배를 타고 섬으로 건너가 살 수 있게 되었다는 사실을 누가 의심하겠는가? 그러나 문제는, 사람이 키우지 않는 모든 종류의 짐승들로 인해 발생한다. 개구리처럼 땅에서 태어나는 것은 문제가 되지 않지만, 암수 결합으로 번식하는 것, 예를 들어 늑대 등은 문제가 된다. [홍수 때] 방주에 없었던 것들은 모두 다 멸망했는데, 홍수 후에 그것들이 어떻게 섬 지방에 존재할 수 있느냐 하는 것이다. 그것들의 암수가 종류대로 방주를 통해 보존되었다가 불어난 것이 아니라면 말이다.

그것들이 헤엄을 쳐서 섬들로 건너갔다고 믿을 수는 있겠지만, 아주 가까운 섬들에나 가능한 일이다. 육지에서 아주 멀리 떨어진 섬들의 경우는, 그 어떤 짐승도 거기까지 헤엄을 쳐서 건너갈 수는 없다.

사람들이 그것들을 잡아서, [그리로] 가지고 가, 자기들이 사는 곳에 사냥을 목적으로 들여놓았다 해도, 못 믿을 것이 아니다. 물론, 하나님의 명령이나 허락으로 천사들이 활약을 하여 [그것들을] 옮겨 놓았을 가능성을 배제할 수는 없다.

그러나 하나님이 "땅은 생물을 ... 내라!"(창 1:24) 말씀하신 처음 창조 때처럼, [그것들이] 땅에서 생겨난 것이라면, 방주를 통해 모든 종류의 동물이 보존되었다는 말씀의 의미가 훨씬 더 분명해진다. 이 말씀은, 동물들의 종(種)을 보존한다는 뜻보다는 교회의 신비로운 성례를 통해 [구원 받을] 모든 민족을 예표(豫表)한다는 뜻이 더 강하다. 동물들이 건너갈 수 없는 섬에서는 땅이 동물들을 냈을 것이니 말이다.

제8장

아담의 혈통에서 혹은 노아의 자손들 중에서 기괴한 인종이 나왔을까?

1. 또 한가지 문제는, 노아의 자손들 중에서, 아니, 노아 자손들의 조상인 아담 한 사람에게서 어떤 기괴한 인종이 나왔다고 믿어야 하는가 하는 것이다. 박물학(博物學)에서 말하는 이야기에 따르면, 어떤 사람들은 이마 한가운데 눈이 하나만 달려 있고, 또 어떤 사람들은 발이 발목 뒤로 나 있고, 어떤 사람들은 남녀 양성(兩性)으로 태어나, 오른쪽 가슴은 남자 것이고, 왼쪽 가슴은 여자 것이어서, 자기 스스로 생식을 해, 임신을 하고 아이를 낳는다고 한다. 또 어떤 사람들은 입이 없어서 코로만 숨을 쉬고 살 수 있다고 하며, 또 어떤 사람들은 키가 한 척밖에 안 되기 때문에, 헬라어로 척을 가리키는 단어인 "피그미"라 불린다고 한다. 어느 지방에서는 여자가 다섯 살이면 임신을 하고, 여덟 살 이상 살지를 못한다고 한다. 또 다리는 하나인데 발은 둘인 종족은 무릎을 굽히지 못하지만, 놀라운 속도로 달린다 한다. 이들은 "스키오포다이"라 불리는데, 더운 날에는 등을 땅에 대고 누워, 발의 그림자로 자기 몸을 가린다고 한다. [또] 어떤 사람들은 머리가 없고, 눈이 어깨에 달려 있다 한다. 카르타고의 해변 광장에 모자이크로 그려진 사람들은 사람들이라기보다는 괴담집에 나오는 유인원(類人猿)이라 해야 할 것 같다. 견두족(犬頭族)에 대해서는 무슨 말을 해야 할까? 그들은 개의 머리를 하고 있고, 목소리도 개 짖는 소리 같으므로, 사람이라기보다는 짐승이라 할 수 있다.

    그러나 이런 종류의 인간들이 존재한다는 이야기를 다 믿을 필요는 없다. 하지만 누구든지 어디서든 사람으로 태어난다면, 다시 말해, 가사적(可死的)인 이성적 동물로 태어난다면, 그 몸의 형태나, 피부색이나, 동작이나,

음성이 우리 보기에 아무리 이상하다 하더라도, 또 그의 어떤 능력이나, 그의 어떤 부위나, 그의 어떤 자질이 아무리 이상하다 할지라도, 그가 한 사람의 원조 아담의 후손이라는 사실을 신자 입장에서는 절대 의심하지 말아야 할 것이다.

2. 그런데 우리 중에 보이는 기괴한 지체를 지닌 사람들에 관한 이야기는 기괴한 인종에 대해서도 똑같이 할 수가 있다. 이는, 하나님이 만물의 창조주이시기 때문이다. 그는, 무엇이 언제, 어디서 창조되어야 하는지, 혹은 창조되어야 했는지를 아신다. 그는 만유의 아름다움을 아시며, 그것의 각 부분을 어떻게 유사하게, 어떻게 상이하게 엮어야 하는지를 아신다.

하지만 전체를 조감(鳥瞰)할 수 없는 자는 일부분의 기형을 보고 [마음에] 상처를 받는다. 이는, 그것이 무엇과 조화를 이루고, 어디와 연결되는지를 모르는 까닭이다.

우리는, 손가락과 발가락을 다섯 개 이상 가지고 태어나는 사람들이 있다는 것을 안다. 그러나 이러한 기형은 다른 그 어떠한 것에 비해 볼 때도 경미한 편이다. 물론, 창조주께서 왜 이런 일을 하시는지 비록 알지 못한다 해도, 그가 인간 손가락 숫자를 잘못 세신 것이라고 어리석은 생각을 하는 것은 절대 금물이다. 설령 이보다 더한 기형이 생긴다 하더라도, 그는, 당신이 무슨 일을 행하셨는지 아시며, 그가 하신 일을 비난하는 일을 그 누가 한다 하더라도, 그것은 옳지 못하다.

힙포 디아뤼투스(Hippō Diarrhytus)에는 초승달 모양의 발에 발가락이 두 개만 달리고, 손도 비슷하게 생긴 사람이 있다. 만약 이런 사람들로 이루어진 어떤 인종이 있다면, 기담야사(奇談野史)에 수록되었을 것이다. 그렇다 하여 첫 사람으로 창조된 아담의 후손이라는 사실을 우리가 부인해야 할 것인가?

"남녀추니"라고도 하는 양성구유(兩性具有)는 비록 대단히 드물기는 하지만, 그들이 없는 시대를 찾기란 어렵다. 그들에게는 양성이 다 나타나는데, 어느 성(性)에 근거해 그 명칭을 만들어야 할지가 확실하지 않다. 그러나 더 우수한 성인 남성으로 부르는 언어 습관이 우세하였다. 이는, 그들을 여성이라 부른 사람은 이때까지 전혀 없었기 때문이다.

우리가 기억하는 바대로는, 몇 해 전에 분명히 오리엔트에 상반신이 둘이고, 하반신이 하나인 사람이 태어났다. 즉, 머리가 둘, 가슴이 둘, 손이 넷인데, 배는 보통 사람처럼 하나이고, 발은 둘인 사람이 태어났다. 그런데 그는 상당히 오래 살았기 때문에, 소문이 나서, 많은 사람들이 그를 보려고 몰려들었다.

하지만 어떤 부모에게서 태어났는지가 확실한데도, 부모와 대단히 다르게 태어난 사람들을 누가 다 열거할 수 있겠는가? 그렇다면 이런 사람들이 저 한 사람 [아담]의 후손임을 부정하지 못한다. 또한 어떤 종족이 신체적인 면에서, 대다수 혹은 거의 모든 사람들이 지니는 자연 본성의 통상적인 궤도에서 벗어나 있다 하더라도, 이성적이며 가사적(可死的)인 동물이라는 정의(定義)에 부합하는 한, 모든 사람들의 첫 조상이 되는 그 한 사람의 후손임을 인정해야 한다. 설령 민족의 다양성으로 인해 자기들끼리도 매우 다르고, 우리와도 매우 다르다고 전해져 오는 말이 사실이라 해도 그렇다.

만약 원숭이와 긴꼬리원숭이 및 침팬지가 사람이 아니라는 사실을 우리가 몰랐다면, 박물학자들은 그 기괴한 것에 대해 자랑하면서, 그 짐승들이 우리처럼 인류에 속하는 어떤 종족이라고 거짓말을 할 수 있었을 것이고, 그렇다고 그들의 그런 허언(虛言)을 우리가 나무라지도 못했을 것이다.

그러나 그 기담야사(奇談野史)에 기록된 것이 사람에 대한 기록이라해 보자! 그리고 하나님이 어떤 종족을 그런 식으로 창조하시기를 원했다고 해 보자! 우리 시대 사람들한테서 그런 기괴한 종자가 태어났다고 해서, 인간의 본성을 만들어 내는 하나님의 지혜가 무슨 완숙(完熟)되지 못한 장인(匠人)의 기술처럼 오류에 빠진 것이라는 생각을 우리가 해야 하는가? 그러므로 우리는, 어떤 종족의 경우 기괴한 사람들이 태어나기도 하는 것처럼, 인류 전체의 경우 기괴한 종족이 존재하는 것을 있을 수 없는 일이라고 여겨서는 안 된다.

이런 이유로 나는 이 문제에 대해 조심스럽지만 차근차근 이렇게 결론을 내리려 한다. 즉, 어떤 인종에 대해 기록된 이런 이야기가 전혀 사실무근이든지, 아니면, 사실이라 해도, 그들이 사람이 아니든지, 아니면, 그들이 사람일 경우, 그들은 아담의 후손이라고 말이다.

제9장

지구 반대편 대척지에 사람이 존재한다고 믿어야 하는가?

그런데 대척지(對蹠地)에 사람이 존재한다는 이야기가 있다. 즉, 지구 반대편에, 우리 쪽에 해가 질 때, 해가 뜨는 곳에, 우리와 발바닥을 맞대고 발자국을 밟는 사람들이 있다고 한다. 믿을 만한 근거는 전혀 없지만 말이다.

이것을 무슨 역사 기록을 통해 알게 되었다고 주장하는 사람은 없다. 단지, 추론에 의해 이런 생각을 하는 것뿐이다. 추론의 근거는, 하늘의 궁륭(穹窿)에 지구가 달려 있고, 지구의 밑바닥과 중심은 같은 곳에 있다는 사실에 있다. 그리고 사람들은 이 사실에 근거하여, 저 아래쪽의 지구 빈대편에도 인간의 거주지가 없을 수 없다고 생각한다.

그러나 그들이 깨닫지 못하는 것은 이것이다. 즉, 지구가 비록 공처럼 생겼다는 생각, 둥글다는 생각을 할 수가 있고, 이런 생각이 옳다는 것이 어떤 방식으로든 증명될 수 있다고 하더라도, 지구 반대쪽 땅이 수면 위로 드러나 있다는 결론을 내릴 수는 없고, 설령 드러나 있다 하더라도, [거기에] 사람이 존재한다는 결론을 내릴 수가 없다는 것이다.

정말이지, 우리 성경은 결코 거짓말을 하지 않는다. 성경의 예언은 이루어지기 때문에, 과거 일에 대한 이야기가 신빙성을 얻게 된다. 그러므로 어떤 사람들이, 우리가 사는 곳에서 출발, 광대한 대양 건너편까지 항해하여, 지구 반대편에 도달할 수 있었다는 이야기나, 거기에도 아담의 후손들이 살게 되었다는 이야기는 대단히 황당한 이야기다.

그래서 만약 땅에서 순례하는 하나님의 도성을 우리가 발견할 수 있다면, [성경에 등장하는] 72개 종족과 언어로 나누어진 백성들 사이에서 찾아보도록 하자! 하나님의 도성은 대홍수와 방주에까지 이어졌고, 노아의 아들들이 받은 축복을 통해 그후에도 지속되었음이 밝혀지고 있다. 이 축복은 특별히 "셈"이라 불린 노아의 장자에게 내려졌고, 야벳은 그 형 [셈]의 장막에 거한다는 축복을 받았다.[1]

---

[1] 창 9:27 (= "하나님이 야벳을 창대케 하사 셈의 장막에 거하게 하시고 가나안은 그의 종이 되게 하시기를 원하노라 하였더라") 참조.

제10장

셈 자손의 족보에 관하여. 하나님 도성의 역사는 셈의 후손을 통해 아브라함을 향해 진행됨

1. 그러므로 대홍수 이후의 하나님 도성 [역사를] 밝히기 위해서는 셈에서 시작된 족보를 계속 살펴야 한다. 이는 대홍수 이전에 "셋"이라 불린 사람의 족보를 살핀 것과 같다.

이런 관계로 하나님의 말씀인 성경은 땅의 도성을 바벨론, 곧, "혼잡"을 통해 보여 준 다음, 족장 셈으로 다시 돌아가, 셈으로부터 아브라함에 이르는 족보를 제시한다. 이때 각 사람이 이 계통에 속한 아들을 몇 살에 낳았는지를 언급하고, 또 그후 얼마나 오래 살았는지도 언급한다.

이것을 통해 내가 앞에 말한 것[1]이 무슨 의미인지를 분명히 알 수 있다. 즉, 에벨에 대해 왜 다음과 같은 말씀이 있는지가 드러난다.

> [에벨은 두 아들을 낳고,] 하나의 이름을 벨렉이라 하였으니, 그때에 세상이 나뉘었음이요, [벨렉의 아우의 이름은 욕단이며] (창 10:25)

세상이 나뉘었다는 것은, 언어의 차이로 인해 그리되었다는 뜻이 아니면 무엇이겠는가?

그러므로 [성경은] 이 문제와 관련이 없는 셈의 다른 자손들은 생략하고, 아브라함까지 혈통을 이어간 사람들만 족보에 포함시킨다. 이것은, 대홍수 이전에 노아까지 혈통을 이어간 사람들, 곧, "셋"이라 불린 아담의 아들의 후손들만 족보에 포함시킨 것과 같다. 그리하여 이 사람들의 족보는 이렇게 시작된다.

---

[1] 제3장 2절 참조.

10 셈의 후예는 이러하니라 셈은 일백 세, 곧, 홍수 후 이년에 아르박삿을 낳았고, 11 아르박삿을 낳은 후에 오백 년을 지내며 자녀를 낳았으며 (창 11:10-11)

나머지 사람들에 대해서도 이런 방식을 사용한다. 곧, 누가 몇 살에 아들을 낳았는지를 이야기하면서, 아브라함에게까지 이르는 족보를 제시하는데, 그후 몇 살을 더 살면서 자녀를 낳았는지도 밝힌다. 이를 통해 인구가 어떻게 불어났는지를 우리로 하여금 이해하게 해 준다. 이름이 적시(摘示)된 사람들은 소수라는 사실로 인해, 지구 상의 광대한 지역과 나라가 어떻게 셈족으로 가득 채워졌을까 하는 유치한 의문을 우리가 품지 않도록 말이다.

우리가 이런 의문을 품는 것은 특별히 앗수르 사람들의 나라 때문이다. 이 나라의 니누스는 오리엔트 도처의 여러 민족을 정복한 자로서, 지극히 광대하고 지극히 견고한 나라를 다스려 매우 융성하게 만들었으며, 그가 후손에게 물려준 나라는 오랜 세월 동안 유지되었다.

2. 하지만 우리가 필요 이상으로 시간을 끌지 않으려면, 이 족보에 등장하는 인물 한 사람 한 사람이 몇 년을 살았는가보다는, 몇 살에 아들을 낳았는지에 관해서만 순서대로 기록하도록 하겠다. 이는, 대홍수가 일어난 해로부터 아브라함 때까지의 연수를 계산한 다음, 필요에 의해 우리가 시간을 들여 [상세히] 취급하지 않을 수 없는 문제를 제외한 다른 문제는 간략하게 일별(一瞥)만 하기 위해서다.

그래서 대홍수 이듬해에 셈이 아르박삿을 낳았고, 아르박삿은 135세에 게난을 낳았고, 게난은 130세에 셀라를 낳았다. 그리고 셀라도 같은 나이에 에벨을 낳았고, 에벨은 134세에 벨렉을 낳았는데, 벨렉의 때에 땅이 나뉘었다. 그런데 벨렉은 130세에 르우를 낳았고, 르우는 132세에 스룩을 낳았고, 스룩은 130세에 나홀을 낳았고, 나홀은 79세에 데라를 낳았고,

데라는 70세에 아브람을 낳았다. 아브람의 이름을 나중에 하나님이 "아브라함"이라고 고쳐 주셨다.

그러므로『칠십인경』을 번역한 <불가타> 역본에 의하면, 대홍수로부터 아브라함까지 1072년이 된다. 그러나 히브리어 성경에서는 연수(年數)가 훨씬 적어, 이에 대해 설명할 근거를 찾을 수가 전혀 없거나, 대단히 어렵다.

3. 그렇다면 하나님의 도성을 이 72개 종족에서 찾음에 있어, 우리는, 구음(口音)이 하나였을 때, 곧, 언어가 하나였을 때, 인류가 참되신 하나님 섬기기를 이미 버렸다고 주장할 수 없다. 다시 말해, 셈으로부터 시작하여 아르박삿을 거쳐 아브라함에 이르는 계통의 사람들에게만 참된 경건심이 남아 있었다고 주장할 수는 없다. 그것이 아니라, 하늘에까지 닿는 탑은 불경건한 교만을 상징하지만, 그러한 탑을 세우려는 교만으로 말미암아 불경건한 자들의 도성, 곧, 사회가 나타난 것이다.

그전에는 이런 도성이 존재하지 않았는지, 혹은 숨어 있었는지, 혹은 두 도성 모두가 [홍수 이후에도] 계속 존재했는지, 단정하기가 쉽지 않다. 즉, 경건한 도성은 노아의 축복을 받은 두 아들과 그 후손들에게 존속했고, 불경건한 도성은 저주를 받은 아들과 그 후손에게 존속했는지 단정하는 것은 어렵다. 후자에게서 주님께 맞서는 거인 사냥꾼도 나왔다.

바벨론이 세워지기 전에도 이미 하나님을 멸시하는 자들이 [노아의 착한] 두 아들의 후손에게도 있었고, 하나님을 섬기는 자들이 함의 후손에게도 있었다는 것이 아마 분명히 더 신빙성 있는 추측일 것이다. 여하간, 두 종류의 인간이 지상에 없었던 때는 결코 없었다고 믿어야 한다. 시편에는 이런 말씀이 있다.

> 3 다 치우쳤으며, 함께 더러운 자가 되고, 선을 행하는 자가 없으니, 하나도 없도다 4 죄악을 행하는 자는 다 무지하뇨? 저희가 떡 먹듯이 내 백성을 먹으면서 [여호와를 부르지 아니하는도다] (시 14:3-4)

그렇다면, 그때에도 하나님의 백성이 있었던 것이다. 그러므로 "선을 행하는 자가 없으니, 하나도 없도다"는 말씀은, 사람의 자녀들에 대한 말씀이지, 하나님의 자녀들에 대한 말씀이 아니다. 이 말씀 앞에는 다음과 같은 말씀이 나온다.

> 여호와께서 하늘에서 인생을 굽어 살피사, 지각이 있어, 하나님을 찾는 자가 있는가 보려 하신즉 (시 14:2)

바로 이 말씀에 이어서 사람의 모든 자녀들에 대한 말씀, 하나님을 따라 살지 않고, 사람을 따라 사는 도성에 관한 말씀이 나온다. [이 말씀은,] 사람을 따라 사는 자들이 유기(遺棄)된 자들임을 밝혀 준다.

제11장

사람이 사용한 최초의 언어는 나중에 에벨의 이름을 따서 히브리어라 불렸지만, 언어의 혼잡이 생겼을 때, 에벨의 집안에는 이 언어가 보존됨

1. 그러므로 언어가 하나였을 때도 멸망의 자식들이 없지 않았다. 이는, 대홍수 전에도 언어가 하나였지만, 의인 노아의 집안 사람들을 제외하고는 모두가 홍수로 멸망해야 마땅하였기 때문이다. [그들보다] 더 교만해져서 불경건에 빠진 백성들이 언어의 혼잡으로 인해 갈라지게 되고, 불경건한 자들의 도성이 "혼잡"이라는 이름을 얻게 되었을 때, 곧, "바벨론"이라 불리게 되었을 때도 마찬가지였다. 이때도 에벨의 집안이 있어서, 그곳에서 전에 [세계] 모든 민족의 언어였던 언어가 보존되었다.

그러므로 앞에서 말한 대로[1] 셈의 자손을 열거하기 시작할 때, 에벨을 맨 처음에 강조하여 내세웠다. (셈의 자손 하나하나가 민족을 이루었다.) 물론, 에벨은 셈의 고손자, 곧, 셈의 4대손이지만 말이다.

여하간, 다른 민족들은 다른 언어로 말미암아 갈라졌지만, 태초에 인류 모두에게 공통되었던 바로 그 언어가 에벨의 집안에 보존되었기 때문에, 그 이후 "히브리어"라 불리게 되었다. 이는, 당시 다른 언어들도 고유한 이름을 지니게 된 만큼, 이 언어도 고유한 이름을 가지고 다른 언어와 구별할 필요가 있었던 까닭이다. 그러나 본디 [언어가] 하나였을 때는, "인간의 언어" 내지 "사람의 말"이라는 표현밖에 없었고, 오직 그 언어 하나를 사용하여 인류 전체가 말을 했다.

2. 어떤 사람은 이렇게 말할 수 있다.

> 벨렉의 때 언어로 말미암아 땅이 나뉘었다면, 다시 말해, 당시 땅에 살던 사람들이 언어로 말미암아 나뉘었다면, 그 이전에 만민에게 공통되었던 언어는 [에벨의 이름보다는] 오히려 벨렉의 이름으로 명명되었어야 했다.

하지만 우리는, "나눔"이라는 뜻을 지닌 벨렉이라는 이름을 자기 아들에게 붙여 준 사람이 에벨이었다는 사실을 생각해야 한다. 이는, 언어로 말미암아 땅이 나뉘었을 때, 다시 말해, "그때에 세상이 나뉘었음이요"(창 10:25)라는 말씀에 해당되는 바로 그 시대에 에벨에게 벨렉이 태어났기 때문이다.

정말이지, 언어가 많아졌을 때, 에벨이 아직 살아 있지 않았다 하면, 그의 집안에 보존된 언어가 그의 이름으로 명명되지 않았을 것이다. 그리고 바로 이 때문에 이 언어가 태초에 사용되었던 공통 언어였다고 믿어야 한다.

---

[1] 제3장 2절 참조.

이는, 언어가 많아진 이유, 변화된 이유는 벌 때문이고, 이 벌을 하나님의 백성은 면제받아야 하기 때문이다.

그런데 아브라함이 보존한 이 언어를 그의 모든 자손에게 전해 주지 못한 데는 까닭이 없지 않다. 이 언어는 오직 야곱을 통해서만 전수되었다. 즉, 아주 특별하고 현저한 의미에서 하나님의 백성이 된 사람들, 하나님의 약속과 그리스도의 혈통을 간직한 사람들에게만 전수될 수 있었다. 그리고 에벨 자신도 이 언어를 자기의 모든 자손에게 전해 준 것이 아니라, 아브라함이 속한 계통의 자손들에게만 전해 주었다.

그러므로 비록 불경건한 자들에 의해 바벨론이 건설될 때, 경건한 족속이 존재했다는 명시적인 표현은 없지만, 이러한 모호함이 의문을 품는 사람의 사기를 꺾는 것이 아니라, 오히려 관심을 증폭시킨다.

태초에 만민의 언어가 하나였다는 이야기를 우리는 읽는다. 또 셈의 모든 자손 중 에벨이 셈의 4대손임에도 강조되고 있다. 그리고 족장들과 선지자들이 그들의 일상 대화에서뿐 아니라 성경에서도 권위를 간직해 준 언어는 "히브리어"라 불린다.

그렇다면 언어가 분화되기 전에 [만민에게] 공통되었던 그 언어는 정말이지 어디에 남아 있을까 하는 문제가 제기되지만, 언어의 변동으로 말미암아 생긴 그 벌이 해당되지 않은 곳에, 그 공통어가 남게 된 것을 전혀 의심할 수 없다. 그러므로 그 언어에 이름을 빌려준 민족에게 남았다는 결론밖에는 나올 수가 없지 않는가? 또 언어의 변동으로 다른 민족들이 벌을 받을 때, 이 민족에게는 그 벌이 임하지 않았다는 사실은, 이 민족의 의로움에 대한 상당히 중요한 증거로 나타나 보인 것이 아닌가?

3. 하지만 아직 곤란한 문제가 남아 있다. 그것은, 어떻게 에벨과 그의 아들 벨렉이 다 같은 언어를 보존했는데, 각각 다른 민족을 이루었느냐

하는 것이다. 그리고 히브리 민족이 에벨로부터 퍼져 나가 아브라함에 이르기까지, 또 그 이후 아브라함을 통해 이스라엘이라는 큰 민족을 이루기까지 한 민족이었다는 것은 확실하다. 에벨과 벨렉이 각각 다른 민족을 이루지 않았다면, 노아의 세 아들의 후손으로 열거된 모든 자손들이 어떻게 각각 다른 민족을 이루었겠는가?

이렇게 설명하면, 매우 개연성(蓋然性) 있게 들릴 것이다. 즉, 거인 니므롯도 따로 한 민족을 이루었다. 물론, 그는 엄청난 권세를 누렸고, 체구도 매우 컸기 때문에, 그의 이름이 특별히 언급되기는 하였다. 여하간, 민족과 언어의 숫자는 여전히 일흔둘이다. 그러나 벨렉이 언급된 것은, 그가 한 민족을 이루었기 때문이 아니다. (이는, 그가 [에벨과] 같이 히브리 민족이었고, 히브리어를 사용했기 때문이다.) [그가 언급된 것은], 그가 특별한 시대에 태어났기 때문이다. 곧, 그의 시대에 땅이 나뉘었기 때문이다.

또 바벨론이 건설되고, 언어의 혼잡이 생기고, 이로 인해 [인류가] 여러 민족으로 나뉘던 때, 어떻게 거인 니므롯이 출현할 수 있었겠느냐 하는 문제로 우리는 당혹할 필요가 없다. 이는, 에벨이 노아의 5대손이고, 니므롯은 3대손이었지만, 그렇다고 그들이 같은 시대에 살 수 없었던 것은 아니기 때문이다. 사실, 세대 수가 적을 때는, [사람들이] 더 오래 살고, 세대 수가 많을 때는, [사람들의 수명이] 더 짧아지는 일이 발생했다. 다시 말해, 세대 수가 적을 때는, 사람들이 늦게 태어났을 것이고, 많을 때는, 일찍 태어났을 것이다.

정말이지, 땅이 나뉘었을 때, 노아의 아들들의 후손들로서 민족의 조상으로 거명된 사람들은 이미 태어나 있었을 뿐 아니라, [이미 상당히] 나이가 들어서, "민족"이라 불러도 될 만큼 수많은 가족들을 거느리고 있었을 것이다. 그러므로 그들이 [성경에] 기록된 순서대로 태어났다고 생각해서는 절대 안 된다.

만약 에벨의 다른 아들이자, 벨렉의 형제인 욕단이 그의 형제 벨렉보다 나중에 태어났다면, 욕단의 열두 아들이 어떻게 벌써 민족을 이룰 수 있었겠는가? 물론, 욕단은 벨렉 뒤에 거명되었다. [또] 벨렉이 태어날 즈음, 땅이 나뉘었다. 그러므로 벨렉의 이름이 먼저 언급되었지만, 그의 형제 욕단보다 훨씬 나중에 태어났다고 생각해야 한다. 욕단의 열두 아들은 이미 엄청 큰 가족을 이루어, 고유한 언어로 나눌 수 있을 정도였다.

그러니까 나중에 태어난 자가 먼저 언급되는 것이 얼마든지 가능하다. 예컨대, 노아의 세 아들 가운데 막내아들인 야벳의 자손들이 먼저 언급되었고, 둘째 아들인 함의 자손들이 그 다음에 언급되었고, 맨 마지막에 장자였던 셈의 자손들이 언급되었다.

그런데 여러 민족의 이름 중 어떤 것은 보존되어, 그것이 어디에서 유래했는지가 오늘날에도 명확히 드러난다. 예를 들어, 앗수르 민족은 앗수르에서 유래했고, 히브리 민족은 에벨에서 유래했다. 하지만 어떤 것은 오랜 세월로 인해 변했기 때문에, 태고의 역사를 궁구(窮究)한 지극히 박식한 사람들도 민족의 기원을 별로 찾아내지 못했다. 전부 못 찾아낸 것은 아니지만, 일부는 찾아내지 못했다. 예컨대, 미스라임이라 불리는 함의 아들에게서 애굽 사람들이 나왔다고 전해지지만, 이걸 가지고는 애굽이라는 이름의 기원을 전혀 알 수가 없다. 구스라 불리는 함의 아들에게서 나왔다고 전해지는 에디오피아 사람들도 마찬가지다. 이 모든 것을 고려해 볼 때, 여러 민족의 이름 중 변한 것이 보존된 것보다 더 많은 것이 분명하다.

제12장

아브라함으로부터 시작되는 새로운 시대에 관하여. 아브라함으로부터 거룩한 계통의 새로운 시대가 열림

이제 조상 아브라함으로부터 새로 시작된 하나님 도성의 전진 과정을 살펴보도록 하자! 이때부터 이 도성에 관한 지식이 좀 더 분명해진다. 또 하나님의 약속이 좀 더 명확하게 드러난다. 우리가 지금 보는 대로, 이 약속은 그리스도 안에서 성취되고 있다.

그러므로 성경의 기록을 통해 우리가 배운 대로, 아브라함은 갈대아 사람들의 땅에서 태어났는데, 그 땅은 앗수르제국에 속하였다. 그런데 다른 민족의 경우와 마찬가지로 당시 갈대아 사람들에게도 불경건한 미신이 성행했다. 그렇다면, 아브라함의 아비 데라의 집안 하나만 유일하신 참 하나님을 경배하고 있었다 할 수 있다. 또 히브리어도 이 집안에서만 보존되었다고 믿을 수가 있다. 물론, 눈의 아들 여호수아가 이야기하기로는, [이 집안도] 메소포타미아에서 다른 신들을 섬겼다고 한다. 마치 하나님의 백성이 애굽에서 더 노골적으로 [다른 신들을 섬긴 것처럼] 말이다. 그동안 에벨의 다른 자손들은 점차 다른 언어와 다른 민족에 동화되어 갔다.

그러므로 물의 홍수에서 노아의 집안 하나만 남아 인류의 회복에 사용된 것처럼, 전 세계를 수많은 미신이라는 홍수가 뒤덮었을 때는, 데라의 집안 하나가 남아, 하나님 도성의 묘포(苗圃)가 보존되었다.

그러니까 성경을 보면, 앞에서 노아에 이르기까지의 세대를 열거하면서 그 연수(年數)를 기록하고 홍수의 원인을 설명한 다음, 하나님이 노아에게 방주를 지으라 명하시는 말씀을 기록하기 전에 다음과 같은 말씀이 나온다.

노아의 사적은 이러하니라 (창 6:9)

여기서도 이런 방식으로 "셈"이라 하는 노아의 아들로부터 아브라함에 이르기까지의 세대를 열거한 다음 새로운 단락을 시작하면서 이렇게 이야기한다.

27 데라의 후예는 이러하니라. 데라는 아브람과 나홀과 하란을 낳았고, 하란은 롯을 낳았으며, 28 하란은 그 아비 데라보다 먼저 본토 갈대아 우르에서 죽었더라 29 아브람과 나홀이 장가들었으니, 아브람의 아내 이름은 사래며, 나홀의 아내 이름은 밀가니, 하란의 딸이요, 하란은 밀가의 아비며, 또 이스가의 아비더라 (창 11:27-29)

밀가의 아비 하란은 이스가의 아비이기도 하지만, 이스가는 아브라함의 아내 사라와 동일 인물로 여겨진다.

제13장

데라가 갈대아 사람들을 떠나 메소포타미아로 이주하는 이야기에 그의 아들 나홀에 관한 언급이 일체 없는 이유는 무엇처럼 생각되는가?

다음으로는 데라가 자기 권속들을 데리고 갈대아 사람들의 땅을 떠나, 메소포타미아로 가서, 하란에 거하는 이야기가 나온다. 하지만 "나홀"이라 이름하는 그의 아들 하나에 대해서는 아무 언급이 없어서, 마치 그를 데리고 가지 않은 것처럼 여겨진다. 즉, 이야기를 이렇게 하고 있다.

데라가 그 아들 아브람과, 하란의 아들 그 손자 롯과, 그 자부 아브람의 아내 사래를 데리고 갈대아 우르에서 떠나 가나안 땅으로 가고자 하더니, 하란에 이르러 거기 거하였으며. (창 1:31)

여기에는 나홀과 그의 아내 밀가에 대한 언급이 전혀 없다. 하지만 아브라함이 그의 아들 이삭의 아내를 맞이하기 위해 자기 종을 보내는 기사를 보면, 이런 언급이 있다는 것을 알 수 있다.

> 이에 종이 그 주인의 약대 중 열 필을 취하고 떠났는데, 곧, 그 주인의 모든 좋은 것을 가지고 떠나, 메소보다미아로 가서, 나홀의 성에 이르러 (창 24:10)

이 개소(個所)와, 성경 이야기에 나오는 다른 증거를 통해 아브라함의 형제 나홀 역시 갈대아 사람들의 땅에서 나와, 아브라함이 그의 아비와 함께 거한 메소포타미아에 정착했다는 사실이 밝혀진다.

그렇다면, 데라가 자기 권속들과 함께 갈대아 민족을 떠나 메소포타미아에 거하는 이야기를 할 때, 어째서 성경은 나홀을 언급하지 않았는가? 그때 데라의 아들 아브라함뿐 아니라, [그의] 며느리 사라와 그의 손자 롯도 언급되지 않았는가? 그때 데라는 그들을 데리고 갔다. 혹시 나홀이 아비와 형제의 신앙에서 떠나, 갈대아 사람들의 미신에 현혹되었다가, 나중에 뉘우쳤거나, 의심과 핍박을 받아 그 자신도 이주한 것이 아닐까? 이외에 무슨 이유를 우리가 생각할 수 있는가?

유딧서 제5장에 보면, 이스라엘 사람들의 원수였던 홀로페르네스가, 이스라엘이 도대체 어떤 민족이고, 그들을 대적하여 싸워야 할 것인지에 대해 묻자, 암몬 사람들의 두령 아키오르가 이렇게 대답했다.

> 5 나의 주께서는 주의 종의 입에서 나오는 말을 좀 들으소서! 내가 이 산지에 사는 이 족속, 곧, 주께서 [지금] 계시는 곳 인근에 거하는 이 족속에 대하여 참된 것을 아뢰리니, 주의 종의 입에서 거짓된 것은 나오지 않을 것이라. 6 이 족속은 갈대아 사람들의 자손이라. 7 그들이 애초에 메소포타미아에 정착한 것은, 갈대아 사람들의 땅에서 그들 조상의 신(神)들을 섬기기를 원하지 않은 까닭이라. 8 그들은 그들 조상의 길에서 벗어나, 하늘의 하나님을 알게 되어, 이 하나님을 경배하게 되었사오니, 이에 갈대아 사람들이 자기 신(神)들 앞에서 그들을 쫓아내었사옵고, 그들은 메소포타미아로 도망하여, 그곳에

오랫동안 머물렀나이다. 9 하온데, 그들의 하나님이, 그들이 머무르고 있던 땅에서 나와, 가나안 땅으로 가라 명하자, 그들이 그곳에 정착하게 되었사옵고, ….

이 이야기는 암몬 사람 아키오르가 했다. 이를 통해 명확해진 사실은, 데라의 집안이 유일하신 참 하나님을 섬기는, 참된 신앙으로 인해 갈대아 사람들에게 핍박을 받았다는 것이다.

제14장

하란에서 생을 마감한 데라의 수명에 관하여

그런데 데라가 메소포타미아에서 죽었을 때, 205세를 향수(享壽)하였다고 이야기하며, 이때부터 벌써 하나님의 약속이 아브라함에게 전해지기 시작한다. 성경에는 이렇게 기록돼 있다.

> 데라는 이백오 세를 향수하고 하란에서 죽었더라 (창 11:32)

하지만 이 말은, 데라가 평생을 하란에서 보냈다는 뜻으로 받아들여서는 안 되고, 그의 향년이 205세였고, 하란에서 그의 생을 마감했다는 뜻으로 받아들여야 한다. 그렇게 하지 않으면, 데라가 몇 해를 살았는지를 모르게 될 것이다. 이는, 데라가 몇 살에 하란에 왔는지가 기록돼 있지 않기 때문이다. 그리고 이 족보를 보면, 각 사람이 몇 해를 살았는지가 꼼꼼히 기록돼 있는데, 데라 한 사람의 향년만 기록하지 않았다는 것은 있을 수 없는 일이다. 이는, 성경이 거명한 사람 가운데 그 향년을 가록하지 않은 사람은 이 족보에 없는 까닭이다. 이 족보에서는 향년을 기록할 때, 낳은 자의 죽음과 태어난 자의 승계가 연결되어 있다. 그런데 아담에서 노아까지, 또 노아에서 아브라함까지 이르는 이 족보에서 그 향년을 기록하지 않는 사람은 아무도 없다.

제15장
하나님의 명령에 따라 아브라함이 하란을 떠난 때에 관하여

1. 그런데 아브라함의 아비 데라의 죽음에 대해 언급한 후 성경은 다음과 같이 이야기한다.

> 여호와께서 아브람에게 이르시되, 너는 너의 본토 친척 아비 집을 떠나, … (창 12:1)

이것이 뒤에 기록돼 있다 하여, 시간적으로도 뒤에 일어난 일이라 생각해서는 안 된다. 만약에 그렇다 하면, 다음과 같이 해결 불가능한 일이 발생한다. 즉, 하나님이 아브라함에게 이 말씀을 하셨다는 이야기 다음에, 성경은 다음과 같이 이야기한다.

> 이에 아브람이 여호와의 말씀을 좇아갔고, 롯도 그와 함께 갔으며, 아브람이 하란을 떠날 때에, 그 나이 칠십오세였더라 (창 12:4)

만약 아브라함이 자기 부친 사후(死後)에 하란을 떠났다 하면, 어찌 이 말씀이 참일 수 있겠는가? 앞에서도 말한 바와 같이, 아브라함을 낳았을 때 데라의 나이가 70이었다. 여기에 아브라함이 하란을 떠날 때 나이인 75세를 더하면, 145세가 된다. 그러므로 이것이, 아브라함이 메소포타미아의 그 도시를 떠날 때 데라의 나이였다. 그러니까 [당시] 아브라함은 75세였고, 그의 아비 데라는 70세에 그를 낳았으므로, 이미 말한 것처럼, 아브라함은 145세였다.

따라서 아브라함이 떠난 것은, 아버지가 죽은 후가 아니다. 곧, 향년 205세로 세상을 떠난 그의 아버지의 사후가 아니다. 그가 떠난 것은 그의 나이 75세 때의 일이었고, 그의 아버지는 75세에 그를 낳았으므로, 당시 그의 부친의 나이는 145세였다는 결론이 나온다.

그렇다면, 성경은 [여기서] 늘 그래 왔던 것처럼 이미 이야기를 했던 시점으로 되돌아간 것이라고 [우리는] 해석해야 한다. 앞에서와 마찬가지로 노아 아들들의 자손을 열거할 때도, 그들을 "족속과 방언"(창 10:31)대로 열거한 다음, 이것도 마치 시간의 순서에 따라 일어난 일인 것처럼 이렇게 이야기한다.

> 온 땅의 구음이 하나이요, 언어가 하나이었더라 (창 11:1)

만약 그들이 모두 한 언어를 사용했다면, 도대체 어떻게 족속과 방언대로 나뉘어 있었겠는가? 이 이야기 역시 이미 언급했던 사건으로 되돌아가 반복하는 것 아니겠는가?

그러니까 여기서도 "데라는 이백오세를 향수하고 하란에서 죽었더라"(창 11:32)고 한 다음에, 데라에 관해 시작했던 이야기를 끝내기 위해서 생략하고 지나갔던 이야기로 되돌아가 이렇게 말씀한다.

> 여호와께서 아브람에게 이르시되, 너는 너의 본토 친척 아비 집을 떠나, … (창 12:1)

하나님의 이 말씀 다음에 다음과 같은 이야기가 덧붙여진다.

> 이에 아브람이 여호와의 말씀을 좇아갔고, 롯도 그와 함께 갔으며, 아브람이 하란을 떠날 때에 그 나이 칠십오세였더라 (창 12:4)

그러므로 당시 그의 아버지의 나이는 145세였다. 이는, 당시 그의 나이가 75세였기 때문이다.

하지만 이 문제는 다른 방법으로 해결되기도 한다. 즉, 아브라함의 나이 75세를 하란에서 나올 때를 기준으로 계산하는 것이 아니라, 갈대아 사람들의 불에서 구원받은 때를 기준으로 계산하는 것이다. 곧, 태어난 때가 아니라, 불에서 구원받은 때를 마치 태어난 때로 간주하는 것이다.

2. 그런데 사도행전에 보면, 복된 스데반은 이런 말을 한다.

> 2 우리 조상 아브라함이 하란에 있기 전 메소보다미아에 있을 때에, 영광의 하나님이 그에게 보여 3 가라사대, 네 고향과 친척을 떠나 내가 네게 보일 땅으로 가라 하시니 (행 7:2-3)

스데반의 이 말에 의하면, 하나님이 아브라함에게 말씀하신 것은, 그의 아버지의 사후(死後)가 아니었다. 데라는 분명 하란에서 죽었고, 그의 아들 아브라함도 그와 더불어 거기서 살았다. 여하간, 아브라함이 하란이라는 도시에서 살기 전, 메소포타미아에 있을 때, 하나님이 그에게 말씀하신 것이다. 그러니까 [당시] 그는 이미 갈대아 사람들의 땅에서 나온 상황이었다.

그러므로 스데반이 "[그때] 아브라함이 갈대아 사람의 땅을 떠나 하란에 거하다가"(행 7:4)라는 말을 덧붙였지만, 이 말은, 하나님이 아브라함에게 말씀하신 이후에 일어난 일을 가리키는 것이 아니다. (이는, 하나님이 이 말씀을 하신 후에, 아브라함이 갈대아 사람들의 땅을 떠난 것이 아니기 때문이다. 스데반은, 아브라함이 메소포타미아에 있을 때 이미, 하나님이 아브라함에게 말씀하셨다고 한다.) 스데반은 [여기서] "그때"라는 말로 그 시기 전체, 곧, 아브라함이 갈대아 사람들을 떠나 하란에 거하게 된 시기 전체를 가리킨다.

이 말에 이어서 나오는 "그 아비가 죽으매, 하나님이 그를 거기서 너희 시방 거하는 이 땅으로 옮기셨느니라"(행 7:14b)는 말도 마찬가지다. 이 말은, 그의 아버지가 죽은 후에, 그가 하란을 떠났다는 뜻이 아니라, 그의 아버지가 죽은 후에, 그를 이곳에 정착시키셨다는 뜻이다.

따라서 우리는 이렇게 생각해야 한다. 아브라함이 하란에 거하기 전, 곧, 메소포타미아에 살고 있을 때, 하나님이 그에게 말씀하셨고, 그는 하나님의 명령을 가슴에 새긴 채 아버지와 함께 하란으로 갔고, 75세 되던 해, 곧, 그의 아버지가 145세 되던 해 그곳을 떠났다고 말이다.

그러나 [스데반은], 아브라함이, 그의 아버지가 죽은 후에 가나안 땅에 정착했다고 말하지, 하란에서 출발했다고 말하지 않는다. 이는, 아브라함이 땅을 사고, 그곳에서 자기 재산을 가진 자가 되었을 때는, 이미 그의 아버지가 죽은 이후이기 때문이다.

그런데 아브라함이 이미 메소포타미아에 살고 있을 때, 다시 말해, 갈대아 사람들의 땅에서 나왔을 때, 하나님이 "너의 본토 친척 아비 집을 떠나라"(창 12:1) 하신 것은, 몸으로 그곳을 떠나라 하신 것이 아니다. 몸으로는 이미 떠났다. 그 말씀은 마음으로 떠나라는 뜻이다. 이는, 되돌아갈 희망과 소원에 붙들려 있었다면, 그곳을 마음으로 떠난 것이 아니기 때문이다. 그러한 희망과 소원은 하나님의 명령과 도우심으로 말미암아 본인의 순종에 의해 완전히 사라져야만 했다. 나중에 나홀이 그의 아버지를 따라왔을 때, 아브라함이 하나님의 명령을 실행하여, 자기 아내 사라 및 자기 조카 롯과 더불어 하란을 떠났다고 여기는 것을 정말이지 틀렸다 할 수 없다.

제16장

하나님이 아브라함에게 하신 약속의 순서와 성격에 관하여

이제는 하나님이 아브라함에게 하신 약속을 살펴보아야 한다. 이는, 이 약속을 통해 우리 하나님, 곧, 참 하나님이 경건한 백성에게 하신 말씀이 분명히 드러나기 시작하는 까닭이다. 이 백성에 대한 예언의 말씀에는 권세가 있다. 이 약속 중 첫 번째 것은 다음과 같다.

> 1 여호와께서 아브람에게 이르시되, 너는 너의 본토 친척 아비 집을 떠나 내가 네게 지시할 땅으로 가라! 2 내가 너로 큰 민족을 이루고, 네게 복을 주어, 네 이름을 창대케 하리니, 너는 복의 근원이 될지라 3 너를 축복하는 자에게는 내가 복을 내리고, 너를 저주하는 자에게는 내가 저주하리니, 땅의 모든 족속이 너를 인하여 복을 얻을 것이니라 하신지라 (창 12:1-3)

그렇다면, 아브라함에게 하신 약속이 두 가지라는 점을 유념해야 한다. 그 중 하나는, 그의 후손이 가나안 땅을 소유하게 될 것이라는 약속인데, 이는 다음 말씀을 통해 표현되어 있다.

> 내가 네게 지시할 땅으로 가라! 내가 너로 큰 민족을 이루고.

그러나 다른 하나는 훨씬 더 훌륭한 약속으로, 이것은 육신의 자손에 관한 것이 아니라, 영적인 자손에 관한 것이다. 이들은 그의 믿음의 발자취를 따른다. 이들에 대한 약속은 다음과 같은 말씀을 통해 여기서 처음 행해진다.

> 땅의 모든 족속이 너를 인하여 복을 얻을 것이니라.

유세비우스는, 이 약속이, 아브라함이 75세 때 행해진 것이라 생각한다. 마치 이 약속이 행해지자마자, 아브라함이 하란을 떠나기라도 한 것처럼 말이다. 이는, 다음과 같은 성경 말씀에 반대할 수 없기 때문이다.

아브람이 하란을 떠날 때에 그 나이 칠십오 세였더라 (창 12:4)

그러나 만약 그 약속이 그해에 행해진 것이라면, 아브라함은 이미 그의 아버지와 함께 하란에 체류하고 있었을 것이다. 이는, 그가 거기에 거하고 있지 않았다면, 그가 거기를 떠날 수 없었을 테니 말이다. 그렇다면, 이것이 스데반의 다음과 같은 말과 상치되는가?

[우리 조상 아브라함이] 하란에 있기 전 메소보다미아에 있을 때에, 영광의 하나님이 그에게 보여 (행 7:2)

하지만 우리는, 이 모든 일이 같은 해에 일어난 일이라 생각해야 한다. 아브라함이 하란에 살기 전 하나님의 약속이 행해진 것, 아브라함이 하란에 거주한 것, 그곳을 떠난 것 - 이 모든 일이 같은 해에 일어난 것이다. 왜냐하면 유세비우스가 그의 『연대기』에서, 이 약속이 있던 해로부터 계산을 하여, 430년 후에 출애굽이 있었고, 율법이 주어졌다는 사실을 보여 줄 뿐 아니라, 바울 사도도 이것을 언급하고 있기 때문이다.[1]

---

[1] 갈 3:17 (= "내가 이것을 말하노니 하나님의 미리 정하신 언약을 사백삼십 년 후에 생긴 율법이 없이 하지 못하여 그 약속을 헛되게 하지 못하리라") 참조.

제17장

이방인들이 세운 세 훌륭한 왕국에 관하여. 그 중 하나인 앗수르왕국은, 아브라함이 태어날 때 벌써 상당히 융성했음

바로 그 시대에 이방인들이 세운 특출한 왕국들이 있었다. 이들 왕국에서 땅에 속한 자들의 도성이 두각을 나타내었다. 그 도성은 사람을 따라 사는 사람들의 사회로, 반역한 천사들의 지배 아래 엄청나게 발전하였다. 이들 왕국은 시퀴온 사람들의 왕국, 애굽 사람들의 왕국, 앗수르 사람들의 왕국 등 세 왕국이었다.

하지만 [그 중] 앗수르왕국이 가장 강하고 융성하였다. 이는, 그 나라 왕이었던 벨의 아들 니누스가 인도를 제외하고 아시아 전체의 여러 민족을 복속시켰기 때문이다.

그런데 여기서 내가 말하는 아시아는, 광대한 아시아의 일부에 불과한 속주(屬州) 소아시아가 아니고, "아시아 전체"라 불리는 아시아다.

혹자(或者)는 세계를 둘로 나누어서 그 중 하나를 아시아라 한다. 하지만 대부분의 사람들은 세계를 셋으로 나누어서 그 중 하나를 아시아라 한다. 이 경우 전 세계는 아시아, 유럽, 아프리카로 나누어진다.

그러나 사람들은 세계를 균등하게 구분하지 않았다. 즉, 아시아라 하는 부분은 남쪽에서 시작하여 동쪽을 지나 북쪽에 이르지만, 유럽은 북쪽에서 시작하여 서쪽에 이르고, 아프리카는 서쪽에서 시작하여 남쪽에 이른다.

그러니까 유럽과 아프리카, 이 두 [대륙]이 세계의 절반을 차지하고, 아시아가 나머지 절발을 차지하는 것처럼 보인다. 하지만 유럽과 아프리카가 두 부분으로 나누어지는 것은, 두 [대륙] 사이로 대양의 물이 들어와, 그것이 땅을 적시는 까닭이다. 그 물이 우리에게 대해(大海)를 이루어 준다. 그러므로 그대가 만약 전 세계를 동양과 서양, 두 부분으로 나눈다면, 아시아가 그 한 부분이 되고, 유럽과 아프리카가 다른 한 부분이 될 것이다.

그러므로 당시 강성했던 세 왕국 가운데서 시퀴온 사람들의 왕국은 앗수르 사람들의 지배를 받지 않았는데, 이는, 그 왕국이 유럽에 있었기 때문이다. 하지만 [역사] 기록에 의하면, 인도를 제외하고 아시아 전역이 앗수르 사람들에게 정복당했는데, 애굽 사람들의 왕국이 어찌 앗수르 사람들에게 복속하지 않았겠는가?

그러니까 앗수르에서 불경건한 도성의 지배권이 매우 커졌는데, 그 수도가 바벨론이었고, 그 이름, 곧, "혼란"은 땅의 도성에 매우 적합한 이름이 된다.

여기서 먼저 니누스의 아비 벨이 65년 동안 왕좌를 지켰고, 니누스가 그의 아비의 사후(死後)에 왕위에 올랐다. 그런데 벨의 아들 니누스는 아비의 사후에 왕위를 계승하고는 52년 동안 왕좌를 지켰다. 이 니누스 재위 43년에 아브라함이 태어났지만, 당시는 서양에 흡사 제2의 바벨론 같은 로마가 건국되기 약 1200년 전이었다.

제18장

하나님이 아브라함과 그의 자손에게 가나안 땅을 약속하시며 거듭 아브라함에게 하신 말씀에 관하여

그러니까 아브라함은 75세에 하란 땅을 떠났는데, 당시 그의 아버지의 나이는 145세였다. 그는 조카 롯과 아내 사라를 데리고 가나안 땅에 들어가 세겜에까지 이르렀고, 거기서 하나님의 말씀을 받았다. 이에 대해서는 다음과 같이 기록되어 있다.

> 여호와께서 아브람에게 나타나 가라사대, 내가 이 땅을 네 자손에게 주리라 하신지라 (창 12:7)

여기에는 그를 모든 민족의 조상이 되게 해 준 그 자손에 대한 말씀은 없고, 단지 그를 이스라엘이라는 한 민족의 조상이 되게 해 준 자손에 대한 말씀만 있다. 이는, 이 자손이 그 땅을 차지하였기 때문이다.

제19장

애굽에서 하나님이 지켜 주신 사라의 정조에 관하여. 그녀를 아브라함은 자기 아내라 하지 않고 누이라 함

그후에 아브라함은 그곳에 제단을 쌓고 하나님의 이름을 부른 다음, 거기서 출발, 광야에 거했고, 기근 때문에 어쩔 수 없이 거기서 애굽으로 갔다. 거기서 그는 자기 아내를 누이라 하였는데, 그것은 전혀 거짓말이 아니었다. 이것이 사실이었던 것은, 그녀가 가까운 혈육이었기 때문이다. 마치 롯도 그의 조카였기 때문에 이런 혈연 관계로 인해 그의 "형제"라 부른 것과 같다. 그래서 아브라함은 [그녀에 대해] 아내라는 말을 한 것은 아니지만, 부인한 것도 아니었다. 그는 아내의 정조를 지키는 문제를 하나님께 맡겼고, 인간으로서 인간의 간계를 경계하였다. 이는, 위험을 막으려고 최대한 조심하지 않는다면, 그것은 하나님께 소망을 두는 것이 아니라, 하나님을 시험하는 일이 되는 까닭이다. 이 문제에 관하여는 우리가 마니교도 파우스투스의 비방에 맞서면서 충분히 설명한 바 있다.[1]

결국, 아브라함이 주님께 기대한 일이 일어났다. 즉, 애굽 왕 바로가 사라를 자기 아내로 삼으려 하였으나, 심한 [징벌을] 받고, 남편에게 되돌려 주었다. 여기서 우리는, 그녀가 다른 남자와 동침하여 몸을 더럽혔다고 믿어서는 절대 안 될 것이다. 이는, 큰 고통을 받은 바로가 이것을 행할 수 없었다 믿는 것이 훨씬 더 바르기 때문이다.

---

[1] *Contra Faustum Manichaeum* XXII, xxxvi.

제20장
롯과 아브라함의 헤어짐에 관하여. 그들이 이것에 합의한 것은 사랑을 지키기 위해서였음

그런데 아브라함이 애굽에서 가나안으로 돌아온 다음, 그의 조카 롯이 그를 떠나 소돔 땅으로 갔으나, [육친의] 사랑은 계속 유지되었다. 그들은 부자가 되었고, 가축을 치는 목자들도 많아졌는데, 목자들이 서로 다투자, 두 사람은 헤어짐으로써 가족 간의 다툼과 불화를 피하고자 하였다. 이는, 인간사가 그런 것처럼, 이로 인해 그들 사이에도 무슨 다툼이 발생할 수 있었기 때문이다. 그러므로 이런 불행을 미연에 방지하기 위해 아브라함은 다음과 같은 말을 롯에게 하였다.

> 8 우리는 한 골육이라. 나나, 너나, 내 목자나, 네 목자나, 서로 다투게 말자! 9 네 앞에 온 땅이 있지 아니하냐? 나를 떠나라! 네가 좌하면, 나는 우하고, 네가 우하면, 나는 좌하리라 (창 13:8)

필시 이때부터 사람들이 땅에 속한 무슨 재화(財貨)를 나눌 때, 연장자는 나누고, 아랫사람은 선택하는, 평화적 해결 관습이 형성되었을 것이다.

제21장

하나님의 세 번째 약속에 관하여. 이를 통해 가나안 땅을 아브라함과 그의 자손에게 영원히 주신다는 약속을 하심

그러니까 아브라함과 롯이 헤어져 각기 따로 살게 된 것은 식구들을 부양할 필요성 때문이었지, 추악한 불화 때문이 아니었다. 그런데 아브라함이 가나안 땅에 있고, 롯은 소돔에 있을 때, 주님이 세 번째로 아브라함에게 약속의 말씀을 하셨다.

> 14 너는 눈을 들어, 너 있는 곳에서 동서남북을 바라보라! 15 보이는 땅을 내가 너와 네 자손에게 주리니, 영원히 이르리라 16 내가 네 자손으로 땅의 티끌 같게 하리니, 사람이 땅의 티끌을 능히 셀 수 있을진대, 네 자손도 세리라 17 너는 일어나, 그 땅을 종과 횡으로 행하여 보라! 내가 그것을 네게 주리라 (창 13:14-17)

이 약속에는 그를 만민의 조상으로 삼으신 약속까지 포함되었는지가 명확히 드러나지 않는다. 물론, "네 자손으로 땅의 티끌 같게" 하리라는 말씀이 이것과 관련되는 것처럼 보일 수는 있다. 이것은, 헬라 사람들이 "휘페르볼레"(= 과장법)라 하는 표현 방식으로 하신 말씀이다. 이것은 비유적 표현이지, 원래적 표현이 아니다. 하지만 성경이 이런 표현이나 기타의 비유적 표현을 어떤 방식으로 사용하는지, 성경을 [제대로] 공부한 사람이라면 아무도 모르지 않는다.

그런데 이 비유 내지 표현 방법은, 어떤 말로 지칭하는 것이, 그 말이 본디 지칭해야 할 것보다 훨씬 더 클 때 나타난다. 모래의 숫자가 아담으로부터 세상 끝날까지 존재할 수 있는 모든 사람들의 숫자보다 비교도 안 될 만큼 훨씬 더 많다는 사실을 모를 사람이 도대체 어디 있겠는가? 그러니 아브라함의 자손보다는 얼마나 더 많겠는가? 이스라엘 민족에 속하는 사람들뿐 아니라, 전 세계 모든 민족 가운데서 현재 [그의] 믿음을 본받는 사람들과 장래에 본받을 사람들을 다 망라한다 해도 마찬가지다.

아브라함의 자손은 불경건한 자들의 [큰] 무리와 비교해 볼 때 정말이지 매우 적다. 물론, 이 소수의 사람들을 그 자체로만 보면 헤아릴 수 없이 큰 무리이며, 과장법을 사용한다면, 땅의 모래와 비교가 된다. 그렇다 해도, 아브라함에게 약속된 그 무리가 하나님께는 헤아릴 수 없는 것이 되지 않고, 오직 사람들에게만 그런 것이 된다. 하나님께는 사실 땅의 모래도 헤아릴 수 없는 것이 되지 않는다.

그러니까 이스라엘 민족뿐 아니라 아브라함의 모든 자손을 모래와 같이 많은 수와 비교한 것은 매우 적절하다. 이는, 많은 자손에 대한 약속이 육신적 의미로만 행해진 것이 아니라, 영적인 의미로도 행해졌기 때문이다. 그러므로 여기서 약속은 두 가지 방향으로 다 행해졌다고 생각할 수 있는 것이다.

하지만 이 사실이 명확히 드러나지 않는다 우리가 말한 것은, 아브라함의 육신의 자손만 해도 그의 손자 야곱을 통해 엄청나게 불어나, 거의 전 세계를 채울 정도가 되었기 때문이다. 그리고 이스라엘 민족 하나만 해도 사람이 무수하여, 과장법을 사용, 모래와 같이 많은 수에 비교하는 것이 가능했기 때문이다.

물론, 약속된 땅이 여기서 "가나안"이라 불리는 땅이라는 사실은 아무도 의심하지 않는다. 그러나 "너와 네 자손에게 주리니, 영원히 이르리라"(창 13:15)는 말씀에서 "영원히"라는 표현 때문에 심란한 사람들이 적잖을 수 있다. 단지, 여기에 나오는 "영원히"라는 말을 현세의 끝에서 내세의 시작까지를 가리키는 말이라고 이해한다면, 심란할 일이 전혀 없을 것이다. (우리는 이러한 입장을 굳게 지킬 것이다.)

비록 이스라엘 사람들이 예루살렘에서 쫓겨나긴 했지만, 가나안의 다른 여러 도성에는 [아직] 남아 있고, 또 [세상] 끝날까지 남아 있을 것이다. 그리고 그 땅 전체에 크리스챤들이 살고 있다면, 이들 역시 아브라함의 자손이다.

제22장

아브라함에게 격파당한 소돔의 적에 관하여. 당시 그는 포로로 잡힌 롯도 구했고 제사장 멜기세덱에게서 축복도 받음

이러한 약속을 응답으로 받은 다음 아브라함은 가나안 땅의 다른 곳, 즉, 헤브론에 있는 마므레 상수리 곁으로 이동하여 그곳에 거하였다. 그후에 다섯 왕이 네 왕을 상대로 전쟁을 하였고, 그들이 소돔에 침입, 소돔 사람들을 이기고, 롯도 포로로 잡아가자, 아브라함이 롯을 소돔의 적에게서 구출하였다. 그때 그는 자기 집에서 기른 종 318명을 거느리고 전쟁에 나가, 소돔 왕에게 승리를 안겨 주었으나, 그의 덕으로 승리한 왕이 그에게 준 전리품은 전혀 받으려 하지 않았다.

하지만 당시 그는 지극히 높으신 하나님의 제사장 멜기세덱에게 축복을 분명 받았다. 멜기세덱에 관하여는 히브리서에 중요한 이야기가 많이 기록돼 있다. (이 서신을 많은 사람들은 바울의 저작이라고 하나, 어떤 사람들은 그렇지 않다고 한다.) 이 서신에는 지금 온 지구 상에서 크리스챤들이 하나님께 드리는 제사가 최초로 나타났다. 이것은 오랜 세월 후에 그리스도에게 "너는 멜기세덱의 반차를 좇아 영원한 제사장"(시 110:4)이라고 선지자를 통해 하신 말씀과 연결되는 것으로, 그리스도는 육신으로 오시게 되어 있었다. 그래서 그리스도는 아론의 반차를 따르는 제사장이 아니었다. 아론의 반차는, 이런 그림자를 통하여 예표된 것들이 밝히 드러나게 될 때 사라지게 되어 있었다.

제23장

아브라함에게 자손이 별처럼 많을 것이라 약속하신 하나님의 말씀에 관하여. 아브라함은 아직 무할례자였을 때 믿음으로 의롭다 하심을 얻음

당시에도 하나님의 말씀이 아브라함에게 이상(異常) 중에 임했다. 비록 하나님이 그에게 보호와 "지극히 큰 상급"(창 15:1)을 약속하셨지만, 그는 후손에 대한 염려로 인해, 엘리에셀이라는 자기 종이 자기 상속자가 될 것이라 아뢰었다. 이에 [하나님은] 즉시 상속자를 약속하시면서, 엘리에셀이라는 종이 아니라, 아브라함 자신의 몸에서 상속자가 나올 것이라고 하셨다. 또 무수한 자손을 거듭 약속하시면서, 땅의 모래가 아니라 하늘의 별처럼 많을 것이라 하셨다.

   내 생각에 이 말씀으로 [그의] 후손이 천상의 행복으로 드높아질 후손이 약속된 것이다. 정말이지, 많은 것을 따진다면, 하늘의 별과 땅의 모래를 어떻게 비교할 수 있겠는가? 누가 만약 비교할 수 있다면, 별들 역시 셀 수 없다는 점에서 비슷하다는 말만을 할 수 있을 것이다. 이는, 별들 역시 다 볼 수가 없다 믿어야 하는 까닭이다. 사실, 누구든지 시력이 좋으면 좋을수록 더 많은 별을 볼 수가 있다.

   그러므로 대단히 예리하게 관찰하는 사람들의 경우에도 어떤 별들은 감추어져 있다 생각되는 것은 당연한 일이다. 우리가 사는 곳과는 아주 멀리 떨어진 곳에서 뜨고 진다고 사람들이 이야기하는 별들은 제외한다 해도 말이다.

끝으로, 아라투스와 에우독도스 등처럼 별들의 수를 모두 파악하고 기록했노라 자부하는 사람들이 있다면, 그들이 누구든지, 성경의 권위가 그들을 멸시한다.

그리고 사도 [바울]이 하나님의 은혜를 찬양하기 위하여 인용하는 말씀을 여기서 읽어 보자!

> 아브람이 여호와를 믿으니, 여호와께서 이를 그의 의로 여기시고 (창 15:6)[1]

사도가 이 말씀을 인용하는 것은, 할례를 자랑하지 말라는 말, 할례를 받지 않은 이방인들을 그리스도를 믿는 믿음으로 받아들이기를 주저하지 말라는 말을 하기 위해서였다. 이는, 아브라함이 아직 할례를 받기 전에 믿었고, 그의 믿음이 의로 여김을 받았기 때문이다.

---

[1] 롬 4:3, 갈 3:6 참조.

제24장
아브라함이, 그가 믿은 바에 대해 가르침을 구했을 때, 하나님이 그에게 명하신 희생 제물의 의미에 관하여

1. 바로 이 이상(異常) 중에 하나님이 아브라함에게 다음과 같은 말씀도 하셨다.

> 나는 이 땅을 네게 주어 업을 삼게 하려고 너를 갈대아 우르에서 이끌어 낸 여호와로라 (창 15:7)

아브라함이, 자기가 그 "땅으로 업을 삼을 줄을 무엇으로"(창 15:8) 알겠느냐고 여쭙자, 하나님이 그에게 이렇게 말씀하셨다.

> 나를 위하여 삼 년 된 암소와, 삼 년 된 암염소와, 삼 년 된 숫양과, 산비둘기와, 집비둘기 새끼를 취할지니라 (창 15:9)

그가 "그 모든 것을 취하여, 그 중간을 쪼개고, 그 쪼갠 것을 마주 대하여 놓고, 그 새는 쪼개지"(창 15:10) 아니하였다. 또 기록된 바처럼, 새들이 그 쪼갠 사체 위에 내려왔고, 아브라함은 그 곁에 앉아 있었다.

해질 무렵에 공포가 아브라함을 엄습했다. 그리고 보라! 캄캄함으로 인해 그가 심한 두려움에 휩싸였다. 이때 그에게 이런 말씀이 임했다.

> 13 너는 정녕히 알라 ! 네 자손이 이방에서 객이 되어 그들을 섬기겠고, 그들은 사백년 동안 네 자손을 괴롭게 하리니, 14 그 섬기는 나라를 내가 징치할지며, 그후에 네 자손이 큰 재물을 이끌고 나오리라 15 너는 장수하다가 평안히 조상에게로 돌아가 장사될 것이요, 16 네 자손은 사대만에 이 땅으로 돌아오리니, 이는, 아모리 족속의 죄악이 아직 관영치 아니함이니라 (창 15:13-16)

그런데 해가 지자마자, 불꽃이 일어났다. 그리고 보라! 연기 나는 풀무와 타는 횃불이 쪼갠 고기 사이로 지나갔다.

18 그날에 여호와께서 아브람으로 더불어 언약을 세워 가라사대, 내가 이 땅을 애굽 강에서부터 그 큰 강 유브라데까지 네 자손에게 주노니, 19 곧, 겐 족속과, 그니스 족속과, 갓몬 족속과, 20 헷 족속과, 브리스 족속과, 르바 족속과, 21 아모리 족속과, 가나안 족속과, 기르가스 족속과, 여부스 족속의 땅이니라 하셨더라 (창 15:18-21)

2. 이 모든 것은 이상(異常) 중에 하나님이 행하시고 말씀하신 내용이지만, 이에 대해 하나하나 세밀하게 논하는 것은 장황한 일이고, 본서의 [원래] 의도를 벗어나는 일이다. 그러므로 필요한 만큼만 알면 된다.

아브라함이 하나님을 믿었고, 이것을 그의 의로 여겨 주셨다는 말씀이 있은 다음에, "주 여호와여, 내가 이 땅으로 업을 삼을 줄을 무엇으로 알리이까?"(창 15:8)라고 아브라함이 물은 것은, 그에게 믿음이 없어서가 아니었다. 이는, 그가 그 땅을 기업(基業)으로 받을 것을 [이미] 약속받았기 때문이다. 그는 아직 믿지 못하는 사람처럼 "어떻게 알리이까?"라 하지 않았다. 도리어 그는 "무엇으로 알리이까?"라 하였다. 이것은, 그가 이미 믿고 있는 것에 대해 무슨 표상(表象)을 봄으로써, 그 약속이 어떻게 실현되는지를 알고 싶다는 뜻이다.

마치 동정녀 마리아가 "나는 사내를 알지 못하니, 어찌 이 일이 있으리이까?"(눅 1:34)라고 물은 것이 불신앙 때문이 아니었던 것과 같다. 그 일이 일어날 것을 마리아는 확신하고 있었다. 단지, 그 일이 어떻게 이루어질지를 그녀는 물었고, 그러한 질문을 했을 때, 그녀는 [답을] 들었다.

그러니까 여기에서도 암소와, 암염소와, 숫양과, 산비둘기와, 집비둘기 등의 동물을 통해 표상이 주어졌다. 이는, 그가 장차 일어나리라고 의심치 않고 있던 일이 [분명] 일어날 것임을 이런 표상을 통해 그로 하여금 알게 하기 위함이었다.

그러니까 암소는 율법의 멍에 아래 놓인 백성을 상징할 수 있고, 암염소는 장차 죄를 짓게 될 그 백성을 상징할 수 있고, 숫양은 장차 왕 같은 존재가 될 그 백성을 상징할 수 있다. (3년 된 동물들을 이야기하는 것은, 시대가 셋으로 명확히 구별되어, 아담으로부터 노아까지, 노아로부터 아브라함까지, 아브라함으로부터 다윗까지 이어지기 때문이다. 다윗은, 사울이 버림을 받은 후에, 주님의 뜻에 의해 이스라엘 민족의 왕으로 세움을 받은 최초의 인물이었다. 아브라함으로부터 다윗에 이르는 이 세 번째 시대에는 이스라엘 민족이 세 번째 단계를 맞이한 것 같아서, 마치 성년이 된 것이라 할 수 있다.)

혹시 그 동물들이 다른 것을 상징한다 보는 것이 더 적절할 수 있다. 그렇다 해도 산비둘기와 집비둘기를 추가한 것은, 그 민족 안에 영적인 사람들이 있을 것임을 예표한다는 사실을 나는 결코 의심하지 않는다. 그리고 "그 새는 쪼개지 아니하였다"(창 15:10) 말씀하신 것은, 육신적인 자들은 서로 나누어지지만, 영적인 자들은 절대 나누어지지 않기 때문이다. 그들이 사람들과 분주하게 교제하는 일을 산비둘기처럼 삼가든, 집비둘기처럼 그런 교제를 계속하든 상관없이 말이다. 이 두 종류의 새는 다 순전, 무구(無垢)하여, 그 땅을 [유업으로] 얻게 될 이스라엘 백성 가운데도 [그 마음이] 나누어지지 않는, 약속의 자녀들이 있어서, [하나님] 나라를 유업으로 받아, 영원한 복락 가운데 거하게 될 것임을 상징한다.

하지만 쪼개 놓은 사체 위에 내린 새들은 선한 것을 가리키는 것이 아니라, 공중의 영들을 가리키는 것으로, 육신적인 자들의 분열에서 무슨 먹이를 찾으려는 자들이다. 그런데 아브라함이 그 곁에 앉아 있었다는 것은, 육신적인 자들의 분열 상황에서도 참된 신앙인들은 끝까지 견인(堅忍)한다는 것을 상징한다. 또 해질 무렵에 공포가 아브라함에게 엄습하고, 캄캄함으로 인해 그가 심한 두려움에 휩싸였다는 것은, 이 세상의 종말이 가까울 무렵, 신자들에게 큰 혼란과 고난이 닥칠 것을 말해 주는 것이다. 복음서에 보면 이에 대해 주님은 이렇게 말씀하셨다.

> 이는, 그때에 큰 환난이 있겠음이라 (마 24:21)

3. 그러나 아브라함에게 하신 다음과 같은 말씀은, 이스라엘 백성이 애굽에서 하게 될 종살이에 대한 아주 분명한 예언이었다.

> 너는 정녕히 알라! 네 자손이 이방에서 객이 되어 그들을 섬기겠고, 그들은 사백 년 동안 네 자손을 괴롭게 하리니 (창15:13)

이 말씀은, 그 백성이 애굽 사람들에게 400년 동안 종살이를 한다는 뜻이 아니라, 400년 안에 그런 일이 있을 것이라고 예고하는 말씀이었다.

사실, 아브라함의 아버지 데라에 대하여 "데라는 이백오 세를 향수하고 하란에서 죽었더라"(창 11:32)고 한 것[도], 데라가 거기서 205년 동안 살았기 때문이 아니라, 거기서 [205세에 그의 생을] 마감했기 때문이다.

이처럼 여기서도 "그들을 섬기겠고, 그들은 사백 년 동안 네 자손을 괴롭게 하리라"는 말씀이 들어간 것은, 그 기간 내내 괴롭힘을 당한다는 뜻이 아니고, 그 기간이 괴롭힘을 당하는 것으로 끝난다는 뜻이다.

그런데 여기서 "400년"이라 한 것은 완전수를 만들기 위한 것으로, 실제 연수는 사실 조금 더 많았다. [달라진 이유는,] 아브라함이 약속을 받았던 때로부터 계산을 했기 때문이든지, 아니면, 아브라함의 씨로 예언된 이삭이 태어난 때로부터 계산을 했기 때문일 것이다. 즉, 앞에서 말한 대로, 아브라함의 나이 75세 되던 해로부터, [다시 말해,] 아브라함에게 첫 번째 약속이 행해지던 때부터, 이스라엘의 출애굽 때까지는 430년으로 계산된다. 이에 대해 사도는 다음과 같이 언급한다.

> 내가 이것을 말하노니, 하나님의 미리 정하신 언약을 사백삼십 년 후에 생긴 율법이 없이 하지 못하여, 그 약속을 헛되게 하지 못하리라 (갈 3:17)

그렇다면 이 430년을 400년이라 하는 것은 얼마든지 가능한 일이었다. 이는, 차이가 별로 크지 않기 때문이다. 더구나 아브라함에게 그 이상(異常)이 보이고, 약속이 행해진 지 벌써 몇 년이 지났을 것이기 때문이다. 혹은, 이삭이 태어난 것은, 그의 아버지 아브라함이 100세 때로, 첫 번째 약속이 있은 지, 25년 후의 일이므로, 앞에서 말한 430년에서 405년만 남은 때가 되는 까닭이다. 하나님은 이것을 "400년"이라 부리기를 원하셨다. 앞날에 대해 예고하시는 하나님의 말씀에 나오는 기타의 사항도 이스라엘 민족에 관한 것임은 아무도 의심하지 못할 것이다.

4. 그런데 다음과 같은 말씀이 덧붙여진다.

> 해가 져서 어둘 때에, 연기 나는 풀무가 보이며, 타는 횃불이 쪼갠 고기 사이로 지나더라 (창 15:17)

이 말씀은, 세상 끝에 육신적인 자들이 불로 심판을 받게 된다는 뜻이다. 해질 무렵 어두울 때 아브라함에게 엄습한 공포는, 하나님의 도성이 전에 받은 적이 전혀 없었던 고난을, 세상 끝이 이제 [막] 다가올 무렵, 적그리스도의 치하에서 받게 될 것으로 예견된다는 뜻이다. 이와 마찬가지로, 해가 졌다는 것은, 세상 끝에 이미 도달했다는 뜻이고, 불은 심판의 날을 가리킨다. 그날에는 불을 통과함으로써 구원받을 자들이 육신적인 자들과 구별될 것이고, 육신적인 자들은 정죄를 받고 불 속으로 들어갈 것이다.

제25장

사라의 여종 하갈에 관하여. 그녀를 아브라함에게 첩으로 주는 결정은 사라 자신이 했음

이제 여기서부터는 아브라함의 아들들의 시대가 이어진다. 아브라함의 아들 중 하나는 여종 하갈의 소생이었고, 다른 하나는 "자유하는 여자"(갈 4:22) 사라의 소생이었다. 그들에 대해서는 내가 이미 제15권 [3장]에서 이미 이야기했다.

그러나 이 문제와 관련하여 아브라함이 이 첩으로 인해 죄를 지었다는 비난을 해서는 절대 안 된다. 이는, 그가 그녀를 첩으로 맞이한 것은 자녀 생산을 위해서였지, 정욕을 채운다거나, 배우자를 모욕하기 위함이 아니었기 때문이다. 그는 오히려 아내 [사라]의 말을 따랐다. 사라는 가임력(可姙力)을 지닌 여종의 태를 빌림으로써 자기의 불임에 대해 위안을 얻을 수 있다고 믿었다. 자연 본성으로는 불가능하지만, 의지로는 태를 빌리는 것이 가능했기 때문이다. 그리고 이것은 그녀의 권리였다. 이에 대해 사도는 이렇게 말한다.

> 남편도 이와 같이 자기 몸을 주장하지 못하고, 오직 그 아내가 하나니 (고전 7:4)

사라는, 자기 자신은 낳을 수 없는 아이를 다른 여자를 통해서 낳으려고 바로 이 권리를 행사했던 것이다. 여기에는 향락에 대한 욕망이나, 악하고 추잡한 행동이 전혀 개입되지 않았다. 아내는 자녀 생산을 위해 여종을 남편에게 준 것이고, 남편 [역시] 자녀 생산을 위해 여종을 맞은 것이다. 양쪽 다 죄악된 향락을 추구한 것이 아니고, 자연의 열매를 구한 것뿐이다.

그러나 여종은 임신을 하자 교만해져, 아이를 낳지 못하는 여주인을 무시하였는데, 사라는 여느 여자처럼 질투심을 품게 되었고, 그래서 이 문제에 대한 책임 추궁을 남편에게 하게 되었다. 이런 상황에서도 아브라함은, 자기가 정욕의 노예가 아니라, 정욕에서 자유한 자임을 증명해 보여 주었다. 또 하갈의 문제에서는 아내 사라의 체면을 지켜 주었다. 그는 자기 욕망을 추구한 것이 아니라, 사라의 뜻을 따른 것이다. 그는 여종을 받아들인 것이지, 요구한 것이 아니었다. [또 여종을] 가까이하기는 했지만, 탐닉하지 않았다. 그녀와 동침은 하였으나, 사랑은 하지 않았다. 그는 이렇게 말했다.

> 그대의 여종은 그대의 수중에 있으니, 그대의 눈에 좋은 대로 그에게 행하라! (창 16:6)

아! 그는 대장부답게 여성을 대한 사람이었다. 아내는 절도를 가지고 대했고, 여종은 인격적으로 대했다. 아무도 비인격적으로 대하지 않았다.

제26장

하나님이, 아브라함이 늙었지만, 가임력이 없는 사라를 통해 그에게 아들을 주신다고 하신 약속에 관하여. 그 약속을 통해 그를 열방의 조상으로 세우셨고, 그 약속에 대한 믿음을 할례라는 성사를 통해 인치심

1. 이 일이 있은 다음에, 이스마엘이 하갈에게서 태어났다. 아브라함은, 이를 통해, 하나님이 자기에게 하신 약속이 성취되었다고 믿을 수 있었다. 이는, 그가 자기 종을 입양하려 했을 때, 하나님이 이렇게 말씀하셨기 때문이다.

그 사람은 너의 후사가 아니라. 네 몸에서 날 자가 네 후사가 되리라 (창 15:4)

그러므로 이 약속이 여종의 아들을 통해 성취된 것처럼 믿는 일이 없어야 했다. 그래서 아브람의 구십구 세 때에, 여호와께서 아브람에게 나타나서 그에게 이렇게 말씀하셨다.

1 나는 전능한 하나님이라. 너는 내 앞에서 행하여 완전하라! 2 내가 내 언약을 나와 너 사이에 세우고, 너로 심히 번성케 하리라 하시니, 3 아브람이 엎드린대, 하나님이 또 그에게 일러 가라사대, 4 내가 너와 내 언약을 세우니, 너는 열국의 아비가 될지라 5 이제 후로는 네 이름을 아브람이라 하지 아니하고 아브라함이라 하리니, 이는, 내가 너로 열국의 아비가 되게 함이니라 6 내가 너로 심히 번성케 하리니, 나라들이 네게로 좇아 일어나며, 열왕이 네게로 좇아 나리라 7 내가 내 언약을 나와 너와 네 대대 후손의 사이에 세워서 영원한 언약을 삼고, 너와 네 후손의 하나님이 되리라 8 내가 너와 네 후손에게 너의 우거하는 이 땅, 곧, 가나안 일경으로 주어, 영원한 기업이 되게 하고, 나는 그들의 하나님이 되리라 9 하나님이 또 아브라함에게 이르시되, 그런즉 너는 내 언약을 지키고, 네 후손도 대대로 지키라! 10 너희 중 남자는 다 할례를 받으라! 이것이 나와 너희와, 너희 후손 사이에 지킬 내 언약이니라 11 너희는 양피를 베어라! 이것이

나와 너희 사이의 언약의 표징이니라 12 대대로 남자는 집에서 난 자나, 혹 너희 자손이 아니요, 이방 사람에게서 돈으로 산 자를 무론하고 난 지 팔 일 만에 할례를 받을 것이라 13 너희 집에서 난 자든지, 너희 돈으로 산 자든지, 할례를 받아야 하리니, 이에 내 언약이 너희 살에 있어 영원한 언약이 되려 니와, 14 할례를 받지 아니한 남자, 곧, 그 양피를 베지 아니한 자는 백성 중에서 끊어지리니, 그가 내 언약을 배반하였음이라 15 하나님이 또 아브라함에게 이르시되, 네 아내 사래는 이름을 사래라 하지 말고, 그 이름을 사라라 하라! 16 내가 그에게 복을 주어, 그로 네게 아들을 낳아 주게 하며, 내가 그에게 복을 주어, 그로 열국의 어미가 되게 하리니, 민족의 열왕이 그에게서 나리라 17 아브라함이 엎드리어 웃으며 심중에 이르되, 백 세 된 사람이 어찌 자식을 낳을까? 사라는 구십 세니 어찌 생산하리요? 하고, 18 아브라함이 이에 하나님께 고하되, 이스마엘이나 하나님 앞에 살기를 원하나이다 19 하나님이 가라 사대, 아니라 네 아내 사라가 정녕 네게 아들을 낳으리니, 너는 그 이름을 이삭이라 하라! 내가 그와 내 언약을 세우리니, 그의 후손에게 영원한 언약이 되리라 20 이스마엘에게 이르러는 내가 네 말을 들었나니, 내가 그에게 복을 주어, 생육이 중다하여, 그로 크게 번성케 할지라. 그가 열두 방백을 낳으리니, 내가 그로 큰 나라가 되게 하려니와, 21 내 언약은, 내가 명년 이 기한에 사라가 네게 낳을 이삭과 세우리라 (창 17:1-21)

2. 여기에는 이삭, 곧, 약속의 아들로 말미암아 이방인을 부르신다는 약속이 [좀] 더 명확하게 나타났다. 노인과 가임력 없는 노파에게 아들을 약속한 것이므로, 이 약속으로는 은혜가 보여지는 것이지, 자연 본성을 지칭하는 것이 아니다. 물론, 자연적 자녀 생산 과정 역시 하나님이 주관하신다. 그러나 자연 본성에 결함이 생긴 곳, 그것의 힘이 끊어진 곳에서는 하나님의 역사(役事)가 명확하게 진행되는데, 이런 곳에서는 은혜가 [좀] 더 명확하게 인식된다.

또 이 일은 출생을 통해서가 아니라 중생을 통해서 일어날 일이었기 때문에, 사라를 통해 아들을 주신다는 약속을 하신 바로 그때 할례를 행하라는 명령을 내리신 것이다. 그리고 모든 친아들뿐 아니라, 집에서 난 종이나, 돈으로 산 종에게도 할례를 베풀라 명하신 것은, 이 은혜가 모든 사람들에게 해당하는 것임을 증거한다. 할례가 옛 것을 벗어 버리고 새로워진 자연 본성을 의미하는 것이 아니고 대체 무엇이란 말인가? 그리고 제8일은, 7일이 다 지난 후, 곧, 안식일 후 그리스도께서 부활하셨다는 것을 의미하는 것이 아니고 무엇이란 말인가?

부모의 이름도 바뀐다. 모든 것이 새롭게 들린다. 그리고 옛 언약을 통해 새 언약이 예표되었다. 구약이 신약을 감춘 것이 아니라면 대체 무엇이란 말인가? 또 신약이 구약을 드러낸 것이 아니고 무엇이란 말인가?

아브라함의 웃음은 감사하는 자의 환희의 표현이었지, 불신자의 비웃음이 아니었다. 그가 마음속으로 다음과 같은 말을 한 것도 마찬가지다.

> 백 세 된 사람이 어찌 자식을 낳을까? 사라는 구십 세니 어찌 생산하리요? (창 17:17)

이것은 의심하는 자의 말이 아니라, 경탄하는 자의 말이다. 혹시 다음과 같은 말씀을 이상하게 여기는 사람이 있을지 모른다.

> 내가 너와 네 후손에게 너의 우거하는 이 땅, 곧, 가나안 일경으로 주어, 영원한 기업이 되게 하고, 나는 그들의 하나님이 되리라 (창 17:8)

땅에 속한 그 어떠한 소유도 영원히 보유한다는 것은 불가능한 관계로, 이 말씀이 성취되었다거나, 성취되기를 아직 기다려야 한다고 생각하는 것이 어떻게 가능하겠는가? 그런 사람은, 헬라 사람들이 "아이오니온"(αἰώνιον)이라 부르는 것을 우리가 "영원"이라고 번역한다는 사실을 알아야 할 것이다. "아이오니온"은 "아이온"(αἰών)에서 파생되었고, "아이온"은 라틴어 saeculum(= "세기")에 해당한다.

하지만 라틴어로 번역하는 사람들은 "아이오니온"을 saeculāre로 감히 번역하지 못했다. 자칫하면 전혀 다른 뜻이 되기 때문이다. 이 세상 [역사]

에서 일어나고는 있지만, 얼마 후에는 사라져 버리는 수많은 일들을 우리는 saeculāria라 부른다. 그러나 "아이오니온"이라 불리는 것은 끝이 없거나, 이 세상의 끝까지 계속된다.

제27장
제8일에 할례를 받지 않은 남아에 관하여. 그런 아이의 영혼이 멸망하는 것은, 하나님의 언약을 배반한 까닭

다음과 같은 말씀 역시 어떻게 이해해야 할지 난감할 수가 있다.

> 할례를 받지 아니한 남자, 곧, 그 양피를 베지 아니한 자는 백성 중에서 끊어지리니, 그가 내 언약을 배반하였음이니라 (창 17:14)

이 경우, 그 영혼이 멸망할 것이라 말씀하신 아이의 잘못이 전혀 아니다. 또 그 아이가 하나님의 언약을 배반한 것이 아니라, 그 아이에게 할례를 베풀지 않은 어른들이 배반한 것이다. [하지만 그런 아이들이 하나님의 언약을 배반했다 하시는 이유는,] 아이들 자신의 삶에 문제가 있어서가 아니다. 도리어 인류 공통의 근원으로 말미암아 한 사람 [아담] 안에서 하나님의 언약을 배반한 까닭이다. 아담 안에서 모든 사람들이 죄를 지었다.

그런데 "옛 언약"과 "새 언약"이라는 저 두 큰 언약은 누구든 [성경을] 읽으면 알 수 있지만, 이 두 언약 외에도 "언약"이라 불리는 것은 많다. 우선, 첫 사람에게 행해진 첫 번째 언약은 정말이지 이렇게 되어 있다.

> 네가 먹는 날에는 정녕 죽으리라 (창 2:17)

그래서 「집회서」라 불리는 책에는 이런 말씀이 기록돼 있다.

> 모든 육신은 의복처럼 낡아지느니라 이는, 태초부터 네가 정녕 죽으리라는 언약이 있음이라 (14:17)

그러나 [좀] 더 명확한 율법은 나중에 주어졌고, 사도가 말하기를, "율법이 없는 곳에는 범함도 없느니라"(롬 4:15)고 한다. 그렇다면, 시편에서 읽을 수 있는 "내가 세상의 모든 죄인을 범법자로 여겼나이다"(칠십인경 시 119:119)라는 말씀이 어떻게 옳을 수 있겠는가? [이 말씀이 참될 수 있는] 유일한 이유는, 그 어떠한 죄든지 간에, 죄에 사로잡힌 자는 다 어떤 율법이든 율법을 어긴 사람이 되기 때문이다.

그러니까 참된 신앙이 증거해 주는 대로, 어린아이라 할지라도 자범죄가 아니라 원죄를 가지고 태어난다고 하면, 그래서 그들에게도 죄 사함의 은혜가 필요하다는 사실을 우리가 인정한다고 하면, 정말이지, 그들도 죄인임과 동시에, 낙원에서 반포된 그 율법의 위반자라는 사실을 인정하게 된다. 그러므로 "내가 세상의 모든 죄인을 범법자로 여겼나이다"라 기록된 말씀과 "율법이 없는 곳에는 범함도 없느니라"고 기록된 말씀이 다 옳은 것이다.

그렇다면, 할례가 중생의 표였기 때문에, 또 어린아이는 하나님의 첫 번째 언약을 배반한 원죄로 말미암아 중생으로 해방을 얻지 못한다면, 출생과 동시에 멸망의 길로 들어설 수밖에 없기 때문에, 하나님이 하신 그 말씀은 다음과 같은 뜻으로 이해해야 한다.

> 거듭나지 않은 자는 그 영혼이 백성 중에서 끊어지리라.

이는, 어린아이도 아담 안에서 모든 사람과 더불어 죄를 지을 때 하나님의 언약을 배반하였기 때문이다.

만약 하나님이 "그가 내 언약을 배반하였음이니라"(창 17:14)는 말씀을 하신 것이라 하면, 이 말씀은 할례에 관해 하신 말씀이라고 이해하는 도리 밖에 없다. 하지만 그렇다 해도 어린아이가 어떤 언약을 배반했는지 명시하지는 않았으므로, 어린아이가 배반했다고 하는 것이 어떤 언약을 말한다고 생각할 것인지는 [우리] 자유다. 하지만 이 말씀이 오직 할례에 관한 말씀이라고 주장하는 사람이 있다 해 보자! 그러니까, 그 어린아이가 할례를 받지 않았기 때문에 하나님의 언약을 배반한 것이라고 주장하는 사람이 있다 해 보자! 그런 사람은, 그가 누구든지 간에, 그 아이가 언약을 배반했다는 말을 오해하지 않게 하는 무슨 표현 방법을 찾아야 할 것이다. 이는, 설령 그 아이 자신이 언약을 배반하지 않았다 해도, 그 아이가 언약을 배반하는 단초를 제공한 까닭이다. 하지만 이렇게 하여 적절한 표현 방법을 찾아낸다 하더라도, 할례를 받지 않은 어린아이의 영혼이 멸망하는 것은 그 아이 자신의 게으름 때문이 결코 아니고, 오직 원죄의 속박 때문이고, 그렇지 않다면, 그 아이가 멸망하는 것이 부당하다는 사실도 염두에 두어야 한다.

제28장

아브라함과 사라의 개명에 관하여. 사라는 불임이었고, 둘은 다 늙어서 생산 능력이 없었지만, 자식을 낳을 수 있는 은사를 부여받음

그러니까 아브라함이 매우 엄청나고, 매우 확실한 약속을 받을 때, 다음과 같이 지극히 명확한 말씀이 그에게 임했다.

> 5 이제 후로는 네 이름을 아브람이라 하지 아니하고, 아브라함이라 하리니, 이는, 내가 너로 열국의 아비가 되게 함이니라 6 내가 너로 심히 번성케 하리니, 나라들이 네게로 좇아 일어나며, 열왕이 네게로 좇아 나리라 16 내가 그에게 복을 주어, 그로 네게 아들을 낳아주게 하며, 내가 그에게 복을 주어, 그로 열국의 어미가 되게 하리니, 민족의 열왕이 그에게서 나리라 (창 17:5-6, 16)

우리는 지금, 이 약속이 그리스도 안에서 성취되고 있음을 목도하고 있다. 그때부터 성경에서 그 부부는 예전의 이름인 아브람과 사래라는 이름으로 더 이상 불리지 않고, 아브라함과 사라라는 이름으로 불린다. 우리가 그들을 처음부터 이렇게 부른 것은, 이미 모든 사람들이 그들을 이렇게 부르기 때문이다.

그러나 어째서 아브라함의 이름이 변경되었는지에 대해서는 다음과 같은 이유가 제시되었다.

> 이는, 내가 너로 열국의 아비가 되게 함이니라.

그러므로 아브라함은 이런 뜻이라고 생각해야 한다. 반면, 예전의 이름 아브람은 "존귀한 아버지"라는 뜻이다.

하지만 사라의 이름이 바뀐 이유에 대해서는 이유가 제시되지 않았다. 그래도 성경에 나오는 히브리어 고유명사의 뜻을 기록한 사람들이 말하는

대로, 사래는 "나의 여주인"이라는 뜻이고, 사라는 "힘"이라는 뜻이다. 이 때문에 히브리서에는 이렇게 기록돼 있다.

> 믿음으로 사라 자신도 … 잉태하는 힘을 얻었으니 (히 1:11)

성경이 증거해 주는 대로, 두 사람이 다 고령이었다. 거기다 사라는 불임이었고, 경수도 끊어졌다. 이로 인해 설령 불임이 아니었다 해도, 출산은 더 이상 불가능하였다.

그러나 여자의 나이가 많더라도, 여자들에게 으레 흐르는 것이 여직 흐르고 있는 한, 젊은 남자의 아이를 낳을 수 있지만, 늙은 남자의 아이는 낳을 수 없다. 또 늙은 남자라도 젊은 여자를 통해서는 자녀를 가질 수 있는데, 예를 들어, 아브라함은, 사라가 죽은 후, 그두라를 통해서 자녀를 가질 수 있었다. 이는, 그녀가 한창나이였기 때문이다. 그러므로 사도가 "기적"이라고 놀라워하는 것은 바로 이것을 말하는 것이고, 아브라함의 몸과 관련하여 "죽은 자와 방불"(히 11:12)했다 한 것도 이 때문이다. 이는, 아브라함의 나이로 보아서는 여자가 아무리 가임 연령층에 속해 있다 하더라도, 자녀 생산이 더 이상 불가능했던 까닭이다. 물론, [아브라함의] 몸이 "죽은 자와 방불"했다는 것은 어떤 한 측면에서 그랬다 생각해야지, 모든 측면에서 그랬다 생각해서는 안 된다. 이는, [그의 몸이] 모든 측면에서 죽은 것이었다면, 그것은 살아 있는 노인의 몸이었다기보다는, 죽은 자의 시신이었을 것이기 때문이다.

아브라함이 나중에 그두라를 통해 자녀를 얻은 것과 관련된 문제는 이렇게 해결하는 것이 보통이다. 곧, 자녀를 낳는 은사를 주님으로부터 받았고, 그 은사가 아내 사라의 타계(他界) 이후에도 남아 있었다고 보는 것이다. 하지만 내가 보기에는, 이 문제의 해결을 위해서는 우리가 채택했던 방식이 더 나은 것 같다. 곧, 우리 시대에는 100세 노인이 자녀를 얻는 것은 그 어떠한 여자를 통해서도 불가능하지만, 사람들이 매우 장수하던 [아브라함] 당시에는 그렇지가 않아서, 100세라는 나이가 사람에게 노쇠함을 안겨 주지 않았다고 생각하는 것이다.

제29장

마므레 상수리 곁에서 아브라함에게 나타난 세 사람 혹은 천사에 관하여. 그들을 통해 주님이 나타나심

또다시 하나님이 마므레 상수리 곁에서 아브라함에게 세 사람의 모습으로 나타나셨는데, 그들이 천사인 것을 의심할 여지가 없다. 물론, 어떤 사람들은 그들 중 하나를 그리스도 주시라 생각하면서, 그가 성육신하시기 전에도 가시적(可視的)으로 나타나신 때가 있었다고 주장하지만 말이다.

   그런데 하나님의 현현(顯現)은 정말이지 신적(神的) 권능에 관련된 문제, [그의] 불가시적(不可視的)이고, 비유체적(非有體的)이고, 불가변적(不可變的) 본성에 관련된 문제다. 그는, 자신은 전혀 변화되심이 없이 가사적(可死的)인 자들에게 나타나시되, 존재 자체로 나타나시는 것이 아니라, 그에게 복속된 어떤 피조물을 통하여 나타나신다. 하지만 그에게 복속되지 않은 것이 어디 있는가?

   여하간, 이 셋 중 하나가 그리스도였다고 주장하는 사람들은, 아브라함이 세 사람을 보았지만, 주님께 말할 때는 단수를 사용했기 때문이라고 한다. [성경에는] 이렇게 기록돼 있다.

   2 눈을 들어 본즉, 사람 셋이 맞은편에 섰는지라 그가 그들을 보자, 곧 장막문에서 달려나가 영접하며, 몸을 땅에 굽혀 3 가로되, 내 주여, 내가 주께 은혜를 입었사오면, [원컨대, 종을 떠나 지나가지 마옵시고] (창 18:2-3)

그런 주장을 하는 사람들은, 그 세 사람들 중 둘이 소돔을 멸하기 위해 갔고, 아브라함은 남은 한 사람에게 "주"라고 부르면서, 소돔에서 "의인을 악인과 함께"(창 18:23) 멸하시지 말라고 간청했다는 사실을 어째서 간과하는가?

그런데 그 두 사람을 롯이 영접하였고, 그들과 이야기할 때 그 역시 [그들을] "주"라 부르면서 단수를 사용했다. 그는 [처음에] 복수를 사용하여 "내 주님들이여, 돌이켜 종의 집으로 들어와"(칠십인경 창 19:2)라 했지만, 나중에는 이렇게 말했다.

> 16 그 천사들이 롯의 손과, 그 아내의 손과, 두 딸의 손을 잡아 인도하여, 성 밖에 두니, 여호와께서 그에게 인자를 더하심이었더라 17 그 사람들이 그들을 밖으로 이끌어낸 후에 이르되, 도망하여 생명을 보존하라! 돌아보거나 들에 머무르거나 하지 말고, 산으로 도망하여 멸망함을 면하라! 18 롯이 그들에게 이르되, 내 주여 그리 마옵소서! 19 종이 주께 은혜를 얻었고, … (칠십인경 창 19:16-19)

그러자 [롯의] 이 말에 주님이 두 천사들 안에 계시면서도 단수를 사용하여 이렇게 대답하신다.

> 내가 이 일에도 네 소원을 들었은즉 (창 19:21)

그렇다면, 아브라함은 세 사람, 롯은 두 사람에 안에 주님이 계신 것을 인지했다고 하는 말에 매우 믿음이 간다. 아브라함과 롯은, 그들이 사람들이라 생각하기는 했지만, 그들에게 말을 할 때 단수를 사용했다. 아브라함과 롯이 그들을 영접한 것은 오직, 그들이 안식을 필요로 하는 가사적(可死的) 인간이라 생각되어 도와주려고 한 것뿐이다. 하지만 그들이 비록 사람처럼 보이긴 했어도, 그들에게는 특별한 데가 분명 있었다. 마치 선지자들의 경우으레 그런 것처럼 그들 안에는 주님이 계셨다. 그들을 접대한 아브라함과 롯이 이 사실을 의심할 수는 없었다. 아브라함과 롯이 어떨 때는 그들에게 말하면서 복수를 사용하고, 어떨 때는 그들 안에 계신 주님께 말하면서 단수를 사용한 것은 이 때문이다.

그런데 그들을 천사라고 성경은 증거한다. 이 이야기를 하는 창세기뿐 아니라, 손 대접을 칭송하는 히브리서도 그렇게 한다.

> 이로써 부지중에 천사들을 대접한 이들이 있었느니라 (히 13:2)

여하간, 사라로 말미암아 아들 이삭을 주시겠다는 약속을 아브라함에게 하실 때 하나님은 바로 그 세 사람을 통해 이렇게 대답하셨다.

> 아브라함은 강대한 나라가 되고, 천하 만민은 그를 인하여 복을 받게 될 것이 아니냐? (창 18:18)

그리고 여기서는 아주 간결하면서도 매우 충실하게 두 가지 것을 약속하셨다. 즉, 육신으로는 이스라엘 민족을 [자손으로] 주시고, 믿음으로는 천하 민민을 [자손으로] 주신다고 말이다.

제30장

소돔에서 구출된 롯과 하늘의 불로 멸망당한 소돔에 관하여. 또 아비멜렉에 관하여. 아비멜렉의 정욕이 사라의 순결에 해를 입히지 못함

이 약속이 있은 후에 롯이 소돔에서 구출되었고, 하늘에서 유황비가 내려, 그 악한 도성의 영역 전체가 잿더미로 변했다. 거기에서는 남색이라는 음행이 아주 일상화되어, 법이 다른 행위를 허용하는 것처럼, 그런 음행도 허용하는 것이 보통이었다.

하지만 그런 곳이 징벌을 받은 것은, 장차 하나님의 심판이 있다는 예고였다. 또 천사들한테 구출받은 사람들에게 뒤를 돌아보지 말라 금지한 것은, 은혜로 말미암아 거듭난 사람이 최후 심판을 면할 생각을 한다면, 자기가 청산한 옛 생활로 되돌아갈 마음을 품지 말라는 뜻이 아니면 무엇이겠는가? 그런데 롯의 아내는 뒤를 돌아보다가 그 자리에서 소금 기둥으로 변했고, 이를 통해 믿는 사람들에게 일종의 조미료가 되었다. 즉, 그 사례를 보고 경계하여 지혜의 맛을 내도록 돕게 되었다.[1]

그후에 아브라함은 그랄에서 그 도성의 왕 아비멜렉에게 자기 아내의 문제로 애굽에서 사용했던 방법을 똑같이 사용하였고, [이번에도 그의] 아내는 아무런 해를 입지 않고 그에게 되돌아왔다. 그때 아비멜렉이 어째서 아내라는 사실을 숨기고 누이라 했느냐고 힐문하자, 아브라함은, 자기가 두려워한 것이 무엇인지를 밝히면서 이 말을 덧붙였다.

또 그는 실로 나의 이복 누이로서 내 처가 되었음이니라 (창 20:12)

즉, 아버지가 같다는 점에서, 그녀가 그의 가까운 혈육이라는 것이었다. 그리고 사라는 대단한 미인이어서, 비록 나이가 많았지만, 남자들에게 매력이 있었다.

---

[1] 창 19:24-26 (= "24 여호와께서 하늘 곧 여호와에게로서 유황과 불을 비같이 소돔과 고모라에 내리사 25 그 성들과 온 들과 성에 거하는 모든 백성과 땅에 난 것을 다 엎어 멸하셨더라 26 롯의 아내는 뒤를 돌아본 고로 소금 기둥이 되었더라") 참조.

제31장

약속에 따라 태어난 이삭에 관하여. 그의 이름은 양친의 웃음 때문에 주어짐

이 일 후에 아브라함에게 하나님의 약속에 따라 아들이 사라로 말미암아 태어났고, 아브라함은 그 이름을 "이삭"이라 하였다. 뜻은 "웃음"이다. 이는, 아들을 약속받았을 때, 놀라고 기뻐하면서 아브라함이 웃었기 때문이다.[1] 사라도 웃었는데, 예의 세 사람을 통해 다시 약속을 전달받을 때, 의심하면서도 기뻐하였기 때문이다.[2] 그 웃음이 비록 기쁨에서 비롯된 것이지만, 온전한 믿음에서 비롯된 것이 아니었던 까닭에, 천사가 책망을 하였고, 나중에 같은 천사가 사라의 믿음을 굳게 해 주었다.

여하간, 그 아이의 이름에는 그런 사연이 있었다. 그 웃음은 비웃고 욕하기 위한 것이 아니라, 기쁨을 표현하기 위한 것이었다. 그래서 이삭이 태어나자, 사라는 이름을 지어 준 다음에 이런 말을 통해 [자기의 심경을] 토로한다.

> 하나님이 나로 웃게 하시니, 듣는 자가 다 나와 함께 웃으리로다 (창 21:6)

그런데 얼마 후 여종은 그 아들과 함께 집에서 쫓겨났다. 사도에 의하면, 이를 통해 옛 언약과 새 언약이라는 "두 언약"(갈 4:24)이 예표(豫表)되었다. 이때 사라는 "위에 있는 예루살렘"(갈 4:26), 곧, 하나님의 도성을 예표한다.

---

[1] 창 17:17 (= "아브라함이 엎드리어 웃으며 심중에 이르되 백 세 된 사람이 어찌 자식을 낳을까 사라는 구십 세니 어찌 생산하리요 하고") 참조.

[2] 창 18:12 (= "사라가 속으로 웃고 이르되 내가 노쇠하였고 내 주인도 늙었으니 내게 어찌 낙이 있으리요") 참조.

제32장

아브라함의 순종과 믿음에 관하여. 이것으로 그는 아들을 제물로 바치라는 시험을 통과함. 또 사라의 죽음에 관하여

1. 모든 일을 다 언급하는 것은 매우 장황한 일이겠지만, 그 중에서 아브라함이 지극히 사랑하는 아들 이삭을 제물로 바치라는 시험을 받은 것에 관하여는 언급을 해야겠다. 이것은 그의 경건한 순종을 시험한 것으로, 후세에 알리기 위한 것이지, 하나님께 알리기 위한 것이 아니었다.

그런데 정말이지, 모든 시험을 다 나쁘다고 할 수 없다. 이는, 시험을 이긴다는 것은 축하해 줄 일이기 때문이다. 그리고 인간은 보통 다른 방법으로는 자기 자신을 알 수가 없고, 오직 자기의 영력(靈力)을 말이 아니라 시험이라는 과정을 통해 증명해야만 한다. 마치 질문을 해 오는 자에게 어떤 식으로든 대답을 하는 것 같이 말이다. 이때 그가 하나님의 선물에 대해 깨닫는다면, 그는 경건한 자인 것이고, 이때 그는 은혜의 지속적 도우심으로 말미암아 견고해져서, 헛된 자만심으로 부풀어오르지 않게 된다.

아브라함은 분명히, 인간을 제물로 바치는 것을 하나님이 기뻐하신다고 믿었을 리가 결코 없다. 그렇다고 하나님의 명령이 뇌성 벽력처럼 울려 퍼질 때 순종해야 하는 것이지, 간쟁(諫爭)을 해서는 안 될 것이다. 여하간, 아브라함이 아들을 제물로 바친다 해도, [아들이] 즉각 부활할 것으로 믿었다는 것은 칭찬할 일이다.

또 여종과 그 아들을 쫓아내라고 하는 아내 [사라]의 요구를 들어주려고 하지 않았을 때도, 그에게 하나님은 이렇게 말씀하셨다.

이삭에게서 나는 자라야 네 씨라 칭할 것임이니라 (창 21:12)

그리고 분명 여기에 다음과 같은 말씀이 이어진다.

> 그러나 여종의 아들도 네 씨니, 내가 그로 한 민족을 이루게 하리라 (창 21:13)

그렇다면, 이스마엘도 하나님이 그의 "씨"라고 부르셔 놓고는 "이삭에게서 나는 자라야 네 씨라 칭할 것"이라 하신 것은 어찌된 일인가? 그러나 바울은 이 말씀을 이렇게 설명한다.

> 7 오직 이삭으로부터 난 자라야 네 씨라 칭하리라 하셨으니, 8 곧, 육신의 자녀가 하나님의 자녀가 아니라 오직 약속의 자녀가 씨로 여기심을 받느니라 (롬 9:7-8)

그러므로 약속의 자녀들이 이삭을 통해 부르심을 받아 아브라함의 씨가 되는 것이다. 다시 말해, 그리스도 안에서 은혜로 부르심을 받아 한데 모아지는 것이다.

그러니까 이 약속을 [이삭의] 경건한 아버지는 굳게 믿었다. 이는, 하나님이 죽이라 명하신 아들로 말미암아 [이 약속이] 이루어져야 했기 때문이다. 기대하지도 않았는데 얻을 수 있었던 그 아들을 제물로 바친다면, 그 아들을 돌려받을 수도 있을 것임을 그는 의심하지 않았다. 히브리서 기자도 이 문제를 이러한 방식으로 이해하고 설명하였다.

> 17 아브라함은 시험을 받을 때에 믿음으로 이삭을 드렸으니, 저는 약속을 받은 자로되, 그 독생자를 드렸느니라 18 저에게 대하여 이미 말씀하시기를, 네 자손이라 칭할 자는 이삭으로 말미암으리라 하셨으니, 19 저가 하나님이 능히 죽은 자 가운데서 다시 살리실 줄로 생각한지라 (히 11:17-19a)

그래서 이런 말을 첨가했다.

> 비유컨대, 죽은 자 가운데서 도로 받은 것이니라 (히 11:19b)

누구에 대한 비유인가? 이에 대해 사도는 이렇게 말한다.

> 자기 아들을 아끼지 아니하시고 우리 모든 사람을 위하여 내어 주신 이가 어찌 그 아들과 [함께 모든 것을 우리에게 은사로] 주지 아니하시겠느뇨? (롬 8:32)

그러므로 이삭도, 마치 주님이 당신의 십자가를 지고 가신 것처럼, 자기를 태우는 데 사용될 장작을 지고, 제단이 세워질 곳으로 갔다. [그렇지만] 결국 [그의] 아버지가 죽이지 말라는 명령을 받은 다음, 이삭은 죽임을 당할 필요가 없게 되었는데, 그를 대신해 희생을 당하고 상징적 의미의 피를 흘려 제물이 된 그 숫양은 누구를 예표했는가? 그런데 아브라함이 그 숫양을 바라보았을 때, 뿔이 덤불에 걸려 있었다. 그렇다면, 그 숫양에 의해 예표된 분은, 희생되시기 전에 유대인들이 가시관을 씌운 예수님이 아니고 누구겠는가?

2. 하지만 우리는 천사를 통해 하신 하나님의 말씀에 우선 귀를 기울이자!

> 10 손을 내밀어 칼을 잡고 그 아들을 잡으려 하더니, 11 여호와의 사자가 하늘에서부터 그를 불러 가라사대, 아브라함아! 아브라함아! 하시는지라 아브라함이 가로되, 내가 여기 있나이다 하매, 12 사자가 가라사대, 그 아이에게 네 손을 대지 말라! 아무 일도 그에게 하지 말라! 네가 네 아들 네 독자라도 내게 아끼지 아니하였으니, 내가 이제야 네가 하나님을 경외하는 줄을 아노라 (창 22:10-12)

"내가 이제야 아노라" 하신 것은 "내가 이제 알게 하였노라"는 뜻이다. 이는, 이 사실을 하나님이 여태 모르신 것이 아닌 까닭이다. 그리고 그 숫양을 자기 아들 이삭 대신 제물로 바친 다음, [성경에는] 이런 말씀이 나온다.

> 아브라함이 그 땅 이름을 '여호와이레'라 하였으므로, 오늘까지 사람들이 이르기를, 여호와의 산에서 준비되리라 하더라 (창 22:14)

[아까] "내가 이제 알게 하였노라"는 표현 대신 "내가 이제야 아노라"는 표현이 사용된 것처럼, 여기서도 "주님이 나타나셨다" 혹은 "주님이 자기를 보여 주셨다"는 표현 대신 "주님이 보셨다"는 표현이 사용되었다.

> 15 여호와의 사자가 하늘에서부터 두 번째 아브라함을 불러 16 가라사대, 여호와께서 이르시기를, 내가 나를 가리켜 맹세하노니, 네가 이같이 행하여 네 아들 네 독자를 아끼지 아니하였은즉, 17 내가 네게 큰 복을 주고, 네 씨로 크게 성하여, 하늘의 별과 같고, 바닷가의 모래와 같게 하리니, 네 씨가 그 대적의 문을 얻으리라 18 또 네 씨로 말미암아 천하 만민이 복을 얻으리니, 이는, 네가 나의 말을 준행하였음이니라 하셨다 하니라 (창 22:15-18)

이렇게 하여 하나님이 아브라함의 "씨로 말미암아 [천하] 만민"을 부르신다는 약속을 그리스도를 예표하는 번제 후에 하셨는데, 그 약속을 하나님은 맹세를 통해서도 확인하셨다. 정말이지, 하나님은 약속을 여러 차례 하셨지만, 맹세를 하신 적은 전혀 없었다. 그런데 참되고 진실하신 하나님이 하시는 맹세란, [그의] 약속을 확인하는 것임과 동시에 믿지 않는 자들에 대한 일종의 책망이 아니면 무엇이겠는가?

3. 이 일 후에 사라가 127세에 죽었는데, 당시 아브라함의 나이는 137세였다. 아브라함은 사라보다 나이가 열 살 많았다. 그래서 사라를 통해 아들을 얻게 될 것이라는 약속을 받았을 때 이렇게 말한 것이다.

> 백 세 된 사람이 어찌 자식을 낳을까? 사라는 구십 세니 어찌 생산하리요? (창 17:17)

그때 아브라함이 밭을 사서, 거기에 사라를 묻었다. 그러니까 스데반의 이야기에 의하면, 그때 아브라함이 그 땅에 정착한 것이다. 이는, 아브라함이 [그때] 비로소 그곳에 땅을 소유하게 되었기 때문이다. 즉, 그의 아버지

데라가 죽은 후에 그렇게 하였다. 데라는 [그보다] 2년 전에 세상을 떠난 것으로 추정된다.[1]

제33장

이삭이 아내로 맞은 나홀의 손녀 리브가에 관하여

그후 이삭은 40세에 자기 숙부 나홀의 손녀 리브가를 아내로 맞이했다. 당시 그의 부친은 140세였고, 그의 모친은 죽은 지 3년이 되었다.
    그런데 그의 부친 아브라함은 그녀를 [며느리로] 맞이하기 위해 자기 종을 메소포타미아로 보내면서 그 종에게 이렇게 말했다.

> 2 청컨대, 네 손을 내 환도뼈 밑에 넣으라! 3 내가 너로 하늘의 하나님, 땅의 하나님이신 여호와를 가리켜 맹세하게 하노니, 너는 나의 거하는 이 지방 가나안 족속의 딸 중에서 내 아들을 위하여 아내를 택하지 말고 (창 24:2-3)

이 말은, 하늘의 주 하나님, 땅의 하나님이 그 환도뼈에서 나온 육신을 입고 세상에 오실 것을 가리키는 말이 아니고 무엇인가? 이것이 어찌 예고된 진리에 대한 하찮은 증거이겠는가? 우리가 목도하고 있는 대로, 이 진리는 그리스도 안에서 성취되고 있다.

---

[1] 행 7:4 (= "아브라함이 갈대아 사람의 땅을 떠나 하란에 거하다가 그 아비가 죽으매 하나님이 그를 거기서 너희 시방 거하는 이 땅으로 옮기셨느니라") 참조.

제34장

사라가 죽은 후, 아브라함이 그두라를 아내로 맞이한 일을 어떻게 생각해야 하는가?

그런데 사라가 죽은 후, 아브라함이 그두라를 아내로 맞이한 것은 어떤 의미를 지니는가? 여기서 [그것을] 무절제로 보아서는 안 된다. 그것은 특히 그의 나이를 생각할 때 당연히 그렇고, 그의 거룩함을 생각할 때도 그렇다.

여러 아들을 낳을 방도를 아직도 찾고 있었을까? 이삭을 통해 하늘의 별처럼, 땅의 모래처럼 자손을 많이 주시겠다고 하신 하나님의 약속을 굳게 믿고 있지 않았는가? 그의 믿음은 시험을 통해 다져진 아주 견실한 것이 아니었는가?

그러나 정녕 하갈과 이스마엘이 사도 [바울]의 가르침처럼 "육체를 따라"(갈 4:23) 난, 옛 언약에 속한 자들을 예표(豫表)한다고 하면, 그두라와 그의 자녀들 역시 스스로를 새 언약에 속한 자들이라 여기지만, [실상은] 육에 속한 자들을 어찌 예표하지 못하겠는가? 정말이지, [하갈과 그두라는] 둘 다 아브라함의 아내라고도 불렸고, 첩이라고도 불렸다. 반면에 사라는 첩이라 불린 적이 한 번도 없다. 그래서 하갈을 아브라함에게 주었을 당시에 대해 [성경에는] 이렇게 기록되어 있다.

> 아브람의 아내 사래가 그 여종 애굽 사람 하갈을 가져, 그 남편 아브람에게 아내로 준 때는 아브람이 가나안 땅에 거한 지 십 년 후이었더라 (칠십인경 창 16:3)

또 사라의 사후(死後)에 맞이한 그두라에 대해서는 이런 글을 읽을 수 있다.

> 아브라함이 후처를 취하였으니, 그 이름은 그두라라 (창 25:1)

보라! 둘 다 "아내"라 불린다. 그러나 성경이 나중에는 둘 다 "첩"이었다고 하는 곳도 있다.

> 5 아브라함이 이삭에게 자기 모든 소유를 주었고, 6 자기 서자들에게도 재물을 주어, 자기 생전에 그들로 자기 아들 이삭을 떠나, 동방, 곧, 동국으로 가게 하였더라 (창 25:5-6)

그러므로 첩의 자식들도 적잖은 재물을 받는다. 하지만 약속된 왕국에는 이르지 못한다. 이단자들도, 육신적인 유대인들도 이르지 못한다. 이는, 이삭 외에는 아무도 상속자가 아닌 까닭이다. 또 "육신의 자녀가 하나님의 자녀가 아니라 오직 약속의 자녀가 씨로 여기심을"(롬 9:8) 받는 까닭이다. 이와 관련하여 다음과 같은 말씀이 있다.

> 오직 이삭으로부터 난 자라야 네 씨라 칭하리라 (롬 9:7)

이러한 이유 때문이 아니라면, 본처가 죽은 다음에 맞이한 그두라도 "첩"이라 부르는 이유를 나는 알지 못한다.

그러나 이 이야기를 이런 식으로 해석하지 않는 사람이라도 아브라함을 비난해서는 안 될 것이다. 이 이야기는 장차 재혼을 반대하게 될 이단자들[1]을 염두에 둔 것이 아닐까? 많은 민족의 조상 되는 사람을 통해 본처가 죽은 후, 재혼하는 것이 죄가 아니라는 것이 증명되었으니 말이다.

아브라함도 죽었는데, 당시 그의 나이는 175세였다. 그는 당시 75세였던 아들 이삭을 남겨 두고 [세상을 떠났다.] 그는 이삭을 100세에 낳았다.

---

[1] 수후 2세기 중엽에 등장하는 몬다누스파를 의미함.

제35장

아직 리브가의 태중에 있던 쌍둥이에 관해 하나님이 하신 말씀의 뜻

이제 여기서부터는 아브라함의 후손의 시대에 하나님의 도성이 어떻게 진행하는지를 살펴보도록 하자! 그런데 이삭의 생애 첫해부터 그에게 자식들이 태어난 60세까지 기억할 만한 일은, 불임(不姙)인 자기 아내로 하여금 아이를 낳게 해 달라고 그가 하나님께 기도하자, 주님이 그의 기도를 들어 주었다는 것, 그래서 그녀가 잉태하였고, 아직 그녀의 태중에 있던 쌍둥이들이 서로 싸웠다는 것이다.

이 일로 인해 그녀가 힘들고 불안하여 하나님께 여쭈었더니 다음과 같은 답을 듣게 되었다.

> 두 국민이 네 태중에 있구나 두 민족이 네 복중에서부터 나누이리라 이 족속이 저 족속보다 강하겠고, 큰 자는 어린 자를 섬기리라 (창 25:23)

바울 사도는 이 일을 은혜에 대한 큰 증거로 해석하고 싶어한다. 이는, 그들이 "아직 나지도 아니하고, 무슨 선이나 악을 행하지 아니한 때에"(롬 9:11) 아무런 선한 공로와 상관없이 아우가 택함을 받고, 형이 버림을 받은 까닭이다. 그때 그들 둘은 원죄에 관해서는 의심할 여지 없이 동등했고, 자범죄에 관해서는 그들 중 아무도 죄를 짓지 않았다.

하지만 지금 이 문제에 관해 좀 더 폭넓은 논의를 하는 것은, 이 책의 원래 목적이 허락하지 않는다. 이 문제에 관해서는 다른 여러 책에서 이미 많은 논의를 한 바 있다.

단지, "큰 자는 어린 자를 섬기리라"는 말씀에 관해서는 "큰 자"인 유대인이 "작은 자"인 크리스챤을 섬기게 될 것이라는 뜻으로 해석하지 않은 사람이 우리 중에는 거의 아무도 없다. 그리고 물론, "큰 자"의 후손인

에돔 족속을 통해 이 말씀이 이루어졌다 생각할 수도 있기는 하다. 그에게는 이름이 둘 있었다. (즉, 그는 에서라고도 하였고, 에돔이라고도 하였다. 그의 후손이 에돔 족속이다.) 여하간, 나중에 에돔 족속은 "작은 자"의 후손에게, 곧, 이스라엘 민족에게 정복당하게 되어 있었고, 이스라엘 민족을 섬기게 되어 있었다. 그럼에도 불구하고 "이 족속이 저 족속보다 강하겠고, 큰 자는 어린 자를 섬기리라"는 예언의 말씀은 보다 더 큰 것을 염두에 둔 말씀이라 믿는 것이 더 옳을 것이다. 그리고 이 말씀이 유대인과 크리스챤을 통해 분명히 성취되지 않았을 리가 없지 않는가?

제36장

이삭이 받은 말씀과 축복에 관하여. 이삭은 그의 아버지와 똑같은 말씀과 축복을 받았고, 그의 아버지로 인해 사랑을 받았음

이삭도, 그의 아버지가 여러 차례 받은 것과 같은 말씀을 받았다. 이 말씀에 관하여는 이렇게 기록돼 있다.

> 1 아브라함 때에 첫 흉년이 들었더니, 그 땅에 또 흉년이 들매, 이삭이 그랄로 가서, 블레셋 왕 아비멜렉에게 이르렀더니, 2 여호와께서 이삭에게 나타나 가라사대, 애굽으로 내려가지 말고, 내가 네게 지시하는 땅에 거하라! 3 이 땅에 유하면, 내가 너와 함께 있어, 네게 복을 주고, 내가 이 모든 땅을 너와 네 자손에게 주리라 내가 네 아비 아브라함에게 맹세한 것을 이루어, 4 네 자손을 하늘의 별과 같이 번성케 하며, 이 모든 땅을 네 자손에게 주리니, 네 자손을 인하여 천하 만민이 복을 받으리라 5 이는, 아브라함이 내 말을 순종하고, 내 명령과, 내 계명과, 내 율례와, 내 법도를 지켰음이니라 하시니라 (창 26:1-5)

이 족장은 다른 처나 첩을 두지 않았고, 후손에 관해서는 한번의 동침으로 태어난 쌍둥이 둘로 만족했다.

그런데 그도 역시 이방인들 중에 거할 때, 아내의 아름다움으로 인해 초래되는 위험을 두려워하여, [자기] 아버지가 그랬던 것처럼, 그녀를 누이라 하면서, 그녀가 아내인 것을 숨겼다. 이는, 그녀가 아버지 쪽으로든, 어머니 쪽으로든, 그의 가까운 혈육이었던 까닭이다. 하지만 그녀도 그의 처인 사실이 알려져, 외간 남자들의 손을 타지 않고, [정절을] 유지할 수 있었다.

그러나 이삭이 아내 하나말고는 다른 여자를 전혀 알지 않았다 하여, 그가 그의 아버지보다 더 훌륭했다고 생각해서는 안 된다. 이는, [그의] 아버지의 믿음과 순종의 공로가 더 컸다는 것은 의심의 여지가 없기 때문이다. 또 하나님이 말씀하시기를, 당신이 이삭에게 은혜를 베푸시는 것은 아브라함으로 인한 것이라고 하시기 때문이다. 하나님은 이렇게 말씀하셨다.

> 4 네 자손을 인하여 천하 만민이 복을 받으리라 5 이는, 아브라함이 내 말을 순종하고 내 명령과 내 계명과 내 율례와 내 법도를 지켰음이니라 (창 26:4-5)

그리고 다른 곳에서도 또 이렇게 말씀하셨다.

> 나는 네 아비 아브라함의 하나님이니, 두려워 말라! 내 종 아브라함을 위하여 내가 너와 함께 있어, 네게 복을 주어, 네 자손으로 번성케 하리라 (창 26:24)

이 말씀을 통해 우리는, 아브라함이 얼마나 순결한 삶을 살았는지를 알 수 있다. 하지만 파렴치한 사람들, 자기들의 사악함에 대해 변명할 구실을 성경에서 찾아내고자 하여, [아브라함이] 정욕으로 말미암아 행동했다고 생각한다.

우리가 이 말씀을 통해 또 알 수 있는 것은 하나하나의 선행을 보고 사람들을 비교하지 말고, 각 사람의 삶 전체를 살펴보아야 한다는 점이다. 이는, 어떤 사람이든, 삶이나 행실의 어느 한 측면에서는 다른 사람보다 나을 수가 있고, 비록 다른 측면에서는 다른 사람에게 뒤질지라도, 바로 이 측면에서는 훨씬 더 훌륭할 수가 있는 까닭이다. 그래서 금욕 생활이 결혼 생활보다 더 나은 것이 사실이지만, 건전하고 진실한 판단을 한다 할 때, 결혼한 신앙인이 금욕 생활을 하는 불신자보다 더 낫다.

물론, 불신자는 칭찬을 덜 받아야 할 뿐 아니라, 대단히 혐오해야 사람이기도 하다. 두 사람 다 선하다고 가정해 보자! 결혼했으면서도 하나님께 지극히 신실하고 지극히 순종적인 사람이 금욕 생활을 하면서도 믿음이 부족하고 순종을 적게 하는 사람보다 확실히 더 낫다. 그러나 다른 모든 면에서 같다고 할 때, 금욕 생활을 하는 자가 결혼 생활을 하는 자보다 더 낫다는 것을 누가 의심하겠는가?

제37장
에서와 야곱을 통해 신비적으로 예표되는 사항에 관하여

여하간, 이삭의 두 아들 에서와 야곱은 함께 자란다. [그런데] 그들의 계약과 합의에 의해 형의 장자권이 동생에게 이양된다. 이는, 동생이 먹으려고 만들었던 팥죽을 형이 너무 무절제하게 탐내다가, 그 대가로 자기의 장자권을 동생에게 맹세까지 하면서 팔았기 때문이다. 여기에서 우리가 배우는 것은, 먹는 문제의 경우 누구든지 음식의 종류를 문제 삼을 것이 아니라, 무절제한 탐욕을 문제 삼아야 한다는 사실이다.

이삭은 늙어 가고, 그의 눈은 나이로 인해 시력을 잃게 된다. 그는 큰아들을 축복하기를 원했지만, 알지 못하고 큰아들 대신 작은아들을 축복했다. 큰아들은 [= 에서는] 털이 많은 사람이었는데, 야곱은 아버지 손에 자기를 맡기기 전에, 염소 새끼의 가죽으로 -마치 다른 사람의 죄를 뒤집어쓰듯 - 자기 몸을 쌌다.

야곱의 이러한 술책을 간교한 술책이라 생각하는 일이 없어야 할 것이고, 여기에 엄청난 비밀이 감추어져 있는 것을 찾지 못하는 일이 없어야 할 것이다. 그래서 성경은 앞에서 이런 설명을 한다.

> 에서는 익숙한 사냥꾼인 고로 들사람이 되고, 야곱은 종용한 사람인 고로 장막에 거하니 (창 25:27)

우리 중 어떤 사람들은 ["종용한"을] "악의 없는"이라고 번역했다. 그러나 헬라어 아플라스토스(ἄπλαστος)를 "악의가 없다" 번역하든, "단순하다" 번역하든, 아니면, 더 나은 번역으로 "꾸밈이 없다"고 하든, 악의가 없는 사람이 그러한 축복을 받음에 있어 사용한 술책은 어떠한 것인가? 단순한 사람의 술책이란 무엇이고, 거짓을 말하지 않는 사람이 꾸미는 것이란 무엇인가? 그것은 진리를 깊이 감춘 비밀이 아니고 무엇인가? 하지만 그 축복 자체는 어떠한 것인가? [이삭은] 이렇게 말했다.

> 27 내 아들의 향취는 여호와의 복 주신 밭의 향취로다 28 하나님은 하늘의 이슬과, 땅의 기름짐이며, 풍성한 곡식과 포도주로 네게 주시기를 원하노라 29 만민이 너를 섬기고, 열국이 네게 굴복하리니, 네가 형제들의 주가 되고, 네 어미의 아들들이 네게 굴복하며, 네게 저주하는 자는 저주를 받고 네게 축복하는 자는 복을 받기를 원하노라 (창 27:27-29)

그러므로 야곱에 대한 축복은 열방에 그리스도를 선포하는 것이다. 이 일이 이루어지고 있고, 행해지고 있다. 이삭은 율법과 선지자다. 유대인의 입을 통해서도 그리스도는 율법과 선지자로 말미암아 축복을 받고 있다. 유대인들은 율법과 선지자를 모르는 관계로, 그리스도는 마치 모르는 자에게 축복을 받는 것 같다.

세상은 마치 그리스도의 이름으로 말미암은 향취로 기득한 밭과도 같다. 하늘의 이슬로 말미암은 축복, 곧, 소낙비 같은 하나님의 말씀은, 그리스도께서 주시는 것이다. 땅의 기름짐, 곧, 백성의 회중으로 말미암은 축복도, 그리스도께서 주시는 것이다. 풍성한 곡식과 포도주, 곧, 그의 살과 피의 성례에서 곡식과 포도주를 모으는 무리 [역시] 그리스도께 속한다. 만민이 그를 섬기며, 군왕들이 그에게 경배한다. 그가 자기 형제의 주가 되는 것은, 그의 백성이 유대인을 다스리는 까닭이다. 그에게 그의 아버지의 아들들, 곧, 아브라함의 믿음의 아들들이 경배한다. 이는, 그분 자신이 아브라함의 육신의 아들이기 때문이다. 그를 저주하는 자는 저주를 받았고, 그를 축복하는 자는 축복을 받았다.

내가 말하고 싶은 것은, 우리 그리스도는 유대인들의 입을 통해서도 축복을 받는다는 사실이다. 비록 유대인들이 잘못되었기는 하나, 그들은 율법과 선지자에 대해 노래를 부른다. 그들이 그리스도를 축복한다는 것은, 진정으로 선포한다는 뜻이다. 하지만 그들은, 자기네가 다른 메시야를 축복하는 줄로 여긴다. 그들은 오류에 빠져, 다른 메시야를 대망한다.

보라! 큰아들이 [뒤늦게 와서,] 약속한 축복을 해 달라고 청하자, 이삭은 놀랐고, 자기가 다른 아들에게 축복을 해 준 사실을 알아차렸다. 그는 의아해하면서, 자기가 축복해 준 자가 누구였는지를 물었다. 그럼에도 불구하고 그는, 자기가 속임을 당한 사실에 대해 개탄하지 않는다. 도리어 즉시 자기 마음속에 커다란 신비가 베일을 벗고 드러남으로 말미암아 분노를 억제할 수 있었고, [자기가 행한] 축복을 확인해 주게 되었다. 그는 이렇게 말했다.

> 그런즉 사냥한 고기를 내게 가져온 자가 누구냐? 너 오기 전에, 내가 다 먹고, 그를 위하여 축복하였은즉, 그가 정녕 복을 받을 것이니라 (창 27:33)

만약 이 일이 하늘의 감동으로 된 것이 아니라, 땅의 방법으로 행해진 것이라면, 이 같은 상황에서 분노한 자의 저주를 기대하지 않을 자가 대체 누구이겠는가? 아! 실제로 일어난 사건이지만, 예언적 의미를 지닌 사건이고, 땅에서 일어난 일이지만, 하늘로 말미암은 일이고, 사람들을 통해 일어났지만, 하나님이 행하신 일이다.

엄청난 신비로 가득한 일들을 만약 하나하나 궁구(窮究)한다면, 두루마리를 많이 채워야 할 것이다. 하지만 이 책의 분량을 적절히 조절해야 하는 까닭에 우리는 다른 주제로 속히 넘어가지 않을 수 없다.

제38장

아내를 구하라고 메소포타미아로 보냄을 받은 야곱에 관하여. 또 그가 도중에 꿈에서 본 환상에 관하여. 또 한 여자만 구하다가 그가 얻게 된 그의 네 여자들에 관하여

1. 야곱을 부모들이 메소포타미아로 보내는 것은, 거기서 아내를 맞이하게 하려 함이다. 그를 보내면서 [그의] 아비가 한 말은 다음과 같다.

> 1 너는 가나안 사람의 딸들 중에서 아내를 취하지 말고, 2 일어나 밧단아람으로 가서, 너의 외조부 브두엘 집에 이르러, 거기서 너의 외삼촌 라반의 딸 중에서 아내를 취하라! 3 전능하신 하나님이 네게 복을 주어, 너로 생육하고 번성케 하사, 너로 여러 족속을 이루게 하시고, 4 아브라함에게 허락하신 복을 네게 주시되, 너와, 너와 함께 네 자손에게 주사, 너로 하나님이 아브라함에게 주신 땅, 곧, 너의 우거하는 땅을 유업으로 받게 하시기를 원하노라 (창 28:1-4).

여기서 이미 우리는, 야곱의 자손과, 이삭의 다른 자손, 곧, 에서로 말미암아 생긴 자손이 나누어진 것을 알 수 있다. 이는, "이삭에게서 나는 자라야 네 씨라 칭할 것임이니라"(창 21:12)는 말씀을 하실 때, 그 씨는 하나님의 도성에 속하는 씨를 의미하였고, 그 씨는 아브라함의 다른 씨, 곧, 여종의 아들의 씨 및 그두라의 아들들에게서 생겨날 씨와 나누어졌기 때문이다.

하지만 이삭의 쌍둥이 아들 둘에 대해서는 축복이 둘 다에게 가는지, 아니면, 그들 중 하나에게만 가는지, 그리고 만약 하나에게만 간다면, 그들 중 대체 누구에게 가는지가 아직 애매모호하였다. 이제 그것이 명확하게 된 것은, 야곱이 아비 [이삭]에게 예언적 의미를 담은 축복을 받았을 때였다. [이삭은] 그에게 이렇게 말하였다.

너로 여러 족속을 이루게 하시고, 아브라함에게 허락하신 복을 네게 주시기를 원하노라.

2. 그런데 야곱은 메소포타미아로 가던 도중 꿈에 하나님의 음성을 들었다. 이에 대해서는 이렇게 기록돼 있다.

> 10 야곱이 브엘세바에서 떠나 하란으로 향하여 가더니, 11 한 곳에 이르러는, 해가 진지라 거기서 유숙하려고 그곳의 한 돌을 취하여 베개하고 거기 누워 자더니, 12 꿈에 본즉, 사닥다리가 땅 위에 섰는데, 그 꼭대기가 하늘에 닿았고, 또 본즉, 하나님의 사자가 그 위에서 오르락내리락하고, 13 또 본즉, 여호와께서 그 위에 서서 가라사대, 나는 여호와니, 너의 조부 아브라함의 하나님이요, 이삭의 하나님이라 너 누운 땅을 내가 너와 네 자손에게 주리니, 14 네 자손이 땅의 티끌 같이 되어서, 동서 남북에 편만할지며, 땅의 모든 족속이 너와 네 자손을 인하여 복을 얻으리라 15 내가 너와 함께 있어, 네가 어디로 가든지, 너를 지키며, 너를 이끌어, 이 땅으로 돌아오게 할지라 내가 네게 허락한 것을 다 이루기까지 너를 떠나지 아니하리라 하신지라 16 야곱이 잠이 깨어 가로되, 여호와께서 과연 여기 계시거늘, 내가 알지 못하였도다 17 이에 두려워하여 가로되, 두렵도다 이곳이여. 다른 것이 아니라, 이는 하나님의 전이요, 이는 하늘의 문이로다 하고, 18 야곱이 아침에 일찍이 일어나, 베개하였던 돌을 가져 기둥으로 세우고, 그 위에 기름을 붓고, 19 그 곳 이름을 벧엘[= "하나님의 집"]이라 하였더라 (창 28:10-19)

여기에는 예언적인 뜻이 있다. 야곱이 돌에 기름을 부은 것은 우상숭배의 관습을 따라 돌을 신(神)으로 삼기 위한 것이 아니었고, 그 돌에 경배하거나, 그것에 제사를 드린 것이 아니었다. 도리어 그리스도의 이름이 "크리스마"(χρῖσμα), 곧, "기름 부음"]에서 유래하였으므로, 여기에는 분명 엄청난 신비와 관련된, 무슨 상징적인 뜻이 있다.

그런데 여기에 나오는 사닥다리에 관해서는 주님 자신이 복음서에서 우리의 주의를 환기시켜 주고 계신다고 여겨진다. 복음서에서 주님은 나다나엘에 대해 이렇게 말씀하셨다.

> 보라! 이는 참 이스라엘 사람이라. 그 속에 간사한 것이 없도다 (요 1:47)

이 말씀을 하신 것은, 이스라엘이 이 환상을 보았기 때문이다. (이스라엘이 바로 야곱이다.) 같은 곳에서 주님은 이렇게 말씀하셨다.

> 진실로, 진실로 너희에게 이르노니, 하늘이 열리고, 하나님의 사자들이 인자 위에 오르락내리락하는 것을 보리라 (요 1:51)

3. 여하간 야곱은 메소포타미아로의 여행을 계속했는데, 이는, 거기서 아내를 얻기 위함이었다. 하지만 거기서 그는 네 명의 여자를 얻게 되고, 그녀들에게서 12명의 아들과 한 명의 딸을 낳게 되었다. 물론, 그는 그들 어느 누구도 불법적으로 탐하지 않았다. 이것은, 하나님의 말씀 성경이 전해 주는 바와 같다.

사실, 그는 한 여자를 얻기 위해 [그곳으로] 갔다. 그러나 그가 맞이한 것은 애먼 여자였다. 그렇다고 그는 이 여자를 버리지 않았다. 이는, 이 여자를 그가 밤에 알지 못하고 취하였으므로, 자기가 이 여자를 농락한 것으로 비치는 것을 원치 않았기 때문이다. 그리고 당시에는 자손을 많이 얻기 위해 여러 아내를 두는 것을 그 어떠한 법도 금지하지 않았다. 그리하여 그는 원래 혼인하기로 예정돼 있던 여자도 [아내로] 맞이하였다.

그런데 [라헬은] 불임(不姙)이었으므로, 자기 여종을 남편에게 주어, 그 여종을 통해 자식을 얻고자 하였다. 라헬의 언니 [레아]는 비록 출산을 했지만, 라헬의 이 행동을 자기도 따라 하였다. 이는, 그녀가 자손을 많이 얻기를 원했기 때문이다.

[성경에서] 읽을 수 있는 대로, 야곱은 오직 한 여자 이외에는 구혼을 한 적이 없다. 또 여러 여자를 거느린 것도 오직 자녀를 얻을 목적 때문이었다. 그는 남편으로서의 권리를 지녔으면서도, 아내들의 강력한 요구가

없이는 그 권리를 행사하지 않았다. 아내들에게는 자기 남편의 몸을 주장할 정당한 권리가 있다.

그리하여 [야곱은] 네 명의 여자한테서 12명의 아들과 딸 하나를 얻었다. 그후 야곱은 그의 아들 요셉으로 말미암아 애굽으로 가게 되었다. 요셉은 형들의 시기로 인해 [노예로] 팔려, 애굽으로 간 것이고, 바로 거기서 높은 지위에 올랐다.

제39장
야곱이 이스라엘이라고도 불리게 된 것은 무슨 이유 때문인가?

그런데 야곱은, 조금 전 내가 언급한 대로, 이스라엘이라고도 불렸다. 이 이름은, 그의 자손인 백성이 특히 많이 사용하였다.

하지만 이 이름은, 그가 메소포타미아에서 돌아오는 길에 그와 씨름을 했던 천사가 그에게 붙여 준 것으로, 그 천사는 그리스도의 예표(豫表)임이 아주 명백하다. 야곱이 천사를 이겼지만, 그것은 비밀을 가르쳐 주려는 천사의 뜻에 의한 것으로, 그리스도의 고난을 상징하는 것이다. 그리스도께서 고난을 당하실 때, 유대인들이 그를 이긴 것처럼 보였다. 그러나 야곱은, 자기가 이긴 그 천사에게 축복을 받아내었다. 그리하여 이 같은 이름을 부여받은 것도 축복이었다.

그런데 "이스라엘"이라는 이름은 "하나님을 뵙는 자"라는 뜻이다. 이것은, 종말에 모든 성도들이 받을 상급이다. 그리고 야곱은 마치 이긴 자 같았지만, 바로 그 천사가 그의 환도뼈를 만졌고, 이런 방식으로 그를 절게 만들었다. 그러므로 동일한 인물 야곱이 축복을 받기도 했고, 절게도 되었다. 그는 동일한 민족 안에서도 그리스도를 믿는 자들에게는 축복을 받는 자이고, 믿지 않는 자들에게는 절름발이다. 환도뼈는 사실, 그 민족이 많은 것을 의미한다. 정말이지, 그 민족 중에는 다음과 같은 예언의 적용을 받는 사람들이 상당히 많다.

그들이 절면서 첩경에서 벗어났나이다 (칠십인경 시 18:45)

제40장

성경에 열거된 사람들 중 대부분이 후대에 태어났는데, 야곱이 75명을 데리고 애굽으로 들어갔다는 이야기를 어떻게 할 수 있는 것인가?

그런데 야곱과 함께 애굽으로 들어간 사람들이 75명이었다고 이야기한다. 이것은 야곱 자신과 그의 자손을 포함한 숫자다. 여기에 여자는 단 두 명, 곧, 딸 하나와 손녀 하나가 포함된다.

그러나 [당시] 상황을 면밀히 살펴보면, 야곱이 애굽으로 들어가던 날에 (혹은 해에) 야곱의 자손의 수가 그만큼 되지 않았다. 이는, 거명된 자들 중에는 요셉의 증손자들도 포함돼 있는데, 이들은 당시 아직 [세상에] 태어났을 리가 없기 때문이다. 당시 야곱은 130세였고, 그의 아들 요셉은 39세였다. 설령 요셉이 결혼한 것이 서른에 (혹은 그보다 조금 더 많은 나이에) 아내를 맞은 것이 확실하다 해도, 이 아내를 통해 얻은 아들로부터 증손자를 얻는 것이 9년 안에 어떻게 가능했겠는가?

여하간, 요셉의 아들 에브라임과 므낫세에게는 아들이 없었고, 야곱이 애굽에 들어갔을 때, 그들은 아홉 살이 안 된 아이들이었다. 그런데 그들에게 어떻게 아들이 있었겠는가? 하지만 [그들의] 손자들까지 당시 야곱과 함께 애굽에 들어간 75명 가운데 포함돼 있다.

사실, 이 중에는 므낫세의 아들이자 요셉의 손자인 마길이 들어 있다. 또 마길의 아들, 곧, 길르앗도 있는데, 그는 므낫세의 손자요, 요셉의 증손자다. 이 중에는 요셉의 둘째 아들 에브라임이 낳은 우탈라암과, 우탈라암 자신의 아들 에뎀도 들어 있다. 에뎀은 에브라임의 손자요, 요셉의 증손자다. 이들은, 야곱이 애굽에 왔을 때, [아직 세상에] 태어났을 리가 없다. 또 요셉의 아들들이자, 야곱의 손자들, 곧, 이들의 할아버지들은 아홉 살도 [채] 되지 않은 소년들이었다.

하지만 야곱이 애굽에 들어간 것과 관련해, 성경에 그를 포함해 75명이 들어갔다고 기록하고 있으므로, 그것은 하루나 일년 사이에 일어난 일이 아니고, 요셉의 전 생애를 통해 일어난 일인 것을 의심할 수가 없다. 즉, 요셉으로 말미암아 야곱과 그의 자손들이 애굽에 들어가게 되었다는 것을 이야기해 주는 것이라 할 수 있다. 이는, 요셉에 대해 성경이 다음과 같이 말씀하고 있기 때문이다.

> 요셉이 그 형제들과, 그 아비의 가족과 함께 애굽에 거하여 일백십 세를 살며, 에브라임의 자손 삼대를 보았으며 (칠십인경 창 50:22-23a)

요셉의 증손자는 에브라임의 손자다. 삼대를 보았다고 했으므로, 아들, 손자, 증손자를 말하는 것이다. 이어서 이런 말씀이 나온다.

> 므낫세의 아들 마길의 아들들도 요셉의 슬하에서 양육되었더라 (창 50:23b)

여기서도 마길의 아들은 므낫세의 손자요, 요셉의 증손자다. 그러나 성경의 관용적 표현대로 복수가 사용되었다. 야곱의 딸도 하나뿐이지만, 성경은 "딸들"(창 46:7)이라 했다. 이것은, 라틴어에서도 설령 자식이 하나밖에 없다 해도 "자식들"이라고 복수를 사용하는 것이나 마찬가지다.

그렇다면, 요셉이 증손자까지 볼 수 있었다 하여, 그를 복된 사람이라 칭송할 수는 있지만, 그의 부친 야곱이 애굽에 당도했을 때, 요셉의 증손자들이 이미 태어나 있었다고 생각해서는 안 된다. 곧, 요셉이 서른아홉의 나이에 벌써 그들의 증조부가 되어 있었다고 생각해서는 안 된다.

그러나 이 문제를 주의 깊게 살피지 않는 사람들은 다음과 같이 기록된 말씀 때문에 [자칫하면] 오해할 수가 있다.

> 그들의 조상 야곱과 함께 애굽으로 들어간 이스라엘 자손의 이름이 이러하니 (칠십인경 창 46:8)

이런 말씀이 나오는 것은, 그를 포함하여 75명을 합산했기 때문이지, 야곱이 애굽으로 들어갈 때, 그들이 다 동시대에 살고 있었기 때문은 아니다. 도리어, 내가 [이미] 말한 것처럼, 그들이 [애굽에] 들어간 것이 요셉의 전 생애를 거쳐 일어난 일이라 여겨지기 때문이다.

제41장

야곱이 자기 아들 유다에게 약속한 축복에 관하여

그런데 하나님의 도성은 땅에서 순례할 때 기독교를 믿는 백성 중에 존재한다. 이 백성으로 인해 우리가 그리스도의 육신을 아브라함의 씨에서 찾을 때, 첩들의 자손을 제외한다면, 이삭을 만나게 된다. 만약 이삭의 씨에서 에돔이라고도 하는 에서를 제외한다면, 이스라엘이라고도 하는 야곱을 만나게 된다. 만약 이스라엘의 씨에서도 나머지를 제외한다면, 유다를 만나게 된다. 이는, 유다 지파에서 그리스도가 나셨기 때문이다.

그러므로 이스라엘이 애굽에서 죽기 전에 자기 아들들을 축복하면서 어떻게 유다에게 축복 겸 예언을 해 주는지 들어 보도록 하자!

> 8 유다야! 너는 네 형제의 찬송이 될지라 네 손이 네 원수의 등을 칠 것이요, 네 아비의 아들들이 네 앞에 절하리로다 9 유다는 사자 새끼로다. 내 아들아! 너는 싹에서 나와 올라갔도다. 그의 엎드리고 자는 것이 수사자 같고, 사자 새끼 같으니, 누가 그를 깨울 수 있으랴? 10 방백이 유다를 떠나지 아니하며, 치리자가 그 슬하에서 떠나지 아니하기를, 그를 위해 간직된 것이 드러날 때까지 미치리니, 그를 모든 열방이 대망(待望)하도다 11 그의 나귀 새끼를 포도나무에 매며, 그 암나귀 새끼를 염소 가죽 천막에 맬 것이며, 또 그 옷을 포도주에 빨며, 그 복장을 포도즙에 빨리로다 12 그 눈은 포도주로 인하여 붉겠고, 그 이는 우유로 인하여 희리로다 (칠십인경 창 49:8-12)

나는 이 개소(個所)를 『마니교도 파우스투스 논박』이라는 책에서 해설한 바 있고, 이 예언에 담긴 진리가 충분히 밝혀졌다고 생각한다. 여기서 "잔다"는 표현으로는 그리스도의 죽음이 예고되었고, "사자"라는 표현으로는 죽음의 필연이 아니라, 죽음에 대한 권세가 예고되었다. 이 권세에 관하여는, 복음서에서 그분 자신이 예고하는 말씀을 하신다.

> 이를 내게서 빼앗는 자가 있는 것이 아니라, 내가 스스로 버리노라 나는 버릴 권세도 있고, 다시 얻을 권세도 있으니 (요 10:18)

그 사자는 이렇게 부르짖었고, 그가 말한 것을 이렇게 성취하였다. 그의 부활과 관련하여 덧붙여진 "누가 그를 깨울 수 있으랴?"라는 말씀 역시 이 권세에 관한 말씀이다. 이는, 그분 자신 이외에는 아무에게도 그런 권세가 없기 때문이다. 그는 당신의 육신에 관하여 이런 말씀을 하셨다.

> 너희가 이 성전을 헐라! 내가 사흘 동안에 일으키리라 (요 2:19)

그런데 그가 어떠한 죽음을 당하시는지에 관해서도, 곧, 십자가에 높이 달리신 것에 관해서도 "올라갔도다"라는 말 한마디로 표현한다. 그리고 "엎드리고 자는"이라는 말이 덧붙여진 것에 대해서는 복음서 기자가 다음과 같은 말을 통해 설명한다.

머리를 숙이시고, 영혼이 돌아가시니라 (요 19:30)

아니면, 이것은 분명 그의 장사에 관한 말로 해석된다. 이는, 그가 무덤에 누워 주무셨기 때문이다. 거기서 그를 깨운 사람이 아무도 없다. 선지자들이 어떤 사람들을 깨운 적이 있고, 그분 자신도 몇몇 사람들을 깨우신 적이 있지만, 그가 깨어나신 것은 잠에서 깨어나듯 그분 스스로 깨어나신 것이다. 그리고 "포도주에" 그의 옷을 빤다는 것은, 그의 피로 죄에서 깨끗하게 해 주신다는 뜻이다. 세례를 받은 사람들은, 그의 피가 지닌 신비한 능력을 안다. 그래서 "그 복장을 포도즙에 빨리로다"는 말도 덧붙인다. 여기서 옷이 교회가 아니면 무엇인가? 또 "그 눈은 포도주로 인하여 붉겠고"라는 말을 한 것은, 그리스도의 잔을 마시고 취한 영적인 사람들 때문이다. 이 잔에 대해서 시편은 이렇게 노래하고 있다.

주의 잔이 [나를] 취하게 하오니, 어찌 그리 아름다운지요? (칠십인경 시 23:5)

"그 이는 우유로 인하여 희리로다". 사도의 말대로 우유는, 어린아이들이 마시는 것이다. 이것은 아직 딱딱한 것을 먹을 수 없는 자들을 기르는 말씀이다.

그러니까 유다에게 한 약속은 그리스도 안에 간직되어 있고, 그 약속이 실현될 때까지, 치리자, 곧, 이스라엘의 왕이 그의 혈통에서 끊어진 적이 결코 없었다. "그를 모든 열방이 대망(待望)하도다". 이 말씀은 굳이 해설하지 않아도, 그냥 보기만 해도 명확히 알 수 있다.

제42장

요셉의 아들들에 관하여. 그들을 야곱은 선지자처럼 손을 어긋맞게 얹어 축복함

그런데 이삭의 두 아들 에서와 야곱은 유대인과 크리스챤이라는 두 민족을 예표(豫表)했다. (물론, 육신의 혈통을 보면, 에서의 씨에서 유대인이 아니라 에돔 사람들이 나왔고, 야곱에게서는 크리스챤이 아니라 유대인이 나왔다. 사실, 이 예표를 밝혀 주는 것은 오직 "큰 자는 어린 자를 섬기리라"[창 25:23]는 말씀뿐이다.) 요셉의 두 아들의 경우도 마찬가지다. 즉, 큰아들은 유대인의 예표가 되고, 작은아들은 크리스챤의 예표가 된다.

 야곱은 그들을 축복하면서 오른손은 왼쪽에 있던 작은아들에게 얹고, 왼손은 오른쪽에 있던 큰아들에게 얹었다. 이것이 아이들의 아비 [요셉]에게는 옳지 않게 보였고, 야곱의 잘못을 바로잡고자, 누가 큰아들인지를 이야기해 주었다. 하지만 야곱은 손을 바꾸려 하지 않으면서 이렇게 말했다.

 나도 안다 내 아들아! 나도 안다 그도 한 족속이 되며, 그도 크게 되려니와, 그 아우가 그보다 큰 자가 되고, 그 자손이 여러 민족을 이루리라 (창 48:19)

여기서도 야곱은 저 두 약속에 대해 암시한다. 곧, 하나는 "한 족속이" 되겠지만, 다른 하나는 "여러 민족을" 이룰 것이라고 말이다. 이 두 가지 약속은, 아브라함의 씨 속에 이스라엘 민족과 전 세계가 다 포함돼 있음을 가리키는데, 하나는 육신에 따라 형성된 민족이고, 다른 하나는 믿음에 따라 형성된 민족임을 어떻게 [이보다] 더 명확하게 밝힐 수 있겠는가?

제43장

모세, 눈의 아들 여호수아, 사사들 및 열왕의 시대에 관하여. 열왕 중 사울이 초대 왕이었으나, 다윗이 예표적으로나 공적으로나 가장 뛰어났음

1. 야곱이 죽고, 요셉도 죽은 다음, 이 민족은 애굽 땅에서 나오기까지 144년 동안 믿을 수 없을 정도의 인구 증가를 보였는데, 이것은 극심한 박해 속에서도 그렇게 된 것으로, 한때는 사내아이들이 태어나면 죽여 없앨 만큼, 이 민족의 엄청난 인구 증가가 애굽 사람들을 두렵게 만들었다.

그때 모세가 영아 살해자들 모르게 구출되어 왕궁으로 들어가게 되었는데, 이는, 하나님이 그를 통해 위대한 일을 하시려고 준비하신 까닭이다. 그는 바로(애굽에서는 모든 왕들을 이렇게 불렀음)의 공주에 의해 양육을 받았고, 입양되어, 아주 훌륭한 인물이 되었다. 그리하여 경이롭게 불어났으나, 심히 무거운 멍에를 메고, 지극히 힘든 노예 생활을 거기서 하던 이스라엘 민족을 그가 건져낼 수 있었지만, 실상은, 아브라함에게 이것을 약속하신 하나님이 그를 통해 건져내신 것이다.

하지만 그는 먼저 애굽에서 도망했는데, 이는, 그가 [어떤] 이스라엘 사람을 보호해 주려다가 애굽 사람을 죽인 관계로 두려웠기 때문이다. 나중에 그는 그러나 하나님의 보내심을 받고, [그에게] 맞서는 바로의 술객들을 성령의 능력으로 제압하였다.

당시 그를 통해 애굽 사람들에게 열 가지 유명한 재앙이 내렸지만, 이는, 애굽 사람들이 하나님의 백성을 보내려 하지 않았기 때문이다. 물이 피로 변한 것, 개구리와 이, 파리, 가축의 죽음, 독종, 우박, 메뚜기, 흑암, 처음 난 자들의 죽음이 [닥쳤다].

애굽 사람들은 결국 이런 엄청난 재앙에 기가 죽어 이스라엘 사람들을 일단 보냈지만, 추격하다가 홍해에서 [다] 익사하고 말았다. 즉, 이스라엘 사람들이 건너갈 때는, 바다가 갈라져서 길을 내었지만, 애굽 사람들이 추격해 오자, 물이 다시 합쳐져, [그들을] 삼킨 것이다.

그후 하나님의 백성은 40년 동안 모세의 지도 하에 광야에서 지냈다. 당시 하나님께 "증거막"(출 38:21)이라 불리는 곳에서 제사를 드렸는데, 그것은 장래의 일을 예표(豫表)하는 것이었다. 이것은 물론, [시내] 산에서 율법이 대단히 무서운 광경과 함께 주어진 다음의 일이었다. 그때 하나님의 임재가 놀라운 표적과 음성으로 지극히 명확하게 증거되었다.

이 일은 출애굽 직후, 곧, 백성이 광야 생활을 시작한 직후 일어난 일로, 양을 희생 제물로 바쳐 유월절을 지킨 지 50일째 되던 날이었다. 양은 그리스도의 표상(表象)이 되어, 수난이라는 희생을 통해 이 세상을 떠나 아버지께로 넘어가실 분을 예표하는 것이다. ([유월절에 해당하는] 히브리어 "파스카"는 "넘어감"을 의미한다.)

그리하여 새 언약이 막 계시되자, 우리의 파스카이신 그리스도께서 희생 제물이 되신 지 50일만에 하늘로부터 성령이 강림하였는데, 성령을 복음서에서는 "하나님의 손"(눅 11:20)이라 하였다. 이는, 우리의 기억을 되살려, 처음에 있었던 예표적 사건을 우리로 하여금 돌이켜보게 하기 위함이었다. 사실, 율법을 기록한 돌판도 하나님의 손가락으로 글이 새겨진 것이라는 이야기가 전해지고 있다.

2. 모세가 죽은 후, 눈의 아들 여호수아가 백성을 다스렸고, 그들을 약속의 땅으로 인도, 그 땅을 백성에게 분배했다. 이 두 위대한 지도자는 전쟁을 아주 성공적으로 놀랍게 수행했지만, 하나님이 밝혀 주시는 대로, 히브리

백성의 승리는 그 백성의 공로 때문이라기보다는, 오히려 패배한 이방 민족들의 죄악 때문이었다.

　이 지도자들 다음에는 사사들이 있었는데, 당시는 백성이 벌써 약속의 땅에 정착해 있어서, 아브라함이 받은 첫 번째 약속이 점차 성취되기 시작하고 있었다. 하지만 그 약속은 한 민족, 곧, 히브리 민족에 대한 약속과, 가나안 땅에 대한 약속이었지, 아직 모든 민족 및 온 세상에 대한 약속은 아니었다. 이 약속은 그리스도께서 육신으로 강림하심을 통해, 옛 율법의 준수로 말미암아서가 아니라, 복음을 믿음으로 말미암아 성취될 것이었다. 이 일에 대한 예표가 주어진 것은 시내 산에서 백성을 위해 율법을 받은 모세를 통해서가 아니었고, 도리어 백성을 약속의 땅으로 인도한 여호수아를 통해서였다. 여호수아는 하나님의 명에 따라 "예수"라 이름을 바꾸었다.[1]

　그런데 사사 시대에는 백성의 죄와 하나님의 자비하심에 따라 전쟁의 승패가 갈렸다.

3. 이어서 열왕의 시대가 왔고, 그 첫 번째 임금이 사울이었다. 그가 버림을 받고, 전쟁에 패하여 사망하자, 그의 가문이 몰락하여 더 이상 왕을 내지 못했고, 다윗이 왕위를 이어받았다. 그리스도는 특별히 "다윗의 자손"이라 불렸다.

　다윗과 더불어 새로운 시대가 시작되는 바, 하나님의 백성이 소위 "장년기"에 들어섰다고 할 수 있다. 그렇다면 아브라함부터 다윗이라는 이 인물까지는 이 백성의 청년기에 해당할 것이다. 정말이지, 복음서 기자

---

　[1] 민 13:16 (= "이는 모세가 땅을 탐지하러 보낸 자들의 이름이라 모세가 눈의 아들 호세아를 여호수아라 칭하였더라") 참조.

마태가 족보를 기록하면서 첫 시대를 아브라함부터 다윗까지 14대로 잡은 것도, 일리가 없는 것이 아니다.

　기실, 사람은 청년기부터 [자녀를] 생산할 수 있게 된다. 바로 이 때문에 아브라함으로부터 족보가 시작되었다. 그는 또 만민의 조상으로 세워졌고, 그때 그의 이름이 바뀌었다.

　그러므로 아브라함 이전에 하나님의 백성은 마치 소년기에 처한 것과 같았는데, 노아로부터 아브라함까지가 거기에 해당한다. 그리고 이 시기는 언어와 함께, 곧, 히브리어와 함께 생겨났다. 이는, 사람은 유아기를 지나 소년기부터 말을 하기 시작하는 까닭이다. "유아기"라는 말은, 유아들은 말할 줄을 모른다는 데서 유래하였다. 정말이지, 이 처음 시기는 망각 속으로 사라지게 되어 있다. 마치 인류의 처음 시대가 홍수로 사라진 것과 같이 말이다. 자기의 유아기를 기억할 수 있는 자가 설사 있다 하더라도 대체 얼마나 되겠는가?

　그러므로 하나님의 도성의 진행 과정을 다루는 이 책 제15권에서 처음 시대 하나만을 취급하였고, 이 제16권에서는 두 시대, 곧, 둘째 시대와 셋째 시대를 취급해 오고 있다. 여기 셋째 시대에는 삼년 된 암소, 삼년 된 암염소, 삼년 된 수염소를 통해 [암시되는 것처럼,] 율법의 멍에가 씌워졌고, 죄의 관영(貫盈)함이 드러났으며, 땅의 나라가 시작되었다. [그러나] 땅의 나라에도 신령한 자들이 없지 않았고, 이들의 비밀한 존재는 산비둘기와 집비둘기로 예표되었다.

제17권

이 책에서는 하나님 도성의 전진 과정을 사무엘 및 다윗으로부터 그리스도까지의 열왕 및 선지자 시대를 취급함과 아울러 성경 열왕기와, 시편과 솔로몬의 책에 기록된 예언을 그리스도 및 교회에 적용하여 해석함

제1장

선지자 시대에 관하여

아브라함에게 행하신 하나님의 약속, 곧, 이스라엘 민족은 혈통으로 말미암아, 모든 [이방] 민족은 믿음으로 말미암아 그의 씨가 될 것이라고 하나님이 하신 약속에 대해 우리는 배웠지만, 이 약속이 어떻게 이루어졌는지에 관해서는, 하나님이 도성이 시대의 순서에 따라 제시할 것이다.

그런데 앞의 제16권 끝부분은 다윗 왕 치세까지 도달했기 때문에, 이제는 바로 이 시기로부터 시작하여 그 이후에 일어나는 다른 일들을 취급하되, [이] 책의 집필 목적에 필요하다 생각되는 범위 안에서 그렇게 하겠다.

그리하여 이 시대는 거룩한 사무엘이 예언을 시작한 때로부터 출발하고, 이어서 이스라엘 백성이 포로가 되어 바벨론으로 끌려가고, 거기서 거룩한 선지자 예레미야의 예언에 따라 70년 후에 이스라엘 사람들이 돌아와 하나님의 전을 재건할 때까지로, [이] 시대 전체가 선지자 시대다.

하지만 조상 노아의 때에 온 세상이 홍수로 멸망했는데, 바로 이 노아와, 그 이전 시대 사람들 및 (하나님의 백성 속에 왕들이 있기 시작하던 때까지의) 그 이후 시대 사람들 역시 선지자라 불러도 문제가 없을 것이다. 이는, 하나님의 도성과 하늘나라와 관련된 여러 가지 장래사가 그 어떤 방법으로든지 그들을 통해 예표 내지 예언되었기 때문이다. 특히 그들 중 어떤 사람들은 좀 더 명확하게 "선지자"라 지칭되는데, 예를 들어 아브라함[1]과 모세[2]가 그런 사람이다.

---

[1] 창 20:7 (= "이제 그 사람의 아내를 돌려 보내라 그는 선지자라 그가 너를 위하여 기도하리니 네가 살려니와 네가 돌려 보내지 않으면 너와 네게 속한 자가 다 정녕 죽을 줄 알지니라") 참조.

그럼에도 불구하고 "선지자 시대"라는 말은 보통은 특별히 사무엘이 예언을 시작한 이후의 사람들에게 적용된다. 사무엘은 하나님의 명령에 따라 먼저는 사울에게 기름을 부어 임금으로 세웠고, 그가 버림을 받자, 다윗에게 기름을 부어 임금으로 세웠다. 그리고 그의 혈통에서 후대 임금들이 나왔지만, 그러한 방식으로 [왕위] 계승이 이루어져야 할 때까지 그렇게 하였다.

그런데 선지자들이 그리스도에 관해 예언한 것을 내가 다 언급하려 한다면, 그것은 엄청 장황한 일이 될 것이다. 물론, 한 세대가 죽어 없어지고, 다음 세대가 태어나 뒤를 잇는 과정에서, 하나님의 도성이 시간 속을 진행하는데, 성경 자체는 왕들과 그들의 행적 및 [그 시대의] 사건을 순서에 따라 기록하되, 일어난 일을 이야기함에 있어 마치 역사 책처럼 주밀하게 작업을 하는 것 같이 보이기는 한다. 그러나 하나님의 영의 도우심을 받아 살펴보고 연구해 본다면, 성경은 분명 과거의 일을 서술하는 목적 못지않게 장래의 일을 예언하는 목적을 추구한다는 사실, 아니, 장래의 일을 더 중시한다는 사실을 알게 될 것이다.

그리고 이 사실을 조금이라도 고려하는 사람이라면, 이것을 궁구(窮究), 추적하는 일, 논의, 진술하는 일이 얼마나 수고롭고 시간을 많이 요하는 일인지, 얼마나 많은 두루마리를 필요로 하는 일인지를 누가 모르겠는가?

다음으로, 분명히 예언에 해당하는 개소(個所)들 자체도 그리스도 및 하늘나라, 곧, 하나님의 도성에 관한 것이 아주 많아서, 이것들을 다 설명하자면, 이 책이 요구하는 범위를 넘어서게 될 것이다.

---

2 신 34:10 (= "그후에는 이스라엘에 모세와 같은 선지자가 일어나지 못하였나니 모세는 여호와께서 대면하여 아시던 자요") 참조.

그러므로 나는 할 수만 있다면 내 철필을 조절하여, 하나님의 뜻에 따라 이 책 저술 작업을 진행시켜 나가되, 불필요한 것은 언급하지 않고, 필요한 것은 빠드리지 않도록 할 것이다.

제2장
육적 이스라엘이 소유하게 될 가나안 땅에 대한 하나님의 약속이 어느 때에 이루어지게 되었는가?

앞 제16권 [16장]에서 우리는, 하나님이 처음부터 아브라함에게 하신 약속이 두 가지였다고 말한 바 있다. 하나는, 그의 자손이 가나안 땅을 차지할 것이라는 약속이었는데, 이것은 다음과 같은 말씀에 암시되어 있다.

> 1 너는, … 내가 네게 지시할 땅으로 가라! 2 내가 너로 큰 민족을 이루게 하리니 (창 12:1-2)

다른 하나는 더 중요한 것으로, 육적인 자손이 아니라, 영적인 자손에 관한 것이었다. 즉, 이 자손으로 말미암아 그는 이스라엘 민족 하나만의 조상이 아니라, 그의 믿음의 발자취를 따르는 모든 민족의 조상이 된다는 약속이었는데, 이 약속의 말씀은 다음과 같이 시작되었다.

> 땅의 모든 족속이 너를 인하여 복을 얻을 것이니라 (창 12:3)

또 이 두 가지가 대단히 많은 증거를 통해 약속되었음을 우리는 지적한 바 있다.

그래서 약속의 땅에는 이미 아브라함의 육적인 자손, 곧, 이스라엘 백성이 살고 있었고, 거기서 원수들의 성읍을 공략, 점령했을 뿐 아니라,

왕들을 세워 통치하기를 이미 시작했다. 이로써 이 백성에 대한 하나님의 약속은 벌써 대부분 실현되었다. 곧, 세 족장, 아브라함, 이삭, 야곱에게 하신 약속 및 그 시대에 하신 다른 약속뿐 아니라, 모세를 통해 하신 약속도 대부분 실현되었다.

모세를 통해 이스라엘 백성은 애굽의 종살이에서 해방되었고, 또 그를 통해 태고의 모든 역사가, 그가 그 백성을 인도해 광야를 지날 때 계시되었다.

그런데 탁월한 지도자 여호수아를 통해서도 그 백성은 약속의 땅으로 인도를 받아, 원주민을 정복하고, 그 땅을 열두 지파에게 하나님이 명하신 대로 나누어주고 죽었다. 하지만 여호수아를 통해서도, 이 사람 이후의 사사시대 전체를 통해서도 "애굽 [어느] 강에서부터 그 큰 강 유브라데까지"(창 15:18) 가나안 땅을 주시겠다는 하나님의 약속은 성취되지 않았다. 그러나 그것은 장래 일에 대해 예언한 것이 아니었고, 그 성취를 대망(待望)하라는 것일 따름이었다.

그것이 성취된 것은 다윗과 그의 아들 솔로몬을 통해서였다. 이는, 그들의 왕국의 영토가 약속된 만큼 확장되었기 때문이다. 그들은 [그 범위 안의] 모든 민족을 복속시켜 조공을 바치게 만들었다.

그러므로 육신적으로 볼 때, 약속의 땅, 곧, 가나안 땅에는 이들 왕의 치세에 아브라함의 씨가 자리를 잘 잡아, 하나님의 땅에 대한 약속은 이후 이루어지지 않고 남아 있는 것은 전혀 없게 되었다.

물론, 남아 있는 것이 하나 있기는 하였다. 그것은, 현세적 번영이라는 관점에서 볼 때, 바로 그 땅에 자자손손 흔들림 없이 안정적으로 이 세상 끝날까지 히브리 민족이 계속 머무를 수 있기 위해서는 주 하나님의 법에 순종해야 한다는 조건이었다.

그러나 하나님은, 이 민족이 순종하지 않을 것이라는 사실을 아셨다. 그래서 현세적 징벌을 사용하사, 이 민족 가운데 당신의 몇몇 충실한 자들을 연단시키셨고, 천하 만민 중에서 장차 있게 될 충실한 자들에게는 경고를 주셨다. 천하 만민을 경고할 필요가 있었던 것은, 그리스도의 성육신으로 말미암아 새 언약이 계시될 때, 그들 가운데 두 번째 약속이 성취될 것이었기 때문이다.

제3장
선지자들의 말의 세 가지 의미에 관하여. 그것은 때로는 땅의 예루살렘, 때로는 하늘의 예루살렘, 때로는 둘 다와 관계함

1. 이런 까닭에 아브라함, 이삭, 야곱에게 하신 하나님의 말씀 및 성경 중 가장 오래된 부분에 기록된 기타의 여러 표적이나 예언의 말씀처럼 열왕시대에 하신 예언의 말씀 역시 일부는 아브라함의 육신의 자손에게 해당하지만, 일부는 모든 민족 중에서 그로 말미암아 복을 받는, [영적인 의미의] 그의 자손에 해당한다. 이들은 새 언약을 통해 그리스도의 공동상속자가 되어, 영원한 생명과 천국을 소유하게 될 것이다.

그러니까 그것의 일부는 종살이할 자를 낳는 여종, 곧, 땅의 예루살렘에 관한 것으로, 그 여종은 자기 자녀들과 함께 종살이를 한다. 하지만 일부는 하나님의 자유로운 도성, 곧, 하늘에 있는, 참되고 영원한 예루살렘에 관한 것으로, 그 자녀들은 하나님을 따라 사는 사람들, 땅에서는 순례하는 자들이다. 그러나 그것 중 어떤 것은 양쪽 다 관계한다 여겨지는데, 문자적으로는 여종과 관련되고, 비유적으로는 자유하는 여자와 관련된다.

2. 그러니까 선지자의 말씀은 세 종류로 나누어짐을 알 수 있다. 어떤 것은 땅의 예루살렘을 향하는 것이고, 어떤 것은 하늘의 예루살렘을 향하는 것이고, 또 어떤 것은 양쪽을 다 향하는 것이라면 말이다. 내가 하는 말을 예를 가지고 입증해야 할 것으로 보인다.

나단 선지자가 보냄을 받은 것은, 다윗 왕이 지은 중한 죄를 책망하고, 그에게 닥쳐올 불행을 예고하기 위해서였다.[1] 이 말씀이나, 혹은 이런 종류의 말씀이, 공적으로 한 것이든, [다시 말해, 백성의 안녕과 유익을 위해 한 것이든,] 아니면 사적으로 한 것이든, 각자가 자기 사정과 관련하여 하나님의 말씀을 받는다면, 장래에 있을 어떤 일을 알게 되어, 현세의 삶에 유익을 얻을 수 있으므로, 그것이 땅의 도성과 관련된 것임을 누가 의심할 수 있겠는가? 하지만 다음과 같은 말씀을 읽을 수 있다.

> 31 나 여호와가 말하노라. 보라 날이 이르리니, 내가 이스라엘 집과 유다 집에 새 언약을 세우리라 32 나 여호와가 말하노라. 이 언약은, 내가 그들의 열조의 손을 잡고 애굽 땅에서 인도하여 내던 날에 세운 것과 같지 아니할 것은, 내가 그들의 남편이 되었어도, 그들이 내 언약을 파하였음이니라 33 나 여호와가 말하노라 그러나 그날 후에 내가 이스라엘 집에 세울 언약은 이러하니, 곧, 내가 나의 법을 그들의 속에 두며, 그 마음에 기록하여, 나는 그들의 하나님이 되고, 그들은 내 백성이 될 것이라 (렘 31:31-33)

이 말씀은 의심할 여지가 없이 하늘의 예루살렘에 관한 예언이다. 그곳에서는 하나님 자신이 상급이시고, 그를 소유하는 것이 최고, 유일한 선이 된다.

그러나 다음과 같은 경우는 [하늘의 예루살렘과 땅의 예루살렘] 양쪽에 다 관련된다. 즉, 예루살렘이 "하나님의 도성"이라 불리는 경우, 예루살렘에

---

[1] 삼하 12:1-23 참조.

장차 하나님의 전이 세워질 것이라는 예언을 하는 경우, 또 솔로몬 왕이 저 지극히 고귀한 성전을 지을 때, 그 예언이 성취되는 것처럼 보이는 경우 그렇다. 이런 경우에는 역사 속에 나타난 땅의 예루살렘을 봄과 동시에 하늘의 예루살렘에 대한 예표(豫表)도 보게 된다.

이런 종류의 예언은 [다른] 두 종류를 마치 결합 내지 혼합한 것과 같은 것으로, 구약 성경 중 역사적인 사건에 관한 이야기를 담고 있는 부분에서는 대단히 큰 비중을 차지할 뿐 아니라, 성경을 연구하는 사람들로 하여금 그들의 재능을 총동원할 수밖에 없도록 만들었고, 지금도 그렇게 만들고 있다. 그리하여 거기서 읽는 바 아브라함의 육신의 자손을 통해 역사 속에서 예고, 성취된 일이 아브라함의 믿음의 자손을 통해 이루어질 것이라고 비유적으로 가리키는 것을 궁구(窮究)하게 해 왔다.

[이런 종류의 예언이] 심히 많은 관계로, 어떤 사람들은 생각하기를, [구약 성경의] 역사 기록 부분에, 이루어진 일로 기록된 모든 일 중에는, 예고가 되었거나 되지 않았거나 간에, 위에 있는 하나님의 도성 및 이생에서 순례 길을 가고 있는 그 자녀들에게 비유적 의미로 연결되지 않는 것은 하나도 없다고 한다.

그러나 만약 이런 생각이 옳다면, 선지자들의 말씀은 단지 두 종류로 나뉘는 것이지, 세 종류로 나뉘는 것이 아닐 것이다. 아니, "구약"이라 이름으로 불리는 책에 기록된 말씀 전체가 [두 종류로 나뉘는 것이지, 세 종류로 나뉘는 것이 아닐 것이다]. 이 경우 거기에는 땅의 예루살렘에만 관련된 말씀은 전혀 없게 될 것이다. 만약 땅의 예루살렘에 관해 하는 말씀 내지 땅의 예루살렘으로 인해 하는 말씀이 거기 있는데, 그것이 전부 다 하늘의 예루살렘과 비유적, 예표적 의미로 연결된다 하면, 그것은 두 종류로 나뉘게 될 것이다. 그래서 하나는 자유로운 도성과 관련되고, 다른 하나는 두 도성과 다 관련될 것이다.

하지만 내가 보기에, 그러한 종류의 책에 기록된 일들이 [실제로] 그러한 방식으로 일어났다는 사실 이외에는 [더 이상] 아무 다른 의미가 없다고 생각하는 사람들이 크게 잘못된 것이 사실이지만, 이와 꼭 마찬가지로, 거기에 [기록된] 모든 내용에 다 비유적 의미가 있다고 주장하는 사람들 역시 너무 나가는 것 같다.

이런 까닭에 나는, 예언의 종류가 셋이지, 둘이 아니라고 말한 것이다. 이것이 나의 입장이다. 그러나 거기에 어떠한 내용이 기록돼 있다 하더라도, 거기에서 영적인 의미를 캐낼 수 있었던 사람들을 비난하지 않는다. 단지, 역사적 진실을 먼저 확실히 해 둔다는 전제 하에서 말이다.

물론, 사람이 하는 일이든, 하나님이 하시는 일이든, 그런 일이 과거에 있었거나, 미래에 있을 수 있는데, [구약 성경에 나오는 이야기가] 그런 일과 관련이 없는 이야기일 수 있다. 하지만 그 이야기가 공연한 이야기가 아니라는 사실을, 믿는 사람이라면 누가 의심하겠는가? 능력만 있다면, 누가 그런 이야기에서 영적 의미를 찾아내려 하지 않겠는가? 혹은 그런 능력을 지닌 사람에게서 들어야 한다는 사실을 인정하지 않겠는가?

제4장

이스라엘 왕조와 제사장 직분의 변화에 대한 예표에 관하여. 사무엘의 모친 한나가 교회를 대표하면서 행한 예언에 관하여

1. 그런데 하나님의 도성이 전진하여, 열왕의 시대에 이르렀을 때, 그러니까 사울이 버림을 받은 후, 다윗이 왕조를 창건했고, 그후 다윗의 후손이 땅의 예루살렘에서 오랫동안 대를 이어 왕으로 군림하였지만, 이것은 묵과해서는 안 될 일을 가리키고 예고하는 역할을 했다. 즉, 옛 언약과 새 언약이라는 두 언약과 관련, 장래 일이 어떻게 변할지에 대한 예표(豫表)를 제공하면서 말이다. 여하간, 제사장 직분과 왕조가 변하였는데, 그 변화는 새롭고도 영원한 제사장 겸 왕, 곧, 그리스도 예수로 말미암았다. 또 제사장 엘리가 버림을 받고, 사무엘이 대신 하나님을 섬기게 되면서 제사장 직분과 사사 직분을 동시에 수행하게 된 것과, 사울이 버림을 받고, 다윗이 왕위에 오르게 된 것도, 내가 말하는 바를 예표한 것이다.

사무엘의 어머니 한나는 처음에는 불임(不姙)이었으나, 나중에는 다산(多產)으로 기뻐하였지만, 그녀 역시 바로 이것을 예언한 것처럼 보인다. 그녀는 크게 기뻐하면서 자기의 감사하는 마음을 주님께 표했는데, 사무엘이 태어나 젖을 떼자마자 아이를 하나님께 바침으로써, 자기가 서원했던 바를 행함과 아울러 예전과 똑같은 경건함을 보였다. 그녀는 이렇게 말한다.

1 내 마음이 주 안에서 굳세어졌고, 내 뿔이 나의 하나님 안에서 높아졌으며, 내 입이 내 원수들을 향하여 크게 열렸으니, 이는, 내가 주의 구원을 인하여 기뻐함이니이다 2 이는, 주와 같이 거룩하신 이가 없고, 우리 하나님 같이 의로운 자가 없으며, 우리 하나님 외에 거룩한 자가 없으심이니이다 3 너희는 자랑도 하지 말고, 심히 교만한 말도 하지 말 것이며, 오만한 말을 너희 입에서 내지 말지어다 주는 지식의 하나님이시라 당신의 계획을 미리 세우시

도다 4 용사의 활은 약하게 하시고, 약한 자는 힘으로 허리띠를 채워 주시는도다 5 양식이 풍부하던 자들은 주리게 되고, 주리던 자들은 땅을 넘어갔도다 이는, 전에 잉태치 못하던 자는 일곱을 낳았고, 많은 자녀를 둔 자는 쇠약해졌음이라 6 주는 죽이기도 하시고 살리기도 하시며, 음부에 내리게도 하시고 올리기도 하시는도다 7 주는 가난하게도 하시고 부하게도 하시며, 낮추기도 하시고 높이기도 하시는도다 8 가난한 자를 진토에서 일으키시며, 빈핍한 자를 거름더미에서 드사, 백성의 권세 있는 자들과 함께 앉게 하시며, 영광의 위를 유업으로 차지하게 하시는도다 9 서원하는 자에게 서원을 이루어 주시고, 의로운 자의 연대에 복을 주시나니, 이는, 사람이 자기 힘으로 강한 것이 아님이라 10 주는 당신을 대적하는 자를 약하게 만드시리니, 주는 거룩하시도다 명철한 자는 자기 명철을 자랑하지 말고, 힘 있는 자는 자기 힘을 자랑하지 말며, 부한 자는 자기 부를 자랑하지 말지니, 자랑하는 자는 하나님을 깨달아 아는 것과, 세상 가운데서 공평과 의 행하는 것을 자랑할지니라 주께서 하늘에 오르사, 우레 소리를 내셨으니, 땅 끝까지 심판을 베푸심은, 그가 의로우심이라 그가 또 우리 왕들에게 힘을 주시며, 자기의 기름 부음을 받은 자의 뿔을 높이시리로다 (칠십인경 삼상 2:1-10)

2. 정말이지, 이 [모든] 말이 자기에게 아들이 태어났다고 기뻐하는 한갓 아녀자의 말에 불과하다 그렇게 여길 것인가? 그녀가 쏟아 놓는 이 [모든] 말이 여자의 한계를 뛰어넘는다는 사실을 깨닫지 못할 정도로, 사람들의 마음이 진리의 빛에 완전히 등을 돌렸단 말인가?

이뿐 아니라 이 땅의 순례 길에서도 벌써 이루어지기 시작하는 것에 대해 제대로 감동을 받는 사람이라 한다면, 이 여성을 통하여 (그녀의 이름인 한나 역시 하나님의 은혜"라는 뜻임) 기독교 자체가, 하나님의 도성 자체가, 결국 하나님의 은혜 자체가 예언의 영을 통해 그렇게 말씀했다는 사실을 주목하고, 바라보고, 깨닫는 것이 아닐까? (그리스도는 하나님의 도성의 왕이시며 창건자시다.) 교만한 자들은 하나님의 은혜를 멀리하여 넘어질 것이고, 겸손한 자들은 그 은혜로 충만하여, 일어설 것인데, 이 찬송의 가장 핵심적인 주제가 바로 이것이다.

혹시 이렇게 말하는 사람이 있을지 모른다. 즉, 이 여성이 예언을 한 것이 아니라, 단지 기도하여 얻은 아들로 말미암아 기뻐 선포하며 하나님을 찬양했을 따름이라고 말하는 사람이 있을지 모른다. 그렇다면, 그녀가 이런 말을 한 것은 무슨 뜻인가?

> 4 용사의 활은 약하게 하시고, 약한 자는 힘으로 허리띠를 채워 주시는도다 5 양식이 풍부하던 자들은 주리게 되고, 주리던 자들은 땅을 넘어갔도다 이는, 전에 잉태치 못하던 자는 일곱을 낳았고, 많은 자녀를 둔 자는 쇠약해졌음이라 (칠십인경 삼상 2:4-5)

그녀는 불임이었는데, 정말 일곱을 낳았단 말인가? 이 말을 할 때 그녀에게는 아들 하나밖에 없었다. 그러나 나중에도 일곱을 낳지 않았다. 또 여섯을 먼저 낳고, 사무엘이 일곱째가 된 것도 아니다. 그녀는 "세 아들과 두 딸을"(삼상 2:21) 낳았을 뿐이다.

그리고 당시는, 그 백성에게 아직 왕이 전혀 없었던 때였는데, 그녀는 끝에 다음과 같은 말을 하고 있다.

> 그가 또 우리 왕들에게 힘을 주시며, 자기의 기름 부음을 받은 자의 뿔을 높이시리로다 (칠십인경 삼상 2:10)

이것이 예언이 아니고 무엇이겠는가?

3. 그래서 그리스도의 교회, 곧, "큰 왕의 성"(시 48:2), 은혜가 충만하고, 자녀가 많은 이 성은, 아주 오래 전에 이 경건한 어머니의 입을 통해 자기 자신에 대한 예언이 행해졌다는 사실을 인정하고, 그 말을 그대로 따라해야 할 것이다.

> 내 마음이 주 안에서 굳세어졌고, 내 뿔이 나의 하나님 안에서 높아졌으며 (칠십인경 삼상 2:1)

참으로 마음이 굳세어졌고, 참으로 뿔이 높아졌지만, 스스로 그리된 것이 아니고, 자기의 주 하나님 안에서 그리되었다.

> 내 입이 내 원수들을 향하여 크게 열렸으니 (삼상 2:1)

왜냐하면 하나님의 말씀은 심한 박해 가운데서도 매이지 않고, 전하는 자들이 매일지라도 매이지 않기 때문이다.[1]

> 내가 주의 구원을 인하여 기뻐함이니이다 (삼상 2:1)

우리가 복음서에서 읽는 대로, 노인 시므온이 안았던 아기 예수가 바로 그리스도다. 시므온은 그 아기의 위대함을 알아보고 이렇게 말했다.

> 29 주재여! 이제는 말씀하신 대로 종을 평안히 놓아 주시는도다 30 내 눈이 주의 구원을 보았사오니 (눅 2:29-30)

그러므로 교회는 이렇게 말해야 할 것이다.

> 이는, 내가 주의 구원을 인하여 기뻐함이니이다 2 이는, 주와 같이 거룩하신 이가 없고, 우리 하나님 같이 의로운 자가 없으며, [우리 하나님 외에 거룩한 자가 없으심이니이다] (칠십인경 삼상 2:1-2)

하나님은, 당신이 거룩하신 것 같이, [우리들을] 거룩하게 하시며, 당신이 의로우신 것 같이, [우리들을] 의롭게 하신다.

> 우리 하나님 외에 거룩한 자가 없으심이니이다.

이는, 하나님이 거룩하게 해 주시지 않으면, 아무도 거룩해지지 않기 때문이다. 그리고 이어서 한나는 다음과 같이 말한다.

---

[1] 딤후 2:9 (= "복음을 인하여 내가 죄인과 같이 매이는 데까지 고난을 받았으나 하나님의 말씀은 매이시 아니하니라") 참조.

> 너희는 자랑도 하지 말고, 심히 교만한 말도 하지 말 것이며, 오만한 말을 너희 입에서 내지 말지어다 주는 지식의 하나님이시라 (칠십인경 삼상 2:3)

아무도 아는 사람이 없는 경우에도, 그분은 여러분을 아신다. 그 이유는 다음과 같은 말씀에서 찾아볼 수 있다.

> 만일 누가 아무것도 되지 못하고 된 줄로 생각하면, 스스로 속임이니라 (갈 6:3)

이 말씀은 하나님의 도성에 맞서는 자들, 곧, 바벨론에 속한 자들에게 하는 말씀이다. 그들은 자기 힘을 뽐내는 자들로, 자기를 자랑하지, 주님을 자랑하지 않는다. 그들 중에는 육적인 이스라엘 사람들, 곧, 땅의 예루살렘에 속한 자들, 땅에서 태어난 시민들도 포함된다. 이들은, 사도 [바울]이 말하는 대로, "하나님의 의를"(롬 10:3) 모르는 자들이다. 이 의는, 홀로 의로우시고, 또 의롭게 하시는 하나님이 사람에게 주는 의다.

이들은 "자기 의를 세우려고 힘써 하나님의 의를 복종치 아니"(롬 10:3)하였다. "자기 의"란, 자기 스스로 마련하는 것이지, 하나님이 나누어주시는 의가 아니다. 이들은 교만하여, 자기네게 자기 의로 하나님을 기쁘시게 할 수 있다 생각했지, 하나님의 의로 하나님을 기쁘시게 할 수 있다 생각하지 못했다. 하나님은 "지식의 하나님"(삼상 2:3)이시고, 양심을 판단하는 분이시다. 이것을 통해 하나님은 사람의 생각을 보신다. 사람의 생각은, 하나님이 주신 것이 아니라, 자기의 것이라면, 허무한 것이 된다. [하나는 또] 이렇게 말한다.

> 당신의 계획을 미리 세우시도다 (칠십인경 삼상 2:3)

활이 약해졌다. 곧, 자기네의 힘이 세어, 하나님의 은사와 도움 없이 인간의 능력으로 얼마든지 하나님의 계명을 다 지킬 수 있다 여기는 자들의 생각이 꺾였다. 그리하여 속으로 다음과 같은 말을 하는 사람들이 힘으로 허리띠를 띠게 된다.

주여! 내가 약하오니, 긍휼히 여기소서! (칠십인경 시 6:2)

4. [한나는 이렇게] 말한다.

양식이 풍부하던 자들은 주리게 되고, 주리던 자들은 땅을 넘어갔도다 (칠십인경 삼상 2:5)

"양식이 풍부하던 자들"이란, 힘있는 것처럼 보였던 자들, 곧, "하나님의 말씀을"(롬 3:2) 맡은 이스라엘 사람들 아니면 누구라 생각할 것인가? 하지만 그 백성 중 여종의 자손들은 작아졌다. minōrātī sunt[= "작아졌다"]라는 라틴어 표현은 좋은 표현이 아니지만, 그래도 큰 자들이 작은 자들이 되었다는 사실을 잘 표현해 준다. 양식으로 말하면, 곧, 하나님의 말씀으로 말하면, 당시 모든 민족 중에서 이스라엘 사람들만 받았지만, 이들은 땅의 측면에만 맛을 들였다.

그러나 율법을 받지 못한 이방인들은 새 언약을 통해 그 말씀에 이른 다음, 심히 굶주리면서 땅을 넘어갔다. 이는, 그들이 말씀의 땅의 측면에 맛을 들이지 않고, 하늘의 측면에 맛을 들인 까닭이다. 그래서 [한나는], 마치 이 일이 어째서 생겼는지를 묻는 것처럼 이렇게 말한다.

이는, 전에 잉태치 못하던 자는 일곱을 낳았고, 많은 자녀를 둔 자는 쇠약해 졌음이라 (칠십인경 삼상 2:5)

7이라는 숫자의 의미를 깨닫는 사람들은 이 예언 전체의 뜻을 여기서 분명히 이해하게 되었다. 이 숫자는 보편교회의 완전함을 상징했다. 바로 이 때문에 사도 요한도 "일곱 교회에"(계 1:4) 편지를 보냄으로써, 하나인 교회 전체를 위해 편지를 쓴다는 사실을 밝혀 주었다. 그리고 솔로몬의 잠언에 보면, 이 일을 사전에 비유를 통해 예고해 준다.

지혜가 그 집을 짓고 일곱 기둥을 다듬고 (잠 9:1)

이는, 우리가 목도하고 있는 소생이 태어나기 전, 하나님의 도성은 모든 민족들 중에서 불임 상태였기 때문이다. 또 우리가 보고 있는 대로, 아들이 많았던, 땅의 예루살렘은 지금 약해져 있다. 이는, 그 안에 있던 자유하는 여자의 아들들이 그 도성의 힘이었기 때문이다. 하지만 지금 거기에는 문자[만] 있고, 영이 없는 까닭에, 힘을 잃고 연약해졌다.

5. "주는 죽이기도 하시고 살리기도"(칠십인경 삼상 2:6) 하신다. 주는 "많은 자녀를 둔 자"를 죽이셨고, "잉태치 못하던 자는" 살리셨다. 그래서 이 여자는 일곱을 낳게 되었다.

그러나 죽이셨던 자들을 살리신다는 뜻으로 해석하는 것이 더 나을 수 있다. [한나가] 다음과 같은 말을 덧붙인 것은 아마 [같은 생각을] 반복해 표현하기 위함일 것이다.

> 음부에 내리게도 하시고 올리기도 하시는도다 (칠십인경 삼상 2:6)

이 사람들을 향해 사도는 이렇게 말한다.

> 너희가 그리스도와 함께 다시 살리심을 받았으면, 위엣 것을 찾으라! 거기는 그리스도께서 하나님 우편에 앉아 계시느니라 (골 3:1)

물론, 그들은 주님께 죽임을 당함으로써 구원을 얻었다. 이 말씀에 사도는 이런 말씀을 덧붙인다.

> 위엣 것을 생각하고, 땅엣 것을 생각지 말라!

그래서 그들은 마치 굶주리면서 땅을 넘어간 자들과 같다. 이는, 사도가 이렇게 말하기 때문이다.

> 이는 너희가 죽었고 (골 3:3a)

보라! 하나님께 죽임을 당하는 것이 구원에 얼마나 유익한지를. 이어서 이런 말씀이 나온다.

> 너희 생명이 그리스도와 함께 하나님 안에 감취었음이니라 (골 3:3b)

보라! 하나님이 그들을 어떻게 살리시는지를. 그러나 똑같은 자들을 "음부에 내리게도 하시고 올리기도"(칠십인경 삼상 2:6) 하셨는가? 신자들끼리 토론을 하지 않아도, 이 두 가지가 우리의 머리이신 분 안에서 성취되었다는 사실을 우리는 목도한다. 사도가 말한 대로, 우리의 생명이 그와 함께 하나님 안에 감추어져 있다. 이는, "자기 아들을 아끼지 아니하시고 우리 모든 사람을 위하여 내어 주신"(롬 8:32) 분이 결국 그를 그렇게 죽이셨지만, 또 죽은 자들 가운데서 [그를] 일으키셨기 때문에, 그를 다시 살리기도 하신 까닭이다. 또 다음과 같은 예언에서 그의 음성을 우리는 들을 수 있다.

> 내 영혼을 음부에 버리지 아니하시며 (시 16:10)

그러므로 하나님이 그를 "음부에 내리게도 하시고 올리기도" 하신 것이다. 그의 이 가난하심으로 우리가 부요하게 되었다.[1] "주는 가난하게도 하시고 부하게도"(삼상 2:7) 하시기 때문이다. 이 말씀이 무슨 뜻인지 알기 위해 이어지는 말씀을 들어 보자!

> 낮추기도 하시고 높이기도 하시는도다 (삼상 2:7)

[주님은] 물론, 교만한 자들을 낮추시고, 겸손한 자들을 높이신다. 같은 내용의 말씀을 우리는 다른 곳에서도 읽을 수 있다.

---

[1] 고후 8:9 (= "우리 주 예수 그리스도의 은혜를 너희가 알거니와 부요하신 자로서 너희를 위하여 가난하게 되심은 그의 가난함을 인하여 너희로 부요케 하려 하심이니라") 참조.

하나님은 교만한 자를 물리치시고 겸손한 자에게 은혜를 주신다 (약 4:6)

이것이 바로, "하나님의 은혜"라는 뜻의 이름을 지닌 여성이 한 이 모든 말의 핵심이다.

6. 그런데 [한나는] 이런 말을 덧붙인다.

가난한 자를 진토에서 일으키시며 (삼상 2:8)

이 말은 "부요하신 자로서" 우리를 "위하여 가난하게"(고후 8:9) 되신 분에 관한 말씀으로 이해하는 것이 가장 좋을 것 같다. 이는, 조금 전에 말한 대로, 그의 가난하심으로 우리가 부요하게 되었기 때문이다. 사실, 하나님이 그를 "진토에서" 속히 일으키신 것은, 그의 육신으로 "썩음을 당하지"(행 2:31) 않게 하려 함이었다. "빈핍한 자를 거름더미에서 드사"(삼상 2:8)라는 말을 덧붙인 것도 그와 상관이 없는 말로 나는 생각하지 않을 것이다.

"빈핍한 자"는 "가난한 자"와 같은데, 그를 "거름더미에서" 든다 할 때의 "거름더미"는 핍박을 가하는 유대인들로 이해하는 것이 가장 옳다. 사도는, 자기가 교회를 핍박했으니까, 유대인들 중에 포함된다고 하였다. 하지만 그는 이렇게 말한다.

> 7 그러나 무엇이든지 내게 유익하던 것을 내가 그리스도를 위하여 다 해로 여길 뿐더러, 8 또한 모든 것을 해로 여김은, [내 주 그리스도 예수를 아는 지식이 가장 고상함을 인함이라] 내가 그를 위하여 모든 것을 잃어버리고 배설물로 여김은, 그리스도를 얻고 (빌 3:7-8)

그리하여 가난한 자가 "진토에서" 일으킴을 받아, 모든 부자들 위에 서게 되었고, "거름더미에서" 들려, 모든 유족한 자들 위에 있게 되어, "백성의 권세 있는 자들과 함께 앉게"(칠십인견 삼상 2:8) 되었다. 그들에 대해 주님은 말씀하셨다.

> 너희도 열두 보좌에 앉으리라 (마 19:28)

[한나는] 이런 말도 한다.

> 영광의 위를 유업으로 차지하게 하시는도다 (칠십인경 삼상 2:8)

이는, 그 "권세 있는 자들"이 이렇게 말했기 때문이다.

> 보소서! 우리가 모든 것을 버리고 주를 좇았사오니 (마 19:27)

그들은 이 서원을 아주 당당하게 했다.

7. 하지만 여기서 바로 이어지는 말씀대로 "서원하는 자에게 서원을 이루어"(칠십인경 삼상 2:9) 주시는 분이 아니면 어디서 그들에게 이런 힘이 왔겠는가? 만약 그분에게서 오는 것이 아니라면, 그들은, 활이 "약하게"(칠십인경 삼상 2:4) 된 용사에 속할 것이다. [한나는] 말한다.

> 서원하는 자에게 서원을 이루어 주시고.

이는, 서원한 것을 주님께 받지 않는 사람은, 그 누구도 주님께 아무런 서원도 올바로 하지 못할 것이기 때문이다. [한나는] 이어서 이렇게 말한다.

> 의로운 자의 연대에 복을 주시나니 (칠십인경 삼상 2:9)

주님과 함께 [영원,] 무궁히 살 것이라는 뜻이다. 주님께는 이러한 말씀을 한 적이 있다.

> 주의 연대는 무궁하리이다 (시 102:27)

거기서는 "연대"가 서 있지만, 여기서는 지나간다. 아니, 사라져간다. 그것은 오기 전에는 존재하지 않지만, 온 후에는 존재하지 않을 것인데, 이는, 그 종말과 함께 오는 까닭이다.

그런데 다음 두 가지 말, 곧, "서원하는 자에게 서원을 이루어"(칠십인경 삼상 2:9) 주신다는 말과, "의로운 자의 연대에 복을"(칠십인경 삼상 2:9) 주신다는 말 중 하나는, 우리가 행하는 것과 관련되고, 다른 하나는, 우리가 받는 것과 관련된다. 그러나 하나님의 은혜로 복을 받으려면, 반드시 먼저 하나님의 도우심으로 서원이 이루어져야 한다.

> 9 ⋯ 이는, 사람이 자기 힘으로 강한 것이 아님이라 10 주는 당신을 대적하는 자를 약하게 만드시리니 (칠십인경 삼상 2:9-10)

"대적하는 자"는 서원하는 자를 질시하는 자, 서원한 것을 이루지 못하도록 방해하는 자를 말한다. [여기서] 헬라어가 모호하여, "자기를 대적하는 자"라고도 번역할 수 있다. 정말이지, 하나님이 우리를 차지하시게 되면, 우리의 대적은 즉시 하나님의 대적이 되고, 우리가 그를 이기더라도, 우리 힘으로 이기는 것이 아닐 것이다.

> 9 ⋯ 이는, 사람이 자기 힘으로 강한 것이 아님이라 10 주는 당신을 대적하는 자를 약하게 만드시리니, 주는 거룩하시도다 (칠십인경 삼상 2:9-10)

그리하여 그는 거룩한 자들에게 패할 것인데, 이들은, 거룩한 자들의 주님이신 그분이 거룩하게 만드시는 자들이다.

8. 그래서 이런 말씀이 나오는 것이다.

> 명철한 자는 자기 명철을 자랑하지 말고, 힘 있는 자는 자기 힘을 자랑하지 말며, 부한 자는 자기 부를 자랑하지 말지니, 자랑하는 자는 하나님을 깨달아 아는 것과, 세상 가운데서 공평과 의 행하는 것을 자랑할지니라 (칠십인경 삼상 2:10)

"하나님을 깨달아 아는 것"도 하나님의 선물임을 깨달아 아는 사람은, "하나님을 깨달아 아는 것"이 적지 않다. 사도는 이렇게 말한다.

> 네게 있는 것 중에 받지 아니한 것이 무엇이뇨? 네가 받았은즉, 어찌하여 받지 아니한 것같이 자랑하느뇨? (고전 4:7)

곧, 그대가 자랑하는 근거가 마치 그대 자신에게 있는 것처럼 생각한다는 뜻이다.

그런데 올바로 사는 사람은 "공평과 의"를 행한다. 그리고 하나님의 계명에 순종하는 사람이 올바로 산다. 그리고 "경계의 목적", 곧, 계명이 지향하는 바는 "청결한 마음과, 선한 양심과, 거짓이 없는 믿음으로 나는 사랑"(딤전 1:5)이다. 하지만 사도 요한이 증거하는 것처럼, 이 사랑은 "하나님께 속한 것"(요일 4:7)이다. 그렇다면, "공평과 의 행하는 것"은 하나님으로 말미암는 것이다.

그런데 "세상 가운데서"라는 말은 왜 있는가? 땅 끝에 사는 사람은 "공평과 의"를 행할 필요가 없다는 말을 할 수 없기 때문이다. 누가 이런 말을 할 수 있겠는가? 그렇다면, "세상 가운데서"라는 말이 첨가된 이유는 무엇인가? 만약 이 말이 첨가되지 않고, 단지 "공평과 의 행하는 것"이라는 말만 있었다면, 이 명령은 오히려 양쪽 사람들에게 다 해당되었을 것이다. 즉, 내륙에 사는 사람들과 해변에 사는 사람들 모두에게 해당되었을 것이다. 그러나 이 육신 가운데 사는 삶이 끝난 후에도 공평과 의를 행할 시간이 남아 있을 것이라 생각하는 사람이 아무도 없도록, [그러니까,] 육신 가운데 머물러 있는 동안 공평과 의를 행하지 않았으면서도, 하나님의 심판을 그런 식으로 회피할 수 있을 것이라 생각하는 사람이 아무도 없도록, "세상 가운데서"라는 말을 한 것이라고 나는 생각한다. 이 말은 "사람이 육신 가운데 사는 동안"이라는 뜻이다.

정말이지, 이생을 사는 동안 사람은 누구나 자기 흙을 지고 다닌다. 사람이 죽으면, 모두의 땅이 그것을 받아두었다가, 부활 때 돌려줄 것이다.

그러므로 "세상 가운데서", 즉, 우리 영혼이 이 흙으로 된 육신에 갇혀 있는 동안, 공평과 의를 행해야 한다. 그것이 장차 우리에게 유익할 것인데, 이는, 누구든지 "선악 간에 그 몸으로 행한 것을 따라"(고후 5:10) 받는 까닭이다. 사도가 여기서 "몸으로"라고 한 것은 "육신 가운데 살던 전 기간 동안"이라는 뜻이다.

만약 누가 악한 마음 내지 불경한 생각으로 참람한 언행을 한다면, 설령 육신의 아무 지체도 그런 일을 동원되지 않는다 해도, 육신을 움직여 그 일을 하지 않았다는 이유로, 그에게 죄가 없다 여김을 받지 못할 것이다. 이는, 그가 그 일을 할 때, 육신을 지니고 있었기 때문이다. 시편에 나오는 다음 말씀도 같은 방식으로 이해하는 것이 좋을 것이다.

> 하나님은 예로부터 우리 왕이시라. 세상 가운데서 구원을 베푸셨나이다 (칠십인경 시 74:12)

여기서 "예로부터 우리 [왕]"이신 하나님을 주 예수로 생각할 수 있다. 이는, 그로 말미암아 세상이 창조되었기 때문이다. 그는 "세상 가운데서" 우리에게 구원을 베푸셨다. 이는, "말씀이 육신이 되어"(요 1:14), 흙으로 된 육신 가운데 거하셨기 때문이다.

9. 그리고 한나는 이 말을 통해, 자랑하는 자가 어떻게 자랑해야 하는지를 예언한 다음에, [그러니까,] 자기를 자랑하지 말고, 주님을 자랑해야 한다고 말한 다음에, 심판의 날에 있게 될 보응에 대해 이렇게 말한다.

> 주께서 하늘에 오르사, 우레 소리를 내셨으니, 땅 끝까지 심판을 베푸심은, 그가 의로우심이라 (칠십인경 삼상 2:10)

한나는 신자들의 신앙고백의 순서를 정확히 따랐다. 이는, 주님이신 그리스도께서 하늘에 오르셨고, "산 자와 죽은 자를 심판하러" 오실 것이기 때문이다. 이것은 정말이지, 사도가 말하는 것과 같다.

> 9 올라가셨다 하였은즉, 땅 아래 곳으로 내리셨던 것이 아니면 무엇이냐? 10 내리셨던 그가 곧 모든 하늘 위에 오르신 자니, 이는 만물을 충만케 하려 하심이니라 (엡 4:9-10)

그래서 주님은 구름을 통해 "우레 소리를" 내셨고, 이는, 그가 올라가시면서 구름을 성령으로 충만케 하셨기 때문이다. 구름과 관련해서는 이사야 선지자를 통해 여종 예루살렘, 곧, 감사할 줄 모르는 포도원에 "그 위에 비를 내리지 말라"(사 5:6)[1]는 경고의 말씀을 하신 적이 있다.

그런데 "땅 끝까지 심판을" 베푸실 것이라는 말씀은 "땅 끝까지도" [심판을 베푸실 것이]라는 뜻이다. 이는, 그가 모든 사람을 심판하실 것은 의심할 여지가 없는데, 그가 다른 사람들을 심판하시지 않을 리가 없는 까닭이다.

그러나 "땅 끝"을 "인류의 종말"로 해석하는 것이 더 좋다. 이는, [사람들이] 중간기에는 더 좋은 방향으로 변하든, 더 나쁜 방향으로 변하든, 심판을 받지 않을 것이지만, 종말에는 그가 어떤 상태이냐에 따라 심판을 받을 것이기 때문이다. 바로 이 때문에 다음과 같은 말씀을 하신 것이다.

> 나중까지 견디는 자는 구원을 얻으리라 (마 10:22)

그러므로 "세상 가운데서 공평과 의를" 지속적으로 행하는 사람은, 땅 끝이 심판을 받을 때, 정죄를 당하지 않을 것이다. 그래서 [한나는] 이렇게 말한다.

> 그가 또 우리 왕들에게 힘을 주시며 (칠십인경 삼상 2:10)

---

[1] 내가 그것으로 황무케 하리니 다시는 가지를 자름이나 북을 돋우지 못하여 질려와 형극이 날 것이며 내가 또 구름을 명하여 그 위에 비를 내리지 말라 하리라 하셨으니.

그들을 심판으로 정죄하시지 않는다는 뜻이다. 그들에게 "힘을 주시는" 것은, 왕들이 다스리는 것처럼, 그 힘으로 육신을 다스리게 하기 위함이고, 그들을 위해 피 흘리신 분 안에서 세상을 이기게 하기 위함이다. [한나는] 또 이렇게 말한다.

자기의 기름 부름을 받은 자의 뿔을 높이시리로다 (칠십인경 삼상 2:10)

어떻게 그리스도께서 "자기의 기름 부름을 받은 자의 뿔을" 높이실 것인가?

앞에서 "주께서 하늘에 오르사"라 한 것은 주님이신 그리스도를 가리켜 한 말로 생각되지만, 바로 이분이, 여기서 [한나가] 말하는 대로, "자기의 기름 부름을 받은 자의 뿔을" 높이실 것이다.

그렇다면, 그리스도의 "기름 부음을 받은 자"는 누구인가? 한나 자신이 이 찬송의 서두에서 "내 뿔이 나의 하나님 안에서 높아졌으며"라 한 것처럼, 그를 신자 한 사람 한 사람의 뿔을 높이실 것인가?

정말이지, 우리는 주님의 성유(聖油)로 기름 부음을 받은 자 모두를 "그리스도"라 불러도 될 것이다. 그러나 머리이신 그분과 더불어 온전한 몸을 이룸으로써 한 그리스도가 된다.

바로 이것이, 한나가 예언한 것이다. 그녀는 거룩한 인물이요, 많은 칭송을 받은 사무엘의 어머니다. 사무엘을 통해 옛 제사장 직분의 변화가 당시 예표(豫表)되었고, 그것이 지금 성취되었다. 즉, "자녀를 많이 둔 자는"(칠십인경 삼상 2:5) 쇠약해졌고, "잉태치 못하던 자"가 그리스도 안에서 새로운 제사장 직분을 얻어, "일곱을" 낳았다.

제5장

하나님의 사람이 선지자의 영으로 제사장 엘리에게 아론의 반차를 따라 세워진 제사장 직분이 폐지될 것이라고 한 말에 관하여

1. 하지만 이 사실은, 엘리 제사장에게 보냄을 받은 하나님의 사람이 좀 더 명확하게 말한다. 그의 이름은 비록 말하고 있지 않지만, 그의 직책과 사역을 생각할 때 그가 선지자였음은 의심할 수가 전혀 없다. 이는, 이렇게 기록되어 있는 까닭이다.

> 27 하나님의 사람이 엘리에게 와서 그에게 이르되, 여호와의 말씀에, 너희 조상의 집이 애굽에서 바로의 집에 속하였을 때에, 내가 그들에게 나타나고 나타났도다 28 이스라엘 모든 지파 중에서 내가 그를 택하여 나의 제사장을 삼아, 그로 내 단에 올라 분향하며, 내 앞에서 에봇을 입게도 했도다 이스라엘 자손의 드리는 모든 화제(火祭)도 내가 네 조상의 집에 식물(食物)로 주었도다 29 너희는 어찌하여 나의 제향(祭香)과 나의 제물을 멸시하는 눈으로 보며, 네 아들들을 나보다 더 중히 여겨, 내 면전에서 이스라엘의 드리는 희생 제물 중 맏물을 취하느냐? 30 그러므로 이스라엘의 하나님 나 여호와가 말하노라 내가 전에 네 집과 네 조상의 집이 내 앞에 영영히 행하리라 하였으나, 이제 나 여호와가 말하노니, 결단코 그렇게 아니하리라 나를 존중히 여기는 자를 내가 존중히 여기고, 나를 멸시하는 자는 경멸을 받으리라 31 보라! 내가 네 씨와, 네 조상의 집 씨를 끊어, 네 집에 노인이 하나도 없게 하는 날이 이를지라 32 … 33 내 단에서 네 [집의[남자를 내가 끊어 버리리니, 그의 눈이 쇠잔케 되고, 그의 마음이 녹아내리리니, 네 집에 살아남은 모든 자가 사람들의 칼에 죽으리라 34 네 두 아들 홉니와 비느하스가 한날에 죽으리니, 그 둘의 당할 그 일이 네게 표징이 되리라 35 내가 나를 위하여 충실한 제사장을 일으키리니, 그 사람은 내 마음 내 뜻대로 행할 것이라 내가 그를 위하여 견고한 집을 세우리니, 그가 나의 기름 부음을 받은 자 앞에서 영구히 행하리라 36 네 집에 남은 사람이 각기 와서, 은 한 조각과, 떡 한 덩이를 위하여 그에게 엎드려 가로되, 청하노니, 내게 한 제사장의 직분을 맡겨, 나로 떡 조각을 먹게 하소서 하리라 하셨다 하니라 (칠십인경 삼상 2:27-36)

2. 옛 제사장 직분이 바뀔 것이라고 아주 명확하게 예고하는 이 예언이 사무엘을 통해 이루어졌다고 주장할 수는 없다. 사무엘은 비록, 주님이 제단을 섬기라고 세우신 지파 출신이 아닌 것은 아니지만, 그래도 아론의 자손은 아니었다. (아론의 자손만 제사장이 되게 정해져 있었다.)

그러므로 이 일에서도 그리스도 예수를 통해 일어나기로 되어 있던 바로 그 변화가 암시되어 있다. 또 이 예언은 사실로 하는 것이지, 말로 하는 것이 아닌 관계로, 옛 언약에는 문자적으로, 새 언약에는 비유적으로 관계하였다. 즉, 선지자를 통해 제사장 엘리에게 하신 말씀이 실지로 이루어졌다는 사실을 통해 그것을 암시하였다.

사실, 나중에[도] 다윗 왕 치세의 사독이나 아비아달 같이 아론의 혈통에서 제사장들이 나왔고, 그후에도 다른 제사장들이 나왔는데, 그것은, 제사장 직분의 변화에 관해 아주 옛날에 있었던 예언이 그리스도로 말미암아 성취될 때가 오기 전의 일이었다.

그러나 지금 믿음의 눈으로 이것을 바라보는 사람치고, 이것이 성취되었음을 알지 못하는 사람이 누가 있겠는가? 지금은 유대인들에게 성막도, 성전도, 제단도, 제사도 전혀 남아 있지 않고, 따라서 제사장도 전혀 남아 있지 않다. 그들에게는 하나님의 율법에 의해 아론의 자손 중에서 제사장을 세우라는 명령이 내려진 바 있었다. 이 일에 대해서는 여기서도 선지자가 이렇게 말하고 있다.

> 그러므로 이스라엘의 하나님 나 여호와가 말하노라 내가 전에 네 집과 네 조상의 집이 내 앞에 영영히 행하리라 하였으나, 이제 나 여호와가 말하노니, 결단코 그렇게 아니하리라 나를 존중히 여기는 자를 내가 존중히 여기고, 나를 멸시하는 자는 경멸을 받으리라 (칠십인경 삼상 2:30)

여기서 그의 "조상의 집"을 언급했지만, 이것은 그의 바로 윗대 조상을 가리킨 것이 아니라, 맨 처음 제사장으로 세움을 받은 아론을 가리킨 것이다. (아론의 자손 중에서 다른 제사장들이 [계속] 뒤를 이어 나왔다.) 이 사실은 앞에 나오는 말씀이 가르쳐 준다.

> 27 … 너희 조상의 집이 애굽에서 바로의 집에 속하였을 때에, 내가 그들에게 나타나고 나타났도다 28 이스라엘 모든 지파 중에서 내가 그를 택하여 나의 제사장을 삼아 … (칠십인경 삼상 2:27-28)

엘리의 조상 중에 누가 애굽에서 종살이를 했고, 거기서 그들이 해방되었을 때, 아론말고 누가 제사장으로 택함을 받았는가?

그러므로 여기서는 아론의 자손을 두고 장차 더 이상 제사장이 되지 못할 때가 올 것이라는 말을 한 것이고, 이 말이 이미 이루어진 사실을 우리는 목도하고 있다.

믿음의 눈을 뜨고 있어야 한다. 사실이 눈앞에 전개돼 있다. 보인다. 파악이 된다. 보고 싶지 않아도, 눈에 들어온다. 선지자는 이렇게 말했다.

> 31 보라! 내가 네 씨와, 네 조상의 집 씨를 끊어, 네 집에 노인이 하나도 없게 하는 날이 이를지라 32 … 33 내 단에서 네 [집의[남자를 내가 끊어 버리리니, 그의 눈이 쇠잔케 되고, 그의 마음이 녹아내리리니 (칠십인경 삼상 2:31-33)

보라! 예언된 그날이 이미 도래했다. 아론 반열의 제사장은 전혀 없다. 또 그의 자손에 속한 사람이라면 누구나, 크리스챤의 제사가 전 세계에 우월한 위치를 차지하고 있는 반면, 자기네가 누리던 영광은 박탈되었음을 목도할 때, 그의 눈은 쇠잔하고, 그의 영혼은 극심한 슬픔으로 녹아내린다.

3. 그런데 엘리에게 한 다음과 같은 말씀은 그의 집에 그대로 적용된다.

> 33 네 집에 살아남은 모든 자가 사람들의 칼에 죽으리라 34 네 두 아들 홉니와 비느하스가 한날에 죽으리니, 그 둘의 당할 그 일이 네게 표징이 되리라 (칠십인경 삼상 2:33-34)

그러니까 이것은 제사장 직분이 엘리의 집에서 떠난다는 표징인 것이다. 이 표징으로 제사장 직분이 아론의 집에서 떠나게 될 것이라는 사실이 예고되었다. 정말이지, 엘리의 아들들의 죽음은, 사람들이 죽는다는 것을 의미하는 것이 아니라, 아론 자손의 제사장 직분이 끊어진다는 것을 의미하는 것이다.

그런데 이어지는 말씀은 엘리를 계승한 사무엘이 그 예표(豫表)를 제시하는 [신약의] 제사장에 관한 말씀이다. 그러니까 이어지는 말씀은 새 언약의 참된 제사장이신 그리스도 예수에 관해 하는 말씀이다.

> 내가 나를 위하여 충실한 제사장을 일으키리니, 그 사람은 내 마음 내 뜻대로 행할 것이라 내가 그를 위하여 견고한 집을 세우리니 (칠십인경 삼상 2:35)

이 집이 바로 영원한 천상의 예루살렘이다. [선지자는] 또 이렇게 말한다.

> 그가 나의 기름 부음을 받은 자 앞에서 영구히 행하리라 (칠십인경 삼상 2:35)

"행하리라" 말한 것은 "동행하리라"는 뜻으로 한 말이다. 이것은 앞에서 아론의 집에 대해 한 말과도 같다.

> 내가 전에, 네 집과 네 조상의 집이 내 앞에 영영히 행하리라 하였으나 (칠십인경 삼상 2:30)

하지만 "그가 나의 기름 부음을 받은 자 앞에서 행하리라"는 말은 그 집 자체에 관한 말이지, 그 제사장, 곧, 중보 겸 구주이신 그리스도 자신에 관한 말이 아니다. 그러니까 그의 집이 그분 앞에서 행할 것이다.

"행하리라"는 말도 죽음에서 생명으로 넘어간다는 뜻으로 이해할 수 있고, "영영히"는, [현재의] 이 가사성(可死性)이 이 세상 끝까지 지속된다는 뜻으로 이해할 수 있다.

그러나 하나님이 "그 사람은 내 마음 내 뜻대로 행할 것이라"(칠십인경 삼상 2:35) 하셨다 해서, 우리는, 하나님이 혼(魂)의 창조주이시기 때문에,

하나님께 혼이 있다 생각해서는 안 될 것이다. 이것은 하나님에 관해 비유적으로 한 말이지, 문자적으로 한 말이 아니다. 이것은 손이나, 발이나, 몸의 다른 지체들에 대해서도 마찬가지다. 이런 것 때문에 인간의 육신의 모습이 하나님의 형상대로 지어졌다 생각해서는 안 될 것이다. 하나님께 "나를 … 주의 날개 그늘 아래 감추사"(시 17:8)라는 말씀을 드린다 해서, 인간에게는 없는 날개를 붙여 드리는 일을 [해서는 안 될 것이다]. 이런 표현은 문자적인 것이 아니라, 비유적인 것으로, 형언할 수 없는 [하나님의] 본성을 사람들에게 이해시키려고 사용하는 것이다.

4. 하지만 "네 집에 남은 사람이 각기 와서"(칠십인경 삼상 2:36)라 덧붙인 것은 문자적으로는 엘리의 집에 관한 것이 아니라, 아론의 집에 관한 것이다. 이 집에는 예수 그리스도의 강림 때까지 사람들이 남아 있었고, 지금까지도 그 혈통 사람들이 없는 것은 아니다. 사실, 엘리의 집에 관해서는 앞에 이렇게 말씀하셨다.

> 네 집에 살아남은 모든 자가 사람들의 칼에 죽으리라 (칠십인경 삼상 2:33)

그렇다면 여기서 어떻게 "네 집에 남은 사람이 각기 와서, … 그에게 엎드려 가로되"(칠십인경 삼상 2:36)라는 말씀이 참일 수 있겠는가? [엘리의 집] 사람들이 복수의 칼에 단 한 명도 살아남지 못한 것이 사실이라면 말이다. 그러므로 여기서 말하는 사람들은 [엘리의] 혈통에 속한 사람들이 아니고, 아론의 반차에 따른 제사장들 전체를 가리킨다 생각하는 도리밖에 없다.

남은 자로 예정된 저 사람들에 관하여 다른 선지자는 "남은 자만 구원을 받으리니"(칠십인경 사 10:22)라 하였고, 사도 또한 "그런즉 이와 같이 이제도 은혜로 택하심을 따라 남은 자가 있느니라"(롬 11:5)고 했다. 그런데 "네 집에 남은 사람"(칠십인경 삼상 2:36)이라는 말씀에 해당하는 사람이 이런 남은 자에 속한 것이 분명하다 생각된다. 그러므로 이 남은 자가 그리스도를 믿는 것은 확실하다. 마치 사도들의 시대에 [유대] 민족 중 많은 사람들이 [그리스도를] 믿은 것과 마찬가지로 말이다. 지금도 비록 극히 소수이기는 하지만, 믿는 자들이 없지 않다.

그리하여 여기서 하나님의 사람이 즉각 이어서 덧붙인 말이 이런 사람을 통해 이루어진다.

> 각기 와서, 은 한 조각과, [떡 한 덩이]를 위하여 그에게 엎드려 (칠십인경 삼상 2:36)

여기서 엎드린다면, 바로 저 지극히 높으신 대제사장 앞에서 엎드리는 것 아니겠는가? 이분은 하나님이시기도 하다.

아론의 반차에 따른 제사장 직분의 경우에도 사람들이 성전이나 하나님의 제단에 나아간 것도 제사장에게 경배하기 위해서가 아니었다.

그러면, "은 한 조각"이란 무슨 뜻인가? 믿음의 말씀이 간결하다는 뜻 아닌가? 이에 관해 사도는 이렇게 말했다.

> 주께서 땅 위에서 그 말씀을 이루사, 필하시고 끝내시리라 (롬 9:28)

그런데 은이 말씀을 가리킨다는 것은 시편이 증거하고 있다. 거기에는 이런 찬송이 나온다.

> 주의 말씀은 순결함이여, 불에 단련한 은 같도다 (칠십인경 시 12:6)

5. 그러면, 그가 하나님의 제사장 및 하나님이신 제사장에게 와서 하는 말은 무엇인가?

> 내게 한 제사장의 직분을 맡겨, 나로 떡 조각을 먹게 하소서! (칠십인경 삼상 2:36)

나는 내 조상의 명예로운 자리에 앉기를 원하지 않나이다. 그것은 [지금] 없나이다. 나로 하여금 당신의 제사장 직분에 분깃을 얻게 하여 주소서!

이는, 내가 하나님의 집에 거할 수만 있다면, 가장 멸시받는 직책이라도 좋다 여김이라. 내가 당신을 섬기는 제사장이 될 수만 있다면, 그 어떠한 위치에 선다 해도, 아무리 낮은 위치에 선다 해도 좋나이다.

정말이지, 여기서 제사장 직분은 백성 자체를 가리키고, 백성의 제사장은 "하나님과 사람" 사이의 중보, "곧, 사람이신 그리스도 예수"(딤전 2:5)시다. 이 백성을 향해 사도 베드로는 이렇게 말했다.

> 너희는 거룩한 백성이요, 왕 같은 제사장들이라 (벧전 2:9)

물론, 어떤 사람들은 "당신의 제사장의 직분"이 아니라, "당신의 제물"이라 번역하는데, 이렇게 번역한다 해도 역시 "기독교를 믿는 백성"을 의미한다. 그래서 사도 바울은 이렇게 말했다.

> 떡이 하나요, 많은 우리가 한 몸이니 (고전 10:17)

그러므로 "떡 조각을 먹게 [하소서!]"(칠십인경 삼상 2:36)라는 말을 첨가한 것도 이 같은 제물을 훌륭하게 표현한 것이다. 이것에 대해서는 제사장 자신이 이렇게 말씀하신다.

> 나의 줄 떡은 곧 세상의 생명을 위한 내 살이로라 (요 6:51)

이것은 희생 제물이다. [다만,] 아론의 반차를 따른 것이 아니라, 멜기세덱의 반차를 따른 것임을 독자는 이해해야 할 것이다.

그래서 이 간결한 신앙고백에는 [사람을] 구원시킬 겸손의 말이 들어 있다.

> 내게 한 제사장의 직분을 맡겨, 나로 떡 조각을 먹게 하소서! (칠십인경 삼상 2:36)

이것이 바로 "은 한 조각"이다. 이는, 이것이 비록 간결하긴 하지만, 신자들의 마음속에 거하시는 주님이 하시는 말씀이기 때문이다.

사실, 하나님이 옛 언약의 희생 제물을 아론의 집에 양식으로 주셨다는 말씀을 앞에 하신 바 있다.

> 이스라엘 자손의 드리는 모든 화제(火祭)도 내가 네 조상의 집에 식물(食物)로 주었도다 (칠십인경 삼상 2:28)

이것은, 유대인이 바친 제물이었다. 그러므로 여기서 "떡 조각을 먹게 하소서!"라 한 것은, 새 언약 하에서 크리스챤들이 바치는 희생 제물을 말하는 것이다.

제6장

유대인의 제사장 직분과 왕국에 관하여. 그것이 영영히 설 것이라 하였으나, 더 이상 존속하지 않는 것은, 그 영원성에 대한 약속을 다른 것에 대한 것으로 이해해야 함

1. 그런데 이런 예언이 당시 매우 깊은 뜻을 가지고 행해졌고, 지금은 아주 명확하게 밝혀지고 있음에도 불구하고, 혹자는 여기에 불만을 품고 이렇게 말할 수 있다.

> 하나님이 여기서 "네 집과 네 조상의 집이 내 앞에 영영히 행하리라"(삼상 2:30) 하신 말씀이 이루어질 수 없었는데, 이 책에 장차 이루어질 것이라 예언돼 있는 내용이 모두 이루어질 것이라 어찌 우리가 믿을 수 있단 말인가? 우리가 보는 대로, 제사장 직분은 변했고, 그 집에 하신 약속이 언젠가 이루어질 것이라는 희망도 없다. 이는, 그것이 버림을 당했고, 바꾸어진 다음에, 그것의 뒤를 이은 것이 영원할 것이라 선포되었기 때문이다.

이런 말을 하는 사람이 아직 모르는 것 내지는 생각하지 못하는 것이 있다. 그것은, 아론의 반차를 따른 제사장 직분 자체도 장래의 영원한 제사장 직분의 그림자로 제정되었다는 사실이다. 그러므로 그것이 영원하리라는 약속은, 그림자 및 형상 그 자체 대해 주신 것이 아니라, 그림자 및 형상을 통해 예표된 것에 대해 주신 것이다. 그런데 그것이 바뀔 것이라는 예언이 필요했던 이유는, 이 그림자가 영원하리라 믿는 일이 없어야 했기 때문이다.

2. 사울의 왕국은 분명히 버림과 거부를 당했지만, 그것 역시 이와 마찬가지로 장차 영원히 존속할 왕국의 그림자였다. 사울은 기름 부음을 받고, 도유(塗油)로 인해 "기름 부음을 받은 자"라 불림을 받았지만, 그 기름은 신비적 의미를 가진 것으로 보아야 하고, 큰 비밀을 간직한 것이라 생각해야 한다. 다윗 자신도 이것에 대해 아주 큰 경외심을 지녔다. 그래서 어두운 동굴에 숨어 있다가, 그곳으로 사울이 자연의 긴급한 필요로 인해 들어왔을 때, 뒤에서 가만히 사울의 겉옷 자락을 조금 베면서 심장을 떨며 두려워하였다. [다윗이 사울의 겉옷 자락을 벤 것은,] 그가 그를 죽일 수도 있었지만, 어떻게 그를 아꼈는지를 보여 줄 증거로 삼기 위해서였다. 그리하여 거룩한 다윗은, 사울이 자기를 원수로 여겨 심하게 핍박하였지만, 그 사울의 마음에서 의구심을 풀어 주었다. 이렇게 다윗은 사울 속에 감추어진 엄청난 비밀에 손을 대는 죄를 짓지 않을까 걱정했던 것이다. 그래서 사울의 옷에 손을 댄 일까지도 그를 매우 두렵게 하였다. [성경에는] 이렇게 기록돼 있다.

> 사울의 옷자락 벰을 인하여 다윗의 마음이 찔려 (삼상 24:5)

그리고 그와 함께 있던 자들이 그의 수중에 들어온 사울을 죽이라고 권했을 때, 이렇게 말했다.

> 내가 손을 들어 여호와의 기름 부음을 받은 내 주를 치는 것은 여호와의 금하시는 것이니, 그는 여호와의 기름 부음을 받은 자가 됨이니라 (삼상 24:6)

장차 올 것에 대한 이 같은 그림자에 이처럼 엄청난 공경심을 보인 것은 그러므로 그림자 그 자체 때문이 아니라, 그것이 예표(豫表)하는 대상 때문이었다. 사울에게 사무엘이 다음과 같은 말을 한 것도 이 때문이다.

> 13 왕이, 주께서 나를 통해 왕에게 명하신 명령을 지키지 아니하였도다 그리하였더면 여호와께서 이스라엘 위에 왕의 나라를 영영히 세우셨을 것이어늘, 14 지금은 왕의 나라가 서지 못할 것이라 주께서 왕에게 명하신 바를 왕이 지키지 아니하였으므로, 주께서 그 마음에 맞는 사람을 구하여, 그 백성의 지도자를 삼으실 것이라 (칠십인경 삼상 13:13-14)

이 말씀을 해석할 때, 하나님이 사울을 영원히 왕으로 삼으려고 계획하셨다가, 후에 사울이 범죄하자, 그 계획을 실행했다는 식으로 해석해서는 안 될 것이다. 또 사울이 범죄할 것을 하나님이 모르셨다고 생각해서도 안 될 것이다. 하나님이 사울의 왕국을 예비하신 것은, 그것이 영원한 나라의 예표가 되어야 했기 때문이었다. 그래서 이런 말씀을 덧붙이신 것이다.

> 지금은 왕의 나라가 서지 못할 것이라.

그러니까 그 왕국을 통해 예표된 것이 존속했었고, 또 존속할 것이지만, 그것은 사울을 위해서는 존속하지 않을 것이다. 이는, 그가 영원히 왕 노릇 할 것이 아니기 때문이다. 그의 자손도 마찬가지다. 그래서 그의 자손이 대를 이어감으로써 "영영히"라는 말이 성취되는 것처럼 보이는 일도 없을 것이다.

사무엘이] "주께서 그 마음에 맞는 사람을 구하여"라 한 것은, 다윗을 의미할 수도 있고, 새 언약의 중보 자신을 의미할 수도 있다. 이 중보는 다윗 자신과 그의 자손에게 부은 기름을 통해 예표(豫表)되었다.

[그러나 하나님이, 사람이 어디에 있는지를 모르시기 때문에, "그 마음에 맞는 사람을" 구하시는 것이 아니다. 하나님은 사람을 통해 말씀하실 때,

사람의 방식대로 말씀하신다. 이는, 이런 방식으로 말씀하심을 통하여서도 우리를 찾으시는 까닭이다.

정말이지, 우리를 성부 하나님뿐 아니라, 그의 독생자도 알고 계신다. 독생자는 "잃어버린 자를"(눅 19:10) 찾으러 오셨다. 그가 우리를 어느 정도까지 알고 계시냐 하면, "창세 전에 그리스도 안에서"(엡 1:4) 우리가 택하심을 받을 정도로 알고 계신다. 그러니까 "그 마음에 맞는 사람을 구하여"(삼상 13:14)라 한 것은 그의 소유로 삼으신다는 뜻이다.

그러므로 라틴어에서는 이 ["구한다"는 뜻의 quaerere] 동사에 전철을 붙이면, ["얻는다"는 뜻의] acquīrere 동사가 되는데, 이로써 이것이 무엇을 의미하는지가 잘 밝혀지게 되었다. 물론, 전철을 붙이지 않는다 해도, quaerere는 acquīrere라는 의미를 지니고 있다. 그래서 quaestus도 "수익"이라는 뜻을 지니는 것이다.

제7장

이스라엘왕국의 분열에 관하여. 이것으로 영적 이스라엘과 육적 이스라엘의 항구적 분리가 예표됨

1. 또다시 사울이 불순종함으로 말미암아 죄를 짓자, 또다시 사무엘이 주님의 말씀을 그에게 전했다.

> 이는, 왕이 여호와의 말씀을 버렸으므로, 여호와께서 왕을 버려, 이스라엘 왕이 되지 못하게 하셨음이니이다 (삼상 15:26)

이 죄과를 사울이 인정하고 용서를 빌면서, 사무엘에게 자기와 함께 돌아가, 하나님의 진노를 풀어 달라고 간청했을 때, 또다시 사무엘은 이렇게 말했다.

나는 왕과 함께 돌아가지 아니하리니, 이는, 왕이 여호와의 말씀을 버렸으므로, 여호와께서 왕을 버려, 이스라엘 왕이 되지 못하게 하셨음이니이다 (삼상 15:26)

사무엘이 가려고 돌이킬 때, 사울이 그의 겉옷 자락을 붙잡으니까, 그것이 찢어졌다. 그러자 사무엘이 그에게 말했다.

28 주께서 오늘 이스라엘 나라를 왕에게서 떼셨고, 왕보다 나은 왕의 이웃에게 주실 것이니이다 29 이스라엘은 둘로 나뉠 것이라 주님은 변개함이나 후회함이 없으시니, 그는 사람과 같지 아니하시므로, 결코 후회치 않으심이니이다 사람은 겁박을 하나, 끝까지 버티지는 못하나이다 (이탈라 삼상 15:28-29)

[사무엘이] 사울에게 "여호와께서 왕을 버려, 이스라엘 왕이 되지 못하게" 하셨다 하였고, "주께서 오늘 이스라엘 나라를 왕에게서" 떼었다는 말을 하였지만, 사울은 40년이나 이스라엘을 다스렸다. 이것은 다윗의 재위 기간과 맞먹는 기간이다. 그리고 사울이 이 말을 들은 것은 그의 집권 초기였다.

그러므로 우리는 이 말을, 그의 자손 중에서는 아무도 왕이 될 사람이 없을 것이라는 뜻으로 받아들여야 한다. 이 말은 또 우리의 시선을 다윗의 혈통 쪽으로 시선을 돌리기 위한 것이었다. 육신으로는 다윗의 혈통에서 하나님과 사람 사이의 중보, 곧, "사람이신 그리스도 예수"(딤전 2:5)가 나셨다.

2. 성경에는 여러 라틴어 번역본과는 달리 "주께서 이스라엘 나라를 왕에게서 떼어서"라 되어 있지 않고, 헬라어 성경에서처럼 "주께서 나라를 이스라엘로부터 왕의 손에서 떼어서"라 되어 있다는 사실을 우리는 발견하였다. 그렇다면, "왕의 손에서"라는 말을 "이스라엘로부터"라는 뜻으로 해석하는 것이 가능하다.

이렇게 본다면, 이 사람 [사울]은 이스라엘 민족을 상징적으로 표현하는 인물이다. 이 민족은 나라를 잃게 되어 있었다. 이는, 우리 주 그리스도 예수가 새 언약으로 인해 육신으로 말미암아서가 아니고, 영으로 말미암아 왕으로 다스리게 되실 것이었기 때문이다. 그에 관해서는 "왕의 이웃에게 주실 것"(칠십인경 삼상 15:28-29)라 하였지만, 이 말은 육신의 혈연 관계에 관한 것이다. 이는, 그리스도께서 육신으로는 이스라엘에서 나오신 까닭이다. 사울도 거기에서 나왔다.

하지만 여기에 덧붙여진 "왕보다 나은"이라는 말은 "왕보다 훌륭한"이라 번역할 수 있다. 다른 사람들도 이렇게 번역한 적이 있다. 그러나 "왕보다 나은"이라는 말을, "그가 선하기 때문에 그대보다 더 낫다"는 뜻으로 이해하는 것이 더 낫다. "내가 네 원수로 네 발등상 되게 하기까지"(시 110:1)라는 예언의 말씀을 생각해 볼 때 그렇다.

이 원수들 속에는 이스라엘이 포함된다. 그리스도는 이스라엘이라는 그의 핍박자에게서 나라를 빼앗으셨다.

물론, "그 속에 간사한 것이"(요 1:47) 없는 이스라엘 [사람]도 있기는 있었다. 쭉정이 속의 알곡처럼 말이다. 사실, 사도들도 이스라엘 출신이었고, 스데반을 위시한 수많은 순교자들이 이스라엘에서 나왔다. 사도 바울이 언급하는 수많은 교회들도 이스라엘에 있었다. 바울이 회심하자, 그 교회들이 하나님께 영광을 돌렸다.

3. 계속해서 "이스라엘은 둘로 나뉠 것"이라 하는 말씀을 이 문제와 관련시켜 생각해야 한다는 것을 나는 [믿어] 의심치 않는다. 다시 말해, 이스라엘에는 그리스도에게 적대적인 부류와 그리스도를 붙좇는 부류가 있다. 여종과 관련된 이스라엘이 있고, 자유하는 여자와 관련된 이스라엘이 있다. 즉, 이 두 부류가 처음에는 함께 있었다. 마치 아브라함이 [당초에는] 계속

여종을 가까이한 것처럼 말이다. 불임(不姙)이었던 여자는 그리스도의 은혜로 말미암아 자식을 낳게 되자, 결국 이렇게 부르짖었다.

> 여종과 그 아들을 내어쫓으라! (창 21:10)

물론, 우리가 아는 대로, 솔로몬의 죄 때문에 그의 아들 르호보암의 치세에 이스라엘이 둘로 나누어졌고, 그후로도 분단 상태가 계속되어, [남북국에] 각각 왕이 있었고, 결국에는 민족 전체가 갈대아 사람들에게 엄청난 환난을 당하여 망하고, 포로로 끌려갔다.

하지만 이것이 사울과 무슨 상관이 있는가? 이것이 만약 무슨 위협이라고 한다면, 위협을 받은 사람은 솔로몬을 아들로 둔 다윗이었을 것 아닌가?

뿐 아니라 지금은 히브리 민족이 나뉘어져 있지 않고, 전 세계에 널리 흩어져 있으면서, [예전과] 똑같은 오류 가운데 결사체를 이루고 있다.

그러나 하나님은 사울이라는 그 나라와 그 백성의 대표적 인물을 통해 바로 그 나라와 그 백성에게 분열에 대해 경고하시면서, 그 분열이 영원, 불변할 것을 다음과 같은 말씀을 통해 지적해 주셨다.

> 주님은 변개함이나 후회함이 없으시니, 그는 사람과 같지 아니하시므로, 결코 후회치 않으심이니이다 사람은 겁박을 하나, 끝까지 버티지는 못하나이다 (이탈라 삼상 15:29)

그러니까, 사람은 겁박을 하나, 끝까지 버티지는 못하는 반면, 하나님은 사람과는 달리 후회함이 없으시다. 물론, [성경에는] 하나님이 후회하신다는 말씀이 나오기는 한다.[1] [하지만] 이것은 사물의 변화를 가리키는 것으로, 하나님의 불변적 예지(豫知)에는 언제나 변함이 없다. 그러므로 후회하시지 않는다고 하는 것은, 변함이 없으시다는 뜻이다.

---

[1] 창 6:6 (= "땅 위에 사람 지으셨음을 한탄하사 마음에 근심하시고").

4. 이스라엘 백성의 이러한 분열에 관해 이 말씀을 통해 행해진 하나님의 선포는 전혀 취소 불가하고, 완전 항구적이다. 정말이지, 이 백성 중에서 그리스도께로 옮겨온 사람들이든, 옮겨오고 있는 사람들이든, 옮겨올 사람들이든, 모두 다 이스라엘 백성에게 속하지 않았다. 하나님의 예지(豫知)로 보든, 인류의 공통된 본성으로 보든 상관없이 말이다. 이스라엘 사람들 중에서 그리스도를 붙좇으며 그리스도 안에 계속 거하는 자들은, 그 누구든지 다 그리스도의 원수이기를 이생 끝까지 고집하는 이스라엘 사람들과는 결코 함께하지 않을 것이다. 도리어 여기에 예고된 분열 상태에 항구적으로 머무를 것이다.

정말이지, "시내 산으로부터 종을 낳은"(갈 4:24) 옛 언약은 새 언약에 대해 증거를 해 주는 것말고는 아무런 쓸모가 없다. 그렇지 않다면, "모세의 글을 읽을 때에 수건이 그 마음을"(고후 3:15) 덮게 된다. 하지만 누구든지 거기서 그리스도께로 옮겨오면, 그 수건이 벗겨진다. 즉, 옮겨오는 자들의 마음 자체가 옛 것에서 새 것으로 바뀌어, 육적인 행복을 얻으려는 생각을 버리고, 영적인 행복을 얻으려는 생각을 하게 된다.

위대한 선지자 사무엘도 이런 까닭에, 사울에게 기름을 부어 왕으로 세우기 전에, 이스라엘을 위해 하나님께 부르짖었고, 하나님은 그의 기도를 들어주셨다. 그리고 그가 번제를 드리고 있을 때, 이방인들이 하나님의 백성과 싸우려고 진군해 오자, 주님이 그들 위에 천둥을 울리게 하사, 그들을 혼란에 빠뜨리셨다. 그들은 이스라엘과 싸웠으나, 패배하고 말았다. 이에 사무엘이 돌 하나를 취하여 새 미스바와 옛 미스바 사이에 세우고, "그 이름을 에벤에셀이라"(삼상 7:12) 하였는데, 그 뜻은 우리말로 "도움의 돌"이고, 사무엘은 "여호와께서 여기까지 우리를 도우셨다" 하였다.

미스바는 "마음"이라는 뜻이다. 그 "도움의 돌"은 구세주의 중보로서의 위치를 나타내는데, 이는, 그를 통하여 옛 미스바에서 새 미스바로 옮겨가게 되는 까닭이다. 말하자면, 육신의 나라에서 육신의 거짓된 행복을 추구하던 마음을 버리고, 새 언약으로 말미암아 하늘나라에서 지극히 참된 영적 행복을 기대하는 마음으로 마음을 바꾸는 것이다. 이 행복보다 더 나은 것은 없기 때문에, [그곳에 이르도록] 하나님이 "여기까지 우리를" 도와주신다.

제8장

다윗이 그의 아들에 대해 받은 약속에 관하여. 이 약속은 솔로몬을 통해 이루어진 것이 아니고, 그리스도를 통해 아주 온전히 이루어짐

1. 그러면 이제, 하나님이 다윗에게 무슨 약속을 하셨는지를 설명할 차례가 되었다고 나는 생각한다. 이 문제는, 우리가 논하는 주제와 [밀접히] 관련된다. 다윗은 사울의 왕위를 계승하였지만, 이 변화를 통해 저 궁극적 변화가 예표(豫表)되었기 때문에, 하나님의 지시에 의해 이 모든 말씀과 기록이 남겨졌다.

다윗 왕이 엄청난 번영을 누리고 있을 때, 그는 하나님의 전을 지을 생각을 했다. 그것은 지극히 훌륭하고 유명한 성전이었지만, 그의 아들인 솔로몬 왕에 의해 나중에 지어졌다.

다윗이 이런 생각을 하고 있을 때, 주님의 말씀이 나단 선지자에게 임하여, 왕에게 전하도록 하였다. 하나님은 다윗에게 당신을 위한 집을 짓지 말라 하셨고, 그 긴 세월 동안 당신의 백성 중 그 누구에게도 백향목 집을 당신를 위해 지으라 명하신 적이 없다고 하셨다.

8 그러므로 이제 내 종 다윗에게 이처럼 말하라! 전능하신 주께서 이처럼 말씀하시기를, 내가 너를 양우리에서 취하여, 내 백성 이스라엘의 영도자로 삼고, 9 네가 어디를 가든지, 내가 너와 함께 있어, 네 모든 대적을 네 앞에서 멸하였은즉, 세상에서 존귀한 자의 이름 같이 네 이름을 존귀케 만들어 주리라 10 내가 또 내 백성 이스라엘을 위하여 한 곳을 정하여, 저희를 심고, 저희로 자기 곳에 거하여, 다시는 염려가 없게 하며, 악한 자가 전과 같이 저희를 해하지 못하게 하여, 11 전에 내가 사사를 명하여 내 백성 이스라엘을 다스리던 때와 같지 않게 하고, 너를 모든 대적에게서 벗어나 평안케 하리라 주께서 또 네게 이를 것이니, 이는, 네가 그를 집을 지을 것임이라 12 네 수한이 차서, 네 조상들과 함께 잘 때에, 내가 네 몸에서 날 자식을 네 뒤에 세우리니, 그가 그 나라를 예비하리라 13 그는 내 이름을 위하여 집을 건축할 것이요, 나는 그 나라 위를 영원히 세우리라 14 나는 그 아비가 되고, 그는 내 아들이 되리니, 저가 만일 죄를 범하면, 내가 사람 막대기와 인생 채찍으로 징계하려니와, 15 내가 네 앞에서 폐한 사울에게서 내 은총을 빼앗은 것 같이 그에게서는 빼앗지 아니하리라 16 네 집과 네 나라가 내 앞에서 영원히 신실함을 유지할 것이요, 네 위가 영원히 견고하리라 하셨다 하라! (칠십인경 삼하 7:8-16)

2. 이 엄청난 약속이 솔로몬을 통해 이루어졌다고 생각하는 자는 큰 오류를 범하고 있다. 이는, 솔로몬이 저 지극히 유명한 성전을 지었다 하여, "그는 내 이름을 위하여 집을 건축할 것"이라는 말씀에는 주의를 기울이지만, "네 집과 네 나라가 내 앞에서 영원히 신실함을 유지할 것"이라는 말씀에는 주의를 기울이지 않는 까닭이다.

그러니까, 솔로몬의 집이 거짓된 신(神)들을 섬기는 이방 여인들로 가득했다는 사실, 그리고 한때 지혜로웠던 [솔로몬] 왕 자신도 그 여인들로 인해 시험을 받아, 우상숭배에 빠지고 말았다는 사실을 주의 깊게 바라보라! 또 하나님이 이것을 거짓으로 약속하셨다든지, 솔로몬과 그 집이 이렇게 될 줄을 하나님이 미리 아시지 못했다든지 하는 생각도 감히 해서는 안 될 것이다.

이에 대해 우리는 그러니까 의심을 해서는 안 될 것이다. "육신으로는 다윗의 혈통에서"(롬 1:3) 나신 우리 주 그리스도 안에서 이 모든 것이 이루어진다는 사실을 우리가 알지 못한다 해도 그렇다. 우리는 여기서 육신적인 유대인들처럼 [그리스도] 이외의 다른 인물을 찾는 허망하고 무익한 일을 하지 말아야 한다. 유대인들 역시, [성경의] 이 대목에서 다윗 왕에게 약속된 아들이 솔로몬이 아니라는 사실을 아주 잘 알고 있다. 그래서 그들은, 자기네가 아직 다른 사람을 기다리고 있다는 말을 한다. 약속된 그분이 이미 아주 명확하게 나타나셨음에도 불구하고, 그들은 놀라울 정도의 맹목에 사로잡혀 있다.

물론, 솔로몬에게도 장래사의 표상이 좀 있기는 했다. 그가 성전을 건축했고, 그의 이름대로 평화를 누리기도 했다는 점에서 말이다. (솔로몬은 "화평케 하는 자"라는 뜻이다.) 그는 또 그의 치세 초기에 놀라울 정도로 칭송받기에 합당한 인물이었다. 그렇지만 그는 주님이신 그리스도를 장래의 그림자를 통해 예표(豫表)는 하였으나, 보여 주지는 못했다.

그래서 솔로몬에 관한 어떤 기록은 마치 그리스도에 관한 예언처럼 보이기는 한다. 이는, 성경이 역사 기록을 통해서도 예언을 하는 관계로, 솔로몬에 관한 기록을 통해서도 장래사에 대한 표상을 어느 정도 그려내기 때문이다.

그런데 솔로몬의 치세에 관해 이야기해 주는 하나님의 책 [성경]의 역사서 외에 시편 72편도 제목에 그의 이름이 들어가 있다. 이곳에는 솔로몬에게는 전혀 해당하지 않는 내용이 많지만, 주님이신 그리스도에게는 지극히 분명하고 확실하게 해당하는 내용이 아주 많다. 그리하여 솔로몬을 통해서는 그 어떤 표상이 그림자처럼 제시되지만, 그리스도를 통해서는 진리 자체가 현현(顯現)하였다는 사실이 명확히 드러난다.

예를 들어, 솔로몬의 나라의 국경에 관해서는 [잘] 알려져 있지만, 이 시편을 보면, 다른 것은 그만두고라도 다음과 같은 내용이 들어 있다.

저가 바다에서부터 바다까지와, 강에서부터 땅 끝까지 다스리리니 (시 72:8)

이 말씀은, 우리가 보는 대로, 그리스도를 통해 이루어지고 있다. 정말이지, 그리스도는 강으로부터 그의 통치를 시작하셨다. 강에서 그는 [세례] 요한에게 세례를 받으셨고, 바로 이 [세례] 요한이 [그를] 가리킴으로써, 제자들에게 인정을 받기 시작했다. 제자들은 그를 그냥 "선생님"이라고만 부르지 않고, "주님"이라고도 불렀다.

3. 그리고 솔로몬이 그의 아비 다윗의 생전에 통치를 시작한 것은 유대인의 열왕 중에서는 전혀 없었던 일이었다. 이것은, 다윗이 들은, 다음과 같은 예언의 말씀 역시 솔로몬에게 해당되는 말씀이 아니었다는 사실을 아주 잘 보여 주고 있다.

네 수한이 차서, 네 조상들과 함께 잘 때에, 내가 네 몸에서 날 자식을 네 뒤에 세우리니, 그가 그 나라를 예비하리라 (칠십인경 삼하 7:12)

그렇다면, 뒤에 이어지는 "그는 내 이름을 위하여 집을 건축할 것"(칠십인경 삼하 7:13)이라는 말씀이 어떻게 솔로몬에 관한 예언이라고 생각할 수 있겠는가? 앞에 보면, 이 말씀이 있지 않은가?

네 수한이 차서, 네 조상들과 함께 잘 때에, 내가 네 [몸에서 날] 자식을 네 뒤에 세우리니 (칠십인경 삼하 7:12)

이 말씀으로 미루어 "화평케 하는 자"로 약속된 자는 다른 이가 아닐까? 이 인물은 다윗의 죽음 이전이 아니라 이후에 세움을 받을 것으로 예언되어 있지 않은가?

정말이지, 아무리 오랜 세월이 지난 후에, 예수 그리스도께서 오신다 해도, 그것은 의심할 여지 없이 다윗 왕 사후(死後)의 일이다. 다윗에게는 하나님의 집을 지을 자가 반드시 온다는 약속이 주어졌지만, 그 집은 나무나 돌로 된 집이 아니라, 사람으로 된 집인데, 그리스도께서 그 집을 짓는 것을 우리가 기쁨으로 바라본다. 이 집을 두고, 곧, 그리스도를 믿는 자들을 향하여 사도는 이렇게 말한다.

> 하나님의 성전은 거룩하니, 너희도 그러하니라 (고전 3:17)

제9장

시편 88편의 그리스도에 관한 예언이 사무엘서에 나오는 나단 선지자를 통해 전달된 약속과 얼마나 비슷한가?

이런 이유로 시편 88편에도 다윗 왕에게 주신 하나님의 약속이 언급되어 있다. 이 시편의 제목은 "이스라엘 사람 에단의 교훈"으로 되어 있지만, 이 시편의 내용은 사무엘서에 기록된 내용과 비슷하다. 예를 들자!

> 3 내가 … 내 종 다윗에게 맹세하기를, 4 내가 네 자손을 영원히 견고히 하며 (시 89:3-4)

또 이런 말씀도 있다.

> 19 주께서 이상 중에 주의 아들들에게 말씀하시기를, 내가 돕는 힘을 능력 있는 자에게 더하며, 백성 중에서 택한 자를 높였으되, 20 내가 내 종 다윗을 찾아, 나의 거룩한 기름으로 부었도다 21 내 손이 저를 돕고, 내 팔이 그를 힘이 있게 하리로다 22 원수가 저에게 아무 짓도 하지 못하며, 악한 자가 저를 해치지 못하리로다 23 내가 저의 앞에서 그 대적을 박멸하며, 저를 미워하는 자를 쫓아내리라 24 나의 성실함과 인자함이 저와 함께 하리니, 내 이름을

인하여 그 뿔이 높아지리로다 25 내가 또 그 손을 바다 위에 세우며, 오른손을 강들 위에 세우리라 26 저가 내게 부르기를, 주는 나의 아버지시요, 나의 하나님이시요, 나를 구원할 보호자시라 하리로다 27 내가 또 저로 장자를 삼고, 세계 열왕의 으뜸이 되게 하리라 28 저를 위하여 나의 인자함을 영구히 지키고, 저로 더불어 한 나의 언약을 굳게 세우며, 29 또 그 후손을 영구케 하여, 그 위를 하늘의 날과 같게 하리로다 (시 89:19-29)

이 모든 말씀을 정확히만 해석한다면, 예수님에 관한 말씀임을 알 수가 있다. 다윗의 이름으로 나오시는 것은, 그가 취하신 "종의 형체"(빌 2:7) 때문이다. 바로 그는 다윗의 자손이며, 동정녀에게서 이 형체를 취하셨다.

이어서 곧 다윗의 아들들의 죄악에 대해서도 말씀하는데, 사무엘서에 나오는 내용과 같고, 마치 솔로몬에 관한 말씀으로 해석하는 경향이 있다. 이는, 거기, 곧, 사무엘서에 이런 말씀이 나오는 까닭이다.

14 나는 그 아비가 되고, 그는 내 아들이 되리니, 저가 만일 죄를 범하면, 내가 사람 막대기와 인생 채찍으로 징계하려니와, 15 내가 네 앞에서 폐한 사울에게서 내 은총을 빼앗은 것 같이 그에게서는 빼앗지 아니하리라 (칠십인경 삼하 7:14-15)

여기서 "채찍"은 교정(矯正)을 위한 징벌을 의미한다. 그래서 이런 말씀이 있다.

나의 기름 부은 자를 만지지 말며 (시 105:15)

이것이 "때리지 말라!"는 뜻 아니면 무엇인가? 그런데 시편에서는 마치 다윗에 관해 말씀하시는 것처럼 이와 비슷한 말씀을 또 하신다.

30 만일 그 자손이 내 법을 버리며, 내 규례대로 행치 아니하며, 31 내 율례를 파하며, 내 계명을 지키지 아니하면, 32 내가 지팡이로 저희 범과를 다스리며, 채찍으로 저희 죄악을 징책하리로다 33 그러나 나의 인자함을 그에게서 다 거두지 아니하며 (시 89:30-33)

다윗에 관해 말씀하시는 것이 아니라, 그 자손들에 관해 말씀하시면서도 "그들에게서"라 하지 않으시고, "그에게서"라고 하셨다. 이것을 올바로 해석하면, 똑같은 뜻이 된다. 이는, 교회의 머리이신 그리스도 자신에게서는 아무런 죄도 찾을 수 없는 까닭이다. 하지만 그의 백성은 그의 몸이요, 지체인데, [이 백성의] 죄와 관련해서는 하나님이 인자하심을 다 거두지 아니하시되, 사람들의 교정(矯正)을 위하여 징계가 필요하다. 그래서 사무엘서에서는 "저가 만일 죄를 범하면"(삼하 7:14)이라 했고, 시편에서는 "저희 죄악을"(시 89:32)이라고 하였다. 그의 몸에 관해 하는 말씀은 그분 자신에 관한 말씀이라는 사실을 우리로 하여금 깨닫게 하려는 것이다.

이런 까닭에 그분 자신도, 그의 몸, 곧, 그를 믿는 자들을 사울이 핍박할 때, 하늘에서 이렇게 말씀하셨다.

> 사울아 사울아 네가 어찌하여 나를 핍박하느냐? (행 9:4)

그리고 시편에는 이런 말씀이 이어진다.

> 33 나의 성실함도 폐하지 아니하며, 34 내 언약을 파하지 아니하며, 내 입술에서 낸 것도 변치 아니하리로다 35 내가 나의 거룩함으로 한번 맹세하였은즉, 다윗에게 거짓을 아니할 것이라 (시 89:33-35)

즉, 결코 다윗에게 거짓말을 아니하실 것이라는 뜻이다. 성경은 보통 이런 식의 표현을 사용한다. 그런데 무엇에 관해 거짓말을 하지 않을 것인지에 대해서는 다음과 같은 말씀을 덧붙였다.

> 36 그 후손이 장구하고 그 위는 해같이 내 앞에 항상 있으며, 37 또 궁창의 확실한 증인 달 같이 영원히 견고케 되리라 하셨도다 (시 89: 36-37)

제10장

땅의 예루살렘 왕국에서 일어난 일이, 하나님이 약속하신 것과는 엄청 다르기 때문에, 약속의 진실성은 다른 왕 및 왕국의 영광과 관련시켜 이해해야 함

이처럼 엄청난 약속을 매우 확실하게 다짐한 후에, 그것이 솔로몬을 통해 성취된다 믿지 말도록 하기 위해, 마치 그러한 기대가 이루지지 않은 것처럼, [시편 기자는] 이렇게 말한다.

> 그러나 주께서 물리치사 멸하셨사오며 (칠십인경 시 89:38)

이 일은 솔로몬의 왕국에서 그 자손들 때 일어났고, 바로 그 왕국의 수도인 땅의 예루살렘 자체가 멸망하기까지에 이르렀고, 특별히 솔로몬이 건축한 성전이 무너지는 일까지 일어났다.

그러나 이로 인해 하나님이 그의 약속을 지키지 않으셨다 믿는 일이 없도록, [시편 기자는] 즉시 다음과 같은 말씀을 덧붙였다.

> 주의 기름 부음받은 자를 더디 오게 하셨나이다 (칠십인경 시 89:38)

그러니까 만약 주님의 기름 부음받은 자가 [오는 것이] 천연(遷延)되었다면, 그는 솔로몬이 아니고, 다윗 자신도 역시 아니다. 물론, 그 신비로운 기름으로 성별(聖別)된 왕들 모두가 "기름 부음받은 자들"이라 칭함을 받았다 해도, 그것은 다윗 왕과 그 이후에 왕에게만 해당되는 것이 아니고, 기름 부음을 받아 이스라엘 백성의 초대 왕이 된 사울에게도 해당된다. 그래서 다윗 자신도 사울을 "여호와의 기름 부음을 받은 자"(삼상 24:7)라 부른 것이다.

그럼에도 불구하고 진정한 그리스도는 한 분뿐이다. 왕들은 이분을 예언적 성격을 지닌 도유(塗油)를 통해 예표(豫表)하였다. 그리스도를 다윗이나 솔로몬에서 찾을 수 있다 여기는 사람들의 생각에 의한다면, 진정한 그리스도의 오심은 장기간 천연된 것이다. 그러나 하나님의 경륜(經綸)으로 말미암아 그가 예정된 때에 오시도록 준비되고 있었다.

그의 강림이 천연되고 있는 동안, 땅의 예루살렘 왕국에서는 [사람들이,] 그가 통치하시는 때를 대망(待望)하고 있었지만, 그 왕국에서 그동안 무슨 일이 일어났는지에 관해 우리의 시편은 계속해서 다음과 같은 말씀을 덧붙인다.

> 39 주의 종과의 언약을 파기하사, 그의 거룩한 것을 땅에서 욕되게 하셨으며, 40 저의 모든 울타리를 파괴하시며, 그 보장(堡障)을 훼파하셨으므로, 41 길로 지나는 자들에게 다 탈취를 당하며, 그 이웃에게 욕을 당하나이다 42 주께서 저의 대적의 오른손을 높이시고, 저희 모든 원수로 기쁘게 하셨으며, 43 저의 칼날을 둔하게 하사, 저를 전장에서 돕지 않으셨으며, 44 저의 영광을 그치게 하시고, 그 위를 땅에 엎으셨으며, 45 그 위의 날을 단촉(短促)케 하시고, 저를 수치로 덮으셨나이다 (칠십인경 시 89:39-45)

이 모든 일이 여종인 예루살렘에 닥쳤다. 자유하는 여자의 아들들도 상당수 거기서 왕 노릇 하였지만, 그들은 땅의 나라를 시간 관리 차원에서 차지하였을 뿐이다. 하늘 예루살렘의 아들들이었던 그들은 하늘나라를 참된 믿음 가운데서 소유하고 있었고, 참된 그리스도를 대망하고 있었다. 그러나 그런 일이 [땅의 예루살렘] 왕국에 어떻게 닥쳤는지는 역사서를 읽어 보면 알 수가 있을 것이다.

제11장

하나님 백성의 본질에 관하여. 그것은 성육신으로 말미암아 그리스도 안에 있으며, 오직 그분만이 당신의 영혼을 지옥에서 꺼낼 권세가 있음

그런데 이런 예언을 한 후에 선지자는 하나님께 기도를 올리지만, 기도 자체도 [일종의] 예언이다.

주여, 끝까지 외면하시나이까? (칠십인경 시 89:46)

"당신의 얼굴을"이라는 말을 보충하는 것이 좋을 것 같다. 다른 곳에는 이런 말씀이 있기 때문이다.

주의 얼굴을 나에게서 언제까지 돌리시나이까? (칠십인경 시 13:1)

그래서 어떤 사본에는 "돌리시나이까?" 대신 "돌리려 하시나이까?"로 되어 있다. 물론, 다음과 같이 해석할 수도 있다.

다윗에게 약속하신 주의 자비를 거두시나이까?

그리고 "끝까지"라 말한 것은 "마지막까지"라는 말이 아니면 무엇인가? 이 마지막은 "마지막 시대"라 생각할 수 있다. 그 시대에는 그 민족도 그리스도 예수를 믿게 될 것이다. 바로 이 마지막 시대가 오기 전에는, 시편 기자가 앞에서 통탄한 재앙들이 반드시 닥치게 되어 있었다. 이로 말미암아 우리의 시편에서도 다음과 같은 말씀이 이어진다.

주의 진노가 불붙는듯 하나이다 나의 실체가 무엇인지 유념해 주소서! (칠십인경 시 89:46-47)

여기서 하나님 백성의 실체를 예수 자신이라 해석하는 것보다 더 나은 해석은 없다. [시편 기자는 또] 말한다.

> 주께서 모든 인생을 허무하게 창조하시지 않았나이다 (칠십인경 시 89:47)

정말이지, 인자 한 분이 이스라엘의 참된 실체가 아니셨다면, 이 인자를 통해 많은 인생이 자유를 얻지 못했다면, 모든 인생이 허무하게 창조되었을 것이다.

그런데 지금은 사실 모든 인간의 본성이 첫 사람의 죄로 말미암아 진리로부터 벗어나 허무 속으로 빠져 들어갔다. 그래서 다른 시편 기자는 이렇게 말한다.

> 사람은 헛것 같고, 그의 날은 지나가는 그림자 같으니이다 (시 144:4)

그러나 하나님은 "모든 인생을 허무하게 창조하시지" 않았다. 이는, 그가 많은 인생을 중보자 예수를 통해 허무함에서 해방시켜 주시는 까닭이다. 또 그는, 해방되지 못할 자가 있을 것을 미리 아셨지만, 해방될 자들의 유익을 위하여, 그리고 서로 다른 두 도성의 비교를 위하여 그들을 만드사, 이성적 피조물 전체 안에서 지극히 아름답고, 지극히 합당한 자리를 그들에게 배정하셨다. 그리고 다음과 같은 말씀이 이어진다.

> 누가 살아서 죽음을 보지 아니하고, 그 영혼을 음부의 권세에서 건지리이까? (시 89:48)

이분이 다윗의 자손으로 이스라엘의 실체이신 그리스도 예수말고 누구이겠는가?

그에 관하여 사도는 이렇게 말한다.

> [그리스도께서] 죽은 자 가운데서 사셨으매, 다시 죽지 아니하시고, 사망이 다시 그를 주장하지 못하리라 (롬 6:9)

그러니까, 그는 "살아서 죽음을 보지 아니"하시지만, 죽으신다 해도, 자기 영혼을 음부(陰府)의 권세에서 건지실 것이다. 그가 음부에 내려가신 것은 몇몇 사람을 음부의 사슬에서 풀어 주시기 위함이었다. 복음서에서 보는 대로, 그의 푸시는 권세에 관하여는 이렇게 말씀하신다.

> 나는 [내 목숨을] 버릴 권세도 있고, 다시 얻을 권세도 있으니 (요 10:18)

제12장

시편에 "주여, 이전 인자하심이 어디 있나이까?"라 하면서 약속 지키실 것을 간구하는 사람들을 누구라고 보아야 하는가?

그런데 이 시편의 나머지 부분은 이렇게 되어 있다.

> 49 주여, 주의 성실하심으로 다윗에게 맹세하신 이전 인자하심이 어디 있나이까? 50 주여, 주의 종들의 받은 훼방을 기억하소서! 많은 민족의 훼방이 내 품에 있사오니, 51 주여, 이 훼방은 주의 원수가 주의 기름 부음받은 자의 변화를 훼방한 것이로소이다 (칠십인경 시 89:49-51)

이 간구가, 다윗에게 하신 약속이 자기네를 통해 이루어지기를 바랐던 이스라엘 사람들 쪽에서 나온 것인가? 아니면, 육신적으로가 아니라 영적으로 이스라엘 사람들인 크리스챤들이 한 간구인가? 이런 질문은 응당 가능하다.

그런데 이 간구가 행해진 것, 혹은 기록된 것은, 이 시편의 제목에 등장하는 에단이 살던 때였다. 그리고 그때는 다윗 왕의 치세였다.

> 주여, 주의 성실하심으로 다윗에게 맹세하신 이전 인자하심이 어디 있나이까?

그러므로 이 예언은 자기보다 한참 훗날에 살게 될 사람들의 입장, 곧, 다윗 왕에게 이 약속을 하신 때를 옛날로 생각할 사람들의 입장에서 한 것이 아닐 수 없다.

하지만 많은 민족들이 크리스챤들을 박해할 때 그리스도의 수난과 관련하여 크리스챤들을 조롱할 것은 염두에 둔 예언이라고 이해할 수 있다. 그리스도의 수난을 성경은 "변화"라 하는데, 이는, [그리스도께서] 죽으심으로 불가사적(不可死的)이 되셨기 때문이다.

이런 해석으로 보자면, 그리스도의 변화는 이스라엘 사람들에 대한 조롱이라고도 생각할 수 있다. 이는, 그들은 [그리스도를] 오실 분으로 대망(待望)하지만, [그리스도는 이미] 이방인들의 [구주가] 되셨기 때문이다. 새 언약으로 말미암아 그를 믿게 된 수많은 민족들은 이제 이스라엘 사람들을 조롱하고 있다. 이는, 이스라엘 사람들이 옛 언약에 계속 집착하고 있는 까닭이다.

주여, 주의 종들의 받은 훼방을 기억하소서! (칠십인경 시 89:50)

이 말을 하는 이유는, 주님이 그들을 잊지 않으시고, 오히려 불쌍히 여기시면, 이스라엘 사람들도 이 같은 수치를 당한 후에 [결국] 믿음을 지니게 될 것이기 때문이다.

하지만 [이 두 가지 해석 중] 내가 처음에 제시한 해석이 나로서는 더 적절한 해석처럼 여겨진다. 그리스도께서 그의 원수들에게 조롱을 받고, 그들을 버리고 이방인들 쪽으로 넘어가셨기 때문에, "주여, 주의 종들의 받은 훼방을 기억하소서!"라는 말씀을 그리스도의 원수들과 연결시키는 것은 부적절하다. 이는, 이런 유대인들을 "하나님의 종"이라 부를 수는 없는 까닭이다.

오히려 이 말씀은, 그리스도의 이름으로 인해 심한 천대와 핍박을 받으면서도 다윗의 자손에게 영광스러운 나라가 약속되었음을 기억하는 자들, 또 낙심해서가 아니라, 그 나라를 사모하는 마음으로 구하고, 찾고, [문을] 두드리면서 이렇게 부르짖는 자들과 연결시켜야 한다.

> 49 주여, 주의 성실하심으로 다윗에게 맹세하신 이전 인자하심이 어디 있나이까? 50 주여, 주의 종들의 받은 훼방을 기억하소서! 많은 민족의 훼방이 내 품에 있사오니 (칠십인경 시 89:49-50)

이 말은 이런 뜻이다.

> 주여, 주의 원수들이 조롱하는 것을, 속이 상하면서도 참고 견디었나이다. 저들은 주의 그리스도의 변화에 대해 조롱하였나이다.

원수들은 그것을 "그리스도의 변화"로 생각하지 않고, "멸망"으로 생각하였다. 그리고 "주여, 기억하소서!"라는 말은 무슨 뜻인가? "불쌍히 여기사, 내가 참고 견딘 수모에 대해, 주의 성실하심으로 다윗에게 맹세하신 그 고귀함으로 갚아 주소서!"라는 뜻 아닌가?

그러나 만약 우리가 이 말을, 유대인들이 한 말로 해석한다면, 예수 그리스도께서 사람으로 태어나시기 전, 땅의 예루살렘이 함락되자, 포로로 잡혀간 하나님의 종들이 한 말이 될 수가 있다. 이때 그들은 "그리스도의 변화"를 이렇게 이해했을 것이다. 즉, 그리스도를 통해 솔로몬 왕 때 몇 년간 나타났던 땅의 육신적 행복을 대망(待望)할 것이 아니라, 하늘의 영적 행복을 믿음으로 대망해야 한다는 방향으로 이해했을 것이다. 당시 믿지 않는 이방인들은 이런 행복에 대해 알지 못했다. 그래서 그들은, 하나님 백성이 포로로 잡혀가는 것을 보고 기뻐하며 조롱하였다. 그것이 그리스도의 변화를 조롱한 것 아니고 무엇이겠는가? 즉, 무지한 자들이 총명한 자들을 조롱한 것이다.

그러므로 이 시편의 끝을 장식하는 "주를 영원히 찬송할지어다! 아멘, 아멘"(칠십인경 시 89:52)이라는 말씀은 하늘 예루살렘에 속한 하나님의 모든 백성과 연결된다. 곧, 새 언약이 계시되기 전, 옛 언약 속에 감추어져 있던 사람들뿐 아니라, 이제 새 언약이 계시된 다음, 그리스도께 속했다는 사실이 명확히 드러난 사람들과도 연결된다. 이는, 다윗의 자손으로 말미암은 주님의 축복은 솔로몬 시대에 나타났던 것과 같이 한정된 시대에 국한된 것이 아니라, 영원한 소망의 대상이 되는 까닭이다. 이 지극히 확실한 소망으로 말미암아 "아멘, 아멘"이라 하는 것이다. "아멘"이 반복되는 것은, 이 소망을 굳게 다짐하기 위해서다.

우리는 사무엘하를 취급하다가 이 시편 쪽으로 넘어오고 말았지만, 사무엘하를 보면, 다윗은 이 사실을 알고 다음과 같은 말을 한다.

> 주께서 또 종의 집에 있을 먼 장래의 일까지도 말씀하셨나이다 (삼하 7:19)

그리고 잠시 후에는 이렇게 말한다.

> 이제 청컨대 종의 집에 복을 주사, 주 앞에 영원히 있게 하옵소서! … (삼하 7:29)

이는, 당시 그가 아들을 낳을 예정이었기 때문이었는데, 그 아들을 통해 자손이 그리스도에게까지 이르게 될 것이었고, 또 그리스도를 통해서는 그의 집이 영원하게 됨과 동시에 하나님의 집이 될 것이었기 때문이다.

"다윗의 집"이라 하는 것은, [그리스도가] 다윗의 자손이기 때문이지만, 이와 동시에 "하나님의 집"이라고도 하는 것은, 그것이 하나님의 성전이기 때문인에, 그것은 사람들로 지어진 것이지, 돌로 지어진 것이 아니고, 그곳에 백성이 하나님과 함께 영원히 거하되, 자기네 하나님 안에 거할 것이며, 하나님은 그 백성과 함께, 당신 백성 안에 거하실 것이다. 그리하여 하나님이 당신의 백성을 충만케 할 것이며, 그 백성은 자기네 하나님으로 충만할 것인데, 이는, "하나님이 만유의 주로서 만유 안에"(고전 15:28) 계실 것이기 때문이다. 그는 평화 시에는 상급이 되시고, 전쟁 때는 능력이 되신다. 그러므로 나단의 예언 속에는 이런 말씀이 있다.

> 여호와가 또 네게 이르노니, 여호와가 너를 위하여 집을 이루고 (삼하 7:11)

나중에 다윗은 이렇게 말한다.

> 만군의 여호와 이스라엘의 하나님이여, 주의 종에게 알게 하여 이르시기를, 내가 너를 위하여 집을 세우리라 하신 고로 (삼하 7:27)

정말이지, 이 집을 우리도 세우고, 하나님도 세우시지만, 우리는 선한 삶을 삶으로써 세우고, 하나님은, 우리가 선한 삶을 살 수 있게 도우심으로써 세우신다. 이는, "여호와께서 집을 세우지 아니하시면, 세우는 자의 수고가" (시 127:1) 헛되기 때문이다. 이 집의 최종 헌당식이 거행될 때, 하나님이 여기서 나단을 통해 하시는 말씀이 이루어질 것이다.

> 10 내가 또 내 백성 이스라엘을 위하여 한 곳을 정하여 저희를 심고, 저희로 자기 곳에 거하여, 다시 옮기지 않게 하며, 악한 유로 전과 같이 저희를 해하지 못하게 하여, 11 전에 내가 사사를 명하여 내 백성 이스라엘을 다스리던 때와 같지 않게 하고 (삼하 7:10-11)

제13장

진정한 의미의 평화 약속이 솔로몬 치세에 적용될 수 있는가?

이처럼 엄청난 복락을 이 세상에서, 이 땅에서 누릴 것으로 기대하는 자가 있다면, 그가 누구든, 어리석은 생각을 하는 자다. 이런 복락이 솔로몬 왕의 평화로운 치세에 완성되었다 생각할 사람이 대체 어디 있겠는가? 이는, 성경이 솔로몬의 평화를 장차 올 것의 그림자임을 매우 웅변적으로 선포해 주는 까닭이다.

그런데 [솔로몬의 평화를 완성된 평화로 생각하는] 잘못된 생각을 막아, 우리로 경성(警醒)하게 만드는 말씀이 뒤에 나온다. 즉, "악한 유로 전과 같이 저희를 해하지 못하게 하여"(삼하 7:10)라는 말씀 바로 뒤에 다음과 같은 말씀을 덧붙였다.

> 전에 내가 사사를 명하여 내 백성 이스라엘을 다스리던 때와 같지 않게 하고 (삼하 7:11)

[이스라엘] 백성이 약속의 땅을 얻은 후, 열왕이 그 땅에 있기 전에, 사사들이 그 백성 위에 세워졌다. 그리고 "악한 유"(삼하 7:10), 곧, 외적(外敵)이 그 백성에게 굴욕을 때때로 주어, 그 시대에는 평화와 전쟁이 교대로 발생했다.

그런데 당시에는 평화로웠던 기간이 40년이나 계속되었던 솔로몬의 치세보다 더 길었던 적도 있었다. 예를 들어, 에훗이라는 사사 때는 평화가 80년이나 지속되었다.[1]

---

[1] 삿 3:12-30 참조.

그러므로 [진정한 평화에 대한] 이 약속이 솔로몬의 때에 해당하는 것이라 믿어서는 안 된다. 그밖의 다른 왕의 때라 생각하는 것은 더욱 안 된다. 이는, [이스라엘과 유다의] 그 어떤 왕의 치세도 솔로몬의 치세만큼 평화롭지 않았기 때문이다. 또 이스라엘 민족이 외적에게 예속될 것을 두려워하지 않을 수 있을 만큼, 그 나라가 견고했던 적이 한번도 없었기 때문이다. 정말이지, 인간사는 심히 가변적(可變的)인 관계로, 그 어떤 민족도 현세에서 적의 침략을 [전혀] 두려워할 필요가 없을 정도로 안전을 아주 잘 보장받지는 못한다.

그래서 그처럼 평화롭고 안전한 거소로 약속된 곳은 영원할 수밖에 없고, 그곳은 [오직] 자유한 어머니 예루살렘에 거하는 영원한 존재들에게만 합당하다. 그곳에는 진정으로 이스라엘 백성이 있을 것이다. 이는, 이스라엘이라는 이름이 "하나님을 뵙는 자"라는 뜻이기 때문이다. 이러한 상급을 바라는 중에 [우리는] 고통 많은 이 순례 길을 가는 동안 믿음으로 경건한 삶을 살아야 할 것이다.

제14장
시편의 편찬 및 비밀과 관련된 다윗의 노력에 관하여

그리하여 하나님의 도성이 시간을 따라 전진하는 과정에서, 다윗이 장차 올 것이 그림자인 땅의 예루살렘에서 처음으로 왕 노릇 하였다. 그런데 다윗은 시가(詩歌)에 조예가 깊은 사람으로, 음악의 하모니를 저속한 쾌락을 위해 사랑한 것이 아니라, 경건한 신앙심으로 사랑하였고, 음악을 통해 위대한 일을 신비스럽게 예표(豫表)함으로써 그의 하나님, 곧, 참되신 하나님을 섬겼다.

사실, 다양한 음을 합리적으로 잘 결합하여 얻는 화음은 조화로운 다양성을 보이는 가운데 질서를 잘 유지하고 있는 도성의 견고한 통일성을 암시한다.

또 다윗의 거의 모든 예언은 찬송시로 되어 있는데, 우리가 "시편"이라 부르는 책에 150편이 수록되어 있다. 이 중에서 제목에 다윗의 이름이 들어가 있는 것만 그의 작품이라고 생각하는 사람들이 상당수 있다. 또 제목이 "다윗의 시"라 되어 있는 것만 그의 작품이고, "다윗을 위한 시"라는 제목이 붙은 것은, 다른 사람들이 짓고서는, 그와 연관시킨 것이라 생각하는 사람들도 있다.

이런 생각은 복음서에 기록된, 주님이 친히 하신 말씀으로 반박할 수 있다. 그 말씀에 의하면, 다윗 자신이 성령 안에서 그리스도를 자기의 주님이라고 불렀다. 이는, 시편 110편이 이렇게 시작되기 때문이다.

> 여호와께서 내 주에게 말씀하시기를, 내가 네 원수로 네 발등상 되게 하기까지, 너는 내 우편에 앉으라 하셨도다.

그런데 이 시편의 제목은 분명 "다윗의 시"라 되어 있지 않고, [다른] 여러 시편처럼 "다윗을 위한 시"라 되어 있다.

내가 보기에는 여하간, 150편의 시편 전체를 다윗의 작품으로 여기는 사람들의 견해에 더 신빙성이 있는 것 같다. 이들은, 어떤 시편의 경우, 다윗이 그 시편의 내용과 관련된 일을 예표하는 자들의 이름을 제목에 넣었고, 그밖의 시편에 대해서는 그 제목에 어떤 사람의 이름도 넣을 생각을 하지 않았다고 본다. 물론, 다윗은 이처럼 여러 가지 종류의 시편을 편찬하는 작업을, 주님이 영감을 주시는 대로 수행했을 것이고, [그러한 작업을 시키시는 주님의 뜻을] 헤아리기가 어려웠다 해도, 무의미한 일은 아니었을 것이지만 말이다.

또 다윗 왕보다 한참 후에 살았던 선지자들의 이름이 여러 시편의 제목에 등장하고, 이런 시편의 내용도, 그 선지자들이 한 말처럼 보이는 경우가 있다 해서, 마음이 흔들려, 이런 시편을 다윗이 지었다는 사실을 믿지 않는 일이 생겨서는 안 된다. 이는, 다윗 왕이 예언을 할 때, 선지자의 영이 장래 선지자들의 이름을 계시해 주지 못했을 리가 없는 까닭이다. 다윗이 그 선지자들과 관계된 일을 선지자의 입장에서 노래했을 것이니 말이다. 예컨대, 어떤 선지자에게는 300 여 년 후에 요시아라는 이름을 지닌 왕이 나타나 다스릴 것이라는 계시가 임했는데, 그 선지자는 요시아 왕이 장차 행할 일을 예언하였다.[1]

---

[1] 왕상 13:2 (= "하나님의 사람이 단을 향하여 여호와의 말씀으로 외쳐 가로되 단아 단아 여호와께서 말씀하시기를 다윗의 집에 요시야라 이름하는 아들을 낳으리니 저가 네 위에 분향하는 산당 제사장을 네 위에 제사할 것이요 또 사람의 뼈를 네 위에 사르리라 하셨느니라 하고") 참조.

제15장
그리스도와 교회에 관해 시편에 예언된 모든 내용을 이 책에서 취급해야 하는가?

그런데 주 예수 그리스도와 교회에 관해 다윗이 시편에서 예언한 내용을 내가 여기에서 [다] 설명해 주기를 기대할 줄 안다. 하지만 내가 (비록 이미 [시편] 하나에 대해서는 그렇게 하기는 했어도,) 그러한 기대를 만족시킬 수 있을 것 같지는 않다. 그것은, 자료가 부족하기 때문이 아니라, 오히려 자료가 너무 많기 때문이다. 모든 것을 다 취급할 때 생기는 장황함 때문에 나는 그렇게 할 수가 없다.

그러나 내가 일부분만을 취급한다면, 이 문제에 대해 잘 아는 많은 사람들에게 나는 꼭 필요한 것을 빠뜨렸다는 오해를 살 수 있다.

이뿐 아니다. 증거를 제시할 때는 시편 전체의 흐름에 근거해야 한다. 그래야 설령 모든 것이 다 그 증거를 뒷받침하지는 않는다 해도, 그 증거에 반(反)하는 것이 나오지 않을 것이 확실하기 때문이다. 표절한 작품처럼 우리가 의도한 결과를 얻기 위해, 마치 대서사시에서 아주 엉뚱한 것을 다룬 내용임에도 불구하고 몇몇 구절을 긁어모을 때와 같은 일을 해서는 안 된다.

그러나 시편마다 이런 방식으로 증거를 제시하기 위해서는 시편 전체를 설명해야 한다. 이것이 얼마나 광범위한 작업이 될지는, 이런 작업을 수행한 다른 문필가들의 책이나, 우리의 책을 보면 잘 알 수 있다.

그럴 뜻이나 능력이 있는 사람은 그러니까 그런 책을 읽어 보기 바란다. 그러면 왕이자 선지자였던 다윗이 그리스도와 그의 교회에 관해, 곧, [하나님의 도성의] 왕 및 그가 세운 도성에 관해 얼마나 많이, 또 얼마나 엄청난 내용을 예언했는지를 발견하게 될 것이다.

제16장
시편 44편의 그리스도와 교회에 관련된 내용은 사실적으로 말한 것인가? 아니면 비유적으로 말한 것인가?

1. 설령 어떤 일에 대한 예언이 본의적(本意的)이고 명확하다 할지라도, 거기에는 비유적인 뜻도 섞여 있게 마련이다. 이런 것들 때문에 특별히 [이해력이] 느린 사람들을 위해 학식 있는 사람들이 힘든 논의와 설명을 할 필요가 생긴다.

그런데 어떤 것은 처음 대하는 그 순간부터 그리스도와 교회에 관한 것임이 드러난다. 물론, 이해하기 좀 쉽지 않은 부분이 있어서, 시간 여유를 가지고 해석할 필요가 있기는 하지만 말이다. 예를 들어, 시편에는 이런 개소(個所)가 있다.

> 1 내 마음에서 좋은 말이 넘쳐, 왕에 대하여 지은 것을 말하리니, 내 혀는 필객의 붓과 같도다 2 왕은 인생보다 아름다워, 은혜를 입술에 머금으니, 그러므로 하나님이 왕에게 영영히 복을 주시도다 3 지극히 능한 자여, 칼을 허리에 차고, 왕의 영화와 위엄을 입으소서! 4 왕은 일어나, 승리하며 나아가소서! 진리와, 온유와, 공의를 위하여 다스리소서! 왕의 오른손이 왕을 놀랍게 인도할 것이라 5 왕의 살이 날카로워, 왕의 원수의 염통을 뚫으니, 만민이 왕의 앞에 엎드러지는도다 6 하나님이여! 주의 보좌가 영영하며, 주의 나라의 홀은 공평한 홀이니이다 7 왕이 정의를 사랑하고, 악을 미워하시니, 그러므로 하나님, 곧, 왕의 하나님이 즐거움의 기름으로 왕에게 부어, 왕의 동류보다 승하게 하셨나이다 8 왕의 [모든] 옷은 몰약과, 침향과, 육계의 향기가 있으며, 그 향기가 상아궁에서 흘러나오나이다 9 거기서는 열왕의 딸들이 왕을 즐겁게 하오니, 왕이 영광을 누리나이다 (칠십인경 시 45:1-9)

아무리 지둔(遲鈍)한 사람이라 해도, 여기서 우리가 그리스도를 송축하고 믿는다는 사실을 파악하지 못하는 사람이 어디 있겠는가? 하나님의 보좌가 영영하다는 말, 하나님이 기름을 부어 주신다는 말, 기름을 부어 주시되,

보이는 기름이 아니라, 영적인 기름, 초감각적인 기름을 부어 주신다는 말이 들리지 않는가? "그리스도"라는 칭호가 크리스마(= "도유")라는 말에서 왔다는 것을 모를 정도로 기독교에 대해서 무지한 사람, 멀리, 널리 퍼져 있는 그분의 명성을 듣지 못할 만큼 귀가 어두운 사람이 대체 어디 있겠는가?

그런데 그리스도께서 왕이심을 깨달은 다음에는, 여기서 비유적으로 표현된 다른 것들, 곧, 어떻게 그의 용모가 사람의 아들들보다 수려한지, 그의 수려함이 육신적인 것이 아니기 때문에 얼마나 더 큰 사랑과 경탄의 대상이 되는지를 [깨닫게 될 것이다.] 그의 칼이 무슨 칼인지에 대해 한 말, [그의] 화살이 무슨 화살인지에 대해 한 말, 기타 다른 것에 대해 한 말도 이와 마찬가지로 본의적(本意的)으로 사용된 것이 아니라, 비유적으로 사용된 것임을 "진리와, 온유와, 공의를 위하여" 다스리는 분을 섬기는 사람은 유유자적(悠悠自適)하며 살피게 될 것이다.

2. 다음에는 그의 교회, 영적 혼인과 하나님의 사랑으로 자기의 훌륭한 남편과 결합한 교회를 바라보라! 교회에 관하여는 다음과 같은 말씀이 이어진다.

> 9 왕후는 금으로 치장한 옷을 입고, 각색 장신구를 두르고 왕의 우편에 서도다 10 딸이여! 듣고, 보고, 너의 귀를 기울일지어다! 네 백성과, 네 아비 집을 잊어버릴지어다! 11 이는, 왕이 너의 아름다움을 사모하였음이라 저는 너의 하나님이라 12 두로의 딸들이 예물을 드리며 그를 경배하리라 백성 중 부한 자들이 네 은혜를 구하리로다 13 그의 모든 영광이 왕의 딸에게 들리니, 그 옷자락은 금으로 수를 놓았고, 각색 장신구를 둘렀도다 14 처녀들이 그 뒤를 따라 왕께 인도함을 받으며, 그 동무들도 왕께 인도함을 받도다 15 저희가 기쁨과 즐거움으로 인도함을 받고, 왕의 성전에 들어가리로다 16 왕의 아들들이 왕의 열조를 계승할 것이라 왕이 저희로 온 세계의 군왕을 삼으리로다

17 사람들은 왕의 이름을 만세에 기억하리니, 그러므로 만민이 왕을 영영히 찬송하리로다 (칠십인경 시 45:9-17)

여기서 어떤 별 볼 일 없는 여자가 칭송과 묘사를 받는다 믿을 정도로 어리석은 사람은 없을 것이라 생각된다. 이는, 그녀의 배우자에 대해 이렇게 말하고 있기 때문이다.

6 하나님이여! 주의 보좌가 영영하며, 주의 나라의 홀은 공평한 홀이니이다 7 왕이 정의를 사랑하고, 악을 미워하시니, 그러므로 하나님, 곧, 왕의 하나님이 즐거움의 기름으로 왕에게 부어, 왕의 동류보다 승하게 하셨나이다 (칠십인경 시 45:6-7)

그는 정녕 크리스챤들 앞에 계신 그리스도시다. 크리스챤들은 그의 "동무들"이다. 열방 중에서 모인 이들의 단결과 화합으로 이 왕후가 일어나는데, 다른 시편에서는 그녀를 "큰 왕의 성"(48:2)이라 한다.

이 왕후는 영적인 시온이고, 이 이름은 라틴어로 Speculātiō(="바라봄")이라는 뜻이다. 즉, 장차 도래할 세상의 엄청난 선익(善益)을 바라보는 것이다. 이는, 그녀가 지향하는 것이 바로 그것이기 때문이다.

그녀는 또 영적의 의미의 예루살렘이기도 한데, 이에 관하여는 우리가 이미 많은 이야기를 했다. 그녀의 원수는 악마의 도성 바벨론으로, 바벨론은 "혼잡"이라는 뜻이다. 하지만 이 왕후는 중생으로 말미암아 이 바벨론에서 해방되고, 지극히 악한 왕에게서 지극히 선한 왕에게로, 다시 말해, 악마에게서 그리스도께로 옮겨간다. 바로 이 때문에 그녀에게 이런 말을 하는 것이다.

네 백성과, 네 아비 집을 잊어버릴지어다! (칠십인경 시 45:10)

육신으로만 이스라엘 사람이고, 믿음으로는 아닌 사람들은 이 불경한 도성에 속하는 자들이다. 그들은 이 위대한 왕의 원수임과 동시에 이 왕후의 원수다.

이는, 그리스도가 이스라엘 사람들에게 오셨다가, 그들에게 죽임을 당하시고, 그가 육신에 계실 때 보지 못했던 다른 사람들의 그리스도가 되셨기 때문이다. 그래서 다른 시편의 예언을 통해 우리 왕이 친히 이렇게 말씀하셨다.

> 43 주께서 나를 백성의 다툼에서 건지시고 열방의 으뜸을 삼으시리니, 내가 알지 못하던 백성이 나를 섬겼나이다 44 저희가 내 풍성(風聲)을 들은 즉시로 내게 순복했음이여 (칠십인경 시 18:43-44)

그러므로 그리스도께서 육신으로 계신 동안 알지 못하셨던 이 열방 백성이, 자기네에게 [복음이] 전파되자, 그리스도를 믿었다. 그러니까 그리스도에 대해 이렇게 말하는 것은 당연하다.

> 저희가 내 풍성(風聲)을 들은 즉시로 내게 순복했음이여 (칠십인경 시 18:44)

이는, "믿음은 들음에서"(롬 10:17) 나는 까닭이다. 나는 이렇게 말하고 싶다.

> 이 백성이 육신으로도, 믿음으로도 진짜 이스라엘 사람들에게 덧붙여져서 하나님의 도성이 된다. 이 도성이 육신적 이스라엘 사람들 중에서만 있을 때, 이 도성이 육신을 따라 그리스도를 낳았다.

동정녀 마리아도 육신적 이스라엘에서 났다. 그녀에게서 그리스도는 사람이 되시기 위해 육신을 취하셨다. 그런데 하나님의 도성에 관해 다른 시편에는 다음과 같은 말씀이 나온다.

> 사람이 시온을 어머니라 하리니, 사람이 거기서 났고, 지존자가 친히 시온을 세우셨도다 (칠십인경 87:5)

이 지존자가 하나님이 아니면 누구겠는가? 그러므로 하나님이신 그리스도께서 이 도성에서 마리아를 통해 사람이 되시기 전에 족장들과 선지자들 가운데 하나님의 도성을 친히 세우신 것이다.

그렇다면, 이 왕후, 곧, 하나님의 도성에 관해 아주 옛날에 예언이 행해진 것이고, 이 예언의 말씀이 이미 이루어졌음을 우리는 목도하고 있다.

> 왕의 아들들이 왕의 열조를 계승할 것이라. 왕이 저희로 온 세계의 군왕을 삼으리로다 (칠십인경 시 45:16)

그 아들들이 온 세상에 걸쳐 그 도성의 치리자 및 지도자로 세워져 있다. 열방이 그곳으로 달려와 세세무궁토록 영원한 찬양의 고백을 드릴 것이다.

의심할 여지가 없지만, 여기서 비유적인 표현을 사용, 좀 이해하기 어렵게 말한 내용은, 그것을 어떤 식으로 해석하든, 이 아주 명확한 사실과 다 조화를 이룰 수밖에 없다.

제17장

시편 109편의 그리스도의 제사장직에 대한 내용과 시편 21편의 그리스도의 수난에 대한 내용에 관하여

시편 45편에서 그리스도께서 아주 명확하게 왕으로 선포되는 것처럼 시편 110편에서도 그가 아주 명확하게 제사장으로 선포된다.

> 여호와께서 내 주에게 말씀하시기를, 내가 네 원수로 네 발등상 되게 하기까지, 너는 내 우편에 앉으라 하셨도다 (1절)

그리스도께서 아버지 우편에 앉아 계신 사실은 믿는 것이지, 보고 있는 것이 아니다. 그의 원수들이 그의 발등상이 되는 일 역시 아직 시현(示現)되지 않았다. 이 일은 [아직] 진행 중이고, 종말에 시현될 것이다. 이것 역시 지금은 믿는 것이고, 나중에[야] 보게 될 것이다.

하지만 이어지는 "주께서 시온에서부터 주의 권능의 홀을 내어 보내시리니, 주는 원수 중에서 다스리소서!"(시 110:2)라는 말씀은 아주 명확하여, 이것을 부인하는 것은 불신앙적이고 불행한 일일 뿐 아니라, 파렴치한 일이 된다.

그리고 원수들조차, 시온에서 우리가 "복음"이라 부르는 그리스도의 법이 나온 것을 인정하고, 우리는, 그것이 "권능의 홀"임을 깨닫는다. 그리고 그가 "원수 중에서" 다스리신다는 사실은, 그의 다스림을 받는 사람들 자신이 이를 갈며 쇠잔해 가면서도 그에게 대항할 힘이 전혀 없다는 것을 통해 증명해 준다.

그리고 조금 뒤에 나오는 "주는 맹세하고 변치 아니하시리라"(시 110:4)는 말씀은, 다음과 같이 덧붙여지는 말씀이 변치 않을 것임을 의미한다.

> 너는 멜기세덱의 반차를 좇아 영원한 제사장이라 (시 110:4)

아론의 반차를 좇는 제사장 직분과 제사가 이제 아무데도 없는 터에, 그리고 도처에서 그리스도를 제사장으로 모시고, 멜기세덱이 아브라함을 축복할 때 드렸던 것과 같은 것을 드리는 터에, 이 말씀이 누구에 관한 말씀인지 의아해 하는 것을 허락받을 사람이 어디에 있겠는가?

그러니까 같은 시편에서 조금 애매모호하게 되어 있는 곳도 올바로 해석만 한다면, 이 명확한 개소(個所)와 연관을 지을 수 있다. 이 사실에 대해 우리는 신도들에게 한 설교에서 취급한 적이 있다.[1]

그리스도께서 당신 수난과 비하에 관해 예언하시는 개소의 경우도 마찬가지다.

---

[1] *Enarrationes in Psalmos* CIX.

> 16 저희가 내 수족을 찔렀나이다 17 내가 내 모든 뼈를 셀 수 있나이다 저희가 나를 주목하여 보고 (시 22:16-17)

이 말씀으로 그는 분명, 당신의 몸이 십자가에 달린 것, 손과 발이 못 박힌 것, 또 그런 식으로 지켜보는 사람들, 바라보는 사람들에게 구경거리가 된 것을 암시하신 것이다. 그는 이런 말씀도 더하셨다.

> 저희가 내 겉옷을 나누며 속옷을 제비 뽑았나이다 (시 22:18)

이 예언이 어떻게 이루어졌는지는 복음서에 나오는 이야기가 전해 주고 있다.[1]

그렇다면, 여기서 좀 분명하지 않게 진술된 기타 내용에 대해서도 이처럼 명확하게 밝혀진 내용과 조화시킬 경우 바른 해석이 분명 가능해진다. 이것은 특별히, 이 시편에서 우리가 읽는 내용을 지나간 과거의 일이라 믿는 것이 아니라, 현재 우리가 목도하고 있는 까닭이다. 즉, 참으로 옛날에 예언된 일이 지금 온 세상에서 이루어지고 있음이 보여지고 있다. 이는, 이 시편에서 조금 뒤를 보면 이런 말씀이 나오기 때문이다.

> 27 땅의 모든 끝이 주를 기억하고 돌아오며, 열방의 모든 족속이 주의 앞에 경배하리니, 28 나라는 주의 것이요, 주는 열방의 주재심이로다 (시 22:27-28)

---

[1] 마 27:35 (= "저희가 예수를 십자가에 못 박은 후에 그 옷을 제비뽑아 나누고"), 요 19:24 (= "군병들이 서로 말하되 이것을 찢지 말고 누가 얻나 제비 뽑자 하니 이는 성경에 저희가 내 옷을 나누고 내 옷을 제비 뽑나이다 한 것을 응하게 하려 함이러라 군병들은 이런 일을 하고") 참조.

제18장

주님의 죽으심과 부활을 예언하고 있는 시편 3편, 40편, 15편 및 67편에 관하여

1. 주님의 부활에 관하여도 시편 말씀은 절대 침묵하지 않는다. 예컨대, 시편 3편에 수록된 다음과 같은 노래가 그분 자신이 부르신 것이 아니면 무엇이란 말인가?

> 내가 [누워] 자고, 깨었으니, 주께서 나를 붙드심이로다 (시 3:5)

선지자가, 잠자고 깨는 일을 우리에게 무슨 대단히 큰 일이나 되는 것처럼 말하려 한 것이라고 믿을 만큼 어리석은 사람이 혹시 있을까? 여기서 말하는 잠은 죽음을 의미하는 것이고, 깸은 부활을 의미하는 것 아닐까? [선지자는] 그리스도의 죽으심과 부활에 관해 이런 식으로 예언해야 하지 않았을까?

시편 41편에서는 이 사실이 훨씬 더 명확히 나타난다. 여기서도 일반적인 경우처럼 중보께서 친히 장래사를 예언하시면서도 마치 과거사를 이야기하시듯 한다. 이는, 장차 올 일이, 하나님의 예정과 예지로 보면 확실한 까닭에, 마치 [이미] 일어난 것이나 마찬가지기 때문이다.

> 5 나의 원수가 내게 대하여 악담하기를, 저가 어느 때에나 죽고, 그 이름이 언제나 멸망할꼬 했사오며, 6 나를 보러 와서는, 거짓을 말하였고, 그 중심에 간악을 쌓았다가, 나가서는 이를 광포했사오며, 7 나를 원수들이 다 내게 대하여 수군거리고, 나를 해하려고 꾀하였나이다 8 그들이 나에 대하여 악한 말을 하기를, 이제 저가 눕고 다시 일지 못하리라 하오며 (시 41:5-8)

여기에 이런 말씀이 있는 것은, 다음과 같은 뜻의 말씀이 아니고 무엇이겠는가?

죽는 자가 다시 살아나는 일이 정녕 없겠는가?

이는, 앞에 한 말을 보면, 그의 원수들이 그를 죽일 생각과 모의를 했다는 사실이 밝혀지기 때문이다. 그 모의는, 그를 보러 왔다가, [그를] 팔려고 나간 자를 통해 실행에 옮겨졌다. 여기서 그의 제자였다가 그를 판 자가 된 [가룟] 유다 생각을 누가 하지 못하겠는가? 여하간, 그들이 꾀한 일, 곧, 그를 죽이고자 한 일을 그들은 행하게 되어 있었다.

하지만 그는 부활할 것이기 때문에, 그들이 허탄한 악의를 가지고 그를 죽인다 해도 아무 소용이 없다는 것을 보여 주기 위해 이런 말씀을 하였다.

이제 저가 눕고 다시 일지 못하리라 하오며 (시 41:8)

마치 이런 말씀을 한 것과 마찬가지로 말이다.

무슨 헛짓을 너희가 하느냐? 그것으로 너희는 죄를 짓지만, 나는 잠이 들 것이다.

그러나 그들이 그처럼 엄청난 죄악을 행하고서도 벌을 안 받고 넘어가지는 못할 것이라는 사실을 그 다음 구절에서 이렇게 지적하신다.

9 나의 신뢰하는 바, 내 떡을 먹던 나의 가까운 친구도 나를 대적하여 그 발꿈치를 들었나이다 10 그러하오나 주 여호와여, 나를 긍휼히 여기시고 일으키사, 나로 저희에게 보복하게 하소서! (시 41:9-10)

그리스도의 수난과 부활 후 유대인들이 전쟁의 살육과 파괴로 말미암아 자기네 고토(故土)에서 철저히 근멸(根滅)된 것을 목도하는 지금 누가 이것을 부정하겠는가? 이는, 그가 그들에게 죽임을 당하셨지만, 부활하셨고, 그들에게 잠시 일시적인 징벌을 내리셨기 때문이다. 다만, [끝까지] 고침을 받지 않는 자들이 받을 벌은 산 자와 죽은 자를 심판하러 오실 때까지 유보해 두신다.

정말이지, 예수님은 친히 떡을 주시면서, 당신의 배반자가 누구인지를 사도들에게 암시해 주실 때, 이 시편의 바로 이 구절을 인용하시고, 이 말씀이 자신에게 응하여다고 하셨다.

> 내 떡을 먹던 자가 나를 대적하여 그 발꿈치를 들었나이다 (시 41:9)

그런데 "내가 신뢰한"이라는 말은 머리에 관련되는 것이 아니라, 몸에 관련된다. 이는, 구세주 자신이 그를 [= 배신자를] 모르시지 않았기 때문이다. 그에 대해 주님은 앞에서 이미 "너희 중에 한 사람이 나를 팔리라"(마 26:21)는 말씀과, "너희 중에 한 사람은 마귀니라"(요 6:70)는 말씀을 하셨다.

하지만 그리스도는 보통 당신 지체들의 입장을 당신 자신의 입장으로 바꾸고, 그들에게 속한 것을 당신께 돌리셨다. 이는, 머리와 몸이 합하여 유일하신 그리스도를 이루는 까닭이다. 이 때문에 복음서에 이런 말씀이 나온다.

> 내가 주릴 때에 너희가 먹을 것을 주었고 (마 25:35)

주님은 이 말씀을 이렇게 설명하셨다.

> 너희가 여기 내 형제 중에 지극히 작은 자 하나에게 한 것이 곧 내게 한 것이니라 (마 25:40)

그렇다면, 가룟 유다를 사도로 받아들였을 당시, 주님의 제자들이 유다에게 걸었던 기대를 주님도 똑같이 거셨다는 뜻의 말씀이 된다.

2. 그런데 유대인들은, 그들이 대망(待望)하는 메시야가 죽을 것이라는 기대는 하지 않는다. 바로 이 때문에 그들은, 율법과 선지자가 선포했던 분이 우리의 [그리스도]라 믿지 않는다. 하지만 그들이 믿는 메시야가

어떤 분인지를 나는 알지 못한다. 그들은 단지, 자기네의 메시야는 죽음이나 수난과는 거리가 머신 분이라는 공상을 한다. 그리하여 그들은 놀라울 정도의 허망함과 맹목에 사로잡혀, 우리가 인용한 말씀은 죽음과 부활을 의미하는 것이 아니라, 잠자는 것과 깨는 것을 의미한다고 주장한다. 하지만 시편 16편까지도 그들에게 반대하는 목소리를 높이고 있다.

> 9 이러므로 내 마음이 기뻤고, 내 혀도 즐거워하였으며, 내 육체도 소망 가운데 쉬리니, 10 이는, 내 영혼을 음부에 버리지 아니하시며, 주의 거룩한 자로 썩지 않게 하실 것임이니이다 (시 16:9-10)

자기 영혼이 음부(陰府)에 버림을 당하지 않고 속히 육신으로 돌아와, 시체들이 보통 썩는 것처럼 썩지 않을 것이라는 희망 가운데 쉰다는 말을 삼일만에 부활하신 분말고 누가 할 수 있겠는가? 여하간, 이 말을 유대인들은 선지자임과 동시에 왕이었던 다윗에게 적용하지 못한다.

시편 68편 역시 이렇게 외친다. "하나님은 우리에게 구원의 하나님이시라. 사망에서 피함이 주께로 말미암거니와"(시 68:20). 이보다 더 분명한 말이 어디 있는가? "구원의 하나님"은 주 예수시다. "예수"라는 이름은 "구세주" 내지 "구원자"라는 의미를 지닌다.

이 이름이 붙여진 이유는 이것이다. 즉, 그가 동정녀의 몸에서 나시기 전, 이런 말씀이 있었다.

> 아들을 낳으리니, 이름을 예수라 하라! 이는, 그가 자기 백성을 저희 죄에서 구원할 자이심이라 (마 1:21)

그들의 죄를 용서하시기 위해 그가 피를 흘리셨기 때문에, 이생에서 나오는 방도가 그에게는 죽음밖에 없었다. 그래서 "하나님은 우리에게 구원의 하나님이시라"(시 68:20) 한 다음에 바로 "사망에서 피함이 주께로 말미암거니와"라는 말을 연결시킨 것이다. 이는, 그가 죽으심으로써 우리를 구원하실 것을 보여 주기 위한 것이다. 그러나 "주께로 말미암거니와"라는 말은 이상하게 느껴지는데, 마치 이런 말처럼 느껴진다.

> 가사적(可死的) 존재의 삶은 이와 같으니, 주님까지도 죽음을 통하지 않고는 이생을 떠날 다른 방도가 없다.

제19장
유대인들의 불신앙과 완악함을 밝혀 주는 시편 69편에 관하여

하지만 유대인들은, 이 예언이 제시하는 이처럼 명백한 증거에 대하여 절대 물러서지 않는다. 심지어는 아주 명명백백한 결과가 나왔음에도 불구하고 그렇게 하지 않는다. 그러므로 시편 69편에 기록된 예언은 분명 그들을 통해 이루어졌다.
여기서도 그리스도의 고난에 관한 것을 예언할 때 그리스도의 입장에서 말을 했는데, 이 사실은 복음서에 잘 밝혀져 있다.

> 저희가 쓸개를 나의 식물(食物)로 주며 갈할 때에 초로 마시웠사오니 (시 69:21)[1]

그리고 [선지자는], 자기에게 이처럼 주어진 것이 마치 무슨 잔치 음식이라도 되는 것처럼, 곧이어 다음과 같은 말을 했다.

---

[1] 마 27:34 (= "쓸개 탄 포도주를 예수께 주어 마시게 하려 하였더니, 예수께서 맛보시고 마시고자 아니하시더라") 및 마 27:48 (= "그 중에 한 사람이 곧 달려가서 해융을 가지고 신 포도주를 머금게 하여 갈대에 꿰어 마시우거늘") 참조.

> 22 저희 앞에 밥상이 올무가 되게 하시며, 대가를 치르게, 걸려 넘어지게 하소서! 23 저희 눈이 어두워 보지 못하게 하시며, 그 등이 항상 꾸부정하게 하소서! … (칠십인경 시 69:22-23)

이 말은 소원을 표현한 말이 아니고, 소원의 형식을 빌어 예언을 한 것이다.

그렇다면, 눈이 어두워 보지 못하게 된 자들이 이처럼 명백한 사실을 간취(看取)하지 못한다 한들 놀랄 것이 무엇인가? 등이 항상 꾸부정하여, 땅의 것만을 내려다보는 자들이 하늘의 것을 올려다보지 못한다 한들 놀랄 것이 무엇인가? 이는, 육신에서 얻은 이 비유를 통해 영혼의 결함에 대해 이해할 수 있는 까닭이다.

시편에 관해, 곧, 다윗 왕의 예언에 관해 이 정도 말한 것으로 충분할 것이므로, 더 이상은 이야기하지 않겠다. 그러나 이 책을 읽는 사람으로서, 여기에서 취급한 모든 시편에 대해 [잘] 알고 있는 사람은 [나를] 용서해 주기 바란다. 그리고 혹시 내가 중요한 개소(個所)를 빠뜨렸다고 생각하는 사람이 있다 해도, 혹은 빠뜨렸다는 사실에 대해 파악한 사람이 있다 해도, 불평하지 말았으면 한다.

제20장

다윗의 치세와 업적 및 그의 아들 솔로몬에 관하여. 그리고 솔로몬이 썼다고 추정되는 책들 및 그가 쓴 것임을 의심할 수 없는 책들에서 발견되는 그리스도와 관련된 예언에 관하여

1. 그러니까 다윗은 땅의 예루살렘에서 통치했지만, 하늘 예루살렘의 아들이었고, 하나님의 말씀을 통해 많은 칭찬을 받았다. 이는, 그의 범죄를 그의 엄청난 경건이 지극히 진실된 회개와 겸손으로 말미암아 상쇄하고도 남았기 때문이다. 그는 다음과 같은 말을 했지만, 그 자신이 바로 이 말에 꼭 부합하는 사람이었다.

> 허물의 사함을 얻고, 그 죄의 가리움을 받은 자는 복이 있도다 (시 32:1)

다윗 다음으로 그의 아들 솔로몬이 이스라엘 민족 전체를 다스렸다. 앞에서 말한 것처럼 솔로몬은, 그의 부왕(父王)이 살아 있을 때 통치를 시작했다. 그의 시작은 좋았으나, 그의 마지막은 좋지 않았다. 이는, 지혜자들의 정신을 흐릿하게 만드는 번영이 솔로몬의 경우, 지혜가 가져다준 유익보다 더 큰 해악을 가져다주었기 때문이다. 그의 지혜는 지금도 기념할 만하며, 앞으로도 그러할 것인데, 당시에는 멀리까지 두루 칭송을 받았다.

그의 책을 보면, 그가 선지자 역할을 했다는 사실을 알 수 있다. 그의 책 셋이 정경의 권위를 인정받았다. 그것은 잠언, 전도서 및 아가다.

다른 책 두 권 중 하나는 「지혜서」라 불리고, 다른 하나는 「집회서」라 불리지만, 문체가 상당히 비슷한 관계로, "솔로몬의 책"이라 보통 불리게 되었다. 하지만 학자들은, 솔로몬이 과연 이들 책의 저자일까 하는 의심을 떨쳐 버리지 못한다. 그럼에도 불구하고 특별히 서방 교회는 옛날부터 이 책들의 권위를 인정해 왔다.

이 중 「솔로몬의 지혜」라고 불리는 책에는 그리스도의 수난에 관한 아주 뚜렷한 예언이 들어 있다. 정말이지, 거기에는 그리스도를 죽인 불경한 자들이 언급되고 있는데, 그들은 이렇게 말한다.

> 12 의로운 자를 함정에 빠뜨리자! 이는, 그가 우리를 힘들게 하고, 우리 하는 일을 방해하고, 우리보고 율법을 어긴다고 책망하고, 우리보고 배운 대로 행하지 않는다고 나무람이라 13 그는 하나님을 아는 지식을 가졌다 자랑하며, 자기를 주의 종이라 부르도다 14 우리가 무슨 생각을 하든, 그는 우리를 항상 책망하니, [그를] 보기만 해도 [마음이] 무거워지도다 15 이는, 그의 삶이 다른 사람들과 다르고, 그의 가는 길이 특이함이라 16 우리는 그에게 거짓된 자들로 통하니, 우리가 가는 길을 그는 더럽다 하여 피하는도다 그는, 의인들의 결국이 복되다 하며, 하나님을 [자기] 아버지라 자랑하는도다 17 그가 하는 말이 참인지 우리는 보도록 하며, 그의 종말이 어떠할지를 살피도록 하자! 18 이는, 만약 그 의인이 [진정] 하나님의 아들이라 한다면, 하나님이 그를 돌보실 것이며, 대적의 손에서 그를 건져 주실 것임이라 19 학대와 고문으로 그를 시험해 보자! 그리하면, 그가 얼마나 선한지 알 수 있을 것이요, 그의 인내심이 어떠한지를 확인할 수 있을 것이라 20 수치스러운 죽음을 그에게 안겨 주자! 이는, 그가 이르기를, [주께서] 자기를 돌보실 것이라 하는 까닭이라 21 저들은 이같은 생각을 하지만, 저들이 틀렸음은, 저들이 사악함으로 인해 장님이 되었음이라 (칠십인경 지혜서 2:12-21)

그런데 집회서에는 장차 이방인들이 지니게 될 믿음이 다음과 같이 예언되어 있다.

> 1 우리를 긍휼히 여기소서! 만유의 주 하나님, 우리를 굽어 보시고, 모든 민족에게 당신을 두려워하는 마음을 심으소서! 2 당신의 손을 이방인들을 향해 드사, 그들로 당신의 권능을 깨닫게 하소서! 3 그들 앞에서 당신이 우리에게 거룩히 여김을 받으신 것 같이, 우리 앞에서 당신이 그들에게 영광을 받으소서! 4 주여, 주밖에는 다른 신이 없음을 우리가 아는 것 같이, 그들도 당신을 알게 하소서! (칠십인경 집회서 36:1-4)

이 소원 및 기도 형식의 예언은, 우리가 보는 대로, 예수 그리스도를 통해 성취되었다. 하지만 이 글이 유대인의 정경 속에는 포함되어 있지 않기 때문에, 우리의 논적들에게는 별 다른 설득력을 지니지 못한다.

2. 그런데 솔로몬의 작품인 것이 확실하고, 유대인들이 정경으로 여기는 세 책의 경우, 그곳에 같은 종류의 내용이 들어 있다 하더라도, 그것이 그리스도 및 교회와 관련된다는 것을 밝히려면, 어려운 토론이 필요하다. 이 일을 지금 행한다면, 우리가 필요 이상의 작업을 해야 할 것이다. 그러나 잠언을 읽으면, 악한 자들이 다음과 같은 말을 한다고 되어 있다.

> 11 부당하지만, 우리가 의인을 땅에 묻자! 12 음부 같이 그를 산 채로 삼키며, 그의 기억을 땅에서 지워 버리자! 13 우리가 그의 보화를 차지하자! (칠십인경 잠언 1:1-13)

이 개소(個所)는 어려운 해설 작업을 하지 않는다 해도, 그리스도 및 그의 소유인 교회에 관한 내용임을 이해하지 못할 정도로 애매모호한 곳이 아니다. 정말이지, 예수님도 친히 복음서에 기록된 비유에서, 악한 농부들이 이와 비슷한 말을 했다는 사실을 분명히 해 주셨다.

> 이는 상속자니, 자, 죽이고 그의 유업을 차지하자! (마 21:38)

그리고 우리가 이 책 앞에서 [17권 4장 4절] 잉태하지 못하다가 자녀 일곱을 낳은 여자에 관해 이야기를 할 때, 우리가 이미 취급했던 대목 역시, 그리스도가 하나님의 지혜임을 아는 사람들이라면, 그 말씀을 듣자마자 바로, 그것이 그리스도와 교회에 관한 말씀인 것을 깨닫는 것이 보통이었다.

> 1 지혜가 그 집을 짓고 일곱 기둥을 다듬고, 2 짐승을 잡으며, 포도주를 혼합하여 상을 갖추고, 3 자기 종들을 보내어, 술병을 가리키며 큰 소리로 불러 이르기를, 4 어리석은 자가 어디 있느냐? 내게로 돌이키라! 또 지각이 없는

자에게 이르기를, 5 너희는 와서, 내 떡을 먹으며, 내가 너희를 위해 혼합한 포도주를 마시라 하도다 (이탈라 잠 9:1-5)

여기서 분명 우리는, 이것이 하나님의 지혜에 관한 말씀임을 깨닫는다. 하나님의 지혜는 곧 성부와 똑같이 영원한 로고스로, 그는 동정녀의 태 속에 인간의 몸을 자기 집으로 짓고, 마치 머리에 지체를 연결시키기라도 하는 것처럼, 이것에 교회를 연결시켰고, 순교자들을 희생 제물로 삼아 제사를 드렸고, 포도주와 떡으로 상을 차렸다. 여기에는 멜기세덱의 반차를 좇은 제사장이 등장한다. 그는 어리석은 자들, 지각이 없는 자들을 불렀다. 이는, 사도가 말하는 것처럼, 그는 이 "세상의 약한 것들을 택하사, 강한 것들을 부끄럽게 하려"(고전 1:27) 하셨기 때문이다. 하지만 이런 약한 자들을 향해 [지혜는] 다음과 같이 말한다.

어리석음을 버리고 생명을 얻으라! 명철의 길을 행하라! (잠 9:6)

그런데 그의 식탁에 참여하는 것 자체가 생명을 얻기 시작하는 것이다.

전도서라 불리는 다른 책에도 "사람이 먹고, 마시고, [즐거워하는 것보다 해 아래서] 나은 것이 없음이라"(전 8:15)는 말씀이 있지만, 새 언약의 중보인 멜기세덱의 반차를 좇은 제사장이 자기의 몸과 피로 차린 식탁에 참여하는 것을 의미한다 해석하는 것보다 더 믿을 만한 해석이 어디 있는가?

이 제사는, 옛 언약의 모든 제사 뒤에 온 것인데, 옛 언약의 제사는 장차 행해질 제사의 그림자였다. 이로 인해 시편 40편에서 예의 중보가 예언을 하면서 발하는 음성의 뜻을 알게 된다.

주께서 … 제사와 예물을 기뻐 아니하시고, 오히려 나를 위해 몸을 온전케 해 주셨나이다 (칠십인경 시 40:6)

이는, 그 모든 제물이나 예물 대신 그의 몸을 드려, [식탁에] 참여한 자들에게 나누어주기 때문이다.

사실, 이 전도서 기자가 먹고 마시는 일에 관한 언급을 자주 반복하고, 육신의 쾌락을 위한 잔치를 생각하는 것이 아님을 역설하는 것은 다음과 같은 말씀이 충분히 증명한다.

> 초상집에 가는 것이 잔치집에 가는 것보다 나으니 (전 7:2)

그리고 조금 뒤에는 이런 말씀이 나온다.

> 지혜자의 마음은 초상집에 있으되, 우매자의 마음은 연락하는 집에 있느니라 (전 7:4)

하지만 내가 생각하기에, 이 책에서 인용할 가치가 더 크다 여겨지는 개소(個所)는 두 도성과 관련된 것인데, 그 중 하나는 악마의 도성과 관련 된 것이고, 다른 하나는 그리스도의 도성과 관련된 것으로, 이들 도성의 왕은 악마와 그리스도다.

> 16 왕은 어리고, 대신들은 아침에 연락하는 이 나라여, 화가 있도다 17 왕은 귀족의 아들이요, 대신들은 취하려 함이 아니라, 기력을 보하려고 마땅한 때에 먹는 이 나라여, 복이 있도다 (전 10:16-17)

악마를 "어리다" 하는 것은, 청년기에는 우둔함과, 교만함과, 불손함과, 경박함과 기타 여러 악덕이 보통 많기가 쉽기 때문이다. 반면, 그리스도는 귀족 내지 거룩한 족장들의 자손, 곧, 자유로운 도성에 속한 자들의 자손이라 하였는데, 이는, 그가 육신으로는 그들의 혈통이기 때문이다.

저 도성의 대신들은 아침에, 곧, 적절한 때가 오기 전에 연락한다. 이는, 그들이, 때가 되면 이르게 될 내세의 참된 행복을 대망(待望)하지 않고, 이 세상 쾌락을 조급하게 맛보려 하는 까닭이다. 반면, 그리스도 왕국 대신들은 거짓되지 않은 행복의 때를 참으며 기다린다.

> 취하려 함이 아니라, 기력을 보하려고 (전 10:17)

이 말을 하는 것은, 소망에는 속임수가 없기 때문이다. 이에 대하여 사도는 이렇게 말한다.

> 소망이 부끄럽게 아니함은 (롬 5:5)

시편에도 이런 말씀이 있다.

> 주를 바라는 자는 수치를 당하지 아니하려니와 (시 25:3)

그런데 아가야말로 거룩한 영혼들의 무슨 영적 쾌락을 의미한다. 곧, 그 도성의 왕과 여왕인 그리스도와 교회의 혼인 때 누리게 될 쾌락을 의미한다. 하지만 이 쾌락이 비유의 너울로 둘러싸여 있는 까닭에, 더욱 뜨겁게 희구(希求)하게 되고, 드러날 때 더 큰 기쁨을 맛보게 된다. 신랑이 등장하면, 아가는 "공평이 그대를 사랑했도다"(칠십인경 아 1:4) 하고, 신부는 거기서 "사랑이 그대 기쁨에 있도다"(칠십인경 아 7:7)는 말을 듣는다. 우리는 제17권을 마무리 짓기 위해 많은 내용을 언급하지 않고 지나간다.

제21장

솔로몬 이후의 유다와 이스라엘의 왕들에 관하여

솔로몬 이후 히브리 사람들의 다른 왕들이, 유다의 경우든, 이스라엘의 경우든, 그리스도 및 교회에 관련된 내용을, 그들의 무슨 수수께끼 같은 말이나 행동을 통해 예언했는지 알아내기는 어렵다.

유다와 이스라엘은 그 민족의 [두] 부분을 가리키는 이름으로, 솔로몬의 범죄로 인해 그의 왕위를 계승한 그의 아들 르호보암의 치세에 하나님의 징벌로 말미암아 민족이 분열된 이후 그러한 호칭이 생겼다. 분열의 결과

열 지파를 솔로몬의 신복(臣僕)이었던 여로보암이 장악했고, 그들은 그를 사마리아에서 왕으로 세웠는데, 그들이 특별히 "이스라엘"이라 불리게 되었다. 비록 이 이름이 [히브리] 민족 전체의 이름이었지만 말이다.

한편, 유다와 베냐민 두 지파는, 다윗으로 인해 그 지파의 나라가 완전히 멸망하는 일이 없어야 하겠기에, 예루살렘 성에 계속 복속하였고, 나라 이름은 "유다"라 하였다. 다윗은 유다 지파 출신이었다.

그런데 베냐민은 다른 지파였지만, 내가 [이미] 말한 대로, 유다 왕국에 속했다. 다윗 이전에 왕이었던 사울은 베냐민 지파 출신이었다.

하지만 이 두 지파를 합하여, [이미] 말한 대로, "유다"라 했고, 이 이름으로 이스라엘과 구별되었다. "이스라엘"이라는 이름은 열 개 지파를 가리키는 것으로, 독자적인 왕을 두고 있었다.

레위 지파는 제사장 지파로서, 하나님을 섬기는 일 맡았지, 왕을 섬기는 일을 맡지 않았기 때문에, "열세 번째 지파"로 치부되었다.

한편, 요셉은 이스라엘의 열두 아들 중 하나였으나, 다른 형제들과는 달리 한 지파만을 이룬 것이 아니라, 두 지파, 곧, 에브라임 지파와 므낫세 지파를 이루었다.

그렇지만 레위 지파는 예루살렘 왕국과 더 밀접한 연관을 가졌는데, 이는, 그들이 섬기던 하나님의 성전이 그곳에 있었기 때문이다.

여하간, 민족이 분열된 후, 예루살렘에서 다스리던 첫 번째 유다 왕은 솔로몬의 아들 르호보암이었고, 사마리아에서 다스리던 이스라엘 왕은 솔로몬의 신복이었던 여로보암이었다.

그런데 르호보암이 떨어져 나간 쪽의 [왕 여로보암을] 폭군이라는 명분으로 토벌하려 하자, 하나님은 선지자를 통해, 이 분열은 당신이 하신 일이라 말씀하시면서, 백성이 자기 동족과 싸우는 일을 금하셨다. 그러므로 이 [분열] 문제는 이스라엘의 왕이나 백성의 죄 때문에 발생한 것이 아니라, 벌을 주시기로 하신 하나님의 뜻이 이루어지기 위해 발생한 것이라는 사실이 밝혀졌다. 이것을 깨닫고, 양측은 서로 화친을 맺고, 평화를 찾았다. 이는, 종교가 분열한 것이 아니라, 나라가 분열한 것이기 때문이다.

제22장

불경한 우상숭배로 자기 백성을 타락하게 만든 여로보암에 관하여. 그러나 하나님은 그 백성 가운데 끊임없이 선지자를 일으키사, 많은 자들을 우상숭배의 죄에서 지키심

그런데 이스라엘의 왕 여로보암은, 마음이 비뚤어져 하나님을 믿지 않았다. 하나님은 그에게 나라를 주심으로써 약속을 지키사, 당신의 신실하심을 증명해 주셨는데도 말이다. 여로보암은, 백성이 예루살렘에 있는 하나님의 전으로 올라가는 것을 두려워했다. 하나님의 율법에 의하면, 온 백성은 제사를 드리기 위해 예루살렘으로 올라가야 했다. 그러나 그것을 허용하면, 백성이 자기를 배반하고, 왕의 혈통인 다윗의 자손에게로 돌아갈까 두려워, 자기 나라에 우상숭배를 도입하고, 하나님 백성을 자기와 함께 우상숭배를 하도록 묶어 둠으로 말미암아, 그들로 하여금 가증한 불경건을 행하도록 꼬득였다.

  그러나 하나님은 선지자들을 통해 여로보암 왕뿐 아니라 그의 후계자들에 대해서도, 그들이 그의 불경건을 본받을 경우, 그들과 그 백성을 책망하시기를 결코 멈추지 않으셨다. 그리하여 그 나라에도 위대하고 특출난 선지자들이 많이 등장하였다. 그들은 기적도 많이 행했는데, 엘리야와 엘리사가 대표적이다. 엘리야는 이렇게 기도한 적이 있다.

주여, 저들이 주의 선지자들을 죽였고, 주의 단을 헐었사오며, 오직 나만 남았거늘, 저희가 내 생명을 찾나이다 (왕상 19:10)

그때 그는, 무릎을 바알에게 꿇지 아니한 사람 칠천 명이 있다는 답을 들었다.[1]

제23장

히브리 사람들의 두 왕국이, 두 백성 다 포로로 잡혀가기까지 처했던 여러 가지 상황에 관하여. 나중에 유다는 나라를 회복했으나, 결국은 로마의 지배 하에 들어감

또 예루살렘을 수도로 하는 유다왕국에도 왕조 시대에 선지자들이 없지 않았다. 하나님은 당신의 뜻에 따라 그들을 파송하사, 필요한 것을 예고하게도 하셨고, 죄악을 책망하거나, 공의를 명하기도 하셨다. 이는, 여기에도, 비록 이스라엘보다는 훨씬 적었지만, 그들의 불경건으로 말미암아 하나님을 심하게 노엽게 했던 왕들이 있었기 때문이다. 그들은 [그들을] 닮은 백성들과 함께 적절한 징벌을 당했다.

그러나 유다의 경건한 왕들에 대해서는 그들의 공적이 칭송을 받았다. 반면, 이스라엘의 경우, 우리가 [성경에서] 읽는 대로, 다소 간의 차이는 있지만, 모든 왕들이 지탄을 받았다.

그리하여 두 나라 다, 하나님의 섭리가 명하거나 허락함에 따라, 흥망성쇠의 때가 교차하였으며, 외적의 침략 때문만이 아니라, 서로 간의 내전 때문에도 심한 고통을 받았는데, 그때그때마다 어떤 이유가 있어, 하나님의

---

[1] 왕상 19:18 참조.

자비와 진노가 드러났고, 결국 하나님의 진노가 [극에] 달했을 때, 민족 전체가 갈대아 사람들의 침략으로, 그들이 살던 땅에서 유린을 당했을 뿐 아니라, 대부분이 앗수르 사람들의 땅으로 끌려갔다. 즉, 먼저는 "이스라엘"이라 불리는 열 지파가 당했고, 다음에는 유다가 당했는데, 그때 예루살렘과 지극히 유명한 성전이 훼파되었다. 앗수르 사람들의 땅에서 그들은 70년 간 포로 생활을 했다.

이 70년이 지나자, 그들은 풀려나, 훼파되었던 성전을 재건했다. 그리고 비록 그들 중 대다수가 [여전히] 이방 땅에 머물러 있었지만, [포로 귀환] 이후로는 나라가 둘로 분열되거나, 왕을 각각 따로 세우는 일이 없었다. 도리어 예루살렘에 그들을 다스리는 자가 한 명 있었다. 그리고 정해진 때가 되면, 다들 도처에서 하나님의 성전으로 모여들었다. 그들이 어디에 살든, 어디에서 왔든 상관없이 말이다. 하지만 이때에도 이방 민족들 가운데 그들을 유린하는 적이 없지 않았고, 그리스도께서 강림하셨을 때, 그들은 이미 로마 사람들에게 조공을 바치고 있었다.

제24장

가장 나중에 유대인들에게 보냄을 받은 선지자들 및 그리스도 탄생 즈음에 활약했다 복음서가 전하는 선지자들에 관하여

그런데 바벨론에서 귀환한 이후 시대 전체를 볼 때, 귀환 직후 선지자로 활약하던 말라기, 학개, 스가랴 및 에스라 이후에는 구세주의 강림 때까지 선지자가 없었다. 다만, 그리스도의 탄생이 임박하자, [세례] 요한의 아비 사가랴와 그의 아내 엘리사벳이 있었고, 탄생 직후에는 시므온이라는 노인과 이미 노파였던 안나가 있었고, 마지막으로는 [세례] 요한이 있었다.

[세례] 요한은 이미 젊은 시절 젊은 그리스도에 관해 장차 오실 분으로 예언한 것이 아니라, 비록 그리스도가 알려져 있지 않았지만, 선지자적인 통찰력으로 그리스도를 가리켜 주었다. 이 때문에 주님은 친히 이렇게 말씀하셨다.

[모든] 선지자와 및 율법의 예언한 것이 요한까지니 (마 11:13)

그런데 이 다섯 사람의 예언에 관해서는 복음서를 통해 우리가 알고 있지만, 복음서에는 주님의 어머니 동정녀도 예언을 했던 내용이 들어 있다.

하지만 버림을 받은 유대인들은 이들의 예언을 인정하지 않는다. 물론, 이들의 예언을 인정한 유대인들도 무수한데, 이런 유대인들은 복음을 믿었다.

그러나 선지자 사무엘을 통해 사울 왕에게 예고된 대로, 이스라엘의 분열은 변개할 수 없는 것이었고, 당시 이스라엘은 정말 둘로 분열되었다.

그런데 말라기, 학개, 스가랴 및 에스라는, 버림받은 유대인들도 신적(神的) 권위를 부여받은 마지막 선지자들로 인정한다. 다른 선지자들처럼 이들이 쓴 글도 존재한다. 선지자들의 수는 대단히 많지만, 그들이 쓴 글이 정경(正經)의 권위를 획득한 것은 극소수다.

그리스도와 교회에 관해 그들이 예언한 내용 중 얼마는 이 책에서 다루는 것이 필요하다고 나는 생각한다. 하지만 이 작업은 다음 권에서 하나님의 도우심을 받아 행하는 것이 더 좋을 것 같다. 이 제17권이 아주 길어졌기 때문에, 더 이상 이 두루마리를 더 두껍게 만들어서는 안 되겠기 때문이다.